让我们一起追寻

Kaiser Friedrich der Zweite: Hauptband

by Ernst H. Kantorowicz

Simplified Chinese edition copyright :

2025 by Social Sciences Academic Press (China)

弗里德里希二世皇帝

Kaiser Friedrich der Zweite

Hauptband ——————— 一部传记

〔德〕恩斯特·H.康托洛维茨（Ernst H. Kantorowicz） 著

陆大鹏　刘晓晖　译

社会科学文献出版社
SOCIAL SCIENCES ACADEMIC PRESS (CHINA)

献给吾友

沃尔德玛·乌克斯库尔－居伦班德伯爵①

心存感激

---

① 沃尔德玛·乌克斯库尔－居伦班德伯爵（Woldemar Graf Uxkull-
Gyllenband，1898—1939）是德国的一位古典历史学家，是斯特凡·格奥
尔格圈子的成员，也是本书作者康托洛维茨年轻时的好友和同性情人。
乌克斯库尔还是行刺希特勒的施陶芬贝格伯爵的亲戚。1933年纳粹夺权
后，乌克斯库尔受到纳粹思想的很大影响，曾将纳粹主义阐释为格奥尔
格的梦想的实现，因此格奥尔格圈子的许多成员（包括康托洛维茨）与
乌克斯库尔疏远。——译者注（如无特别说明，本书页下注均为译者注）

目 录

译者序

    恩斯特·H. 康托洛维茨（Ernst H. Kantorowicz）是 20 世纪最重要，也最具传奇色彩的历史学家之一。很多鸿儒身处常青藤环绕的象牙塔里，一生安于书斋，我们往往只能通过其作品了解他们。而康托洛维茨的人生本身就是一部跌宕起伏、精彩纷呈的大戏。

    试问有几位知识分子能拥有如此丰富的人生经历：作为精忠报国的德国犹太人，主动报名投入第一次世界大战的刀山血海，参加人称"绞肉机"的凡尔登战役，作为援助奥斯曼帝国的德国军人在土耳其作战（并且勾引了德军驻土耳其总司令的情妇），战后作为极右翼准军事组织的成员在柏林和慕尼黑参与了对共产主义运动的血腥镇压，加入神秘主义诗人斯特凡·格奥尔格（Stefan George，1868—1933，令无数人倾倒甚至着魔的"大师"）的圈子（这个圈子里还有弗里德里希·贡多尔夫这样的大学者和刺杀希特勒的英雄施陶芬贝格伯爵），年纪轻轻就写了一部轰动历史学界乃至全国的大书，与20 到 30 年代欧洲的一大批天才学者谈笑风生，作为双性恋者在两个情场上都春风得意，躲过纳粹迫害犹太人的"水晶之夜"，差不多在最后关头逃往美国，坚决抵制麦卡锡主义对言论自由与思想自由的压迫（并因此被加州大学伯克利分校开除），为受迫害的美国左翼分子奔走疾呼……

康托洛维茨人生和思想的两大转变特别值得深思：一是政治上的转变，从德国的极右翼民族主义者（咄咄逼人的"爱国者"、拿起武器镇压左派、仇法、崇拜威权主义等），逐渐变成了拒绝宣誓反共的民主主义者；二是学术上的转变，从《弗里德里希二世皇帝》（*Kaiser Friedrich der Zweite*）这样文采飞扬、深受公众喜爱，但在学术圈争议颇多的伟人传记的作者，演化成《国王的两个身体》（*The King's Two Bodies*）这样具有里程碑意义但晦涩难懂的学术经典的作者。

康托洛维茨是一个复杂的、有趣的人。我强烈推荐大家读读罗伯特·E. 勒纳写的《天使时间：康托洛维茨传》。即使大家对康托洛维茨这个人不感兴趣，也可以在这本传记里一瞥魏玛共和国时期德国的知识界，看看那些才华横溢、妙趣横生、个性鲜明的天才是如何在一个既糟糕又极富创造力的时代中生活和创作的。当然，有兴趣的话还可以在这本传记里看看德、美、英三国在 20 世纪上半叶的学术圈八卦。勒纳和康托洛维茨一样，是有地位的中世纪历史学家和普林斯顿高等研究院的研究员。他采访了康托洛维茨的很多亲友和学生，写出了这部有分量、有深度的传记。本序中的介绍和分析，就大多基于勒纳的著作。

康托洛维茨最重要的学术专著《国王的两个身体》已经有两个中译本，在这里无须赘述，对中世纪政治神学感兴趣的朋友可以自行研读。在此，我们要详细谈谈康托洛维茨的成名之作——极富争议的《弗里德里希二世皇帝》。这本书正如作者本人一样，复杂且有趣。

康托洛维茨在海德堡大学获得博士学位的论文，主题是伊斯兰世界的手工业联合会（他的观点是，伊斯兰世界没有行会，行会是西方特有的东西）。中世纪欧洲史并不是他的科班专业，那么他为什么要写一本中世纪神圣罗马皇帝弗里德里希二世的传记呢？在很大程度上是因为受到大诗人斯特凡·格奥尔格的影响。

所以我们得先谈谈格奥尔格是一个什么样的人。

在有些人看来，格奥尔格是 20 世纪上半叶仅次于里尔克的德语诗人，并且大家普遍同意格奥尔格是当时德国文化的领军人物。魏玛时期德国的一大批知识分子对格奥尔格顶礼膜拜，视他为"先知""救世主"和"超人"。他也刻意营造超凡脱俗的神秘气氛以及"领袖"或"大师"光环，他身边的年轻崇拜者被称为"格奥尔格圈子"。一位诗人享有如此之高的地位，在今天，尤其在今天的中国，恐怕是令人难以想象的。

格奥尔格的诗歌和他的圈子具有明显的精英主义、民族主义、保守主义、英雄崇拜和反民主气质。虽然格奥尔格避免直接探讨当时的政治，后来还拒绝了纳粹政府让他担任普鲁士艺术科学院诗歌艺术系名誉主席的邀请，但他的很多诗歌，尤其是后期诗歌，显然具有右翼色彩，比如他痛斥魏玛时期德国的"沉睡"，呼吁精英们为德国的"觉醒"铺路，并提到"诸英雄"的"领袖"。他说，现代世界就像一排零，随便加多少个零，但除非一个"1"出现在它们面前，否则没有任何价值。格奥尔格的另一位如痴似狂的门徒、卓越的文学学者弗里德里希·贡多尔夫（Friedrich Gundolf, 1880—1931）则在 1910 年写文章，呼吁人们顺从于一位不可被视为凡人的"元首"。

今天我们读到这样的文字，难免会感到尴尬和警觉。我们很难说格奥尔格圈子是纳粹分子，但他们对"英雄""元首""大师"的精英主义的顶礼膜拜，很难不让人联想到希特勒。而"格奥尔格圈子"动辄谈起"秘密的德意志"（das Geheime Deutschland）时挥之不去的阴森森的神秘莫测的气息，如果放到同时期阳光而务实的英美，更是显得神神道道，恐怕会激起学界一阵冷嘲热讽。

"秘密的德意志"这个说法出自格奥尔格的一首诗的标题，也是"格奥尔格圈子"挂在嘴边的口号，很多人甚至认为"秘密的德意志"就是"格奥尔格圈子"的同义词。格奥尔格有一次说，他宁愿成为"秘密的德意志的皇帝而非公开的德意志的总统"。在《弗里德里希二世皇帝》的作者序中，康托洛维茨提到 1924 年"秘密的德意志"的这些人为皇帝的石棺献的花圈，上面就写着"秘密的德意志"字样。

康托洛维茨在 1933 年 11 月 14 日发表的抨击纳粹的演讲中阐发了他对"秘密的德意志"的理解："任何人有眼睛看，有耳朵听，都知道……直到现在，有另外一个德国，其生命超乎公开的可见的帝国。"秘密的德意志并非阴谋社团，也不是脑海的虚构，而是一直在人们身边。"它是像奥林匹斯山一样的神圣帝国，像中世纪的圣徒和天使国一样的精神帝国，像但丁的人类社会（humana civilitas）一样的人的帝国"；它是"现在和未来的英雄的世界，是永恒的德意志"。"它从未发生过，从未出现过，但〔它〕永存不朽地存在过。""秘密的德意志"是继"神圣希腊"、基督教的"上帝之城"和但丁预示的文艺复兴时期世俗化的人文文化之后，第四个末世论的、最终在精神上位列最高的社会。"秘密的德意志"的成员的特征，产生于对希腊诸神的"尊崇与爱"。因此，一个人是不是这个社会的"英雄、诗人和智者",依据并非具体的事功,而是"高贵、美与伟大"。有一天,秘密的德意志可能与现实的德国等同,但在那之前,人们要保持警惕。

"格奥尔格圈子"及其"秘密的德意志"理念,对今天的我们来说,肯定是非常陌生了,其右翼色彩也早就成了批判的对象。后来康托洛维茨也渐渐与"格奥尔格圈子"拉开了距离,但青葱年代的康托洛维茨确实曾对格奥尔格五体投地,而格奥尔格对《弗里德里希二世皇帝》这本书的诞生也有着毋庸置疑的影响。

这是一本深深地打着"大师"格奥尔格烙印的书。"大师"崇拜英雄,并且鼓励他的门徒们撰写英雄的传记。贡多尔夫写了《歌德》和《恺撒》,恩斯特·贝尔特拉姆(Ernst Bertram,1884—1957)写了《尼采》,贝特霍尔德·瓦伦丁(Berthold Vallentin,1877—1933)写了《拿破仑》。这几位传主都是普遍受到崇拜的"英雄"。弗里德里希二世这个选题大概也是格奥尔格推荐的。他认为弗里德里希二世是"中世纪德意志皇帝中最重要的"。在这本书的出版过程中,格奥尔格也费了很大力气去帮助康托洛维茨,帮他联络出版社,甚至帮他改稿和润色文字。

1927年3月出版《弗里德里希二世皇帝》的时候,康托洛维茨还相当年轻,而且在中世纪史学界默默无闻。这本书让他一夜成名。首版在一年之内售罄,到1936年已经出版了第四版,售出12000册。要知道,这正是1929—1933年大萧条的时期。在千百万人失业、大批德国人流离失所并且吃不上饭的时候,买书是非常奢侈的事情,因此这本书的巨大销量也就格外令人惊讶。

销售成绩说明这部传记深受大众的喜爱。它也收获了一些来自学术界的好评。历史学家弗朗茨·坎珀斯（Franz Kampers，1868—1929，布雷斯劳大学中世纪史教授）的评价就相当积极："一个至今名不见经传的历史学家，竟然敢于承担中世纪领域最棘手的传记难题……这本书的整体结构有着绝妙的连贯性，每个细节都令人着迷。那些看似无关紧要的事情被细致周到地采撷，并和谐地纳入整体。其观念之富赡、艺术之美感，任何摘要都传达不了。"

《弗里德里希二世皇帝》最引人注目之处，就是其高度文学性的语言，它甚至一度因为其文学品质而被法国的文学杂志摘录。康托洛维茨大量使用夸张的修辞、头韵和古语来达成戏剧性的效果。他还大量运用文学典故，尤其是但丁的《神曲》和中世纪德意志诗人沃尔夫拉姆·冯·埃申巴赫（Wolfram von Eschenbach）的作品，以及古典拉丁文学和希腊罗马神话。应当很少有人会否认，《弗里德里希二世皇帝》是一部优美的文学作品。所以这让身为译者的我诚惶诚恐，只敢说尽力而为。

但不是说仅仅靠出神入化的文笔和极高的文学素养，就能让这本书既畅销又得到专业学者的好评。我们不可忽视的一点是，这部书在魏玛德国大受欢迎的一个重要原因是，它非常符合"时代精神"：它迎合了因为一战战败、割地赔款而备感委屈和愤怒的德国民族主义者对威权主义和非自由主义的认同，甚至是颂扬。康托洛维茨在书中引用了《伊利亚特》中唯一一句对君主制的表述："应当让一个人称君王，当国王。"《弗里德里希二世皇帝》的第五章"西西里的专制君主"可以算作一部专著，它在全书中占了相当大的篇幅。作者在其中解释了为什么可以说弗里德里希二世"创立了西方第一个绝对君主制国家"，赞扬了这位中世纪皇帝对异端和异教徒的镇压，否认了弗里德里希二世对穆斯林和犹太人的宽容是因为思想开明，并认为其实际的原因是政治上的务实考量。这种见解颇有可取之处，但作者笔端洋溢着对"宽容"的轻蔑、对"东方式"专制的赞赏，也是显而易见的。

书中歌颂贵族文化，赞扬"忠诚"，说"忠诚"是只有德意志人才可能有的品质（这话在今天听起来十分滑稽和丑陋），并为皇帝的一些极端残酷的行为辩护，理由是"用恐怖来统治不是狂热，而是可怕的必然"。换句话说，只要是符合所谓"国家利益"的"必然"之事，再可怕也是对的。我读到这里的时候不禁毛骨悚然，想起了阿道夫·艾希曼的丑陋言论："个人的'内在道德'固然好之又好，但起决定作用的因素仍然是国家领导人的意志。原因不仅在于他有权强迫人们服从，更因为只有他代表人民行事。所以个人不可以让自己的内在道德与所接受的命令产生冲突，而应该看清这些命令是为了民族的大义，并且信念坚定地执行命令。"

所以，自然而然地，《弗里德里希二世皇帝》及其作者后来经常受到的一种批评，就是有纳粹思想。美国的中世纪史学家诺曼·坎托尔（Norman Cantor, 1929—2004）甚至指责康托洛维茨除了犹太人的身份之外，在其他各个方面都是纳粹。

今天史学界的公论是，康托洛维茨当然不是纳粹，他在纳粹上台以前和执政之后都对其做了严厉的谴责。公允地说，崇拜威权主义和崇拜"英雄"等思想，虽然与纳粹思想有重叠，但绝不是纳粹独有的，而是与魏玛时期保守派知识分子的普遍思潮有关系。康托洛维茨就是源自那个世界的人，他在那样的环境里有那样的思想并不奇怪，况且有这些思想的人未必就会自动成为纳粹。比如康托洛维茨在"格奥尔格圈子"里的朋友施陶芬贝格伯爵，显然也是一个有威权主义思想的、反民主的保守派。这位伯爵"鄙视人人平等的谎言，接受天然的等级制"。但他后来成为刺杀希特勒的义士和德国的民族英雄。在施陶芬贝格眼中，反抗希特勒是"贵族的义务"，且他的目标也包括在战后德国的新社会结构里为贵族获取显要的位置。这些历史局限不能减损他奋起反抗暴政的英勇义举。

康托洛维茨一度是仇恨法国的极端民族主义者。他曾在1922年说"法国人会引起我生理上十足的恶心，因为他们的肮脏，以及那一张张揭示他们所携带的污染的面孔"。但他后来到了法国，与法国人有了较多接触之后，便渐渐能够欣赏法国之美了。他也一度对英国的自由主义和民主十分不屑，但到了牛津大学之后，也变得亲英起来。流亡美国、隔着大洋经历二战之后，他更是对希特勒德国无比憎恶。这位大学者在比较健康的氛围里逐渐成熟，完成了从右向左的转变。或许正是他自身的转变经历，让他对暴政和专制格外敏感和敌视。1949年，在麦卡锡主义盛行的美国，反共仇共成为一股浪潮。康托洛维茨供职的伯克利加州大学要求教授们宣誓效忠宪法，并保证从未加入，以后也不会加入共产党等左翼组织，并对拒绝宣誓者以开除相威胁。

康托洛维茨曾经是真刀真枪地与共产党厮杀过的"白军"，如果他还是当年的他，那么这样的"反共宣誓"对他而言似乎是顺理成章的。但此时的他发出了严正的抗议："［希特勒政权的起家］就是这么发生的。起初的誓言是那么温和，让人几乎难以察觉其中有任何令人反感之处。接下来的誓言会更强硬！……这是典型煽动家的权术，通过将特立独行者贴上非雅典人、非英国人、非德国人的标签，将最忠实的公民，而且只将最忠实的公民，带入良知的冲突……"在坚决捍卫言论自由、思想自由和学术自由的同时，他也对自己当年加入"白军"表示后悔。

所以，我们要明确，《弗里德里希二世皇帝》的非自由主义思想是有着深刻的时代烙印的，是产生于具体环境的。作者本人后来也和那种时代精神划清了界限，甚至因此要和自己的这本青春之作拉开距离。因为担心它"有鼓励一种过时的民族主义的危险"，他在战后一度拒绝允许该书再版，但也反对将此书视为纳粹主义的宣传。

今天的我们阅读此书时要注意它的时代背景，要保持警觉和批判性，但也不应当脱离历史条件地对其进行无根据的攻击。

在魏玛时期，威权主义思想不是《弗里德里希二世皇帝》招致批评的原因。学术界对它的第一大批评，就是它太不学术了。首先，从形式上来讲，这本书与传统的、正规的学术书大相径庭，没有一个脚注，没有给出任何资料来源。那么，这是不是一本不靠谱的"民科"之作？当然不是。不采用学术体例，是康托洛维茨有意为之，而这也是因为受到了格奥尔格的影响，毕竟这位"大师"本身就十分厌恶学术八股，对此他还曾挖苦道："对正派人来讲，50 本书就足够了。其余的都是'教育'。"

但康托洛维茨大概也有点心虚，或者说不满足于被认为是

"通俗畅销书"作者，所以他后来花了很大力气，又洋洋洒洒写了一部《续篇》（*Ergänzungsband*），给出了《弗里德里希二世皇帝》所参考的文献来源，这下子就让批评该传记缺乏学术性的人哑口无言甚至心悦诚服了。按照剑桥大学中世纪历史学家、另一位研究弗里德里希二世的专家——大卫·阿布拉菲亚（David Abulafia）的说法，《续篇》至今仍然是"学者们永恒的参考书"，其学术地位是毋庸置疑的。在学术上，《弗里德里希二世皇帝》的部分观点已经得到了后世学界的更新或批判，但该书的很多部分仍然具有极高的权威性。康托洛维茨的一项不可磨灭的史学贡献就是分析了弗里德里希二世的立法工作，以及他如何建立一个原始的官僚国家（区别于中世纪的贵族封建制国家），并创办第一所世俗的中世纪大学。这本书对弗里德里希二世赞助翻译家与科学家的事迹，以及皇帝自己鹰猎的研究，在学术上也具有里程碑意义。

不过，虽然《续篇》给出了参考文献，但《弗里德里希二世皇帝》采用的材料也引发了争议。兰克以来的德国史学强调"客观"和"如其真实的发生"（wie es eigentlich gewesen）那般再现事件，这就要求学者努力寻找"可靠"的资料，如信件、条约、遗嘱等。只有在缺乏这些文献证据的时候才勉强采用中世纪编年史，但必须对其加以严格的文本批评。这就是正统史学的"实证性"。

但康托洛维茨不追求所谓的"客观真实"（21世纪的我们知道，这本身也是一个可以讨论的概念），而旨在"绘画般地看"，从而塑造人物的"形态"（Gestalt）。所以他频频使用"非实证"的材料，比如传说、预言、颂词、宣言和仪式圣歌。举个例子，弗里德里希二世的母亲康斯坦丝皇后怀他的时候已经是高龄孕妇，为了避免出现"这孩子并非皇后所生"的谣言，康斯坦丝在市集广场上公开分娩，让众人观看，以证明孩子的合法性。这只是个传说而已，但足够精彩，所以康托洛维茨还是用了这个材料，尽管他也加以限定，告诉大家这是个传说，并非信史。另外，仪式典礼上的称呼用语和颂词也被20世纪上半叶的德国史学界认为不是"实证"，但康托洛维茨依然采用了这样的材料。这和他后来的名著《国王的两个身体》也遥相呼应。

在今天，史学著作运用传说、预言之类的材料，只要加以合理验证和分析，不仅完全正当，而且可以很好地渲染气氛。但在当时，康托洛维茨这么做却是革命性的，因此招致了崇尚实证的德国史学界很多人的炮轰。

实证派的历史学家也反对康托洛维茨的绚丽文笔，认为历史写作应当是冷静、克制、"客观"的，要避免夸张，避免鲜艳的颜色。康托洛维茨（以及贡多尔夫）却主张用"激情点燃历史写作"。对于这一点，今天的我们只能这样理解：历史有很多种，历史写作也有很多种，并不能说某一种是"正确的"，其他的都是"错误的"。

不过，《弗里德里希二世皇帝》注重文学表达的历史写作手法，确实不是很有德国特色，而是和英国的史学传统有异曲同工之妙。我在采访英国历史学家理查德·埃文斯爵士（Sir Richard Evans, 1947— ）的时候，听他对英德史学传统的差别做过极好的概括。他认为："英国的史学传统更有文学色彩，而德国的史学传统更有社会科学的色彩。英国的史学当然具有科学的严谨性，但在表达上更文学化。英国的这种文学化的史学传统可以追溯到麦考莱和吉本，再往后就是 G. M. 特里维廉（G. M. Trevelyan，1876—1962）那样的辉格史学家。今天的英国历史学家在很大程度上仍然遵循着这种文学传统，包括我的前同事大卫·阿布拉菲亚等。所以英国的史学著作具有较强的可读性，是受过教育的大众能够欣赏的，但同时也维持着很高的学术水准。而德国不是这样。德国史学更像是社会科学，而不是文学，并且一般也不以大众为目标读者。"

埃文斯主张，历史学家应当走出象牙塔，向公众发声，为公众服务："有很多种不同的历史，也有很多种不同的历史学家。整理和研究古代文献很重要，即便这样的文献在全世界可能只有几十个人读，但它可以流传千古。但我认为，只要自己有能力、有机会，学院派的历史学家应当向公众发声，与公众交流，从事普及传播工作，扮演起'公共历史学家'的角色。因为历史学有助于人们对当今事务（不仅是政治的，还有社会的、文化的）的理解。我相信，历史学家有责任、有义务向公众发声。"

埃文斯已经算是老一辈中功成名就的资深学术历史学家了。在比他年轻的英国历史学家和作家当中，很多人的想法与他类似。比如"80 后"丹·琼斯（Dan Jones），他是剑桥大学历史专业科班出身，所写的《金雀花王朝》《空王冠：玫瑰战争与都铎王朝的崛起》等通俗历史作品在全球都颇受欢迎。在 2015 年接受我的采访时，琼斯表示："我认为，如果你的写作水平不够，即便你是伟大的历史学家，也不能吸引人们去读你的书，那么学术研究就变成了一种知识的虚荣了……历史是人类成功与失败的总和。历史是最伟大的材料，有些人却把它搞得很枯燥乏味。要想把历史弄得无聊，必须非常努力才行。

我觉得，把历史书写得无聊，应当算是刑事犯罪。"

另一位英国历史学家是安德鲁·罗伯茨（Andrew Roberts）。罗伯茨是《拿破仑大帝》等书的作者，曾荣获沃尔夫森历史奖（埃文斯也曾获该奖）。他也表示："写那种沉闷无趣的历史学论文，只能摆在大学的书架上，没有人去读，这令人沮丧。如果你想当历史学家，就必须让人想读你的书。那么，你就必须拥有优美的、吸引人的文笔。这样才能吸引读者，让他们想读更多。所以，伟大的历史著作，也必须是伟大的文学著作。"

所以，我认为，《弗里德里希二世皇帝》的文学色彩非但不是减分项，反而应当是加分项。它的深受欢迎、它的畅销，非但不是罪过，反而应当是值得赞扬的。

在今天，抛开了威权主义的历史包袱，对历史编纂学、"历史真实"的概念以及文学入史的手法也有了新的把握之后，我们应当能够平心静气地欣赏这部史学经典和文学名著，去惊叹康托洛维茨的绚丽文笔和细致入微的学术研究。这大概是《弗里德里希二世皇帝》在 21 世纪得到一定程度的"复兴"的原因之一。勒纳说今天已经没人读这本书了，这显然是错的。我用来翻译的德文底本是 Klett-Cotta 出版社 2016 年版在 2021 年的第六次印刷本，平均一年一加印一次，显然不是没人读。而英国 Head of Zeus 公司在 2019 年再版了埃米莉·洛里默（Emily Lorimer, 1881—1949）的英译本，大概说明英语国家也对这本书产生了新的兴趣。

值得一提的是，这个英译者洛里默是个奇人，曾在都柏林三一学院和牛津大学学习现代语言，懂德语、法语、荷兰语、丹麦语、梵语、阿拉伯语等多种语言，与身为外交官和军官的丈夫一起游历过阿拉伯世界。她还是 20 和 30 年代最早向英国公众揭露希特勒邪恶本质的西方记者之一。1931 年出版的《弗里德里希二世皇帝》洛里默英译本十分出色，甚至在修辞表达上，也几乎和原著一样生动有力，得到了康托洛维茨本人的高度赞扬。他说译本"精妙绝伦"，自己的笔调被传达得如此惟妙惟肖，让他颇感惊讶。

不过据我观察，这个英译本有大量文字缺漏，许多较难的段落直接跳过不译，细节错误也有不少，比如将弗里德里希二世的外孙 Friedrich der Freidige（勇敢的弗里德里希）译为 Frederick the Peaceful（和平的/安宁的弗里德里希），大概是将 Freidig 看成了 Friedlich。再比如，洛里默将"Florenser"（修会）误译为"佛罗伦萨"（Florenz），这也是一个粗心的错误。

我们今天不需要（而且不应当）全盘接受康托洛维茨对弗里德里希二世皇帝的阐释，但有必要了解一下这位皇帝的接受史，即历代的人们如何看待他。弗里德里希二世的历史形象与地位一直是很有争议的。中世纪教会谴责他是敌基督、异端分子、渎神者、暴君和迫害教会的大恶人。他的支持者和仰慕者则把他尊为弥赛亚与"和平皇帝"。

1257 年之后，德意志流传起了弗里德里希二世并未死去，将会重返人间、拯救万民于水火的传说，甚至出现了一些冒充弗里德里希二世的江湖骗子。其中最成功的是所谓的"木屐迪特里希"（Dietrich Holzschuh），也称提勒·克鲁普（Tile Kolup）。他于 1283—1284 年在科隆冒充弗里德里希二世，受到热烈欢迎，聚集了不少追随者。他还有模有样地主持起了朝会，用伪造的御玺发布诏书，迫使当时的德意志国王哈布斯堡的鲁道夫不得不集结一支军队来镇压这个假皇帝，并将他处以火刑。

但皇帝必将重返人间的信仰实在太深入人心，后来还一直有人冒充弗里德里希二世，直到最后一个假弗里德里希于1546年粉墨登场。大约从1420年起，人们便开始相信弗里德里希二世在屈夫霍伊泽山（Kyffhäuserberg）徘徊。后来民间传说将他和他的祖父巴巴罗萨相混淆，再往后人们就认为在屈夫霍伊泽山上沉睡的是巴巴罗萨了。到19世纪初民族主义兴起之后，德意志人觉得巴巴罗萨这样纯粹德意志的人物，比弗里德里希二世这样的"意大利人"更适合作为德意志传奇的材料。因此19世纪的德国中世纪史学家基本上把弗里德里希二世抛在一边，因为他在"小德意志"（主张以普鲁士为主体统一德意志，强调德意志民族主义、排除奥地利）和"大德意志"（主张以奥地利为主体统一德意志，接纳奥地利帝国境内的捷克、匈牙利等民族）两种思潮那里都不讨好。抱有"普鲁士的""小德意志"理念的历史学家对弗里德里希二世颇有微词，因为他是半个诺曼人，更爱意大利南部而不是德意志，而且他赋予德意志诸侯近乎主权的权力，实际上牺牲了德意志的统一。在德意志民族主义者看来，德意志历史上的长期割据分裂是莫大的耻辱，而弗里德里希二世应当对这种可耻的局面负责。而抱有"大德意志"理念的历史学家也不喜欢这位皇帝对德意志的"出卖"，以及他的反教宗政策。康托洛维茨的作品实际上是关于弗里德里希二世皇帝的第一部深入而严肃的传记。

我很荣幸有机会翻译康托洛维茨的这部"将关于过去的学术和关于未来的预言水乳交融"的"史诗般"（阿布拉菲亚语）的传记。康托洛维茨的华丽文笔和许多令人拍案叫绝的文字游戏都很难忠实准确地用中文进行传达，在翻译时我经常感到如履薄冰、战战兢兢。我只期望自己的工作能够激发读者对康托洛维茨和弗里德里希二世这两个历史人物的兴趣。

中文世界里有人将作者的名字译为"坎托洛维奇"，这确实是美国人对他名字的常见读法，不过我仍然按照自己的习惯采用了德语读法，即康托洛维茨。毕竟这是一本关于德意志的书，由一位德意志学者写成。本书涉及德语、法语、意大利语等多种语言，人名往往很难翻译。我采用的基本原则是：对于那些在中文世界已有通译的，就使用习惯的通译，如对于西西里诺曼王朝的国王，我采用"罗杰"而不是法语的"罗歇"或意大利语的"鲁杰罗"，尽管"罗杰"其实是从英语来的；对于传主本人，我则采用德语的"弗里德里希"，而不用较旧的译法"腓特烈"，也不用意大利语的"费德里科"。对于知名度较低、没有通译的人名，我尽量坚持"名从主人"的原则，比如将 Walter von Brienne 按照法语发音译为"布里耶纳伯爵戈蒂耶"。康托洛维茨对很多专名的拼法与当代的习惯已有出入，我在有些地方做了修改。对于康托洛维茨在本书中信手拈来的拉丁文和古希腊文，我得到了我的朋友、青年古典学家罗逍然的帮助和指导。书中涉及的意大利文，我请教了北京外国语大学的李婧敬教授。康托洛维茨的德文华丽而复杂，常有用词古奥或费解之处，为此我经常请教南京大学德语系的钦文老师。特在此向三位热情出手相助的老师表示诚挚的感谢！

此外，我还要感谢慕尼黑的丁娜博士在搜寻和购买资料上给予我的帮助，感谢当初帮助我学德语的桑德拉·措尔格，以及我的多位学识渊博、严谨认真的朋友，他们是（按照姓名拼音排列）：李若依依、刘欣然、邵妍、汤君烨。他们阅读和审校了部分或全部初稿，还为我搜集资料，给我提供了莫大的帮助。当然，翻译难免有纰漏，期望得到读者的批评指正。

陆大鹏

作者序

　　1924 年 5 月，意大利王国庆祝那不勒斯大学（其创立者便是施陶芬王朝的弗里德里希二世）成立 700 周年时，人们在巴勒莫主教座堂的皇帝石棺上可能会看到一个花圈，上书：

SEINEN KAISERN UND HELDEN

DAS GEHEIME DEUTSCHLAND

（秘密的德意志，献给它的皇帝与英雄）

　　并不是说这一事件就是本书的起源……但我们可以恰当地将那个花圈视为一个象征。它表明，在皇帝已经不复存在的今日，人们对往昔那位伟大的德意志统治者的热情正在复苏，而且不仅仅是在学术界。

第一章　弗里德里希二世的童年

　　西方有很多诗篇预言了救世主的降生，其中维吉尔《牧歌》的第四篇最有名。他在气势磅礴的史诗《埃涅阿斯纪》中歌颂了罗马帝国的未来。在创作《埃涅阿斯纪》之前，维吉尔在《牧歌》第四篇这首相对较短的诗中描绘了未来的世界统治者。他为这位世界统治者赋予了弥赛亚的属性：作为神之子，他诞生时面带笑容，他将开启整个世界的万世太平与黄金时代，并重振阿波罗的王国。中世纪的人们从来没有考虑过，维吉尔的预言似乎在他的恩主、和平皇帝奥古斯都身上得到了应验。对中世纪基督教时代的人们来说，这种预言诗只能有一种解释，那就是预言了基督的神奇诞生。维吉尔的诗句预言的是一位统治者，但这并不妨碍中世纪的人们将其理解为对基督的预言，因为人们早就习惯于称颂基督为世界之王和罗马世界性帝国的统治者。大家是这样描绘基督的：作为严峻的世界统治者，基督处在神圣光轮①中，端坐于云上，手持地球和律法书，头戴皇冠。对中世纪的人们来说，身为多神教徒的维吉尔像《旧约》中的先知一样能够预知并宣告救世主的降临，这只不过是诸多神迹之一。这首短诗以其神奇的未卜先知，为维吉尔赢得了中世纪世界的钦佩和敬畏。维吉尔对救世主的预

---

①　神圣光轮（mandorla，意大利文，字面意思为"扁桃"）是基督教圣像当中环绕耶稣或圣母马利亚等人物形象全身的扁桃形边框。

言，在风格和内容上都为坎帕尼亚诗人埃博利的彼得罗（Petrus von Eboli）那首浮夸地庆祝亨利六世的独生子出生的诗提供了灵感。所以我们可以说，维吉尔站在基督教的、德意志人的罗马帝国最后一位，也是最伟大皇帝的摇篮边。这一点颇有深意。

　　学识渊博的埃博利的彼得罗并不是唯一在 1194 年圣诞节次日向新生的皇子献上预言的诗人和智者。亨利六世的教师维泰博的戈弗雷多（Gottfried von Viterbo）也称颂这个孩子就是未来的救世主，即预言中引领“圆满的时代”的恺撒。甚至在孩子出生之前，戈弗雷多就已经借用西比尔女预言家①的谶语告诉他的主公，即将出世的孩子注定要成为万众期待已久的世界之王，他将像提布缇娜神谕（Tiburtina）预言的那样统一东西方。后来又有一种说法，说东西方都为这位皇子的诞生喜极而泣。但与此同时，伴随着施陶芬家族最新成员的诞生，也有一些不太悦耳的预言。据说，布列塔尼的巫师梅林（Merlin）不仅预言了这个孩子“奇妙而出人意料的出生”，还用阴森神秘的话语暗示了灾难：这个孩子将是一只羔羊，它将被撕成碎片，但不会被吞噬；他在自己人中也将是一头愤怒的

————————

①　西比尔女预言家（Sibylle）是古希腊的神谕者。一般认为至少有 10 个西比尔女预言家，分别在希腊、意大利、黎凡特和小亚细亚，她们是：波斯神谕、利比亚神谕、德尔菲神谕、辛梅里亚神谕、埃律特莱亚神谕（Erythraeische Sibylle）、萨摩斯神谕、库迈神谕、赫勒斯滂神谕、弗里吉亚神谕和提布缇娜神谕（Tiburtinische Sibylle）。其中前 9 位都是古希腊人信奉的，而提布缇娜神谕（也叫阿尔布内阿，Albunea）是罗马人添加的，她的圣所在伊特鲁里亚人的城镇提布尔（Tibur），即今天的蒂沃利。传说奥古斯都曾询问提布缇娜神谕，他是否应当被当作神来崇拜。

狮子。卡拉布里亚的熙笃会修道院长菲奥雷的约阿希姆①（他之于圣方济各，恰似施洗约翰之于耶稣）立即在这个新生儿身上看到了未来的世界惩戒者和祸乱人间的敌基督②。传说这位满脑子预言的修道院长早在康斯坦丝皇后还不知道自己怀孕的时候，就提前禀报皇帝，说皇后为恶魔所害，已经怀孕。和其他一些英雄的母亲（例如奥林匹亚丝③、奥古斯都之母阿提娅④和梦见自己腹中藏着巨龙的赫尔策莱德⑤）一样，皇后也做了一个梦，她在梦中得知，在她腹中孕育的是熊熊烈火，是

① 菲奥雷的约阿希姆（Joachim von Fiore，约1135—1202）是中世纪意大利的一位基督教神学家和修道院长，是重要的末世学思想家，专注于对《启示录》中预言的解读。他认为，历史可分为三个时代：圣父的时代、圣子的时代和圣灵的时代。但他的很多思想遭到后世教会的批判和谴责。

② 敌基督（Antichrist）是基督教的一种说法。《圣经》预言在第二次圣临之前，会有人冒充基督，暗地里敌对或意图迫害真基督。敌基督者说谎、欺骗人，一心要破坏信徒跟基督和上帝的关系。耶稣也曾经警告他的门徒要提防骗子，也就是要提防假先知。弗里德里希二世皇帝被绝罚后，被教会的某些人士认为是敌基督，宗教改革家马丁·路德则指控教宗就是敌基督。

③ 奥林匹亚丝（约前375—前316）是马其顿王国腓力二世之妻，亚历山大大帝的母亲。在古希腊，人们相信伟人诞生之际都伴随着异兆。普鲁塔克记载了当时有关亚历山大出生的传说。他描述在婚礼的前一晚，奥林匹亚丝梦到一道闪电击中她的子宫，并且点燃一阵大火，火焰四处散开，最后才慢慢熄灭。而在两人结婚后，腓力二世梦到自己拿着一个狮子形状的印，封住妻子的子宫。占卜官亚里斯坦德向腓力二世解释，认为王后已经怀孕，并将生下像狮子一样强壮且勇敢的男孩。

④ 传说阿提娅在阿波罗神庙参加了一次夜间仪式，在轿子上睡着了。一条蛇出现，从她身上游过，在她大腿上留下了一条蛇皮一样的印迹。她醒了，感到自己需要按照仪式要求清洁自己，就像她刚刚做过爱一样，因为只有身体洁净的人才可以进入神祇的圣所。她没有办法洗去皮肤上的印迹，于是不再去公共浴室洗澡。9个月后，她生下了一个儿子，就是后来的奥古斯都。

⑤ 赫尔策莱德（Herzeloyde，字面意思"心之痛苦"）是亚瑟王传奇中的英雄帕西法尔的母亲。

将点燃整个意大利的火炬。

康斯坦丝让同时代的人浮想联翩，当时很少有皇后能做到这一点。这位西西里王国的女继承人，天赋异禀的诺曼君主和国家缔造者罗杰二世（伟大的金髯好汉）的遗腹子，在少女时代过着与世隔绝的生活；她年过 30 才结婚，嫁给一个小她 10 岁的男人，即巴巴罗萨的次子；她婚后 9 年都没有生育，人到中年却出人意料地怀孕。所有这些，对她那个时代的人来说都足够神奇，为传说提供了充足的素材。据传说，康斯坦丝的母亲，即勒泰勒伯爵吉蒂尔（Günther von Rethel）的女儿贝亚特丽斯（Beatrix），在罗杰二世国王驾崩后生下了后来的康斯坦丝皇后；诞女之后贝亚特丽斯做了噩梦。半东方化的诺曼宫廷的占卜师表示，康斯坦丝将给她的祖国带来可怕的毁灭。毫无疑问，为了避免这种厄运，王室立即决定让康斯坦丝出家当修女，恰似罗马的女祖先伊利娅①被安排当维斯塔贞女②。康斯坦丝还是公主的时候确实在巴勒莫的多家女修院度过了很长一段时间，这一事实很可能增强了上述传闻的说服力。据说

---

① 伊利娅（Ilia），即雷娅·西尔维亚（Rhea Silvia），罗马神话中罗马城建立者罗慕路斯与雷穆斯的母亲。她是埃涅阿斯的后代，是阿尔巴朗格国王努米托尔的女儿。努米托尔的弟弟阿穆利乌斯篡位，驱逐兄长，杀死其子，强迫雷娅·西尔维亚当维斯塔贞女，从而断绝努米托尔的血脉。雷娅·西尔维亚被战神玛尔斯强暴，生下了双胞胎罗慕路斯与雷穆斯。双胞胎被阿穆利乌斯命人丢弃于荒野，但得到母狼的哺乳，后被牧人收养，长大成人之后复仇，杀死了阿穆利乌斯，然后建造罗马城。由于兄弟俩的纠纷，雷穆斯被罗慕路斯杀死。

② 维斯塔贞女，或称护火贞女（virgo Vestalis），古罗马炉灶和家庭女神维斯塔的女祭司。维斯塔贞女共 6 位，6~10 岁开始侍奉，必须守贞、侍奉神祇至少 30 年。她们的主要任务是守护维斯塔神庙的炉灶，不让圣火浇熄。30 年期满退休后，她们会得到丰厚的退休金，可以结婚。与前维斯塔贞女结婚是一件荣耀的事情，而且能获得不菲的嫁妆。

康斯坦丝不愿意结婚，这一点塑造了但丁笔下她的形象：因为她是在压力之下被迫离开了"甜蜜的修道院"①，所以但丁把康斯坦丝皇后写进了天堂。不少人对康斯坦丝曾经出家的传说信以为真，后来圭尔甫派出于对她儿子的敌意而故意散播这个故事。后来有一种类似的迷信说法，预言一个修女将生下敌基督。另外，这位皇后到 40 岁才第一次，也是唯一一次怀孕，这催生了另一套传说。为了将她迟来的受孕与《圣经》中的先例联系起来，将康斯坦丝描绘得比她的实际年龄老得多成为一种时尚。她常被描绘成满脸皱纹的老妪。关于这个孩子并非皇后所生的谣言必然会随之而来，而且有人说他实际上是一个屠夫的儿子。但康斯坦丝是个精明的女人，她采取了措施来预防这种流言蜚语：她命人在露天市场上搭了一座帐篷，在众目睽睽之下生下儿子，并自豪地展示了她丰满的乳房。

康斯坦丝分娩的地点不在巴勒莫，而在耶西。这是一座可以追溯到罗马时代的小镇，位于安科纳边疆区②。弗里德里希二世当上皇帝之后，在一份引人注目的文件中对他的出生地大加赞颂：他称耶西为他的"伯利恒"，并将生下他的"神圣母亲"摆在与救世主之母平起平坐的位置上。安科纳边疆区确实属于文艺复兴时期意大利的圣地。意大利民族觉醒之后，就认识到这是一个神圣的地区（sancta regio），对其推崇备至。从 1294 年（这个施陶芬男孩诞生的整整 100 年之后）开始，

---

① 译文参考：《神曲·天国篇》，但丁著，田德望译，人民文学出版社，2001 年，第三章，第 21 页。

② 安科纳边疆区（Mark Ancona）是中世纪以安科纳城为中心的一个边疆地区，原本是神圣罗马帝国控制下的意大利的一部分。教廷与帝国之间就安科纳边疆区的归属和管辖有许多争议，发生过很多武装冲突。1198 年，英诺森三世时期，教宗国占领了安科纳边疆区。

拿撒勒圣母院就矗立在安科纳边疆区，而最终成为圣母院所在
地的洛雷托（Loreto）则成了意大利最著名的朝圣地之一。因
此，安科纳边疆区（也是拉斐尔的故乡）为无数幅描绘圣母
与圣婴玩耍的画作提供了实际的景观基础（如果神话景观确
有真实原型的话），这也就不足为奇了。

不过，这些阳光明媚的图景在弗里德里希的童年记忆中却
没有占据一席之地。康斯坦丝在生下他的几个月后就把这个
"有福的儿子"（她暂时给他取名为康斯坦丁①）送到阿西西
（Assisi）附近的福利尼奥（Foligno），托付给斯波莱托
（Spoleto）公爵夫人②照料，皇后本人则匆匆赶回她的西西里王
国。她停留在耶西只是为了分娩。与此同时，亨利六世皇帝挥
师南下，以严酷的手段血腥镇压了西西里的叛乱。经过多年的
鞍马劳顿和南征北战，他终于掌控了他的妻子继承的国家③。巴

---

① 即"君士坦丁"。

② 姓名不详。她的丈夫康拉德·冯·乌尔斯林根（Konrad von Urslingen，卒
于 1202 年）原为德意志施瓦本地区的贵族，在 1176～1177 年和 1198～
1202 年是斯波莱托公爵。他于 12 世纪 70 年代担任巴巴罗萨在意大利中
部的代表之一，后获得斯波莱托公爵爵位。他与亨利六世及其妻子康斯坦
丝的关系都很好，对他们大力支持。康拉德是亨利六世临终前最后陪
伴他的少数人之一。亨利六世驾崩后，教宗英诺森三世开始争夺斯波莱
托公国。在亨利六世的弟弟施瓦本的菲利普与奥托四世争夺德意志王位
的斗争（详见下文）中，康拉德支持菲利普。康拉德死后，他的儿子小
康拉德、海因里希和莱纳尔德先后继任斯波莱托公爵。后来乌尔斯林根
家族败于教廷，丧失了这个位于意大利中部的公国，不得不返回南德
老家。

③ 西西里国王罗杰二世死后，他的儿子威廉一世继承王位。威廉一世又传
位于自己的儿子威廉二世。威廉二世没有子嗣，按理说王位将会归属他
的姑妈康斯坦丝。但在这个时候，威廉二世的堂兄弟唐克雷德（罗杰二
世的一个私生子的儿子）篡位。康斯坦丝的丈夫、巴巴罗萨的儿子亨利
六世打着妻子的旗号向唐克雷德发动战争，最终获胜，成为西西里国王。
唐克雷德的妻儿遭到亨利六世的残酷虐待。

巴罗萨曾经憧憬并希望通过他儿子与西西里女继承人的婚姻来实现的目标,终于都达成了:驯服总是与帝国的敌人沆瀣一气的讨厌的诺曼人;在意大利最南端为施陶芬皇权确保一个牢固的据点,与家族在阿尔卑斯山以北的据点遥相呼应,并从南方基地(不管德意志诸侯对此高兴还是不高兴)监视和控制南北两个据点之间的"圣彼得的遗产"①,以及始终桀骜不驯的帝国意大利②。所有这些愿景,都在皇权继承人诞生的前一天实现了:在撒拉森号手的护送下,亨利六世以胜利者的身份,大摆排场,威风凛凛地进入了被征服的巴勒莫城。当他骑马经过时,心惊胆战的民众纷纷跪倒在地。1194 年圣诞节,他在都城的主教座堂被加冕为西西里国王。他很快就在同一封信中宣布了他的军事胜利以及他的儿子和继承人的诞生。大统的继承有了保障,这就让亨利六世对这个南方王国(并且是世袭王国,而非选举制的君主国)的征服以及这位不知疲倦的皇

---

① "圣彼得的遗产"(Patrimonium Petri)原指罗马教廷的地产,后来指教宗国,特别是罗马公国。在本书中可以简单地理解为教宗国。

② 帝国意大利(Reichsitalien),也叫意大利王国,是神圣罗马帝国的三个构成之一(另外两个是德意志和勃艮第)。帝国意大利起初包括今天意大利北部和中部的广袤地区。773 年,法兰克人的统治者查理曼(加洛林王朝)翻越阿尔卑斯山,攻击统治意大利绝大部分地区的伦巴第王国。伦巴第王国崩溃后,法兰克人成为北意大利的主宰,但南半部分仍然在伦巴第人的统治下。查理曼自立为伦巴第国王,后于 800 年在罗马加冕为皇帝。加洛林王朝统治意大利到 887 年,随后意大利成为多方争夺的对象。951 年,德意志国王奥托一世攻入意大利并称王,962 年又加冕为皇帝。意大利和德意志就这样联合在了帝国的框架里。德意志国王获得加冕后成为皇帝,皇帝同时也是意大利国王,而皇帝往往停留在德意志,所以对意大利的掌控逐渐减弱。12～14 世纪,意大利出现了圭尔甫派(支持教宗)和吉伯林派(支持皇帝)的斗争。伦巴第城市联盟这样的政治势力更是公开挑战皇帝对于意大利的权威。弗里德里希二世驾崩后的"大空位期"使得皇帝对意大利的控制名存实亡。

帝的其他伟大成就有了充分的意义。

　　亨利六世对神圣罗马帝国的统治仅仅持续了六年。但这短暂的时间足以让他用武力迫使世界臣服在他的宝座前。他在位的时间虽短，却过得极其充实，有极多建树。即便他像他的儿子一样懂得观星占卜，并从星象中预知他的使命是多么复杂而艰巨，而他拥有的时间又是多么短，他也几乎不可能把时间运用得更加充分了。他只承认具体和实际的价值；他不允许任何顾虑阻挠他披荆斩棘地前进；涉及国家的目标时，所有的成规都只是干扰项。他与施陶芬家族的其他成员一样，是具有上述清醒认识的政治天才，但他缺乏这个深得上天眷顾的家族的许多其他品质：他没有亲人们那种轻松快活的性情，没有他们讨喜的外表。他的身体瘦削羸弱；宽阔的天庭之下，他冷峻的面孔始终带着不怒自威的神色。他面色苍白，胡须稀少。从没有人见过他笑。他的个性中完全没有巴巴罗萨那种和蔼可亲与令人折服的魅力。他有一种阴郁的专横跋扈的气度，再后来他几乎变成了一个铁石心肠的人。他的政策雄心勃勃，包罗万象，但严酷冰冷、缺乏创见。坚硬是他的基调，一种像花岗岩一样的坚硬，还有一种在德意志人中罕见的坚定不移。除此之外，他还拥有强大的意志力、强烈但冷若冰霜的激情，以及惊人的精明和政治天赋。所有这些品质都让人在他身上看不到青春的气息，而且确实很容易让人忘记，亨利六世去世时也只有 32 岁。

　　除了帝国本身，巴巴罗萨还根据罗马法将应当属于他的全部主张权传给了儿子。根据罗马法，整个世界都理应处于罗马皇帝的统治之下。现在，亨利六世的使命就是要在短时间内落实这些主张权。他没有巴巴罗萨那种吞噬一切的烈火般的激情，或者极具感染力的热情，也没有巴巴罗萨那种幼稚的欲望

（例如，巴巴罗萨曾经命令苏丹们将其土地置于他的统治之下，因为他是罗马皇帝的继承人，而这些东方土地早已经被他的恺撒先辈的将军们征服了）。但亨利六世拥有一种更为罗马式的品质：一种无边无际、清醒的实事求是的精神。他懂得如何利用巴巴罗萨激发的热情，而父亲创造的火热的时代精神能够成为亨利六世作为世界征服者的行动的支柱。"正如太阳的伟大和光辉胜过天上所有的星辰，罗马帝国的地位也高于世界上的其他王国。唯一的最高统治权在过去属于罗马帝国；正如星星从太阳那里获得光芒，国王们也从皇帝那里获得统治权。"海斯特巴赫的恺撒利乌斯（Caesarius von Heisterbach），莱茵兰的一位熙笃会修士，后来写下了上面的话。德意志之外也有许多人同意他的观点。英格兰人索尔兹伯里的约翰①在一种几乎是人文主义的氛围中写作，称国王们为"小王"；而有罗马法背景的比萨的乌古乔内（Huguccio von Pisa）如此教导大家："罗马帝国有许多省份，有许多国王，但只有一个皇帝，即国王们的宗主。"

这就是人们耳熟能详的施陶芬皇族的帝国理念。正如福格威德的瓦尔特②后来所说的那样："可怜的国王们围绕着你。"

---

① 索尔兹伯里的约翰（Johannes von Salisbury，1110 年代末—1180），自称"小约翰"，是英格兰作家、哲学家、教育学家和外交官，担任沙特尔主教。他是盎格鲁-撒克逊人，在巴黎师从皮埃尔·阿伯拉尔，对巴黎大学早期的生活留下了生动的记述。回到英格兰之后，他担任坎特伯雷大主教特奥巴德的秘书，结识了托马斯·贝克特。贝克特成为坎特伯雷大主教之后，约翰又担任他的秘书，见证了英王亨利二世与贝克特的斗争。

② 福格威德的瓦尔特（Walther von der Vogelweide，约 1170—约 1230），中世纪德意志重要的骑士爱情诗人，也是第一个用德文创作政治题材诗歌的诗人。他有骑士身份，曾在多个宫廷服务，与维也纳的巴本贝格宫廷关系尤为密切。在政治层面，他曾先后支持施瓦本的菲利普、奥托四世和弗里德里希二世。后来弗里德里希二世给了他一小块采邑。

皇帝的主张权不可能以直接的、绝对的专制形式来实现，但在封建法律的帮助下，它能够以间接形式得到实现：在几年内，西方（而且不仅仅是西方）实际上已经承认亨利六世是最高的封建宗主。甚至在巴巴罗萨去世前，亨利六世就已经对丹麦和东方的波兰提出了主张；狮心王理查的被俘使得英格兰成为一个向帝国称臣纳贡的附庸国，俘虏理查是亨利六世在政治上运筹帷幄的一招妙棋。他还通过狮心王要求法兰西国王腓力二世·奥古斯都承认他是宗主，因为从诺曼底到纳瓦拉边界，英格兰国王的广袤领土都是法兰西的采邑。现在亨利六世还要强迫法兰西向帝国称臣，而狮心王就像听从上级发号施令的将军一样，奉命以皇帝的名义向法兰西开战，并且只有在皇帝允许的情况下才能与法兰西议和。皇帝的主张权还延伸到了勃艮第王国。自巴巴罗萨与贝亚特丽斯①结婚以来，勃艮第王国再次回到了帝国的旗下。亨利六世甚至对卡斯蒂利亚提出了主张，并对阿拉贡主张了权利，他希望热那亚人能够为他落实这些权利。整个意大利尽在皇帝的掌握之中。意大利的各岛屿属于帝国，伦巴第各城市几乎不敢反抗，而教宗无论如何也无法与帝国的力量抗衡，被限制在坎帕尼亚的一部分，"在那里，人们害怕的是皇帝，而不是教宗"。整个"圣彼得的遗产"、托斯卡纳、安科纳边疆区和斯波莱托都在施陶芬皇帝手中。罗马服从于皇帝委派的长官，罗马城位于台伯河右岸的一侧全部被并

---

① 勃艮第的贝亚特丽斯（Beatrix von Burgund，1143—1184）是勃艮第伯爵雷诺三世的独生女，因此是勃艮第的继承人。德意志国王（和后来的神圣罗马皇帝）弗里德里希一世（巴巴罗萨）于1156年与她结婚。婚后贝亚特丽斯被册立为勃艮第女王。巴巴罗萨因此得以控制勃艮第。贝亚特丽斯曾陪同巴巴罗萨南征北战。亨利六世和施瓦本的菲利普都是巴巴罗萨与贝亚特丽斯所生。

入托斯卡纳。因此，在征服西西里（这项工作多年来耗费了皇帝的全部心血）之后，整个意大利就被统一在一位无比强大的君主手中。

占领了西西里之后，一整个新世界就向亨利六世敞开了大门（他是第一位得到这样的机会的皇帝）：从赫拉克勒斯之柱①到赫勒斯滂海峡，整个地中海都在他的权势范围之内。他自命为西西里诺曼王朝的继承人，不仅继承了巴勒莫的王家城堡和西西里国王的地位，而且还继承了诺曼王朝的权利主张。自罗杰二世时代以来，诺曼王朝的君主就自诩为"非洲之王"，而从摩洛哥到的黎波里的穆斯林王公现在不得不向德意志皇帝——西西里的新主人——缴纳迄今为止向诺曼君主缴纳的贡赋：穆瓦希德王朝②的苏丹在纳贡这件事上没有犹豫太久，因为他看到，在西西里被亨利六世征服之后，他（苏丹）的巴利阿里群岛受到了威胁。亨利六世还认为自己是罗贝尔·吉斯卡尔③及其追随者征讨东罗马帝国的事业的继承人。如果

① "赫拉克勒斯之柱"是直布罗陀海峡南北两岸的巨岩，北面一柱是位于英属直布罗陀境内的直布罗陀巨岩，而南面一柱则在北非，但确切是哪座山峰没有定论。根据希腊神话，这两大巨岩是大力士赫拉克勒斯所立，为他捕捉巨人革律翁之行留下纪念。赫拉克勒斯双柱之内的海洋即地中海。

② 穆瓦希德王朝（Almohaden，1121—1269）是由北非柏柏尔人在北非和西班牙部分地区建立的一个伊斯兰政权，早期有宗教激进主义的色彩，比之前的穆拉比特王朝更严苛。穆瓦希德王朝的领袖自立为哈里发。穆瓦希德王朝后被摩洛哥的马林王朝消灭。

③ 罗贝尔·吉斯卡尔（Robert Guiscard，意为"狡猾的罗贝尔"，约1015—1085）是征服南意大利和西西里岛的诺曼人冒险家，出身于诺曼底的欧特维尔家族。凭借在意大利的南征北战，他成为阿普利亚、卡拉布里亚和西西里公爵。他的弟弟罗杰（大伯爵）从穆斯林手中夺取了西西里岛，这个罗杰的儿子就是西西里国王罗杰二世。罗贝尔·吉斯卡尔可以算是西西里王国的奠基者和始祖。

亨利六世容忍希腊皇帝在他的卧榻之侧酣睡，那么德意志人对囊括整个天下的罗马世界的生动愿景就远远不算实现；如果没有拜占庭，帝国对地中海的包围就不会完整。亨利六世能够提出各种权利主张，而在这些主张权失效的情况下，对他的权力的恐惧就足以使软弱无力的希腊人迅速地屈服。作为诺曼王朝的继承人，他要求得到从埃皮达鲁斯（Epidaurus）到塞萨洛尼基（Thessalonich）的所有领土，并通过他的大使毫不留情地从孱弱的篡位者亚历克赛三世①那里索取贡品、兵员和船只。亨利六世在与拜占庭打交道的过程中说一不二，"仿佛他是万主之主和万王之王"。为了筹集贡金，亚历克赛三世被迫征收所谓"德意志税"，甚至不惜打开历代皇帝的陵墓（包括君士坦丁大帝的坟墓）以掳掠死者的装饰品。但所有这些事迹都只是亨利六世征服东方的前奏，他的人生最后几年的雄心勃勃的计划几乎都是为了这个目标。东方的一些基督教王公自愿将自己置于当时唯一能给他们提供保护的人——这位刚到而立之年的皇帝的羽翼之下。有一个十字军国家的君主——安条克亲王博希蒙德三世（Boemund von Antiochien），恳求皇帝担当他的宗主；奇里乞亚②国王的使者向亨利六世宣誓效忠，恳

---

① 亚历克赛三世·安格洛斯（约 1153—1211）于 1195~1203 年担任拜占庭皇帝。他推翻了自己的弟弟伊萨克二世，将他废黜并戳瞎双目。伊萨克二世的儿子亚历克赛在意大利人的帮助下逃往西方，得到西方人的支持，将第四次十字军东征的目标改为君士坦丁堡，希望借助十字军的力量夺回皇位。十字军占领君士坦丁堡后，亚历克赛三世逃亡。失明的伊萨克二世与儿子（称亚历克赛四世）共同统治。亚历克赛四世与他的父亲以及十字军的矛盾越来越深，最终导致十字军对都城的洗劫和占领。最后亚历克赛四世被廷臣刺杀。亚历克赛三世则经历不少波折，后阴谋反对自己的女婿、第一任尼西亚皇帝狄奥多·拉斯卡里斯，失败后被囚禁在一处修道院中，死在那里。

② 奇里乞亚在今天土耳其的东南部沿海地区。

求他接受他们的主公为附庸，并恩赐奇里乞亚国王"亚美尼亚国王"的称号，从而使奇里乞亚终结对东方皇帝的旧的封建效忠，改为效忠西方新的世界统治者。塞浦路斯国王艾默里（Amalrich）① 的使者一直走到遥远北方的沃尔姆斯，请求亨利六世正式向艾默里封授塞浦路斯的王国与王冠。与此同时，亨利六世正在筹备一次十字军东征，这将最终打开东方的大门，使东方臣服于他。十字军东征的所有准备工作都做得一丝不苟。八十多岁的教宗塞莱斯廷三世肯定对这场圣战的真正意图有所怀疑，但作为西方基督教世界的精神领袖，至少在那些日子里，他只能对这样一项事业采取善意和支持的立场。他万般不情愿地被束缚在皇帝的计划中，只在一个方面能够成功地抵制施陶芬皇帝的意愿。

亨利六世很清楚，他的庞大帝国缺乏有机的统一性，因为每个构成国都与皇帝有着性质不同的关系：德意志是一个选举产生君主的国家；西西里是一个世袭的君主国；其他国家是封建附属国，其中许多对他的臣服是间接的。亨利六世尽最大努力将整个帝国维系在一起，使其具有某种统一性。当他的儿子出生时，他相信时机已到。他努力争取德意志诸侯接受他的计划，手段是向世俗诸侯承诺允许他们的地位和领土世袭，向教

---

① 艾默里·德·吕西尼昂（1155之前—1205）是耶路撒冷国王居伊·德·吕西尼昂的哥哥，曾担任王国的司厩长，参加了哈丁战役。居伊丧失耶路撒冷王位之后获得了塞浦路斯作为补偿。居伊死后，塞浦路斯诸侯选举艾默里为主公，他于1196年在神圣罗马皇帝亨利六世支持下称王，即第一任塞浦路斯国王。后来艾默里娶了耶路撒冷女王伊莎贝拉一世（居伊之妻西比拉女王的同父异母妹妹），于1198年成为耶路撒冷国王。在他统治期间，塞浦路斯和耶路撒冷的局势相对稳定。有些资料里将艾默里的名字与"阿马尔里克"混淆，所以错误地称他为阿马尔里克二世。

会诸侯承诺允许他们按照自己的意愿传承自己的产业。他希望
以此将德意志的选王制国家转变成一个世袭的罗马帝国。为了
达到这一目的，他准备将自己的世袭王国西西里纳入帝国的框
架。除了科隆大主教和一小部分人之外，大多数德意志诸侯宣
布赞成这些提议。为了平息最后的反对意见，皇帝去了罗马。
他的想法可能是，不顾诸侯可能发出的抗议，诱使教宗将他的
幼子加冕为罗马恺撒和共治皇帝。教宗拒绝了，亨利六世别无
选择，只能像他之前的其他皇帝一样操作：安排德意志诸侯选
举他的儿子为未来的国王，从而至少为施陶芬家族保障帝位的
传承。

　　亨利六世与自己庞大帝国的继承人只见过两次，而且是相
当短暂的两次：一次是在儿子出生后不久在福利尼奥，另一次
是他（可能）参加了儿子迟来的洗礼。这个男孩最初被他的
母亲取名为康斯坦丁（无疑是在暗示她自己的名字康斯坦丝，
因为她喜欢把他看作其母的继承人），德意志诸侯在法兰克福
选举这个婴儿为国王时，他用的就是这个听起来很有异国情调
的名字。但最终在许多枢机主教和主教的见证下举行洗礼的时
候（亨利六世希望教宗能参加孩子的洗礼，可惜未能如愿），
孩子被赋予了弗里德里希·罗杰的名字，即同时采用了祖父和
外祖父的名字。事实上，他也更像自己的祖父和外祖父，而不
是很像父母。这些名字是埃博利的彼得罗在一首颂诗中首次提
出的，而且彼得罗自然而然地预言，这两位强大帝王的孙辈、
亨利六世的儿子将会拥有无比强大的、近似于神的力量。所有
站在摇篮边的诗人和智者都对这个孩子的未来有着完全一致的
预测，无论他们是作为帝国的朋友而欢欣鼓舞，还是作为教宗
的支持者而为罗马教会的命运战栗。但不久之后的情势似乎表

明，所有的预言家都错了。

1197年夏季，亨利六世驻跸于西西里。这年年初，他发现了西西里贵族企图谋害他的阴谋，逃过一劫。有人说，教宗塞莱斯廷三世和康斯坦丝皇后都参与了这一阴谋，而且很少有证据表明这是不可能的。皇帝用最残忍的酷刑将被抓获的谋反头目处死，并逼迫妻子观看对她有罪的同胞的恐怖处决，而宫廷小丑把仍在颤抖的尸体当作玩具，乱搞恶作剧。不久之后，皇帝筹备的十字军东征开始了。大部分十字军战士在夏季从西西里驶向圣地，亨利六世皇帝本人似乎也有可能参加本次十字军东征。但他认为最好静观其变，于是和几个同伴一起留在了西西里。结果，他甚至没能像巴巴罗萨那样从远方眺望应许之地。在一次狩猎中，他患了痢疾。北方人在西西里危险的夏季气候中很容易患这种病。起初，在几周内，他的病情有所好转，但他最终于1197年9月在墨西拿意外地病逝了。一位编年史家赞颂道："亨利六世向世界展示了德意志人的优越性，他们的英勇善战在所有邻近的民族中激发了恐惧。"但随着亨利六世驾崩，这一切都瞬间成了过去。德意志人的世界统治和恢宏霸业，依靠的是单单一个人的品质，而不是全体人民，所以注定要在一瞬间土崩瓦解。

亨利六世的最后遗嘱清楚地表明，他在生前很清楚帝国面临的危险。他的遗嘱建议在各方面都退让，甚至放弃一些有效的主张权。在帝国本身，大家都很清楚亨利六世在这个糟糕的时刻去世意味着什么：他出师未捷身先死，他的继承人还是一个三岁的孩子。此前在皇帝的金戈铁马雷厉风行之下备受阻挠的反对派，如今已在厉兵秣马。即使亨利六世还活着，反对派也必然会发动反击。而现在唯一有能力迎战对手的人已经死了，于是反对派势力，包括诸侯和教宗，都火速闯入皇帝留下的权力真空，在那里他们可以不受阻碍地大搞破坏。在皇帝去世仅仅几周后，施瓦本的菲利普（属于施陶芬家族）和不伦瑞克的奥托（属于韦尔夫家族）都在德意志当选为国王。同时，英诺森三世（从某些角度看，他可以算是所有教宗中最伟大和最成功的一位）登上了圣彼得的宝座，成为世界性帝国的真正继承人。在这些日子里，一些人被摩泽河上游荡的幽灵吓得毛骨悚然：他们看到贝尔恩的迪特里希①骑着他那匹雄壮的黑色战马，来宣告罗马帝国的哀伤与灾难。

这些事件发生的时候，亨利六世皇帝的三岁儿子还在福利尼奥。皇帝的弟弟施瓦本的菲利普本应从那里接走孩子，护送他到德意志接受加冕。但当菲利普走到维泰博附近的拉迪科法尼（Radicofani）时，他收到了皇帝驾崩的噩耗，并且得知，整个意大利随即掀起了反对皇权，尤其是反对可恨的德意志人的叛乱。这迫使他全速翻越阿尔卑斯山返回，因此未能完成使命。他在返回德意志的旅程中遇到了很多障碍。菲利普可能仅仅耽搁了几天时间，但正是这短短的几天导致他未能完成皇兄委托给他的任务，而这注定会对弗里德里希产生命运攸关的影响。首先，他因此留在了意大利，在他母亲的南方王国长大，而不是在他父亲的家乡施瓦本长大。其次（这一点更为严重），由于他不在德意志，他失去了他已经通过选举获得的德

---

① 贝尔恩的迪特里希（Dietrich von Bern）是日耳曼传说中的英雄，以真实的历史人物——东哥特国王狄奥多里克大王为原型，不过迪特里希的故事与历史相差甚远。在传说中，迪特里希是一位以贝尔恩（意大利的维罗纳）为大本营的国王，被邪恶的叔父迫害，不得不在匈人国王埃策尔（即阿提拉）那里流亡。关于迪特里希有很多志怪故事，比如他还活着的时候就骑马闯入地狱，以及他会喷火等。

意志王冠。并且，除了北方的这些事件及其后果之外，弗里德里希的母亲也竭力阻止儿子获得德意志王位。

亨利六世皇帝驾崩不久后，康斯坦丝让几位阿普利亚①伯爵把孩子从福利尼奥接到了西西里。她穿着寡妇的丧服，在巴勒莫等待儿子。当时流传着对皇后的严厉指控：有人说她毒死了丈夫，而且众所周知，她对德意志人没有好感。关于谋杀的怀疑是不公正的，但她对德意志人的憎恨是真真切切的。她与她的西西里同胞和受罗马教廷煽动的意大利人一样，都怀揣这种仇恨。仇恨的缘由就是德意志人的不知节制"再加上缺乏理智"，以及"顽固不化和独断专行"，这都疏远了地中海诸民族。德意志人的强劲体力和野蛮也让南方人感到恐惧，其内部的不和更使他们遭到嘲笑和鄙视。作为世界统治者，他们显得"笨拙、粗鲁和缺乏礼貌"，而他们生硬的语言在罗马人听起来"如同犬吠和鸦噪"。但西西里人仇恨德意志人的主要原因是恐惧，那是对"北方风暴和寒冬涌入西西里玫瑰园"的恐惧。而西西里人在亨利六世那里受到的残酷待遇更是加深了他们的仇恨。英诺森三世用具有《圣经》色彩的措辞如此描述那些日子里德意志人的使命，也许十分准确："西西里人民和这个王国的其他居民因为懒惰而变得阴柔，因为承平日久而缺乏纪律，并且因为他们的财富自鸣得意，沉溺于无节制的肉欲。他们的恶臭已经上升到了天堂，他们众多的罪孽导致他们落入压迫者手中。"英诺森三世这样说并不是出于对德意志人

---

① 阿普利亚（拉丁文古名），或称普利亚（现代意大利语的名字），意大利南部的一个大区，东邻亚得里亚海，东南面临伊奥尼亚海，南面则邻近奥特朗托海峡及塔兰托湾。阿普利亚南部的萨伦托半岛组成了现代意大利靴形版图的脚后跟部。

的友好。恰恰相反。皇帝驾崩后在整个意大利熊熊燃烧的对德意志人的仇恨，是由教廷事先精心培育的，它被赋予了意大利民族运动的色彩，并被用作在南方摆脱帝国枷锁以支持教宗统治意大利的手段。英诺森三世用铿锵有力的言辞，不遗余力地煽动和滋养对德意志人的仇恨："狂怒的北风呼啸着穿过卡拉布里亚的山脉，让大地重新颤抖，它一路狂飙，穿过阿普利亚的平坦平原，将尘土吹进流浪者和居民的眼中。"他就是这样描写亨利六世手下的德意志人的。但丁则称亨利六世为"施瓦本的第二阵风暴"①。

亨利六世的暴政触发了这样的反应，当然是不可避免的。由于康斯坦丝皇后亲身参与，西西里的反德运动更显得意义重大。她的动机可能是个人层面的，因为亨利六世对所有与旧诺曼王室有联系的人进行了可怕的清算，并将幸存者放逐到德意志。皇帝驾崩后，康斯坦丝立即接管了她的世袭领地的统治权，这既符合皇帝的指示，也符合她作为诺曼女王所拥有的权利。但西西里的这位新统治者单单是诺曼王朝的女王，而不是亨利六世的妻子。她掌权之后的第一个举措便是将皇帝的膳务总管马克瓦德·冯·安维勒（Markward von Anweiler），以及其他所有德意志达官显贵驱逐出境，其中相当多的人在诺曼领土上拥有封地和官职。她的借口是，这些德意志人可能会对王国的太平与安宁造成威胁，尤其是马克瓦德，他在皇帝驾崩不久后就提出要当摄政者。她的下一步行动是监禁西西里首相、特罗亚（Troja）主教帕利亚拉的瓜尔蒂耶罗（Walter von Pagliara），他

---

① 译文参考：《神曲·天国篇》，但丁著，田德望译，人民文学出版社，2001 年，第三章，第 21 页。

是诺曼王朝的反对者，是德意志皇帝的心腹。后来在教宗的干预下，这位主教兼首相才获释并官复原职。南方的反德情绪如此强烈，以至于第一批从圣地返回的德意志朝圣者在毫无防备的情况下遭到激动不已的西西里人偷袭和抢劫。此后，德意志十字军战士从圣地返回时不得不避开这个危险的、充满敌意的王国的港口。遭到西西里人袭击的恰恰是参加十字军东征的德意志诸侯，他们在阿卡（Akkon）收到他们的皇帝驾崩的噩耗后，再次确认选择弗里德里希担任罗马人国王①。

　　但康斯坦丝坚决不同意。她对德意志的憎恨加强了英雄的母亲通常会有的焦虑：她认为，如果儿子登上德意志的王位，未来只会遇到永无止境的危险和争斗。她要尽可能地帮他避免这种危险。按照康斯坦丝的设想，弗里德里希应当成为富裕的

---

① 根据神圣罗马帝国的选举传统，当选但还没有获得皇帝头衔的德意志国王也被称为"罗马王"（römischer König），这个头衔的其他说法还有"罗马人国王"（König der Römer）、"日耳曼的国王"（König in Germanien）等，现代学者也称之为罗马-德意志国王（römisch-deutscher König）。有的皇帝在世的时候就通过运作，把自己的儿子确定为下一任国王/皇帝，这样的继承人也被称为"罗马人国王"。皇帝在世的时候，罗马人国王（皇帝的儿子）没有实权，就像英国的威尔士亲王。拿破仑封自己的儿子为罗马王（Roi de Rome），也是参照这个先例。

　　要经过教宗的加冕，罗马人国王才会获得神圣罗马皇帝的身份。为德意志国王加冕的权力，逐渐成为教宗与国王争斗的一件重要武器。德意志国王也渐渐意识到，自己并不是非要教宗的"加持"不可。最后一位在罗马获得加冕的皇帝是哈布斯堡家族的弗里德里希三世（时间是1452年）。他的儿子马克西米利安一世因为被威尼斯人阻挠，去不了罗马，就获得了教宗的许可，使用"当选的罗马皇帝"（Erwählter Römischer Kaiser）这个称号。从此之后一直到1806年，神圣罗马皇帝都用这个称号。马克西米利安一世的孙子，强大的查理五世则是最后一位获得教宗加冕的皇帝，时间为1530年，不过地点不是罗马，而是博洛尼亚。查理五世的弟弟和皇位继承人斐迪南一世更是厉害，根本不理睬教宗，而是在选帝侯的支持下，宣布今后德意志国王自动获得神圣罗马皇帝头衔，无须教宗插手。

西西里的国王；在南方的梦幻之地，他会静悄悄地忘记父亲拥有的西方皇帝的地位。弗里德里希到达巴勒莫几个月后，她安排将他加冕为西西里国王。这场庄严的仪式是在1198年的圣灵降临节举行的，其盛大的排场和繁复的仪式借自拜占庭宫廷。按照古老的习俗，人们用这句口号来迎接他们新加冕的国王："基督必胜，基督为王，基督统万邦！"① 今天在南意大利的每一尊耶稣受难像上仍然可以读到这句话。值得注意的是，这也是刻在弗里德里希二世早期御玺上的箴言。从加冕的那天起，康斯坦丝在儿子的所有官方文件中都省略了以前用过的那个头衔：罗马人国王（Rex Romanorum）。从此，施陶芬家族的弗里德里希将满足于诺曼王朝"幸福的国王们"（reges felices）所拥有的诸多头衔。无论是身体还是灵魂，他都只是西西里人康斯坦丝的儿子，而且要远离他父亲那可能会使他卷入所有致命的、未知的后果的危险的施陶芬血统。这让人想起了阿喀琉斯②或帕西法尔③的童年。

---

① 拉丁文：Christus vincit, Christus regnat, Christus imperat。
② 希腊神话中的英雄阿喀琉斯的母亲、海洋女仙忒提斯知道儿子如果去参加特洛伊战争就会阵亡，于是把他藏在斯基罗斯岛的吕科墨得斯国王的宫廷。阿喀琉斯男扮女装，以吕科墨得斯的女儿的身份躲藏。但有预言说，没有阿喀琉斯，希腊人就打不赢特洛伊战争，于是奥德修斯等英雄来到斯基罗斯岛寻找阿喀琉斯。为了在吕科墨得斯的许多女儿当中认出阿喀琉斯，奥德修斯运用计谋，给公主们赠送装饰品、乐器和兵器，然后命人吹响号角，制造有敌人来犯的假象，阿喀琉斯立刻抓起武器准备作战，于是暴露了自己的身份。
③ 帕西法尔（Parzival）是亚瑟王传说中圆桌骑士团的成员之一，与加拉哈德、鲍斯组成圣杯三骑士。中世纪德意志骑士兼诗人沃尔夫拉姆·冯·埃申巴赫用中古高地德语写的史诗《帕西法尔》讲述他寻找圣杯的故事。根据埃申巴赫的史诗，帕西法尔还没出生，父亲就在一次征战中身亡，母亲痛切地感到骑士生活十分危险，决心不让儿子当骑士，以免悲剧再次上演。

罗马教廷的计划在许多方面与皇后的愿望吻合。教廷与皇后都对德意志人有着强烈的反感，都希望保障弗里德里希对其世袭领地（西西里）的占有，但同时将他严格限制在这些领地之内。西西里是罗马教会的封建附庸，教宗看到一个四岁的孩童登上西西里王位，并且在未来的许多年里西西里王国将向教宗的影响敞开大门，不由得心花怒放。并且，对教会来说，阻挠这个男孩获取他应得的帝位，简直是一件生死攸关的大事：当帝国和西西里由同一位君主统治时，教宗国四面八方都被帝国的领土包围。经历了最近的亨利六世时期之后，教廷不希望再次受到这种难以忍受的压制。这是教宗在制定针对帝国的政策时的唯一决定性因素。因此，英诺森三世无视权利和公义，支持韦尔夫家族的王位觊觎者对抗施瓦本的菲利普，以避免帝国和西西里王国在任何一个施陶芬家族成员的统治下联合。

因此，皇后对年幼的弗里德里希的愿望与教宗的盘算高度一致，并且她急需教宗的支持。主要是由于康斯坦丝的反德立场，西西里王国很快就陷入了混乱状态。亨利六世的追随者，尤其是德意志人，非但不支持皇后，而且成了皇后和她儿子最坚决和最危险的敌人。她无力执行对他们的放逐令。在十年之中，他们成功地违抗了放逐令，给西西里王国带来了无尽的战争。教宗是皇后的唯一朋友，与教宗结盟对皇后有利，而英诺森三世的友谊价格不菲。康斯坦丝不得不向教廷求助，并代表西西里向教宗称臣。这是亨利六世皇帝生前一直拒绝做的。在教廷给予她册封之前，她不得不接受一项政教协定，该协定取消了西西里教会超乎寻常的独立性和西西里国王的大部分关涉到教会的特权。康斯坦丝竭力想抵制教廷的无理要求，但她除了服从之外别无选择，而且不久之后就必须采取进一步的措施：亨利六世驾崩一年之后，她自己也时日无多，于是她在遗嘱中指定教宗为王国的摄政者和她儿子的监护人。英诺森三世担任这两个职务而产生的开销将由西西里王国报销，此外他每年还将得到 3 万塔伦①的酬劳。康斯坦丝自认为已经把儿子置于良好的保护之下。她把对弗里德里希和王国的日常照料工作交给了王室的亲信，即旧诺曼王朝的"近臣委员会"（Familiarenkolleg）。在她去世时，这些人包括四位大主教，再度出任首相的特罗亚主教瓜尔蒂耶罗是他们的首领。因此，康斯坦丝于 1198 年 11 月去世后，西西里王国落入了主教们的手中，亨利六世的儿子则成为教宗和教会的被监护人。弗里德里希的德意志王位就暂时丧失了。

在德意志，这位施陶芬家族的西西里后裔很快就被遗忘了，因为韦尔夫家族和施陶芬家族正在激烈地争夺王位，德意志陷入了战争和其他的疯狂事件之中。只有在最初，弗里德里希的名字才偶尔会出现在人们的脑海中，因为有人会偶然想起，在两位王位争夺者——施瓦本的菲利普和韦尔夫家族的奥托之外，还有第三位王位觊觎者，但这个男孩生活在遥远的南方。总的来说，施陶芬家族的朋友，虽然原本也许会支持弗里德里希的事业，但现在都转投他的叔叔施瓦本的菲利普的阵营。菲利普起初打算"根据法律规定和自然人伦的要求"，仅以摄政者的名义，在其年幼的侄子未成年期间承担帝国的领导责任。但在这样一个关键时刻，德意志诸侯想要一个成年男

---

① 塔伦（taren）是当时在西西里通行的金币。30 塔伦 = 1 盎司黄金。塔伦金币是在墨西拿、布林迪西和那不勒斯的王家铸币厂铸造的。

子，而不是一个孩子登上王位，所以他们几乎一致否定了他们在短短一年前对弗里德里希的选举。此外，科隆大主教阿道夫成了与施陶芬家族敌对的莱茵兰反对派的首领。在这种情况下，菲利普在犹豫之后屈服于追随者对他施加的压力，宣布自己愿意戴上王冠，这样至少可以为他的家族保住王位。福格威德的瓦尔特出席了在马格德堡举行的加冕礼，歌颂了这位英俊而不幸的君主头戴王冠时的优雅和尊严。瓦尔特目睹这位"可爱的年轻人"（jungen süezen man）"头戴王冠"，走向主教座堂，陪伴他的是同样美丽而不幸的伊琳娜①，他的王后和深爱的伴侣。诗人写道：

> 他迈着稳健的步伐，带着王者的风范走来，
> 在他身后，跟着他那出身高贵的王后。
> 她是没有刺的玫瑰，没有瑕疵的鸽子……

施陶芬家族的多种多样的品质，以对比鲜明的方式分配在

---

① 伊琳娜·安格丽娜（Irene Angelina，约1181—1208）是拜占庭皇帝伊萨克二世·安格洛斯的次女。1193年，伊萨克二世和西西里国王唐克雷德（罗杰二世的私生子的儿子）约定，将伊琳娜嫁给唐克雷德的长子罗杰三世。但罗杰三世于1193年去世，不久之后唐克雷德也去世了。唐克雷德的姑姑康斯坦丝与她的丈夫亨利六世皇帝因此获得了西西里王位。亨利六世安排将伊琳娜嫁给他的弟弟施瓦本的菲利普，她随后更名为玛丽亚。伊萨克二世于1195年被推翻，因此希望借助女婿的力量重登王位。所以，伊琳娜的弟弟亚历历克赛（后来的拜占庭皇帝亚历克赛四世·安格洛斯）来到菲利普身边，并且参与了第四次十字军东征的准备工作。菲利普遇刺身亡后，伊琳娜第二次成为寡妇，当时还怀着孕，后来生下一个女儿。母女都在不久之后去世。另外，菲利普和伊琳娜的长女贝亚特丽斯嫁给了奥托四世皇帝，但婚后不久就去世了。于是菲利普这一支的血脉断绝。

亨利六世和施瓦本的菲利普这对兄弟身上。亨利六世体现了施陶芬家族的严酷和凶暴，菲利普则体现了家族全部的亲切、优雅与温和。与家族的其他成员相比，菲利普既有迷人的品质，也有无比真诚的虔敬。他原本是准备进教会服务的，人们经常看到他坐在唱诗班的孩子们中间唱时辰祈祷文和应答圣歌。曾经手持主宰德意志命运权杖的君主当中，没有人比他更温和；但对这个时代来说，他未免温和过度了。在菲利普在位的十年间，他始终没有办法刀枪入库、马放南山。这个为和平年代而生的人，注定要进行一场又一场的战役。在他当选为国王不久之后，莱茵兰反对派就推举不伦瑞克的奥托为王，并得到了教廷的支持。教廷非常不公正地站在奥托一边，毫无缘由地将菲利普逐出教会。

我们无须在此赘述韦尔夫和魏布林根①两大家族之间的恩怨。英诺森三世发表了一篇吹毛求疵的《对帝国问题的斟酌》，在其中宣布反对施陶芬家族，特别是反对西西里幼主对帝国的主张权。在这之后，无论是弗里德里希本人，还是他的名号，都没有在帝位之争中发挥任何作用。狡猾的教宗在精明的长篇大论中讨论了弗里德里希是否应当成为罗马人国王的正反两方面意见。他指出，首先，弗里德里希对德意志王位的主

---

① 魏布林根（Waiblingen）是今天德国西南部巴登符腾堡州的一座城市，距离斯图加特很近。魏布林根早在中世纪早期就是主要的政治、经济和教会中心，在加洛林王朝时期是王室的重要中心，有王室的行宫，后来在奥托王朝、萨利安皇朝和施陶芬皇朝时期都是皇室的地产。施陶芬皇朝的弗里德里希一世皇帝（巴巴罗萨）可能就是在魏布林根出生的。施陶芬家族的战斗口号是："魏布林根！"意大利人把这个词演化成了"吉伯林"，所以意大利的帝国支持者被称为吉伯林派。这里"魏布林根家族"可以指代施陶芬家族。

张权貌似是不容置疑的，因为弗里德里希是正式当选的国王，几乎所有的王公都向他宣誓效忠，许多人实际上已经宣誓臣服了。但这次选举实际上是可商榷的，因为它是在假定弗里德里希在登基时已达到法定年龄的情况下进行的，但事实并非如此。此外，在弗里德里希当选时，他还没有接受洗礼。他甚至是以康斯坦丁这个希腊名字被选中的。教宗继续说，其次，教宗剥夺他的被监护人的正当权益，而不是大力帮助被监护人，这很可能显得不合适。但是，他，教宗英诺森三世，被任命为监护人，不是为了确保弗里德里希成为皇帝，而是为了保护他从母亲那里得到的遗产，即西西里王国。最后，教宗提醒读者注意《圣经》中的那句警告："邦国阿，你的王若是孩童，你就有祸了。"① 在驳斥了对剥夺弗里德里希王位的两种潜在的反对意见——他当选的合法性和教宗身为监护人的责任——之后，英诺森三世考量了这个男孩如果被承认为德意志国王的后果。教宗以非凡的洞察力预见到了他的被监护人未来的一生："一旦这孩子到了懂事的年纪，察觉到他被罗马教会剥夺了作为皇帝的荣誉，他肯定不仅会拒绝尊重罗马教会，而且还会用他力所能及的一切手段反对它。他将把西西里从封建关系的束缚中解放出来，拒绝服从罗马。"英诺森三世准确地预见到了罗马教会将来会面对的实际情况，却选择了与这种理智的推断相反的路线。他关于弗里德里希的未来的观点是无可辩驳的，当他被迫说出违背自己理性判断的话时，就只能以牺牲真理为代价。他接着解释说，对于弗里德里希将来的报复，教廷没有

---

① 出自《旧约·传道书》第 10 章第 16 节："邦国阿，你的王若是孩童，你的群臣早晨宴乐，你就有祸了。"

什么好担心的，因为从弗里德里希手中抢走帝国和施瓦本公国的不是他［教宗］，而是施瓦本的菲利普。菲利普国王甚至妄想更进一步，派他的部下去夺取西西里，而教会将动用其所有的力量支持它的被监护人。

教宗的这一决定，使德意志人对弗里德里希的主张权的潜在支持化为泡影。在此后的许多年里，弗里德里希从德意志的政治和外交视野中销声匿迹。在过去的几十年里（不，是在更长时间里），西西里的一切在德意志人眼里都笼罩着童话的光环，因此德意志人对生活在遥远西西里的小国王抱有一种浪漫的幻想。早在日耳曼诸民族还在迁徙的时代，西西里就对他们产生了一种特殊的吸引力。北方的人们越是向南深入，到越来越富裕和繁华的地区，就越是感到自己接近了伊甸园，觉得人间天堂的梦想实现了。在日耳曼人时代的最初，就出现了雄狮一般的年轻国王——西哥特人阿拉里克①的身影，他虽然对南方的天堂知之甚少，但具有动物般的可靠本能，向南方的天堂奋勇前进，最终殒身于此。在日耳曼人时代的末尾，出现了一个可与之呼应的恰当例子，即年轻的施陶芬家族成员康拉丁为了西西里而丧生。德意志人的命运似乎与南意大利的王国息息相关。几乎所有中世纪的皇帝都以这样或那样的方式试图赢得南意大利，直到幸运而精明的巴巴罗萨为他的儿子赢得了它：它以康斯坦丝的嫁妆的形式，落入了亨利六世之手。

对南方世界的占有，给德意志本身带来了命运攸关的变革：对于十字军东征时代的骑士来说，魔法宝藏已经从莱茵河向南

---

① 阿拉里克一世（约 370—410）是西哥特人的第一位国王，曾是罗马皇帝狄奥多西大帝的盟友。在狄奥多西驾崩后，阿拉里克率领西哥特人进入意大利，于 410 年攻占并洗劫罗马，但不久之后去世。

飞到了西西里。在西西里，德意志人很快听到了精彩纷呈的神话传说，它们诉说的不是勃艮第国王和匈人勇士，而是罗马和希腊的英雄神话（从此成为德意志文化的一部分）。希尔德斯海姆（Hildesheim）主教康拉德（Conrad）作为亨利六世皇帝的首相陪同后者去了西西里，后来主教向他教堂的教长讲述了西西里令人眼花缭乱的奇观。康拉德主教看到了珀伽索斯之泉①，那是缪斯之家；那不勒斯则充满了魔法师维吉尔②的奇迹，他曾把这座城市封闭在一个玻璃瓶里。康拉德主教曾心惊肉跳地在卡律布狄斯和斯库拉③之间航行。在陶尔米纳（Taormina），他凝视着耸立于山岗上的代达罗斯的房子，想起伊卡洛斯的命运④，

---

① 珀伽索斯（Pegasus）是希腊神话中长有双翼的马，为蛇发女妖美杜莎与海神波塞冬所生。美杜莎被英雄珀耳修斯斩下头颅时，珀伽索斯和他的兄弟——巨人克律萨俄耳一起出生。珀伽索斯被英雄柏勒洛丰驯服，允许柏勒洛丰骑着他和怪兽喀迈拉战斗。但当柏勒洛丰试着骑他前往奥林匹斯山时，他让柏勒洛丰从他背上摔下来。宙斯将珀伽索斯变成飞马座，放置在天空中。珀伽索斯之泉（Hippocrene，字面意思是"马泉"）是赫利孔山上由珀伽索斯的蹄子践踏而产生的泉水，据说谁喝了它的水就会得到诗歌灵感。

② 中世纪欧洲人常认为古罗马大诗人维吉尔是一位魔法师，具有预言能力，维吉尔的《牧歌》第四篇被认为预言了耶稣的诞生。可能早在 2 世纪，欧洲就有了用维吉尔的作品段落来占卜的习俗。在但丁的《神曲》中，维吉尔是但丁的向导，显然是一个有神力的角色。

③ 卡律布狄斯（Charybdis）是希腊神话中的海怪，或一个大旋涡，会吞噬所有经过的东西，包括船。斯库拉（Skylla）是希腊神话中吞吃水手的女海妖。她的身体有 6 个头、12 只脚，口中有 3 排利齿，并且有猫的尾巴。据说卡律布狄斯和斯库拉分别守护在墨西拿海峡的一侧，船经过该海峡时只能选择经过卡律布狄斯旋涡或者是斯库拉的领地。而当船经过时，斯库拉便要吃掉船上的 6 名船员。

④ 伊卡洛斯（Ikarus）是希腊神话中著名工匠代达罗斯（Dädalus）的儿子。代达罗斯用羽毛和蜡制成翅膀，和儿子一起飞行，逃离克里特岛。伊卡洛斯不听父亲的劝告，飞得太高，蜡熔化了，翅膀解体，导致他坠海而死。

以及帕西法厄所生的米诺陶①。他看到了阿瑞图萨之泉，它第一个向悲伤的刻瑞斯（Ceres）揭示了珀耳塞福涅被掳走的事实②。他看到了发源于阿拉伯半岛的阿尔菲奥斯河（Alpheus）③。他还看到了埃特纳火山，于是将朱庇特的铁匠武尔坎④的神话和圣阿加莎⑤的传说编入他的叙述。虽然这位博学的主教在旅行期间看到的所有东西，他都已经在罗马诗人那里读到过，但这次旅行使他对这些神话有了具体的定位和更栩栩如生的印象，尤其是当他无比虔诚地寻找古代诗人歌颂的所有地点和奇迹的时候。他自豪地写信给教长："无须跨越帝国的边界，无须离

① 帕西法厄（Pasiphae）是希腊神话中克里特岛国王米诺斯之妻。米诺斯曾承诺向海神波塞冬献祭一头公牛，后来食言，波塞冬报复的方式是诅咒帕西法厄爱上那头公牛。为了与公牛交配，帕西法厄请能工巧匠代达罗斯制作了一头中空的木制假母牛，她自己藏身其中，与公牛交配后生下了牛头人身的怪物米诺陶（Minotaurus）。

② 阿瑞图萨（Arethusa）是希腊神话中的海洋仙女，为躲避河神阿尔菲奥斯（Alpheus）的追求而滑入阴间。在那里，她见到了农业女神得墨忒耳（罗马神话称之为刻瑞斯）的女儿珀耳塞福涅坐在冥界的王座上。原来，珀耳塞福涅被冥王哈得斯掳到阴间为妻。在得墨忒耳四处寻找女儿下落时，阿瑞图萨是唯一告诉得墨忒耳真相的仙女。

③ 阿尔菲奥斯河（Alpheus）即希腊神话中追求阿瑞图萨的河神阿尔菲奥斯的化身，在今天是希腊伯罗奔尼撒半岛最长的河，全长110千米。在希腊神话里，赫拉克勒斯引阿尔菲奥斯河和皮尼奥斯河之水，将奥革阿斯的牛圈清洗干净，这是十二伟业中的第五件。但阿尔菲奥斯河并非发源于阿拉伯半岛。

④ 武尔坎（Vulcan）是罗马神话中的火神与工匠神，对应希腊神话中的赫淮斯托斯。拉丁语中的"火山"一词即来源于武尔坎的名字。相传火山是他为众神打造武器的铁匠炉。

⑤ 圣阿加莎（Agathe），或称西西里的阿加莎（约231—251），天主教会中最受尊敬的童贞女殉道者之一。据信，她出生在西西里岛的卡塔尼亚或巴勒莫的一个富有而高贵的家庭，决心保持独身，并在祷告和服务的生活中将自己完全奉献给耶稣和教会，因拒绝权贵的追求而被交给正在迫害基督徒的罗马帝国政府，受酷刑（其中之一是乳房被切断）而死。

开德意志人民的疆域，就可以看到诗人花了那么多时间和心血来描述的一切。"

诸如此类的报告为德意志人描绘西西里王国提供了素材和色彩，沃尔夫拉姆·冯·埃申巴赫就选择西西里王国作为克林索尔①的魔法城堡的所在地。并且即使在北方，人们也能亲眼看到很多东西：在弗里德里希出生和亨利六世征服西西里的次年，一支由 150 头骡子组成的队伍出现在德意志，满载黄金、丝绸、宝石和各色珍奇，前往帝国城堡特里费尔斯（Trifels）。人们听说，这只是皇帝从巴勒莫王家城堡掠夺的财富的冰山一角。西西里的宝藏远远没有耗尽，因为在皇帝回到德意志后，皇后的一名信使找到了皇帝，禀报说找到了罗杰二世国王的宝藏。它被藏在一扇秘密的门后，由一名老女仆泄露了天机。

因此，西西里王国在德意志人的心目中已经成为一个遥远的秘境，德意志人相信弗里德里希就在这样一个秘境中度过了童年。还有人知道，西西里人对亨利六世的愤怒是如此强烈，以至于某位主教把襁褓中的弗里德里希抱走了，并秘密地把他抚养长大，生怕西西里人发现并杀死他。这个孩子确实经历了许多迫害和奇妙的逃亡，但在巴勒莫古老的王宫卡斯特拉马雷（Castellamare，弗里德里希在那里度过了童年）发生的实际情况，比传说中的一切更不真实，更不可思议。

康斯坦丝皇后去世后，四岁的男孩弗里德里希茕茕孑立，没有任何亲属或真正的朋友。他母亲那边仅存的几个亲戚都被亨利六世放逐了，何况他们原本就对这个施陶芬男孩充满敌

---

① 克林索尔（Klingsor）是沃尔夫拉姆·冯·埃申巴赫的史诗《帕西法尔》中的一位魔法师。

意，而唯一在世的施陶芬家族成员——菲利普国王忙于在北方
征战，帮不了他的侄子。弗里德里希不乏名义上的朋友，这些
人无一例外地利用国王的名义和地位来追逐自己的目标，其中
首先便是国王的监护人、教宗英诺森三世。不可否认的是，在
西西里及其周边地区长达十年的战争和混乱中，英诺森三世不
遗余力、费尽心血地保卫他的被监护人的王国。但是，他派往
西西里的教宗使节及其军队的使命，与其说是保护幼主的利
益，不如说是保护教宗的附庸领地。英诺森三世在德意志王位
继承问题上的决定，以及他对法兰西人布里耶纳伯爵戈蒂耶
（Walter von Brienne）① 的态度，清楚地表明他的被监护人的命
运在他心中的分量比他自己的那些深谋远虑要轻得多。这位戈
蒂耶伯爵是诺曼王朝非法的末代国王唐克雷德② 的女婿。他以
此为由，索要莱切（Lecce）和塔兰托（Tarent）这两个伯爵
领地。一个真正有责任心的监护人会认为，允许被流放的旧诺
曼王室的任何成员返回西西里，都有很大的风险。然而英诺森
三世在没有任何强有力的法律依据的情况下，支持这个法兰西
人的索取，尽管教宗确实要求戈蒂耶为弗里德里希的人身安全
提供充分的保障。在这方面，对教宗来说，他自己的政治图谋
当然比弗里德里希的利益重要得多。英诺森三世当时非常需要

---

① 他就是下文出现的布里耶纳的约翰（耶路撒冷国王，弗里德里希二世的
岳父）的兄长。
② 唐克雷德（约 1138—1194）是西西里国王罗杰二世的私生子的儿子，因
为继承了外祖父的莱切伯爵头衔，所以也被称为莱切的唐克雷德。他被
同时代的一位编年史家描述为"半人、怪胎，可憎的妖孽"。罗杰二世
的孙子威廉二世驾崩后，唐克雷德篡夺王位，决心尽一切努力阻止神圣
罗马皇帝亨利六世（娶了罗杰二世的女儿康斯坦丝）夺得西西里。唐克
雷德是相当有才干的军事家，但不幸于 1194 年年初去世。亨利六世不久
之后成为西西里国王。唐克雷德的家人遭到亨利六世的残酷虐待。

这位法兰西伯爵的支持，而小国王的命运对教宗来说是次要的。当然，教宗不会梦想着剥夺弗里德里希的王位。但是，只要能避免西西里和帝国联合的危险，只要教会在西西里王国中的影响力不被削弱，那么是弗里德里希还是诺曼王朝的某个子孙统治西西里，对教宗来说就没有什么区别。教宗英诺森三世只处理务实的政治问题，他的伟大之处便在于此。弗里德里希在后来的岁月里对他的教宗监护人充满了愤怒和怨恨，这不难理解，尽管事实上恰恰是教宗的摄政为他保住了西西里王国。在日常生活方面，英诺森三世与他的被监护人保持遥远的距离。他尽可能地关心这个孩子的境遇，派使节照顾他，为他身处险境感到焦虑，表扬他取得的进步，并对他从敌人手中逃脱表示无以言表的喜悦。不过，教宗虽然多次计划要驾临西西里，却始终没有真正成行，所以教宗第一次也是最后一次见到他时，这个孩子已经 17 岁了。

康斯坦丝托孤的另一个人是西西里首相——帕利亚拉的瓜尔蒂耶罗。他多年来（尽管有时会中断几年）一直在御前侍奉，担任"近臣委员会"的领导者和事实上的西西里摄政者。但是，人们对教宗的评价更适用于首相：他也为自己的目的而使用权力，但不同的是，他的目的不像教宗那样具有震撼世界的性质。瓜尔蒂耶罗最关心的是尽可能地保持他作为王国唯一摄政者的地位，保持对国王财产的完全支配权，并为他自己、家人和追随者的利益而自由地使用这些财富。在政治上，他是亨利六世皇帝的支持者，因此也是诺曼王朝的反对者，所以皇后对他充满了敌意。尽管如此，她还是保留了他的首相职位，因为她当然不愿意看到一个如此强大的人成为她儿子的敌人。瓜尔蒂耶罗仍然忠于施陶芬家族，一方面是因为这么做对他似乎很有价值，另一方面则因为他在态度上的任何改变都可能削弱他作为摄政者的独立性。没有证据表明他对这个男孩很上心，而且弗里德里希后来对待他的方式也让人觉得他对小国王不可能很关爱。我们最多只能说，瓜尔蒂耶罗显然从未对幼主不友好过。

虽然首相本人仍然是亨利六世王朝的捍卫者，但他的对外政策却十分灵活。他首先要保护幼主的利益和他自己的利益免受德意志人的侵犯。不幸的是，康斯坦丝放逐了德意志人，于是他们变成了她和她儿子的敌人。首相作为亨利六世的支持者，本可以与这些德意志人达成谅解，但他们的领袖马克瓦德·冯·安维勒坚持认为皇帝曾任命自己为西西里的摄政者。毫无疑问，马克瓦德的说法是有一定道理的：他当然与施瓦本的菲利普保持着联系，而且可能经常根据他的指示行事。他与菲利普的关系便足以激起教宗对他的敌视，而他觊觎西西里摄政者的地位，则使他遭到瓜尔蒂耶罗的憎恨。教宗和首相很快就联手对马克瓦德和德意志人采取了措施。马克瓦德对弗里德里希没有好感。亨利六世的这位曾经的膳务总管搬弄是非，说弗里德里希是康斯坦丝的"假儿子"。在马克瓦德看来，弗里德里希作为诺曼王朝的继承人，阻碍了西西里和施瓦本的菲利普的德意志帝国之间的联合；而马克瓦德在追求自己的私人利益之外，一切努力都是为了实现西西里与帝国的联合。教宗方面的说法是，马克瓦德甚至企图谋害幼主。

布里耶纳伯爵戈蒂耶的登场，让西西里的总体局势进一步复杂化。教宗支持他对莱切和塔兰托这两个伯爵领地的索取，但立即利用他和他的法兰西骑士来对抗德意志人。但教宗对诺曼人唐克雷德的女婿的支持，一下子就疏远了西西里首相。作为诺曼王朝的死敌，帕利亚拉的瓜尔蒂耶罗有理由对这位法兰西伯爵的到来感到忧虑。因此，一有机会，瓜尔蒂耶罗就把教宗晾在一边，站到了德意志人那边。各派系五花八门的阴谋诡计、近臣委员会内部的意见分歧、背叛和武力，最终导致首都巴勒莫、王家城堡以及幼主落入马克瓦德·冯·安维勒手中，并在他死后落入他的继任者——卡帕罗内的威廉（Wilhelm Capparone）和迪波尔德·冯·施魏因斯波因特（Diepold von Schweinspeunt）手中。许多年后，瓜尔蒂耶罗在布里耶纳伯爵突然死亡后又与教宗交上了朋友，首相才得以再次进入巴勒莫的王家城堡。

要想详细解释十年摄政期间的争斗、阴谋、敌对和联盟，纯属浪费时间。这种纠葛几乎是无法厘清的，因为在四个主角——教宗、首相、马克瓦德和布里耶纳伯爵戈蒂耶——的背后，有无数的配角，他们有时依附于这个派系，有时支持那个派系，因为他们都希望最大程度地促进自身的利益。首先是西西里内陆山区的撒拉森人。作为穆斯林，教宗的统治不会给他们带来任何好处，因此他们对教宗的被监护人也充满敌意。在大多数情况下，撒拉森人倾向于德意志一方，不过教宗也竭力争取他们的武装援助。普遍的无政府状态为山区撒拉森人提供了一个黄金机会，他们可以在全国范围内大肆掳掠，一直闯到各城市的城墙之下，有时甚至能占领一些城镇。而城镇里的撒拉森人主要保持中立。西西里王国在意大利大陆那部分的诸侯组成了另一个团体，各方都渴望与他们结盟。他们的政策很简单：他们从良好的秩序中得不到任何好处，所以他们与任何一个看起来有可能促进混乱状态持续的派系结成同盟。比萨人是另一个因素，他们支持德意志人，一方面因为支持帝国是他们的既定传统；但另一方面，比萨人在西西里有许多贸易利益，这又激起了热那亚人对他们的不满。最终，在经历了许多争吵之后，这两个航海国家设法在西西里海岸的每一个角落都建立了自己的势力。

弗里德里希在童年只不过是种种势力的玩物（不过他长大成人之后将会掌握和指挥这些势力），但在那时，世界的统治权就注定要由他执掌了。在西西里这个小岛上，东西方的所有势力都有自己的代表；在西西里岛和阿普利亚，各方势力在最原始的冲动的支配下，就像原始混沌的波涛一样，此起彼伏，你争我夺，互不相让：亨利六世皇帝的德意志人、布里耶纳伯爵的法兰西人、西西里人、阿普利亚人、撒拉森人、比萨人、热那亚人，不时还有教宗使节带着意大利军队登场，最后甚至还有西班牙骑士的身影。这些令人眼花缭乱的派系只有一个共同的想法：追求他们自己最显而易见的利益，并以牺牲无助的国王为代价攫取财富。因此国王直接或间接地成为所有斗争的焦点。最重要的目标是控制国王的人身，因为这个孩子对于每一个具体时刻的胜利者和统治者来说，是其专制权力的法律基础。因此，弗里德里希就像西西里的御玺一样，被争来抢去，成为有价值却无足轻重的财产，被每个人轮流利用，受到大多数人的敌视，常常面临死亡的危险。正如一位编年史家所说的那样，他"是一群恶狼当中的羔羊"。

这就是弗里德里希成长的环境：耳边回响着刀剑铿锵，有时遇到生命危险，而且多年来一直处于实际的贫困之中。在早期，只要帕利亚拉的瓜尔蒂耶罗还在身边，弗里德里希的生活可能相对来说还可以忍受，但当他七岁时落入马克瓦德（以及他的同伴和随从）手中之后，一段颠沛流离而疯狂的时期就开始了。王家城堡被征服，摄政权易手，前景已经十分黯淡了。但这些事件也很有意义，因为弗里德里希在这个场合第一次以成年人的身份出现在公众眼前，尽管他还只有七岁。马克瓦德于 1201 年 11 月占领了首都。一个背信弃义的城堡长官将王宫连同国王一起出卖给了马克瓦德。在这个危急时刻，国王在他的教师威廉·弗朗西斯库斯（Wilhelm Franciscus）的陪同下撤到了王宫的最内层。侍卫再次出卖了国王，泄露了他的藏身之处。侍卫的背叛和自身的无助，使年幼的君主完全无力御敌。弗里德里希突然看到追兵闯进了他藏身的房间。当他们试图抓住他（可能还要捆缚他）时，小国王不顾斗争的无望，奋勇冲向入侵者。一想到自己的身体被那些卑鄙之人的手碰过，他就充满了厌恶，狠狠地打了那只胆敢触碰主的受膏者的手。当他被敌人制服时，他立刻解开袍带，愤怒地把衣服撕成带状，用锋利的指甲撕开自己的皮肉。就这样，他对侮辱他的帝王尊严的人爆发出了深重而野性的愤怒。至少，在书信中向教宗描述这一幕的人是这么解释的。这封书信的作者还写道："这是一个配得上未来统治者的兆头。他不能背叛自己作为帝王的高贵，因此他像西奈山一样，被一只野兽的触摸所激怒。"①

　　从这时起，王家城堡里的人们似乎都不再关心这个孩子了。王室的财产被挥霍一空，以至于这个孩子经常缺乏最基本的必需品，直到富有同情心的巴勒莫市民怜悯他，至少为他供应饮食。一个市民供养他一个星期，另一个人供养他一个月，

---

① 参考《旧约·出埃及记》第 19 章第 12~13 节：你要在山的四围给百姓定界限，说，你们当谨慎，不可上山去，也不可摸山的边界，凡摸这山的，必要治死他。不可用手摸他，必用石头打死，或用箭射透，无论是人是牲畜，都不得活。到角声拖长的时候，他们才可到山根来。

每个人都根据自己的财力来决定。他是一个英俊的男孩，他欢快而炯炯有神的眼睛已经引起了人们的注意，人们很高兴看到他来到他们中间。在八九岁的时候，小国王自由自在地四处游荡，在位于佩莱格里诺山（Pellegrino）脚下的半非洲风格的都城的小巷、市场和花园中不受约束地漫步。各种各样的民族、宗教和习俗在他眼前交相辉映：配有宣礼塔的清真寺、带穹顶的犹太会堂与诺曼教堂和主教座堂并排而立，这些教堂被拜占庭大师们用金色镶嵌画装饰过，它们的椽子由希腊式柱子支撑，撒拉森工匠在柱子上用库法体（kufischen Lettern）刻下了真主之名。这座城市周围坐落着历代诺曼国王的亭台楼阁和喷泉，"金贝壳"平原①有洋溢着异国风情的花园和动物养殖区，阿拉伯诗人们从中汲取了灵感。在市场上，诺曼人和意大利人、撒拉森人、犹太人和希腊人摩肩接踵，忙忙碌碌。这个活泼的男孩来到所有这些人的身边，与他们相伴，并很快学会了所有这些民族和部族的习俗和语言。是否有一位睿智的伊玛目②为这个孤独的孩子扮演了喀戎③的角色？是否有一位不

---

① "金贝壳"平原（Conca d'Oro），西西里首府城市巴勒莫所在的平原，是第勒尼安海与巴勒莫群山之间的一块盆地，自9世纪阿拉伯人进驻以来便是柑橘产地。

② 伊玛目是伊斯兰教社会的重要人物。在逊尼派中，伊玛目等同于哈里发，是穆罕默德的指定政治继承人。逊尼派认为伊玛目也可能犯错误，但假如他坚持伊斯兰教的仪式，仍要服从他。在什叶派中，伊玛目是拥有绝对宗教权力的人物，只有伊玛目才能明晓和解释《古兰经》的奥秘含义，他是真主选定的，不会犯错。伊玛目也可能是一种荣誉称号，是主持礼拜的德高望重的穆斯林。

③ 喀戎（Chiron）是希腊神话中著名的贤人，属于半人马族。他从阿波罗和阿耳忒弥斯那里学习了音乐、医术、狩猎等各种技艺，尔后成为多位希腊英雄的导师，其中包括珀耳修斯、忒修斯、阿喀琉斯、伊阿宋和赫拉克勒斯。喀戎也是医药之神阿斯克勒庇俄斯的老师。

知名的教师教导这位未来的世界统治者去观察、了解和运用大地与自然的力量，以至于他后来对于人类和动植物的生命法则的渊博知识令世界震惊，他的通晓世情也让很多人感到畏惧？我们无从知晓。我们只能确定，他所受的教育是极不寻常的，与其他任何一个王室儿童所受的教育都截然不同。

弗里德里希并没有像他父亲那样，得到维泰博的戈弗雷多那样博学教士的言传身教，也没有像其他许多王公那样，在僻静的修道院里由不谙世事的僧侣抚养长大。人们对他后来广博的知识面和极具异域风情的学问感到惊愕，所以努力寻找这位施陶芬皇帝的真正老师。后世的研究并没有发现他曾拥有一位亚里士多德那样的名师。这也是可以理解的。任何一位教师都必然会被他超越，令他感到失望，而区区一个武艺教头的指导再也不能让他满意。弗里德里希是一个典型的自学成才的人：对于自己的教育，他不需要感谢任何人；他靠自己的德性（sua virtute）塑造了自己。至于最基础的知识，他很可能是从威廉·弗朗西斯库大师那里学到的，上文讲到过这位大师曾在他 7 岁的时候照顾过他，而且在 1208 年时还和他在一起，这是有据可查的。另外很可能是某位教宗使节对弗里德里希产生了兴趣，教导他必要的经文。他很可能还在其他领域接受不定期的指导，但他从未接受过真正系统的教育。种种迹象表明，他后来的渊博学识不是书本教育的产物，而是源自生活本身。他自幼被迫在没有外来帮助的情况下，从五花八门的来源直接汲取他需要的力量。这使他的知识在内容和应用上都有别于同时代人。迫切的需求是他的第一位教师。引用教宗的说法，正是它"在其他孩子还在牙牙学语的年龄，教给他诉苦的口才"。他的下一批导师是巴勒莫的市井和街道，也就是生活本身。漫游使他广交朋友，他也在漫游中奠定了人生智慧的基础。

弗里德里希在西西里度过了童年，这一事实的重要性从未被忽视。他的罗马-日耳曼混合血统体（父亲是施瓦本-勃艮第人，母亲是诺曼-洛林人）保证了他在精神上的普适性。而他的这种天赐的普适性又在西西里得到了滋养。单是在巴勒莫，就有三个伟大的文化世界并存于触手可及的现实（而不是幻梦）之中：古典文化、东方文化和教会文化。不仅仅是气息和精神，还有这三个世界的语言、仪式、习俗以及人文氛围，弗里德里希从婴儿时期就对它们耳熟能详。教宗英诺森三世曾就西西里写道："他的世袭领土富饶而高贵，超越了世界上的其他王国，是所有王国的港口和肚脐。"这句话几乎可以从字面意义上理解：西西里是即将在这里诞生的新世界的肚脐。

马克瓦德·冯·安维勒及其继任者的统治持续了五年，而这五年也是年轻的西西里国王自由自在地过游荡生活的时期。1207年年初，当帕利亚拉的瓜尔蒂耶罗重新开始负责教导他的弟子时，首相和他的追随者一定对这个12岁少年的成熟感到惊讶。他们固然觉得他的举止"笨拙而不得体"，但他们把这归咎于他习惯与之相伴的"粗鲁的同伴"，而不是他自己的本性。他们只是苦恼地担心，"他与三教九流的交往过于广泛，以及由此引起的公众议论"可能会削弱西西里人对国王应有的敬畏。他的人君之风和霸气的尊严立即引起了注意；他完全拒绝接受任何批评责备的态度也很明显。据说，他只听从自己意愿的支配。这个男孩拥有极其强大的、桀骜不驯的意志力。曾经遏制过弗里德里希的，只有他自己、他自己的理智，以及不期而至的严酷的必然性。因此，毫无疑问，这个男孩的豪放不羁，以及后来他当了皇帝之后不容任何反对的铁的决心，都源于此。12 岁时，弗里德里希便想取消所有的摄政和监护。作为一个被监护人，被当作一个男孩而不是一位国王来对待，这对他幼稚的自尊心来说是"可耻的"。他在那时已经能够让见到他的人心生敬畏，而且很明显，人们对他无条件的服从很快就会成为日常的秩序。他的这种自信不是人为的培养产生的，而是源自完全自然的成长，这使他有可能做出一些放肆的行为，让人们有时觉得，他的举动往往超出了一位国王理应受到的局限。另外，他身边的人们也不能否认他对自己的行为有十足的把握：这位年轻的国王对真伪判断有一种准确的直觉，有主见，并有一双鹰眼来辨别他周围人的本质。他与生俱来的王者风范和他血液里流淌着的高贵，使他能够像英诺森三世描写的那样"脚踏实地，昂首阔步"。

弗里德里希在无拘无束的漫游岁月里，把自己锻炼得身强体壮。他只有中等身高，但即使在孩童时期也灵活矫健、不知疲倦。他有强健的四肢，这使他在各种体力活动中具有天生的极佳耐力。他精通十八般兵器，武艺高强。即使在早年，他也是娴熟的弓箭手和酷爱马术的骑手，且特别喜欢血统良好的马匹。不难想象，他后来确实成了优秀的猎手。他特别擅长剑术，一定时常让陪练对手陷入困境，因为他的火暴脾气很容易让他在战斗中陷入激情。让人印象特别深刻的是，他"一直在持续的活动中，从未安静地度过一天"。这个 12 岁的男孩如果在白天做了运动，那就会读书到深夜，扩大自己的知识面。他最喜欢读的是历史（可能是罗马史）中的战争故事。因此，他小小年纪已经显示出他这种地位的人所共有的持久的活力和热情，这常常使这位施陶芬君主看起来超出凡人。不过，他还是能够保持冷静思考的能力。

教宗英诺森三世不需要再为这个孩子烦恼了。像施陶芬家族的其他成员一样，弗里德里希成熟得非常早，但这并不是那种（经常在德意志人身上看到的）不幸的早熟，那种早熟的人在壮年之后力量会迅速衰竭。教宗英诺森三世经常引用的关于他的被监护人的那句老话——"恺撒们的男子气概早早降临"可能适用于整个施陶芬家族。弗里德里希婴幼儿期的国家的动荡和他坎坷的少年时代强加给他的自力更生，可能加剧了这种早慧的自然趋势。无论如何，教宗写道，这个男孩轻盈快速地迈向成熟的门槛，他的智慧和才干随着年龄增长在一天天进步。人们在那时就称赞弗里德里希的头脑清醒和精明，并说不能以年龄来衡量他，因为在知识方面他已经是一个成年男子，在威严方面已经是一位统治者。虽然弗里德里希有着近乎超人的能力，但这并不是人为培养出来的现象，而是我们能够从青年人身上希冀的最佳状态。他的教养的彻底性和完整性是正常的；他已经圆满（completus）了。他的身材也是如此。有人说："你不能把国王想象得太矮小，但你也不能把他想象得比他的年龄所应有的状态要高。"另一个人写道："国王已经完全获得了适合他这个年龄的知识和力量，你会发现他是一个完美的男人。"因此，弗里德里希摆脱监护人枷锁的时刻迅速临近。根据西西里的封建法律，他在满 14 岁的时候就算成年了，可以正式成为西西里国王。

教宗英诺森三世在最终解除对弗里德里希的监护之前，急于彻底履行他作为监护人的职责：他为这个男孩安排了婚姻大事。康斯坦丝皇后曾考虑过与阿拉贡王室缔结婚姻联盟。当 7 岁的弗里德里希落入马克瓦德·冯·安维勒手中时，教宗出于实际考虑，又拾起了这个计划。1202 年，他通过谈判，促成他的被监护人与阿拉贡国王佩德罗二世的妹妹桑恰（Sancha）订立婚约。教宗在这件事上的盘算是，佩德罗二世国王将派遣一批西班牙骑士前往西西里，帮助弗里德里希摆脱马克瓦德和其他德意志人的掌控。此外，教宗还希望桑恰的母后能到西西里居住，帮助这对少男少女走到一起。因为弗里德里希完全是在纯男性的氛围中成长的，教宗认为这种氛围并不完全合适。但教宗的计划泡汤了，订婚被取消了。但在接下来的几年里，英诺森三世并没有忘记，如果西西里与阿拉贡结成婚姻联盟的话，对教会有不小的好处，因为阿拉贡和西西里一样，是罗马教廷的附庸。经过漫长的谈判，他在1208年8月促成了另一次订婚。弗里德里希现在要娶的，不是他最初与之订婚的年轻的桑恰，而是比她大得多的姐姐康斯坦丝。这不禁让人想起始祖们的传说和其他童话故事①。康斯坦丝曾与匈牙利国王结婚，最近刚刚丧偶，而且比施陶芬少年大了至少10岁。教宗在征求14岁的弗里德里希同意的过程中遇到了相当大的困难。弗里德里希第一次向国家的紧迫需求低头，因为阿拉贡的康斯坦丝承诺给他带来500名西班牙骑士作为嫁妆，帮助他重新征服他那完全瓦解的西西里王国。这个承诺（最终并未兑现，令人无比痛苦地幻想破灭）对这个男孩来说是如此的宝贵，以至于他愿意接受这个妻子。因为，虽然他做了一些极有希望的尝试，但他不能指望凭借自己的力量在这么多年来一直肆虐

---

① 《圣经》里的"始祖"指的是亚伯拉罕、以撒和雅各（也叫以色列），或者亚当到亚伯拉罕之间的20位男性始祖。此处的典故是，雅各想娶舅舅拉班的小女儿拉结。拉班许诺如果雅各为他牧羊7年，就将拉结许配给他。但期满的时候，拉班却用大女儿利亚代替，理由是大女儿未嫁，没有小女儿先出嫁的规矩，并要求雅各为了娶拉结再服侍他7年。雅各就照办了。

的无政府主义旋涡中重建秩序。

诚然，教宗英诺森三世在其监护人任期的最后几年里，认真地在西西里努力建立说得过去的秩序，但他希望把真正重要的工作交给那支阿拉贡军队来完成。不过，他还是亲自越过边境进入西西里王国，在圣杰尔马诺（San Germano，位于教宗国边界的卡西诺山附近）召集了西西里的权贵，并宣布了整个国家的全面和平。为了维护和平，他任命了西西里王国在意大利大陆上的最强大的两个封臣为总司令，希望以此来化解他们的危险力量。教宗的努力并没有决定性的意义，尽管如此，在多年的混乱之后，王国的北半部分（即与教宗国接壤的那部分）还是开始感受到了权威之手。另外，在西西里岛本身，局势仍然很糟糕，直到年轻的国王在成年后不久就开始以他的热忱、技巧和活力亲自理政。

刚刚获得独立，这个只有 14 岁的男孩就表现出极大的胆量。他同时向那些实际或似乎侵犯他的君王权力的人开战。1208 年 12 月 26 日，即国王的 15 岁生日那天，教宗正式结束了对西西里的摄政。从这一刻起，弗里德里希就独自统治了。两周后，他第一次与教宗——强大的英诺森三世发生摩擦，这对国王来说是一个充满希望的开端。争论的焦点是新的巴勒莫大主教的任命。在国王的批准下，巴勒莫主教座堂的管理委员会提议举行选举。但管理委员会有三名成员不知何故表示反对，并向教宗提出上诉。国王认为这一上诉侵犯了他的权力，不禁大怒。他将上诉人驱逐出境，并写信给惊讶的教宗说，他的行动之所以如此温和，纯粹是出于他对教宗本人和整个教会的尊重。英诺森三世是世界历史上最强大的统治者之一，在当时被欧洲所有的君主承认为基督教世界的真正皇帝（verus

Imperator）。他绝不同意刚刚脱离他监护的年轻国王对当前形势的看法。根据康斯坦丝皇后与英诺森三世签署的政教协定，西西里国王在主教选举中的权利只限于一点：主教座堂的管理委员会在没有王室干预的情况下选举主教，但主教在上任前必须得到国王的批准。不过最后的决定权仍在教会手中，因为即使在就任之后，主教也只能在教宗最终批准选举后才能主持工作。因此，即使国王和主教座堂管理委员会在选择未来的主教时意见一致，教宗仍有权否决不受他欢迎的人选，而受国王欢迎的人几乎总是不受教宗欢迎的。因此，根据这份政教协定，弗里德里希只有同意权。他绝对无权阻止任何人直接向教宗上诉，尽管根据诺曼王朝君主的旧有特权（现已废除），任何人都不能越过国王向教宗直接上诉。

教宗英诺森三世足够聪明，用父亲式的措辞，长篇大论地谈了这件事。教宗的意思是，弗里德里希听信了不明智的谋臣；弗里德里希必须满足于世俗事务，而不是对专属于教宗的宗教事务伸手。"由于你的祖先妄图将教会权力据为己有，你的王国陷入了混乱，"教宗写道，"你应该反省一下，并从中吸取教训。"随后，英诺森三世对康斯坦丝皇后与教廷的政教协定做了详细的阐述，并在这番说教的末尾命令立即将被放逐的主教座堂管理委员会成员召回巴勒莫。

弗里德里希无疑是有错的一方，他别无选择，只能服从教宗。有意思的是，弗里德里希在亲政后的第一项举措中，就以准确无误的直觉抓住了主教选举这一重要问题，而这个问题在未来的几十年里一直是他与教廷争论表面上的焦点。虽然遭受了这一挫折，但弗里德里希在另一个领域取得了成功。我们不能完全确定这位年轻国王为恢复王国的秩序所采取的第一批措施是什么，但他在这方面取得的成就肯定比学界的传统观点要大得多。有一件事是肯定的：1209 年春季，他"率领重兵"（这是他自己的表述）巡视西西里，经尼科西亚（Nicosia）到卡塔尼亚，再到墨西拿。我们从他自己的话语中得知，这并不是一次和平之旅："他平定了那些厌恶和平的骚乱之子，令他们在他的枷锁下屈服。"在几个月内，这位 15 岁的国王已经差不多平定了西西里岛的东北部，并正在制订进一步的行动计划。他的若干御旨（其权威性的语调霸气十足）清楚地表明他打算渡海前往意大利大陆，在那里重建他的君主权威。为此，他需要阿拉贡提供援助。

当弗里德里希还未成年时，他与康斯坦丝的婚礼就已经在萨拉戈萨主教座堂举行了，一位西西里主教在婚礼上代理国王。康斯坦丝王后原计划于 1209 年 3 月抵达巴勒莫，但她直到 8 月才到达西西里首都。陪同她的是她的弟弟——普罗旺斯伯爵阿方索，以及之前承诺提供的 500 名骑士。当时还在墨西拿的弗里德里希匆匆赶到巴勒莫，在那里立即举行了婚礼。婚礼庆典结束后，弗里德里希想立即率领西班牙骑士前往墨西拿，以便毫不拖延地开展他计划中的大陆战役。一年前，教宗在圣杰尔马诺会议上召集了几百名封建骑士，这些人再加上西班牙骑士，便构成了一支相当可观的力量。但年轻国王对于军事行动的所有希望都破灭了。他无比热切地期望得到西班牙人的帮助，但他们在准备出发的过程中，或在离开巴勒莫不久之后，遭到瘟疫的沉重打击。他们中的大多数人，包括王后的弟弟阿方索伯爵，都不幸病死。这场悲剧使计划中的战役无法进行。更糟糕的是，心怀不满的西西里贵族们抓住国王陷入困境的机会，搞起了阴谋，想除掉这位令他们不适的主公。这是后来许多类似事件的前奏。弗里德里希以最惊人的方式平息了这场叛乱。主谋是卡拉布里亚的一位伯爵，他被俘虏了。弗里德里希抓住这个机会，从阴谋分子手中收复了他们在摄政时期非法侵吞的王室领地（Demanium）的一部分。

　　此番成功表明了年轻国王的决心和意志力，但也表明他的处境完全无望。他已经无可救药地陷入了贫困，若没有外援，他永远不可能在西西里取得任何成就。他的"两个母亲"，即罗马教会（他的精神母亲）和康斯坦丝皇后（他的生身母亲）早已决定，他将在西西里世袭王国和巴勒莫这座"幸运之城"蹉跎一生。但这仅仅是教廷和皇后的一厢情愿。其他的使命将会落在弗里德里希的肩上。当他还在勇敢地与西西里的混乱局面做斗争时，德意志已经发生了一些重要事件。一年多以前，即 1208 年 6 月，德意志国王施瓦本的菲利普在班贝格（Bamberg）被巴伐利亚行宫伯爵维特尔斯巴赫的奥托（Otto von Wittelsbach）奸诈地谋杀①。教宗的被监护人弗里德里希如今是施陶芬家族的最后一员。新的前景在他面前徐徐展开："两个母亲"再也不能压制他了，他将会奋勇崛起，并加入他父辈的行列。

---

　①　1208 年 6 月 21 日，施瓦本的菲利普在班贝格参加自己的侄女勃艮第的贝亚特丽斯与安戴克斯家族的奥托七世的婚礼。婚礼结束后，菲利普在自己的内室被巴伐利亚行宫伯爵奥托八世刺杀。凶手随后潜逃。这是自墨洛温王朝灭亡以来第一次有国王被谋杀，菲利普也是仅有的两个被谋杀的德意志国王之一。行刺的动机不明，可能是因为菲利普解除了自己女儿与奥托八世的婚约，损害了他家族的荣誉。另一种推测是，法王腓力二世、安戴克斯家族（包括新郎的两个弟弟，班贝格主教埃克贝特和伊斯的利亚边疆伯爵海因里希二世）和布拉邦特公爵海因里希一世勾结，企图推举布拉邦特公爵为德意志国王。但这种说法不是很有说服力。凶手奥托八世自己不久之后被施陶芬家族的一名家臣杀死。

第二章　阿普利亚少年

　　教宗英诺森三世出身于塞尼伯爵家族（Conti di Segni）。他在基督教世界主持大局，掌握着极大的实权。许多教宗都自称拥有那些权力，但真正行使了这么大权力的，英诺森三世是空前绝后的一位。这位学识渊博的教士有着瘦削的罗马式高贵面貌和威严尊贵的气质，曾在巴黎和博洛尼亚攻读神学和法学，精通当时的学术。这个时代的世界局势对他极为有利。1198 年，亨利六世驾崩 3 个月后，英诺森三世登上了教宗的宝座，当时他还不到 37 岁。那位伟大的施陶芬皇帝在短期内将世界连接成统一体，但这个统一体在他死后立即分崩离析，并且没有任何一支势力能够挑战仍受格列高利七世的精神所激励的教宗主张权。人们普遍认为，罗马皇帝的一项特殊职责便是保持相对于教宗的权力平衡，但当时的帝国并没有一位恺撒，因为帝国被韦尔夫与魏布林根两大派系的斗争搞得四分五裂。世界不能缺少一位宗主，因此教宗英诺森三世在罗马帝国内部的影响力几乎达到了与他同时代的提伯利的杰维斯①所说的"真正的皇帝"（verus imperator）的程度。杰维斯的说法并非仅仅是教廷内部对教宗的阿谀奉承：英诺森三世自己的表述更加倨傲，不过要到近一

---

　　① 提伯利的杰维斯（Gervasius von Tilbury，约 1150—1220）是英格兰的教会法律师、政治家和教士。他得到英王亨利二世及其外孙奥托四世皇帝的恩宠。

个世纪之后，但丁时代的教宗博尼法斯八世才创造了教宗之统治权的经典表述："我是恺撒，我是皇帝"（Ego sum Caesar, ego imperator）。而在博尼法斯八世之后，由格列高利七世发起的维持了两个世纪的教宗统治世界的主张也随之消失。

英诺森三世在时间上处于格列高利七世和博尼法斯八世之间的位置，他是教宗对世界性统治权的主张的实际实现者。一位编年史家写道："在他的时代，教会处于其辉煌和权力的巅峰，支配着罗马帝国，也支配着全世界的所有君王。"还在担任枢机主教的时候，英诺森三世写了一本《论对俗世的蔑视》。虽然他自己过着朴素的生活（他喜欢把这种生活方式当作别人的榜样），但他怀揣一种深刻的信念，那就是他的教士职务具有强烈的神圣性和尊严。这种信念决定了他在某些场合要表现出威严的、皇帝式的辉煌排场。因此，他在当选教宗后不顾惯例，将即位大典推迟了许多个星期，以便在圣彼得宗座瞻礼日那一天坐在圣彼得的宝座上，从而增加仪式的荣耀。毫无疑问，他想在那一天扮演彼得的角色，就像他有时甚至喜欢扮演基督的角色一样。有一个诙谐的故事说，英诺森三世曾穿上保存在拉特兰宫的无缝圣袍①，想看看基督是否比他矮小；但遗憾的是，圣袍太大了。英诺森三世坚信不疑，自己就是基督教世界的皇

---

① 无缝圣袍是传说中耶稣在受难前夕和受难过程中所穿的衣服。根据《新约·约翰福音》第 19 章第 23～24 节："兵丁既然将耶稣钉在十字架上，就拿他的衣服分为四分，每兵一分。又拿他的里衣。这件里衣，原来没有缝儿，是上下一片织成的。他们就彼此说，我们不要撕开，只要拈阄，看谁得着。这要应验经上的话说，他们分了我的外衣，为我的里衣拈阄。兵丁果然作了这事。"据传说，君士坦丁大帝的母亲圣海伦娜在圣地找到了无缝圣袍。有一种说法是无缝圣袍后来到了德意志的特里尔大教堂，保存至今。也有人认为无缝圣袍今天被保存在其他地方。

帝；而事实上，以一种非常奇特的方式，他的确就是基督教世界的皇帝。作为一流的统治者和政治家，他是第一个使教会（此处取其狭义，即教士和主教们组成的统治集团）真正成为一个有效的"国家"的人。他让教会成为一个专制君主国，在其中他自己作为唯一的国家元首，是权力、正义和仁慈的唯一源泉。英诺森三世的一生中发生的大事不胜枚举：他看到欧洲的许多国王跪在他的脚下，认可他为他们的封建宗主、承认他们的国家是他封授给他们的采邑；为了真正的信仰，他制造了令人发指的阿尔比派战争①；他先是将那些征服拜占庭的十字军逐出教会，然后在东方建立了拉丁教会庇护下的拉丁帝国②。

---

① 阿尔比派（又称清洁派）是中世纪基督教的一个派别，原本起源于巴尔干半岛，后兴盛于 12 世纪与 13 世纪的西欧，主要分布在法兰西南部，尤其是阿尔比城，因此被称为"阿尔比派"。该派别反对教会的物欲横流，主张重返基督时代的纯洁与清贫，很多思想与天主教会抵触，因此被天主教会判定为异端。1209 年，教宗英诺森三世发起阿尔比十字军东征来进行武力镇压，讨伐整个法兰西南部的异端。一直到 1229 年，也就是英诺森三世死后 13 年，残酷的战争才终于结束，阿尔比派到 14 世纪中叶基本消亡。阿尔比十字军东征主要由法兰西王室执行，因此这场战争很快就有了政治色彩，王室利用这场所谓的十字军东征来控制朗格多克地区，消除阿拉贡和加泰罗尼亚对该地区的影响力。在阿尔比十字军东征期间，作为教会工具的多明我会宗教裁判所也发展壮大。

② 1204 年第四次十字军东征之后，拜占庭帝国灭亡。西欧的十字军瓜分拜占庭领土，建立起多个国家。拜占庭的八分之三被分给威尼斯，剩余的则是所谓"君士坦丁堡的拉丁帝国"（1204—1261）。十字军领袖之一、佛兰德伯爵鲍德温被立为拉丁帝国的皇帝，称鲍德温一世，希望能够作为罗马帝国的继承者统治东方。他的帝国控制希腊，分为若干个封建领地：萨洛尼卡王国、阿开亚王国、雅典和底比斯公国、群岛公国等。原拜占庭的很大一部分领土被三个拜占庭人的国家控制：尼西亚帝国、特拉布宗帝国和伊庇鲁斯专制君主国。它们都致力于赶走西欧人、恢复拜占庭，但有时也与拉丁帝国合作。拉丁帝国无法控制在原拜占庭领土上建立起来的其他势力，尤其无法对付威尼斯，因此在初期的一些军事胜利之后就持续衰败。1261 年，尼西亚军队攻入君士坦丁堡，拉丁帝国宣告灭亡。尼西亚统治者米海尔八世宣布恢复拜占庭帝国。他建立的帕里奥洛格斯皇朝是拜占庭的最后一个皇朝。

但他精彩而丰富的一生与本书的故事无关。我们的兴趣只在于作为政治家的英诺森三世。他宣称自己是弗里德里希的精神之父，被上帝派来取代他痛失的尘世之父。在中世纪的君主队伍中，英诺森三世填补了巴巴罗萨的儿子和孙子之间的空白。当最后一位施陶芬皇帝登上皇位时，英诺森三世的教士－精神统治的气息仍然弥漫在空气中。

　　基督教会的君主式大祭司、基督教罗马帝国的真正皇帝、基督教世界的最高法官，这三者是一体的，有共同的来源，即教宗同时扮演这三个角色。这是最早由英诺森三世提出的基本原则，而且不是作为一种主张，而是作为一个事实、一个圆融的整体、一个"大全"（Summa）。英诺森三世的出发点是，教宗虽然是使徒之王（圣彼得）的继承人，但并非他在人间的代表，也不是任何人的代表，而是基督的代表，也就是上帝在人间的代表。教宗直接从上帝那里获得了"完全的权力"①，即所有权力的总和，而所有的世俗权力——祭司的权力、法官的权力和国王的权力——都源于此。英诺森三世对教宗的中保②角色进行空前宏大的阐述时，明确地给世人灌输了这一教义：所有的权力都来自上帝，但教宗被定位为"上帝与人之间的中保；距上帝更近，距人更远；比上帝小，但比人大"。

----

①　"完全的权力"（plenitudo potestatis）是中世纪教会法的术语，用于描述教廷的管辖权，尤其是世俗管辖权。英诺森三世是第一位用这个术语描述教宗的政治权力的教宗。在教会之内，教宗的管辖权是至高无上的，他是教会的最高法官，他的裁决是绝对有效的，教会中低于他的人员不能改变他的裁决。

②　中保是基督教常用的术语，本义即中间人、居间调停者。基督教常说耶稣是人与神之间的中保；或者，根据天主教的教义，普通人无法直接与上帝沟通，所以需要神职人员作为中保。

为了完成权力的传递，他进一步指出："……当我们［教宗］得到尊重时，上帝通过我们得到了尊重；当我们被轻视时，上帝通过我们受到了轻视。"从这后一个假设中产生了后来由托马斯·阿奎那首先提出的教条，即服从教宗对每个人的灵魂得救是必不可少的。

教宗作为中保的双重地位，使权力的传递成为可能，这与英诺森三世将教会转变为一个教士"国家"的进程紧密相连。教士集团作为一个国家的概念不是他首创的，但由于时间和机遇的幸运结合，现在由他来实现这种概念。教士的权力是通过作为中保的教宗从上帝那里获得的，如果要将这一权力直接地、不间断地传给主教，那么在主教选举中排除其他一切影响就至关重要了，特别是要排除受教会鄙视的世俗权力的影响，而不管国王或皇帝可能声称自己有什么古老的特权。英诺森三世精明、娴熟、不择手段地以自己的方式去影响各国的主教选举，为了自己的目的而大肆利用欧洲（唯一的例外是法兰西）政治上的羸弱。他有时签订条约，有时签订政教协定，并在不久之后设法终结了整个主教叙任权争端，使整个基督教世界的主教们成为他的直系下属。他和他的继任者们开始像彻头彻尾的专制君主一样，根据教宗的个人想法来任命、罢免和调动主教们。他有权这样做，因为教宗"不是作为人，因为他不是人类的代理；而是作为上帝，因为他是上帝的代理"。这位近似于神的教宗有能力连接或切断主教与其教区之间的精神纽带（除非教宗出手，这种纽带是神圣不可侵犯的）。有了这种"主教选举的自由"，教会就实现了相对于世俗权力的完全独立。在一个高于世俗世界的层面上，教会成为一个特殊的国家，在其中，主教们只扮演着顺从的官僚、行省总督和皇帝式教宗的大使的角色。世俗权力与其迄今享有的教职任免权的分离，由教宗使节最终完成。他们作为教宗的全权代表，地位甚至高于宗主教，有权监管主教（他们仅仅是官僚而已）的活动。而世俗权力被剥夺了对教会的所有监管权，却无法提出抗议。相应的协议，包括向各个国家派遣教宗使节的权利，现在通常被添加到教廷与各国政府的条约中。这样的条约通常为教士们保留了"直接上诉权"，也就是说，每个教士都有权在不受世俗权力干预的情况下，与教宗直接沟通。这首先确保了以教宗为首的精神之国的真正内在凝聚力。如果要确保教会国家的牢固结构不被破坏，则不可避免地会产生进一步的要求：教宗下属的任何"官员"，除了个别例外，今后都不再接受世俗法庭的审判，尽管以前教会人员在一定程度上要受到世俗法庭的管辖。这就要求进一步发展教会法，英诺森三世通过一套教令集（Dekretalensammlung）做到了这一点。这是第一部由一位教宗安排编纂的教令集，但直到他去世20年后才完成。像中世纪晚期所有伟大的教宗（特别是他之前的亚历山大三世）一样，英诺森三世是一位卓越的法学家，而在那个时代，法学家几乎是政治家的同义词。如果要使他的国家建设这项伟大的工程达到完美状态，他别无选择，必须不择手段、冷酷无情。这是不言自明的。

迄今为止，主教和教士们一直习惯于利用教宗的权力与王权之间的矛盾，在二者之间游走。鹬蚌相争渔翁得利，这给主教和教士们带来了不少好处。如今，由于教会发展为一个君主制的、组织严密的、以服从为基础的教士国家，主教和教士们丧失了不少自由，但在其他方面得到了补偿：由于英诺森三世对自己的教士职位的崇高构想，教士相对于俗士的地位得到了极大的提高。每一条可以唤起人们对教士的尊重的古老法令都被重新拾起，并得到新的强调。例如，俗家人士必须无条件地依赖于教士的中保；教士必须得到合法的授职；教士的圣事权力与他个人的缺点无关；买卖圣职是"对国家和君主尊严的犯罪"。从这种角度来看，买卖圣职这种犯罪的极大严重性是可以理解的，因为它干扰了恩典的传递。如果允许买卖圣职的话，恩典就不是来自上帝和教宗，而是用钱买来的。教士的这种新的超然离群的状态和他们与俗世的严格隔绝，通过仪式上的某些创新体现出来，而这些创新是由对异端的激烈反应所引起的。此时异端刚开始露头，其宗旨之一便是缩小俗人与教士之间的鸿沟。我们对仪式上的创新举几个例子：今后教士在执行圣事时，面朝祭坛和东方，背对着人们，而不是像以前那样面向会众。这是因为教士"比上帝小，但比人大"。俗家信众的在场已经变得无足轻重了，因为只有神父的祝祷能够带来元素的神奇蜕变〔英诺森三世首次将这种神秘奇迹称为"变体"，1215 年他将这一学说提升到教条（Dogma）的高度〕。

11 世纪改革后的教廷在格列高利七世的领导下，开始将教宗职位和教宗选举从皇帝的支配之下解放出来。英诺森三世则将这种解放逐渐向下拓展到主教的级别，并试图使他们的选举和职务彻底摆脱世俗权威的影响。但由此产生了一个截然相反的问题，对教会来说相当凶险：会不会有一个世俗统治者建立一个完全不效忠于教会的、纯粹的世俗国家？很少有人注意到，正是教会首先渴望与世俗权力完全分离，并竭尽全力地实现了这一点；正是教会通过建立一个统一的、自给自足的教士国家，为一个完全世俗的帝国提供了样板。但最奇特的一点是，正是教会自己，以多多少少"不合法"的方式，为世俗帝国模仿精神帝国准备了某些基本条件。英诺森三世理所当然地要强调他的中保职务在教权层面的无条件性和独一性。但众所周知，他并不局限于此：作为上帝的代理人，他被赋予了"完全的权力"，这使得他不仅是所有精神权威，也是所有世俗权威（法官和国王）的中保。他在称颂自己的中保身份时所说的话，实际上是一种自我神化，为众所周知的教义增加了一个附加条款：作为中保，他的使命是"审判所有人，但不被任何人审判"。这种突出了英诺森三世的司法职能的教士精神，赋予了世俗权力以一种新的力量：神圣力量通过中保，不间断地、实际地发生作用，不仅流溢到教士身上，还流溢到法官和国王身上，这种动力学构成了中保的本质。至少在世俗事务中，这种动力学直到前不久还与中世纪人的思想格格不入。的确，统治者总是直接从上帝那里获得权力，作为一种采邑、一种封授（Beneficium）；但他作为世俗君主和俗人，不是教士意义上的中保。当然，英诺森三世并不关心区分精神和世俗的中保身份，因为"完全的权力"存在于作为大祭司的他自己身上。因此这样的情况就更显得重要了：有朝一日，世俗权力会提出自己就是在法官和国王职能层面的世俗中保，并将其与大祭司的中保割裂开来，而且以教宗为榜样，进行自我神化。

　　在不知不觉中，英诺森三世已经为提升到祭司高度的王权和司法权铺平了道路。他急于宣扬自己作为教宗的无限司法权，有意识地试图打破所有的分界线。他喜欢把使徒彼得称为"祭司或法官"（sacerdos sive judex），并以利未人①为例，说

---

① 利未人（Leviten，或称利未支派）是以色列十二支派之一，是雅各的儿子利未的后代，专门负责协助祭司举行宗教仪式，并管理会幕或圣殿内的一切事务。摩西、亚伦、撒母耳等人就属于利未支派。

明祭司和司法职能的基本统一性。基督自己也认识到这样一个事实，即最高的司法权威在罗马。彼得从罗马逃走时曾问过基督这个问题："主啊，你往何处去（Domine quo vadis）？"基督答道："我要到罗马，再次被钉上十字架（Romam venio iterum crucifigi）。"因此，罗马（当然是指教宗）成为世间的最高审判庭，只要出现了存疑或神秘的案件，教宗对世俗事务也有管辖权。正如英诺森三世不厌其烦地重复的那样，上帝亲自把教宗置于正义女神（Justitia）的宝座上，以便他能对人间的君王们做出判决。因此，虽然教宗在大多数情况下并不干涉世俗的司法工作，但他身为最高的法官，有权在他的法庭裁决整个基督教世界的任何争端。

英诺森三世正是以类似的方式寻求融合祭司与国王的权力。他指出，《旧约》和《新约》一致认为，王权也是一种祭司的权力，祭司的权力也是一种王权；因此，基督（与教宗一样，是上帝与人之间的中保）作为大卫王室的后代，是国王；作为上帝的儿子，基督是祭司。英诺森三世还为《圣经》中的一个人物赋予了新的生命，这个人物在此之前未被教廷重视，或未被充分利用：那就是基督的一个显著的预表①，撒冷的祭司王麦基洗德②。基督，以及作为他的代表的教宗，是"照着麦基

---

① 预表（Präfiguration 或 Typologie）是基督教神学和解经学的一种理论，认为对《旧约》不能做字面理解，而是将其视为《新约》中事件的寓言或预示，特别是《旧约》中的事迹被看作耶稣事迹的预示。例如《旧约》中约拿和鲸鱼的故事。中世纪的人们认为这预表耶稣的埋葬，鲸鱼的胃就是耶稣的坟墓；如同约拿三天后从鲸鱼腹中出来，基督也是三天后从坟墓里复活。

② 麦基洗德（Melchisedech）这个名字的意思是"公义的王"，他曾带着饼和酒为亚伯拉罕祝福。据《新约·希伯来书》，神的儿子是"照着麦基洗德的等次永远为祭司"，因此这个儿子作为大祭司的效用是一劳永逸的。

洗德的等次"的祭司,这是伟大的英诺森三世所有著作中不断重复出现的表达。他以取之不尽、用之不竭的意象阐述了,正如灵魂比身体更重要,教士也比国王更重要。他将《圣经》中的这句话应用到教宗身上:"帝王借我坐国位。君王借我定公平。"① 他不断寻找新的比较和隐喻,将基督的代理人和中保以及基督本身表述为"真正的皇帝"(verus imperator)、祭司-皇帝和世界统治者。这一切并没有什么绝对的新意,除了教宗不厌其烦地重申,不断地、明确地将世人的注意力集中在祭司之帝权和皇帝式祭司的身上。

教宗英诺森三世达到了他的目的:三重冕②的佩戴者从此雄踞于令人炫目的崇高宝座之上。但由于这位伟大的教宗借用了罗马皇帝的许多象征和标志,世俗帝国也被祭司的神圣气氛彻底浸透。而且帝权非但没有因为这位教宗在将近20年里向全世界灌输的祭司精神而被削弱,反而获得了前所未有的威望。因此,教宗英诺森三世,真正意义上的"精神上的父亲",必须与诺曼王族和施陶芬皇族一道,被视为年轻的弗里德里希国王的直接祖先和前辈。

在上述观念的鼓舞下,英诺森三世投身于德意志王位继承权的斗争中。此前,他支持韦尔夫家族的奥托,反对施陶芬家族的菲利普,首先是因为"没有一个教宗会喜欢施陶芬家族的人";其次是因为施陶芬家族的人若是当了皇帝,会造成西西里与帝国融合的危险,而在韦尔夫家族的统治下,这种危险是不存在的;再次,因为韦尔夫家族的奥托囊中羞涩,没有多

---

① 《旧约·箴言》第 8 章第 15 节。
② 三重冕(拉丁文:Triregnum)是 8 世纪至 20 世纪中叶罗马教宗戴的冠冕,由三层冠冕组成,但其象征意义不明,有多种解释。

少支持者，因此会完全听命于教廷，并有可能成为教宗的有用和恭顺的追随者；最后，奥托缺乏文化修养，没有智识，却拥有异常强健的体魄，所以他很有资格成为教宗需要的"教会的世俗之剑"。但是，尽管得到了教宗的帮助，奥托在德意志仍然没有办法打败他的施陶芬对手。施瓦本的菲利普计划在1208年夏季对奥托发动最后一次战役，奥托必败无疑。罗马教廷的态度清楚地表明了奥托的事业是多么无望：英诺森三世撤销了对奥托的支持，解除了对菲利普的绝罚，承认他为德意志国王，并承诺将他加冕为皇帝，只要他去罗马朝拜。胜利就在眼前时，菲利普却被巴伐利亚行宫伯爵维特尔斯巴赫的奥托刺杀了。这纯粹是一场私人的报复，也是有德意志帝国以来的第一次弑君事件。此事让韦尔夫家族的奥托取得了王位争夺战的胜利。德意志诸侯厌倦了长达 10 年的内战，所以很快就联合起来选择了不伦瑞克的奥托。奥托希望在教宗的批准下与被谋杀者的 11 岁女儿贝亚特丽斯订婚，从而将施陶芬与韦尔夫两大家族的王位主张权统一在自己身上。英诺森三世不费吹灰之力就胜利了：他随即宣布已经准备好在罗马将他的弟子奥托（就在不久前，教宗不情愿地背叛了奥托）加冕为皇帝①。

自掌权以来，罗马教廷并不习惯在没有交换条件的情况下赐予皇冠，而奥托四世既然是教廷的追随者，教廷自然会向他索要格外多的好处。首先，教廷要求奥托四世保证在德意志自由选举主教（施陶芬皇朝一直拒绝接受这一点）；其次，承认西西里是教宗的附庸，并保证绝不攻击西西里；最后，奥托四世应当将意大利中部的某些帝国领土割让给教宗，包括安科

---

① 从这里开始，我们称他为"奥托四世"。

纳边疆区、斯波莱托、所谓的玛蒂尔达遗产①，等等。在亨利六世去世造成的天下大乱当中，英诺森三世匆匆以合法或非法的名义从帝国手中夺取了这些领土，并以"光复"的名义将它们纳入"圣彼得的遗产"。教宗国在一定程度上是英诺森三世缔造的产物，如今它横亘意大利，是教宗在南意大利的附庸西西里与始终敌视帝国的伦巴第之间的一个自成一体的楔子。在教宗领导下统一意大利的梦想似乎距离实现不是太遥远。

　　奥托四世急于达成他的目标。早在 1201 年，他就已经答应了这些领土方面的让步；他别无选择，只能割让教宗索要的东西。不过，他向教宗做的妥协没有得到德意志诸侯的书面确认。他很快就出发去翻越阿尔卑斯山。当他八面威风的队伍的喧嚣打破了里沃托尔托②的宁静时，据说圣方济各派他的一个弟子请未来的皇帝思考尘世的伟大是多么转瞬即逝。但奥托四世不予理睬，继续他的征程。1209 年年末，他在罗马被英诺

---

①　玛蒂尔达遗产指的是托斯卡纳女侯爵玛蒂尔达（1046？—1115，她是亨利四世皇帝受辱的"卡诺莎之行"的见证者）在意大利中部留下的一系列领土。她曾向教廷称臣，后来又向亨利五世皇帝称臣，并指定亨利五世为她的继承人。她死后，教廷与帝国就她的遗产问题发生了纠纷。洛塔尔三世皇帝与教廷达成妥协，皇帝控制玛蒂尔达遗产，但需要向教廷缴纳一笔费用。1137 年，洛塔尔三世将玛蒂尔达遗产册封给自己的女婿骄傲的亨利（即狮子亨利的父亲，属于韦尔夫家族）。康拉德三世成为国王后，玛蒂尔达遗产成为施陶芬与韦尔夫两大家族争端的焦点之一。巴巴罗萨皇帝从韦尔夫家族手中买下玛蒂尔达遗产的权利，后来在 1176 年的莱尼亚诺战役中战败后将其归还教廷，但后来又收回了部分权利。亨利六世、施瓦本的菲利普和奥托四世都曾与教廷争夺玛蒂尔达遗产。1213 年，弗里德里希二世颁布《埃格金玺诏书》，代表帝国正式放弃对玛蒂尔达遗产的主张权。不过，由于很多城市国家的发展和扩张，到那时玛蒂尔达遗产已经大幅缩水。

②　里沃托尔托（Rivotorto）是意大利中部翁布里亚大区佩鲁贾省阿西西市的一个村镇，阿西西的圣方济各于 1209~1211 年在这里居住并苦修。

森三世亲自加冕为罗马皇帝。英诺森三世似乎已经实现了他所有的愿望：他的门客当上了皇帝；施陶芬家族治下的西西里与韦尔夫家族治下帝国的分离似乎是最终的、彻底的。

然而突然发生了一些事件，有可能将教廷政治这整座处于微妙平衡中的大厦掀翻在地。奥托四世在加冕后不久就食言了。当英诺森三世提醒他注意以前的协议时，他竟然哈哈大笑。在关于意大利中部领土的第一次谈判中，奥托四世便表现出他绝不是教会"忠顺的儿子"。皇帝和教宗之间不可挽回的斗争的导火索是西西里王国在意大利大陆那部分的贵族。在阿普利亚的封建贵族看来，德意志人奥托四世抵达意大利，就是他们一劳永逸地摆脱无权的年轻国王弗里德里希的枷锁的信号。1209 年 9 月，西西里和卡拉布里亚贵族针对弗里德里希的阴谋破产，然后阿普利亚贵族诉诸奸计。他们的头目是阿切拉（Acerra）伯爵迪波尔德·冯·施魏因斯波因特，他是一位德意志权贵。在弗里德里希的童年时代，迪波尔德曾作为马克瓦德·冯·安维勒的继任者在巴勒莫王家城堡中掌握政权。除了私利和权欲之外，迪波尔德和马克瓦德一样，坚定地认为西西里无条件地属于罗马帝国，而施陶芬家族的诺曼继承人（指弗里德里希）只是西西里与帝国联合的道路上的一个障碍。时隔十余年后，一位皇帝再次出现在意大利，因此迪波尔德立即向奥托四世示好，视其为西西里王国的唯一合法统治者。

在 1209 年 11 月加冕后不久，奥托四世皇帝访问了比萨，这座城市长期与迪波尔德和德意志人结盟。在这里，阿普利亚的权贵们朝见了奥托四世，向他宣誓效忠，并恳求他夺取这个缺乏保护的王国，因为"除了帝国皇冠的佩戴者，无人有权在西西里统治"。诚然，奥托四世曾向教宗保证过绝不侵犯西西里，但他不再认为自己受到这一承诺的约束。皇帝是否从一开始就考虑将帝国与西西里联合起来（遵循亨利六世的先例），或者他现在是否被阿普利亚人的敦促所引诱，并屈从于比萨人的怂恿，这并不重要。最终结果是，他同意了。他很快就册封迪波尔德为斯波莱托公爵，这是公开敌视教宗的行为。在接下来的几个月里，在处理意大利中部和南部事务的同时，奥托四世开始尽可能不引人注意地筹备对西西里的作战。还有一个考虑可能对他很重要。弗里德里希是施陶芬家族的最后一个人，在目前对奥托四世只是一个麻烦，但可能不久就会成为一个威胁。菲利普被杀后，弗里德里希被剥夺了获取皇位的机会，但他至少可以要求继承他父亲在施瓦本的遗产。事实上，教宗和皇帝之间曾就与年轻的西西里国王达成某种妥协作过谈判。许多动机都在促使奥托四世进行致命的冒险，即攻打西西里。

罗马教廷最喜欢吹嘘自己拥有"众多的耳目"供其差遣。不久，教宗就得知了奥托四世的意图。教宗不得不承认："我为自己打造的剑，给我造成了可怕的打击。"现在，他从韦尔夫皇帝那边看到了德意志与西西里联合的永恒噩梦，而且深知教会对其附庸的拥有权岌岌可危。于是，一有危险的迹象，他就开始谨慎地布下陷阱。他立即从位于拉特兰宫的基地与奥托四世的敌人取得了联系。他的第一步是给德意志的主教们发了一封通谕，告诉他们皇帝的意图。他的信以《圣经》中的一句经文"我造他们后悔了"① 开始，在信的末尾告诫大家，在

---

① 《旧约·创世记》第 6 章第 7 节："耶和华说，我要将所造的人和走兽，并昆虫，以及空中的飞鸟，都从地上除灭，因为我造他们后悔了。"

皇帝被逐出教会（还没有最终确定）的情况下立即解除所有臣民对皇帝的效忠誓言。英诺森三世没有发出直接的命令，只是对皇帝大发抱怨，但主教们很清楚教宗希望他们今后对皇帝采取什么样的立场。主教们肯定立即着手去影响世俗诸侯，因为即便反对奥托四世的诸侯势力还不存在，也很容易培养出来，而现在的问题是如何培养出一个有用的反对派。

英诺森三世在给主教们写信之后，又给显赫的法兰西国王，即卡佩王朝的腓力二世·奥古斯都写了一封信。腓力二世一直是奥托四世的公开敌人，因为奥托四世是他的大敌——英格兰的"无地王"约翰的外甥，一直与英格兰结盟，并经常威胁要对法兰西开战。因此，法兰西国王从一开始就对韦尔夫帝国抱有敌意，而教宗曾努力在两位统治者之间调停。英诺森三世现在给腓力二世写信的时候，当然不是秉承和平的精神。他对自己没有像腓力二世·奥古斯都那样迅速地看透奥托四世的真面目表示遗憾，将自己写给德意志主教们的信的内容告诉法王，并巧妙地将奥托四世的几句话编入信的结尾。教宗写道，奥托四世曾说，当法兰西国王仍然占据着属于他舅舅——英王约翰的土地时，他夜不能寐，感到羞耻，诸如此类。在给法王的信中，英诺森三世并没有提出积极的建议，但他对自己有节制地施用的毒药的最终效果相当有把握。腓力二世·奥古斯都立刻就心领神会。他非常谨慎地开始与反对奥托四世的德意志诸侯接触。短短几个月后，到 1210 年 9 月，法王腓力二世、英诺森三世和相当数量的德意志中部地区的诸侯就在关键问题上达成了一致。

英诺森三世现在可以采取行动了。奥托四世皇帝于 1210 年秋季完成了备战，开始向阿普利亚进军。就在他入侵教宗国治下的托斯卡纳的时候，在一场毫无结果的谈判之后，教宗按照多方的事先约定开除了奥托四世的教籍，奥托四世的臣民也被解除了对其效忠的誓言。但在当时，这对奥托四世的打击很小：几周内他就占领了阿普利亚相当大的一部分，而在接下来的一年里，意大利半岛的南半部看来随时会落入他手中。

现在，年轻的西西里国王面临最紧迫和最直接的威胁。教宗确实警告过他奥托四世的计划，但弗里德里希如何抵御这位强大的皇帝呢？弗里德里希甚至都没有战胜他在国内的敌人，而几乎整个西西里的封建贵族都自愿发誓服从入侵者的命令。在他那被毁坏的荒废王国里，弗里德里希不能相信任何人，连他身边的人也不能信任。当迪波尔德（弗里德里希曾亲自提名他为阿普利亚的大政法官①）领导下的大陆诸侯反叛的消息传来时，弗里德里希不得不罢免首相——帕利亚拉的瓜尔蒂耶罗。英诺森三世迅速禁止了这种做法（这位首相毕竟是一位主教），并说"现在不是男孩子搞恶作剧的时候"，但弗里德里希并没有收回成命，因为首相与反叛诸侯有亲戚关系，而且与他们过从甚密，并且鉴于瓜尔蒂耶罗在政治事务中的灵活性（弗里德里希比教宗更有资格评估这一点），让他留在如此有影响力的职位上难免有风险。但弗里德里希面临的危险并没有因为首相的倒台而得到明显的缓解。

在 1210 年，当奥托四世仍在忙于备战时，甚至在 1211 年的最初几个月，当阿韦尔萨城（Aversa）在教宗的鼓励下顽强

---

① 政法官（Justitiar）是中世纪欧洲多个国家的重要官职。在诺曼王朝统治下的西西里王国，政法官是一省的最高长官，他的一项主要职责是司法。大政法官则负责主持王国的高等法院（Magna Curia）。详见本书第五章中对西西里官制的解释。

抵抗、一度阻挡了奥托四世的前进步伐时，弗里德里希在巴勒莫之外，至少在卡塔尼亚和墨西拿仍有一定的威望。当他在这些城镇逗留时，他一定努力争取牢牢控制西西里岛的东北角，作为其王国的最后残余，因为这是他最早掌控的地方。但是，奥托四世在西西里王国的大陆部分继续攻城拔寨，几乎如入无人之境。阿普利亚的巴列塔（Barletta）和巴里（Bari）等城镇望风而降，卡拉布里亚和巴西利卡塔（Basilicata）这两个离西西里岛最近的省份也随之宣布支持皇帝。甚至西西里山区的撒拉森人也邀请奥托四世渡海，并承诺向他提供支持。此时看起来，除了巴勒莫城，弗里德里希很可能丧失他的整个王国。他的许多城市、城堡和土地都被抢走了，这位名存实亡的小国王（regulus non rex）似乎面临不可避免的毁灭。但弗里德里希并没有失去他的自尊心。为了模仿皇帝，他选择在这个时刻在西西里的御玺上添加太阳和月亮的图案，即世界统治的象征。但即使是他，也几乎不抱得救的希望。

这年年初，弗里德里希曾试图与奥托四世谈判，表示愿意放弃对施瓦本土地的全部主张权（他刚刚通过施瓦本一些修道院的档案证实了自己对那些土地的权利），最后还表示愿意向皇帝奉献几千磅的金银财宝，尽管弗里德里希不太可能拥有这些财宝，因为他为了偿还英诺森三世的摄政费用，不得不把索拉（Sora）伯爵领地抵押给教宗。向奥托四世求和的所有努力都是徒劳的。急躁的奥托四世什么都不听。他对教宗和国王的提议"嗤之以鼻"，因为他们愿意奉献的只不过是他已经拥有或即将夺取的东西。1211 年 9 月，奥托四世兵临卡拉布里亚，即将渡过狭窄的法罗河（Faro）。他在等待同月从阿尔诺河（Arno）出发的比萨舰队抵达。与此同时，弗里德里希已经陷入绝境，他在巴勒莫的卡斯特拉马雷城堡附近停泊了一艘桨帆船①，以确保在万不得已的时候逃往非洲。但就在十万火急的关头，最不可思议的事情发生了：奥托四世放弃了志在必得的猎物，取消了整个作战行动，突然匆忙地离开了西西里王国。这是因为教宗持续不断的阴谋活动开始奏效了。

英诺森三世一直心急如焚地注视着奥托四世的进展。在谈判中，教宗愿意放弃他在意大利中部"光复"来的土地，以换取皇帝承认西西里为教廷的附庸，但谈判只让奥托四世产生了短暂的动摇。谈判没有取得任何成果，所以教宗只能通过间接手段推翻奥托四世。因此，英诺森三世再次开始运用他掌握的所有阴谋手段和外交艺术，并动用开除教籍这件强大的武器。他给德意志诸侯、意大利神职人员、法兰西国王写信；对奥托四世的追随者发出绝罚的威胁，鼓舞奥托四世的敌人的斗志……所有努力都是为了一个目的——破坏皇帝在意大利，甚至在德意志的地位。此刻，在千钧一发之际，教宗的努力终于取得了成果。经过多次秘密谈判，反韦尔夫派的德意志诸侯，主要是在法兰西国王的影响之下，于1211年9月在纽伦堡集会，宣布废黜被绝罚的皇帝，并进一步（也是在腓力二世·奥古斯都的唆使下，他作为韦尔夫家族的敌人，曾与施陶芬国王结盟）选举西西里国王弗里德里希为德意志国王，即施陶芬

---

① 桨帆船（Galeere）是一种主要靠划桨提供动力的船，外形特点是船身长而纤细、吃水浅。绝大部分桨帆船都配有帆，在风向有利时使用，但主要还是靠人力划桨。所以桨帆船的行动不依赖风或水流，而且可以很精确地移动。桨帆船起源于公元前1千纪初期的地中海各航海文明，各种形式的桨帆船一直使用到19世纪初，被用于战争、贸易和海盗活动。桨帆船用于作战的巅峰是在16世纪末，如1571年的勒班陀海战中。但到17世纪，帆船取代了桨帆船，成为主要战船。

家族的最后一位成员。在德意志不乏比这个西西里少年更富有、更强大的王公，但人们意识到，在这场反韦尔夫的运动中，单是施陶芬的名字就比其他人的财富和武器更有力量。伟大的施陶芬皇帝们的荣耀在此时尚未褪色，短时间内，这个家族的子孙比任何图林根诸侯或其他王公都更有希望赢得广泛的支持。何况德意志诸侯最初就曾选举亨利六世的儿子为国王，这一点也很重要。因此，聚集在纽伦堡的诸侯一致向教宗派出特使，请他同意，并派遣使者请求弗里德里希接受他们的选举。与此同时，奥托四世的朋友们也向他们的主公发出了警报：整个德意志都在造反，现在选出了一个敌对的国王，奥托四世在德意志的统治岌岌可危，他应该尽快回来。

当德意志信使（同来的还有米兰人和其他友好的伦巴第城市派出的信使）抵达时，奥托四世皇帝还在卡拉布里亚。信使们急切地恳求他不惜一切代价，中断攻打西西里的战役，回去拯救他的帝国，那才是至关重要的。他们夸大其词的报告让皇帝做出了错误的抉择。迅速征服西西里岛本来是战胜对手的最便捷途径，但身材魁梧的奥托四世对德意志诸侯可耻的背叛感到手足无措。他完全丧失了对局势的把控，而且"震惊到骨髓"，于是离开了西西里，匆匆北上。此外，一个梦加重了他的恐慌：一只小熊爬上了他的床；它每时每刻都在变大，直到最后它占满了整个空间，把他推下了床。在洛迪（Lodi），奥托四世在意大利的土地上举行了最后一次排场隆重的朝会，然后在隆冬时节越过了阿尔卑斯山。1212 年 3 月，他到了法兰克福。

西西里国王弗里德里希得救了。还不只是得救。在奥托四世匆忙撤退之后，德意志诸侯的特使从纽伦堡赶到了西西里岛。这位特使是施瓦本的贵族，名叫安塞尔姆·冯·尤斯廷根（Anselm von Justingen）。他向弗里德里希宣布，他被选为罗马皇帝，诸侯请他尽快去德意志。这似乎不可思议：他刚才还准备狼狈逃窜，几乎不指望逃过一劫……而现在——没有任何过渡——不费吹灰之力地获得了世界统治者的冠冕、整个基督教世界的皇冠。弗里德里希至死都认为这是个奇迹。后来，当他认为自己是天选之人时，他总是说自己少年时受到的这个"违背了所有可能性，也与人们的预期截然相反"的召唤，正是第一个来自上天的征兆。在巴勒莫，每个人都试图劝说他不要接受德意志王位，他的妻子康斯坦丝王后更是如此（她刚生下了他们的第一个也是唯一一个儿子，取名为亨利）。西西里的贵族们也试图阻止年仅 17 岁的国王投身于这次模糊不清、前途暗淡的冒险：他们嗅到了他面临的危险；他们不信任德意志人的诚意，其中一个德意志人，即迪波尔德，刚刚背叛了国王。

这些疑虑肯定不是没有道理的。抛开旅途的危险和国王的贫困与无力不谈，弗里德里希有什么把握能保证德意志诸侯，那些毫无信誉、反复无常的人，不会在他抵达之前改变主意？这一猜想一针见血：因为当奥托四世皇帝再次出现在德意志时，一批诸侯又从施陶芬阵营转向了韦尔夫阵营，玩起了福格威德的瓦尔特所说的"王公的游戏"，即"来回穿梭"。最关键的问题是，既然西西里已经得救、稳稳地成了圣彼得的附庸，那么弗里德里希如何保证教宗英诺森三世会施加干预以确保施陶芬家族的人，而且是西西里的施陶芬家族的人登上帝位？因为教宗的手段是令人捉摸不透的：他首先会消灭一个施陶芬来提升一个韦尔夫，而当成功后会再次消灭韦尔夫来支持一个施陶芬。教宗号称一言既出驷马难追，实则狡诈善变，当时最优秀的人也对教廷的手段不知所措。例如，福格威德的瓦尔特在他的一首"帝国格言诗"① 中愤恨地描写了教宗的目空一切：

> "上帝让谁作王，谁就是王"，
> 我对这话不是很惊讶，
> 只有神父的教导让我们俗人惊讶……
> 现在告诉我们这些忠实的信徒：
> 我们被哪句话骗了？
> 我们觉得有一句话是骗人的，
> 一张嘴里不适合有两个舌头。

最不符合教宗的整体政策（即将西西里与帝国分隔开）的做法，就是将西西里国王提升到帝位上。但法王腓力二世·奥古斯都实际上把一个既成事实摆在了英诺森三世面前，而四处寻找另一个王位觊觎者纯属浪费时间，尤其是在德意志诸侯一致选择弗里德里希的情况下。这一次，局势比教宗的政策更有力。或者，英诺森三世是否梦想过，弗里德里希（他的被监护人和附庸）的提升甚至可能有助于推进他（教宗）的权力，因为罗马皇帝实际上成了罗马教廷的附庸？弗里德里希认为，教宗是在天意的直接驱使下行事的，因为"与人类的认知相反，为了治理罗马帝国，上帝奇迹般地保全了"施陶芬家族

---

① "帝国格言诗"（Reichssprüche），也叫"帝国歌调"（Reichston），德意志中世纪诗人福格威德的瓦尔特的作品中的一种著名的诗歌旋律。

的最后一个苗裔。

弗里德里希对这种观念深信不疑——作为"最后的幸存者"，他受到了上帝的召唤，天意就寄托在他的身上——以至于他对所有精明而谨慎的警示充耳不闻。他认识到自己的使命，接受了自己的当选。从他确认接受当选的措辞中，就可以看出他对自己的独特性感到多么高兴和自豪："……既然找不到其他人能够抗拒我和我的权利、接受这样的地位……既然诸侯召唤我，既然他们选择将王冠赐予我……"神奇的召唤之后，是不亚于奇迹的考验。

罕见的、惊人的好运（颇有童话和梦境的色彩）以及他独特的人格魅力，使弗里德里希能够躲过无数次的伏击和追踪，安全到达他的旅途终点。没有兵将，没有金钱，对德语一知半解，依赖于教宗的支持，仰仗几位德意志诸侯未必可靠的忠诚和自己名字的魔力，他听从命运的召唤，从巴勒莫出发前往墨西拿，去为自己征服罗马帝国。他有着施陶芬家族的长长的红金色卷发，外表稚气未脱，有着"俊朗而优雅的面容：眉宇间透着快乐，眼睛里闪烁着光芒"。这个皮肤较黑的西西里少年看起来不像他自称的"当选的罗马皇帝"，倒像是一个冒险家或破衣烂衫的童话王子。1212 年 3 月中旬，他"像乞丐一样衣衫褴褛"地登上了一艘外国船，只带着一小群仆役，离开了他的世袭领地。遵照教宗的要求，弗里德里希的幼子亨利在他父亲启程之前被加冕为西西里国王（英诺森三世是在再次努力阻止两个国家融合的新危险），摄政权被委托给了王后。弗里德里希还不得不以书面形式重申他母亲与教宗的政教协定以及他本人向教宗臣服的誓言，并将在不久之后在教宗面前当面确认。

　　所以，罗马是他的第一个目的地。他在加埃塔（Gaeta）被耽搁了近一个月，可能是因为忠于韦尔夫家族的比萨舰队在等待伏击他，所以他直到4月中旬才到达罗马城。他受到了教宗英诺森三世、诸位枢机主教、罗马元老院和人民最隆重的接待。根据最近恢复的古罗马习俗，罗马人民"欢呼着拥立"他为未来的罗马皇帝。这是英诺森三世和弗里德里希第一次也是唯一一次会面，但关于这两位力量此消彼长的世界统治者的难忘会面，几乎没有任何文献留存至今。作为"蒙上帝与教宗洪恩"的国王，弗里德里希向他以前的监护人递交了书面承诺。用弗里德里希自己的话说，在上帝之下，他拥有的一切权力都要感谢这位监护人。此外，根据西西里诺曼王朝的习俗，他必须向教宗臣服并宣誓效忠。这样一来，教宗和弗里德里希的利益就融为一体。英诺森三世说了一些鼓励的话，并提供了他力所能及的帮助。他承担了弗里德里希在罗马逗留的开销，并在几天后赠他一笔钱，送他上路。在后来的日子里，弗里德里希喜欢回忆他离开这座"万城之城"时的情景，并以一种特殊的、象征性的方式来庆祝这个时刻：不是教宗，不是德意志诸侯，而是罗马的人民（Populus），是光荣的罗马本身，把他送出去了，"就像母亲送她的儿子一样，去日耳曼土地，去攀登帝国的最高峰"。正如他在后来的一份文件中春风得意地表达的那样，可能就是在那个崇高的时刻，他感到"恺撒们的庄严精神充溢了这个少年"。

　　但在当时，几乎完全没有古罗马恺撒们的荣耀围绕着这位施陶芬少年。由于奥托四世在多处驻军，陆路旅行太不安全了，因此，这位"教会之子"（教宗的说法）、"神父指定的皇帝"（其反对者的说法）乘坐一艘租来的热那亚船继续旅行，并于 5 月 1 日抵达热那亚。热那亚作为比萨的竞争对手，支持施陶芬家族。在热那亚和其他地方，他都受到了最友好的礼遇。但几个星期过去了，这个急不可耐的小伙子仍然滞留在热那亚，因为所有的道路都不安全。但事实证明，这是他的旅程中的最后一个重大障碍。弗里德里希向热那亚人许下了大量的承诺（带有一句奇异的附言："在我担任皇帝的时期有效"）以换取生活费，帕维亚则承担了他从罗马到热那亚的旅费。7 月中旬，国王带着几个朋友和一支热那亚人的卫队，出发前往帕维亚。直接的道路被亲韦尔夫城市的军队占据，所以弗里德里希取道阿斯蒂（Asti）进行一次迂回，绕道抵达了帕维亚。教士、骑士和民众像接待已加冕的皇帝一样接待了他，并"按照侍奉皇帝的崇高习俗"，在他头上升起了华盖。但最严峻的考验还在后面。要到达克雷莫纳（Cremona），弗里德里希必须在敌对他的地区奋勇前进。皮亚琴察横在他的必经之路上，向北绕道的话会使他过于接近米兰。并且，米兰和皮亚琴察的人民已经得知了他的旅行和计划，他们在极大的愤怒和兴奋中武装起来，并为战斗准备好了他们的军旗战车①。"但是，他们嘴上说得气势汹汹，却没有行动力。"亲施陶芬的帕维亚人民公开发誓要用武力或计谋把他们未来的皇帝送到安全的地方，并为此与克雷莫纳人约定在兰布罗河（Lambro）河畔会合。但米兰人从北向南进军，前往同一地点，而皮亚琴察人扣留了每一艘沿波河航行的船，并对其进行彻底搜查，希望找到

---

① 军旗战车（carroccio）是中世纪意大利的城市国家使用的一种大型四轮牛车，上面承载本城市的旗帜、祭坛、十字架等，本城市的士兵围绕它战斗。负责保卫军旗战车的一般都是精锐士兵。如果军旗战车被敌人缴获，将是巨大的失败和耻辱。

施陶芬少年。

7 月底的一个星期六晚上，晚祷的钟声响起，帕维亚人在黄昏时分出发，和弗里德里希一起骑马行军一整夜，到达兰布罗河。克雷莫纳人信守承诺，在埃斯特（Este）侯爵的带领下也同时出发，也在周日早晨的灰色黎明中到达了河边。在双方享受短暂的休息时，米兰人突然杀到，前来抓捕国王。据传说，当米兰人逼近时，弗里德里希跳上了一匹没有配鞍具的马，纵马游到了河对岸。对于他背后米兰人的嘲弄，以及他们在帕维亚人中进行的血腥屠杀，他完全不为所动。弗里德里希本人得救了。几分钟的时间就具有决定性。人们感到惊奇，他们认为，"基督试图展示他的奇迹"。当弗里德里希最终抵达一贯忠于施陶芬家族的克雷莫纳城时，人们以热烈的欢呼迎接这个幸运的少年，"仿佛在他身上看到了主的天使"。现在，他的道路畅通无阻了：从克雷莫纳（这座城市也从这位神奇的来访者那里索取了大量的世俗利益，并迅速将这些利益记录在案），他匆匆赶往曼托瓦；从曼托瓦到维罗纳；从维罗纳沿着阿迪杰河谷（Etschtal）到特伦托。再往后，他不能使用布伦纳通道①，因为梅拉尼亚（Meranien）和巴伐利亚的公爵是奥托四世的支持者。因此，弗里德里希不得不离开阿尔卑斯山的大路，转而向西，寻找一条通道穿过最荒凉的山区，前往恩加丁（Engadin）。就这样，在 9 月初，他带着少量随从到达了库尔（Chur）。

---

① 布伦纳通道（Brennerpass）是阿尔卑斯山的一处山口通道，在今天是奥地利与意大利的边界。在中世纪，布伦纳山口是连接德意志与意大利的维罗纳边疆区的"帝国之路"的重要节点。巴巴罗萨皇帝经常取道布伦纳通道进入意大利。

教宗关于弗里德里希在任何地方都应得到支持和隆重接待的命令，现在开始在德意志境内生效了。库尔主教立即热情地接待了这位少年，并亲自护送他到圣加仑（St. Gallen）。在那里，圣加仑修道院长和普费弗斯（Pfäfers）的地方长官（Vogt）将国王的兵力增加到约 300 名骑兵。弗里德里希带着这支部队匆匆赶往康斯坦茨。他的运气仍然很好，几个小时就决定了他和帝国的命运。当他从圣加仑全速赶往康斯坦茨时，他的敌人奥托四世皇帝已经在博登湖北岸的于伯林根（Überlingen）安营扎寨。在过去的几个月里，奥托四世在很大程度上重建了他在德意志的势力。当他听说弗里德里希要来的时候，急忙赶往南德，去拦截即将到达的弗里德里希。奥托四世正准备渡过大湖前往康斯坦茨。他的仆人已经先行抵达，厨师已经在忙着准备御膳，城里的居民正在为他安排欢迎仪式。但突然出现在康斯坦茨城门下的，并非人们期待的奥托四世，而是弗里德里希，他高声要求入城。准备欢迎奥托四世的康斯坦茨主教一开始拒绝接待弗里德里希。对弗里德里希来说，这真是千钧一发。陪同国王的教宗使节、巴里大主教贝拉尔多（Berard von Bari）[1] 重申了教宗对奥托四世皇帝的绝罚；康斯坦茨主教不无忧虑地让步，同意施陶芬国王进入这座已经为他的对手进行了豪华装饰的城市。弗里德里希的部下匆忙在通往于伯林根的莱茵河大桥上设防。三小时后，奥托四世皇帝站在康斯坦茨紧闭的城门外。他身边只有薄弱的部队和稀少的随行人员，所以不能冒险打仗。"人们说，如果弗里德里希晚三个

---

[1]　即下文的巴勒莫大主教卡斯塔卡的贝拉尔多，他是弗里德里希二世的忠仆。

小时到达康斯坦茨，他就永远不会在德意志取得成功。"

施陶芬国王奇迹般驾临的消息不胫而走。弗里德里希的成功显然是一种征兆，是上帝的神迹：他的追随者每小时都在增加。几天之内，上莱茵地区的所有诸侯和贵族都欢欣鼓舞地拥护他的事业，城堡、村镇和城市无不张灯结彩。一周后，当他骑马进入巴塞尔时，已经带着配得上国王尊严的大队随从了。库尔和康斯坦茨的主教、赖歇瑙和圣加伦的修道院长、基堡伯爵乌尔里希（Ulrich von Kiburg）和哈布斯堡伯爵鲁道夫①，以及其他许多人都加入了这支一开始很不起眼的队伍。在巴塞尔，斯特拉斯堡主教为弗里德里希带来了500名骑兵。波希米亚国王的使者向这位17岁的少年请愿，请求确认他的主公的王位。弗里德里希现在春风得意，可以忘记自己童年的无助和少年时代在韦尔夫皇帝手里遭到的迫害了。他原本就早熟，如今，虽然人们仍然称他为"孩子"或"阿普利亚少年"，但一夜之间，他已赢得了年轻征服者的牢固地位；不过不是像传说里的英雄一样在梦中，而是在梦一般的现实中。

占据巴塞尔和康斯坦茨，给了弗里德里希一个坚实的基础。奥托四世皇帝试图通过快速占领布赖萨赫（Breisach）来封锁莱茵河谷，阻止他前进。但弗里德里希无须亲自拿起武器来对付他。萨克森人②的累累暴行使他们在南方不受欢迎，所以愤怒的布赖萨赫人听说弗里德里希要来救他们，就积极地自

---

① 这里指的是哈布斯堡伯爵鲁道夫二世（卒于1232年），他的孙子鲁道夫（1218—1291）是第一位出身于哈布斯堡家族的德意志国王，即鲁道夫一世国王。

② 因为奥托四世的势力主要来自萨克森地区。他父亲狮子亨利曾是萨克森公爵。

卫，吓跑了皇帝和他的军队。奥托四世被他的许多追随者抛弃，逃到了哈格瑙①，在那里他被弗里德里希的亲戚洛林公爵②赶走。奥托四世一直撤到了莱茵河下游的科隆（这座城市曾拥立他为国王），才得以重整旗鼓。但整个莱茵河上游流域就这样落入了施陶芬国王的手中。

　　不久之前，人们在这里看到了一支由一个少年率领的数千人的队伍。在这阳光明媚的夏末日子里，阿普利亚少年对自己的使命坚信不疑，在幸运之神的指引下占据了帝国；差不多与此同时，一个德意志少年也来到了阿尔卑斯山另一边的北意大利③，他没有得到教宗的保护，但还是带着十字架的标志，被天使召唤去征服圣墓。他身后跟着一大群莱茵兰的孩子，有男孩也有女孩，他们被十字军东征的狂热吸引，在黑暗的激情和沉闷的狂热中走向毁灭。人们沮丧地注视着这支儿童十字军，无法阻止他们④……如今人们欣欣鼓舞地迎接施陶芬少年充满

---

① 哈格瑙（Hagenau）即今天法国东北部的城市阿格诺（Haguenau）。在中世纪，哈格瑙周边的圣林是施瓦本公爵的猎苑，巴巴罗萨将哈格瑙提升为帝国城市，但它在1648年的《威斯特伐利亚和约》签订之后归属法国。

② 指的是洛林公爵费里二世（？~1213），他的祖母是巴巴罗萨的妹妹。

③ 北意大利（Norditalien），又称上意大利（Oberitalien），相对于意大利中部和南意大利而言的一个地理区域，大致包括今天意大利北部的八个大区：瓦莱达奥斯塔、皮埃蒙特、伦巴第、利古里亚、弗留利-威尼斯朱利亚、威尼托、特伦蒂诺-上阿迪杰、艾米利亚-罗马涅。

④ 儿童十字军运动据说发生在1212年，对其的传统叙述由若干事实和大量不可靠的传说混杂而成，主要元素有：一个法国（一说德意志）少年见到异象；欲使圣地（耶路撒冷）的穆斯林和平地皈依基督教；儿童于是进发，前往意大利；被作为奴隶拐卖；后来变卖儿童的船主被处以死刑，而许多儿童直到17年后才被神圣罗马皇帝解救，回到祖国。儿童十字军的说法有一定的事实基础。当代的一些研究指出，此次运动的参与者并非儿童，至少并不都很年轻，很可能是流浪汉。

节日气氛的巡游。

当他顺流而下，缓缓穿过装饰一新的莱茵地区各城市时，人们以无与伦比的热情欢迎他，欢呼他是德意志国王。他穿越了阿尔萨斯，称之为"我的世袭土地中最受珍爱的地方"。所到之处，他都受到欢呼雀跃的群众的热烈欢迎。在民众护送下，他带着越来越庞大的追随者队伍，举行了一次独一无二的胜利游行，穿过莱茵河谷。一位意大利人曾说，仅仅凝视这位英俊的施陶芬少年，就是一种快乐。莱茵河上游的人们对此的感受更加强烈。即便在最枯燥、最贫乏的编年史中，也可以在字里行间读到作者对国王的成功的同情和喜悦，他的第一次轻松胜利就像一个奇迹一样引人注目。甚至连他出人意料地出现在德意志的情况，也仿佛是家喻户晓的传说和故事成了现实：乞丐王子敲开康斯坦茨的大门，发现了为另一个人准备的晚餐；他来得正巧，于是凭借几个小时的领先而赢得了帝国。这些都是传说中耳熟能详的情节，但在日常生活中却显得出奇的遥远。德意志人对这个少年抱有同样的情感，觉得西西里的空气和童年的梦幻气氛笼罩着他。他的外表也是如此——尽管是外来的，却让人感到很熟悉——标志着他是他们自己人，仿佛施瓦本公爵恩斯特①（此时已经开始有人传唱关于他的奇妙之旅的歌曲）回到了人间。

当时的人们很少称呼他的头衔。在所有人口中，他都是

---

① 《恩斯特公爵》是一部中世纪德意志史诗，主题是巴伐利亚公爵恩斯特与他的继父奥托一世皇帝的争斗。恩斯特受奸臣陷害，被迫离开家乡，去东方冒险，寻找圣墓，途中有许多神奇经历，最后用计诱使皇帝原谅他。这部史诗的原型人物是巴本贝格家族的施瓦本公爵恩斯特二世（约1010—1030），他多次起兵反叛自己的继父——萨利安王朝的第一任君主、神圣罗马皇帝康拉德二世。

"阿普利亚的少年""普勒①的孩子",或者"我们的孩子"。几十年后,编年史家仍然在这位强大皇帝的名字后面加上"阿普利亚少年"(Puer Apuliae)这个称呼,仿佛它是一个名字。作为教宗钦定的皇帝,他身上还有一种特殊的荣耀,而那些习惯于用永恒的意象来看待世俗事件的普通人,则在他们的施陶芬少年身上庆祝永恒的"孩子"的胜利,他用无形的武器战胜了比他强大得多的敌人。教宗本人发现歌利亚的故事很适合当前的情况,就派这个男孩作为他的"大卫"去对付韦尔夫巨人。人们也以类似的方式解释了这场胜利:有人将奥托四世描述为一种怪物,在阿普利亚少年面前逃向它遥远的巢穴。还有人写道,"这个孩子用天上的力量而不是人间的力量战胜了韦尔夫",还有人谈及"阿普利亚的睿智孩子"。一位游吟诗人唱道:"看啊,那孩子的力量!"一部韵文编年史以类似的精神写道:

> 现在,普勒的孩子来了……
> Das chint von Pulle man chomen sach…
> 皇帝的剑拥有更强的力量。
> der Chaiser hete groezer chraft
> 但孩子没有发出一剑,
> doch wart das chint sighehaft
> 便把他打翻在地:
> gar âne swertes slac:
> 人们对他无比热爱……

① 即阿普利亚。

diu gunst dem chint die menge wac...

大约在这个时期，也可能是几年后，在蒙费拉侯爵的宫廷，游吟诗人佩吉莱恩的艾默里克（Aimeric von Peguilain）表示，直到见证了弗里德里希的事迹，他才肯相信亚历山大的功绩：因为弗里德里希，"萨勒诺的医生"①，把"慷慨"从病床上扶起来了。吟游诗人还赞扬了弗里德里希的其他品质：他的青春活力；他的轻松快活；他的英俊——他满足了骑士爱情诗诗人②关于国王的理想；他的中等身高（因为人们非常重视"万事有度"）；他的金发。但没有什么比他的"慷慨"更受赞扬的了，马其顿国王亚历山大也是这样慷慨大方的君主。作为帝王美德的"慷慨"，是多神教的遗迹，游吟诗人的伦理就有浓郁的多神教色彩。因为《圣经》里没有相关的榜样，所以真正的中世纪基督徒根本不知道"慷慨"（liberalitas），不

---

① 之所以这么说，大概是因为萨勒诺有中世纪著名的医学院。

② 熟悉欧洲文学的朋友都知道"典雅爱情"或"宫廷爱情"（英文"Courtly love"，德文"Minne"）这种文学母题。这个名词最早出现于11世纪末法兰西游吟诗人的诗作中，并迅速传遍全欧洲。在典雅爱情中，贵妇人与其情人的关系酷似领主与家臣，情夫对他的神圣的情妇表现出完全的尊重、忠贞和崇拜。典雅爱情一般是婚外情关系。当时的婚姻通常只是务实层面的权宜之计，或是巩固权力联盟的一种保证。一般认为典雅爱情的文学根源来自阿拉伯文学，通过阿拉伯统治时期的西班牙传到欧洲。此外，崇拜圣母马利亚的宗教仪式日益兴盛，是另一影响因素。从典雅爱情得到灵感的作品有《玫瑰传奇》、彼特拉克的十四行诗、但丁的《神曲》和行吟诗人、恋诗歌手的抒情诗。在12至14世纪的德意志，也出现了许多关于"宫廷爱情"的故事和诗歌，称为"骑士爱情诗"（Minnesang）。创作和演唱这些作品的艺术家被称为"骑士爱情诗诗人"（Minnesänger，字面意思是"爱情歌手"）。德意志的骑士爱情诗诗人和普罗旺斯的游吟诗人（troubadour）与法兰西北部的游吟诗人（Trouvère）类似。

管是作为对生活中充溢的快乐的表达，还是作为人道的姿态。中世纪基督徒只尊重为自己的灵魂救赎而表现出的慈善（caritas）。但自施陶芬时代起，慷慨大方再次被认为是完美国王的品质之一。弗里德里希在德意志土地上写下的第一份文件中有这样的表达："国王的尊严因慷慨大方而得到加强，崇高的威严不因赠送礼物而损失分毫。"他的这句话与骑士爱情诗诗人的许多诗句分毫不差。毕竟帝王在文书里表达的思想也是要与时俱进的。弗里德里希的行为，正如他经常保证的那样，"一方面是参照一般的帝王惯例，另一方面是根据他自己特有的慷慨大方"。因此，人们特别赞扬他天生的慷慨（innata liberalitas），即使在后来的日子里，由于国事艰难，他无法像游吟诗人展示的那样慷慨大方。但在此刻，他才刚刚踏上德意志的土地，他的"慷慨"就已然近乎一种挥霍了。在首战告捷的陶醉中，年轻的国王无比大方地把祖传的地产和帝国的财产送给了所有簇拥着他的人，而当手头无钱可以馈赠的时候，他就承诺，"在上帝的帮助下他再次拥有财富"的时候会向大家赏赐礼物。当钱来到他手中时，他立即把钱赏给了追随者。法兰西国王的使节在最初几周给他带来了一笔非常可观的资金。当首相问弗里德里希应当将这些钱存放在哪里时，国王的回答一定会令法兰西使节大吃一惊：这些钱和其他任何钱都不会保存起来，它们将被分配给诸侯。"当人们听说国王的这种高尚的慷慨行为时，普遍为他欢呼雀跃……"他用这种手段把所有人笼络到他麾下，他因为慷慨而得到所有人的喜爱，这就是编年史家的一致结论。阿普利亚少年清楚地知道自己在做什么，有意识地用这种手段获取对金钱和土地始终欲壑难填的诸侯与伯爵们的支持。慷慨的姿态对他来说也许是自然而然的，但他肯定也是有意识地让他的慷慨和因为一毛不拔而声名狼藉的奥托四世形成鲜明的对比。弗里德里希自己有时也会说："理智建议我这么做，并且它使我在人们的心目中比我的敌人更有优势。我的敌人以另一种方式行事，使他自己受到人们的憎恨和上天的不悦。"

在几个星期内，弗里德里希不费吹灰之力、兵不血刃地掌握了从勃艮第到波希米亚的整个德意志南部地区。他对教宗英诺森三世的亏欠是无法估量的，而且人们已经正确地指出，弗里德里希的进展迄今一直是在主要属于教会的土地上推动的：库尔、康斯坦茨、巴塞尔和斯特拉斯堡都是主教领地，事实上，整个莱茵河上游的平原几乎都是如此。除了教宗的帮助之外，法兰西国王的支援最有价值，而且弗里德里希还将从法王那里得到更大的帮助。1212 年 11 月，弗里德里希在图尔（Toul）附近的沃库勒尔（Vaucouleurs）会见了法兰西王太子①。据说此时弗里德里希刚从奥托四世差遣的刺客的匕首下侥幸逃脱。弗里德里希在这里与法兰西人缔结了对抗英格兰和奥托四世的联盟，并承诺在没有得到法兰西同意的情况下不与任何一个敌人媾和。在这些早期的岁月里，弗里德里希完全依赖于那些帮助他成长的势力，尤其是依赖于腓力二世·奥古斯都。法王对他的支持也许有点过于热烈了。但法兰西方面的傲慢是显而易见的，例如，一个法兰西附庸向他的国王宣誓支持他和施陶芬家族的弗里德里希，而在后者死亡的情况下，"无论选帝侯在法兰西国王的批准下选择谁做罗马皇帝"，这位附庸都要支持。

---

① 即后来的法王路易八世（1187—1226），他是腓力二世·奥古斯都的儿子。路易八世的长子即"圣路易"（路易九世），另外一个儿子安茹的查理后来成为西西里国王。

由于法兰西支持施陶芬家族，英格兰支持韦尔夫家族，所以帝位成为英法战争的赌注，这标志着德意志可怕的分崩离析。1212 年 12 月 5 日，当弗里德里希在法兰克福举行的诸侯大会上再次正式当选为国王①，并于四天后在美因茨举行加冕礼时，法兰西使节也在场。诚然，弗里德里希二世加冕用的宝器是仿制的，因为真正的皇帝宝器在奥托四世手中；并且弗里德里希二世的加冕礼不是在正确地点亚琛举行的，因为亚琛目前被奥托四世皇帝和他的爪牙占据。

两个对手之间还没有发生公开的战斗。奥托四世正忙于在莱茵河下游、他的家乡萨克森和图林根进行一些杂乱无章的小争斗，而弗里德里希还没有建立自己的军队。为了集结军队，同时向各地区的诸侯展示自己并接受他们的效忠，弗里德里希举行了一系列的朝会：一次在雷根斯堡举行，接见巴伐利亚和波希米亚诸侯；一次在康斯坦茨举行，接见施瓦本诸侯。虽然教宗和法兰西国王功不可没，但很明显，在德意志南部，尤其是在施瓦本，其他强大的因素也在帮助弗里德里希取得胜利。民众欢呼他是他们的世袭领主，他们的施陶芬。他的敌人编造了一些丑陋的故事，说他不是亨利六世皇帝的儿子，而是某个教廷官员的私生子，这样的故事在他出生的时候就已经流传开来，以后还会经常出现。从编年史家的文字便可清楚地了解到，弗里德里希只需出现在人们面前，就足以平息所有这些流言蜚语："当这些命运攸关的闲言碎语开始流传时，突然间，年轻的国王以胜利者的身份来到他的施瓦本、巴伐利亚和波希米亚臣民中间，并以他的彬彬有礼和充满尊严的举止证明了他的血统的高贵。"

---

① 从这里开始，我们称他为弗里德里希二世。

因此，他在这些地方被公认为合法的继承人，进入了他父亲的王国；他生来就是施瓦本的领主，他作为施瓦本公爵的正当继承权在菲利普遇害后立即得到了施瓦本多家修道院的承认。现在看到了他，人们再次回忆起，很久以前，在亨利六世的有生之年，弗里德里希曾被选为德意志国王，只是他的年幼、远在异乡和其他人的诡计使他无法登上王位。人们坚持认为，帝国的皇冠是施陶芬家族的特权。因为按照人们的说法，世间只有一个皇族，只有一支孕育皇帝的王族血脉（regia stirps），即施陶芬家族，该家族拥有双重的皇室血统，即加洛林家族和萨利安家族的血统，并通过后者可将自己的血统上溯至特洛伊。施陶芬家族的祖先在上帝的明确命令下娶了一个魏布林根女子①，所以巴巴罗萨有理由说自己出自魏布林根的王族血统（regia stirps Waiblingensium）。所有这些都在相当程度上有助于从西西里回来的最后一个施陶芬家族苗裔得到礼拜和尊崇。正如拜占庭人曾经惊讶地叙述的那样，古代的赫卢利人②派出使者到"最远图勒"③去打探那片土地，看看能否在那里找到

---

① 指的是施陶芬家族的弗里德里希（约1050—1105，康拉德三世国王的父亲，巴巴罗萨皇帝的祖父）娶了萨利安皇朝的亨利四世皇帝的女儿阿格尼丝，并被皇帝提升为施瓦本公爵。

② 赫卢利人（Heruler）是日耳曼人的一支，曾袭击罗马帝国的巴尔干和爱琴海诸行省，4世纪末臣服于阿提拉的匈奴帝国。阿提拉死后，赫卢利人在多瑙河中段流域建立了自己的王国，也参加了奥多亚克、狄奥多里克大王等人在意大利的征战。6世纪初，赫卢利人的王国被伦巴第人摧毁，这个民族逐渐消失。

③ 图勒（Thule）是古希腊和罗马文献中提到的极北之地。现代人认为它指的可能是奥克尼群岛、设得兰群岛、挪威斯默拉岛或爱沙尼亚萨雷马岛等地。"最远图勒"（Ultima Thule）一词具有"极其遥远之地"的意思。中世纪早期的作家，如爱尔兰僧侣迪奎（Dicuil），将"图勒"与冰岛联系在一起。

他们古老王室的后裔。赫卢利人厌倦了等待使者回来，于是为自己选择了一位新国王，但他们得知使者已经带回了他们真正的王族后裔之后，就趁着夜色，偷偷背弃了他们选出来的新国王。在施瓦本，情况也是这样。奥托四世皇帝从意大利匆匆回国，在朋友的建议下，匆忙地与施陶芬家族的女继承人贝亚特丽斯结婚（他多年前就和她订婚了），并希望借此获得巴伐利亚和施瓦本武士的忠诚。但他的年轻新娘婚后不久就香消玉殒，几乎在同时传来了施陶芬家族最后一个男人要回家的消息。在夜间，这些巴伐利亚和施瓦本武士蹑手蹑脚地回到了自己的家园，不惜将行李留在了奥托四世的军中。因为在这些地区，没有人喜欢"萨克森人"，他们总是这样称呼韦尔夫家族的奥托四世。

弗里德里希的一生中将会经历不胜枚举的战争，与世界上的几乎所有势力为敌。他的战争生涯从一场历史悠久的家族世仇开始，这一点很重要，何况这个少年几乎还没有时间树立起自己的敌人。但韦尔夫家族的奥托四世，作为一个英格兰女人的儿子，从出生起就注定要作为苏格兰人的国王登上欧洲最北部的王位①，就像弗里德里希生来就拥有欧洲最南部的王冠一样。命运之所以创造奥托四世，似乎就是为了让他在每一个细节上都与他的施陶芬对手截然相反，甚至在外表上也是如此。奥托四世充满了下萨克森英雄好汉的气概，异乎寻常地魁梧伟岸，拥有强健

---

① 奥托四世幼年随父亲狮子亨利在英格兰宫廷流亡，因为奥托四世的母亲是英王亨利二世的女儿、狮心王理查的姐姐。狮心王理查与苏格兰国王狮子威廉谈判，打算让自己的外甥奥托娶威廉的女儿玛格丽特（当时是苏格兰王位的推定继承人），这样的话将来奥托会继承苏格兰王位。但在1198年，威廉生了儿子，有了男性继承人，于是谈判不了了之。

的躯体和匀称的四肢。他甚至可以说是有勇无谋，是一个无畏的潇洒的骑士，他的力量在于他强大的拳头，他对拳头的信任使他具有一种咄咄逼人的傲慢，"就像一头狮子，单是它的声音就让周围的人战战兢兢"。在弗里德里希巡视他的施瓦本公国的几年前，奥托四世皇帝在他的皇家巡游中也访问了这个地区。当时的施瓦本在西部以"施瓦本海"① 为中心，远远超过莱茵河，囊括整个阿尔萨斯，并向南越过阿尔卑斯山，几乎延伸至科莫湖（Comer See）。施瓦本是日耳曼地区最古老的罗马人定居点，因此它的目光当然倾向于向南看。在当时的整个施瓦本地区，不伦瑞克的奥托仍然被视为"异乡人"和"萨克森人"。

诚然，韦尔夫家族也是起源于施瓦本，直到奥托四世那位伟大的营造城市的父亲狮子亨利倒台后，他们才被局限在不伦瑞克。奥托四世皇帝为了尽孝道，曾到施瓦本的那些对他的家族来说很重要的地方参拜，例如奥格斯堡和魏恩加滕（Weingarten）的韦尔夫家族修道院。但他的童年是在舅舅——狮心王理查的英格兰宫廷里度过的，因此与他祖先的土地疏远了。他表现出许多英格兰人的特征：近乎吝啬的节俭，福格威德的瓦尔特有时对此嗤之以鼻——"如果他能像他的身高一样慷慨，他就会有许多美德"；并且他惊人地缺乏教育，智识低下。这样一个粗人怎么可能应付得了罗马教廷微妙的阴谋游戏，怎么可能与伟大的教宗英诺森三世匹敌？当我们看到奥托四世在他甚至不理解的力量的操控下束手无策，在命运的折磨下无知无觉，甚至不知道自己在寻求或应该寻求什么目标时，他几乎让我们产生了怜悯。直到暴风雨来临，他才意识到它的来临，

---

① 即博登湖。

然后他就手足无措，正如编年史所说，他糊涂（perplexus）了。这场冲击使他崩溃，而不是给他带来新的动力。

此外，奥托四世肆意挥霍着各等级人民的感情，至少在南方如此。对待诸侯，他不合时宜地表现出严厉、傲慢和不公。在分配有俸禄的圣职时，他愚蠢地偏袒英格兰人和萨克森人，而不是施瓦本人，这使下层神职人员满腹怨恨；他对上层神职人员缺乏礼貌，把他们都贬称为"小神父"。简而言之，通过无数鸡毛蒜皮之事的积累，他毫无必要地把自己的处境搞得更加困难。即使他的法令是睿智和公正的，他令人不快的态度也妨碍了他赢得人们的好感。他被教宗绝罚，让所有与他"性格不同"的人都发出了恶意的欢呼。"对意大利人来说是个负担，对施瓦本人来说是个更大的负担，在自己人当中不受欢迎，"这就是德意志南方人对这位韦尔夫皇帝的评价。他的粗暴是缺乏自信，而不是真正的自豪感的表现。这个巨人缺乏真正的帝王自豪感，而这种自豪感使巴巴罗萨能够在不失威严的情况下向自己最强大的臣子下跪①。奥托四世拥有的是作为封臣的骄傲，只有武力才能使其屈服，而这种骄傲很容易走到反面。当他在哈尔茨堡（Harzburg）惨死时，他还不到 36 岁：被废黜，被

---

① 指的是 1176 年年初巴巴罗萨皇帝与他的表弟、韦尔夫家族的狮子亨利（巴伐利亚公爵和萨克森公爵）在意大利科莫湖畔的基亚文纳会晤。巴巴罗萨请求狮子亨利支援他针对伦巴第城市联盟的战争，但亨利拒绝。根据（未必可信的）传说，巴巴罗萨甚至向亨利下跪，但他不为所动。失去了亨利的支持，巴巴罗萨在 1176 年 5 月的莱尼亚诺战役中惨败。他俩原本是亲密的盟友，这下子成了仇人，再加上亨利在国内树敌极多，最终导致亨利于 1180 年被剥夺两个公爵头衔。维特尔斯巴赫家族获得了巴伐利亚公国，一直统治到 1918 年。而萨克森公国被一分为三。萨克森的西部改称威斯特法伦公国，被封给科隆大主教；东部被封给阿斯坎尼（Askanier）家族；中间部分，即不伦瑞克和吕讷堡周边，被留给韦尔夫家族。

剥夺皇位，他满腹悔恨，全身匍匐地拜倒在一位修道院长面前，忏悔自己的罪过，而教士们不情愿地用棍子把他打得浑身鲜血淋漓。这就是第一位也是最后一位韦尔夫皇帝的结局。

时代已经变得极有智慧和远见，所以单纯的武夫，无论他多么勇猛强悍，都无法统治神圣的帝国。古老的神话以无情的准确方式，为这两个家族指定了各自的使命：魏布林根家族的人永远是皇帝；韦尔夫家族，虽然他们的公爵强悍而地位崇高，却永远是附庸。因为在魏布林根帝国里有空间留给保存着、滋养着上古时代力量的英雄和巨人，但在韦尔夫帝国里永远不会有魏布林根英雄所需的智识的精神空间。这种关系自加洛林时代以来就一直维持着，甚至自民族大迁徙以来也是如此，韦尔夫家族的命运一直准确地不断复现：韦尔夫家族一次又一次地试图打破这个魔咒，一次又一次地遭遇了不可抗拒的厄运：犯上作乱的附庸的骄傲，以毁灭和孤独的死亡而告终。一股神秘和恐怖的气息，就像北欧神话的氛围一样，笼罩着不幸的韦尔夫家族。他们最早的先祖之一满怀悲伤地消失在荒凉的山林中，与此同时，他的儿子在父亲不知情的情况下向魏布林根的法兰克人皇帝宣誓效忠，就这样践行了韦尔夫家族的命运①……

---

① 据传说，韦尔夫家族的早期成员埃蒂肖（Eticho）热爱自由，因此不准儿子亨利向皇帝臣服。亨利在姑姑尤迪特（Judith，? —843）的怂恿下，向法兰克帝国的皇帝虔诚者路易（Ludwig der Fromme，778—840，查理曼的儿子和继任者）臣服。尤迪特是虔诚者路易的第二任妻子。皇帝向自己的附庸亨利承诺，他能在一上午时间里犁多少土地，就把那么多的土地封授给他。亨利耍了一个花招：他制作了一个小小的金犁，藏在衣服里。然后他趁皇帝睡觉时开始骑马狂奔，并且预先在许多地方备好了马，可以不断换马，这样就能走得更远。皇帝醒了，亨利向他报告自己走了多少路。皇帝虽然生气，但不得不信守承诺。亨利从此获得一个绰号"金犁亨利"。埃蒂肖得知儿子当了皇帝的附庸，愤怒地离家出走，只带了12名忠实的仆人，从此隐遁于深山。

骄傲的亨利①在与第一位施陶芬君主进行了漫长而徒劳的斗争后，在胜利唾手可得时突然死去……狮子亨利垮台并被放逐……奥托四世，这位唯一成功登基的韦尔夫皇帝（绝不是他的家族中最优秀的一位）似乎得以逆天改命，似乎即将建立一个韦尔夫的北方帝国（这肯定会受到教宗的热烈欢迎），却为他入侵施陶芬王国的行为付出代价，可耻而惨烈地死去。也许我们应该在这个系列中加上那位北方王国的未被加冕的创始人，萨克森森林中孤独的垮台的附庸，他是所有这些巨人中最崇高的一个，他的命运与韦尔夫家族酷似。②

我们很容易理解教会为什么始终愿意将韦尔夫家族置于其羽翼之下（教会与西西里少年的短暂亲善是一个例外）：因为

---

① 骄傲的亨利（1102 或 1108—1139）是出身于韦尔夫家族的巴伐利亚公爵和萨克森公爵。骄傲的亨利与洛塔尔三世皇帝的女儿生下了狮子亨利。1138 年，骄傲的亨利是德意志国王选举的候选人之一，但被施陶芬家族的康拉德三世击败。康拉德三世要求骄傲的亨利放弃两个公爵爵位之一，骄傲的亨利拒绝了，也不肯向新国王宣誓效忠，于是康拉德三世在 1138 年褫夺骄傲的亨利的两个公爵爵位。康拉德三世将萨克森公爵头衔授予阿斯坎尼家族的大熊阿尔布雷希特（后来建立了勃兰登堡边疆区），将巴伐利亚公爵头衔授予巴本贝格家族的利奥波德四世。后来，阿尔布雷希特因为无法掌控萨克森，放弃了这个头衔。1142 年，骄傲的亨利的儿子狮子亨利收复了萨克森公爵头衔。利奥波德四世传位给弟弟海因里希二世·亚索米尔戈特。康拉德三世的侄子和继承人弗里德里希一世·巴巴罗萨皇帝希望促成施陶芬、韦尔夫和巴本贝格三家和解，于是在 1156 年将巴伐利亚公国归还狮子亨利，但从巴伐利亚割出一部分土地（即巴本贝格家族统治下的奥地利边疆区），将其提升为与巴伐利亚平起平坐的奥地利公国。

② 这里指的是俾斯麦。萨克森森林是位于今天石勒苏益格-荷尔斯泰因州的一片面积大约 70 平方千米的森林，1871 年被威廉一世赠给俾斯麦。这片森林至今仍在俾斯麦后人手中。2003 年，航运商埃伯哈德·冯·朗曹（Eberhard von Rantzau，也出身于一个著名的贵族家族）从俾斯麦家族手中买下了萨克森森林的 1/3。

教会想要的，是一个对教会言听计从的武士作为皇帝和"教会之剑"，而不想要一个有智慧的皇帝。对教会来说，弗里德里希二世的自由、独立、与教会大相径庭的思想中潜藏着危险。正是奥托四世和弗里德里希二世（两个家族的极端典型）之间的斗争，给意大利带来了在其历史上回荡了几个世纪的两大派系的名称：圭尔甫派（Guelfen）和吉伯林派（Ghibellinen）。把圭尔甫派与教宗派等同，并非偶然。因为在 13 世纪，"吉伯林派思想"代表着那种常常接近异端的世俗与智识之光，它即使在教会内找到了自己的空间，仍能从外部对教会进行独立观察，并将其视为一个整体。薄伽丘在谈到但丁时说，如果他不是吉伯林派，就不可能创作出他的作品。"圭尔甫"和"吉伯林"这两个战斗口号第一次作为派系名称出现，似乎是在 1216 年佛罗伦萨的阿米岱（Amidei）家族与布翁戴尔蒙蒂（Buondelmonti）家族的婚礼上，当时家族世仇发展成了国内政治的派系纷争。布翁戴尔蒙蒂党人自称圭尔甫派，是奥托四世皇帝的支持者；阿米岱党人则以施陶芬国王为名，自称吉伯林派。教宗和帝国的因素还没有进入圭尔甫派和吉伯林派的对立（在那个时候，教宗还是吉伯林派）。后来，在弗里德里希二世在位时期，吉伯林派成了帝国派的代名词，而圭尔甫派成了教宗派的同义词。

不仅仅在南方的意大利，韦尔夫家族和施陶芬家族之间的斗争在德意志边界以外的其他地方也能感受到。由于奥托四世与约翰国王结盟，弗里德里希二世与腓力二世·奥古斯都结盟，英格兰和法兰西都被卷入了两大家族的对抗。对这两个西方大国来说，德意志王位的继承权之争只是英法两国永恒争吵的一个插曲。但对奥托四世来说，他在德意志土地上战胜弗里德里希二世的机会很渺茫，因此两个大国的干涉为他带来了成功的一线希望。奥托四世正确地判断出，英格兰对法兰西的任何胜利都至少会严重损害施陶芬家族在南德尚不稳固的地位，甚至可能完全破坏它。因此，英格兰和韦尔夫皇帝筹划了同时对法兰西发起进攻的计划。腓力二世·奥古斯都此时的处境很危险：1214 年春季，英格兰国王在拉罗歇尔（La Rochelle）登陆，同时奥托四世与布拉邦特公爵结盟，从东北方入侵法兰西。弗里德里希二世在前一年秋季对奎德林堡（Quedlinburg）发动了一场不成功的战役。1214 年复活节，他借着在科布伦茨召开朝会的契机，准备召集南德军队，对莱茵河下游发动联合进攻，通过转移奥托四世的注意力，减轻法兰西盟友受到的压力。但命运比弗里德里希二世抢先一步。他没有必要参与法兰西–英格兰–韦尔夫三方的会战，而只需要坐享法兰西胜利的果实。法兰西王太子在普瓦图大败约翰国王之后，腓力二世·奥古斯都在很短的时间内就消灭了韦尔夫–下莱茵联盟。1214 年 7 月 27 日，决定三个国家命运的永载史册的布汶战役打响了。法兰西（在那时，各城市征集的部队追随法兰西的金焰旗①）通过此次胜利为其内部团结奠定了基础。约翰的失败为英格兰贵族提供了一个机会，他们起来反对国王，强行从他那里获得了伟大的自由特许状，即 1215 年的《大宪章》。德意志则第一次在欧洲政治舞台上展示了其内部的完全解体。

---

① 金焰旗（Oriflamme）是中世纪法兰西国王的战旗，源自巴黎附近圣但尼修院的圣旗，旗杆为镀金的长矛，旗帜为血红色三角旗。当金焰旗由法王下令在战场上竖起时，法军不会饶恕任何敌人的性命。该战术主要是用于造成敌人，尤其贵族的恐惧，因为传统上被俘虏的贵族可以被赎回而不会被杀。金焰旗在中世纪史上丢失或被敌人缴获至少四次。

弗里德里希二世（帝国后来在他的领导下享受了一个短暂的辉煌时刻）从法兰西人那里接过了从战败的奥托四世手中夺来的黄金鹰旗。明察秋毫的腓力二世·奥古斯都注意到鹰旗的翅膀断了，于是命人将其修复。一位编年史家写道："从此刻起，德意志人的声望在外国人当中越来越低。"奥托四世皇帝始终没有从这次失败中恢复元气。弗里德里希二世此后对奥托四世发动的那些战役都微不足道，一会儿在这里，一会儿在那里，后来还得到了丹麦国王的支持，但都没什么意思，也没多大意义。

布汶战役的胜利者不是只有腓力二世·奥古斯都和弗里德里希二世。教宗英诺森三世是第三个胜利者。他的事业也取得了胜利，并且对他来说，他的被监护人的承诺和保证现在才算有意义，因为现在弗里德里希二世已经有能力兑现这些承诺了。英诺森三世强有力的援助当然不是免费的。在弗里德里希二世抵达德意志六个月后在埃格（Eger）①庆祝圣灵降临节时，他在聚集在那里的众多诸侯的同意下，将一些宝贵的特权让渡给教宗。他向教宗保证了教宗寻求的在教会内部的权力，还交出了奥托四世在加冕前割让的位于意大利中部的争议领土。弗里德里希二世的竞争对手和前任曾经许诺给教宗的这些东西，现在弗里德里希二世不可能不交给他的"恩人和保护者"（他现在这样称呼教宗）。重要的是，遵照教廷的明确意愿，德意志教会提交给教宗的著名的《埃格金玺诏书》采取的形式是帝国给教廷的授予，而不是皇帝个人的承诺。作为一

---

① 即今天捷克共和国西北部的海布（Cheb），靠近捷克与德国的边境。海布在历史上曾经是德语区，德语名字是埃格。

个团体的诸侯，以及每个具体的诸侯，都必须确认该诏书。正如教宗从他与奥托四世皇帝的交往中所了解到的那样，一个人的个人承诺（哪怕他是皇帝）所提供的保障是不充分的。

　　教宗的这次胜利使得他的权力得以缓慢地上升到顶点。像每个伟大的统治者一样，英诺森三世渴望给自己和世界展现一个清晰可见的标志，以彰显他的伟大。没有比他于1215年在拉特兰宫召开的大公会议更令人印象深刻的证明了。这是自教会诞生以来，由教宗召开的规模最大的一次会议。英诺森三世志得意满地看到整个基督教世界的代表纷纷涌入罗马，围绕着他——唯一真神的代理人：71位大主教与耶路撒冷和君士坦丁堡的宗主教、400多位主教、800多位修道院长，以及不计其数的王公和城市的使节，还有几乎所有西方国王派来的大使。韦尔夫家族的奥托四世派来了他的使者；弗里德里希二世由巴勒莫大主教贝拉尔多代表：此次大公会议将决定德意志王位继承的问题。总的来说，本次大公会议的决议肯定包括废黜韦尔夫皇帝，这将是对弗里德里希二世有利的决定。但这也是一个充满预兆性的危险先例：一位罗马皇帝被教会的一次会议废黜。拉特兰大公会议的其余决议涉及教会内部纪律的问题。教宗英诺森三世没能活着看到这些决议的执行。在教会这次大获全胜的几个月后，即1216年7月，他在佩鲁贾去世，享年56岁。人们还记得，他仿佛对自己的大限将至有所预感，因此以这样的经文宣布拉特兰大公会议开幕："我很愿意在受害以先，和你们吃这逾越节的筵席。"① 一个世纪

---

　　① 《新约·路加福音》第22章第15节：耶稣对他们说，我很愿意在受害以先，和你们吃这逾越节的筵席。

后，乔托①或乔托的一位弟子参照围绕圣方济各的传说，在下
教堂②的壁画中描绘了英诺森三世那个著名的梦：在教宗首次
确认方济各会创立的前一天夜里，圣方济各作为基督教会的承
载者出现在了他的梦中。这个时代最伟大的两个人——阿西西
的方济各和弗里德里希二世，就是在这位强大的教宗的庇护下
被培养出来的。

在拉特兰大公会议召开之前，施陶芬皇帝的事业已经取得
了胜利。与此同时，弗里德里希二世为教会做出了一次重大贡
献，教宗却刻意对此避而不谈。教宗在他生命的最后一年里，
把所有的精力都用于推动一次新的十字军东征。这一次，东征
不应该是世俗政权的工作，而应该由战斗的教会（streitende
Kirche）主持。英诺森三世甚至想以"真正的皇帝"（verus
imperator）的身份亲自领导此次十字军东征。教宗通谕已发往
整个基督教世界，教宗还为每个教区任命了负责宣讲十字军东
征的布道者，以使圣伯纳德③当年在德意志人心中点燃的火焰

---

① 乔托·迪·邦多纳（Giotto di Bondone，约 1267—1337）是中世纪晚期佛
罗伦萨的画家和建筑师，被认为是意大利文艺复兴的开创者，被誉为
"欧洲绘画之父""西方绘画之父"。
② 指的是阿西西的方济各圣殿的一部分。这座圣殿位于意大利中部小城阿
西西，是阿西西的方济各安葬之地和方济各会的母堂，始建于 1228 年，
建在小山的一侧，包括上教堂和下教堂，以及安放圣方济各遗体的墓穴，
以及附属的修道院。上下两座教堂装饰有中世纪后期罗马画派和托斯卡
纳画派众多画家所作的壁画，包括契马布埃、乔托、西蒙尼·马蒂尼的
作品。
③ 圣伯纳德，即克莱尔沃的伯纳德（1090—1153），是法国中世纪的修道院
长、神秘主义者、修道院改革运动的倡导者、著名学者、言辞慷慨激昂
又不知疲倦的书信作者、才华横溢的布道者，也是圣殿骑士团的早期庇
护者和元勋。伯纳德领导下的熙笃会僧侣致力于服从、祈祷、学术和朴
素生活，并在修道院的磨坊、农田和鱼塘劳作不辍。

复燃。当教宗的布道者穿过城镇和大小村庄、在弥撒和市集鼓动人们投身于十字军东征时，来自天堂的迹象伴随着布道者的脚步，鼓励着摇摆不定的人们。但是，时过境迁，大家的热情已经平息，狂热已经退去，变成了冷淡，儿童十字军东征的惨败更是给人们泼了一头冷水。

不过，当弗里德里希二世于1215年春季准备向亚琛和科隆进军时，还是有一些诸侯，如巴伐利亚公爵，宣布将会参加十字军东征。前一年，弗里德里希二世在布汶战役不久之后向莱茵河下游地区进军时，尽管他有相当多的兵力，也没有敢于进攻科隆，而且他对亚琛的进攻也失败了。他唯一的成功是赢得了奥托四世的旧盟友——布拉邦特公爵的支持。因此，5月在安德纳赫（Andernach），弗里德里希二世决定进行一次新的莱茵兰战役。但在7月，正当他准备从阿尔萨斯出征时，莱茵河下游的局势突然明朗起来：亚琛的市民赶走了奥托四世安插的总督，邀请施陶芬皇帝和平地前来，并欢迎他成为他们的合法领主。因此，在1215年7月的最后几天，弗里德里希二世胜利地进入了这座神圣的罗马城市。他的耳边没有刀枪剑戟的碰撞，而是以罗马皇帝加冕的全部盛况，在诸侯和贵族的护卫下，光鲜华丽地登场。弗里德里希二世称亚琛为"德意志王国的都城和首善之区"，并不吝溢美之词地称赞它，"因为在这座城市，罗马人国王被神圣化并加冕。它的荣耀仅次于罗马本身"。按照那个时代的观念，在亚琛受膏和加冕并在查理曼的宝座上就座之前，没有一位德意志国王可以声称他对于罗马的皇冠拥有充分的合法权利。事实上，弗里德里希二世也是从他在亚琛加冕（并坐在查理曼的宝座上）的那天开始计算他的在位年限的。加冕礼期间还举行了其他的庄严仪式。50年

前，即 1165 年，巴巴罗萨虽然当时受到教会的绝罚，但还是
在亚琛发现了查理曼的遗骨，并在许多主教和诸侯的见证下，
由当时同样被绝罚的亲帝国的对立教宗为其祝圣，"为了基督
的荣誉和荣耀，为了罗马帝国的江山永固"。巴巴罗萨希望通
过对第一位基督教德意志皇帝的封圣，使作为神圣帝国
（sacrum imperium，这是巴巴罗萨开始重新使用的表述）的罗
马帝国和皇帝的职位本身也变得神圣，就像巴巴罗萨之前通过
将三圣王①的遗物从米兰转移到科隆而强调王权的《圣经》式
神圣性一样。在巴巴罗萨的时代，人们为了纪念查理曼和他的
城市而创作了一首庄严的赞美诗。而此刻，当巴巴罗萨的孙子
步入亚琛主教座堂重新安葬第一位德意志皇帝的遗骨时，这赞
美之词在耳边响起，既充满了挑战，也蕴含承诺：

> 他是基督的勇敢战士，
>
> 战无不胜的军队领袖……

　　亚琛的人们制作了一座精美绝伦的银质神龛，其周围装饰
着历代皇帝的形象，如同使徒的圣像。毕竟，向多神教徒传教
是使徒的职责，也是皇帝的职责。这座神龛上也有弗里德里希
二世的肖像，当时神龛是当着他的面封闭起来的。人们看到，
在加冕后的第二天，年轻的国王脱下厚重的加冕礼袍，爬上承
载神龛的脚手架，亲手将第一颗钉子钉在神龛的盖子上。难怪
在那些日子里，弗里德里希二世的脑海中前所未有（后来再

---

① 典出《新约·马太福音》第 2 章第 1~12 节的记载，在耶稣基督出生时，
有来自东方的"博士"或"国王"或"术士"朝拜初生的耶稣。"博
士"指的很可能是来自帕提亚帝国的琐罗亚斯德教占星家。

也没有）地充满了关于"多神教徒的毁灭者"查理曼的幻想，以及对他的祖父、在十字军东征中丧生的年迈的巴巴罗萨的幻想。弗里德里希二世庄严地宣布，在他看来，"追随主、神圣的查理曼以及其他祖先的榜样，既合理又恰当"。其实，在说这些话之前他就已经有了行动，因为在美因茨大主教西格弗里德①为他加冕之后，弗里德里希二世立即在旁观者的惊讶中，宣布将要参加十字军东征，并通过热切的劝告和恳求，以及承诺和礼物的激励，急切地招募在场的骑士和诸侯，去参加教宗的布道者在这些日子里正在宣讲的新的十字军东征。许多诸侯都效仿国王的做法。弗里德里希二世第二天从早到晚都在主教座堂里聆听关于十字军东征的布道，并说服了许多人把十字架的标志贴在他们的肩上。

人们是否真的期望这个最近被比作大卫王的少年能率领大军前往大卫的王城耶路撒冷？弗里德里希二世本人对此抱有很大希望。他将自己置于十字军运动的领导地位，这是一种绝妙的、几乎是天才的外交大手笔。不知不觉中，他把十字军的领导权和指挥权从皇帝式教宗的手中夺了过来，并再次承担起世人眼中皇帝的最崇高使命——领导基督教世界的骑士前往圣地。教宗英诺森三世对他曾经的被监护人这种不合时宜的热情感到十分尴尬，对弗里德里希二世宣誓参加十字军东征的行为只字未提。但弗里德里希二世的这一明智的政治举动，只是他作为个人和作为国王的心态的必然结果。如果此举的精明让我

---

① 美因茨大主教西格弗里德二世·冯·埃普施泰因（Siegfried II. von Eppstein，约1165—1230），他原本是奥托四世的支持者，后支持弗里德里希二世，不过没有参与弗里德里希二世与格列高利九世的斗争。他的继任者是他的侄子，西格弗里德三世·冯·埃普施泰因。

们对那一时刻的独特的伟大视而不见，那我们未免过于愤世嫉俗了。这是一个独一无二的场景：在加冕弥撒之后，这个骄傲的、急躁的少年，在他惊人的胜利的极大刺激下，在他刚刚接受了皇帝的冠冕之后，便以青年人的崇高的虔诚，发出十字军的誓言，将自己奉献给了上帝和帝国的事业。弗里德里希二世知道这一誓言是一种牺牲，是将自己奉献给了皇帝的职位和使命——"……他以纯洁无瑕的心，不仅将自己的身体和力量献了上帝，而且将它们献给了吞噬万物的火焰"，仿佛这是一场燔祭①。受到天命的感召之后，他证明了自己，然后又获得圣化、发出誓言。年轻的施陶芬皇帝如今已经 21 岁了。随着他的加冕和宣誓，他的少年时代宣告结束，阿普利亚少年已经不复存在。

---

① 燔祭的德文原文为 Holokaust（或 Holocaust），出自古希腊语，指的是将整只祭牲在祭坛上全部烧成灰的祭祀仪式。此仪式见于多个不同宗教、地域，具有悠久的历史。但在今天，Holocaust 一词主要指纳粹德国对犹太人的大屠杀。

第三章　初露锋芒

　　年轻的弗里德里希二世初到德意志之后，先是度过了一段充实而轰轰烈烈的时光，然后经历了若干平淡无奇的岁月，但也并非毫无作为。他把自己庄严地献给了罗马帝国，并由此明确了他未来思想和行动的方向。但任何期待从年轻的施陶芬国王那里立即看到壮观成绩的人，都会对新国王的表现感到失望。接下来几年的历史波澜不惊，如果详述的话，既令人厌烦又毫无意义。与洛林公爵的争吵，与乌拉赫伯爵埃吉诺①就策林根家族绝嗣后产生的一些继承问题的分歧……这些琐事，都与皇帝的实际任务和职责无关，而且作为纯粹的德意志内部事务，在其狭窄的边界之外没有任何影响。即使是与韦尔夫家族的斗争，虽然确实是关系到世界性原则的全欧洲层面的大事，但由于奥托四世放弃了科隆和莱茵河下游并退回不伦瑞克，也已经下降到了不是

---

① 乌拉赫伯爵埃吉诺四世（Egeno IV. von Urach，约 1160—1230），绰号"大胡子"。在策林根家族绝嗣后，埃吉诺四世凭借与策林根家族的姻亲关系，继承了他们在莱茵河右岸的领土。但弗里德里希二世希望将策林根家族的领土收归帝国，从而扩大皇室的势力范围。双方发生了冲突，但弗里德里希二世为了在与教宗的斗争中获得枢机主教乌拉赫的康拉德（埃吉诺四世的儿子）的支持，不得不向埃吉诺四世让步。

很重要的私战①的水平。弗里德里希二世于 1217 年夏季再次攻击奥托四世，但这几乎毫无必要，因为现在没有人会认真质疑施陶芬皇朝的统治。不过，奥托四世于 1218 年 5 月在哈尔茨堡的死亡使德意志的总体局势得以稳定，并给弗里德里希二世带来了某种解脱感。这时发生了一个非凡的巧合，至少在传说中是这样的：就在韦尔夫家族的莽汉奥托四世死亡的前几天，施陶芬国王担任了一个男孩的教父，这个男孩注定要在德意志最黑暗的时刻拯救帝国的残山剩水，并为他古老的家族恢复一些古老的荣耀和辉煌。他就是哈布斯堡的鲁道夫②。

这个时期的特征就是若干小规模的、无关紧要的争斗，其缘由和名称都已经被世人遗忘；国王巡视帝国各地，不免要举

---

① 中世纪德意志语境里的私战（Fehde）在相当长的历史时段里是德意志贵族运用的一种法律工具，以此来满足自己的诉求。中世纪的德意志诸侯割据，神圣罗马帝国仅仅是名义上的最高统治者。在缺乏更高权威来主持司法、伸张正义的情况下，为了解决冲突，贵族可以（也只能）进行小规模的私人战争。奥地利历史学家奥托·布隆纳（Otto Brunner）认为，私战是中世纪社会的一个有机组成部分，甚至是必需的部分，而非异常现象；私战本质上是恢复公义与和谐的一种机制。他还认为，只有那些有能力接受武装挑战的人，也就是贵族，才是中世纪德意志社会的完整意义上的成员。到了近代早期，现代国家羽翼渐渐丰满，国家垄断了暴力和司法权，私战也就消失了。私战不是为所欲为的报复与反报复，而是受到很多规矩的限制。私战是烈度有限、受到控制的暴力，目的不是将对方斩尽杀绝，而一般是通过暴力迫使对方屈服并缔结和解条约（Urfehde），从而获利。

② 即后来的德意志国王鲁道夫一世。他原本是施瓦本地区的一位伯爵，后来是第一个获得奥地利公国和施泰尔马克公国的哈布斯堡家族成员。他从强大的宿敌、普热米斯尔王朝的波希米亚国王奥托卡二世手中夺得这些领土。奥地利公国和施泰尔马克公国由哈布斯堡王朝统治了 600 多年，形成了哈布斯堡君主国的核心和如今的奥地利这一国家。鲁道夫在将哈布斯堡家族的等级从伯爵提升为帝国诸侯的过程中起到了至关重要的作用。

行重要性不一的朝会、颁布法令、授予特权、馈赠、确认所有权，以及仲裁各种纠纷与争执。这都是与德意志国王的日常职责有关的例行公事。弗里德里希二世当时最喜欢居住的地方是阿尔萨斯，或者莱茵河畔的沃尔姆斯或施派尔（Speyer）。他命人把被谋杀的施瓦本的菲利普的遗体从班贝格运来，安葬在施派尔主教座堂，旁边的坟墓属于施陶芬家族的那位老祖母贝亚特丽斯，即巴巴罗萨的皇后。弗里德里希二世最喜欢的一个德意志的行宫是哈格瑙，在那里他可以在广阔的森林中打猎，还可以在拥有丰富古籍的图书馆中满足他对知识的渴望。他还经常出现在弗兰肯和施瓦本、维尔茨堡和纽伦堡、奥格斯堡和乌尔姆，而且他还时不时地去图林根、萨克森和洛林处理公务，因此他对德意志有很好的了解。

　　这些岁月曾被称为弗里德里希二世的"漫游之年"①，其重要性不在于他取得了什么成绩，而在于他在那个年龄吸收和接纳了什么。但我们在这里说的不是他受了什么样的教育，因为我们对此一无所知。他很幸运，没有像拿破仑同龄时那样，为了寻找合适的精神食粮而去写哲学论文。弗里德里希二世在那些岁月里完全清楚自己想要的是什么。犹豫从未困扰过他，所以我们可以相信他后来的说法，即从青葱岁月起，他就始终有一个崇高的目标：将自己的身体和灵魂毫无保留地投入罗马帝国的复兴大业当中。因此，只有对罗马帝国有利的东西，他

---

　　①　"漫游之年"（Wanderjahre）指的是在中世纪欧洲手工业行会的体系里，学徒满师之后要外出游历数年，作为磨砺和学习，类似于我们今天的实习。"漫游之年"对工匠技术和艺术风格的传播具有重要意义。完成"漫游之年"之后，工匠才可以在行会的某个作坊安顿下来，然后要完成一件出师作品（Meisterwerk）作为考试，得到行会的批准之后，才算成为真正的工匠师傅。

才会将其纳入自己的计划中。从一开始，他对知识的摄取单纯地、完全地由整个帝国的需求来决定，而德意志只是帝国当中的一个重要组成部分。他的整个德意志政策也是从这个角度考虑的：他对德意志诸侯主要采取了消极的态度，尽可能少地干预，并放弃了一项又一项皇室权利，这都是着眼于整个帝国的利益。在大多数情况下，诸侯对更广泛的罗马帝国的问题漠不关心，而弗里德里希二世用上述手段来争取他们的忠诚，使他们依附于自己，以便至少将他们的一小部分精力转移到帝国整体上。

诸侯愿意为皇帝做的，肯定不多。但弗里德里希二世在面对诸侯时的处境是特别困难的。要维护他的皇室权利，只能通过向诸侯开战来实现，更不用说寻求扩大皇室权利了（也就是说，皇帝在没有帝国诸侯的媒介之下，尽可能独立地统治）。诸侯绝不会自愿同意对他们的独立性或他们在王位继承战争的长期动乱期间赢得的权利做任何削减。但是，正是这些人把弗里德里希二世召到了德意志，正是在他们的帮助下，他才战胜了韦尔夫皇帝。此外，这些人中数量最多的是教会诸侯，他们对作为教宗门徒的他给予了帮助。弗里德里希二世对诸侯采取任何措施，都会使他与教宗发生纠纷，而教宗正是他得以成为皇帝要感谢的另一个恩公。向诸侯开战是不可想象的；何况作为一个祈求者来到德意志的他，完全没有能力对诸侯进行强迫或施加压力。他那羸弱的施瓦本公国本身并没有足够的资源来对抗整个德意志的诸侯。即使弗里德里希二世想把他的活动局限在德意志，并撇开德意志-罗马帝国，改为建立一个强大的、"民族性"的德意志王国，在当时他也没有这样的机会。何况，这种野心不符合施陶芬家族倾向于普适性的精神，更不符合他这个西西里的施陶芬的精神。各种迹象表明，弗里德里希二世的一个本能反应是暂时搁置德意志的形形色色的问题（这些问题最终激起了他毫不掩饰的恼怒），为此甚至不惜放弃许多特权。弗里德里希二世希望通过间接的权宜之计（建立一个强大的罗马帝国），而不是通过向诸侯开战，来加强德意志的王权。

因此，在这些德意志岁月里，弗里德里希二世本能地寻找并利用对罗马帝国有利的东西，寻找他在德意志能找到的、在更广阔的世界（而不仅仅在德意志的边界内）有效或有价值的东西。他利用的不是德意志的特殊性，而是德意志的世界性力量，而这些力量除了为整个帝国服务之外，还为不连贯的、过于松散的德意志本身带来了好处……巩固德意志的唯一办法，是首先扩大它的范围，直到它拥有足够的材料来构建一个超越德意志的紧凑的整体。到目前为止，还没有德意志精神存在，只有一种罗马精神，这种精神正在逐渐使日耳曼人文明化。将北方人联系在一起的，不是共同的德意志传统，而是罗马的形式和文化。德意志各部族除了血缘关系之外没有任何共同之处，而血缘关系的呼唤很少具有强大的力量。只是偶尔，在一些吉祥的场合，在热情的庄严时刻，当他们为十字军东征或去罗马朝圣而聚集在一起时，他们才会直接体会到自己的世界性，感到一种自豪的激动，他们会感到他们——萨克森人和弗兰肯人、施瓦本人和巴伐利亚人——是一体的。但即使在那时，他们也不觉得自己是"德意志人"。他们觉得自己作为恺撒们的帝国的继承人，与罗马更有感情。他们幻想自己是特洛伊人的后裔，或者干脆自称"罗马人"。"德意志"这个词是今人才会使用的。因此，弗里德里希二世在德意志寻找他认为

（在帝国和教会的意义上）最"罗马"的东西的同时，也在寻觅最接近"民族性"的东西。

13世纪之初，觉醒的青年德意志在欢迎它的年轻国王、它自己的青春化身、阿普利亚少年之时，能够为弗里德里希二世提供足够的素材。因为在那个无与伦比的施陶芬时代，在罗马的、南方的光线的照耀和温暖之下，德意志第一次（也是唯一一次如此全面地）在其境内体验到了梦幻与歌谣、童话与史诗、绘画与雕塑的真正绽放。尽管有席卷世界的战争和政治的紧张局势，德意志还是展现了那种罕见的欢快的宁静，那种从当时的创作中透出的解放和自由。这些作品居然出自德意志，简直令人难以置信。这些作品的存在证明了那句出自最压抑时代的预言："其中有一种几乎可以说是希腊的东西，它在与南方的接触中觉醒。"①

受到南方的哺育，并不意味着一定要到南方去旅行。精神可以改变气候。通过罗马帝国和罗马教会的精神陶冶，德意志远至波罗的海沿岸的地区都可以南方化。这并不是说为了实现南方化，日耳曼人就必须放弃或消灭其自身的特性。这些南方的力量吸收而不是排斥了日耳曼人所有最具特色的东西，而13世纪——德意志人最具罗马特色的世纪——充分证明了这一点。几乎所有的中古高地德语英雄史诗都是在施陶芬时期成形或诞生的：《尼伯龙人之歌》、《古德伦之歌》（*Gudrunlied*）、贝尔恩的迪特里希的系列传说，包括《沃尔姆斯的玫瑰园》

---

① 这是尼采的话。出自：NIETZSCHE, *Nachgelassene Fragmente Frühjahr bis Herbst 1884*, in: NIETZSCHE, *Werke*, Bd. VII. 2 (Berlin 1974), S. 52。

（*Wormser Rosengarten*）、《劳林》（*Laurin*）、《拉文纳之战》（*Rabenschlacht*）① 和《胡格迪特里希》（*Hugdietrich*）。此外，恩斯特公爵的史诗和《奥特尼特》（*Ortnit*）等，也都属于这个时期。与这些伟大的史诗——日耳曼英雄时代的回声——并列的，是宫廷骑士爱情诗诗人（如奥厄的哈特曼②、费尔德克的海因里希③、斯特拉斯堡的戈特弗里德④、沃尔夫拉姆·冯·埃申巴赫和福格威德的瓦尔特）的激动人心的新抒情诗，这些诗人的声音与基督教仪式的庄严拉丁语赞美诗相融合。骑士爱情诗诗人的骑士史诗，如《埃奈德》《可怜的海因里希》《特里斯坦》《帕西法尔》等，显示了英雄传说与基督教精神的水乳交融。正是罗马帝国为德意志的英雄主义和基督教的骑

---

① 历史上的拉文纳之战指的是 490~493 年东哥特人领袖狄奥多里克大王攻打奥多亚克占据的拉文纳城。日耳曼血统的罗马帝国军官奥多亚克于 476 年废黜最后一位西罗马皇帝，自立为意大利国王，然后臣服于东罗马帝国，但实质上把意大利的统治权掌握在自己手里。东罗马帝国皇帝芝诺支持东哥特人领袖狄奥多里克侵入意大利，夺取了半岛的大部地区。493 年，奥多亚克被狄奥多里克诱杀。狄奥多里克随即在意大利建立了东哥特王国，成为一代雄主。很多日耳曼史诗（比如 13 世纪的中古高地德语史诗《拉文纳之战》）里的英雄"贝尔恩的迪特里希"就是以狄奥多里克为原型。

② 奥厄的哈特曼（Hartmann von Aue）是中世纪德意志最重要的史诗作者之一，是宫廷骑士爱情诗的代表，有《埃勒克》《格勒格利乌斯》《可怜的海因里希》和《伊魏因》四部叙事体作品，是第一位将亚瑟王传奇引入德意志的德意志作家。

③ 费尔德克的海因里希（Heinrich von Veldeke）是 12 世纪德意志-尼德兰的贵族诗人。他的代表作《埃奈德》（*Eneide*）是对一部关于埃涅阿斯的法文罗曼司的德文翻译和加工，故事情节与维吉尔的《埃涅阿斯纪》大致相似。《埃奈德》是最早的德文世俗文学之一，也是中世纪第一部德文的宫廷罗曼司。

④ 斯特拉斯堡的戈特弗里德（Gottfried von Straßburg）是中世纪德意志最重要的诗人之一，著有史诗《特里斯坦和伊索尔德》。他可能不是骑士，而是受过教育的市民。

士精神添加了一种罗马的、坚固的、稳健的、形态完美的色彩，德意志此后再也没有见过这样的色彩。

我们在这里可以追踪到一些证据。我们记得，帝国首相兼希尔德斯海姆主教康拉德在谈到南意大利的奇观时写道："我们不需要超越德意志人自己的边界，就能看到罗马诗人呕心沥血所描述的一切。"在整个罗马帝国境内，德意志人感到舒坦自在；突然间，罗马诗人对德意志人产生了直接的吸引力，而不再仅仅是罗马教会的文化和教育材料。德意志人对罗马遗产的有效吸收，体现在此时的人们尝试将罗马诗人的作品翻译成中古高地德语，这是自加洛林时代诺特克①翻译维吉尔作品以来的第一次尝试。哈尔伯施塔特的阿尔布雷希特（Albrecht von Halberstadt）翻译了奥维德的作品（阿尔布雷希特直到人文主义时代才找到后继者），这证明，当时在不熟悉古典拉丁语的圈子里，德意志人也开始对古典文学产生兴趣。这可能最早发生在图林根方伯赫尔曼②身边的世俗骑士

---

① 厚嘴唇的诺特克（Notker Labeo，约950—1022），也称"德意志人诺特克"，德意志的一名笃会僧侣、神学家、语文学家、数学家、天文学家、音乐鉴赏家和诗人，也是中世纪第一位注释亚里士多德著作的学者。他将多部拉丁文作品翻译成了德文，包括维吉尔的诗歌。

② 图林根方伯赫尔曼一世（约1155—1217）是中世纪德意志的一位重要诸侯。他的母亲是巴巴罗萨皇帝的同父异母姊妹。在施瓦本的菲利普与奥托四世争夺皇位期间，赫尔曼多次改换阵营，从而扩大自己的势力，后来投奔弗里德里希二世麾下。赫尔曼早年在法国宫廷受教育，熟悉更先进的法国文化和文学，因此在德意志大力赞助文艺。很多当时著名的诗人和文人聚集在他的大本营瓦尔特堡，包括沃尔夫拉姆·冯·埃申巴赫、费尔德克的海因里希和福格威德的瓦尔特等在德语文学史尤其是骑士文学史当中赫有名的人物。赫尔曼的儿媳、匈牙利公主伊丽莎白守寡后专心于扶贫济困的慈善活动，死后被封圣。下文会提到弗里德里希二世皇帝重新安葬了圣伊丽莎白的骸骨。方伯（Landgraf）为德意志的一个贵族头衔，比伯爵（Graf）高，大致与公爵（Herzog）平级。

当中，因为阿尔布雷希特正是在赫尔曼的要求下于 1210 年从事翻译的。弗里德里希二世还有一个贡献，就是在德意志引进了罗马法，这或许是罗马精神对日耳曼世俗领域最重要和最持久的影响。

德意志所受的罗马-古典影响最显著的表现是班贝格，其次是瑙姆堡（Naumburg）的建筑艺术（它被认为是"最具异域风情的"），在那里雕塑第一次塑造了一个真正的德意志人物。弗里德里希二世统治后期的造型艺术，即西西里-意大利的施陶芬王朝的造型艺术当中，令人惊讶和振奋的一点是，在班贝格或马格德堡的"骑士"雕像这样的作品中，独一无二地出现了一种可能性，即（不是在诗歌或故事中，而是在凿刻的石块中）纯粹属于德意志，但同时具有世界性。从运动的、具有音乐美的德意志与帝国和教宗的罗马的完美交融中，奇迹般地产生了一种几乎是地中海式的日耳曼人类型，内敛而自由、不受约束。这是在此之前德意志艺术所不具备的类型，在此后，只有意大利人有这样的眼光。诚然，班贝格的艺术大师是在法兰西和古罗马造型艺术的影响下工作的，这一事实并非不重要，但它并没有改变一个确定的推论，即这种美丽和具有贵族骑士风度的人一定已经存在于当时的德意志。因为如果艺术取决于模型而不是活生生的人及其观察所得的话，那么这个世界应当拥有多么伟大的造型艺术！

贵族生活中的两种人物为这整个时期奠定了基调，并使德意志在整个世界的发展中占有一席之地：骑士和僧侣。这两种人都是世界性的人物，同时也是德意志的人物。僧侣在德意志的垄断地位是如此危险，以至于德意志根本没有发展出能够与之平起平坐的人物类型，比如法兰西的学者和意大利的商人。

法兰西方面，从爱留根纳①、伊沃②和阿伯拉尔③的时代开始，在巴黎、沙特尔和奥尔良的学校里，产生了学者；意大利通过沿海城市比萨、威尼斯和热那亚的商业，涌现出了商人。对德意志来说，通往远方的道路主要在骑士和僧侣面前敞开，他们是两股强大势力（帝国和教会）的显著代表。诸侯和主教被束缚在他们的领地上，而骑士和僧侣可以享受更大的行动自由和更广的活动范围，他们在更小的规模和更低的层面上代表和反映了皇帝和教宗。这一事实成功解决了一个在整个庞大而五光十色的德意志的历史上从未解决过的问题：那些充斥着修道院和宗教机构的贵族青年第一次得到了一种职业前景，这种职业不仅在其家乡的狭窄范围内有效，而且在更广阔的世界中也能发挥影响。这是德意志人历史上唯——次成为"世界性"（从这个词的最佳意义上说）的人。这为一个伟大的德意志造型艺术时期奠定了基础，但不幸的是，当帝国的衰落将德意志骑士与世界其他地方割裂开来，并使得他们在资产阶级的愚昧中衰颓，或在德意志境外寻求服务于外国时，这个时期便戛然而止了。

弗里德里希二世在那段德意志岁月中追求着两股力量，而

① 约翰内斯·司各特·爱留根纳（Johannes Scottus Eriugena，约 800—877）是出身于爱尔兰、在西法兰克王国活动的新柏拉图主义哲学家和诗人。他的名字的意思是"出身于爱尔兰的盖尔人约翰"。
② 沙特尔的伊沃（Ivo von Chartres，约 1040—1115），从 1090 年起担任沙特尔主教，是主教叙任权斗争时期重要的教会法学家。
③ 皮埃尔·阿伯拉尔（Peter Abälard，约 1079—1142）是法国中世纪的经院哲学家、逻辑学家、诗人、神学家和音乐家，被称为"12 世纪的笛卡尔"，被认为是卢梭、康德和斯宾诺莎的先驱。阿伯拉尔最有名的事迹是与他的女学生、出身富贵家庭的女才子爱洛伊斯的爱情，阿伯拉尔因为与爱洛伊斯秘密结婚而遭到其亲人的阉割。后来两人都出家修行。

且这种追求并非徒劳无功：一个是修会，一个是骑士团。在亚琛加冕的几个星期之后，他便与熙笃会建立了密切联系。克莱尔沃的圣伯纳德就属于熙笃会，在当时的熙笃会中，"上帝的教会已经绽放出鲜艳的花朵"。熙笃修道院长伯纳德实际上并非熙笃会的创立者，但这个团体的重要地位完全归功于他火焰般的热忱。像罗马教会的几乎所有修会一样，熙笃会的根源在于修道院和教会改革弊端的需要，而伯纳德强调了熙笃会严厉的禁欲主义和纪律性，但这位"流蜜圣师"（Doctor mellifluus）[1] 同时用伟大的爱来平衡禁欲主义和纪律。因此，但丁选择了伯纳德作为他通往上帝宝座之路上的最后一位向导：

> 我为其燃烧熊熊爱意的
>
> 天国女王，将赐予我的一切恩泽，
>
> 因为我是她的忠诚的伯纳德。[2]

伯纳德是第一个将对圣母的热爱注入熙笃会的人，而此时，俗世的人们正唱着游吟诗人最早的爱情抒情诗。他也是第一个将"贞洁的大地的工作"神圣化的人，从而为僧侣提供了一个新的方向，即将"积极的生活"与"冥思的生活"[3]结合起来。弗里德里希二世曾写道："摆脱了尘世的喧嚣和纷扰，熙笃会享受着尘世的安宁。"事实的确如此：熙笃会寻找

---

① 意思是克莱尔沃的圣伯纳德的教导像蜜一样甜美。

② 译文参考：《神曲·天国篇》，但丁著，田德望译，人民文学出版社，2001 年，第三十一章，第 214 页。

③ 积极的生活（vita activa）在基督教的语境里，指的是政治活动或者慈善与教育工作。与之相反的是"冥思的生活"（vita contemplativa），一般指隐修。

最偏远和最安宁的山谷作为其定居点，并在那里建立了修道院和规模庞大的农场，以及献给圣母的朴实无华的教堂，那里没有塔楼，没有装饰，只有勃艮第哥特式建筑的最初萌芽。毛尔布龙和埃布拉赫是我们对这些早期日子的见证①，当时灰衣僧侣②"生活在他们的同胞之中，却高于他们的同胞"。

从事农业确保了熙笃会在地理上的迅速扩展。熙笃会成为一股低调的、稳健的先锋势力，在古老的土地上耕耘，并开辟新的土地，尤其是在德意志。正是他们首先在普鲁士开展基督教化和殖民化。他们的整个修道院组织都是为了发展壮大。在一座熙笃会的修道院里，永远不会有超过一名院长和 12 名修士，以及 12 名平信徒修士③的情况。如果人数超过这个数字，多余的人就会出去寻找新的住处。这种将人数限制在使徒人数内的自给自足的做法，是无数附属于母院的子院的起源，而这些母院又像家谱树上的枝丫一样，与位于熙笃的始祖修道院联系起来。由此，所有修道院的凝聚力都得到了保证，熙笃会逐渐形成一个独一无二的世界性机构，从未分裂。这种严密的组织是无可比拟的，因为在本笃会中，每座修道院都完全独立于其他修道院。整个熙笃会的团结统一和君主制风格的组织机构还得到了进一步发展。从叙利亚到瑞典，每个熙笃会定居点的

---

① 位于今天德国巴登符腾堡州的毛尔布龙（Maulbronn）修道院是著名的熙笃会修道院，是阿尔卑斯山以北保存最好的中世纪修道院群，是从罗马式到后哥特式建筑的形式潮流与发展过程的代表，于 1993 年 12 月被联合国教科文组织列为世界遗产。埃布拉赫（Ebrach）修道院也是德国境内著名的熙笃会修道院，位于巴伐利亚州的班贝格大主教区。

② 熙笃会是白衣修士，不过，熙笃会的平信徒修士穿灰衣。

③ 平信徒修士（Laienbrüder）是天主教会的很多修会里不准备成为神父的修士，一般从事体力劳动和世俗事务。

修道院长每年都会召开一次大会。这种组织有序的类似于国家的集会，将每个人的力量凝聚起来，从勃艮第南部到波美拉尼亚和普鲁士，都散发着同样的精神。德意志东北部的熙笃会教堂（几乎全都是 13 世纪的）就清楚地证明了这一点。这种中央集权与僧侣在新开辟的地区引入的农业和园艺（从而开垦耕地和驯化野生作物）一样，都是创新。这些修士不断向前推进，在山谷中殖民，传播基督的教义，不断地发展新的定居点。这支圣母领导下的大军仿佛在基督教时代复苏了古时的"神圣春天"①。

　　熙笃会凭借其分布广泛的地产、纪律严明的章程和大规模的扩展，成为施陶芬帝国和中世纪贵族式教会统治下最有贵族气质的修会，与当时刚刚兴起的具有草根色彩的托钵修会形成鲜明对比，后者只有在城市中才有舒适自在之感。熙笃会的广泛分布和类似君主制结构的结果是，他们直接隶属于基督教世界的领袖；没有任何世俗王公，没有个别主教能够任命或影响他们修道院的管理者；他们在宗教事务上由教宗直接领导，在世俗事务上由皇帝一人统治。早先的皇帝曾向熙笃会慷慨解囊，但没有人像弗里德里希二世那样出手大方，尤其是在他的德意志岁月。他对熙笃会的恩惠（有时几乎令它不敢承受）几乎数不胜数。从他给熙笃会（"基督的阴凉小树林"）颁发的特许状可以看出，他对熙笃会的热情和崇敬超过了他在任何其他修会那里所能夸耀的一切。而且直到他临终，弗里德里希二世都很高兴地认为自己与熙笃会有着密切的联系。弗里德里

---

① "神圣春天"（ver sacrum）是古意大利多个民族的一种宗教活动，在早期包括将儿童献祭给神。

希二世在宣誓参加十字军东征之后，被接纳进入熙笃会的祈祷团体。他写给这个强大修会的院长们的谦卑的请愿书，仍然让人想起他那时对于十字军东征的热情。这封信的虔诚和颇具教育意义的风格（弗里德里希二世将自己描绘成一个肉体软弱的罪人）使他达到了他的目的。他被接纳到这个祈祷团体中，在以后的岁月里，他会再次恳求得到这样的恩惠①。

这类事情当然是皇帝们的常规操作，弗里德里希二世十分愿意追随他们的脚步，并且他急于在教士阵营中获得拥趸。熙笃会应当成为"皇帝和教宗之间和谐的维护者"，这一点在巴巴罗萨和奥托四世时期经常被事实证明是富有成效的。但弗里德里希二世还有另一个目的。熙笃会的丰富经验使其成为经济管理的专家。海斯特巴赫的恺撒利乌斯本人就是一名熙笃会修士，他自豪地记录道，熙笃会的平信徒修士作为最好的家产管理者被推荐给了科隆大主教。弗里德里希二世也需要这样的人才。他喜欢招募受过农业和养牛培训的熙笃会平信徒修士，让他们组织和管理他位于阿普利亚和卡皮塔纳塔②的皇家庄园。他让其他一些熙笃会修士担任他的城堡和游乐宫殿的建筑师和监工，而在他位于南意大利的最重要和最美观的建筑中，熙笃会的建筑工人发挥了突出的作用。我们有文献能够证明熙笃会作为皇帝的建设者所从事的活动。从熙笃会全体大会的一份章程中可以看出，后来有大量的平信徒修士和僧侣奉命为皇帝服务。教宗甚至抱怨说，弗里德里希二世在他的建筑项目中运用

---

① 指的是他临终前换上熙笃会的僧衣，以熙笃会修士的身份死去。

② 卡皮塔纳塔（Capitanata）即今天意大利南部普利亚大区的福贾（Foggia）省。Capitanata 一词源自拜占庭帝国的军事和行政职务——督军（Katepano），因为此地在 965~1071 年属于拜占庭帝国的意大利督军区。

了太多的熙笃会成员。阿普利亚诸多城堡和宫殿本身就是更加显著的证据。就目前可以辨识的情况而言，它们都有一个共同点，那就是熙笃会的新哥特式风格，弗里德里希二世越来越多地用它取代了本土的诺曼-拜占庭式建筑。皇帝推崇的建筑风格当然不是后期哥特建筑的"破碎形式"，而是强调利用柱状结构和扶壁来象征力量和努力的原则。这正是整个过渡时期的魅力所在。晚期罗马的形式被年轻的哥特式力量所触及和渗透，因此，在充满冲突与繁盛的几十年中，果实和花朵并肩共存。弗里德里希二世注定要在这样一个"圆满的时代"（Zeitenfülle）统治。

人们把施陶芬时代德意志的整个文化称为"骑士文化"，而熙笃会修道院的粗糙的早期哥特式建筑也是具有骑士风度的。这些僧侣身上有一些骑士的影子。事实上，在军事修会的时代，僧侣和骑士之间的对立几乎被抹去了。史诗诗人以一种时代错置的方式将僧人伊尔桑①（他在贝尔恩的迪特里希的随从队伍中，以毁灭性的方式冲进了沃尔姆斯的玫瑰园）写成了熙笃会修士。熙笃会和军事修会之间的联系实际上可以追溯到很早的时候。人们甚至说，西方的第一个骑士团是由西班牙的熙笃会修士建立的，当卡拉特拉瓦（Calatrava）受到摩尔人②的威胁时，他们勇敢地拿起了武器。熙笃会和军事修会之间的关系也很容易理解，因为军事修会和熙笃会僧侣一样，都

---

① 伊尔桑（Ilsan）是德意志中世纪史诗《沃尔姆斯的玫瑰园》里的人物，是一个好斗的僧侣。他是英雄希尔德布兰德的兄弟。

② 在中世纪，北非、伊比利亚半岛、西西里岛和马耳他岛等地的穆斯林被欧洲基督徒称为"摩尔人"。摩尔人并非单一民族，而是包括阿拉伯人、柏柏尔人和皈依伊斯兰教的欧洲人等。"摩尔人"也被用来泛指穆斯林。这里就是这个意思。

喜欢把自己的起源追溯到圣伯纳德。即便伯纳德可能并没有像传说中那样，亲自向骑士于格·德·帕英（Hugo von Payns）和圣奥梅尔的戈弗雷（Gottfried von Saint-Omer）口述圣殿骑士团最早的章程，但圣殿骑士团的最初精神与热情奉献和严格自制的精神密切相关，正是这两种精神激励着圣伯纳德和他的僧侣。在第二次十字军东征期间，正是伯纳德以极大的热情和雄辩的口才为圣殿骑士团招兵买马。他还写了一篇文章，题为"新骑士颂"：这些战士比羔羊更温柔，比狮子更凶猛，将僧侣的温和与骑士的英勇水乳交融，以至于人们很难决定该称他们为僧侣还是骑士。他们用武器而不是宝石，用盾牌而不是金冠，用马鞍和辔头而不是烛台来装饰所罗门的圣殿；他们渴望胜利，而不是名声；渴望战斗，而不是浮华；他们憎恶无用的言语、不必要的行动、无度的笑声、闲谈和唠叨，因为他们鄙视一切虚妄的东西；尽管他们是许多人，却按照一种规则生活在一座屋子里，同心同德。

在引导圣殿骑士团接受精神生活时，就像他引导熙笃会接受"积极的生活"一样，圣伯纳德心中实际上有着相同或非常相似的理想团体的图景。但他建议僧侣应满怀尊崇地侍奉圣母，甘愿为了她而自我牺牲，圣殿骑士团则应当致力于服务基督本身，骑士们为他共同承担了斗争和痛苦；救世主本人是他们国度的精神领袖。人们常常因为圣伯纳德创造的奇迹而赞美他，其中最重要的便是建立了第一个军事修会。那是一场多么大的变革啊！躁动不安、摇摆不定、始终不安分的世俗骑士，从一次冒险冲向另一次冒险，或为了侍奉他爱上的女主人而牺牲自己，总体来说仅仅过着自己的个人生活，与国家的牢固结构完全对立。这样的世俗骑士在圣伯纳德的诱导下，将自己置于骑士团的严格约束之下，为自己的战斗赋予社会价值，而不是个人价值；不是从情人，而是从上帝本身那里为他最崇高的行为寻求激励；骑士团就是在上帝的律法之下、为袘而战斗的。在基督诞生之后的时代，第一次有大批武士和从事"积极的生活"的人，而不是悠闲冥思的僧侣，为了一个理念、一种思想和一个精神上的主宰而团结在一起，并相互融合。统一性（Uniformitas）是条顿骑士团（当然是在别的影响之下）反复强调的原则，它远远超出了单纯的服饰问题（带十字架的斗篷）。军事修会的骑士们像僧侣一样服务于一个共同的主人，发展出了那种骑士的、阳刚的、严格的类似于国家的结构，后来的政治家难免（有意识或无意识地）将其作为模板，为了尘世的目标继续发展它，并将自己置于超自然的主人的位置。这种尘世的骑士团国家之一便是条顿骑士团，它是在圣殿骑士团大约一个世纪之后成立的，它的权力只用于为尘世的国家服务。

12世纪末13世纪初，当德意志圣马利亚骑士团的护理团体在阿卡将自己改组为第三个军事修会时，对军事修会的热情在东方几乎已经绝迹。圣殿骑士团主要是法兰西人，而圣约翰骑士团则主要是英格兰人和意大利人。教宗英诺森三世将圣殿骑士团的规则交给了条顿骑士团，他们要在一切宗教事务和骑士事务上效仿圣殿骑士团，在对穷人和病人的照料方面则要效仿圣约翰骑士团。但条顿骑士团具有严格的民族性，只有出生在德意志的骑士才可以加入。

这个新骑士团的故事比圣殿骑士团的故事要平淡得多。条顿骑士团的起源缺乏圣伯纳德的祝福，所以缺乏火热的激情和紧迫性；它的战斗没有遥远东方的传奇魅力；它的结局也不像早逝的圣殿骑士团那样充满神秘气氛，而早逝总是神话中英雄的命运。条顿骑士团从未享受过圣殿骑士团一般的奢侈财富，受到的诱惑没有那么大，从未陷入同等的腐败，但也从未像圣殿骑士团的英雄（圣杯的秘密守护者，笼罩在荣耀和神秘感之中）那样激发故事或传说。但条顿骑士团的历史更加真实，因为它既不是在神话中诞生，也不是在迷雾里终结，而且它的战斗是在家乡附近熟悉的地方进行的。

弗里德里希二世初到德意志时，条顿骑士团还微不足道。亨利六世皇帝在筹划十字军东征时曾将注意力转向他们，但是，尽管他对骑士团施以许多恩惠，他死后帝国的混乱却阻碍了这个纯粹的德意志骑士团的发展。教会和资格更老的竞争对手看待条顿骑士团的眼光并不友好，它的真正繁荣始于弗里德里希二世时期。在他发出了参加十字军东征的誓言之后，出现了一个运用条顿骑士团的明确机会，于是弗里德里希二世立即与他们取得了联系。在这一年和随后的几年里，弗里德里希二世给条顿骑士团的许多馈赠证明了他的决心，即通过他权力范围内的一切手段来加强条顿骑士团。他甚至授予其成员一些特权，这些特权侵犯了帝国的权利，或者剥夺了他自己相当多的王室收入。他对待条顿骑士团甚至比对诸侯更加慷慨大方。他起初主要考虑的是将条顿骑士团用于十字军东征，但除了当时的需要之外，弗里德里希二世还试图将这些最优秀的德意志骑士运用于其他任务。他从他们中创建了一个小小的精英团体，它不受笨拙的封建关系的束缚，不受世俗或教会诸侯的外在影响，独立、可靠、无条件地忠于他本人；这个团体虽小，却直属于皇帝，是皇帝手中的剑和武器，在宗教领域只服从教宗。为了提升条顿骑士团在教会事务中的权限，弗里德里希二世亲自向教宗说情，并取得了成功，于是教宗文书官衙的公证人夜以继日地忙于为在此之前被教廷忽视的条顿骑士团起草各种文书。

在其他方面，弗里德里希二世也始终对条顿骑士团表现出极大的偏爱。他鼓励并帮助像霍恩洛厄（Hohenlohe）三兄弟这样的年轻贵族加入骑士团，就像后来他竭力劝阻年轻贵族加入托钵修会一样。特别是在早期，当他需要可靠和值得信赖的部下的时候，他就求助于条顿骑士团：无论是请骑士团成员监督他的造船工程，还是运送重要的邮件。在圣地，除了条顿骑士团，他几乎不能信任任何人。后来，他不仅将阿尔萨斯的管理权委托给条顿骑士坦南罗德的贝托尔德（Berthold von Tannenrode），甚至在很大程度上将德意志摄政者置于条顿骑士团的影响之下，因此，一位编年史家不无理由地感叹，整个帝国是按照条顿骑士团的建议来统治的。这固然是夸大其词，但值得注意的是，弗里德里希二世为使条顿骑士团与自己联系在一起而付出了多少心血。他赋予他们的首批特权之一是，在任的大团长在宫廷逗留期间，算作王室内廷（familia）的一部分，他的扈从也可享受宫廷的款待；此外，应有两名骑士团成员长期在御前侍奉。卡斯蒂利亚国王阿方索八世对卡拉特拉瓦骑士团也有类似的恩惠。但这只能说明，这些骑士团在成为国家机构的同时，在一定程度上也倾向于成为"宫廷的"机构。众所周知，中世纪晚期，即 14 世纪和 15 世纪的骑士团是纯粹的宫廷机构，并保留了一种在其他地方已经消亡的贵族生活方式。

弗里德里希二世喜欢把条顿骑士团的建立归功于早先的施陶芬家族成员，甚至归功于巴巴罗萨本人，以便为这个机构赋予悠久的历史和威望。他还喜欢把条顿骑士团说成自己的创造物。事实上，条顿骑士团确实是他本人和伟大的大团长赫尔曼·冯·萨尔察（Hermann von Salza）的心血结晶。二十多年来，在弗里德里希二世的行宫总是能见到赫尔曼，他是皇帝最信任的谋臣和最重视的亲信，这不仅是因为他担任骑士团大团长的职务，而且因为他的个人品质使他在不计其数的事务中对皇帝来说不可或缺。赫尔曼可能是图林根人，他的整个性格中也有图林根人的色彩。他生性庄重严肃，稳健，深思熟虑，行事可靠、正直，充满阳刚之气，他治理下的条顿骑士团也具有这些品质。他的忠诚妇孺皆知；对他来说，这不是一种消极的美德，而是一种积极的推动力（自古以来，只能在德意志人身上找到这种美德）。在这位伟大的大团长的命运中，有一些几乎是悲剧性的东西。这是因为赫尔曼·冯·萨尔察有两个主人；他曾向教宗和皇帝宣誓效忠，而这两位之间的每一次冲突都使他面临难以忍受的压力。因此，我们看到他一心想要对两者都保持忠诚；在那些争吵不休的岁月里，他一次又一次地从皇帝宫廷疾驰到教廷，又从教廷飞奔到皇帝宫廷，寻求维持或恢复和平。他曾将自己的毕生使命描述为"为教会和帝国的荣誉而奋斗"，而当这两股势力之间的裂痕变得不可弥合时，生活对他来说变得不堪忍受。1239 年的棕枝主日①，弗里德里希二世被永远逐出教会。就在同一天，赫尔曼·冯·萨尔察与世长辞。在弗里德里希二世的廷臣中，这位比皇帝年长不少的

---

① 棕枝主日又称受难主日，基督教节日，圣周的第一天，也就是复活节前的星期日，纪念当年耶稣在众人欢呼簇拥下进入耶路撒冷。该节日的游行队伍通常由教友组成，他们手执棕榈枝，代表耶稣入城时人们撒在他面前的圣枝。其礼拜仪式包括对基督受难和死亡情景的描述。早在公元 4 世纪，耶路撒冷就开始庆祝圣枝主日，而西欧则始于 8 世纪。在有些国家，因为难以获得棕榈枝，也可以用本土其他树的树枝代替。

大团长在任何时候都代表着客观、冷静、务实的智慧，这种智慧不止一次地阻止了这位血气方刚的年轻君主肆意挑衅他的敌人。赫尔曼·冯·萨尔察的丰富经验使他对东方和意大利的事务，以及对教廷和德意志的事务都了然于胸。这种经验，再加上超凡脱俗的外交和政治技巧，使他在皇帝政策的每个领域都具有独特的价值。弗里德里希二世在1216年的纽伦堡朝会上第一次见到了大团长。他们的合作对德意志东北部的意义最为重大。

引用一位立窝尼亚①编年史家的话，弗里德里希二世"深深地专注于帝国的各种崇高职责"，因此，说实话，他对德意志东北部的事务并不十分感兴趣。对赫尔曼·冯·萨尔察来说，情况则不同。他的骑士团的政治与德意志东北地区有着密切联系，因此有关从丹麦到立窝尼亚的波罗的海沿岸地区的所有重要事务都要经由他手或由他审核确认。丹麦国王瓦尔德马二世②是个重要人物，他把自己的统治权沿着波罗的海向立窝

---

① 立窝尼亚是一个历史地区，在波罗的海东岸，大致在今天的拉脱维亚和爱沙尼亚。12世纪和13世纪，德意志和丹麦的基督徒（宝剑骑士团，后称立窝尼亚骑士团，最后并入条顿骑士团）征服了这片地区，将其基督教化，并殖民。中世纪的立窝尼亚居民是许多波罗的海和芬兰语系民族，上层统治集团为波罗的海德意志人。后来有些立窝尼亚当地贵族被波兰-立陶宛、瑞典或俄国的贵族集团吸收。

② 瓦尔德马二世（Waldemar II, 1170—1241）号称"胜利者瓦尔德马"或"征服者瓦尔德马"，1202~1241年为丹麦国王。他长期在北德作战，一度占据大片领土，不过后来又失去了这些土地。什未林伯爵海因里希绑架他的目的就是迫使他归还占领的德意志土地。瓦尔德马二世参加了对爱沙尼亚多神教徒的十字军东征，建造了一座要塞，后来塔林城（今天爱沙尼亚的首都）就围绕它发展起来。塔林在爱沙尼亚语中有"丹麦人之城"的意思。瓦尔德马二世在丹麦创建封建制度，提升贵族的权力，削弱自由农民。他还是重要的立法者，主持汇编了《日德兰法典》，它作为丹麦的法律一直用到17世纪。瓦尔德马二世驾崩后，丹麦陷入内乱，所以他在丹麦历史上享有极高声誉，常被认为是一个黄金时代的最后一位君主。

尼亚和爱沙尼亚扩张，一直延伸到道加瓦河（Düna）河口。丹麦的扩张侵害了帝国的利益。最后，瓦尔德马二世被帝国的一个封臣俘虏了①，弗里德里希二世派去谈判的特使便是赫尔曼·冯·萨尔察。他与丹麦国王达成了和约。1226 年，可能是在大团长的提议下，弗里德里希二世将波罗的海最重要的港口吕贝克提升为帝国城市，从而终结了丹麦对易北河地区的所有权利，也终结了站在丹麦背后的罗马教廷对该地区的所有主张。赫尔曼·冯·萨尔察还提醒皇帝注意普鲁士，在那里，迄今为止只有罗马教廷在熙笃会的帮助下建立了殖民地，派遣了传教士。

我们可以在这里预先介绍接下来几年的事件。1225 年与 1226 年之交的冬天，波兰的马佐夫舍公爵康拉德（Konrad von Masowien）发现自己无力对抗普鲁士的多神教徒，于是向条顿骑士团求助，并暂时做出口头承诺（尚未得到书面确认），将其在库尔姆的领土交给骑士团，以换取他们的服务。这一提议来得很及时，因为骑士团刚刚在匈牙利的布尔岑兰（Burzenland）地区开展了一次类似的行动，但没有成功。凭借智慧和远见，以及对整体形势的准确理解，大团长接受波兰人的提议，并与弗里德里希二世皇帝磋商，皇帝立即授予这项事业以重大的特权，从而使这一事业获得了稳固和最终的形

---

① 什未林伯爵海因里希的土地被瓦尔德马二世强占，海因里希绑架了国王，后来又和盟友一起打败了丹麦军队，最终迫使瓦尔德马二世缴纳45000银马克的赎金、放弃他占领的绝大部分德意志土地、发誓不会报复并交出三个儿子做人质。瓦尔德马二世获释后撕毁协议，企图夺回在德意志的土地，又被打败，最终放弃了在德意志的野心。海因里希去世后，他的遗孀仍然控制着三个丹麦王子为人质，索要了 7000 银马克才将其释放。

式。他们考虑得极其周全，在令人难忘的 1226 年《里米尼金玺诏书》中规定了条顿骑士团几乎所有的未来任务和目标，并以极其完备和详尽的形式拟定了未来骑士团国家的形态。（所有这些都是在与波兰人的谈判开始之前、在与波兰公爵达成协议之前、在任何一名条顿骑士踏上库尔姆的土地之前完成的。）这部在条顿骑士团领导下建立普鲁士国家的伟大宪章被恰当地称为"行动纲领"，因为它授予骑士团的领土尚未被征服，所以骑士团在未来几十年里都将知道自己的职责所在。该宪章保障了条顿骑士团的未来远景。宪章的文本是如此全面，以至于骑士团所做的任何事情都是在皇帝的特别保护下进行的，并得到皇帝的背书。这份文件明确规定：所有的馈赠和征服所得，均为骑士团的自由财产，骑士团可以行使全部的领土主权，不对任何人负责；大团长享有帝国诸侯的所有权利，包括所有相关的君主权利；并且骑士团在普鲁士可免征帝国的所有税收和徭役。也就是说，弗里德里希二世允许条顿骑士团建立一个自治国家，其领土的唯一主宰便是骑士团，正如宪章所说，"处于帝国的直接管辖之下"。条顿骑士团不仅根据皇帝先前授予的特权而得到帝国的直接保护，而且还得到了弗里德里希二世所采取的一种引人注目的立场的保障。

自查理曼时代起，对异教徒的战争就是罗马皇帝的任务之一。查理曼指出，必须从两个方面进行战争：首先是反对伊斯兰教，如他的西班牙远征；其次是反对东欧的多神教徒，如他的萨克森战争。十字军东征将人们的注意力集中到针对伊斯兰教的战争上，而另一项任务在巴巴罗萨时代之前还是至关重要的，现在也没有被遗忘。在致力于针对撒拉森人的十字军东征的同时，弗里德里希二世也恢复了其在东欧的使命。帝国被上帝选中来传福音，这是弗里德里希二世经常重申的信念。他在授予条顿骑士团特权的特许状中也纳入了这一信念："为了这个目的，上帝将我们的帝国提升到世间诸王国之上，并将我们的权力范围扩大到世界的各个地区，使我们致力于荣耀祂的名字，并努力在各族人民中传播祂的信仰，因为祂选择了罗马帝国来传扬祂的福音。因此，让我们下定决心征服多神教徒，迫使他们皈依……"这些措辞包含了对教宗的明确挑战。因为教会已经开始在熙笃会修士的帮助下，对普鲁士进行基督教化，而且普鲁士很有可能成为罗马教廷的附庸，就像西西里那样（当初是诺曼人从异教徒手中赢得了西西里）。教宗确实表明了他的意图，将多神教徒的皈依称为"解放"，因为新皈依者"除了基督和罗马教会之外，不需要服从任何人"，因此不需要服从帝国。作为反击，弗里德里希二世现在带着他的帝国使命理论登场了，并明确谈到了"征服"这一目标，表明他打算统治异教徒。他将属于条顿骑士团的土地纳入"帝国"，并以另一项古老的国王权利为依据，支持这一行动路线：异教徒的土地是没有领主的土地，因此不属于征服者，而是属于统治者，即属于皇帝；而皇帝和教宗一样，在那些地方是基督的代言人。因此，弗里德里希二世计划让帝国占有普鲁士。

将条顿骑士团派遣到普鲁士的重要性毋庸赘言。这个军事修会由此获得了一个有形的躯体；它用缺乏空间的普遍性换取了领土的占有，并迅速演变为一个真正的国家。在德意志其他地方的骑士精神正在市民化或野蛮化的日子里，条顿骑士团保留了骑士精神的理想。弗里德里希二世建立普鲁士国家或多或少有些偶然性，但这很符合他的一贯作风。我们在这里第一次注意到（我们以后会一再注意到），如后来的人们所说，他的手具有赋予生命的魔力，他偶然或顺带接触到的东西都会获得长久的生命。而这些东西在很短的时间内变得重要起来，是他自己不可能预料到的，与他所做的微小努力也完全不成比例。条顿骑士团的宪章，即《里米尼金玺诏书》，是皇帝在忙于处理无数更重要的问题时，在百忙之中顺带起草的。所以，哈布斯堡的教父也是普鲁士的教父。

熙笃会和条顿骑士团是弗里德里希二世在德意志时期赢得的两个最重要的盟友，其他任何势力的重要性都无法与它们相比。此时德意志各城市的力量对他来讲仍然微不足道，何况诸侯和主教统治的城市完全不受他的影响。他虽然不时向这些城市（如康布雷和巴塞尔）授予特权，但如果帝国诸侯反对的话，这些特权可能会被撤销。因为诸侯对国王的任何干预都会迅速地表达反感，并联合起来抵抗国王。只有施瓦本的城市和那些直属于帝国的城市由弗里德里希二世管理，在这些地方他竭力改善交通，保障商人在整个罗马帝国的安全，保护道路不受强盗侵扰。这些措施都很受赞赏。弗里德里希二世为这些城市做的虽然不多，但他设法使他属下的城市相信他特别关心它们的利益，并通过礼物和特权的授予加强这种信念。他还把一些村庄提升为城市，为另一些城市建立市场，或者把分散的权利集中到一部特许状中，从而形成正式的城市法。后来，当苦难的日子到来时，正是这些城市团结在施陶芬皇朝和帝国的事业旁，反对诸侯。

弗里德里希二世后来在西西里的国营经济领域进行了令人啧啧称赞的试验，取得了辉煌的成就，但德意志实行的笨拙的自给自足式经济使得这样的试验不适合在德意志进行，而且德意志的封建制度不允许皇帝直接干预经济管理。弗里德里希二世的力量被浪费在处理德意志各种鸡毛蒜皮的内部事务上，这对整个帝国没有任何明显的好处。所以，在亚琛加冕后不久，他就似乎想制订一些计划，将德意志的次要问题委托给其他人，自己只保留对重大事务的决定权。"凡是罗马皇帝和若干诸侯相遇的地方，就是德意志"很快就成了弗里德里希二世公开表达的原则。另外，整个帝国（而不仅仅是阿尔卑斯山以北的国度）都可以通过罗马皇帝成为"德意志的"。

为了组织一个负责德意志内部事务的次级政府，以便让皇帝腾出手来处理更重大的问题，皇帝做了许多调整。他从不急于求成。他所有的大事业都可以追溯到多年来低调的准备工作，而且他从不在世人面前掩饰自己的目的。他所做的一切，都是完全公开的，而且他总是事先宣布他的计划是什么。但他的行动总是包含着一种突然性和惊人之感，要么是因为事先没有人把他的话当真，要么是因为他在人们不再期待的时候执行了他的意图。他对教会的第一次伟大的外交胜利就体现了这一点。

自 1216 年以来，霍诺里乌斯三世（Honorius III，原名琴乔·萨韦利，Cencio Savelli）一直占据着教宗的宝座。不管是谁接替英诺森三世，相比之下都会黯然失色，霍诺里乌斯三世当然也不能与他的前任相提并论。他是个法学家，主要是个行政官员。在登上教宗宝座之前，他一直担任前任教宗的宫廷总管，并编辑了著名的 liber censuum，即罗马教会的税簿。后来，在教会与帝国的斗争中，教会能够作为一个一流的财政大国出场，这在很大程度上要归功于霍诺里乌斯三世。但除此之外，新教宗已经年老体弱，因此倾向于温和与和解，而非好战，但那个时代的教廷必然会提出一些崇高的主张，他也不能免俗。如果世界和平取决于帝国与教廷这两支强大势力之间的平衡，那么霍诺里乌斯三世就是当时还很年轻的弗里德里希二世最合适的对手。在长达十年的时间里，两人保持着相当平衡的关系。在那些日子里，最吸引基督教世界两大领袖（皇帝与教宗）的事情无疑是十字军东征，霍诺里乌斯三世将夺回耶路撒冷视为他教宗任期内最崇高和最私人的志向。

弗里德里希二世以罗马人国王的身份宣誓参加十字军东征，起初在罗马没有得到多少喝彩。英诺森三世一直计划亲自率领各族人民进军圣地，所以他完全无视弗里德里希二世的行动，没有征求他的年轻对手的意见，就把十字军出征的日期定在了 1217 年 7 月 1 日。这个安排完全把弗里德里希二世排除在外，因为奥托四世当时还活着，施陶芬皇帝不可能离开德意志。霍诺里乌斯三世起初也对弗里德里希二世参加十字军东征的誓言视而不见。教宗的一位使节把十字军东征的安排纯粹当作教宗的事务来处理。按照教宗的计划，十字军的第一个攻击目标不是圣地，而是埃及。他希望通过征服埃及来间接地攻克耶路撒冷。结果整个行动组织不力，管理严重失当。达米埃塔（Damietta）在十字军的第一次进攻中就被攻陷了，但一次不明智的向尼罗河流域的进攻使整个十字军陷入了极大的危险。当十字军开始感受到压力时，他们自发地向弗里德里希二世求助，这时罗马教廷突然想到他也是一名十字军战士。教宗霍诺里乌斯三世附和了这一普遍的呼声（即要求罗马皇帝前来救援，并担任十字军东征的领导者），绘声绘色地吹嘘，说现在就是弗里德里希二世履行其誓言的绝好机会，并称呼他为"胜利的国王，异教徒在他面前抱头鼠窜，他在为上帝作战时赢得了自己的永恒的救赎"。但弗里德里希二世并没有等待教宗的传唤。他已经宣布准备在德意志推动十字军的事业，并在即将召开的一次朝会上安排出征的日期。他请求霍诺里乌斯三世将拖延的十字军战士绝罚，这样的话如果发生任何延误，都是罗马教廷而不是皇帝造成的。此外，教宗还被请求在弗里德里希二世远征期间将帝国以及他即将任命的帝国摄政者置于教廷的保护之下。

在英诺森三世时代，弗里德里希二世几乎总是自称"蒙上帝与教宗洪恩的国王"。他在给霍诺里乌斯三世的信中不再使用这一表述，因为它不再符合事实。他在其他方面也对教廷采取了一种全新的态度：虽然彬彬有礼，但其中有一种不容置疑的语调，这一定引起了罗马方面许多人的注意。但教宗现在需要弗里德里希二世。虽然得到了增援，但十字军在达米埃塔城下的处境日益危急，霍诺里乌斯三世唯一的渴望是弗里德里希二世尽快启程去援助十字军。值得一提的是，此时阿西西的方济各也在达米埃塔城下，向埃及苏丹宣扬基督教。在最终踏上十字军东征的征途之前，施陶芬皇帝还要在罗马从教宗的手中接过帝国的皇冠。霍诺里乌斯三世火急火燎地等待着这一时刻。虽然弗里德里希二世对加冕也很急切，但具体局势迫使他一再推迟罗马之行，并随之推迟他的出征：从1219年的圣约翰瞻礼日延期为米迦勒节，然后推迟到1220年3月，然后是5月，最后被无限期推迟。但如果没有教宗的许可，参加东征的誓言是不能完全取消的。

是什么让弗里德里希二世滞留在德意志？除了一些琐事，他在离开德意志之前还有许多事情要安排。首先，当务之急是与教宗就"西西里问题"达成某种谅解；其次，安排他远征期间德意志事务的管理；最后，确保他的儿子亨利当选为罗马人国王。弗里德里希二世不顾教宗的不耐烦，主张他的罗马之行和十字军东征都以妥善解决上述问题为先决条件。

教宗英诺森三世始终极力防止帝国与西西里联合的危险，并根据这一政策要求登基伊始的弗里德里希二世做出保证：按照英诺森三世的意愿，弗里德里希二世的儿子亨利被加冕为西西里国王；在若干文件中，弗里德里希二世承认教会对西西里的宗主权，庄严承诺不将该王国与帝国联合，并承诺在他加冕为皇帝的那一天，将西西里王位让给他的儿子。在亨利国王未成年期间，将由教宗和皇帝共同任命的摄政者治理这个南意大利王国。十字军东征和皇帝加冕的日子越来越近了，因此弗里德里希二世正式放弃西西里统治权的日子也快要到了……但皇帝对他的世袭王国有着非常明确的看法。他没有试图向教宗掩饰，在承认他先前的誓言（即放弃西西里王位）有效的同时，他打算亲自接管西西里的摄政权。教廷对此并不满意。弗里德里希二世必须重申他先前的所有承诺，且他也很乐意这样做，但他并没有放弃统治西西里的打算。西西里世袭王国对他来说意味着他的帝国的开始和结束。他必须通过一条间接的路径来实现他的目标，而谨慎过度的教廷在要求将他的幼子加冕为西西里国王时，就在无意中为他指出了恰当的道路。

弗里德里希二世必须安排的另一个重要事项是在他东征期间对德意志的管理。他为此建立起了一个复杂的体制，但大家很快就完全清楚了弗里德里希二世的想法和决心要达成的目标。在亚琛加冕后，他很自然地立即派人把他的王后康斯坦丝和小儿子亨利接到了德意志，这么做并不引人注目。1217年，他册封这个已经是西西里国王的孩子为施瓦本公爵；1219年，他把勃艮第王国的治理权交给了亨利；从那时起，弗里德里希二世就一直在忙着争取德意志诸侯接受选举亨利为罗马人国王的想法。这么做并非不寻常，而且弗里德里希二世现在即将面临的十字军东征的危险也为他的愿望提供了充分的合理性。正如他之前的许多皇帝做的那样，他希望在自己有生之年确保自己家族的皇位继承权。但严格意义上讲，弗里德里希二世目前还不是皇帝，所以他面临各方面的困难。重要的是，首先要让诸侯同意他的计划，而他眼前的努力就是为了这个目的。

在1219年年底和1220年年初，举行了一系列谈判：第一是关于十字军东征，第二是关于罗马之行，第三是关于西西里问题，第四是关于德意志的摄政，第五是关于年幼的亨利（施陶芬家族最年轻的成员）的选举。这些谈判是一环扣一环的，都必须在尽可能短的时间内结束。因为整体局势越来越接近于危机，教宗敦促弗里德里希二世尽快启程，并开始对他的拖延表示不满。而谈判拖得越久，局势就越是纠缠不清。最后，在解决问题似乎完全无望的时候，弗里德里希二世成功地快刀斩乱麻：通过更多重大的让步和放弃许多皇帝特权，在最后关头赢得了诸侯的同意。1220年春季，在他动身前往罗马之前，在法兰克福举行的告别会议上，西西里国王亨利被选为罗马人国王。

就这样，弗里德里希二世赢得了这场游戏。施陶芬皇朝的大统传承得到了保障，摄政的安排和西西里问题的解决也完全按照他的计划在进行。当然，西西里并没有在法律上并入帝国，教会对西西里的封建宗主权仍然有效，但弗里德里希二世在加冕为皇帝时不得不放弃的两顶王冠的联合突然变成了事实，因为早已加冕为西西里国王的亨利被选举为罗马人国王。两顶王冠再次实现了联合，而没有违反与教宗签订的所有条约，因为这些条约都是以弗里德里希二世的名义签订的，其中没有一个字谈到亨利。弗里德里希二世被条约禁止为自己争取的所有权利和权力，现在都传给了他的儿子。条约唯一的漏洞被弗里德里希二世很好地利用了。因为即使教廷坚持让年仅8岁的亨利亲自掌权，也不能阻止他父亲的"辅佐"，这意味着弗里德里希二世本人是西西里和德意志两个王国的实际统治者。简而言之，从教宗的角度来看，如果他们试图将弗里德里希二世排除在西西里之外，那么单纯坚持这种表象也是完全徒劳的。

罗马教廷虽然起初非常恼火，但马上就认识到了事情的真实情况，并最终不得不接受这样一个事实：弗里德里希二世最近十分乐意确认甚至补充的那些羊皮纸，如今已经成了废纸。弗里德里希二世赢得了他对教廷外交政策的第一次伟大胜利。他成功地将西西里和帝国联合起来，无论是以多么迂回的方式。教宗英诺森三世为了避免这种联合，简直驱动了整个世界，让奥托四世攀上高峰又跌得很惨。如今西西里和帝国的联合恢复了，教宗国又遭到了南北两面的包围。唯一不同的是，亨利六世皇帝从未承认西西里对罗马的封建依附，而弗里德里希二世至少在目前承认这一点，并再次以书面形式确认。现在没有什么能阻挡弗里德里希二世的前进了，几个月后他就离开了德意志，奔赴罗马。

弗里德里希二世最有特色的天赋之一，就是懂得如何用一步妙棋赢得一连串的胜利。他把这种操作提高到了艺术的高度。他在亚琛宣誓参加十字军东征，就是这样的一着妙棋。除了上面提到的优势外，亨利国王的当选正好给了弗里德里希二世一个机会，让他在这位年幼的罗马人国王的宫廷里建立一个附属政府，它可以处理德意志内部的所有日常工作，让皇帝腾出手来去做具有普适意义的大事业。附属政府原本是为十字军东征而临时安排的，后来又变成了永久性的机构。因此，从此以后，德意志由罗马人国王统治，而皇帝本人的大本营则设在世界的中心——意大利。这一切都源于一个精心策划的行动。这一切都是皇帝的一步妙棋的结果。弗里德里希二世在亚琛宣誓参加十字军东征，这在许多方面都产生了深远的影响，但他的宣誓是一种几乎疯狂的热情的结果，它还没有后来的弗里德里希二世宫廷中的那种明亮、坚实、清澈的气氛。在那种气氛中，远比其对手（教会）优越的人们往往带着温和的讽刺，玩着微妙的游戏。西西里国王亨利的当选更有代表性，显示出弗里德里希二世在处理最复杂的情况时信手拈来的轻松。弗里德里希二世在以后的几十年里，在类似的情况下一直保持着这种轻松愉快的态度，尽管偶尔会冷酷无情，偶尔会有严重的暴力，但总的来说，他运用最小的实际力量就获得了成功。挥剑斩断戈耳狄俄斯之结①不是他的惯用手段，他也不认为这是他的使命。恰恰相反，他的高超本领在于让松散的线头自己扭成一个似乎无法解开的缠结，然后在决定性的时刻，用坚定的双手抓住整个线团，把它固定在一个只有亚历山大才能切成两段的结里。而在他的时代，并没有亚历山大。

在这方面，弗里德里希二世对教廷的第一次胜利可以作为

---

① 根据神话，弗里吉亚（小亚细亚一地区）没有国王，神谕说第一个赶着牛车进城的人将成为国王。农民戈耳狄俄斯赶着牛车进城，被推举为国王。为了感谢神祇，他将牛车献给神。他的儿子米达斯用一个非常复杂的结将牛车拴在神庙柱子上。传说能够解开这个结的人将会征服世界。亚历山大大帝到访时，尝试解开这个结，但失败了。他挥剑将其砍断，用这种办法把它"解开"了。

一个样本，尽管此时他还没有达到后来的高度。罗马教廷已经很清楚地看到了他的图谋。他素来毫不掩饰希望为自己保留西西里统治权的事实。教廷知道弗里德里希二世的儿子将被选为德意志国王，并立即明白了这意味着什么。尽管如此，教廷还是陷入了弗里德里希二世娴熟地编织的大网，无法自拔。弗里德里希二世还能自始至终地假装无辜，因为不是他，而是德意志诸侯让亨利当选国王。为了更好地维持这种假象，选举被安排在法兰克福举行，而当时弗里德里希二世恰好不在，因此他能够完全真实地坚持说，选举发生在"他不知道的情况下，实际上是在他不在场的时候"。教廷可能已经预见到了最终的结局，但不得不承认，这次德意志国王的选举与教廷无关。在幕后，霍诺里乌斯三世在教会诸侯的帮助下尽力破坏此次选举，这也是弗里德里希二世的谋略最初遭到阻挠的原因。教宗不能振振有词地抱怨说发生了任何违反先前协议的行为，于是教廷被束缚住了手脚，它只能寄希望于亨利国王的选举不能成功，从而让教廷避开一次严重的威胁。弗里德里希二世的一种独特个性在这里又体现了出来。这位施陶芬皇帝身上有一种魔法般的特质，在后来的岁月里，这种命运攸关的特质将呈现出可怕的尺度：他似乎就是厄运的化身，他不咆哮、不威胁、不暴跳如雷，而是笑容可掬，天真而俏皮，迈着欢快的舞步。后来，他的微笑变成了玩世不恭的、死亡之舞般的恶毒的俏皮。这种带来厄运的特质绝不仅仅表现在弗里德里希二世的行动中，而是表现在他的个性与存在中。还是"阿普利亚少年"的时候，他无须自己做什么，不费吹灰之力就打败了英诺森三世这样的巨人。英诺森三世原本是施陶芬帝国最强大的敌人，但他最后为了摆脱困境，唯一的办法竟然是把自己原本想要消灭的那个最后的，并且是西西里的施陶芬推上罗马的皇位。在这位施陶芬皇帝身上有一种纯属德意志的、日耳曼的气质，而拿破仑明显缺乏这种气质。这是一种危险到不可估量的气质，就像一个没有角、无跛足的梅菲斯特①，他伪装成一个金发的、英俊的、貌似清白无辜的阿普利亚少年，用从诸神那里偷来的武器赢得不流血的胜利。

对于弗里德里希二世的德意志岁月，我们还要补充的一点是，为了战胜教廷和保住世袭领地西西里，他付出了一些代价：他再次轻率地将若干皇室特权封授给了德意志诸侯，以换取他们的支持。尤其是教会诸侯起初站出来反对亨利的选举时，弗里德里希二世给了他们太多的好处：自由处置其遗产的权利、主教领地内的关税权和铸币权，甚至自由处置其领地内采邑的权利。最后，当皇帝甚至将自己的一项特殊主权部分让渡给教会诸侯，即承诺今后帝国禁令将自动跟随教会禁令②时，教会诸侯再也无法抗拒了。为了这样的利益，他们随时可以背弃教宗和他的西西里政策。王权原本就因为太多的例外特权被授予诸侯而遭到破坏，所以弗里德里希二世的实际付出并不很多。这些"有利于教会诸侯的宪法"的严重性在于，原来的例外现在变成了常规。弗里德里希二世经常因为这些让步而受到指责，但对他来说，拥有西西里比拥有各种皇家特权更重要。在这个问题上，他显然是正确的。我们也可以这样批评

---

① 梅菲斯特（Mephisto 或 Mephistopheles）是浮士德传说中的魔鬼。浮士德为了追求永恒知识和个人的野心，向梅菲斯特出卖了自己的灵魂。
② 也就是说，当一个人受到教会处罚（包括绝罚）后，将自动遭受"帝国禁令"（Reichsacht）。所谓帝国禁令，就是剥夺法律地位，遭此种惩罚的人在法律上被认为已经死亡，失去所有权利和财产，任何人可以随意抢劫、伤害或杀死他而不受法律追究。

德意志诸侯：要让他们支持某项事业，不管它多么伟大，唯一的办法就是通过贿赂；而他们为了获得向酿酒业征税的权利，居然随时可以追随或背叛他们的皇帝。弗里德里希二世在这种条件下无法扮演政治家的角色；他需要原材料来建构，需要伟大的敌人来对抗；也许他无法胜任与诸侯就鸡毛蒜皮的事情讨价还价的工作。他把德意志所有的阳刚男子都吸引到自己身边。他把所有关于诸侯的意愿与争吵的事务都交给了他建立的下属政府，在亨利国王未成年期间，这个政府首先被委托给了科隆大主教恩格尔贝特（Engelbert），他将成为德意志的总督（Gubernator）。

福格威德的瓦尔特的一首帝国格言诗以辛辣的讽刺和敏锐的眼光描绘了当时的状况。诸侯在选举亨利时的拖延，耽搁了弗里德里希二世前往罗马和圣地的行程。为了按照弗里德里希二世的意愿影响选举，瓦尔特向始终渴望"摆脱国王"的诸侯提出了一个建议。瓦尔特告诉诸侯，只要选亨利，他们就能把国王"送到千里之外的特拉尼①"。

> 你们，国王的敌人，就让他走自己的路去吧。
>
> 也许这样他就不会在国内让你们烦恼了。
>
> 如果他死在那里——上天保佑——你们就能开怀大笑。
>
> 如果他回到我们——他的朋友们身边，我们就能开怀大笑。
>
> 敌友双方都在等待消息，你们就听我的吧。

---

① 特拉尼（Trani）位于意大利南部的阿普利亚地区。

福格威德的瓦尔特与弗里德里希二世保持着密切的联系，写这首诗是为了协助皇帝的计划。诗人曾长期徒劳地向奥托四世皇帝请求得到"他的采邑"，如今在弗里德里希二世这里如愿以偿。弗里德里希二世就这样把这位骑士爱情诗诗人拉拢到了自己这边。德意志最好的诗人现在属于他了。但总的来说，皇帝是时候离开北方了。同一年，他在西西里展示了他的政治才干，并在第一次成功的基础上又获得了一次更辉煌的成功。

1220 年 8 月，弗里德里希二世带着一支小规模部队从奥格斯堡的莱希菲尔德（Lechfeld）出发，那里是进军意大利的通常集结点。陪同他的是康斯坦丝王后和一些诸侯，主要是那些像他们的国王一样佩戴十字军标志的人。他缓缓向南行进，沿着曾见证众多德意志皇帝进军罗马的布伦纳通道，途经因斯布鲁克、博岑①、特伦托（8 年前他曾作为一个冒险家，在那里转身进入阿尔卑斯山最崎岖难行的部分），一直来到维罗纳。他没有进城，而是在 9 月与他的宫廷人员一起在加尔达湖（Gardasee）湖畔扎营。他在意大利土地上写的第一封信是给教宗霍诺里乌斯三世的。在信中，弗里德里希感谢了教宗的所有善意，并告诉教宗，为了自己的灵魂，他已经履行了教会规定的忏悔，并摆脱了他作为一个拖延的十字军战士可能会收到的禁令。紧接着，他赶紧补充说，他这么做并不是因为他觉得自己有错，而只是为了证明他对教宗和教会的崇敬。弗里德里希二世随后进入伦巴第地区，继续前进。

---

① 博岑（Bozen）即今天意大利的博尔扎诺（Bolzano），是意大利北部上阿迪杰省（南蒂罗尔）的省会，靠近奥地利边境，在威尼斯西北偏北。

他派首相兼梅斯大主教康拉德①作为国王的使节先行一步，去看看帝国意大利是否一切安好，因为这个国度总是很容易发生骚乱。伦巴第的各城市，甚至施陶芬家族的宿敌米兰都承认了弗里德里希二世的君主地位。全国上下都兴奋不已，人们只是暂时安静地等待着，看看弗里德里希二世会选择加入北意大利的哪一个派系。近些年来，在北意大利贵族宫廷游走的游吟诗人已经用他们的歌声传唱了这位国王的非凡活力、勇气和精明。当人们看到他们未来的皇帝时，似乎有点失望，因为尽管他已经快 26 岁了，但仍然让他们觉得太过稚嫩。弗里德里希二世非常谨慎地避免在对立的城市中站队，甚至将这种保留态度发挥到极致，在前往罗马的整个旅途中，他从未进入过任何一座城市，而是一直在城外扎营。唯一的例外是以罗马法闻名的博洛尼亚，他的随行队伍中很快就增加了闻名遐迩的贝内文托的罗弗雷多（Roffred von Benevent），他以前是博洛尼亚大学的法学教授，现在生活在阿雷佐（Arezzo）。

有人说，虽然弗里德里希二世按照皇帝进入意大利的惯例，确认了意大利所有城市的权利，但他只确认了这些城市相对于帝国享有的自由和特权，而没有提到西西里。教宗还没有对西西里的王位做出裁决，这成了弗里德里希二世采取谨慎保留态度的一个受欢迎的合适借口。但事实是，他非常不想放弃与他的世袭王国有关的任何特权。热那亚人对此感到最为失

---

① 康拉德·冯·沙芬贝格（Konrad von Scharfenberg，约 1165—1224）是施派尔主教、梅斯主教和神圣罗马帝国的首相。他曾支持施瓦本的菲利普，担任菲利普的首相，在菲利普被谋杀后保管帝国宝器，后支持奥托四世，然后改投弗里德里希二世阵营。注意原文有误，康拉德的头衔是主教，不是大主教。

望，因为他们的特使曾满怀期望地赶往位于摩德纳（Modena）的国王营地。热那亚，这座在弗里德里希二世当初前往德意志时曾如此热情地支持他的事业，并自诩为他的"帝国之门"①的城市，一直希望在西西里获得优惠待遇。但弗里德里希二世只确认了热那亚相对于帝国的权利，并宣布，在他到达西西里王国之前，不会确认任何与西西里相关的东西。他的计划很快就大白于天下了。

　　弗里德里希二世在 10 月初宣布他即将去拜会教宗，并首次派出了条顿骑士团大团长赫尔曼·冯·萨尔察作为大使。国王沿着弗拉米尼乌斯大道②翻越亚平宁山脉，闲庭信步地跟在萨尔察的后面。一个月后，接近罗马时，他接见了教宗的使团。在弗里德里希二世加冕为皇帝的前夕，教宗急于得到最后的保证：帝国对西西里没有任何要求，西西里完全是皇太后康斯坦丝的世袭领地，弗里德里希二世不得在西西里任命任何外籍官员，在西西里必须使用单独的国王御玺。所有这些都很符合弗里德里希二世的心愿。只要西西里是他的，他对自己以何种形式拥有西西里的确切法律措辞完全无所谓。更重要的一点是，教廷通过这项协议表明自己正式接受了帝国与西西里在亨利国王身上的联合。对于十字军东征的其他一些问题，双方也达成了协议。最后，加冕的日期被确定为 11 月 22 日，即基督降临节前的最后一个星期日。

---

①　热那亚（Genova）一词可能源自拉丁文 ianua，即"门"或"通道"。另外 Ianua 与罗马神话中的双面神雅努斯（Janus）有联系。

②　弗拉米尼乌斯大道（Via Flaminia）是古罗马的一条大道，从罗马翻越亚平宁山脉到亚得里亚海之滨的里米尼，得名自建设这条大道的政治家盖乌斯·弗拉米尼乌斯。在中世纪，它也被称为"拉文纳大道"，因为它通往当时的重要城市拉文纳。

　　弗里德里希二世早期的成功已经远去，但他不断让世人回忆起这些日子：在他童年的重重危险中，天意保护了他，以便通过他来支配这个七零八落的帝国中的激流。他很早就认定，他的个人命运处在一种更高权力的直接统辖之下。这个观点后来变得非常重要。早先的皇帝们曾试图从理论和法律学说中推导出他们的皇权直接来自上帝（而无须教会的中保），而从格列高利七世开始的教宗一直对此提出异议。弗里德里希二世很少为寻求法律证据而烦恼。他只需简单地指出他个人的命运，就足以使他在世人眼中成为天选之子。这种论点的效果要好得多。诚然，这并不能证明皇权本身是直接来自上帝的，但能更有力地说明现任皇帝（即他自己）的权力是直接来自上帝的。这也更为切题。因为这样一来，对皇帝职位的每一次颂扬都变成了对他本人的颂扬，帝国的总体使命变成了具体的这位皇帝的个人使命。或者，我们可以借用弗里德里希二世自己的更清晰的说法："我们不可征服的意志融合在了皇帝的尊严中。"作为个人的皇帝和作为职务的皇帝，以这种方式开始融为一体。

　　弗里德里希二世在历史悠久的庄严仪式中接受了帝位，这是他的人生大戏第一幕的结束，是这些年里第一批成功的高潮。在加冕的日子里，弗里德里希二世与康斯坦丝王后一起，沿着古老的加冕之路——恺撒们的凯旋大道①，从马里奥山（Monte Mario）下到罗马。在城外的一座小桥上，未来的皇帝

---

　　① 凯旋大道（Via Triumphalis）是古罗马的一条道路，连接罗马与维爱（Veii），可能得名自古罗马将军马尔库斯·福利乌斯·卡米卢斯于公元前396年攻克维爱一事。后来罗马得胜将军的凯旋式都要走这条路的一部分，从战神广场到卡比托利欧山。今天这条路大约有11千米。

必须确认罗马人民的合法权利。随后，他在戴克里先浴场附近的科利纳门（Porta Collina）① 接受了该城神职人员的致敬。他们带着香炉和十字架进行庄严的游行，护送他到圣彼得大教堂。宫廷侍从在队伍前方行进，散发大笔施舍；城市行政官（praefectus urbi）② 手持宝剑。在圣彼得大教堂门前的广场上，队伍做出调整：现在，罗马元老们走在国王的右手边，以便在教堂的台阶前牵走他的马。与此同时，教宗也同样在庄严队伍的护卫下从圣彼得大教堂的圣器室里出来，在最顶层的阶梯上肃穆地等待国王到来。教宗的右侧是主教级枢机和司铎级枢机，左侧是执事级枢机③，其余的神职人员在较低的一级台阶上。国王和他的随行人员走近教宗。弗里德里希二世怀着崇敬的心情亲吻了教宗的脚，并向这位基督的代言人献上黄金贡品。教宗霍诺里乌斯三世亲切地亲吻并拥抱他；国王再次起身，教宗在国王的右手边，向塔中圣马利亚礼拜堂④走去。弗里德里希二世将在这里宣誓：无论身处顺境还是逆境，都将时刻担当教

---

① 科利纳门（Porta Collina）是古罗马的地标之一，由半神话的罗马国王塞尔维乌斯·图利乌斯修建。

② 城市行政官（Praefectus urbi）是从王政时代、共和国时代到帝国时代的罗马城的行政长官的头衔。

③ 天主教会的枢机分成三个等级，从高到低依次为：主教级枢机（Cardinales Episcopi）、司铎级枢机（Cardinales Presbyteri）和执事级枢机（Cardinales Diaconi）。枢机绝大多数都有主教或大主教的身份，但主教级枢机是一个特殊的称谓，原来仅特指罗马七个城郊教区的主教（其中奥斯提亚教区在20世纪60年代与罗马教区合并），后指被任命为这些教区的领衔主教的枢机，其中包含枢机团团长。主教级枢机一般不超过10人。司铎级枢机本身大多担任世界各大城市教区的大主教或主教。他们都会在名义上被任命为上述的罗马某个堂区的司铎。执事级枢机是枢机中最低的位阶，名义上被任命上述的罗马某个执事区的执事。

④ 塔中圣马利亚礼拜堂（Santa Maria in Turri）是罗马城的一座古老的教堂，在文艺复兴时代被拆除。这座教堂对于神圣罗马皇帝的加冕礼有特殊意义。

宗和教会的捍卫者与保护者。当教宗走到祭坛前祈祷然后就座时，国王留在后面，被接纳进入圣彼得大教堂的教士集团。

在早先，人们的习惯是在皇帝加冕时为他授予圣职，并为他穿上神父的袍子。皇帝就这样成为罗马教会的教士，因为人们的观点认为，在属灵的领域，皇帝"不可能是一个纯粹俗士"。历史的进程在加冕礼的变革中得到了体现：随着教廷的世俗权力不断增强，皇帝的教士属性被大大削弱，尽管还没有被完全消灭。如今，皇帝不再接受主教的戒指，他受膏时圣油（Chrisam）不再被涂抹在他的头上，而只涂在右臂上和肩胛骨之间；不再像过去那样使用圣油，简单的经过祝圣的油就足够了；皇帝不再被祝圣成为主教，而是被接纳加入圣彼得大教堂的教士集团。不过，现在的祈祷和连祷的仪式仍然与主教的祝圣非常相似。身着皇帝华服的弗里德里希二世现在通过银门进入圣彼得大教堂，枢机主教们在那里为他祝福和祈祷。他在圣彼得陵前停下脚步以示敬意；在圣莫里斯（Mauritius）墓前，一位枢机主教为他涂上圣油。这一切完成后，弗里德里希二世才走到圣彼得的祭坛前告解，并接受教宗的和平之吻。然后弗里德里希二世和他的随从一起前往为他指定的位置。教宗重复了祈祷词，并为国王做了特别的代祷。随后弗里德里希二世走到教宗面前，接受帝国宝器。教宗为他戴上了主教冠和皇冠，然后把剑递给他，弗里德里希二世勇武有力地挥剑三次，以表明他现在是"神宠的彼得的战士"（miles Beati Petri），之后他又接过了权杖和十字圣球①。唱诗班现在第一次

---

① 十字圣球（德文 Reichsapfel，拉丁文 Globus cruciger）又称王权宝球、帝国宝玉、帝国宝珠，是一个顶上安有十字架的圆球，自中世纪以来是基督教的权威标志，用于硬币、图像等，与权杖同为君主的标志。十字架代表基督对世界的主宰。

唱起来："弗里德里希，罗马人战无不胜的皇帝，永远尊贵者，胜利与救赎属于他！"康斯坦丝皇后的加冕礼也以相应的方式完成。然后是大弥撒，其间皇帝放下皇冠和大氅，以副执事（Subdiakon）的身份向教宗行礼。然后他和皇后一起从教宗的手中接受圣餐，最后接受教宗的和平之吻。教宗随后宣布祝福，并与皇帝一起离开圣彼得大教堂，在大教堂外上马。弗里德里希二世握住教宗的马镫，牵着马向前走了几步，然后骑上自己的白马。在桥外圣马利亚教堂（Santa Maria in Traspontina），教宗和皇帝再一次亲吻后分别，弗里德里希二世回到了他位于马里奥山的营地。

在加冕礼上，弗里德里希二世再次从枢机主教奥斯提亚的乌戈利诺（Hugo von Ostia），即后来的教宗格列高利九世手中接过十字架，并承诺于 1221 年 8 月前往圣地。此外，弗里德里希二世还在加冕日颁布了一些新的法律：首先是一项反对异端的法令，还有一项法令规定了教会禁令和帝国禁令之间不可分割的联系。博洛尼亚是他南下去罗马途中唯一访问过的意大利城市；他现在命令博洛尼亚大学的"神圣法律"学科的博士和学生将他在加冕礼上颁布的新法律录入罗马法的法典，并将其纳入他们的教学中，视其为永久有效。加冕礼上颁布的新法律确实被录入了法典，紧跟着巴巴罗萨颁布的法律。弗里德里希二世和他的祖父是仅有的两位名字在罗马法中获得不朽的德意志皇帝。加冕礼的庆祝活动期间没有发生骚乱，这是非常罕见的。因为在历史上，帝国军队和罗马市民之间通常会发生严重的摩擦，所以巴巴罗萨不得不秘密加冕，奥托四世的加冕礼期间也发生了激烈的战斗，因为这两位皇帝都拒绝照例对罗马人慷慨解囊。至于弗里德里希二世，吝啬是完全不符合他的性格的。此外，他认为自己是罗马人的选民，被他们送往德意志寻求他的帝国。他的自尊心并不比他的前辈差，但他不屑于对马镫仪式或赠礼的问题提出异议。他把他的战斗力留给了更重大的问题。

加冕后，弗里德里希二世立即将注意力转向了他的西西里王国。他之所以感受到西西里的诱惑，部分原因是它是他的家乡，但更多原因是它为他发挥自己的政治才华提供了素材。在西西里，他可以塑造他想要的东西，而德意志拒绝给他这样的机会。他在德意志的每一步都必须以这种或那种方式来满足诸侯的愿望；他在任何方向稍微动一动手指，就会遇到法权秩序上的障碍，因为德意志的封建制度使得皇帝无法直接地、不受约束地干预任何事情，而必须通过各级领主的媒介。这些封建制度几个世纪以来已经根深蒂固；如果不进行大规模的革命，它们就不可能改变。德意志的政治形态尽管远远谈不上完善，但根基牢固，所以弗里德里希二世只能在非常有限的程度上利用德意志的力量。德意志虽然还没有枯竭，但只能像在他之前为许多皇帝服务一样，在同等的程度上以同样的方式为他服务。但如果仅仅依靠德意志来支持世界性的宏大事业，风险就太大了。

西西里的情况更为有利。诺曼王朝的国王只占据了西西里两三代的时间。弗里德里希二世的外祖父罗杰二世国王确实以巨大的力度和天才的政治智慧进行了耕耘，但他所建立的一切都在近30年不间断的战争和动乱中被打得支离破碎。在弗里德里希二世的童年，西西里一直处于无政府状态，混乱不堪。弗里德里希二世离开西西里许久之后再度归来，发现西西里仍

然是他当初离开时的那副模样：可悲的毁坏与荒废。西西里乱
成了一锅粥，但混乱中孕育着各种可能性。一切都处于运动
中，几十年来，世界的各种力量都在那里折腾和翻滚，且现在
仍然处于激烈的运动当中。真正的政治家只有在灵活多变的环
境中才能达到他的最高境界（正所谓时势造英雄），而当下的
混乱为皇帝提供了最有利的条件，他不用担心遇到有组织的反
对。还有一点：对于希望很好地扮演罗马皇帝的弗里德里希二
世来说，西西里的地理位置为他提供了所需的权力基础。三代
伟大的施陶芬皇帝都坚持不懈地转向西西里，正是因为他们清
楚地知道西西里能为他们提供什么，而这些德意志做不到。在
十字军时代，西西里实际上是"世界上所有王国的港口和肚
脐"，就像地理大发现时代的西班牙一样。正如查理五世计划
把荷兰作为他的北方基地并使德意志成为一个大西洋国家，施
陶芬皇帝现在要建立一个包括施瓦本和南德在内的地中海国
家。弗里德里希二世对西西里的私人感情是不可否认的，在当
时的条件下，这纯粹是一种优势。但他热爱西西里也是因为他
需要它。对他来说很典型的是，这种感情主要不是针对繁茂的
亚热带的巴勒莫（他在人生的最后几十年根本就没有去过那
里），而是指向阿普利亚、坎帕尼亚和卡皮塔纳塔，这些省份
与教宗国接壤，是西西里王国当中最接近罗马（世界之首，
caput mundi）的地区。

　　北方和南方的条件截然不同，弗里德里希二世处置北方和
南方的手段也大不相同。在德意志，弗里德里希二世为了将德
意志融合到罗马帝国中，释放了他能够释放的全部世界性力
量。而西西里拥有足够多的世界性力量，也永远不会有停滞和
变得迟钝的危险。西西里更有可能因过度活跃而支离破碎，所

以弗里德里希二世必须驯服和束缚那些他在德意志试图释放的力量，免得它们自行发散掉。因此，这两个王国最终将被拉到一起，每个王国都将以自己的方式被"罗马化"。弗里德里希二世敏感的国家教育（Staatspädagogik）是如此成功，以至于在他的时代，在解放了的、眼界变开阔了的德意志诞生了一种造型艺术；而在受到钢铁般严格约束和控制的西西里，自它的僭主时代以来人们第一次听到了歌声。在德意志和西西里这两方面，这些艺术创作时期都是无比大胆的、几乎是莽撞的实验的产物，除了这位大师（弗里德里希二世）没有人敢于尝试，而且即便是他，也只能在有限的时期内尝试。

西西里人一直在焦虑地期待着皇帝的到来。他们的焦虑是有道理的，因为几乎所有的西西里人都曾在某个时候背叛过这位年轻国王。很多西西里贵族已经去参加了罗马的加冕礼，向弗里德里希二世宣誓效忠，并尽可能地让国王淡忘过去的仇怨。弗里德里希二世事先对每一步都做了仔细周密的计划，甚至在他在德意志的时期就已经开始了重返西西里的准备工作。西西里贵族很可能从蛛丝马迹中看出了风向的变化。先前的僭越者之一，马嫩特的拉涅罗伯爵（Rainer von Manente），据说曾有一次企图杀害弗里德里希二世，后来他在没有得到安全保障的情况下贸然前往德意志，拜见了国王。弗里德里希二世立即将他羁押起来。诚然，在教宗的要求下，国王最终释放了这个俘虏，但伯爵被要求归还他侵占的全部王室财产（他的亲戚在土匪的帮助下试图保留这些财产）。弗里德里希二世在穿过北意大利进军时没有授予任何与西西里有关的特权，这一事实也表明他早有明确的计划。他的第一个目标是，将所有被临时掌权者霸占和挥霍的西西里王室财产重新收回。他的第二个目标是铲除分布在他的王国中的所有割据权力的小巢穴，从而重建中央政府。弗里德里希二世带着他全部的火热干劲（教宗霍诺里乌斯三世提到了这一点，但更多的是指责而不是赞扬），开始了他的第一项重大使命。

我们已经看到了弗里德里希二世通过单单一个巧妙的举动来解决许多棘手问题的超强能力。但这是在与罗马教廷的外交斗争中发生的，可能只是表明他颇有决疑论①的技巧。现在弗里德里希二世的上述能力要接受现实政治的考验了。他颁布的一部简单的法律，而且它几乎简单得可笑（这恰恰是对弗里德里希个人最有用的方式），却使西西里所有的混乱、动荡与纷争都瞬间平息下来。最后一位合法的诺曼国王威廉二世于1189年驾崩，在随后的30年里，西西里一直处于混乱中。王室特权和权力、王室土地和采邑被肆意封授、赠予和挥霍，有些是亨利六世所为（但他打算最终将其收回），有些是弗里德里希二世年幼时的许多任期短暂的摄政者所为，直到王室完全陷入贫困，失去了所有权力。现在必须涤荡这30年来的弊端。诺曼国王拥有的强势地位在很大程度上是建立在广袤的王室领地（Demanium）之上的。现在必须将王室领地收复到统治者手中。弗里德里希二世通过一部他准备已久的法律《有关必须被收回的特权》（de resignandis privilegiis，以下简称《特权法》），宣布过去30年的所有封授、馈赠、特权、所有权确认书都是无效的；每个人都必须在接下来的几个月内呈送自己

---

① 决疑论（德语：Kasuistik）是一种推理过程，旨在通过从特定案例中提取或扩展理论规则，然后将这些规则重新应用于新实例来解决道德问题。这种方法适用于应用伦理学和法学。该术语通常含有贬义，以批评尤其是在道德问题上使用巧妙但不合理的推理（如诡辩）。

的文件（除了那些与纯粹的私有财产有关的文件）给皇帝的文书官衙。在那里，文件将得到审核，如果合适的话，将得到更新。因此，每一个王室土地、王室采邑、王室权利、关税征收权和特权的拥有者，都突然沦为乞丐，他能够保留还是丧失其财产完全由皇帝裁决。我们不清楚这些财产的分配情况，因为相关的重要档案已被销毁。但我们知道，贵族、教堂、修道院和城市，甚至无数普通市民（也许是作为小税种的包税人，或某些特权的受益者），都受到这一法令的影响。是否取消某些特权，在很大程度上的决定因素是，皇帝是否需要所涉及的城堡、土地、税收或特权来建设他的国家。如果皇帝需要，其证书被提交给朝廷审核的财产就会被简单地没收；否则，持有人将会得到一份新颁发的证书，它有一个附加条款，即皇帝保留在任何时候收回新证书的权利。在如此操作的过程中，皇帝的文书官衙还获得了另一个好处，即对所有封授及其分配情况有了准确的了解。掌握了这种信息，王室就可以在任何时候掌握它想要的东西。此外，皇帝可以根据自己的意愿，至少撤销不讨他喜欢的人或势力的特权。此外，王室——也就是国王和政府，因为当时没有人会想到将两者分开记账——获得了对其极其广泛的财产的占有。最后，皇帝针对各种小型割据势力的措施有了法律依据。这是弗里德里希二世的一个经典手段。他不是作为一个征服者，而是作为一个法律执行者登上舞台的。他很快就指出了这一点，并警告所有人不要寄希望于非法的逃避措施；逃避是徒劳的，因为他的宗旨是让正义女神回归她的宝座，让她的光芒在他的统治下再次闪耀。在弗里德里希二世看来，"正义"（Justitia）并不是某种僵硬的章程，而是活生生的国家权利，它是由不断变化的国家需求所决定的。与某些特定的中世纪观点相反，在弗里德里希二世眼中，正义因此成为一种活生生的东西，它是活动的、进步的。我们将在下文更充分地阐述这一点。从这种灵活多变的"正义"中演化出了弗里德里希二世的为国家（而不是君主）服务的、法律层面的"马基雅维利主义"，它粗暴地出现在《特权法》的第一次应用中，而《特权法》的多种运作方式是西西里整个新秩序的基础。

相当数量的西西里贵族参加了在罗马举行的加冕礼。其中最有权势的是莫利塞伯爵切拉诺的托马索（Thomas von Celano, Graf von Molise），他一个人就能在战场上投入大约1400 名骑士和骑士侍从。他派儿子去见弗里德里希二世，向他宣誓效忠并争取他的恩宠。像其他大多数权贵一样，莫利塞伯爵也曾扮演叛徒的角色，他的父亲是奥托四世皇帝的主要支持者之一。虽然教宗和卡普阿的枢机主教托马索竭力为莫利塞伯爵说情，但弗里德里希二世拒绝接受他的主动臣服。我们没有理由认为弗里德里希二世对这位伯爵怀有特殊的恶意。皇帝决心制服西西里王国在意大利大陆部分的全体权贵，而且他完全遵守了一条极简单的原则（马基雅维利后来将其作为一种教义来宣扬），即大胆地对最强大的贵族宣战，并煽动较小的贵族来攻击他。当皇帝在小贵族的帮助下打垮了大贵族之后，摆脱小贵族就易如反掌了。弗里德里希二世在罗马接受了西西里小贵族们的宣誓效忠。至少他立即利用阿奎拉伯爵鲁杰罗（Roger von Aquila）、圣塞韦里诺伯爵雅各布（Jacob von San Severino）、阿耶洛伯爵里卡尔多（Richard von Ajello）、切拉诺伯爵里卡尔多（Richard von Celano）和其他许多人前来效忠的机会，根据他即将颁布的《特权法》，以及他在加冕后立即发布的其他法令，要求他们交出他们占有的某些城堡。这是因为控制西西里王国中的设防据点是至关重要的。

贵族们见证了加冕礼和皇帝与教宗之间的和睦关系，这对皇帝十分有利。贵族们被自己看到的一切所震撼，没有提出抗议就服从了皇帝。并且，皇帝是对事不对人的。卡西诺山（Monte Cassino）修道院长也来参加罗马的加冕礼，他一直都很忠诚和顺从；但根据《特权法》，他不仅要交出某些收入（Gefälle），还不得不违心地交出两座重要的边境城堡，即罗卡德万德罗（Rocca d'Evandro）和阿蒂纳（Atina）。这两座城堡，再加上另外三座，即塞萨（Suessa）、泰亚诺（Teano）和蒙德拉戈内（Mondragone，阿奎拉伯爵鲁杰罗被迫交出这些城堡），能够保障弗里德里希二世进入西西里王国的道路，并控制通往卡普阿的道路。1220 年 12 月，弗里德里希二世在卡西诺山越过边界，踏上西西里王国的土地。这第一批城堡之所以被皇帝选择没收，完全是因为它们的战略意义。它们与古罗马人为对付萨莫奈人①而设置的阵地的位置相同。他接下来没收索拉和卡亚佐（Cajazzo）也是出于战略考虑。因为皇帝从北方南下时的第一个目的地是卡普阿，这两座城堡有利于他掌控这条路线。

因此，在皇帝进入他的王国之前，他的脚下就已经有了坚实的基础。另外，有几个完全值得信赖的贵族家族，他可以依靠他们的力量：奇卡拉（Cicala）家族、埃博利（Eboli）家族，尤其是阿奎诺（Aquino）的领主。弗里德里希二世一进

---

① 萨莫奈人（Samniten）是古意大利中部和南部的一个民族，在连续多次战争中与罗马对抗，公元前 82 年大败之后逐渐被罗马人同化。萨莫奈人拥有在当时很先进的农业和畜牧业，也出口陶器、青铜等商品。

入西西里，就任命阿奎诺家族的兰多尔福（Landulf）为拉波利斯之地（Terra Laboris，大致相当于现代的坎帕尼亚）的政法官①；该家族的另一位成员，阿奎诺的老托马索则被皇帝任命为同一地区和阿普利亚的大政法官，还被册封为阿切拉伯爵。此外，皇帝还能够调遣上述的曾经反叛的贵族的军队，这些人现在已经向他宣誓效忠了。弗里德里希二世完全依靠贵族的力量，去打击敌视他的贵族。他从德意志带到意大利的部队很少，而且其中大部分是十字军，所以他进入西西里时几乎没有军队。但皇帝身边有贝内文托的罗弗雷多陪同，他曾是博洛尼亚大学的法学教授。弗里德里希二世希望用这个国家本身的力量来征服它。1220 年 12 月，他在卡普阿召开了一次大型朝会，颁布了一系列法律。其中最重要的是《特权法》；另一项与之密切相关的法律也是针对贵族的——国王的封臣在过去 30 年中建造的所有城堡和防御工事，现在都要交还王室，或者被拆除。筑垒是帝王的特权，因此自古以来，封臣就被禁止在自己的土地上建造城堡。因此，新法律只是收回了国王的一项古老权利。卡普阿朝会为弗里德里希二世后来的操作奠定了法律基础，他与贵族的斗争、收回王室土地和城堡，仅仅是后续行动的序曲而已。皇帝甚至没有亲自主持这些行动。如果对方和平地投降，那么派几个官员专办此事就足够了；如果有人反抗，皇帝就委托忠诚的贵族来镇压对方。例如，阿奎诺伯爵托马索立即被派去指挥镇压莫利塞伯爵的行动。弗里德里希二世因此得以腾出手来做其他工作，因为许多事情都在同时发生。

---

① 这个兰多尔福是基督教神学家和圣徒托马斯·阿奎那的父亲。

　　我们现在来详细了解皇帝在两年里镇压大陆贵族的行动。在几个月内，皇帝就占领了王国北部的许多要塞。阿耶洛伯爵交出了阿耶洛城堡。罗卡达尔切（Rocca d'Arce）是对抗教宗国的边境要塞，很快就被阿奎拉伯爵鲁杰罗征服了。迪波尔德·冯·施魏因斯波因特的兄弟交出了卡亚佐和阿利费（Alife）的城堡，而迪波尔德本人，即弗里德里希二世为这些城堡而因禁了多年的人质，最终被释放，据说加入了条顿骑士团。索拉伯爵领地及索莱拉（Sorella）城堡也被皇帝收入囊中，它曾被抵押给教宗英诺森三世，并由他移交他的兄弟里卡尔多。在接下来的几年里，又有一系列要塞被征服、摧毁或重新加固，包括那不勒斯、加埃塔、阿韦尔萨、福贾（Foggia）的要塞。阿尔萨斯人有一句话是这么说第一个施陶芬即弗里德里希公爵①的："他的马尾巴上总是拴着一座城堡。"这句话同样适用于弗里德里希二世。1221年春季，针对莫利塞伯爵的军事行动开始了。他盘踞在阿布鲁佐（Abruzzen）山区的两座几乎坚不可摧的要塞——博亚诺（Bojano）和罗卡曼多尔菲（Roccamandolfi）中，遭到帝国将军们的围攻。博亚诺被攻克，罗卡曼多尔菲被迫投降。伯爵本人逃到了第三个据点奥温多利（Ovindoli），在那里负隅顽抗。讨伐莫利塞伯爵的战役持续了将近两年之后，双方签署了一项条约。根据该条约，奥温多利被交给皇帝；伯爵被流放；他在莫利塞的个人财产暂时由他，或者说由他的夫人保管。但没过多久，据说他违反了条约，并且不服从传唤，拒不到帝国法庭上出庭，于是弗里德里希二世

---

①　指的是施瓦本公爵弗里德里希一世（约1050—1105），施陶芬家族第一位获得公爵衔级的成员，他的长子施瓦本公爵弗里德里希二世就是巴巴罗萨的父亲，次子是康拉德三世国王。

没收了莫利塞的全部财产，这无疑是他一直以来的打算。切拉诺是莫利塞伯爵领地内最重要的城市，由于切拉诺人对帝国军队的一个分队进行了背信弃义的攻击，这座城市被夷为平地，居民四散而逃。后来，他们被重新召集起来，并被驱逐到西西里，在那里弗里德里希二世有一个利用他们的计划。多年后，切拉诺人才被允许回到家乡，重建切拉诺，但它被更名为恺撒利亚（Caesarea）。因此，方济各会修士切拉诺的托马索①的家乡在他的有生之年，某种程度上遭遇了"震怒之日"。

莫利塞战役就这样结束了，最强大的大陆诸侯现在被打垮了，但皇帝针对整个封建领主集团的行动还没有完成。他丝毫不打算继续依赖小贵族们的支持，他们也必须被消灭。所以弗里德里希二世抓住了莫利塞战役之后的第一个有利时机去惩办他们。阿奎拉伯爵鲁杰罗、圣塞韦里诺伯爵雅各布和其他一些人被召去与撒拉森人作战。有些人根本没有应召前来，有些人只带着稀少的部队前来。于是皇帝立即下令逮捕他们，没收他们的土地。在教宗的干预下，他释放了这些囚犯，但把他们流放。这些人像莫利塞伯爵一样，去了罗马。这是皇帝对封建领主集团的最后一次打击。在弗里德里希二世的统治期间，除了几个小插曲外，封建贵族的反抗已不复存在。其中的教训便是，如果执行者对自己的目标坚信不疑，那么他运用的最严厉和最肆无忌惮的手段其实恰恰是最温和的。用柏拉图的话说：

---

① 切拉诺的托马索（Thomas von Celano，约 1190—1260）是意大利的方济各会修士和编年史家，参加了方济各会向德意志的扩张，受教宗委托撰写了圣方济各的传记。一般认为，切拉诺的托马索是天主教会的拉丁文赞美诗《震怒之日》（*Dies irae*，亦可称作《末日经》）的作者，不过此说存疑。

"在国家的净化手段中，最严厉，同时也是最好的手段，只能由一个集专制君主和立法者于一身的人来执行……他也不怕杀人和放逐人……因为没有一个立法者不是以这种手段开始他的工作的。"而马基雅维利主张在任何情况下都必须除掉自己最早的盟友，否则他们会成为最危险的对手，因为他们会仗着自己有功而对主公放肆，并且会无止境地索要奖赏。弗里德里希二世完全是按照马基雅维利的这条建议来操作的，尽管他生活在比马基雅维利早得多的时代。马基雅维利的建议会比与弗里德里希二世同时代的加埃塔的托马索（Thomas von Gaeta）的实际建议更能打动皇帝的心。这位西西里的老官僚曾奉命多次访问教廷，在理念上与罗马比较接近。他对新的事态感到震惊，并建议皇帝"应当建造教堂和修道院"（到目前为止弗里德里希二世没有怎么关心过这种事情），"而不是在山头设防，用城堡为山峰加冕；赢得人们的心比控制他们的身体更好，因为臣民的爱是君王唯一坚不可摧的堡垒"。弗里德里希二世没有把这句话放在心上。虽然他开展了规模宏大的建筑工程，但在他的一生中只建造了一座微不足道的小教堂，而且是在极不情愿的情况下。

西西里大贵族的权力就这样被粉碎了。像其他政治家一样，弗里德里希二世现在招募贫穷的小贵族为他服务。在大多数情况下，他都注意不要使小贵族们变得太富裕。他在这些问题上的所有行动的理由都是他原则上对封建制度的强烈反对，因为它使统治者几乎不可能采取直接行动。现在，最强大的封建主已被强行消灭，但卡普阿朝会的立法为整个封建结构的彻底重塑做了准备。贵族的军队将大幅扩充，并直接接受统治者的支配。弗里德里希二世没有"发明"任何新的法律，但他搬出了某些古老的诺曼法律，并赋予它们更广泛的应用和明确的方向。他首先尽可能多地撤销了封建封授，将之前封授出去的土地和权利收归王室，并不再做这样的封授。他还规定，没有皇帝的特别许可，任何封臣都不得结婚；采邑持有者的子女只有在得到皇帝批准后才能继承其父亲的封地。这两条关于婚姻和继承的法律都得到了严格执行。这加速了封地向王室的回归。此外，所有封臣都要像皇帝本人所做的那样，收回自己在混乱年代被窃取的任何权利，以避免采邑被分割。这一措施并不是为了采邑持有者本人的利益，而是为了王室的利益而设计的，因为王室可能会收回之前封授出去的采邑。出于同样的原因，在没有皇帝明确许可的情况下，严禁采邑持有者擅自将自己的部分采邑分封给他人，因为一个采邑会因为有一连串的下级附庸而被大大削弱；如果主采邑被王室收回，王室就需要对下级附庸承担大量责任。此外，封臣向别人分封土地，意味着封臣有独立性，这是与弗里德里希二世皇帝的统治原则背道而驰的。

简而言之，新的封建秩序规定：在采邑及其分配方面，不得改变最后一位诺曼国王驾崩时的状态；没有皇帝的明确许可，封臣不得结婚、不得继承、不得转租封地。原本独立的、活生生的、移动的、流动的封建秩序，在一瞬间就被一纸法令永久固定化了。从此以后，只有皇帝才能对封建关系进行修改；同时，财产关系的固定使得皇帝获得了一个有利的位置，可以审查全部详细情况，并通过该体制最遥远的分支来施加他的直接影响。每一个独立的、灵活的发展都受到了限制，而且每一项活动都必须来自皇帝本人，并以他的帝王意志为源泉，一切都必须服从他的意志。这完全符合弗里德里希二世的整个理念。仅靠土地所有权来间接维系的松散的封建王国的框架，将被国家的牢固结构取代：土地或采邑今后都不会将贵族与皇帝联系在一起（现在土地或采邑都只会强加若干义务给贵族，但并没有给他们带来相应的权利），只有为皇帝服务能够将贵族与皇帝联系起来。从此以后，局面就是这样：拥有封地不会给贵族带来影响力，只有他直接为国王提供的服务能够给他赋予影响力，无论是作为武士，还是作为官僚（弗里德里希二世更看重后者）来服务。这为"宫廷贵族"（就像后来在专制主义时代发展的那样）的诞生铺平了道路。

另一项措施与贵族和骑士的这种"国家化"并行不悖。弗里德里希二世是第一个将大批城堡和要塞置于王室和国家直接管理之下的人，这实际上将属于骑士的城堡变成了属于国家的要塞。这些属于国家的城堡、塔楼和要塞中有 200 多座可以追溯到弗里德里希二世时代。这就需要在政府中建立一个新的"国防"部门，负责管理、建造和维护这些要塞，监督相应工作所需的公职人员，支付驻军的开销，等等。城堡在和平时期自然没有驻军（这是其他地方从来没有过的习俗），或者最多只有一名城堡长官和一两名武士。但在战争时期，邻近的采邑持有者和地方政府有责任在朝廷的命令下派兵守卫城堡，并承担相关费用，通常也负责建造和维护城堡。就这样，国家组织起了一种国防事业，它基于旧的但大大简化了的封建下层建筑。这在当时是一种独特的创新，特别是因为它是一种经过统一规划和组织有序的系统。

在这里，我们应当注意骑士城堡向国家要塞转变的一个非常重要的结果：弗里德里希二世很快开始建造新的帝国城堡，并发展出了一种全新的建筑风格。这些城堡不是通常意义上的住宅城堡，即骑士与妻子和家人一起生活在城堡中；这些城堡是国家要塞，只作为男人的住所。因此，它们可以像古罗马兵营（castrum）一样，按照一个统一的平面设计来建造，只是略有不同。这种城堡的外观极其简单、经济，布局呈规则的矩形：一个石制的正方形或长方形，四个角各有一座塔楼，类似那不勒斯的著名城堡。某些变体，特别是在城堡内部和装饰及艺术配件方面，当然是很容易区分的；许多修改也是为了适应具体的地形地貌；但它们背后是相同的支配原则，其最基本的纯粹形式可以在平原和沿海地区看到。我们有理由认为，弗里德里希二世的西西里城堡就是条顿骑士团在普鲁士的城堡的原型，后者的布局也同样简单，与当时的大多数建筑风格不同。条顿骑士团国的状况在许多方面与施陶芬皇朝在南意大利的国家一致：普鲁士的骑士团城堡也没有家庭生活，只是作为士兵的兵营和国有的军械库。普鲁士的城堡和施陶芬皇朝在南意大利的城堡都完全缺乏"美观宜人"的元素，它们的特点是宏伟的规模和冷峻的直线，以及实用主义的设计和数学上的简单形式。在城堡内部，可能有肋骨状拱顶（Kreuzrippengewölbe）或带有尖拱的拱廊；还有尖顶窗户和哥特式大门；但在外部都是平坦的屋顶和矮粗的塔楼，几乎只有直角，就像巨大的骰子和立方体。

皇帝驾临之前，西西里的人们就感到有些焦虑；几个月后，人们对他感到畏惧。编年史家写道："在王国里，所有的人都在皇帝面前低下了头。"在卡普阿朝会之后，弗里德里希二世在阿普利亚和卡拉布里亚做短暂停留，于 1221 年 5 月渡海前往西西里岛，让他的将军和贵族们继续进行莫利塞战役。他在墨西拿举行了一次新的会议，并在这里也颁布了一些新的法律，但这次不是以简单的法令（Assisen）形式，而是采用了他自己的风格：不仅给出新的法律，还附有一份声明，解释颁布它的原因和它应当满足的需求。卡普阿法令（Assisen von Capua）勾勒出了西西里国家的基本路线方针和主要的组织结构，而在墨西拿颁布的诏书仅仅规范了处于国家框架之外的臣民的事务。弗里德里希二世将这些人与他属下的臣民截然分开：有一些法律涉及赌徒和渎神者、犹太人、妓女和流浪歌手。这些人构成了一种潜在的危险，因此弗里德里希二世对他们的活动做出限制。赌徒惯于咒骂和亵渎，所以他们最不适合担任神职人员，因为神职人员的职责是"在言行举止上维护体面生活的标准"。犹太人必须在他们的衣服上缝上黄色的徽章，并蓄起长胡须……以模仿1215年拉特兰大公会议针对穆斯林的决议。因为如果没有这种一目了然的标志，"基督教信仰的义务和实践将被扰乱"。妓女被禁止住在城里，也不能与良家妇女同时使用浴池，"因为一只病羊会感染整个羊群"。最后，流浪艺人和歌手"如果敢于用粗俗下流的歌曲扰乱皇帝的安宁"，将被认定为不法之徒。就这样，皇帝根据教会的戒律，努力将自己的体面臣民与上述这些不正经的人分隔开。

弗里德里希二世在西西里岛开展的下一次军事行动的目标，是清除本国土地上的外国势力。根据《特权法》，他取消了几个海上强国在西西里享有的特权，并从西西里的港口驱逐其势力。阿马尔菲和比萨、热那亚和威尼斯曾在这个肥沃的岛屿上获得了许多贸易权。西西里不仅像以前一样是一个巨大的"粮仓"，商人可以从西西里获得粮食，也许还有糖和枣、大麻和麻布、丝绸和羊毛，而且其港口也是重要的货仓和黎凡特①水手的停靠港，他们在出航或返航时可以在西西里出售他们的东方商品或用它们换取西西里的粮食。阿马尔菲自从 1135 年被诺曼人洗劫后，就失去了在世界贸易中的地位。威尼斯顶多是利用布林迪西（Brindisi）的港口（西西里岛本身不在威尼斯通往东方的直接航线上），因此对西西里商业感兴趣的主要是热那亚和比萨。这两个最强大的北意大利共和国在地理上毗连，这注定了它们在任何地方都是竞争对手：在家乡的利古里亚海，在撒丁岛和科西嘉岛，在普罗旺斯，在圣地，也在西西里。热那亚和比萨在西西里一度享有几乎相同的特权，两国分别都在所有重要的港口拥有一个专属区域、一座领事馆、一座仓库（从阿拉伯人那里接管的 fondaco，即贸易站），而最重要的是其享有自由贸易的权利，所以两国的商人不必缴纳关税、赋税和其他费用。在政治上，这两座城市的竞争导致热那亚人喜欢与他们的邻居伦巴第人为伍，敌视皇帝，而比萨人亲近皇帝。比萨一直将其舰队置于皇帝们的支配之下。因此，在弗里德里希二世年轻时，亲帝国的比萨支持奥托四世皇帝，而反帝国的热那亚倾向于西西里的年轻国王。通过与西西里国王的联系，热那亚人很快在岛上获得了优势，并在早年帮助年轻国王对抗比萨。当奥托四世陷入困境时，比萨的政治也随之陷入困境，于是热那亚在西西里的主导地位似乎得到了保证。

在弗里德里希二世年轻时，一个战争期间发生的小插曲可以很好地说明两座航海城市是如何运作的。好战的比萨商人或

---

① 黎凡特（Levant）是历史上的地理名称，一般指中东、地中海东岸、阿拉伯沙漠以北的一大片地区。在中古法语中，黎凡特一词即"东方"的意思。黎凡特是中世纪东西方贸易的传统路线。

海员（不管怎么说都是海盗）利用西西里王国普遍的混乱，占据了锡拉库萨城，赶走了那里的主教和人民。锡拉库萨成了比萨保护下的海盗要塞，比萨将其作为基地，同时正式宣布对那里发生的事情不负任何责任。1204年夏季，一群从黎凡特回国的热那亚人碰巧在克里特岛遇到了从亚历山大港回来的另外一群热那亚人，于是一支非常庞大的热那亚商船队意外地在克里特集结起来。他们一起商量，然后决定从比萨人手中夺取锡拉库萨。威名远播的热那亚海盗阿拉曼·达·科斯塔（Alaman da Costa）是这个计划的发起人，他刚刚俘获了一艘满载武器的比萨航船。他成了热那亚船队的首领。他们从克里特驶向锡拉库萨，在马耳他（当时是热那亚的属地）得到了几艘热那亚战舰的增援，袭击了锡拉库萨，并在8天内控制了该城。阿拉曼·达·科斯塔成了锡拉库萨的领主，并在所有文件上签字，自称"蒙上帝、国王和热那亚城洪恩的锡拉库萨伯爵和国王的内廷官员"。他尝试扩大他的锡拉库萨领土，并在西西里的政治中发挥影响力。这个西西里海盗僭主受制于母邦热那亚，而热那亚确实可以根据巴巴罗萨授予的某些特权，对锡拉库萨提出一些主张。于是，热那亚占据了克里特、马耳他和锡拉库萨，这些都是通往东方的极其重要的基地。

热那亚人就这样在西西里盘踞下来。弗里德里希二世对热那亚人颇有好感，并且肯定不会忘记，当初他向德意志进军时，热那亚人一直支持着他。但在他的新国家里，既没有空间留给热那亚人的锡拉库萨伯国，也不可能对外国商业给予什么优惠，无论是热那亚人还是比萨人的商业。始终亲帝国的比萨如今在许多方面的处境要好一些，因为弗里德里希二世对这两个敌对的航海城市的待遇完全一样。比萨人在奥托四世皇帝驾崩后向弗里德里希二世宣誓效忠，后者确认了这两座城市相对于帝国享有的权利，但同时撤销了他们在西西里的权利和特权。比萨人在西西里的利益比热那亚人要小得多，所以他们心满意足，并保持了他们传统的忠于皇帝的立场，在弗里德里希二世的整个统治期间都对他保持忠诚，就像他们曾经忠于韦尔夫皇帝一样。而曾经在西西里享受最惠国待遇的热那亚，如今在皇帝手下遭受了特别沉重的打击，因为弗里德里希二世立即开始了干预。阿拉曼·达·科斯塔伯爵和他的热那亚人被赶出了锡拉库萨，热那亚人用作仓库的一座巴勒莫宫殿根据《特权法》被没收，类似的事件在墨西拿、特拉帕尼和其他地方也发生了。当时的西西里海军司令古列尔莫·波尔库斯（Wilhelm Porcus）出生于热那亚，他谨慎地通过逃亡来保全自己。《特权法》撤销了热那亚人曾经享受的所有好处，热那亚人损失惨重。但皇帝在卡普阿颁布的一项法律对他们的打击更大，该法律禁止以牺牲本地人的利益为代价给予外国人任何优惠条件，如免征赋税和关税。所有这一切让热那亚人如坐针毡，他们自然指责弗里德里希二世忘恩负义。但弗里德里希二世不能因为私人的感激之情而危及国家利益，所以他不得不忍受热那亚人日益增长的不悦。虽然他一再努力安抚他们，但这种不悦最终发展成为公开的敌意。对皇帝来说，西西里的需求是第一位的；当最重要的商业城市没有被征税时，国家从关税和港口使用费中获得的收入必然会降至最低。热那亚城的市政文员（Stadtschreiber）极好地证明了过去西西里政府的这些损失有多大：他在编年史中抱怨说，现在在西西里王国对货物征收的赋税的税率达到了10%以上。

弗里德里希二世已经打破了意大利大陆上封建贵族的势

力，并在他的国防事业中建立了一支强大的力量。现在他在海洋事务中也采取了相应的措施。驱逐外国海上势力之后，他必须建立一支自己的西西里舰队。在这方面，他再次利用了《特权法》：以前的优待条件被取消了，诺曼王朝的一项旧法令再次得到执行，该法令规定某些地区有义务提供海员，贵族有义务为造船提供木材。皇帝还很快建立了国营造船厂。但造船需要很多时间，所以他主要通过租赁和购买船只来建立他的第一支舰队。他的手段可以说是无所顾忌的：来自意大利航海城市的船主，或其他停靠在西西里港口的航海商人被邀请自愿向西西里政府出租或出售他们的船；如果他们不配合，西西里政府就强行夺取他们的船。威尼斯人特意警告他们驶往阿普利亚的船主不要进行这种交易，并惩罚那些卖船给西西里的船主。但光有商船还不够，商船需要战船（桨帆船）来保护，所以皇帝也开始为自己建造桨帆船。弗里德里希二世一定为快速造船的工程投入了极大精力和全部资源，因为到了1221年，就有两支相当大的分舰队驶往埃及支援十字军，而他的计划是在1225年之前有50艘运输船和100艘桨帆船可以出海。皇帝逐渐建立了一支实力强劲的商船队和一支强大的海军，这些船队在他的意大利战争中做出了很大贡献，为他带来了许多可喜的胜利。当然，它起初只是一支纯粹的西西里舰队，后来才成为罗马帝国舰队。从一开始，舰队就打着施陶芬皇朝的旗号——金色背景上的罗马帝国雄鹰，于是，在弗里德里希二世时代，历史上第一次有一支德意志-罗马帝国舰队在第勒尼安海、爱琴海和伊奥尼亚海上航行，商人们也第一次在德意志-罗马帝国之鹰的引领下到叙利亚、埃及和突尼斯从事贸易。其中一艘船叫作"阿奎拉"号，另一艘被称为"半个世界"号

（Nusf-ed-Dunja）。这样的景象要到 300 年后查理五世的时代才会再度出现。

弗里德里希二世给他的新舰队任命了一名新的海军司令，马耳他伯爵恩里科（Heinrich von Malta）。和他那位潜逃的前任一样，恩里科也是热那亚人。他曾是一个大胆的海盗和危险分子，很可能会对皇帝构成威胁。皇帝通过这一任命避免了他潜在的敌意。与此同时，弗里德里希二世开始接管西西里岛上的城堡，将其置于王室控制之下，同时建立海岸警卫队，以防备敌方船只的侵袭，并为未来针对撒拉森人的战争做准备。

将外国势力从西西里清除出去，就强化了西西里国家的统一性；重建舰队，就增强了国家的权威。有了自己的舰队，西西里就可以独立自主，不必依赖外国商业和外国航运，西西里就可以执行新的经济政策。弗里德里希二世以其远见卓识和多才多艺，立即开始促进活跃的西西里贸易，现在它无须面对享有极大特权的外国势力的竞争。弗里德里希二世备受推崇、组织良好的经济政策的全面发展要到后来才能实现，但即使在这些早期日子里，我们也可以从各种事件中看出弗里德里希二世对统一的热情和不屈不挠的追求，以及他的手段的果断和霸道。

尽管严格执行了涉及过去 30 年的《特权法》，比萨人和热那亚人仍然享有许多历史遗留的特权和优惠条件，因此，西西里人在与他们的贸易竞争中仍然受到阻碍。弗里德里希二世本可以通过赋予自己的臣民相同的特权和优惠来纠正这种情况，从而使他们与外国人处于平等的地位。但这一权宜之计不符合他的整体政策，因为他已经撤销了西西里各港口城市的大部分特权。弗里德里希二世强行购买属于几个海上强国的船只，且特别从外国粮食贸易中抽出商船供自己使用，这使西西里的外贸受到了一定的损害。他现在还以别的方式把比萨人和热那亚人赶出了西西里，但没有侵犯他们从诺曼王朝获得的古老的特许权。西西里粮食对外国商人来说仍然非常便宜，所以外商的粮食贸易利润丰厚。后来，皇帝想方设法地把外商的这些巨额利润转移到自己的国库中，手段是用国营船只将粮食运到外国市场，在那里以当地的高价出售。但在这些早期岁月，帝国舰队还处于草创阶段，而且十字军东征对其提出了很高的要求，所以皇帝构思了另一个计划来把利润从外国航运商的口袋里转走。1224 年，他曾一度禁止所有粮食、食品和牲畜的出口。外国商人只能直接从西西里王室手中购买粮食，而弗里德里希二世刻意把价格定得很高，以至于外商享有的旧的优惠条件毫无用处，而王室获得了丰厚的利润。这种操作在西西里境内的直接结果是食品价格下降，生产者几乎无法收回成本。皇帝立即抓住了这个机会，为皇室进行了大量采购。但这只是粮食禁运的一个副产品（不管是令人愉快的还是不愉快的副产品），并不是皇帝上述措施的动机，因为皇帝的措施首先是针对外商的旧有特权的。私营贸易难免受到了这种强力干涉的伤害（但在第二年就有相当多的货物被运往威尼斯），这是无法改变的事实，但并没有让皇帝感到十分不安。他的强力措施在当时是必要的，否则国家就会丧失巨额收益，而个人在任何情况下都没有能力获得那么高的收益。

海上境外势力被赶走了，他们的仓库和基地被废除了，于是王国政府就获得了对西西里港口进行有效监管的能力。皇帝很快就开始利用这一事实。为了在撒拉森战争期间为岛上供应尽可能多的粮食，弗里德里希二世在 1222 年批准巴勒莫完全免征进口税。通过开放这一个港口（我们可以假设他同时关闭了其他港口），弗里德里希二世再次吸引了贸易，并将其引向对他的军事行动最有利的地方。事实证明这番操作是非常成功的，军粮得到了保障。

在其他领域也可以看到类似的专制措施，尽管我们并不总是能找到解释它们的线索。贵金属的出口被严厉禁止，所有对外国人的付款都必须用新铸的粗陋的银质"帝国币"（Imperialen），它与外币的汇率也是由西西里朝廷强制规定的。弗里德里希二世保证这种汇率将得到维持，并对它进行了仔细的监管。为了集中贸易，朝廷废除了许多集市，因为地方集市将贸易碎片化，只给少数大人物带来好处。1223年，弗里德里希二世首次开始征收直接税，根据需要每一年、两年或三年重复一次。但在他的晚年，直接税成为一种定期的年度税。这些"征收"最初是一种额外的收入来源。首先，皇帝指定所需的总金额，可能还规定了如何将征收任务分配给各省；然后由各省总督（即政法官）进一步细分，他们和征税官吏一起负责将钱实际征收入库。只有将这些零散的个别法令与皇帝后来的经济措施结合起来看，我们才能理解他的经济政策的全貌。但就其本身而言，这些个别法令也显示出一种明确的趋势：即使在商贸中也要寻求统一，并尽可能地建立国家对外贸的垄断。

上文已经多次提及撒拉森战争，现在加以详细介绍。弗里德里希二世于1222年，即他重返西西里的第二个年头开始了这场战争。阿格拉布王朝①作为迦太基人的后继者的后继者，

---

① 阿格拉布王朝（Aghlabiten）是800~909年统治北非部分地区和意大利南部部分地区（包括西西里）的一个阿拉伯埃米尔政权，名义上是阿拔斯王朝的附庸，实际上独立，最后被法蒂玛王朝消灭。

在 9 世纪从突尼斯出发，征服了西西里。弗里德里希二世的任务不是打击这样一个独立的伊斯兰埃米尔国[①]，因为诺曼王朝已经消灭了西西里岛上的伊斯兰政权。弗里德里希二世现在要讨伐的对象是原本独立的撒拉森人的零散残余势力，这些人仍然盘踞在西西里内地近乎与外界隔绝的山区。他们得到了来自巴勒莫的众多逃亡者的支持，这些逃亡者和撒拉森人的一些权贵躲过了 1190 年首都的基督徒对穆斯林的血腥屠杀。逃亡的撒拉森农奴也加入了他们，也许还有一些来自非洲的族民。这些人构成了一支非常可观的势力，几十年来，他们不向任何人效忠，并逐渐占据了整个西西里岛的中心地带。在教宗英诺森三世监护弗里德里希的日子里，这些撒拉森人就像意大利大陆的骑士和沿海的海盗一样，始终是令人生畏的敌人和令人渴望与之结交的潜在盟友。这些撒拉森人一直敌视教宗的被监护人弗里德里希，并以各种方式不止一次地图谋刺杀他。就像热那亚人在锡拉库萨建立了自己的基地一样，撒拉森人也在阿格里真托（Girgenti）建立了自己的大本营，这可能是为了保持他们与非洲的联系。他们还俘虏了当地主教，并赶走了一部分居民，最后向北烧杀抢掠，几乎到了巴勒莫以南不远处的蒙雷阿莱（Monreale）海岸。皇帝在西西里岛的实际控制范围暂时仅限于狭长的海岸线，所以他与撒拉森人必有一战。

弗里德里希二世针对这些盘踞在山区的敌人的作战，演化

---

①　埃米尔（Emir 或 Amir 等）这个阿拉伯词的本义是军事统帅，最早指的是哈里发派驻在外的将领及总督。随着阿拉伯帝国的内乱，各地军政大员与哈里发的关系越发疏离，最后不少地方的埃米尔与哈里发之间的从属关系仅仅是象征性的，埃米尔遂成为当地的君主。另外，埃米尔亦可作为高级贵族的头衔或尊称。今天，卡塔尔和科威特的君主仍以埃米尔为头衔。

成了一场漫长的、代价昂贵而令人疲惫的小规模战争，其细节鲜为人知。一开始，在战争的第一个夏季，撒拉森人的主要堡垒亚托（Jato）就遭到围攻，甚至一度被占领。埃米尔伊本·阿巴德（Ibn Abbad）对胜利完全绝望，于是和他的儿子们一起去拜见弗里德里希二世，乞求和平。皇帝对伊本·阿巴德极为恼火，因为他殴打过皇帝的使者。随后发生的一幕让人想起弗里德里希7岁时那次激情四射的爆发。伊本·阿巴德走进皇帝的营帐，跪倒在皇帝的脚下。弗里德里希二世一看到他，就用脚狠狠地踢他。皇帝靴子上的马刺戳入埃米尔的身体，撕开了他的侧腹。弗里德里希二世让人把伊本·阿巴德从营帐带走，一周后把他和他的儿子们作为叛徒绞死。2名来自马赛的商人碰巧与埃米尔同时被俘，也被处死。10年前，这两名商人在突尼斯和开罗的奴隶市场上兜售儿童十字军里的男孩和女孩，最近又曾企图把弗里德里希二世出卖给埃米尔。

首战告捷之后，皇帝在意大利大陆度过了一个冬天。但他派往亚托的驻军遭到穆斯林背叛，被赶尽杀绝，而留在岛上坐镇指挥的海军司令马耳他伯爵恩里科无力阻止撒拉森人重整旗鼓。海军司令的借口是他的兵力太少，不能贸然进攻。皇帝拒绝接受这一借口。恩里科因此失宠，他的马耳他领地被剥夺。后来，弗里德里希二世又恢复了对他的青睐，甚至归还了他的财产，但马耳他城堡仍由皇帝掌控。战争的继续势在必行，弗里德里希二世不得不在次年夏季重启针对撒拉森人的战争。通过对北非诸岛屿的突袭（这是西西里舰队首次投入实战），弗里德里希二世试图切断西西里的撒拉森人与非洲的联系，并在非洲建立皇帝的权威。尽管捷报频传，皇帝还是不得不在随后的许多年里在岛上保留驻军。皇帝本人也不得不多次亲征，尽管每次的时间都很短。

　　以上就是征服西西里撒拉森人的故事的简略版本，所有的编年史家都以惊叹的口吻讲述这一故事。最令人惊叹的，是弗里德里希二世处理该问题的手段。在第二次战役之后，皇帝就决定将全体撒拉森人逐出西西里岛。他们若是留在西西里山区，国家就永无宁日，于是他把他们安置到阿普利亚平原。大约 16000 名穆斯林，起初主要是农奴（所有的穆斯林，就像犹太人一样，原本就是国王的奴隶，即 servi），被逐渐转移到卢切拉（Lucera），那里被改造成一个军事垦殖地。卢切拉因此恢复了其原有的功能，因为在最古老的罗马时代，该城便是一个军事垦殖地。在施陶芬皇朝时代，卢切拉已经沦为王室领地的一个死气沉沉的小地方。它位于卡皮塔纳塔地区，在加尔加诺山（Monte Gargano）和福贾（后来弗里德里希二世皇帝最喜欢的居住地）附近。弗里德里希二世很快就用一座大型的帝国城堡加强了卢切拉的防御。在这里，穆斯林完全生活在自己的同胞当中。他们有自己的首领，即卡伊德①，还有自己的谢赫②和法基赫③。就这样，在最古老的基督教国家的中心地带，靠近教宗国的边界处，出现了一座货真价实的伊斯兰城市，在阿普利亚的平原上都可以看到它那特征明显的清真寺和宣礼塔。卢切拉的新居民的职责是开荒种地，朝廷对这些穆斯林征收特殊赋税［为了宽容他们的信仰而对其征收一种人头

----

①　卡伊德（Kaid）源于阿拉伯语，字面意思为"指挥官"。西西里王国的诺曼王朝也使用这个头衔，一般授予宫廷官员当中的穆斯林。
②　谢赫（Sheikh）是阿拉伯语中常见的尊称，指"部落长老""伊斯兰教教长""智慧的男子"等，通常是超过 40 岁且博学的人。在阿拉伯半岛，谢赫是部落首领的头衔之一。南亚的伊斯兰世界也用谢赫这个尊称。
③　法基赫（Fakih）是伊斯兰教的法学家。

税，即吉兹亚税（gezia），以及土地使用税，即 terragium］，卢切拉的穆斯林居民通过纳税证明自己是有益的公民。弗里德里希二世将他能控制的所有西西里撒拉森农奴都迁到卢切拉，无论他们是否曾与他对抗。西西里岛上的地主因此被剥夺了劳动力。为了补充这些劳动力，皇帝给地主们送来了被摧毁的切拉诺的居民，后来又从伦巴第送来了一些人，但这些人可能还不足以弥补人力的缺口。但皇帝在他广阔的土地上比其他人更需要劳动力。此外，他的卢切拉定居者还有一个更重要的用途。这些和平的农民一旦受到征召，就可以迅速拿起他们自制的武器（弓箭），作为一支随时待命的军事力量上战场。他们可以充当轻装步兵，或者在不更换武器的情况下充当轻装骑兵，从自己的养马场里调拨优良马匹。这是一支非常危险的部队，它只服从皇帝，而且不怕教宗的禁令。弗里德里希二世就这样把他们召集在一起。在极短的时间内，他成功地将被征服者的野蛮仇恨转变为狂热的献身精神。东方人被打败之后，往往会对他们的新主人产生一种狂热的忠诚和自我牺牲精神。在后来的岁月里，弗里德里希二世在他的撒拉森人之中最为高枕无忧，而正是撒拉森保镖长期护卫着这位德意志皇帝。卢切拉的穆斯林称他为"苏丹"。从那时起，皇帝的内廷里总是有许多撒拉森仆人，而在卢切拉的皇居，即臭名昭著的"后宫"里，还有勤劳的撒拉森少女们在为她们的主人织布，或从事其他工作。

弗里德里希二世当时还不到 30 岁，却懂得如何对付所有的反对势力，并为国家的利益释放出他们隐藏的力量，这种智慧让人无法不敬佩。任何材料，只要到了他手里，都是有用的。他强行迁移撒拉森人，使他们与过去的一切断绝联系；向他们表明，他们的福祉完全取决于对主人的盲目忠诚。最后，他利用他们的听天由命思想、他们的乐于被奴役，有计划地培养他们对他本人的狂热忠诚。这种专制君主（弗里德里希二世颇有这样的气质）运用和操控人的常见手段，是在东方不断重复使用的原则，并在奥斯曼苏丹的近卫军中达到了顶峰。在基督教国家的心脏地带建立这个穆斯林定居点，自然极大地冒犯了教会。但这对弗里德里希二世来说是完全无所谓的事。因为他有了这些撒拉森人，就拥有了当时其他西方君主都不曾拥有的东西：一支常备军，一群随时准备行动的士兵，毫无保留地忠于他，因为他是他们伊斯兰信仰的保护者。这就是将撒拉森人与弗里德里希二世联系在一起的另一根纽带。他们如同浮萍般流落到异国他乡，他们的信仰只能在他那里得到保护。弗里德里希二世小心翼翼地保护这根纽带。他最不希望的就是他们皈依基督教。只有在很短的时间内，在他与教宗关系严重紧张的时候，他才非常不情愿地允许几个多明我会修士在卢切拉传教。但他补充说，这几乎是没有必要的，因为卢切拉居民中的一些人已经皈依了。从他的角度来看，穆斯林的皈依还有一个不利因素，那就是会让他失去人头税的收入。出于同样的原因，穆罕默德的阿拉伯人对向被征服者传播伊斯兰教也并不热衷，因为那样的话胜利者就失去了人头税的收入。对不信教者征收人头税的想法，是西西里从撒拉森人那里继承来的。但是，正如一位编年史家明确指出的那样，迁移撒拉森人的结果是西西里没有了"异教徒和异教徒家庭"。弗里德里希二世是第一个通过迁移穆斯林，使西西里王国几乎成为纯粹基督教国家（只有少量犹太人，而希腊人只算作教会分裂主义者）的人。这为弗里德里希二世的国家的一个新发展扫清了道路：信仰的纯洁性和种族的纯洁性的概念，弗里德里希二世后来在这些话题上有很多引人注目的言论。他的撒拉森战争标志着基督教与伊斯兰教在意大利土地上的斗争的结束。此后，欧洲穆罕默德信仰兴盛的地方就是西班牙。

就这样，在不到三年的时间里，弗里德里希二世整顿了西西里的混乱局面，使之成了一个比较有序的国家。他的手段和武器随着对手的变化而变化：与那些不可靠和犯上作乱的贵族相比，他更加肆无忌惮；在经济上，他比那些航海城邦更高瞻远瞩，或者至少能够与那里的人们平分秋色。他的目标始终如一：废除不公正的特权，促进国家统一。在这里，我们第一次注意到弗里德里希二世办起事来毫不妥协的直接性：他总是选择最短的道路；国家的直接的、实际的需求就是他的行动指南，并且压倒了所有道德的、情感的或其他方面的考虑。有一个非常重要的机构的奠基，就是为了满足国家的需求。上文讲到的粗暴工作刚刚完成，弗里德里希二世就在 1224 年年初颁布诏书，宣布创办那不勒斯大学。在卡普阿朝会上，皇帝严厉禁止世俗贵族或教会权贵自己行使高级司法权①，或授权他人这样做。设立政法官和法庭是皇帝的职责，而且是专属于他一个人的职责，任何人不得僭越。政法官应当拥有执法所需的法律知识。现在，创办那不勒斯大学就是为了向他们传授法律知识。

皇帝在大学的创办章程中极其明确地指出，大学的首要职

---

① 在神圣罗马帝国，高级司法权（Hohe Gerichtsbarkeit）是指可以对犯人施行残酷的肉刑甚至死刑的司法权，其针对的罪行包括谋杀、抢劫、强奸、同性恋行为、巫术等。相对应的低级司法权只能对犯人进行罚款、监禁、剥夺荣誉、流放等不流血的刑罚。高级司法权一般专属于拥有主权的统治者，如诸侯和帝国城市。

能是为帝国培养精明且有智慧的人才，从而将整个王国的法律实践委托给这些人。虎头蛇尾不是弗里德里希二世做事的方式，所以他不仅在那不勒斯创办了一所法学院，还建立了一所综合性大学①，其拥有除了医学之外的所有学科，而邻近的萨勒诺则以医学见长②。那不勒斯大学因此成为第一所功利性的国立大学。与当时所有的城市高等学府和教会大学不同的是，它的教学不仅仅是为了传授知识，还是为了国家的利益；它将成为帝国官员而不是未来教士的培养场所。在那不勒斯大学之前，没有这样的学校，因为当时没有这样的需求，毕竟伯爵和主教已经足以管理国家。我们可以说巴巴罗萨的两位肱股重臣就是伯爵和主教的典型代表：维特尔斯巴赫的奥托③和科隆大主教莱纳尔德·冯·达瑟尔④。弗里德里希二世的西西里是第

① 原文为拉丁文 Studium generale，是中世纪欧洲的大学的名称。Studium generale 的本义是学生来自各地，而不仅仅是本地人。后来这个术语还有了别的意思：除了文理七艺之外，还教授神学、法学或医学等；教师的很大一部分拥有硕士或以上学位。

② 萨勒诺在 9 世纪便有专门的医学院，称为 Schola Medica Salernitana（字面意思：萨勒诺医学院），这是第一所也是最重要的中世纪医学院。萨勒诺的研究者翻译和研究了阿拉伯医学著作（有的是从古希腊文翻译成阿拉伯文的，有的是用阿拉伯文写作的），获得了在当时的西欧无与伦比的医学知识。

③ 指的是巴伐利亚公爵奥托一世（约 1117—1183），他出身于维特尔斯巴赫家族，原本是巴伐利亚行宫伯爵，于 1180 年取代被巴巴罗萨皇帝镇压的狮子亨利（韦尔夫家族），成为巴伐利亚公爵。维特尔斯巴赫家族对巴伐利亚的统治由此开始，一直持续到 1918 年。奥托一世是巴巴罗萨的亲密朋友和忠实支持者。前文提到的谋杀施瓦本的菲利普的那个巴伐利亚行宫伯爵奥托，是奥托一世的侄子。

④ 莱纳尔德·冯·达瑟尔（Rainald von Dassel, 1120? —1167）是巴巴罗萨皇帝时期的科隆大主教和意大利国相，是巴巴罗萨最亲密的谋臣之一，对皇帝的政策，尤其是意大利政策，有着很强的影响力。达瑟尔将东方三博士的骨骸从米兰转移到科隆，使得科隆的地位大大提升，成为重要的朝圣地，对这座城市的发展也有重大意义。

一个认识到需要招募受过良好教育、精通法律的在俗人士来承担行政工作的国家。于是，除了教会大学和城市大学之外，还出现了国营大学，它完全由国家领导，其教师由国家任命并支付工资。显然，这所新大学的建立，一方面是以教会为假想敌，另一方面是为了与博洛尼亚大学对抗。弗里德里希二世一向对博洛尼亚大学非常尊重和喜爱，不希望通过竞争来伤害它；但他又急于保护他的羽翼初生的帝国官员不受北意大利市镇（没过多久，他就与这些市镇发生了冲突）的叛逆和自由思想氛围的影响。因此，那不勒斯大学要教育和培养的人不仅应当在智识上可以与教会和市镇培养的人媲美，而且要体现出与这两股势力完全相反的精神。这两股势力不久之后将被证明是弗里德里希二世的死敌，甚至在这么早期的岁月他就对此有所察觉了。

但除了高层政策之外，那不勒斯大学的建立也是出于内政的考虑。从该大学的状况可以看出，弗里德里希二世决心强行控制和统一人们的思想。大学的章程规定，大学应如此组织，让渴求智慧的人无须出国，便可在王国境内找到他们寻求的东西。这样的话，学生无需长途跋涉，便可在父母身边读书。并且，弗里德里希二世随即下令，今后西西里人不得在那不勒斯大学以外的任何大学就读，那些目前在境外就读的西西里学生必须在某个日期之前转学到那不勒斯大学。这是为了让学生明白，他们无权拒绝皇帝的恩惠。该法令的首要目标是为新成立的大学确保有尽可能多的学生，因为这所大学没有长期和逐步发展的历史，缺乏传统。为了同样的目的，弗里德里希二世还想方设法地吸引外国人到那不勒斯大学：罗马帝国的所有居民都被允许在皇帝于"宜人的那不勒斯"建立的大学学习；住宿、贷款、安全保障、廉价的生活条件等都被提供给学生，因为这个国家有丰富的粮食、葡萄酒、肉类和鱼类供应。那不勒斯大学组建了一支高素质的教师队伍，因为皇帝任命了他的法官贝内文托的罗弗雷多以及其他许多知名人士为新大学的教授。西西里臣民被禁止就读于任何外国大学，所以弗里德里希二世新创建的大学立即享有垄断权；王国境内的任何人都不得在那不勒斯大学之外教授大学的任何科目。任何现有的这类学校都被皇帝下旨关闭。

所有这些安排的背后还有一个考虑。虽然皇帝对在帝国各地漫游的学生享受的"旅途的快乐"相当有好感，但在他的西西里王国，他对这种快乐并不欢迎，甚至持憎恨的态度。流浪的骑士、流浪的学生，甚至是"用粗俗下流的歌声扰乱皇帝安宁"的流浪歌手，在他的中央集权的、严格组织的社会中都没有合法的地位。因此，在他的掌控范围内，他禁止这些人旅行，除非他们在为皇帝办事。弗里德里希二世的意图是，通过他的大学把国家拥有的最好的人才留在国内，以他自己的思想熏陶他们，使他们不受外界干扰，并争取让他们无限制地、全身心地投入为皇帝和国家的服务中。他的任务是确保西西里为他的臣民提供他们在此之前只能在国外寻找到的一切。弗里德里希二世对思想的掌控和对其他方面的控制一样彻底。他是第一位有意识地、刻意地致力于统治臣民思想的皇帝。

弗里德里希二世就这样迅速处置了他的国家的每一个生活领域，并在这些领域留下了他的清晰印记。实际上，生活中没有一项活动不是由他发起的，也没有一项活动不是反过来对国家产生影响的：封建制度变得静止不动；较重要的贵族直接为皇帝服务；私人城堡变成了国家要塞；贸易在很大程度上被国有化；市场和集市的数量减少并集中起来；国家建立了一支强大的舰队，与之相比，私人商船几乎可以忽略不计；信仰的统一已经大致实现；撒拉森人被赶到一个单一的定居点；国家建立了一支常备军；司法独立被禁止；现在还创办了可以传播皇帝的思想和吸引合作者的高等学府。对于刚到而立之年的人来说，这些成就不算小，并且所有这些成就都是在单单一部法律的基础上，带着快乐和热情完成的，几乎是在游戏之中实现的。上述的这一切几乎都是同时启动的；事实上，只有各种齿轮立即成功地交错在一起，才能使轮子转动起来。只有一股势力，不是西西里的，而是一股世界性的势力，仍在抵制弗里德里希二世的每一次干预。这股势力就是教会。

若干年来，弗里德里希二世一直戴着罗马帝国的皇冠，但他的成就仅限于一个相对有限的领域：他只是在扮演国王。虽然他作为国王的举措很快将为帝国服务，但对整个基督教世界来说还没有任何直接的重要性。弗里德里希二世作为加了冕的罗马皇帝，当然可以与教会和教宗这样的世界性力量抗衡，但在能够认真挑战教会之前，他自己也必须成为一支"世界性力量"。这一地位不可能通过暴力实现，弗里德里希二世也不可能在他的发展过程中跳过国王的阶段。在这些年里，教宗霍诺里乌斯三世仍然写信给他，说他原谅皇帝偶尔的冒犯，因为这些冒犯是皇帝的"年轻气盛"所致。教宗用这句话挫败了弗里德里希二世每一次攻击的锋芒。政治关系与人际关系是平行的。弗里德里希二世还没有得到一个统一的、巩固的世界性帝国去对抗世界性教会。帝国还在孵化之中。弗里德里希二世在德意志只有间接的权力，而且自他在罗马正式加冕以来，他甚至都没有在德意志露过面。他确实征服了西西里，但他的新法规要开花结果还需要时日。他甚至还没有处理帝国的意大利部分的问题。因此，他对教会施加压力的每一次尝试都注定会失败，尽管他几乎始终能在外交上胜过教会，这算是很了不起的成就了。他还没有兑现参加十字军东征的誓言，并且一次又一次地推迟了出征的日期，但这为他的西西里改革赢得了时间。许多条件都有利于他。

弗里德里希二世在加冕礼上曾承诺于 1221 年夏末开始十字军东征。但他只向达米埃塔派出了两支帝国分舰队，分别由海军司令马耳他伯爵恩里科和前首相帕利亚拉的瓜尔蒂耶罗（现在是卡塔尼亚主教）指挥。皇帝自己留在了家里。帝国的增援部队到达埃及的时间太晚，并且犯了错误，所以尼罗河三角洲的灾难无法避免。十字军没有等到帝国援军，而且没有足够的资源，就从达米埃塔沿着尼罗河向上游开进，企图征服开罗。恰巧尼罗河在这时开始涨水，埃及人趁机破坏了水坝，最后基督教军队不得不举手投降，交出了达米埃塔。皇帝即便亲自去了埃及，也无济于事。

整个基督教世界都受到了十字军失败的影响；其中受打击最重的是教宗霍诺里乌斯三世，他本人是此次十字军东征的发起人。弗里德里希二世也不是没有受到此次失败的影响。他与霍诺里乌斯三世的通信和一些会晤都主要谈了东方的事件。双方商定了新的广泛的准备工作。要做这些安排，皇帝就难免要进一步推迟御驾亲征的时间，而这反过来又为弗里德里希二世在西西里的工作争取了更多时间。他不无道理地辩解说，他在西西里对异教徒撒拉森人作战，与在圣地作战同等重要。现在必须开始为十字军东征开展新一轮征兵（赫尔曼·冯·萨尔察为此在德意志招兵买马），并且连续三年，俗士和教士不得不为新的东征缴纳特殊的赋税。这些努力在各地都仅仅取得了微不足道的成功，人们对十字军东征的热情似乎永远消失了，所以皇帝需要长期的准备工作。条顿骑士团大团长发出的报告以及其他报告的佐证，终于使霍诺里乌斯三世相信了人们对十字军东征普遍的冷漠和不满。于是他决定给予弗里德里希二世更多的时间，将他的出征延期至 1227 年。1222 年在韦罗利（Veroli），1223 年在费伦蒂诺（Ferentino），教宗和皇帝就东方事务进行了磋商，并于 1225 年在圣杰尔马诺达成 1227 年出征的协议，签了条约。在这些会议上，弗里德里希二世每一次都成功地赢得了进一步的延期。在当时的条件下，教宗无法拒绝。霍诺里乌斯三世表现得相当恼火，这并不奇怪，因为对这位体弱多病的老人来说，十字军东征已经成了他的人生的唯一意义。《圣杰尔马诺条约》为霍诺里乌斯三世提供了开展新一次十字军东征的必要保障，他却苦恼地看到整个组织工作从教廷的手指间溜走，落入皇帝手中，尽管许多人认为，十字军东征原本就应当由皇帝掌控。条约的条件对弗里德里希二世来说当然不轻松，因为他承担着唯一的责任。他做了保证，并以自己的灵魂起誓，将于 1227 年 8 月率领 1000 名骑士前往圣地；在圣地维持这支部队两年；为运送另外 2000 名骑士准备好船只，每名骑士带着他的随从和 3 匹马。这些承诺足以证明西西里王国的实力。最后，他承诺在启航之前分五次拿出 10 万盎司（约 520 万马克①）黄金的保证金。如果皇帝出于任何原因

---

① 马克起初是流行于西欧的重量单位，专用于测量金银，1 马克最初相当于 8 盎司（249 克），但在中世纪不断浮动。据说是丹麦人把马克这个单位带到了英格兰。根据 19 世纪的资料，作为货币单位，起初 1 马克细分为 100 便士，但在 1066 年诺曼人征服英格兰之后，改成 1 马克分为 160 便士，1 马克相当于 2/3 镑或约 250 克白银。

未能参加十字军东征，这些保证金将被没收，用于圣地的事业。赫尔曼·冯·萨尔察是这笔巨款的受托人。除了罚款之外，弗里德里希二世还宣布，如果他未能在指定日期出发或违背了其他的任何承诺，他甘愿作为一个拖延的十字军战士受到教宗禁令的惩罚。他还允许教宗暂时对他颁布禁令。

虽然做出了这些承诺，但皇帝其实是赢家。他再次为西西里争取到了 2 年的时间，并可以按照自己的想法来利用此次十字军东征。弗里德里希二世此时的顺从让教宗暂时忘记了过去 5 年里对他的恼火。在 1222 年与教宗的第一次会面中，皇帝似乎想通过某种手段将意大利中部的旧帝国领土（已被教廷"光复"，皇帝不得不放弃对其的主张）重新纳入自己的势力范围。他特别觊觎安科纳边疆区和斯波莱托。教宗和枢机主教们断然拒绝了这些"无理要求"（这是教宗的原话）。这些位于意大利中部的土地将弗里德里希二世的帝国切成两半，并在西西里和帝国意大利之间打下了一个楔子。这种束缚对皇帝来说是难以忍受的，这个问题迟早会引发冲突。弗里德里希二世至少需要亚得里亚海沿岸地区、安科纳边疆区和斯波莱托，作为西西里和伦巴第之间的走廊。但强行吞并这些领土的时机还没有到来，弗里德里希二世过早地泄露了自己的计划。所以罗马教廷对他高度警惕和戒备起来。此后不久，帝国总督贡策林·冯·沃尔芬比特尔（Gunzelin von Wolfenbüttel）对上述地区有所侵犯，赶走了教宗的官员，并要求那里的人们宣誓效忠于皇帝。皇帝徒劳地申辩自己在此事中的清白，并说总督是未经授权、擅作主张。但教廷无法真诚地信任皇帝的辩词。只有贡策林被罢免和赫尔曼·冯·萨尔察的调解，才解决了问题。就这样，风暴暂时平息了。

弗里德里希二世在圣杰尔马诺做出的重大承诺，秉承着他当初加冕后发出的誓言的精神：皇帝是教会的利剑和基督教的领袖，所以十字军东征的指挥权理所当然地属于皇帝。其他因素也在起作用。康斯坦丝皇后于1222年在卡塔尼亚去世。弗里德里希二世同意了教宗和条顿骑士团大团长的提议，为了"更妥善地处理圣地事务"，他宣布准备与耶路撒冷国王约翰的女儿结婚。教廷提出这个建议的目的是加强皇帝与耶路撒冷的联系，这个目的也达到了。耶路撒冷的伊莎贝拉身无分文，但她带来了圣地的王冠作为嫁妆，这将给帝国增添独特的光彩。这是皇帝缔结这门新婚事的主要原因。

耶路撒冷王国的王位传承情况是这样的：在她母亲去世后，伊莎贝拉成了王位继承人；而她的父亲布里耶纳伯爵约翰①只是享有国王的荣誉称号。弗里德里希二世与伊莎贝拉的婚礼于1225年11月初在布林迪西举行，对这些事件的简要叙述也能让人一瞥十字军时代的荣耀与辉煌。皇帝派了一支船队送若干达官贵人前往阿卡；在阿卡的圣十字教堂，伊莎贝拉公主在所有人的惊叹声中与缺席的皇帝庄严地订婚，一位西西里主教将戒指戴在了她的手指上。在推罗，新娘从耶路撒冷宗主教手中接过圣地的王冠，耶路撒冷的骑士们向他们刚刚14岁的女王致敬。这位法兰西-叙利亚②少女在一名条顿骑士的护送下，登上了帝国的桨帆船，驶过大海，与西方的皇帝结婚。当时的人们无法拒绝这样一个精彩的主题，没过多久就用许多寓言故事来装饰它，使之几乎变成了童话。德意志史诗《奥

---

① 他是上文提到的布里耶纳伯爵戈蒂耶（在弗里德里希二世的幼年曾在英诺森三世支持下争夺西西里的权利）的弟弟。

② 这个语境里的"叙利亚"都是指圣地的耶路撒冷王国，下文不再一一说明。

特尼特》的很多内容暗指弗里德里希二世，并且将这门叙利亚婚姻作为情节的中心。《奥特尼特》的主人公在"阿普利亚的睿智异教徒"即西西里撒拉森人的国王扎哈里亚斯（Zacharias）的帮助下，经过多次冒险，赢得了他的叙利亚新娘，她是阿波罗和穆罕默德的崇拜者。骑士的浪漫情怀——乍看上去很难与西西里专制君主清醒的政治家意识相协调——贯穿了这位施陶芬皇帝的整个人生，他本人一定经历了中世纪骑士世界的所有传奇情节。如果人们把历史和传说中弗里德里希二世的奇妙冒险找出来并编织在一起，那么这个故事就会成为当时流行的十字军骑士罗曼司叙述的典型。

但对罗马皇帝来说，浪漫气息只是掩盖了政治现实；政治现实考量的重新登场破坏了婚宴的气氛。因为就在婚礼当天，弗里德里希二世按照他的权利，采用了耶路撒冷国王的头衔，此后在他的所有文件中，这个头衔出现在罗马皇帝的头衔之后、西西里国王的头衔之前。他立即要求名义上的耶路撒冷国王布里耶纳的约翰正式放弃其王权。约翰国王与弗里德里希二世颇有私交，和他一样是最早用意大利语写作的诗人之一。几个月来，他一直是皇帝的座上宾。他曾估计自己至少会成为耶路撒冷的总督。现在皇帝的要求令他十分委屈。在与皇帝争吵一番后，他逃到了罗马教宗那里。皇帝则很快接受了耶路撒冷贵族们的宣誓效忠。我们对伊莎贝拉的命运知之甚少。皇帝与约翰国王的争吵产生了许多故事。一个法兰西人说，弗里德里希二世的新婚之夜是与约翰国王的一个叙利亚侄女共度的，并且皇帝殴打伊莎贝拉，把她投进了监狱，从来没有近过她的身。但事实证明这个故事是假的。弗里德里希二世把萨勒诺附近的泰拉奇纳（Terracina）城堡分配给了他的新婚妻子，并与她一起访问了西西里岛。这个少女当然没有对弗里德里希二世施加任何影响。1228 年她生下儿子康拉德，但她自己死于难产。在弗里德里希二世眼中，耶路撒冷的王冠突然给十字军东征带来了切实的政治价值。他必须在东方赢得一个新的王国。国家和个人的因素就这样结合在一起。而当世界性教会、世界性帝国和世界政治交织在一起时，十字军东征对皇帝的重要性就大大增加了。现在皇帝只需要一个合适的时机去取得非同寻常的胜利，从而在整个世界立威。

教宗和皇帝在十字军东征的问题上是相互依存的，立场是基本一致的，尽管在漫长而复杂的谈判中不可避免地会不时地出现误解和分歧。双方都竭力避免摩擦，目前他们甚至避开了教宗国与帝国在意大利中部的领土纠纷这个棘手的难题。双方的第一次严重冲突发生在西西里问题上，因为弗里德里希二世在其国家的改革中开始按照自己的想法来管理教会事务。在卡普阿朝会上，他敦促臣民按时向教会缴纳什一税。不久之后，他又恢复了诺曼王朝的一项法令，该法令禁止利用永久管业①来积累土地：教会和修道院可以购买土地，并接受作为赠礼的土地（后来皇帝还会禁止教会接受土地馈赠），但必须在一年

---

① 永久管业（德文 Tote Hand，古法文 morte main，拉丁文 Manus mortua，字面意思"死手"）指的是教会等组织机构（而非个人）拥有的地产。在中世纪欧洲，封建领主在一些关键节点（继承产业、受封产业、成年礼或因叛国而被剥夺财产）时要向国王缴税。但如果某产业属于教会，那么就永远不需要缴纳这些赋税。有些领主为了逃避纳税，就将土地在名义上转让给教会。1215 年英格兰的《大宪章》就提及要禁止这种逃税行为。约翰国王在《大宪章》签署之后不久就死去了，而他的儿子亨利三世因为特别虔诚，没有执行这些禁令。但随后的爱德华一世为了阻止土地落入教会手中、保障政府税收，颁布了《永久管业条例》，规定任何土地除非得到国王批准，否则不得被转给教会。教会占有土地的问题到亨利八世时期才最终解决。他解散了修道院，没收了教会的土地。

一个月一周零一天之内出售这些土地，否则，正如弗里德里希二世后来所说，教会很快就会把整个王国买下来。这些法律是习以为常的，没有引起教会对皇帝的敌意。但当弗里德里希二世向西西里的主教们发出这样的挑战时，局面就大不相同了。他总是做好了准备，用外科医生的手术刀和烧灼的铁器来消除恶疮和溃疡（这是他最喜欢的比喻），并根据这些原则开始了对西西里教士集团的整顿。他将切法卢主教阿尔都因（Arduin von Cefalù）停职，理由是他挥霍教会财产并且品行不端。保存至今的审判卷宗证明这些指控是有根据的。不久之后，塔兰托大主教尼科洛（Nicolaus von Tarent）也以类似的理由被停职。至于前首相、卡塔尼亚主教帕利亚拉的瓜尔蒂耶罗，弗里德里希二世过去一直不信任他，现在他把瓜尔蒂耶罗送出王国，表面上是为十字军提供增援，但瓜尔蒂耶罗再也不敢在西西里露面。他可能先从达米埃塔去了罗马，然后去了威尼斯，据说最后死在了那里，在人生的最后阶段一贫如洗。西西里神职人员的违规行为可能确实是极其严重的：因为不仅弗里德里希二世监禁了大批下级神职人员，甚至教宗也不得不撤换个别主教，如卡里诺拉（Carinola）和斯奎拉切（Squillace）的主教。被弗里德里希二世废黜的主教们跑到罗马避难，罗马逐渐成为流亡的西西里人的庇护所。除了上述三位主教之外，莫利塞伯爵托马索也在罗马，还有阿奎拉伯爵鲁杰罗、圣塞韦里诺伯爵雅各布和其他贵族，大概还有锡拉库萨伯爵阿拉曼·达·科斯塔与耶路撒冷国王约翰。这些事件让霍诺里乌斯三世很恼火。他在当时默许了皇帝对主教们的处置，但这些事件一直让教宗怨恨，有时还成了教宗责难皇帝的主题。但最终引起双方（以书信形式的）激烈争论的，就像英诺森三世时代一样，是西西里的主教选举问题。

上文已经解释过所谓的"主教选举自由"对整个教会体制是多么至关重要。现在我们从另一个角度考虑：在教廷着手加强其与整个基督教世界的主教们之间的关系，并将他们转化为教宗直接下属的同时，西方也在开展一场平行的运动，即各国强烈的"民族意识"的发展。教会努力使每个国家的主教接受罗马的直接控制，这无疑也是为了尽其所能地抗衡罗马世界分崩离析的趋势。但当每个民族努力将自己巩固成一个统一的国家时，教会的上述做法就阻碍了各民族的发展，因为在任何地方，教会都是"国中之国"。这是因为教会绝不是一种纯粹的宗教势力，而是一种非常物质的势力，拥有土地和其他财产，而且在最重要的问题上不接受国家的监管和司法管辖。这种情况迟早会在欧洲的每个国家导致严重的摩擦。冲突之所以首先发生在弗里德里希二世那里，并且发展到那么大的规模，是因为他不仅是西西里的国王，还是皇帝。作为皇帝，他有双重立场要维持：在维护世界统一的方面，教会的目标与皇帝一致，因为罗马皇帝像教宗一样，认为自己对世界的统一负有责任；但皇帝的立场在一点上与教宗有分歧，即皇帝虽然主张世界的统一，但他不仅完全承认各民族的不同个性，甚至皇帝自己也在努力创造一个新的、整合的民族国家。弗里德里希二世的双重立场在一开始是潜伏的；当建立西西里国家的任务使这个问题对他来说至关重要时，他的双重立场才开始全面地显现出来。在这里，我们可以看到困扰弗里德里希二世一生的始终如一的冲突的开始。它可以被表述为"一个罗马帝国，但有多个民族"。后来但丁以更尖锐的形式感受到了这种矛盾："各自独立的个人，但同属于一个罗马帝国。"

值得注意的是，德意志的民族感情（其表现形式为与罗马的对立）此时还不太发达，因此暂时无须弗里德里希二世决断，所以他允许教廷掌控德意志主教的选举。但在西西里王国，他不仅是皇帝，而且是国王，所以他与教宗的斗争在西西里最为激烈。他还是个孩子的时候，就曾在巴勒莫的主教选举中与英诺森三世交过手。随着时间的推移，这类事件必然越来越多。只要看一眼西西里教会的构成，就会发现主教选举在西西里有多么重要。没有一个国家的主教选举如此频繁，因为这片小小的土地拥有 21 位大主教和 124 位主教。当我们意识到在 1215 年的拉特兰大公会议（基督教世界几乎所有的教会高层领导人都出席了这次会议）的 405 名与会者中竟然有 105 名来自西西里王国时，西西里主教的数量之多就更惊人了。大主教的庞大数量也许可以追溯到拜占庭对南意大利的影响：希腊的大司祭（Erzpriester）演化成了罗马的大主教（Erzbischof），尽管两者有根本的不同，而且"大司祭"的含义只不过是独立于君士坦丁堡宗主教的教士。西西里的主教数量极多，所以职位空缺发生得异常频繁，因此对皇帝来说，把各个主教区托付在忠诚可靠的人手中是至关重要的，这样才能让主教们不会与皇帝对着干，并且支持皇帝。这样的话，主教就会像诺曼王朝时代那样，成为国王和国家的下属机关。恰恰是主教人数极多这一点，对皇帝实现其意图特别有利，因为西西里的主教不像德意志的主教那样是拥有广袤领土的强大的帝国诸侯，而本来就是为教会或国家服务的官僚。

弗里德里希二世心目中理想的主教有一个很好的代表，那就是西西里教会的首席主教，即巴勒莫大主教卡斯塔卡的贝拉尔多（Berard von Castacca）。为了避免与弗里德里希二世在巴勒莫的主教选举中发生争执，教宗英诺森三世将西西里首都的教会委托给了原巴里大主教贝拉尔多。从弗里德里希二世的角度来看，没有比这更合适的选择。巴勒莫大主教贝拉尔多变得对皇帝来说不可或缺，简直可以说是第二个赫尔曼·冯·萨尔察。贝拉尔多没有条顿骑士团大团长的政治家风范，但在学识和文化方面比他高明得多。贝拉尔多享有罗马教廷的尊重，但同时全心全意为皇帝服务。最终，在与教宗的所有重要谈判中，都会由这位精明而令人敬畏的高级教士代表皇帝。事实上，在所有重大事件中，巴勒莫大主教贝拉尔多都有参与，因为他始终得到皇帝的完全信任。贝拉尔多的功绩不胜枚举。弗里德里希二世自己写道："……在各种危险中，他都站在我身边，他为我忍受了许多事情。"贝拉尔多是为数不多的能够呼吸到弗里德里希二世宫廷知识气氛的高级教士之一，并且能够在廷臣们的文学活动中表现得不逊于任何人。事实上，正是贝拉尔多慧眼识珠地发现了皮耶罗·德拉·维尼亚，并把他带到了皇帝的宫廷。但贝拉尔多最大的贡献（确实是非常重大的贡献），是他在弗里德里希二世的一生中一直与他保持着密切的关系。作为巴里大主教，他曾是幼年弗里德里希二世的内廷官员之一，还曾陪他前往德意志冒险。正是在贝拉尔多的抗议下，康斯坦茨主教为弗里德里希二世打开了城门。正是贝拉尔多代表弗里德里希二世出席了拉特兰大公会议，从那以后他几乎一直生活在皇帝的宫廷里，并注定要比他的主公长寿，为皇帝主持了最后的圣礼。他是皇帝的工具，一直对他忠心耿耿，哪怕皇帝遭到了禁令和诅咒。我们对贝拉尔多的个性没有详细的了解，但作为一个从皇帝的童年到临终前都陪伴在他身边的忠实而可敬的教士，他是弗里德里希二世的故事里最有人情味的配角之一。没有什么惊人的成就能让贝拉尔多的名字永垂不朽；但当伟大的事迹发生时，他就在现场，这就足够了。

这大概就是弗里德里希二世喜欢的那种高级教士。在西西里总是有相当数量的这种人，尽管其中没有人像巴勒莫大主教贝拉尔多那样享有与皇帝的亲密关系。根据康斯坦丝皇后①与英诺森三世签署的政教协定，皇帝剩下的与教会有关的唯一权利就是为空缺的主教职位选择这样的追随者，或者说，皇帝只有权同意这样的候选人。康斯坦丝皇后的政教协定将国王对于教会的权利缩减为对主教座堂管理委员会提出的候选人予以同意。但由主教座堂管理委员会选择并经国王确认的主教，只有在得到教宗最终批准后才能真正就职。所以，即使是国王的这种微不足道的特权，也因为教宗恢复了古老的"权力下放的权利"（Devolutionsrecht）而被进一步削弱。根据"权力下放的权利"，如果一个主教职位发生了超过 6 个月的空缺，教宗有权立即亲自派人填补，而无须征求国王或主教座堂管理委员会的意见。因此，罗马教廷最喜欢的做法，就是以微不足道的借口将主教的最终确认（根据上述的政教协定，这是教宗的专有权利）推迟到 6 个月之后，然后简单地任命另一个最适合罗马教廷的人，哪怕国王和主教座堂管理委员会都不想要这个人。而皇帝试图超越自己的权限，并通过承诺或施压，诱使主教座堂管理委员会选择他提议的候选人，这可能是一位御医，也可能是一位公证人。教廷对皇帝的这种干涉选举的做法不无异议。在这些年里，局面逐渐发展到这样的地步：只要是皇帝推荐的人选，教廷就一定会反对。例如，在卡普阿，一位

① 指弗里德里希二世的母亲，不是他的第一任妻子。

名叫乌戈的总铎（Dekan）被一致选中，并由弗里德里希二世推荐给教宗。皇帝似乎并不认识这个乌戈，但向教宗推荐他，赞扬他是"一个有才学的、合适的人，而且是本地人"。教宗果然拒绝接受。又如，在诺拉（Nola），皇帝的公证人佩隆努斯大师（Magister Perronnus）被选为主教，但有少数人持反对意见，所以他的任命没有得到确认。另外萨勒诺大主教的长期空缺也可以这样解释。已故的萨勒诺大主教阿耶洛的尼科洛（Nikolaus von Ajello）在生前提名了自己的继任者。尼科洛是阿耶洛伯爵里卡尔多的亲戚，这位伯爵不是弗里德里希二世的朋友，曾追随奥托四世皇帝，还反抗过《特权法》。因此，里卡尔多已经失宠了，这足以让弗里德里希二世否决尼科洛提名的继任者。在布林迪西，皇帝与教廷的摩擦达到了一个高潮。布林迪西的主教座堂管理委员会一致选举皇帝的公证人和内廷官员特拉耶托的乔瓦尼（Johann von Trajetto）为下一任主教，罗马教廷对此人也很熟悉。弗里德里希二世竭力争取教宗确认该候选人的任命，甚至向罗马派出了一个特别代表团。但在罗马，拒绝皇帝支持的候选人几乎成了原则问题。尽管弗里德里希二世再次写信争取，霍诺里乌斯三世还是以选举中的技术性错误（选举是在前一任主教去世三个月后才举行的，太迟了）为借口拒绝了特拉耶托的乔瓦尼。类似的情况在阿韦尔萨、阿切尔诺（Acerno）、萨尔诺（Sarno）、孔扎（Conza）、巴里等地普遍存在。从我们今天掌握的文献来看，在主教任命的问题上皇帝从未成功地达成自己的意愿。这确实是因为教廷的敌意。

双方都越来越满腹怨恨。霍诺里乌斯三世指责弗里德里希二世干涉主教选举，并用类似于英诺森三世多年前对少年弗里德里希说的话警告他：他最好不要重蹈祖先的覆辙，正是因为他们的过失，他才成为施陶芬家族的最后一个子孙。皇帝回信说，霍诺里乌斯三世正在企图毁灭他，教宗的保护不是保护，而是摧毁。他还极其犀利地表示，如果教宗不认可皇帝提名的主教，教宗就可以省去派人到西西里王国担任主教的麻烦，因为皇帝会拒绝接受教宗挑选的人；皇帝将下达命令，不仅关闭教堂，而且关闭城市的大门，阻止教宗任命的新主教入内。这句话有宣战的意味，但霍诺里乌斯三世并没有这样理解，而是把它搁到一边，说年轻的皇帝被奸臣误导，并且过于稚嫩无知。但皇帝这样的行为必然会引起不愉快。教宗最后要求皇帝为其信使的不体面言论（实际上是指皇帝信件本身的放肆语气）道歉。教宗是否收到皇帝的道歉，我们不得而知。但在进一步警告弗里德里希二世不要干涉教会事务之后，教宗开始填补空缺的主教职位。教宗表示，俗人干涉教会是件危险的事情。例如《圣经》中的乌撒（Usa），他在牛摇晃约柜时伸手去扶，而他是没有资格触碰约柜的，于是上帝为他的错误打击了他，他就死在了上帝的约柜旁①。从今往后，教宗将亲自为他的羊群指定牧人。即使弗里德里希二世并不讨厌教宗选中的人——例如，马里努斯·菲兰杰里（Marinus Filangieri）是皇帝的最高军务官②里

---

① 《旧约·撒母耳记下》第 6 章第 3~7 节：他们将神的约柜从冈上亚比拿达的家里抬出来，放在新车上。亚比拿达的两个儿子乌撒和亚希约赶这新车。他们将神的约柜从冈上亚比拿达家里抬出来的时候，亚希约在柜前行走。大卫和以色列的全家在耶和华面前，用松木制造的各样乐器和琴、瑟、鼓、钹、锣，作乐跳舞。到了拿艮的禾场，因为牛失前蹄（或作惊跳），乌撒就伸手扶住神的约柜。神耶和华向乌撒发怒，因这错误击杀他，他就死在神的约柜旁。

② 最高军务官（Marschall）这个词源自古诺曼法语，最初的意思是马夫或马厩管理人，在中世纪早期指的是王室的近卫队长，负责王室内廷的安保，后来演化为高级军事指挥官。

卡尔多·菲兰杰里（Richard Filangieri）的兄弟——但他还是禁止他们进入西西里王国。教宗和皇帝之间的书信越来越充满敌意，直到最后，恰恰在皇帝忙于恢复伦巴第的秩序时，双方压抑了很久的怒火同时爆发了。

在弗里德里希二世统治的早期，他当然也体会到了他的另一个敌人——伦巴第诸城市的敌意。此时他还不是伦巴第诸城市的对手，一个重要原因是当时的罗马教廷支持它们。《圣杰尔马诺条约》给了弗里德里希二世两年的时间，然后才需要开始十字军东征。他打算在处理东方问题之前，利用这一时期来妥善处理西方的所有事务。西西里的改革已经大致完成，而德意志问题将在弗里德里希二世决定在伦巴第举行的朝会上得到处理。之所以要在伦巴第举行关于德意志问题的朝会，是为了在伦巴第地区也充分彰显他的帝王权威。因此，他邀请德意志诸侯和亨利国王于1226年复活节到克雷莫纳。"如果你们来没有什么别的理由，只是为了见我，那么我见到你们也会很高兴，"他在邀请函的末尾这样写道。朝会的议程只提到了非常一般的话题：在意大利恢复帝国的权利，铲除异端，执行十字军东征。弗里德里希二世特别强调了最后两点，它们涉及教会事务。在德意志和西西里的联合武装力量的支持下，他很有希望压制伦巴第人，使其处于温顺服从的状态。

但对皇帝来说不幸的是，伦巴第人注意到了王权最近在西西里的重整旗鼓，所以很清楚弗里德里希二世口中的"恢复帝国的权利"是什么意思。伦巴第的现状是由1183年巴巴罗萨的《康斯坦茨和约》规定下来的。之后的几十年里，皇帝都没有干预伦巴第诸城市。在这段时间里，毫无疑问，伦巴第诸城市已经悄悄侵占了帝国在北意大利的许多财产和权利，就像较小的势力在西西里篡夺王家权利和财产一样严重。伦巴第人害怕皇帝会在北意大利也颁布一部《特权法》，只是它的影响会比在西西里王国更深远。伦巴第诸城市不愿意忍受这样的压制。一些夸大其词的报告传到伦巴第人耳边，说弗里德里希二世正在为他的伦巴第朝会集结强大的军队。这是个决定性的消息。伦巴第人迅速对皇帝产生了不信任感，于是在米兰的领导下组建了一个联盟，北意大利的大多数市镇都加入了这个联盟。

弗里德里希二世很可能并未打算在伦巴第实施某种形式的《特权法》，因为他很清楚，伦巴第问题的性质与西西里截然不同。在伦巴第，他的对手不是众多互不团结、相互争斗的小势力，而是大量同质的敌人。伦巴第的这些领土邦国与德意志诸侯相似，虽然相互之间有纠纷和争斗，但为了击退共同的外部敌人，会迅速团结在同一面旗帜下。《康斯坦茨和约》并没有禁止伦巴第各城市结盟，但曾经的伦巴第联盟①的这次复兴，显然是敌对皇帝的行为，而且确实是由弗里德里希二世的立场引起的。在伦巴第政治中，他的立场逐渐变得越来越清晰，支持某些派系而反对别的派系。伦巴第的局势十分不幸，实际上分成了两个针锋相对的阵营，皇帝几乎不可能置身事外，必然会加入其一。传统和个人的偏见决定了他对阵营的选择。

---

① 伦巴第联盟是 1167 年由北意大利大部分城市组成的政治联盟，在罗马教廷的支持下抵制神圣罗马皇帝（当时是巴巴罗萨）对意大利施加影响力的企图。巴巴罗萨曾一度攻破米兰，但最终仍然无法控制北意大利，在 1176 年的莱尼亚诺战役中惨败，随后不得不与教宗亚历山大三世签署《威尼斯和约》，向其屈服。在巴巴罗萨的孙子弗里德里希二世在位期间，伦巴第联盟多次重组，来对抗这位皇帝。弗里德里希二世于 1250 年驾崩后，伦巴第联盟就解散了。

就像热那亚和比萨争夺地中海西部的霸权一样，克雷莫纳和米兰正在争夺伦巴第的霸权。米兰在历史上一直是伦巴第地区最强大的城市。坐在圣安波罗修①宝座上的主教们的傲慢，在11世纪上升到胆敢与罗马一争高下的程度。弗里德里希二世向罗马人提醒了这一点，刺激他们去压制米兰的傲慢。此外，米兰是一座古老的加冕城市。在近期历史中，亨利六世曾在米兰戴上了意大利国王的王冠。米兰人民有理由感到自豪，因为他们是各市镇中第一个为自由而战的：在米兰，市民和较低级的贵族史无前例地联手反对权贵，并在革命的民众运动（motta）中实现了城市的统一。米兰也是第一座很早就敢于反抗皇权并且得胜的城市。觉醒之后，米兰在其执政官的领导下努力争取政治独立，只是在极不情愿的情况下才臣服于宗教权威或世俗权威颁布的法律。米兰强大的市民阶层的这种双重反叛的态度（反对教会和帝国）使米兰成为异端和叛乱的焦点。它的领土相当于一个公国的大小，并且没有其他伦巴第城市可以在威望、权力和财富上与它平起平坐。其他城市也很早就对自由、独立和领土扩张产生了渴望。虽然它们之间有无休止的战争，但如果外来的干预威胁到它们的自由并激起它们的共同抵抗，它们都愿意承认"中心城市"（即米兰）的领导地位。这并不妨碍各城市偶尔联合起来对抗米兰的压倒性优势，甚至在巴巴罗萨于1162年摧毁米兰城时向他提供支援。但若干城市之间的这种联盟并不意味着它们有更宏大的梦想。对伦巴第人来说，自己的城邦就是全部。这种狭隘地专注于本城市的心态阻碍了所有

---

① 米兰的安波罗修（Amrbosius，约339—约397），或称圣安波罗修，神学家和政治家，曾任米兰主教，是天主教会公认的四大教会圣师之一。安波罗修的宝座指的就是米兰大主教的位置。

严肃的政治思考，也使得他们不愿意服从罗马帝国的统治。

　　但并不是所有的城市都追随米兰，有一部分城市支持克雷莫纳。塔西佗的评判似乎在很长一段时间内像诅咒一样笼罩着这座城市："没被外敌伤到，倒是因为自己人而遭了殃（Bellis externis intacta, civilibus infelix）。"但从 9 世纪开始，克雷莫纳也变得强大而富裕，它的船只沿着波河航行，与威尼斯，甚至直接与拜占庭开展贸易。据了解，克雷莫纳是意大利第一座被授予城市特权的城市，从那时起，得到奥托三世保护的克雷莫纳居民就主要是站在帝国那边。100 年后，即 1098 年，克雷莫纳对帝国的忠诚得到了永久性的巩固：曾见证伟大的卡诺莎之争①的女

---

①　即"卡诺莎之行"事件。1077 年，在主教叙任权斗争期间，神圣罗马皇帝亨利四世被迫到教宗格列高利七世暂居的卡诺莎城堡（属于托斯卡纳女侯爵玛蒂尔达），向教宗屈服认错，恳求教宗想罪并解除对他的绝罚。传说亨利四世被迫在刮着暴风雪的户外跪了三天三夜，才被允许拜见教宗。对于卡诺莎之行的意义，历来有很多争议。有人认为，这是皇帝的奇耻大辱，是教宗的辉煌胜利。也有人认为，亨利四世纯粹是在演戏，骗取了教宗的宽恕。还有人认为，不管怎么样，这对教宗来说都是一次失败，因为亨利四世无论是真诚还是演戏，都已经摆出了如此卑微的姿态，教宗实际上没有选择，只能宽恕对方，否则就会丧失自己的道德权威。所以，亨利四世选择主动示弱和让步，是非常聪明的做法，他其实是逼迫教宗做出了违心的决定。

　　亨利四世在得到宽恕之后，花了几年时间整顿江山、镇压反叛的贵族，然后他在 1081 年入侵罗马，推翻了格列高利七世，立自己的一位亲信为新的教宗。曾经不可一世的格列高利七世，最后在逃亡路上凄凉地死去。不过，亨利四世的下场也不好，他后来被自己的儿子亨利五世推翻了。亨利五世登上皇位之后，和罗马教廷达成了一定的妥协：皇帝和贵族这些世俗权威不再享有任命神职的权力，但他们仍然对任命过程具有相当大的影响力。

　　"卡诺莎之行"后来成了西方文化中一个很有名的成语，人们通常用它来形容一个人被迫忏悔认错，而且带有屈辱的意味。有意思的是，不同时代、不同民族的人们，往往会根据自己的目的，对"卡诺莎之行"做不同的解释。比如说，后来的德意志民族主义者会歌颂亨利四世是民族英雄，因为他坚决反抗外国人对德意志的干预。而在一些意大利人看来，"卡诺莎之行"是意大利人的一次伟大胜利，格列高利七世是他们的民族英雄，因为他代表着意大利人对德意志人的胜利。

侯爵玛蒂尔达（Mathilde），在克雷莫纳和米兰之间扔下了一个不和谐的苹果，因为她扩大了赠予克雷莫纳人的礼物，将阿达河（Adda）与塞里奥河（Serio）之间的土地赠给他们，即所谓的"福尔切利岛"（Insel Fulcherii）及克雷马城（Crema）。编年史家写道："从这一年，争夺克雷马的斗争开始了。"从这时起，克雷莫纳就一直站在皇帝一边，因为米兰也对克雷马提出了主张，而只有皇帝才能保护克雷莫纳人免受米兰的侵害，从而确保克雷莫纳人继续享有玛蒂尔达的馈赠。对皇帝来说，重要的是支援那些忠于他的市镇，以及那些不时因为这样或那样的原因与米兰或米兰的臣属为敌的城市。伦巴第的政治局势风云变幻，而且变化很突然。但是，无论两个敌对城市的追随者有多大变化，有一件事在伦巴第始终没有改变，那就是克雷莫纳和米兰之间的刻骨仇恨。

弗里德里希二世不得不在伦巴第的派系斗争中摆出自己的立场。理论上他有两条路可走：如果他能找到一个让大家都满意的方案，他就可以置身事外，凌驾于各城市的争吵之上，从而为自己赢得全体伦巴第城市的支持。事实上，如果弗里德里希二世不是不断地寻求与贵族式教会和解，而是与伦巴第人一起对抗共同的敌人——教廷，这是完全有可能实现的。弗里德里希二世在很多领域的最伟大成就之一，便是让帝国与"第三等级"联合反对教士，但出于诸多原因，他在权力政治的领域没有考虑这一招。因此，他只有第二条路可走，即站队：像之前的一些皇帝一样，支持克雷莫纳；在这座城市及其盟友的帮助下，再加上西西里的资源（早先的皇帝们没有掌握这些资源），并在德意志人的支持下，尽可能兵不血刃地震慑和威吓另一方，从而恢复帝国的权利。个人因素自然也是有影响的：弗里德里希二世17岁时第一次去德意志，就遭到了米兰人的追杀，而亲施陶芬的克雷莫纳在他陷入危局时救援了他。为了表达谢意，他曾保证支持克雷莫纳，确认了它对克雷马和福尔切利岛的所有权。弗里德里希二世显然认为他与克雷莫纳的旧情仍有价值。他认为自己仍受当年承诺的约束（如此守信，绝不是他的一贯作风），所以"这座祖祖辈辈忠于帝国的城市"得到了皇帝在此前和此后都很少对任何城市赋予的恩宠，后来克雷莫纳城甚至担任了弗里德里希二世的儿子康拉德的教母。但另一个因素也很重要：皇帝对任何反叛者都有一种本能的仇恨，对米兰尤其满怀一种祖传的仇恨。10年后，皇帝这样说道："在我逐渐成熟的青春岁月，在身心蓬勃发展之际，出乎人们的预料，我仅靠天意的帮助，便登上了罗马帝国的最高峰……这时，我所有的敏锐思考就不断地指向同一个目标……为（伦巴第人）对我的祖父和父亲的侮辱，向（伦巴第人）复仇，把已经在其他地方培育出来的可憎的叛贼踏平在脚下。"这种深恶痛绝的仇恨，这种对复仇的渴望，不会容许任何争论。它只是一个需要考虑的事实。早在1219年，弗里德里希二世就在德意志向克雷莫纳人发誓，没有他们的同意，他绝不恩宠米兰。他很快就把对伦巴第几乎所有事务的控制权下放给了克雷莫纳。

上述就是北意大利的一个主要裂痕，皇帝对它的立场已经确定了：他宣布在克雷莫纳召开朝会，这一点就向敌人表明了他的态度。但在北意大利分裂和争斗的纠葛中，这两组城市的竞争仅仅是众多裂痕中的一个。大约从13世纪初开始，所有这些城市的居民就发生了内部的派系分裂。在11世纪，市民和下层贵族共同反对侯爵和伯爵们，并为他们的城市夺取了权贵的土地。而现在，平民开始起来反对下层贵族和城市骑士。在大多数城市都形成了两个派别，骑士党和平民党。在某些情况下，不同城市的类似派系结成了联盟。这场争吵在另一个方向将伦巴第分为两派，皇帝必须在这两派之间做出选择。虽然总的来说骑士是亲皇帝的，而作为敌视权威的革命派的平民似乎天然是皇帝的敌人，但他的态度不可能仅仅是简单地支持骑士。对弗里德里希二世来讲，局势并非如此简单明了，因为骑士经常反对皇帝，平民则相反。甚至有时会发生这样的事情（就像后来在锡耶纳发生的那样）：皇帝的一个手下巧妙地成为民众运动的领导者，于是，胜利的平民党是支持皇帝的。但我们还是可以追踪到指导弗里德里希二世决策的若干明确的原则：在克雷莫纳、帕尔马、帕维亚等传统的忠皇城市，他努力消除骑士与平民的分歧，促进和平，以确保这些忠皇城市的整体支持。在那些他认为摇摆不定的城市，以及那些他不指望争取到其全部人口的城市，他就站在了骑士一边。例如，在不可靠的皮亚琴察，他瓦解了平民党，宣布他们为叛乱分子，并对其颁布禁令；同时他承认并保护了愿意对他效忠的骑士党，并向邻近的城市发布命令，要求它们支持皮亚琴察的骑士。皮亚琴察的骑士和忠皇的市镇克雷莫纳之间甚至诞生了一个短暂的联盟。而在那些较为敌对皇帝的城镇中，皇帝尽可能地挑拨离间。所以弗里德里希二世的政策是非常复杂的，因为他必须有针对性地处置每座城市，而且除非他准备武装干预，否则永远无法运用他惯用的直截了当的手段。

我们以两封信函为例，来说明支持和反对皇帝的城市的截然不同的观点。如果这封信是捏造的，那就更能说明问题了。佛罗伦萨人在这些年里写信给亲帝国的城市锡耶纳："诚然，皇帝陛下不受任何法律约束，享有充分的权力。但皇帝陛下的威严依赖于法律，他不能贪恋不属于自己的东西，以免他违反法律，在他强制别人服从的时候，自己却被指责为不公正。"锡耶纳人回信道："在和平或战争中，罗马皇帝作为胜利者高高在上，这是他的权利。他不能容忍臣民妄图与他平起平坐。如果所有人的地位都是平等的，那么皇帝的名字就是一个空洞的假象，因为没有下级就没有上级。若不是建立了不平等、安排了等级和级别，万国公法将一事无成。"

　　恐怕没有比这个例子更能清晰地表述亲帝国与反帝国两派观点之天差地别的了。并且这也让人想起教廷对各方的态度。民众运动主张本阶层的独立，反对世俗权威和宗教权威，所以中世纪的贵族式教会必然像皇帝一样敌视民众运动。教会对平民党确实不总是友好的。就在不久前，当米兰的民众起来反对主教时，教宗在伦巴第的特使——枢机主教奥斯提亚的乌戈利诺，就协助骑士党反对平民。弗里德里希二世和他之前的几位皇帝一样，总是尽可能地努力维护伦巴第城市中主教权力的微弱残余。在这些问题上，他表面上与教宗携手合作，教宗甚至将米兰逐出教会，并指责它"浸透了异端之毒"。弗里德里希二世在1224年3月加强了他在加冕礼上发布的反对异端的法令，以表明他在这些问题上与教会保持一致。根据皇帝的反异端法令，被主教谴责为异端的人将被押到一个世俗法庭，法庭对异端的惩罚是火刑或截断舌头，以防止更多的渎神行为。这些法令不仅仅是皇帝在对教宗"输送善意"，它们实际上代表了弗里德里希二世内心深处的信念（下文会谈到这一点）。在他眼中，叛乱者亵渎了皇帝的神圣威严，因此叛乱者与异端分子是同义词。弗里德里希二世在叛乱者和异端的问题上与教会保持完全一致，所以他相信自己的伦巴第朝会可以得到教会的大力支持，尤其是他的议程特别强调了镇压异端和十字军东征这两个教会最关心的项目。

弗里德里希二世算计得不错，教廷必须在十字军东征的问题上支持他，但这绝不意味着教廷会采取反伦巴第的立场。恰恰相反：在政治上，教会是依赖于伦巴第的。因为如果皇帝成功地在北意大利建立了一支类似于他在西西里组织的力量，那么教宗国就会再一次被帝国的领土从南北两面包围，而且教廷可以预见他的下一步行动。教宗新"光复"的土地，即教宗国在意大利中部的几个省份，受到了帝国的威胁；至少亚得里亚海沿岸地带、安科纳边疆区和斯波莱托，但很可能还有教宗国的其他部分土地，都可能被弗里德里希二世占领，从而为他提供一条从南到北的走廊。弗里德里希二世自己也向教廷表达了他对这些土地的渴望是多么强烈。但是，只要伦巴第人抵抗皇帝，并站出来反对皇帝把西西里君主制复制到北意大利，教宗国就很安全。因此，教廷不可能帮助皇帝瓦解伦巴第人的抵抗，反而还要支援伦巴第人。在政治上，作为一支政治势力的教会发现伦巴第联盟是一个有价值的盟友。所以罗马方面欢迎这样的事实，即伦巴第联盟正在将自己组织成一个类似于国家的实体。伦巴第联盟的存续期限被延长了 25 年；所有加盟城市每年都要重新宣誓；任何城市不得与敌人单独媾和；退出联盟将被视为"叛乱"并受到相应惩罚。在皇帝眼中，伦巴第联盟就是一个叛乱的国中之国；而对教会来说，它则是防止帝国包围的坚固堡垒。

何况，在异端和民众运动的问题上，皇帝和教廷的观点绝非完全一致。对于桀骜不驯、敌视一切权威的罗马平民，教廷的态度与皇帝一致，但教廷与罗马民众的许多联系是皇帝没有的。教廷虽然愿意利用皇帝的剑来铲除异端，但绝不像弗里德里希二世认为的那样，在这个问题上完全依赖于皇帝的帮助。这是有特殊原因的。此时有两个新成立不久的托钵修会——亲民的方济各会和专注于铲除异端的多明我会，在努力接触平民和异端分子这两个群体，从而引诱他们回到教会的怀抱，或使他们变得无害。这两个修会为伦巴第和教廷之间的联盟带来了超越权力政治的意义。在此，我们不打算详细讨论这些修会的各种活动，但可以引用传说中的一个插曲来说明圣方济各与民众之间的密切联系：有一天，当圣方济各在佩鲁贾对着一大群人布道时，本城的骑士侵入了广场，开始比武和遛马，故意干扰圣徒的布道，于是民众就对骑士们发动了攻击。因为圣方济各的布道和信息是特别针对那些下层市民的，所以他们热情地依附于这位清贫的圣徒。

　　当弗里德里希二世准备去召开朝会时，北意大利错综复杂的局势就大致如此了。雪上加霜的是，弗里德里希二世与教廷在西西里主教选举问题上的争吵当时正处于高潮。最后，他向北意大利的进军还不可避免地引发了新一次与教廷的争吵，几乎导致双方撕破脸皮。原来，弗里德里希二世没有征得教廷的同意，就把部队直接开进了教会控制的意大利中部，并表现得仿佛教会只是以帝国的附庸的身份持有这些领土一样，在这些地区为他的伦巴第朝会征募了一些辅助人员。这一操作无疑是对教廷的严重侮辱。但弗里德里希二世是故意不征求教廷同意的，因为如果他申请了，而教宗不准他通过教宗国领土，那么争吵同样是不可避免的，而且皇帝自己还会创造一个危险的先例，即承认皇帝没有权利在未经教宗批准的情况下将军队从西西里开进北意大利。现在，教宗霍诺里乌斯三世因为这次进军而怪罪弗里德里希二世，指责他对教会忘恩负义，最后双方压抑已久的怨恨都爆发出来了。"教宗要浪费我们的耐心到什么时候为止（Quousque tandem patientia mea abutetur pontifex）！"①这是（根据后人的记载）弗里德里希二世的一句回答，把教宗比作喀提林②。这不是皇帝的原话，但符合他的回信的主旨。弗里德里希二世在一封言辞激烈的信中倾诉了他对教廷的所有不满：就他自己而言，他不亏欠教会什么，因为教会在任何时候给予他的任何帮助，都只是为了自己的利益；他满足了教宗提出的每一个愿望；教宗却欢迎皇帝的每一个敌人和每一个西西里流亡者来到罗马；教宗削减了皇帝在西西里的权利；教宗阻碍了皇帝惩治放肆的教士；教宗"没有抬起一根手指"来减轻皇帝肩上的十字军东征的负担；等等。

教宗霍诺里乌斯三世在一封长信中做了回复，逐条驳斥了皇帝信件中的每一个论点。教宗的这封信在风格上是一部杰作，开头是这样写的："你在信中说，你觉得我的信不可思议……我觉得你的信才是更加不可思议。"霍诺里乌斯三世没有遗漏任何一点，谈到了弗里德里希二世对那些目前在罗马的流亡者，特别是不幸的耶路撒冷国王约翰的待遇，对皇帝来说这些人唯一的罪行是他们还活着。教宗借机提醒弗里德里希二

---

① 引申自西塞罗的反喀提林演说第一篇第一句："喀提林，你要浪费我们的耐心到什么时候为止！"

② 卢基乌斯·塞尔吉乌斯·喀提林（约前108—前62）是罗马的政治家和元老。公元前63年喀提林计划刺杀执政官西塞罗和其他对他有敌意的元老，发动政变、推翻罗马元老院的统治。这阴谋被西塞罗发现。两天后在元老院的会议上，喀提林仍然照常出席。西塞罗当众斥责他，发表了在历史上著名的反喀提林演说。喀提林阴谋败露后逃离罗马，后战死。

世去记得他的伟大榜样："你不会在尤利乌斯·恺撒的事迹中读到类似的内容，他放过了多米提乌斯，哪怕多米提乌斯自己不愿意走①；而当梅特卢斯挥剑自尽时，恺撒认为梅特卢斯不值得他发怒……②"虽然形式上很完美，但这是一封充满恨意的信，教宗在其中倾注了他的全部愤怒。两人相互之间的敌意在这两封信中达到了高潮，也到达了终点。弗里德里希二世的回复非常简短，不过他不能不对教宗书信的冗长发几句讽刺：教宗那封啰唆的信从教廷的故纸堆里挖出了如此多的新旧材料，以至于如果一个充满这些材料的子宫从皇帝新的答复中再次怀孕，它将会孕育出与前一个类似的胎儿。弗里德里希二世表示，他怀着孝子对愤怒的父亲的感情，宁愿让事情不了了之，哪怕仅仅是因为教宗相对于皇帝拥有一项优势，那就是教宗手下有着众多学者和文士。

　　皇帝向教宗的"屈服"与他的伦巴第冒险的完全失败发

---

① 卢基乌斯·多米提乌斯·阿赫诺巴尔布斯（前54年执政官）是罗马共和国晚期贵人派的主要支持者之一，是尤利乌斯·恺撒的敌人。公元前49年恺撒率军渡过卢比孔河进入意大利时，多米提乌斯是唯一有胆量并且有行动力去抵抗恺撒的贵人派领导人。多米提乌斯的军队遭到恺撒军队的围攻，多米提乌斯指望庞培回来救援他，但庞培没有来。于是多米提乌斯的部下强迫他向恺撒投降。多米提乌斯命令自己的医生给他毒药以自杀，但医生给他的其实是安眠药。恺撒没有伤害多米提乌斯，将他放走。但多米提乌斯获得自由后继续与恺撒对抗，最终战死于前48年的法萨卢斯战役。后来的尼禄皇帝是他的后代。

② 昆图斯·凯基里乌斯·梅特卢斯·皮乌斯·西庇阿·纳西卡，简称梅特卢斯·西庇阿（约前95—前46），罗马共和国末期的政治人物，在恺撒与庞培的内战中力挺庞培。梅特卢斯·西庇阿出身于显赫的西庇阿氏族，后通过领养又成为同样显赫的凯基里乌斯·梅特卢斯氏族的成员。他的女儿科尔内利娅是庞培的第五任妻子。在公元前48年的法萨卢斯战役中，梅特卢斯·西庇阿指挥庞培军的中路。在庞培死后，他继续武装抵抗恺撒，最后兵败，带着尊严自杀，因此得到很多人的敬佩。

生在同一时期。几句话就足以叙述这些事件。弗里德里希二世首先试图通过强调他的和平意图，并将他对十字军东征的考量放在首位，来对抗伦巴第联盟出乎意料的敌对态度。在整个行军过程中，皇帝小心翼翼地避免与任何城市接触。但恰恰是他的克制，大大鼓舞了伦巴第人。他们无疑也得知了皇帝与教廷的严重摩擦，因此确信这一次他们最严重的担忧是没有根据的，因为教宗和皇帝不会联手来对付他们。于是自信的伦巴第人迅速行动起来。当亨利国王率领的德意志军队沿布伦纳通道而来，刚刚抵达特伦托时，伦巴第联盟的城市（维罗纳是其中之一）封闭了狭窄的隘口，禁止任何携带武器的人通过。完全由骑兵组成的德意志军队可能不够强大，无法强行通过，何况动武就违背了皇帝的意图，因为他不希望，也没有能力，在这个时候开始一场伦巴第战争。所以此时他宁愿向教宗投诉伦巴第人。与此同时，亨利国王在特伦托等待局势变化。没有他的德意志骑士，皇帝的军队就太弱了，甚至无法对伦巴第联盟进行震慑，更不用说实际施加严重的压力了。因此，弗里德里希二世开始与伦巴第联盟的领导人谈判，特别是关于德意志人的通行问题。封锁布伦纳通道，体现了伦巴第人前所未有的傲慢。对于开放这条道路，伦巴第人提出了皇帝不可能接受的条件，所以他拒绝进一步谈判。他的立场得到了身边的达官贵人和来自德意志、意大利、西西里和勃艮第的众多主教的一致支持。由于一再要求伦巴第联盟让步都没有结果，皇帝让聚集在他身边的主教将伦巴第联盟的所有城市开除教籍，理由是它们阻碍了十字军东征；他还颁布帝国禁令，宣布伦巴第人是冒犯皇帝尊严的不法之徒。他以此为由，禁止任何人与伦巴第人进行任何交往，并宣布关闭所有学校和机构，包括博洛尼亚大学。拖延了几个月，这是他唯一能够做成的事情。在整个事件中，他只能通过一种手段来勉强挽回面子，那就是摆出单纯的十字军战士的姿态，声称他不是为了私事，而是为了上帝和教会的使命而来到伦巴第；因此，伦巴第人的反对不是针对他，而是针对教会。通过巧妙地扮演这一角色，他迫使教会最终加入他的阵营。但在目前，他只能满足于将伦巴第人谴责为不法之徒并将其逐出教会，而伦巴第人的许多背叛行为（在法恩扎，一名骑士被误认为是皇帝而被杀害）只能将来再报复。朝会根本无法举行。少数德意志诸侯取道威尼斯与他会合，但亨利国王和其他大部分诸侯在几个月的无果等待后不得不从特伦托回家。伦巴第的混乱比以往任何时候都更严重，而弗里德里希二世一无所获。1226 年 7 月，他开始了返回西西里的旅程，此时他的行进路线已经受到了威胁。最后比萨的军队来接他，把他安全护送到他们的城市，他在那里逗留了一段时间。

　　尽管发生了这么多不愉快，弗里德里希二世在比萨逗留期间仍抽出时间与一位学者切磋。皇帝已经对他的著作有所了解。他们详细讨论了皇帝花了很多时间思考的一些几何和代数问题。这位学者就是比萨的列奥纳多·斐波纳契（Leonardo Fibonacci），当时最伟大的数学家，实际上是中世纪最伟大的数学家。一位名叫多米尼库斯（Dominikus）的西班牙学者将他介绍给了皇帝。列奥纳多曾在埃及、叙利亚、希腊和西班牙从事研究，此时正在努力将一种"遵照印度人方式"的新的计算方法引入欧洲，也就是用阿拉伯数字和零计算。弗里德里希二世通过他的宫廷哲学家、巴勒莫的乔瓦尼大师（Johann von Palermo）向列奥纳多提出的问题是如此艰深，甚至到今天也只有专业的数学家才能理解。令皇帝钦佩的是，列奥纳多能够轻松地解决这些问题。他为皇帝把这些问题写成了一本书，并从此与宫廷学者们保持联系，其中有特奥多尔大师（Magister Theodor），还有不久后来到皇宫的迈克尔·斯科特（Michael Scotus）。

与这些学者的友谊并不是皇帝在伦巴第逗留的唯一成果。一些德意志诸侯绕道来威尼斯拜见他，他们的到来使皇帝再次与德意志事务有了更密切的联系。不过，除了做了一些确认之外，他并没有试图干涉德意志事务。前一年，即 1225 年，科隆大主教恩格尔贝特，也就是当时的德意志总督，惨遭谋杀，巴伐利亚公爵路德维希被任命为他的继任者（也担任年幼的亨利国王的监护人）。此外，在皇帝没有施加任何干预的情况下，丹麦的势力已经崩溃，易北河以北地区（Nordalbingien）直到艾德河（Eider）的地方都落入了帝国的手中。这也是《里米尼金玺诏书》颁布的时期，条顿骑士团根据它的指示在普鲁士建立了自己的势力，以扩大帝国在该地区的权力。但目前对弗里德里希二世来说，没有什么比处理好伦巴第问题更重要的了，为此他需要罗马教廷的合作。

许多同时代的人说，教宗和教廷对伦巴第朝会的失败负有全部责任。这是把事情说得太简单化了。很明显，局势对皇帝不利，罗马教廷对此肯定是满腹的幸灾乐祸，尤其是教廷从弗里德里希二世的窘困中获得了直接的好处：弗里德里希二世现在满足了教宗的每一个愿望，对教宗十分恭敬殷勤；一声不吭地默许了教宗对西西里主教的选择，仿佛皇帝与教宗在这个问题上从来没有过意见分歧；当罗马发生饥荒时，皇帝积极主动地用西西里的粮食来援助教宗。也就是说，弗里德里希二世以其特有的灵活适应性，在一夜之间改变了策略，从彻头彻尾的

粗暴变成了深情款款的温顺，中间毫无过渡。但教宗的处境也
很困难：如果弗里德里希二世把近期的事态作为进一步拖延的
借口，那么皇帝的整个十字军东征就有可能被伦巴第人的顽固
态度破坏。教宗急于从皇帝出征的道路上清除哪怕是想象中的
障碍，所以他竭力在弗里德里希二世和伦巴第人之间调解，希
望在伦巴第实现一些可行的妥协。这不是一件容易的事，且对
霍诺里乌斯三世尤其困难，因为他不想失去伦巴第人这样一个
站在教廷那边对抗皇帝的潜在盟友。但伦巴第人显然是有错的
一方，他们没有任何理由封闭布伦纳通道。经过长时间的谈
判，由于弗里德里希二世态度温和，双方达成了临时性的和
解：教宗将解除对伦巴第联盟城市的绝罚，皇帝将撤销他的禁
令；伦巴第联盟将与亲帝国的城市、与克雷莫纳及其属地保持
和平。令皇帝不满意的原状实际上已经恢复了，而弗里德里希
二世所受的侮辱没有得到任何赔偿或道歉。皇帝暂时对教宗仲
裁的这一缺陷忽略不计，并宣布，为了十字军东征的利益，他
愿意接受这一临时性裁决。但他不能再对伦巴第人和教宗紧密
的政治联盟视而不见了，他们的关系随着皇帝权力的增长而越
来越密切。皇帝有理由认为，教宗与伦巴第异端分子和叛乱
者，即教会和帝国的敌人结盟，是教宗对教会本身的背叛，也
就是对中世纪贵族式教会的背叛。弗里德里希二世不可能有别
的感觉：只有在他对这种背叛的愤怒中，他才可以向自己和世
界证明，他与教廷的斗争是正当的。事实上，他对自己使命和
事业的正义性的信心主要是基于这样一种信念，即教会和异端
的这种"违背自然法则"的联盟破坏了上帝规定的世界秩序。
这是一个纯粹的贵族式秩序，建立在双剑（属灵的剑和世俗
的剑）以及两位君主（皇帝和教宗）的团结的基础之上。

在皇帝看来，罗马教廷与伦巴第市民的联盟（教宗为此最终抛弃了皇帝，并因此抛弃了教会权威与世俗权威的团结）是反常的。如果这种反常的联盟背后唯一的原因就是教宗的权力政治的利益，那么弗里德里希二世说自己遭到了背叛就是完全正确的。在教宗的考量当中，政治上的优势当然是最重要的。但在幕后，在伦巴第人和教宗的背后，另一种世界性力量正在发挥作用，弗里德里希二世有意识地与这种力量的有形代表做斗争，并且他一生都在不知不觉中与这种力量本身做斗争，并因此而变得越来越强大。这种力量就是阿西西的方济各和他所唤起的新的基督形象。

弗里德里希二世将在与阿西西的方济各的冲突中成长，我们可以从皇帝的一生看到这是怎样的一种成长。阿西西的方济各是和这位施陶芬皇帝同时代的最伟大的人，是一种真正的、神秘的反力量的承载者。弗里德里希二世在他的摇篮中时就注定要反抗这种反力量，并在反抗中动员世界上所有的力量。修道院长菲奥雷的约阿希姆在几十年前就预言了这种力量和反力量的到来：一个修会的创始人将重新引领基督和使徒的时代；教会将重新焕发青春，而一位皇帝将成为教会的惩戒者。据传说，约阿希姆把亨利六世的儿子描述为未来的世界惩戒者和混乱制造者，即敌基督的先驱。这个推论很清楚：基督的复兴必然会产生敌基督。

传说中，这两个伟大的对手有过一次会面。大约在1222年，当弗里德里希二世在巴里主持朝会时，圣方济各带着神圣的劝诫来到这里，警告民众提防罪孽的危险，并警告贵族注意宫廷的危险。春风得意的年轻国王和信守清贫的圣徒之间神话般的相遇，在人性层面类似于亚历山大大帝与犬儒主义者第欧根尼（Diogenes）的邂逅。传说中，弗里德里希二世在那时就已经扮演了诱惑者的角色。他试图用一个美女来考验这位圣徒著名的贞洁。考验失败后，皇帝看到"他［方济各］心口一致"，便命令随从退下，然后花了很多时间单独与方济各进行认真交谈，仔细聆听圣徒关于灵魂的救赎所要传授的道理。

不久之后，在 1223 年，小兄弟会①的最终规则得到了教宗霍诺里乌斯三世的确认。当方济各于三年后的 1226 年去世时，曾经激发他的那种热情已经传给了成千上万人。方济各带来的，其实是披着合法教规外衣的异端思想：他的第一次粉墨登场与"里昂的穷人"异端②的出现密切相关，也与阿尔比派有关，而教会在普罗旺斯与阿尔比派进行了多年的血战。异端分子传播了一种危险的思想，可以用"更多服从上帝，而不是服从人"这句名言来概括，主张个体灵魂与上帝的交流不需要罗马教士的中保，也不需要圣礼。正是为了打击这种异端思想，英诺森三世提升了教士的地位，并重申了俗人不能放弃教士的中保的原则。圣方济各和异端之间的唯一区别是，他承认教士的中保是正确的，尽管没有人比他更不需要教士。他甚至通过自己做出最高的牺牲——承认教宗的世界性教会的必然性，来把这些既然已经产生就很难铲除的"异端倾向"带入

---

① 即方济各会。

② 即所谓"瓦勒度主义"。彼得·瓦勒度（约 1140—约 1205）原本是里昂城的富商，有学识，请僧侣将《圣经》翻译为本地的法兰西-普罗旺斯语。这是欧洲第一部"现代语言"的《圣经》。后来他放弃家产和家庭，过清贫和圣洁的生活。瓦勒度在城市和乡村传道，不久就吸引了一批跟随者，有些人与他共同生活，他们组成一个小团体，更进一步实行耶稣基督的吩咐，四处传教，劝人悔改。他们被称为"里昂的穷人"。瓦勒度批评教廷的腐化和天主教会的一些教条，因此被谴责为异端。

教会的服务中。

阿西西的方济各在 1228 年，也就是他去世的几年之后，被封为圣徒。他创造的神迹不计其数。我们在此关注的神迹似乎缺乏天堂的魔力和天使的辉煌；但作为补偿，它向我们揭示了方济各是一个人、一个完整的人。今人往往在对那个温柔的、孩子般的圣徒的热爱中忘记了那个真正的人，尽管他对教宗采取了"帝王般"（这是但丁的说法）独立的态度；尽管他对教会采取了阳刚的反对态度；尽管他禁止修士们为了审美而阅读《圣经》（因为他认为，神圣之物是超越丑和美的）；尽管他属于那种伟大的人物，他们的圣洁与对"过于软弱腐朽的肉体"的严酷约束与规训是一体的。他在身体上承受的救世主的伤痛①对他来说没有那么痛苦。更让他痛苦的是，他不得不迫使他自由的、与上帝进行自由和直接交流的灵魂，进入罗马教会统治集团的僵硬无情的条条框框中，这对他来讲是一种可怕的压迫。异端分子可以通过在教会之外组建独立团体来逃避这种束缚，方济各却自愿接受了这种束缚，尽管他比其他人更深刻地感受到它，并因为它而遭受了更严重的痛苦。他知道，灵魂与上帝的私密的、直接的合一，是最崇高的目标。但他认为，尽管如此，教廷制度是必要的手段。与他同时代的人中没有一个像圣方济各那样充满了破坏教会的高爆炸力。尽管一开始他对教会统治集团十分厌恶，并禁止他的修士们接受教

---

① 据传说，1224 年 9 月，圣方济各在拉维纳山（Mt. La Verna）上禁食祷告 40 天，求神赐他恩典，让他经历主受难的痛苦，并感受基督为世人舍命的爱。在那里，他看到一个异象，当时和方济各在一起的利奥修士描述了此事件："突然他看到了一个六翼天使的异象，一个十字架上的六翼天使。这个天使给了他［方济各］基督五个伤口的礼物。"在方济各的手、足与肋旁都出现了基督受难的标记，即圣痕（Stigmata）。

会的特权或担任教会的职务，但与异端分子不同，他承认教会，并把他宽广的、天然的、崇高的精神强行纳入教会统治集团的狭隘、僵化的律法中。这种张力与弗里德里希二世（方济各在俗世中的对应者）开始在世俗领域勾勒出的对立——个人与世界性的罗马帝国之间的张力——相对应。但丁就是自觉地在这两种张力中受苦的人。

方济各找到了一种办法，将异端分子迄今受到谴责的自私自利的倾向纳入罗马教会，并为其服务。方济各会的创始人若是单枪匹马，就很难完成这一使命。但他有一个朋友出手相助，成为方济各会的保护者。这就是罗马教会的枢机主教奥斯提亚的乌戈利诺。这位枢机主教是一位富有经院哲学的智慧和渊博学识的教士，但与能够从源头创造新事物的方济各截然不同。将乌戈利诺与方济各联系在一起的，是乌戈利诺对纯朴的渴望，对摈弃世俗（从而专注于精神世界）的渴望，以及对神秘狂喜的渴望，而尘世的喧嚣和枢机主教的职责使乌戈利诺始终无法得到这些。但乌戈利诺身上仍有神秘主义的脉络：在他年轻的时候，他就对修道院长菲奥雷的约阿希姆（方济各会教义的"施洗约翰"）充满了敬佩之情，并且用自己的私人资金建立了两座弗洛拉会修道院①。正是奥斯提亚的乌戈利诺，通过他起草的方济各会规则的最终版本，将其创始人的精神引入了罗马教会。正是乌戈利诺巧妙地使充满北意大利的方济各会精神在忏悔兄弟会（Bußbruderschaften）中保持活力，以免它消散或者（更有可能的是）在北意大利那片危险的土

---

① 弗洛拉修会（Florenser）是菲奥雷的约阿希姆建立的一个天主教修会，其规章制度与熙笃会相似（但更严格）。弗洛拉修会在 13 世纪的南意大利很兴盛，16 世纪逐渐消亡。

地上堕落为异端，毕竟方济各会精神说到底就是从异端中产生的。乌戈利诺进行了安排和组织，与忏悔兄弟会一起在所有城市建立了方济各会的据点，从而使异端分子那种个人的热情（这也是时代所需要）能够为教会所用。因此，教廷和伦巴第人在政治领域之外的联盟，在很大程度上是枢机主教奥斯提亚的乌戈利诺的劳动成果，在年迈的教宗霍诺里乌斯三世晚期的措施中经常可以看到乌戈利诺的影响。

霍诺里乌斯三世的最后一个举措大概就是在弗里德里希二世皇帝和伦巴第人之间斡旋促和。不久之后，教宗于 1227 年 3 月去世，当时皇帝还在做十字军东征的准备工作。圣方济各的朋友、曾任驻伦巴第教宗使节的枢机主教奥斯提亚的乌戈利诺，接替了霍诺里乌斯三世。乌戈利诺是塞尼伯爵（Conti di Segni）家族的成员，是伟大的英诺森三世的近亲，是在这位教宗的言传身教下长大的。作为教宗，乌戈利诺选择了格列高利九世这个有暗示性的名字。随着这位年长的对手（他的身上凝聚了当时所有的反帝国力量）登上教宗宝座，弗里德里希二世的青年时代结束了。他必须做好最坏的打算，绷紧每一根神经，迅速建立起一个包罗万象的与教会世界相对应的帝国世界，准备迎战敌人。

第四章　十字军东征

在西方历史上，谁要登上世界统治的巅峰，就必须征服东方，将东方（它完全是另一个世界）纳入他的帝国。每一位世界统治者都必须在太阳升起的土地上为他的君主国注入崭新的力量，使其焕发青春、充满荣耀，然后回到西方，去建设他的西方帝国，这几乎是一条自然法则。世界性的君主为数不多，但都必须去东方，因为只有东方能够给他们带来神的绝对权威和光环。从施陶芬家族开始梦想建立世界霸权的那一刻起，十字军东征就成了德意志-罗马皇帝们最自豪的雄心壮志。

在戈弗雷①、博希蒙德②和唐克雷德③的第一次法兰西-诺

---

① 布永的戈弗雷（Gottfried von Bouillon，1060—1100）是法国贵族和第一次十字军东征的主要领导人之一。他因为支持亨利四世皇帝而被册封为下洛林公爵。在 1096 年，戈弗雷和弟弟布洛涅的鲍德温等人一起指挥了第一次十字军东征，于 1099 年占领耶路撒冷之后，被十字军推举为耶路撒冷王国的君主，但不用国王头衔，而用"圣墓守护者"的头衔。1100年，戈弗雷逝世，他的弟弟鲍德温即位为耶路撒冷国王，称鲍德温一世。

② 塔兰托的博希蒙德（Boemund von Tarent，约 1054—1111）是一位诺曼贵族，是罗贝尔·吉斯卡尔与其第一任妻子的儿子，曾随父亲与拜占庭作战，因此熟悉东方的情况，也是第一次十字军东征中军事经验最丰富的领导人。吉斯卡尔与他的第一任妻子是近亲结婚，后来吉斯卡尔以此为由离婚，于是博希蒙德失去了合法地位。父亲死后，博希蒙德与自己的同父异母弟弟发生斗争，后达成妥协，受封为塔兰托亲王。这个时候，第一次十字军东征开始，博希蒙德的积极参与可能有宗教原因，也有可能是因为他感到自己在诺曼人统治下的南意大利没有前途，所以希望去东方打拼。拜占庭皇帝亚历克赛一世·科穆宁对博希蒙德施加压力，让他对拜占庭皇帝效忠并承诺将从穆斯林手中夺得的土地归还拜占庭。主要是依靠博希蒙德的才智和军事才干，十字军占领了安条克。博希蒙德违背了与拜占庭皇帝的协议，自立为安条克亲王。随后安条克亲王国与穆斯林和拜占庭发生战争，博希蒙德遭受惨败，不久之后去世。

③ 唐克雷德（Tankred，1075—1112）是一位诺曼贵族，是 （转下页注）

曼十字军东征后不久，圣伯纳德召唤人们发动第二次十字军
东征。这一次，基督教大军的领袖是施陶芬皇朝的康拉德三世
和法兰西国王。20年后，巴巴罗萨有意识地把十字军东征和
帝国事业交织起来。他的第一步是将查理曼封为圣徒；不久之
后，他委托亚琛的一位僧侣撰写了《查理曼传奇》（*Legenda
Karoli Magni*），其中有很多篇幅介绍了作为十字军战士的查理
曼和他前往圣地的朝圣之旅。世界统治者查理曼对西班牙摩尔
人的讨伐完全出于务实考量，但后来逐渐被传说升华为一次十
字军东征。虽然这个传说起源于法兰西，但巴巴罗萨有意识地
将它引入德意志，并在帝国的、基督教的精神的润色下，使它
在德意志流行起来。他因此迎合了当时的许多憧憬，也唤起了
许多梦想。一年又一年，西方世界屏息以待，等待一位西方皇
帝进入耶路撒冷，因为相关的新预言在不断涌现：以国王的身
份进入耶路撒冷的人，将在敌基督降临之前建立世间期待已久
的太平盛世。托莱多是中世纪的预言术之都，那里的占星家很
快就宣布，在瘟疫和地震之后，伊斯兰教的日子所剩无几了。
西比尔女预言家的说法是：一位西方皇帝将在耶路撒冷与一位
东方皇帝联手；当西方皇帝将他的盾牌挂在"枯树"上作为
他的法庭的标志时，枯树将萌出绿芽。自巴巴罗萨的时代以
来，这种预言越传越广，信的人也越来越多。人们满怀期望地
等待着皇帝们的十字军东征。在伟大的苏丹萨拉丁于1187年
征服耶路撒冷后，巴巴罗萨虽然年事已高，但仍然毫不犹豫地

（接上页③）罗贝尔·吉斯卡尔的外孙、塔兰托的博希蒙德的外甥，与舅舅一起
　　参加了第一次十字军东征，受封为加利利亲王。1100年，博希蒙德（安
　　条克亲王）被穆斯林俘虏，于是唐克雷德成为安条克亲王国的摄政者，
　　在这期间大大扩张了安条克领土。唐克雷德最后死于伤寒。

承担起皇帝的最高职责和最自豪的特权。巴巴罗萨御驾亲征时，人们称赞这位年迈的皇帝是"摩西再世"，相信他将率领选民的大军进入应许之地。但他仅仅被允许从远处看到应许之地。他强大的儿子亨利六世也注定不能以基督教世界之皇帝的身份进入东方王城耶路撒冷。所以，还没有一位德意志皇帝踏上过这片圣土。

弗里德里希二世从他的祖先止步的地方出发。对他来说，十字军东征不仅出于他作为皇帝的职责和对教会的服务，而且因为有一顶新的王冠在耶路撒冷等待他。此外，在他看来，东方并不像对他的祖先而言那样是一片陌生的神奇土地，因为他自幼就熟悉阿拉伯人的智慧，所以东方对他来说早就是一个精神家园。弗里德里希二世为他的十字军东征做了精心准备：他事先派阿奎诺伯爵托马索担任他的叙利亚王国①的摄政者；皇帝还通过巨大的努力，成功地在西方再次点燃了十字军东征的热情，但肯定不是通过鼓舞人心的布道，因为他的宣讲者赫尔曼·冯·萨尔察毕竟不是圣伯纳德。但皇帝的承诺和黄金，以及对所有应招者的慷慨解囊，仍然能够吸引不少人前往圣地。弗里德里希二世不仅承诺为诸侯、骑士和领主们提供免费的渡海交通，还慷慨地为他们提供现金。他因此吸引了许多德意志诸侯，其中最重要的是图林根方伯路德维希②，即圣伊丽莎白的丈夫，他于 1227 年 8 月率领一整支十字军抵达弗里德里希

---

① 指耶路撒冷王国。

② 即图林根方伯路德维希四世（1200—1227），他是前文提到的图林根方伯赫尔曼一世的儿子和继承人。路德维希四世的一个弟弟海因里希·拉斯佩后来成为对立国王，与弗里德里希二世分庭抗礼；另一个弟弟康拉德成为条顿骑士团大团长。

二世的西西里王国。出身于德意志各部族的大批朝圣者纷纷越过阿尔卑斯山，前往启程港口布林迪西。弗里斯兰人①选择了绕过西班牙的漫长海路，英格兰人也是如此，他们在几位主教的带领下，成千上万地响应号召。教会通过慷慨地发放赎罪券，为皇帝的征兵活动提供了必要的大力支持。因此，在优惠条件的诱惑下，一批又一批朝圣者源源不断地涌入布林迪西。少数人在途中折返，但这并没有明显地减少涌入布林迪西的人数。许多朝圣者取道罗马前往西西里。有一个骗子伪装成教宗的代理人，在圣彼得大教堂门前站定，表示可以解除十字军战士的誓言，教会已发给他们的赦免也不会收回，价格是 4 个银马克。罗马人对这一出荒唐喜剧感到非常有趣，没有干涉。几个星期后，身在阿纳尼（Anagni）的教宗听说了这件事，才急忙让人阻止了这个所谓的"教宗代理人"。

如果有更多的朝圣者在罗马用金钱解除了自己参加十字军东征的誓言，那也不是什么坏事。因为在布林迪西的朝圣者营地里，逐渐集结起了一支人数惊人的十字军队伍，我们甚至无法对实际人数做大略的估计。不管怎么说，人数远远超过了皇帝的期望和准备。尽管做了各种准备，船还是不够用；朝圣者的口粮也耗尽了，何况弗里德里希二世不曾承诺为十字军提供口粮。但没过多久，大家就发现船上的舱位非常够用，停在港内的很多船实际上都是空荡荡的，没有乘客，这是因为在 8 月中旬，在布林迪西爆发了一场可怕的瘟疫，十字军战士成群结队地倒下了，据说有数万人从瘟疫肆虐的营地逃出，散落到意

_____

① 弗里斯兰是一个历史地区，在北海南岸，今天大部分在荷兰境内，小部分在德国境内。

大利各地。当然没有人可以为这次瘟疫爆发负责。历史上有许多德意志军队以同样的方式在南意大利的 8 月高温中毁灭，而现代观察家能够给出的解释就是，成千上万的朝圣者聚集在一起，而他们水土不服，就很容易传播疾病。许多德意志权贵也死于此次瘟疫，最后皇帝本人也感染了。尽管病魔缠身，他还是亲自监督了第一批两支分舰队的登船，然后就在最后一支分舰队启航之前，也就是他和图林根方伯路德维希启程之前，和他的朋友路德维希一起来到布林迪西港口外的圣安德烈亚（St. Andrea）小岛上，试图通过躲避瘴气来恢复健康，因为他在十字军东征中的主要助手——路德维希方伯也染上了瘟疫。尽管如此，两人在 9 月 9 日登船，希望海上的空气和旅程能够治愈他们。但在启航两天后，路德维希方伯病逝了。然后，皇帝听从了御医、条顿骑士团大团长和耶路撒冷宗主教热罗尔德（Gerold）的建议，在奥特朗托（Otranto）登陆，将十字军东征的启动推迟到他完全康复之后。他把总指挥权交给了林堡公爵，并承诺在次年春季带着新的队伍跟进，然后去了波佐利（Pozzuoli）的浴场寻求治疗。他派遣两名西西里法官到阿纳尼拜见教宗，禀报此事，并为皇帝辩解。

在新教宗格列高利九世上任之后的几个月里，皇帝与教宗的关系一直很友好。弗里德里希二世曾多次不遗余力地满足教宗的要求，所以此时此刻，双方都没有任何理由感到不快。皇帝按照协议开始了他的十字军东征，而格列高利九世在担任枢机主教时，一直对这位曾经的教会门客特别友好。几年前，他甚至称施陶芬皇帝为"教会最心爱的小树苗"。但教宗对皇帝的友好态度在后来发生了根本性的变化。格列高利九世天生就有一种非常微妙的感知力，并且他与圣方济各的亲密关系使他的感觉更加敏锐，能够发现潜在的敌人。所以格列高利九世是第一个清楚地意识到弗里德里希二世身上潜藏的巨大危险的人，而与此同时其他人还没有这个觉悟。格列高利九世不是一个真正的政治家，却是一个精明的外交家，对所有政治阴谋都明察秋毫。也许是在伦巴第朝会的日子里，他突然发现一种新的危险降临了，它威胁到了意大利中部的教宗国。因为"圣彼得遗产"挡住了皇帝从南到北的通道，所以如果皇帝获得足够的权力，教宗的领地必然会面临危险。从弗里德里希二世早期的表现来看，教宗不可能指望让皇帝成为顺从于教廷的工具，所以教宗只看到一种可能的行动路线，即不惜一切代价去压制皇帝。从格列高利九世就职的那一刻起，他的唯一目标就是羞辱（甚至消灭）弗里德里希二世。

格列高利九世不是一个会在不可避免的斗争面前退缩的人。虽然年事已高，但他仍然精神矍铄，相貌堂堂。他精通并喜欢实践一种艺术：通过华丽的仪式和排场来提升他个人的威仪。从他的举止仪态来看，他完全是一位头戴教宗三重冕的皇帝。此外，这位老人身上仍然燃烧着一种青春的野性之火，这烈火常常熊熊燃烧起来，有时是为了阿西西的方济各那种神秘的狂喜，有时是因为对弗里德里希二世的疯狂仇恨。这种天然的倾向，加上对弗里德里希二世的威胁的认识，使教宗很快就主动出击。弗里德里希二世在与教会的冲突中一无所获，损失惨重。格列高利九世认为自己肩负消灭施陶芬皇帝的天命，在形势所迫之下，他必须毫不犹豫地抓住每一个机会，去逼迫敌人投入战斗。教宗的武器和手段大部分都不雅观：小小的谎言、污蔑、诽谤。它们往往过于明显，令人尴尬，这使教宗的操作失去了正当性，尤其是除了他自己，没有人认识到这场斗争的更深层次的必然性。这个顽固的老人沉醉于仇恨之中，至死都在执着地追求着他的目标，对自己被称为"异端"、被最亲近的人抛弃的事实置若罔闻，直到他（因为他所有琐碎的无名誉行为）不仅成为一个危险的敌人，而且是一个强大的敌人。

格列高利九世一有机会，就立刻对弗里德里希二世发动凶残的攻击。9 月 12 日或 13 日，皇帝决定在奥特朗托停留；18 日，教宗便提名几个伦巴第人为新的枢机主教，以加强自己的力量；10 天后，他将弗里德里希二世逐出教会。他没有接待皇帝的使者，更没有听取他们的陈述。教宗将弗里德里希二世逐出教会是完全合法的。根据《圣杰尔马诺条约》，如果皇帝因任何原因未能按指定的日期，即 1227 年 8 月出征，他将被毫无保留地绝罚。考虑到皇帝的病情，格列高利九世当然可以对他开恩，但教宗完全有权对他颁布禁令，而且弗里德里希二世自己也一直承认教宗有这个权利。基本的事实是没有争议的：皇帝没有如期出征（原因无关紧要），因此招致了绝罚。弗里德里希二世应当非常清楚，在教宗（皇帝也是一样）面前，事实应该比原因更重要。但格列高利九世既不看重事实，也不看重原因。他对皇帝生病的事实无动于衷；他既不看也不听众多证人的证词，就断然宣布皇帝在装病。教宗只满足于这样一个简单的事实，即弗里德里希二世没有遵守承诺，因此被逐出教会。整个基督教世界都会理解这一点，因为人们已经厌倦了皇帝的十字军东征的一再推迟，而且对弗里德里希二世也没有太大的好感，而"舆论"在那个已经很明亮的时代①是一

---

① 康托洛维茨这么说，大概是与一般所谓中世纪"黑暗时代"的说法唱反调。至于中世纪是否"黑暗"，当然是可议的。

种强有力的武器，对教宗和皇帝都很重要。

教宗充满恶意的通谕罔顾事实，发出了毫无根据的指责。当初是霍诺里乌斯三世和皇帝一起将 1227 年 8 月确定为出征时间的。他和皇帝当时正在计算如何为叙利亚战役争取整个秋天和冬天，而对南意大利夏末的高温危险考虑得太少。选择布林迪西作为出发点是自然而然的事情，因为它历来是前往东方的人们最喜欢的港口，威尼斯人在离开亚得里亚海前往地中海之前也经常使用布林迪西。格列高利九世无视这些事实，并向世人宣称，弗里德里希二世对他的西西里王国（教宗的附庸国！）管理不善，以至于他选择了西西里所有港口中最不卫生的一个；此外，皇帝故意选择一年中最不卫生的月份出发；还有，他故意提供太少的船，故意迫使朝圣者滞留，因此他是瘟疫流行的罪魁祸首。在后来的日子里，格列高利九世甚至更进一步，不仅指责弗里德里希二世故意用瘟疫杀死朝圣者，还指责他毒死了图林根方伯路德维希。根据教宗的这一理论，弗里德里希二世本人患的是精神疾病而不是身体疾病。按照教宗的说法，皇帝沉溺于他的王国的奢华和纵欲，为了享乐而牺牲了圣地。格列高利九世还告诉基督教世界：皇帝还应该为达米埃塔和尼罗河三角洲的灾难负责（事实上，弗里德里希二世曾警告过这两件事带来的危险），他允许他的部下掳掠达米埃塔，然后将其拱手交给苏丹。从一开始，皇帝就没有履行他对新一次十字军东征的承诺：他不仅没有提供足够的舱位（这是事实），而且没有安排好朝圣者的给养；他承诺提供的 1000 名骑士实际上没有到位；他承诺支付的 10 万盎司黄金实际上没有支付。西西里主教们和西西里海军司令马耳他伯爵恩里科赶紧通知教宗，他们的主人已经向叙利亚派出了远远超过1000名骑士；黄金也已经支付；皇帝确实承诺负责运送朝圣者，但不曾承诺负责他们的给养。他们还提醒教宗，伦巴第人没有派出他们根据教宗的仲裁结果所承诺的400名骑士（这是伦巴第人为封锁阿尔卑斯山路而受到的唯一惩罚）。但主教们的抗议无济于事，教宗只是重申了他对皇帝的绝罚。

同时，弗里德里希二世表示，他愿意接受教会可能指派给他的任何形式的忏悔苦修，并重申他的承诺，即在下一年5月启航出征。他认为，他受到的禁令是教会对拖延的十字军战士进行的一般惩罚，在受罚者做了适当的忏悔后，禁令总是会被撤销。教宗格列高利九世确实没有理由拒绝赦免一个愿意改过自新的罪人。但教宗还有别的企图，所以决心继续执行对皇帝的禁令。教宗采取了一种全新的攻击策略。他很快就不再谈论被搁置的十字军东征，只把它作为一个附带问题。现在教宗对皇帝的主要指控是：皇帝对西西里（教宗的附庸国）的糟糕管理；他对西西里教会的奴役；多年前的争吵，如皇帝对西西里贵族的镇压和放逐；一些早就解决了的纠纷；最后还有大量新的、毫无根据的指控，其中一些可以被证明是完全虚假的。格列高利九世并不希望解决冲突，反而尽其所能地使双方彻底决裂。弗里德里希二世只有接受教宗对西西里的完全掌控才能获得宽恕。这一点他是不可能接受的，因此和解在当时是不可能的。

格列高利九世的目的可能是在西方给皇帝制造极多的困难，以至于皇帝完全不可能在次年5月开始十字军东征。如果弗里德里希二世仍然不能如期启航，那么教宗没收西西里王国，甚至废黜这个恶意叛逆的皇帝（就像英诺森三世曾经废黜奥托四世一样），舆论就会支持教宗。伦巴第是最适合教宗给皇帝制造麻烦的地方，于是教宗开始与伦巴第人拉近关系。他完全忽视了他们没有为十字军东征提供部队的事实，还任命一些伦巴第人为枢机主教。没过多久，教宗与伦巴第人的关系就更进一步了。弗里德里希二世提议于3月在拉文纳召集德意志诸侯开会，讨论与教宗的分歧。伦巴第人在格列高利九世的怂恿下，再次威胁要封锁阿尔卑斯山的道路，于是皇帝被迫放弃了这个计划。格列高利九世和伦巴第联盟（现在几乎囊括整个伦巴第，除了克雷莫纳和其他三四座城市）之间的友好关系不断发展，直到开花结果，成为一个正式联盟。教宗的唯一念头便是如何最有效地阻碍弗里德里希二世的十字军东征，因此他敦促他的伦巴第盟友拦截任何取道伦巴第联盟领土去投靠皇帝的十字军战士，甚至掳掠他们。

这就是教宗的第一批准备工作。但他也不缺难缠的对手。濯足节是宣布开除教籍的惯常日子，当格列高利九世在这一天重申对弗里德里希二世的绝罚时，出现了令人不快的一幕。罗马城的贵族们在弗兰吉帕尼（Frangipani）家族（弗里德里希二世赢得了他们的支持）的带领下，煽动罗马民众反对他们的主教。在复活节星期一的弥撒期间，民众围攻教宗。他们的态度变得如此具有威胁性，以至于格列高利九世费了不少力气才逃到拉特兰宫。但罗马市民被激怒了，不肯容他留在城里，所以他被迫接受了安全通行的条件，逃往列蒂（Rieti）。

在教宗的所有控告下，弗里德里希二世有很长一段时间保持沉默，因为他起初还希望双方的分歧很快就会弥合。最后他决定，他必须为自己辩护，来抵御太多的指控和责难。于是他开始向全世界发出他自己的第一封通函。与教宗热情洋溢的洋洋洒洒相比，皇帝的文字显得克制平和，不是抨击教宗，而仅仅介绍了布林迪西事件的真相和教宗的行为。弗里德里希二世并不希望扩大双方之间的裂痕。正如一位编年史家所言，这裂痕导致"几乎整个基督教世界都被新的、不习惯的痛苦扰乱"。皇帝表现得非常克制和冷静。只有在他的第一封信的末尾，才流露出一丝他后来的那种激情——他在"天与地"面前庄严地抗议，并这样恳求他的收信人，即欧洲的国王和诸侯、德意志的主教和权贵们："请让我的这封信得到高声朗读，并受到尊重的倾听，以便所有人都能从它的内容中清楚地看到我的清白，也清楚地看到我和帝国正在遭受的凌辱。"而在他的"首都"罗马，皇帝的信件得到了非凡的接待：罗马元老院与人民坚持要求由奉皇帝之命来到罗马的法官——贝内文托的罗弗雷多——在卡比托利欧山①上公开宣读皇帝的信件。

　　皇帝发表该宣言的目的，是要回到事实本身。在信中，他没有申辩说他被逐出教会是不正当的；他只是强调，他之所以被逐出教会，单纯是因为他没有履行按期发动十字军东征的誓言。教宗故意掩盖了这个主要问题，而弗里德里希二世一心想要把它揭示出来。为了夺走教宗手中的武器，弗里德里希二世在全世界面前郑重承诺于下一年年初出航，"除非这场争斗新近唤醒的痛苦会使我违背自己的意愿而放弃这样一项神圣的任务"。这里指的当然是弗里德里希二世在后来的两封信中详细揭露的教宗的阴谋：教宗在众目睽睽之下恩宠皇帝的敌人——

———————————

①　卡比托利欧山（Kapitol）是罗马城七座山丘中最高的一座，在广场（Forum）附近，是重要的宗教与政治中心。美国国会大厦所在的"国会山"（Capitol Hill）就得名自罗马的卡比托利欧山。

米兰人；教宗命令大家拿起武器反对皇帝；教宗已经开始在西西里煽动叛乱。格列高利九世确实禁止西西里的神职人员以任何方式帮助皇帝进行新的东征准备工作，而且他现在就威胁说，如果皇帝不服从教廷的命令，他将解除皇帝的臣民对他的效忠誓言。皇帝让他的忠实追随者了解这些事实：教宗不仅拒绝在他前往圣地时给予他十字军战士通常会得到的祝福，而且拒绝告知皇帝的使节、德高望重的马格德堡大主教阿尔布雷希特（Albrecht von Magdeburg），他（教宗）愿意接受皇帝的何种补偿。对教宗最严重的、最令其无力招架的指控，被皇帝保留到了最后："这个罗马教士用他收到的原本专用于十字军东征的金钱去招募雇佣兵，无所不用其极地攻击我。"

弗里德里希二世清楚地意识到，他的公开信能够达到的最好效果仅仅是阐明事实，但他必须"不是用言辞，而是用行动来证明他的意图"。只有这样，他才能抵御教宗的攻击，甚至有可能使教宗的武器反过来对准教宗本人；皇帝要通过自己的行动揭露教宗的阴谋诡计，向世人证明教宗的话是谎言。现在没有什么能阻止弗里德里希二世的十字军东征，甚至连格列高利九世（他担心皇帝"受到魔鬼的启发"）的计谋——即禁止皇帝在教宗恕罪之前出发——也不能阻挡。这位狡黠的教宗的策略太赤裸裸了：他不准被逐出教会的皇帝出发，又拒绝解除禁令，也拒绝说明自己愿意接受何种补偿。如果弗里德里希二世听了教宗的话，真的不出征，那么教宗就赢了：皇帝若是再一次拖延，将证明教宗的操作是合理的。在这种情况下，皇帝的聪明之举是不让教宗的任何威胁耽搁他。只有众目睽睽之下的行动才能使他再次掌控局势：春季，他派最高军务官里卡尔多·菲兰杰里率领 500 名骑士先行前往圣地，皇帝自己在巴列塔召开了一次会议，会上他任命莱纳尔德·冯·乌尔斯林根（Rainald von Urslingen，名义上的斯波莱托公爵）为西西里摄政者。然后，皇帝在收到来自叙利亚的有利消息之后，于6月底登船，从布林迪西扬帆起航。"我们刚刚幸运地离开布林迪西，前往叙利亚，在我们的领袖——基督的带领下，借助有利的风向快速前进……"被绝罚的皇帝如此向世界宣布他的旅程。

没有人预料到皇帝会真的启程，格列高利九世尤其没想到。他的顽固不化使他陷入了尴尬的境地。他在不久之后写道："我们不知道他〔皇帝〕听从了谁的愚蠢建议，或者更确切地说，是什么样的魔鬼奸计促使他在没有忏悔、罪过没有得到宽恕的情况下秘密离开布林迪西港，也没有人明确知道他驶向哪里。"格列高利九世看到自己是有错的一方，但这非但没有使他让步，反而让他更加顽固。现在既然他知道皇帝远在天边，他就可以在西方自由行动了。他刚收到弗里德里希二世在叙利亚登陆的消息（所以不必担心皇帝突然返回），就发动了准备已久的战争。在帝国和西西里，他解除了所有臣民对皇帝的效忠誓言，然后试图在德意志培植一个对立国王。他找到了韦尔夫家族的另一个成员①，但此人很快就谢绝了教宗的提议，表示"他不希望像他的伯父奥托四世皇帝那样死去"。在其他方面，教宗的德意志计划也受挫了。世俗诸侯和主教们仍然忠于他们那位出手大方的皇帝，尤其是在目前无须为他做什

---

① 应当是指"孩童"奥托（1204—1252），他是狮子亨利的幼子威廉的儿子。"孩童"奥托后成为韦尔夫家族的族长，1235年与弗里德里希二世皇帝达成了施陶芬与韦尔夫两大家族的最终和解（详见下文）。"孩童"奥托被册封为第一任不伦瑞克-吕讷堡公爵。

么的情况下, 所以他们对教宗的禁令 (该禁令延伸到了他们
16 岁的国王亨利身上) 无动于衷。而当皇帝在东方旗开得胜
的捷报传到德意志时, 甚至普通老百姓也严厉地批评起了教宗
搞的阴谋诡计: 教宗被魔鬼附身了, 他的脑袋有病, 所以他才
如此顽固。另一个人将格列高利九世的行为定性为教会衰败的
可憎标志, 还有人感叹道: "基督徒会因此受苦, 直到审判
日。" 但在整个德意志和世界其他地方引起的对格列高利九世
最大愤慨的, 是他在西西里的所作所为。教宗解除了弗里德里
希二世的臣民对他的效忠誓言, 皇帝的摄政者斯波莱托公爵莱
纳尔德把教宗的这个举动视为宣战, 于是调遣西西里和撒拉森
军队攻入安科纳边疆区和他自己早先的斯波莱托公国。莱纳尔
德这么做当然超出了他的权限。于是, 早已做好充分准备的教
宗在伦巴第叛军的支持下, 派遣自己的教廷军队 (即所谓
"钥匙军"①, 这是第一支在圣彼得的旗帜下作战的军队) 入侵
了西西里王国。在教宗的命令下, 方济各会修士在西西里全国
各地散播皇帝已死的假消息。西西里人不知道如何是好, 于是
在很短的时间内, 西西里王国在意大利大陆的大部分地区都落
入教宗手中。人们现在开始相信弗里德里希二世的说法, 即教
宗用十字军东征的经费给他自己的士兵发饷。教宗对弗里德里
希二世这样一位十字军战士的睚眦必报确实匪夷所思。按理说
无权执行死刑的教宗现在却维持着一支教宗军队, 并带领它与
一位基督教君主作战, 何况这位君主还是一位十字军战士, 他
目前不在自己的国度, 而在圣地为真正的信仰而战。根据历史
悠久的惯例, 十字军战士的土地和财产应该被视为神圣的, 理

———————

① 教廷军队被称为 "钥匙军", 可能是因为教廷旗帜上有钥匙图案。

应得到教会的保护。教宗对西西里王国的武装入侵造成了如此恶劣的影响，以至于没有人相信他最后的辩解（尽管其中有一定的道理）："这场战争对基督教信仰来说是必要的，［弗里德里希二世］这样一个强大的教会迫害者必须被赶下皇位。"格列高利九世对这种必要性坚信不疑。世人看到的却是相反的情况。

皇帝在当时的局势下，离开西方的决定是一场无比大胆的赌博。他把自己的一切都赌上了。当他起航时，伦巴第已经丧失。他知道教宗打算让他的西西里臣民摆脱对国王的效忠誓言，从而恢复教宗对西西里的直接控制。他知道教宗的下一步将是废黜他。他有足够的经验，所以不会抱任何幻想。他在西方的整个统治权受到了质疑，如果在东方等待他的是失败（那将是上帝对这个被逐出教会之人的"狂妄"的显而易见的审判，因为他竟敢带着诅咒踏上圣地），那么他的王位就会丧失，他的罗马帝国的梦想也会随之破灭。他别无选择，必须不惜一切代价在东方取得成功。下面的工作很繁重，弗里德里希二世很清楚这一点。但是，正如他自己所说，他没有让任何人察觉到他的焦虑，而是以一贯的自信和微笑面对世人。这位被逐出教会的皇帝的十字军冒险（甚至到了圣地也承受着教宗的诅咒），是他跌宕起伏的一生中最激动人心的事件之一。在一个短暂的时期，弗里德里希二世与西方的所有混乱局面隔绝，像一位年轻冒险家一样自由，或者说像"海盗"（格列高利九世这样称呼他）一样自由。

弗里德里希二世于 1228 年 6 月率领一支由 40 艘桨帆船组成的舰队（在海军司令马耳他伯爵恩里科的指挥下），从布林迪西启程。像往常一样，陪同他的是忠诚的巴勒莫大主教贝拉尔多和御前总管大臣里卡尔多，他是西西里人，自从与阿普利亚少年一起前往德意志后就从未离开过御前；最后还有卡普阿大主教雅各布，他也属于皇帝的亲信廷臣。弗里德里希二世的其他亲信，包括条顿骑士团大团长、阿奎诺伯爵托马索和最高军务官里卡尔多·菲兰杰里，都在叙利亚恭候。皇帝的随行队伍里也有一些德意志人，其中一个叫康拉德·冯·霍恩洛厄（Konrad von Hohenlohe）的人很快就开始在御前侍奉。像往常一样陪同皇帝的撒拉森仆役中，有弗里德里希二世的阿拉伯语教师，他是西西里撒拉森人。具有语言天赋的弗里德里希二世将会发现，他流利的阿拉伯语比士兵或武器更有价值。

　　教宗格列高利九世说，没有人知道皇帝出海的目的地，此话并非全无道理，因为弗里德里希二世的打算是一石二鸟。离开布林迪西三周后，皇帝的桨帆船主要是在科孚岛（Korfu）、凯法利尼亚岛（Kephalonia）、克里特岛和罗得岛的近海航行，然后在塞浦路斯的港口利马索尔（Limassol）停靠。该岛的君主吕西尼昂的艾默里曾主动向亨利六世皇帝臣服，并从他手中接过了王冠。从那时起，塞浦路斯就算作罗马帝国的臣属了。在争夺德意志王位的混乱年代，帝国丧失了该岛，弗里德里希二世早就打算重新征服它，这使得他前往圣地的旅程不得不中断。皇帝认为，将帝国分散的财产重新稳稳地集中在一只手掌之下是他的职责之一，而且塞浦路斯现在作为他的叙利亚战役的基地，也有了特殊的重要性。这个大岛可以很容易地提供资源、维持 1000 名士兵，他们可以换下皇帝自己的部队，使其能够执行其他任务。我们在此只需简单地说，弗里德里希二世在塞浦路斯虽然也经历了一些冒险，但兵不血刃就实现了他的愿望。当时的塞浦路斯国王年仅 12 岁，皇帝与幼主的监护人伊贝林的约翰（Johann Ibelin）① 达成了一项协议。约翰是一位叙利亚②贵族，作为重要的法学学者在整个基督教东方享有盛誉，并以雄辩、精明和狡黠闻名。根据该协议及德意志封建法律，塞浦路斯的摄政权被移交给了皇帝。皇帝立即提名了一个西西里人担任塞浦路斯总督，并在所有要塞安插了西西里人担任长官，同时任命了若干财政官员来收取塞浦路斯各地的赋税。伊贝林的约翰和塞浦路斯骑士们则将被送到圣地作战。

　　这就是皇帝在塞浦路斯逗留了数星期的结果。岛上发生的一些事件具有骑士史诗的色彩，弗里德里希二世的人生就是这样一部骑士史诗。人们喜欢聆听这样的故事：反帝国派系的领袖伊贝林的约翰如何出现在皇帝面前，穿着丧服，为自己刚刚死去的兄弟哀悼；皇帝立即给他送来了昂贵的猩红色长袍，并请他穿上，因为约翰欢迎皇帝的喜悦肯定要胜过他对已故兄弟的悲痛。一两天后，举行了一场盛大的宴会，伊贝林的约翰坐在皇帝的右手边，约翰的儿子们担任侍童。当宴会接近尾声时，城堡里逐渐挤满了来自皇帝的桨帆船的水手和武装人员，弗里德里希二世以严厉的语气要求伊贝林的约翰对其监护幼主的工作做一个汇报。伊贝林的约翰大吃一惊，起初无言以对。

————————

①　伊贝林的约翰（约1179—1236），也称"贝鲁特的老领主"，十字军国家的一位强大诸侯，也是伊贝林家族最有名的成员之一。他的父亲是伊贝林的贝里昂（电影《天国王朝》的主角），母亲是拜占庭公主、曾经的耶路撒冷王后玛丽亚·科穆宁娜（曾嫁给阿马尔里克国王）。所以约翰是耶路撒冷女王伊莎贝拉一世的同母异父弟弟。约翰不到20岁就被任命为耶路撒冷王国的司厩长，并作为贝鲁特领主在萨拉丁征服之后重建了这座城市。他先后为自己的两位亲戚（伊莎贝拉一世的女儿玛丽亚和塞浦路斯国王亨利一世）摄政。作为耶路撒冷王国本地诸侯的重要领袖，他坚决抵制作为外来势力的弗里德里希二世皇帝。约翰晚年加入了圣殿骑士团。

②　指耶路撒冷王国。

皇帝怒气冲冲地发誓要逮捕他。情急之下，这位著名的法学家发表了一篇著名的演讲，使弗里德里希二世聚精会神、大发赞赏，就像伊贝林的约翰以前经常使封建事务法庭为他倾倒一样。但这段经历让伊贝林的约翰心生狐疑。在随后的一个夜晚，他和一群塞浦路斯骑士一起秘密出逃，这些骑士早就向约翰发过警报，并打算报复皇帝的粗暴行为。皇帝听到了约翰等人逃跑的动静，担心遇刺，就在船上睡了一夜，第二天早上追赶逃犯，他们逃到了易守难攻的爱神城堡（Dieu d'Amour）。最后，皇帝与伊贝林的约翰订下协议，结束了这次冒险。约翰跟随皇帝到了圣地，暂时在那里为他效力，表现相当不错，不过当然也在等待报仇的时机。

　　弗里德里希二世在塞浦路斯迅速取胜的消息一定先于他来到了叙利亚。在阿卡登陆时，他受到了难以形容的热烈欢迎，朝圣者们把这个被教宗诅咒的人当作"以色列的救主"来迎接。人们牢记古老、永生的预言，即一位皇帝将从西方来，统一东西方，解放耶路撒冷，终结这个时代。就连神职人员也似乎十分欢迎他，只不过不肯亲吻被绝罚的人。但圣殿骑士和圣约翰骑士们跪在皇帝面前。穆斯林则认为，强大的西方皇帝，"众埃米尔之王"，带着兵多将广的大军来了，所以他们心惊胆战。

　　但他们很快发现自己无须害怕，因为弗里德里希二世在阿卡集结的兵力最多只有 1 万名朝圣者和几千名骑士，并且即使是这样一支兵力单薄的队伍，他也不能完全信任。在他到达阿卡几天后，两名方济各会修士作为教宗的使者粉墨登场，命令任何人在任何事情上都不得服从被绝罚的皇帝。就这样，教宗和皇帝之间的争吵甚至延伸到了圣地。弗里德里希二世原本指望在圣地履行自己的誓言之后便可以摆脱绝罚。但结果是，皇帝作为基督教世界领袖的地位被削弱了，朝圣者也分成了两个敌对阵营。西西里人、德意志人与条顿骑士团、比萨人和热那亚人仍然忠于皇帝，但其余的人，包括英格兰人与法兰西人、圣殿骑士团和圣约翰骑士团，以及最重要的神职人员，都一门心思要以各种手段阻碍皇帝，对他的每项行动拆台。为了东征大业，弗里德里希二世表现出了最大的克制，并试图消灭一切不和谐的理由。他甚至把名义上的领导权交给了条顿骑士团大团长赫尔曼·冯·萨尔察、耶路撒冷王国最高军务官里卡尔多·菲兰杰里和耶路撒冷王国司厩长①蒙贝利亚尔的奥多（Odo von Montbeliard），这样就没有人需要服从一个被逐出教会的领导人。为了和睦相处，皇帝甚至默许了圣殿骑士团的要求，即不再以皇帝的名义，而以上帝和基督教世界的名义发布命令。但只要教宗和他的使节、耶路撒冷宗主教热罗尔德对皇帝穷追不舍，那么皇帝的一切克制都是徒劳的。教宗和热罗尔德的煽风点火非但不停止，反而与日俱增。不久之后消息传来，教宗格列高利九世解除了皇帝的臣民对他的效忠誓言，这使得局势更加恶化。正是在如此不愉快的情况下，弗里德里希二世开始了他在东方的原本就举步维艰的事业。即便他曾计划对撒拉森人展开军事行动，局势也不允许，何况他根本没有开战的打算。

　　不久之前，东方的形势对弗里德里希二世还是非常有利的。穆斯林王公相互争斗，皇帝希望能鹬蚌相争渔翁得利。早在很久以前，他就与埃及苏丹卡米勒（Al-Kamil）展开了谈

---

① 司厩长（德语 Konnetabel，英语 constable）的官职起源于罗马帝国，最初是管理马匹的官员，后来在中世纪欧洲演变成负责国王的军械保管维护的官员，再后来变为军队的重要指挥官。

判。卡米勒是阿尤布王朝的开国君主、极具骑士风度的萨拉丁的侄子①，萨拉丁的庞大帝国在他死后被分割成好几块。卡米勒认为自己受到了亲兄弟——大马士革苏丹穆阿扎姆②的威胁，因此试图赢得一些盟友来对抗穆阿扎姆。因此，埃及苏丹一听说皇帝打算向叙利亚发动十字军东征（这必然会使弗里德里希二世成为大马士革苏丹的敌人），就立即派使者到西西里邀请结盟，承诺将整个耶路撒冷王国交给弗里德里希二世，他们将共同征服这个王国，只求皇帝尽快到达。双方进一步互派使节，弗里德里希二世的使团由巴勒莫大主教贝拉尔多率领，苏丹的使团由埃米尔法赫尔丁（Fahr-ed-Din）领导。双方交换了礼物，弗里德里希二世获赠的礼物之一是一头大象。当弗里德里希二世到达阿卡（比原定时间要晚）并立即通过他的叙利亚摄政者阿奎诺伯爵托马索向苏丹宣布他的到来时，谈判已经到了相当成熟的阶段。

后来有一个故事说，为了欢迎弗里德里希二世，苏丹用地毯铺满了街道。但即使从比喻的角度来看，这也是不真实的。当时卡米勒率领一支大军驻扎在纳布卢斯。他以最高的礼节接待了皇帝的使节，举行了一次阅兵式，并派法赫尔丁代表他，带着厚礼（布料和宝石、骆驼和骡子），去拜见皇帝。但所有关于移交耶路撒冷的谈判都突然停止了，因为总体形势发生了很大变化，变得对弗里德里希二世不利。双方的共同敌人、令

---

① 原文是儿子，有误。
② 原文是大马士革苏丹阿什拉夫（Al-Asraf），有误。卡米勒与弗里德里希二世皇帝结盟要对付的敌人，是卡米勒的弟弟穆阿扎姆（1176—1227），不过他的头衔是大马士革的埃米尔，而不是苏丹。阿什拉夫是卡米勒的另一个弟弟（卒于1237年），控制阿勒颇和叙利亚北部，在穆阿扎姆的儿子纳西尔死后控制了大马士革。

人畏惧的大马士革苏丹穆阿扎姆已经死了，他的幼子对埃及苏丹来说不能算一个危险的敌人。卡米勒不久前还与美索不达米亚的苏丹缔结了联盟，然后在没有弗里德里希二世帮助的情况下，便征服了大马士革的很大一部分领土，包括耶路撒冷。他曾如此急迫地召唤他的西方盟友，并向其做了许多承诺，但现在这位西方盟友对卡米勒来说只是个累赘，因为皇帝想要埃及苏丹刚刚征服的土地。因此，卡米勒采用了东方人在类似情况下的惯用手段：用彬彬有礼、无尽的殷勤和发誓赌咒的友谊保证来搪塞皇帝，但在最关键的问题上保持坟墓般的沉默。此外，苏丹知道弗里德里希二世实际军力的薄弱、基督教阵营中的争吵，以及皇帝和教宗之间的分歧。因此，不久他就完全"忘记"了皇帝的存在，并对皇帝的新信使（一位公证人）不理不睬。

皇帝真正陷入了绝望的处境。他非胜利不可，但各方面势力都在反对他。他不能奢望攻击卡米勒的强大军队；他为了展示武力而将朝圣者和军队派往纳布卢斯，但他们只行军到雅法，就已处于饥饿的边缘，因为风暴阻碍了他们的补给船；他花费了很大力气进行的谈判已经失败；从西西里传来了关于教宗磨刀霍霍的令人不安的消息；而且最糟糕的是，他自己阵营中的不满情绪正在增加。拦截到的信件证明，教宗力劝苏丹不要把耶路撒冷交给皇帝。教宗之所以使出这个阴招，是因为被绝罚的皇帝一旦取得成功，就意味着上帝对教宗的裁决。从当时的虚假书信和围绕当时事件发展起来的十字军传奇都可以看出，同时代的人都愿意相信教宗的背叛。后来的传说甚至讲述了弗里德里希二世被俘的过程，并描述了教宗如何制作弗里德里希二世的"肖像"，并将肖像寄给苏丹，以便他不会弄错俘虏的身份。与此同时，弗里德里希二世还没有获得一寸的进展，西西里急需他返回，他却无谓地浪费了宝贵的时间。我们不难相信他自己后来的说法，即他在当时偶尔会因愤怒和悲伤而哭泣，并想要折返，"但我把自己莫大的痛苦掩盖在愉快的面孔后面，不让敌人自觉胜利而弹冠相庆。我开始谈论和平与协议，并匆忙准备返回"。

但在这些前景黯淡的日子里，谈判偏偏在敌人的帮助下重启了。苏丹的使节——埃米尔法赫尔丁对弗里德里希二世有着深刻的钦佩，与他私交甚笃。他向皇帝暗示，通过更换他的使节可能会取得一些成果，因为目前的使节不太为苏丹所接受。于是，阿奎诺伯爵托马索再次被派往苏丹那里，代替那个公证人，而弗里德里希二世则与法赫尔丁谈判。这一切都表明个人因素在谈判过程中是多么重要。皇帝是谈话艺术的大师。他的人格魅力、惊人渊博的知识、对答如流的机敏，使他从一开始就足以与任何人匹敌，尽管有时他的高傲和刻薄的机智使他陷入危险之中。但在当前的情况下，他不是在维护自己的权利，而是在寻求恩惠，所以上述危险是不存在的。而且对学识渊博的皇帝来说，在经历了他自己的阵营内形形色色的争吵之后，与有教养的法赫尔丁的谈话很有可能是一种令人神清气爽的休息。弗里德里希二世精通阿拉伯语，且熟悉阿拉伯诗人的作品；他对哲学、逻辑学、数学、医学以及其他每一个学科的惊人知识，使他能够将任何谈话转换到东方人珍视的哲学轨道。他在处置卢切拉的撒拉森定居者方面取得了完全的成功，而现在他在撒拉森王公之中游刃有余，拥有世故练达之人的绝佳手腕。因此，他与法赫尔丁就哲学和治国艺术进行了交谈。法赫尔丁一定有很多关于皇帝的事情要告诉他的主公。

卡米勒正是欣赏这种品质的人。他是弗里德里希二世的东方版本，除非把皇帝称为苏丹的西方版本更为正确。卡米勒喜欢与学者探讨法学和阿拉伯人特别热衷的语法问题。他自己也是诗人，他的一些诗句至今仍在流传。据传说，在他的山地城堡里，"晚间常有50位学者倚靠在他宝座周围的沙发上，谈天说地，作为消遣"。他愿意为促进学术而慷慨解囊。他在开罗建立了一所研究伊斯兰传统的学校，并为法学家安排了津贴。人们还赞赏他和蔼可亲的风度，并对他尊严的气度肃然起敬。此外，他还是杰出的管理者。他亲自检查税务档案，并发明了若干新税种。如果可以通过友好的方式达到目的，他和弗里德里希二世一样不喜欢无谓的流血冲突，因此他们的谈判很快就水到渠成。

我们掌握的少量信息足以说明，弗里德里希二世主要是从个人友谊的层面来争取穆斯林的。他告诉他们，他不是来寻求征服的，而是来和平地接管卡米勒承诺要给他的土地。"如果不是害怕在法兰克人中失去威信，我是不会向苏丹索要这样的条件的，"他在谈判结束时非常坦率地这样说，而且可能自始至终都是这样的语气。在谈判过程中，外界对其政治内容一无所知。人们对皇帝的这种隐秘行事的做法进行了严厉的指责，但教宗的煽动和基督教阵营中的分歧让他不得已而为之。对格列高利九世的支持者来说，皇帝竟然与异教徒谈判，这是一件极其令人憎恶的事情。就连施瓦本诗人"弗赖丹克"[①]（施陶芬皇帝的崇拜者，自己也是一个十字军战士）也认为现在应该"结束窃窃私语"（rûnen ende naeme），因为在没有"高人辅佐"的情况下，这些秘密谈判的价值是值得怀疑的。教宗

---

① 弗赖丹克（Freidank，可能卒于1233年）是一名教士，可能来自施瓦本或阿尔萨斯，可能参加了弗里德里希二世于1228~1229年的十字军东征，随后可能还游历了圣地，还留下了不少诗歌作品。

阵营和德意志人都不能容忍皇帝这种专制的谈判方式，它只以皇帝个人为中心，不与权贵们商议。但皇帝的这种方法很适合卡米勒。我们知道，卡米勒习惯于单枪匹马地处理国家事务，而不征求维齐尔①的意见；事实上，在他的维齐尔去世后，他没有任命继任者，而是满足于由一名书记员提供服务。弗里德里希二世足够精明，他意识到通过两位君主的个人友谊可以取得公开谈判不能取得的丰硕成果。现在，一定程度的让步和妥协对双方都是很有必要的，但只有在秘密谈判的情况下，他们才能做出（或者比较容易做出）让步和妥协。弗里德里希二世之所以能够在 1229 年 2 月 18 日缔结条约，显然在很大程度上是因为卡米勒本人希望合作。但基督徒方面认为，这项条约很弱，因为除了皇帝和苏丹的个人诚意外，双方都没有任何保证。根据这项条约，弗里德里希二世将收回耶路撒冷，但圣殿山（Haran-esch-Scherif）除外，即欧麦尔清真寺、岩石圆顶②

① 维齐尔最初是阿拉伯帝国阿拔斯王朝哈里发的首席大臣或代表，后来指各伊斯兰国家的高级行政官员。维齐尔代表哈里发，后来代表苏丹，执行一切与臣民有关的事务。奥斯曼帝国把维齐尔的称号同时授给几个人。

② 岩石圆顶（Felsendom）是位于耶路撒冷旧城圣殿山上的一处伊斯兰教圣地，始建于 7 世纪末，在犹太教第二圣殿（在公元 70 年罗马人围攻耶路撒冷时被摧毁）的原址上建成。岩石圆顶的平面布局为八角形，建筑风格和马赛克均以拜占庭教堂和宫殿为蓝本，不含人类或动物的形态，而是以阿拉伯文字和植物图案为特色，夹杂着珠宝和皇冠等图像。岩石圆顶的奠基石在亚伯拉罕宗教中具有重大意义，它被认为是上帝创造世界和第一个人亚当的地方，也被认为是亚伯拉罕试图献祭其子以撒的地方，是耶路撒冷圣殿至圣所的所在。故此，犹太人在祈祷时都会朝向这块奠基石。传统上，穆斯林相信岩石圆顶中间的岩石就是穆罕默德夜行登霄、和天使吉卜利勒一起到天堂见到真主的地方。岩石圆顶在中世纪曾为十字军的驻地，并曾作为基督教教堂使用。"岩石圆顶"常被译为"圆顶清真寺"，但其实并非清真寺，而是一处圣所。

和所罗门圣殿所在的神圣区域。但基督教朝圣者被允许在这个地区祈祷，穆斯林则获准在割让给弗里德里希二世的伯利恒祈祷。皇帝还获得了拿撒勒和从海岸到耶路撒冷的一片土地，以及西顿、恺撒利亚、雅法、阿卡，以及其他一些地方。基督徒可以在几乎所有这些地方设防，而且，尽管这种形态的耶路撒冷王国在军事上无险可守，但双方还是达成了一项为期 10 年的停战协定，弗里德里希二世希望在休战期满后与他的朋友卡米勒续约。

该条约并非没有弱点，但教宗党人攻击它是"粗制滥造"，这样的批评是不公正的。弗里德里希二世，这位被绝罚的皇帝，做成了其他皇帝都没有成功做到的事情，做成了自萨拉丁征服耶路撒冷以来所有十字军战士都没有做到的事情：他使圣城耶路撒冷获得了自由。当弗里德里希二世召集德意志朝圣者宣布这一消息时，他们爆发出抑制不住的欢呼。在赫尔曼·冯·萨尔察的建议下，皇帝决定亲自率领朝圣者进入被解放的耶路撒冷。他的追随者欣喜若狂，而他的敌人怒不可遏。皇帝的成功是教宗党人最不欢迎的事情。耶路撒冷宗主教热罗尔德禁止朝圣者与皇帝一同进入耶路撒冷，但无济于事。他为弗里德里希二世没有征求他的意见暴跳如雷，也对德意志人的欢欣鼓舞感到火冒三丈，于是写信给教宗："德意志人只有一个想法，那就是自由地参拜圣墓；他们是唯一高唱赞歌并以节庆的方式为这座城市张灯结彩的民族；其他所有人都认为整件事情愚蠢至极。"

热罗尔德对皇帝恨得咬牙切齿。他向教宗详细介绍了皇帝与卡米勒的条约，虚伪地强调了条约的弱点（其中许多其实应当主要归咎于热罗尔德自己的多次背叛），并把皇帝描绘成一个被穆斯林蒙蔽的傻瓜。让热罗尔德特别生气的是，条约中没有一个字提到归还教会和修道院的财产。教宗不失时机地添油加醋，抹黑皇帝的成绩，并向全世界散播谣言，恶意地说弗里德希二世的行为是可耻的，因为他居然与异教徒谈判，并允许异教徒在耶路撒冷做祷告。教宗巧妙地掩盖了这样一个事实：弗里德里希二世毕竟比近期所有强大的十字军都取得了更伟大的成就。

与此同时，失去耶路撒冷给穆斯林留下了极不愉快的印象，所以很明显，卡米勒已经走到了可能性的最大限度，他不可能给基督徒更多了。萨拉丁曾写信给狮心王："耶路撒冷对我们和对你们同样神圣，不，对我们更神圣，因为先知就是在那里夜行登霄①的，而天使在那里聚集。"因此，巴格达的哈里发要求卡米勒对失去耶路撒冷负责，其他苏丹对他感到愤怒，并为失去圣城而悲痛，认为这是伊斯兰教受到的最惨痛的打击，于是公开反对卡米勒。最后，穆斯林举行了一次抗议仪式，而苏丹以没收清真寺的财物作为惩罚，这一手段可能会让弗里德里希二世印象深刻。但穆斯林承认，卡米勒一直处于两难境地，因为他曾亲自向皇帝求援。所以穆斯林通过思考未来和安拉的意志来自我安慰。苏丹在这项条约中得到的好处确实不大，其主要是为自己争取到了不受新的十字军东征干扰而继续对外扩张的机会。如果他拒绝交出耶路撒冷，肯定会发生新的十字军

---

① 夜行登霄是《古兰经》记载的先知穆罕默德的一次神迹。621 年 7 月 27 日夜间，穆罕默德在天使吉卜利勒（基督教称之为加百列）陪同下，乘坐神兽布拉克，瞬间来到耶路撒冷的远寺（一般认为就是阿克萨清真寺）。随后，穆罕默德登上登霄石，从今日耶路撒冷的岩石圆顶的位置登上七重天。黎明时分，穆罕默德重返麦加。根据这一说法，耶路撒冷成为穆斯林继麦加和麦地那之后的第三圣城，而登霄节也成为伊斯兰教的纪念日。

东征。卡米勒与弗里德里希二世皇帝的关系越来越融洽，尽管双方的追随者都对这种与异教信仰者的友谊感到愤慨。

弗里德里希二世无可争议的巨大成功——解放耶路撒冷——无疑主要应当归功于埃米尔法赫尔丁。有一个传说是皇帝封他为骑士，并允许他在纹章上使用帝国之鹰的图案。这没有什么不可能的，狮心王也有类似的故事。因为东西方当时都推崇伟大的骑士精神，所以宗教的障碍并非不可逾越，对骑士来说尤其如此。实际上，正如菲尔多西①的史诗和其他许多文学作品向我们揭示的那样，贵族骑士精神的标准在东方，在波斯，而且比在欧洲发展得更早。在东方和西方，这种骑士共同体的感情是一种活生生的东西，而西方的史诗总是把撒拉森骑士描绘得格外高贵和杰出：例如帕西法尔的"杂色的"兄弟费勒菲茨②，奥特尼特的帮手、睿智的异教徒扎哈里亚斯，阿里奥斯托的梅多罗③；以及最重要的萨拉丁，东方骑士精神的

---

① 菲尔多西（940—1019 或 1025）是伟大的波斯语诗人，著有史诗《列王记》，记录了从远古神话时期到 7 世纪的萨珊王朝灭亡这 4000 多年间波斯的神话传说和历史故事，以及 50 多位帝王的统治。这部史诗被称为是波斯古代社会生活的百科全书，对波斯语言和文化在阿拉伯人统治时期能够得以保存起了重要作用，是伊朗民族的文化认同中重要的一部分。《列王记》原本是献给致力于伊朗文化复兴的萨曼王朝的，但后来萨曼王朝灭亡，菲尔多西得到了突厥人君主加兹尼的马哈茂德（971—1030）的赞助。

② 费勒菲茨（Feirefiß 或 Feirefiz）是帕西法尔的同父异母兄弟，是黑白混血儿，所以说他是"杂色的"。

③ 卢多维科·阿里奥斯托（Ludovico Ariosto，1474—1533）是意大利文艺复兴时期的诗人，代表作为以查理曼与撒拉森人的战争为历史背景的史诗《疯狂的奥兰多》，主角奥兰多即查理曼麾下的将领和英雄罗兰。梅多罗（Medoro）是《疯狂的奥兰多》中的人物，是一名撒拉森骑士。他与查理曼宫廷的贵族女子安洁莉卡相恋并私奔到了中国。安洁莉卡曾将两人的名字刻在树上，以表达爱意。爱着安洁莉卡的奥兰多看到了树上的名字，大为吃醋而"疯狂"起来。

明珠，但丁在极乐世界给了他一个位置，就在伟大的异教徒英雄和诗人旁边，尽管萨拉丁从基督徒手中夺走了耶路撒冷。在东西方共同的宇宙中，不会缺少这种类型的英雄。

皇帝对撒拉森人的骑士精神还有待学习。他很想去约旦河上的基督洗礼之地朝圣，于是带着几个追随者从耶路撒冷出发了。盲目服从宗主教的圣殿骑士团，显然是在教宗的直接唆使下，将皇帝这次远行的消息发给了卡米勒苏丹。对卡米勒来说，这是俘虏弗里德里希二世的一个好机会，如果卡米勒愿意的话，可以把皇帝杀死。卡米勒"对这种卑劣的背叛行为深恶痛绝"，并且乐得让教宗的基督教骑士蒙羞，于是把这封信连同一份附言送给了皇帝。从那时起，皇帝就对圣殿骑士抱有刻骨的仇恨。他很感激苏丹的善意，一直珍视这份友谊，直到卡米勒去世，并且对卡米勒的儿子也很友好。

阿拉伯人也对皇帝保持着善意的回忆。弗里德里希二世部分出于权宜之计，部分出于个人的真实倾向，始终与撒拉森人打成一片。他对他们的科学成就非常钦佩，而且还特意表现出对他们的宗教和习俗的真诚尊重。在这方面，穆斯林讲述了许多皇帝的逸事，这些逸事与弗里德里希二世的言论十分吻合。例如，皇帝与苏丹的一位埃米尔一起参加了欧麦尔清真寺的活动。当他出来时，看到一个基督教神父站在清真寺的门口，手里拿着福音书，向朝圣者，甚至向皇帝本人乞讨。弗里德里希二世对这种破坏撒拉森人好客礼遇的行为感到愤怒，于是打了神父的胸口，把他打倒在地，并喊道："你这家伙！我们只不过是苏丹的奴隶，他给了我们这么多特权，而你竟敢越过他规定的界限！你们当中谁再敢如此冒犯，我一定要他的狗命。"皇帝被激怒时的凶暴是众所周知的，有许多相关的故事流传至今。在耶路撒冷，弗里德里希二世下榻在法官沙姆斯丁（Schams-ed-Din）的家里。苏丹出于对他的朋友的礼貌，不想冒犯皇帝的宗教感情，因此明确下令，在皇帝逗留期间，穆安津①不得召唤祈祷。有一位穆安津忘记了，在晨祷的时候登上了宣礼塔，吟唱出了明确针对基督徒的经文："他没有生产，也没有被生产"②，等等。法官沙姆斯丁责备了他，第二天晚上他就不唱了。然而在早晨，皇帝召见了法官，问为什么没有穆安津召唤祈祷。法官援引了苏丹的命令。据说弗里德里希二世答道："哦，法官，你们为了我的缘故而改变你们的信仰、你们的习俗、你们的宗教，这是错误的。即使在我的国家，你们也不需要这样做。"这话说得很对。多年后一位阿拉伯学者拜访曼弗雷德国王时，听到穆安津在卢切拉的宣礼塔上呼唤信徒做祈祷，不禁大吃一惊。三个戒指的故事③也与弗里德里希二世有关。阿拉伯人还在另一个场合得知，皇帝拒绝接受传统的约束，对不同宗教有独到的见解，而他的观点在许多方面与他那个时代的常规看法不同。在耶路撒冷的岩石圆顶上，弗里

---

① 穆安津是清真寺里专门呼唤群众做礼拜的人，有时译为"宣礼员"。

② 《古兰经》第一一二章"忠诚（以赫拉斯）"，第3节。伊斯兰教反对基督教的"耶稣是圣子"的说法，所以说神"没有生产，也没有被生产"。这句话对基督徒来说是一种冒犯。

③ "戒指寓言"是一个古代传说，被德意志诗人和戏剧家戈特霍尔德·埃弗拉伊姆·莱辛写进于1779年发表的五幕思想剧《智者纳坦》中，故事梗概如下：有一枚戒指是传家之宝，具有取悦上帝和人类的能力。戒指传到一个有三个儿子的父亲手中，他同等程度地爱着他的三个儿子，并承诺将这枚戒指传给所有的儿子。因此他做了另外两枚十分逼真的假戒指，并在临死前交给每个儿子一枚。兄弟们对于谁拿到了真的戒指争吵不休。一位智慧的法官告诉他们，目前没有办法鉴别真假，或者说三枚都是假的，真正的戒指早就在很久之前就已经遗失。唯一的辨别方法，就是看三兄弟当中谁的生活正派、能够让上帝和同胞满意。对"戒指寓言"的一种理解是，三种戒指分别代表基督教、犹太教和伊斯兰教。

德里希二世读到了征服者萨拉丁的金色铭文："萨拉丁净化了这座多神论者的寺庙。"皇帝假装不明白，为了让穆斯林尴尬，故意坚持要他们解释谁是多神论者。他们告诉他，这里指的是基督徒，因为他们有三位一体的思想。他接着问："岩石圆顶门上的格栅窗户是什么意思？"对方回答："为了拦住麻雀。"

弗里德里希二世的这些话让撒拉森人感到震惊。他们认为他不可能是一个基督徒，而一定是否认灵魂不朽的唯物主义者。他们对他的相貌评价不高，因为他没有胡子，身高中等。撒拉森人说："如果他是个奴隶，他连 200 德拉克马都不值。"但他庄重的举止和亲切和蔼的态度受到了赞赏。在午间祈祷时，皇帝的几乎所有仆人和他的一位教师都站起来，作为真正的信徒完成了正统的伊斯兰教仪式，这让穆斯林大吃一惊。这些仆人和教师是皇帝内廷的西西里撒拉森人。因此，弗里德里希二世甚至没有维持为信仰而战的表象：他的十字军东征纯粹是国家事务，一个与帝国而非教会有关的问题，而他的穆斯林随从的存在使这一点显得再清楚不过。从政治角度看，弗里德里希二世在叙利亚摆出东方人的姿态是自然而然的。拿破仑在埃及的时候也大费周折，把自己打扮成东方人，并且喜欢被称为"伟大苏丹"（Sultan-el-Kebir）。即使考虑到几个世纪的时代差异，伟人在人性方面也是非常相似的，他们都希望在东方成为东方人。同样的冲动使弗里德里希二世偶尔会使用纯粹东方式的做法。例如，在缔结条约时，他曾发誓，如果他违背协议，就"吃他左手的肉"。有一次，当谈判陷入僵局时，皇帝向雅法挺进，就按照东方人的习惯，把他的御用武器、铠甲和头盔送给苏丹，以表明他仍然拥有这些资源。

　　对每一位伟人来说，东方的内涵都是不同的。对施陶芬皇帝来说，最突出的一点是他对阿拉伯思想的不吝赞美。在弗里德里希二世生活的时代，东方是欧洲所有知识的源泉，就像意大利和罗马文化之于北方，也恰似古希腊的艺术和哲学之于古罗马。当时西方人的思想被禁锢在中世纪教会的教条中，只有东方的、希腊化的知识，尤其是关于自然法则的知识，才能解开这样的枷锁。弗里德里希二世比同时代的任何人都更有决心打开东方的知识宝库，而且由于他超强的思想接受能力和他在西西里出生的背景，他注定要成为东西方的伟大中间人与调和者。我们可以看到他与法赫尔丁讨论哲学，与卡米勒交流几何和代数问题，与他从苏丹那里请来的最有名的阿拉伯天文学家谈笑风生。除了这些学术问题，建筑艺术也像往常一样吸引了他的注意力。他研究了八角形的耶路撒冷欧麦尔清真寺，那里有绿色和金色的圆顶以及极具艺术性的讲坛，他怀着钦佩的心情登上了这座讲坛。他还为他的狩猎活动搜集了一些信息："当我在东方时，我观察到了阿拉伯人在捕猎时使用［猎鹰的］头罩，因为阿拉伯国王们给我送来了经验最丰富的驯鹰人，他们带着五花八门种类的猎鹰。"毋庸置疑，在他逗留东方期间，国家大事自然会引起他最严肃的关注。在这点上，有一个对话片段对我们很有启发。当时他正在与法赫尔丁讨论哈里发的问题。埃米尔向皇帝解释说，阿拔斯王朝的哈里发可以不间断地追溯到先知的叔叔阿拔斯，因此哈里发的位置仍然留在创始人的家族中。"这很好，"皇帝说，"比愚蠢的基督徒的安排要好得多。他们随意选择一个家伙作为他们的精神领袖。尽管他与弥赛亚没有一点关系，他们却让他担当弥赛亚的代表。教宗没有资格获得这样的地位，而你们的哈里发是穆罕默德的叔叔的后代。"这个后来喜欢自称"皇帝和国王的儿孙"
（教宗可没有这么高贵的出身）的人，就这样表达了他对自己
血统的自豪感，在这里我们也看到了他更崇敬自然法则而不是
宗教法则，因为这位皇帝已经从他那个时代的过度神秘主义中
完全解放出来了。

这些事情都为教宗指责弗里德里希二世采纳撒拉森人的习
俗提供了借口。而传说（部分是对皇帝友好的，部分对他怀
有恶意）加强了这种信念。苏丹派来供他娱乐的撒拉森舞女，
在教宗笔下变成了基督教妇女，教宗编造说弗里德里希二世强
迫她们在异教徒面前跳舞，然后让人"对她们进行肉体侵
犯"。一位英格兰朝圣者甚至写信回家说，皇帝已经娶了苏丹
的女儿和50个撒拉森女人。他与耶路撒冷的伊莎贝拉的婚姻
可能为这个故事提供了素材，但其中也许有真实的因素，因为
他确实有一个私生子，名叫安条克的弗里德里希，我们对他的
母亲一无所知，但他的名字表明他有东方血统。

很明显，弗里德里希二世在圣地的逗留极大地刺激了他的
同时代人的想象，特别是他与阿萨辛派的关系。他确实与阿萨
辛派的一个分支——黎巴嫩的伊斯玛仪派（Ismaeliten）交换
了使节。

许多杰出的十字军战士就倒在这个教派的匕首之下。皇帝
与阿萨辛派有过交往，不过是非常短暂的交往。人们甚至虚构
了皇帝对"山中老人"的拜访。后来有一个传说甚至描述弗
里德里希二世也以类似的方式养育了自己的"顺从的刺客"！
据说，他把一些儿童关在地窖里，自己很少露面，但让他们知
道皇帝就是万能的上帝。当这些小囚犯了解到这一点时：

他们认为这确实是这样，

Dô wânten die, im waer alsô,

皇帝便是下界的神……

Erwaer got von himmel dô...

在弗里德里希二世时代，没有一个王公的暴死不曾被归咎于皇帝派遣的刺客，就连教宗也乐于散播这种谣言。

当然，这些故事缺乏历史真实性，但有趣的是，恐怖和神奇的故事往往围绕着一个伟大的名字，部分是为了从其权威性中获得更多的公信力，部分是出于一种奇怪的愿望，即想要看到两个迥然不同的世界在同一个人身上结合起来：真实与梦幻；穆罕默德与基督；皇帝与哈里发。

但是，那种哈里发的气氛（它把弗里德里希二世的整体世界观保持在或真切或缥缈的遥远梦境空间中，并在生活的每个阶段和境况下以不同的符号和象征复现），是专制君主的绝对主义不可缺少的前提。对专制君主来说，人们的生命只是他的意志、他的专横独断的原材料而已。除了苏丹自己，没有人知道这种专横独断的终极必要性。另外，阿普利亚少年已经不再代表个人的命运和前途，而是作为皇帝，模仿“山中老人”，对地窖里的小囚犯扮演上帝，自己则成为整个民族或群体的命运。毫无疑问，皇帝所看到的盲目的无条件顺从、东方君主的不受任何约束的专制统治，以及围绕着他们的天命光环，都给他留下了深刻的印象。几年后，教宗愤恨地写信给他：“在你的西西里王国，除非得到你的命令，没有人敢动一动手脚。”

在所有记录弗里德里希二世在叙利亚期间的言行及其与穆斯林交往的报道中，有一个反复出现的话题，就是他对此地的人和事表现出极大的钦佩和敬畏。毫无疑问，这在当时具有政治价值，但他一辈子也一贯如此。多年后，弗里德里希二世向贵宾展示他那台价值无量的天象仪（其中太阳、月亮和星星在神秘的和谐中运动）时，他喜欢说这是他的阿拉伯朋友（即卡米勒苏丹）的礼物。在皇帝看来，除了康拉德国王，即皇帝的儿子和继承人，苏丹比任何在世的人都更珍贵。这句话表明，这位比卡米勒苏丹伟大得多也重要得多的皇帝（他几乎是西方的唯一统治者）对这位穆斯林王公的是多么钦佩。弗里德里希二世经常自豪地吹嘘自己是"穆斯林国王们的朋友"，例如，当他偶尔请求埃及苏丹借给他一支小规模部队来恐吓伦巴第叛军时，或者当他认为如果按照他的想法行事，东方的某些事件就不会发生时，他就会叹息道："啊……如果我的老友卡米勒还活着！"或者，在弗留利①的德意志诸侯会议上，皇帝特意百般客气地盛情接待他的阿拉伯朋友的使团，并在诸侯和主教的众目睽睽之下与阿拉伯人一起举行盛大的宴会，庆祝伊斯兰教的希吉拉②，然后与他的穆斯林客人一起出发前往阿普利亚。或者，当皇帝为他的朋友卡米勒去世而长时间哀悼和悲哭时（其实他几乎从未真正见过卡米勒），报道皇帝的悲痛的编年史家给出了一个奇特的解释：皇帝之所以悲痛欲绝，是因为苏丹是在未受洗的情况下去世的。但所有迹象都表明，在弗里德里希二世一生中唯一一次直面东方时，他觉得自己是学习者和收获者。在东方、面对东方人，只有他感受到

---

① 弗留利（Friaul）意大利东北部的一个历史地区，有自己的语言弗留利语（一种罗曼语）和鲜明的地方特色文化。

② 伊斯兰纪年法以公元 622 年为元年，在这一年，先知穆罕默德率领信众离开麦加，迁移到麦地那，这一事件称为"希吉拉"。

了对方相对于自己的优越，并随时愿意承认自己对东方的钦佩，宣称自己是弟子；或者，用他自己的言辞激烈的表达方式，"我们只不过是苏丹的奴隶"。大多数情况都可以这样解释。在每一个适当的场合，弗里德里希二世都会努力效仿他钦佩的穆斯林君主，把自己装扮成他们中的一员。他把数学和哲学问题寄给苏丹，或恳求哈里发帮助，把有关这些问题的御笔信函寄送给某位学者。弗里德里希二世回到西方后，仍然保持与东方通信，并向他的穆斯林朋友介绍他与教宗和伦巴第人的斗争，在这过程中引用著名阿拉伯诗人的名言，并模仿阿拉伯人的习惯，给自己冠以不计其数的称号：弗里德里希二世，亨利六世皇帝之子，弗里德里希一世皇帝之孙，等等。他在赠送礼物时也不忘效仿他钦佩的苏丹：卡米勒曾向他赠送一头大象，弗里德里希二世回赠一头北极熊。令阿拉伯人惊讶的是，北极熊只吃鱼。皇帝对能够这样回报苏丹的昂贵礼物而感到自豪。在与东方人的交往中，弗里德里希二世表现出感恩戴德的态度，那是教宗曾经向他索取而不得的，因为事实上，只有从东方，弗里德里希二世才得到了来自一个全新的思想世界的刺激。皇帝也成功地激起了穆斯林对他的莫大钦佩：没有一位西方君主像他那样唤起了东方人这么多的喜爱和理解。他们不仅景仰皇帝的百科全书式的渊博学识（他很快就与埃及、叙利亚、伊拉克、阿拉伯半岛、也门，以及摩洛哥和西班牙的学者保持着涉及广博知识的通信），而且对他生活中所有的重要事件都耳熟能详，抱有持续的兴趣。他们知道他与伦巴第人的斗争，知道教宗煽动的阴谋，信手拈来地谈论托斯卡纳和伦巴第，钦佩地引用皇帝无穷无尽的头衔。在这些头衔中，他的所有王国和省份的名字都被复述了出来。一位阿拉伯历史学家写道："我希望把这封信（和这些头衔）包括进去，以记录在这位皇帝兼国王的权杖下有哪些领土。事实上，自亚历山大时代以来，基督教世界从未出现过这样的君主，不仅因为他的权力极大，而且因为他向教宗（他们的哈里发）挑战，打败他，并将他逐出战场。"100年后，人们仍然在引用弗里德里希二世关于意大利政治格局的说法：谁若是想在意大利统治，就必须与教宗成为好朋友，必须将米兰掌握在自己手中，并且必须拥有优秀的占星家。

自马其顿的亚历山大以来，每一位伟人都会以自己的方式复兴"苏萨的婚礼"①（并在各种时机沉浸于"他者"），而弗里德里希二世屈服于东方魅力的方式是独一无二的，他举行了一次具有高度智识性的"苏萨的婚礼"。令这位施陶芬皇帝陶醉的既不是空间的辽阔，也不是东方的感性的魔力——这些都是他作为西西里人"从孩提时代就熟悉"的——而是不受一切经院哲学和教会教条束缚的思想自由。他是第一位，也是唯一一位直接吸收了东方精神的中世纪皇帝，并在回国后将东

---

① 亚历山大大帝在打败波斯帝国之后，致力于西方（希腊）与东方（波斯）两大文明的和解与融合，也是为了巩固自己的帝国的统治，于公元前324年在波斯城市苏萨（Susa）举办了一场集体婚礼。亚历山大迎娶了波斯国王大流士三世的女儿和另一位王室公主，还安排自己的部将、幕僚与军官迎娶波斯等东方民族的贵族女子，一共有80对新人。他还向其他已经与亚洲女子结婚的1万多名马其顿人赠送贺礼。通过与大流士女儿的婚姻，亚历山大现在可以宣称他是合法的波斯王位继承人，并经常称波斯人为自己的亲戚，来巩固未来帝国的统治基础。然而，马其顿人对于国王过于讨好波斯人相当不满，多数人对婚礼的波斯风格很不喜欢，再加上亚历山大种种讨好波斯人的事迹，马其顿人认为亚历山大已经不需要他们了，这就造成日后马其顿人和亚历山大的一些冲突。当亚历山大大帝于前323年逝世后，之后的继业者不再采用亚历山大治理东方的政策，不愿再与波斯人等东方人享有同等地位。而在苏萨婚礼中奉亚历山大之命结婚的大多数马其顿显贵纷纷抛弃了他们的波斯妻子。

方精神与德意志的、基督教的罗马帝国（奥托皇朝、萨利安皇朝和施陶芬皇朝的帝国）融合在一起。

在东方取得的胜利，而不仅仅是前往东方的旅行，为弗里德里希二世赢得了恺撒们的光环。1229 年 3 月 17 日，弗里德里希二世进入了王城耶路撒冷。大部分朝圣者不顾宗主教热罗尔德的禁令，跟在皇帝身后，这一部分是因为他们渴望参拜圣墓，另一部分是因为希望见证古老的预言是如何实现的，即西方的弥赛亚式统治者将解放耶路撒冷。十多年前，一个传播广泛的阿拉伯预言将来自卡拉布里亚的国王指定为了圣墓拯救者，于是许多人认为东方的国王正在接近，他将从背后攻击伊斯兰世界。的确，穆斯林在更远的东方有一场硬仗要打，但还没有人完全知道这意味着什么。因为远方的雷鸣其实是成吉思汗的骑兵的马蹄声，而基督徒还在想着聂斯脱利派①的祭司王约翰，人们把他比作亚历山大，而且据说皇帝与他交换过重要的使节。在"虔诚的人们"（弗里德里希二世现在第一次开始这样称呼他的追随者）心目中，朝圣者所追随的施陶芬皇帝弗里德里希二世就是预言中的那位皇帝，他奇迹般成功地解放了耶路撒冷，正如预言所说的，"未动一刀一枪，也没有流血"。对教宗的追随者来说，皇帝现在已经呈现出蔑视信仰的敌基督的特征，而敌基督将像神一样在主的圣殿里坐着，扰乱信徒的心性。

---

① 聂斯脱利派是基督教早期的一个异端派别，得名自其倡导者聂斯脱利（386—450，曾任君士坦丁堡牧首），认为耶稣的神性与人性分开（后来的正统基督教认为耶稣的神性与人性是融合的）。聂斯脱利派在罗马帝国遭到镇压，后传入波斯和东方。聂斯托利派是最早传入中国的基督教分支，传入时间为唐代，汉译名称为景教。

弗里德里希二世在入城当天即前往圣墓教堂，以便（正如他所写的）"作为一位天主教宗帝，在主的坟墓前虔诚地礼拜"。整个世界都认为，由于皇帝现在不仅履行了发动十字军东征的誓言，而且还完成了对耶路撒冷的解放，他将立即从教宗的禁令中解放出来。"……因为在上帝的眼中，没有什么禁令能比一个人的罪孽更持久，"弗赖丹克用几乎是异端的措辞如此宣称，并对教宗"捆绑和释放"的权力提出疑问①。他的下一句话甚至更具有反教宗的意味："只要主人行义，顺从就是好的。如果主人试图强迫仆人做上帝眼中的错事，那么仆人就必须离开他的主人，跟随那行义的人。"还有许多朝圣者赞同弗赖丹克的观点。在德意志，教宗本人被称为"异端分子"。皇帝也希望自己所受的绝罚现在能够结束。他想在圣墓教堂安排一场周日弥撒。但睿智而谨慎的赫尔曼·冯·萨尔察劝他不要这么抢在教宗的前头，免得招致教宗的进一步不满，因为弗里德里希二世在抵达圣地之后所做的所有和解尝试都被教宗视而不见，或者只是引起了绝罚令的更新。

皇帝很好地利用了格列高利九世的拒不妥协。多亏了这一点，他才在3月18日，即大斋期第三主日，在耶路撒冷的圣墓教堂举行了拿破仑时代之前最令人难忘的皇帝自我加冕仪式。仍然处于被绝罚状态的皇帝身穿全套华服，在追随者和朋友的陪同下，步入圣墓教堂。在这里，耶路撒冷的第一位国

---

① 《新约·马太福音》第 16 章第 18~19 节，耶稣对彼得的话：我还告诉你，你是彼得，我要把我的教会建造在这磐石上，阴间的权柄，不能胜过他。我要把天国的钥匙给你。凡你在地上所捆绑的，在天上也要捆绑。凡你在地上所释放的，在天上也要释放。

王，布永的戈弗雷①，曾怀着谦卑的情感，拒绝在基督曾经戴着荆棘冠冕②的地方戴上金冠。如今在这里，没有教会的媒介，没有主教，没有加冕弥撒，弗里德里希二世骄傲而毫不畏缩地伸出他的手，接过圣城耶路撒冷的王冠。他大步走向圣墓祭坛，从祭坛上举起王冠，戴在自己的头上。虽非其本意，并且几乎是违背了他的本意，但这一行为具有深远的象征意义。因为在整个基督教世界最神圣的地方，他恢复了王权直接从属于上帝的地位，并且在没有教会作为中保的情况下，作为一位胜利的征服者直接与上帝建立联系。

弗里德里希二世并没有努力从教义和理论中推导出皇帝与上帝具有直接关系的理念（自教会集团建立和演化以来，教宗们就激烈地否定该理念），而是把此种直接关系建立在他自己的帝王生涯的奇迹上。这些奇迹对所有人来说都是显而易见的，而且闻名遐迩。这些奇迹强有力地证明，上帝的直接选择不是在他的帝王职位上，而是在他本人的身上。这种个人因素可以通过教义得到加强，比如说，在皇帝的威严中固有的某种超自然特性。在双方决裂之前，教宗格列高利九世曾在给弗里德里希二世的信中写道，上帝将皇帝设置为基路伯③；皇帝被提升为"不是撒拉弗④，而是第二个基路伯，作为与上帝的独

---

① 严格地讲，布永的戈弗雷并没有称王，也没有加冕，而是采用"圣墓守护者"的头衔。

② 根据《圣经》，耶稣受难前，罗马士兵"给他脱了衣服，穿上一件朱红色袍子，用荆棘编作冠冕，戴在他头上，拿一根苇子放在他右手里，跪在他面前戏弄他说，恭喜犹太人的王啊"，以折磨和嘲讽他。

③ 基路伯（Cherub）是亚伯拉罕宗教中的智天使。在西方，Cherub 一词已经成了"天使"的同义词。

④ 撒拉弗（Seraph）是亚伯拉罕宗教中的炽天使，有 6 个翅膀。

生子相似的象征"。教宗英诺森三世曾宣称自己也拥有这种天使的特性——"比上帝小，但比人大"；弗里德里希二世在向全世界宣布自己在耶路撒冷的胜利时，也提到了这种天使的特性。加冕礼结束后，弗里德里希二世立即向欢聚一堂的朝圣者发表了公开演讲，赫尔曼·冯·萨尔察将皇帝的讲话翻译为拉丁文和德文。这篇演讲后来被大幅扩展和充实，构成了一份宣言的基础，该宣言将向世界万民宣布这一天的荣耀：皇帝的超凡声音将以宏大的悲怆气度，在整个大地表面（orbis terrarum）传开。"凡有正直心肠的人，都要欢喜和感谢主，主以祂的子民为乐，因为他们赞美和平的皇帝。天使赞美他，让我们也赞美他……"这第一句话就把弗里德里希二世摆在了天使当中、接近上帝的位置，让他像天使一样雄踞于凡人之上。现在通过皇帝的嘴，万民听到了上帝的声音，上帝让万民知道，皇帝的业绩便是祂自己的业绩；主的受膏者完成了这业绩，这些由上帝创造的业绩便是神圣的："上帝是主，是那独行大奇事的，祂出于自己一贯的怜悯，在我们这个时代重现祂在古时创造的奇迹，正如经上所写。因为神要彰显祂的大能，不必用车，也不必用马，祂用少数人显出祂的能力，叫万民看见，知道祂的大能是可怕的，祂的威严是荣耀的，祂对人之子的计划是奇妙的。祂按照祂的意志，去变革时代，将分散到万民的心重新联合起来。因为在这末后的日子里，祂凭着奇异的能力，胜过凭着胆量，使那长久以来地上许多王侯将相所谋求而未果的事，快乐地成就了。"

因此，弗里德里希二世将自己所做的事归功于上帝，并说上帝喜欢借助少数人来成就伟业。当皇帝赞美唯一上帝的胜利时，他巧妙地也赞美了自己。然后，他向全国人民发出呼吁：

"你们看，现在是那救赎的日子……"皇帝的宣言接着叙述了一些奇妙的证据，也就是那些从东征一开始就显示出来的来自上帝的谋略与帮助。他详细描绘了十字军在雅法的悲惨处境，当时风暴突然切断了所有的粮食供应，因此恐惧和抱怨在他们中间剧增。这时，上帝向风和海发号施令，于是风平浪静，所有人都喊道："那支配风和水的，是多么伟大，它们都听从祂。"皇帝随后讲述了其他困难，所有这些困难都是上帝和他的儿子借助皇帝之手，奇迹般地解决的：敌对的苏丹就在一天行军路程之外扎营，基督本人从高处见证了皇帝的耐心和忠诚，于是引导了谈判，使圣城落入皇帝手中，让条约在我主复活的那一天起草完毕，等待宣誓。最后，宣言简要地描绘了被绝罚的皇帝在耶路撒冷戴上王冠的场景："因为全能的上帝从祂威严的宝座上，预见他们向我走来，于是以祂丰盛的恩典，将我高举在地上所有的君王之上。当我为赢得这一崇高的地位而欢欣鼓舞时——根据王国的律法，这一地位理应属于我——也让全世界越来越清楚地看到，这是主的手做的。因为对万物的怜悯是祂的工作，所有尊崇真正信仰的人都要远近宣扬：那永远蒙福的主已经眷顾我们，为祂的子民建立救恩，并在他仆人大卫的家里为我们设立了号角。"

在虔诚的外表下，所有这些将皇帝的每一次成功都归功于上帝的做法，其实只是为了抬高皇帝自己。此外，这是弗里德里希二世第一次采用《圣经》中关于上帝之子的句子，并将其应用于自己：通过大卫的神王地位，弗里德里希二世接近了救世主。这其中并没有什么耸人听闻的新内容。自查理曼以来，所有的皇帝都认为自己是天选之子大卫王的继承人和后继者，这也是对"皇帝与上帝有直接联系"这种古老主张的一种论据。皇帝的加冕礼宣讲中就有这样的内容："你的儿子大卫，你已将他提升到王权的顶峰。"但主张是一回事，实现是另一回事。因为弗里德里希二世不仅仅在智识层面要求继承大卫的遗产，而且已经奇迹般地、以天选之人的身份，实际拥有了大卫的遗产，并向全世界展示了他作为耶路撒冷国王的身份。人们这样歌颂皇帝："你在耶路撒冷便是大卫！"弗里德里希二世自己则写道："我们的救世主拿撒勒的耶稣也是从大卫的王族中产生的，这让我心中充满了喜悦。"一位德意志诗人也有类似的想法，他用激情洋溢的六步格诗句将弗里德里希二世与耶路撒冷的另一位国王（即耶稣基督）相提并论，从而庆祝皇帝在这些日子里的胜利。

> 欢呼吧，耶路撒冷，为了尊崇主的名字……
> 因为曾经的耶稣，如今的弗里德里希皇帝，作为崇高的国王，
> 都愿意受苦受难，在你的荣光中得到提升。
> 他俩都带来了牺牲，前者为了后者而牺牲自己，
> 后者为了前者和自己的荣耀而献出自己……

弗里德里希二世和基督确实都是耶路撒冷的国王：在基督教时代，基督是第一位耶路撒冷国王，弗里德里希是最后一位。救世主和皇帝，都被认为是大卫的继承人，是上帝之子，是类似于天使的存在，在上帝和人类之间调解。戈弗雷和他在耶路撒冷王位上的继承人不曾拥有这种性质，因为他们不是罗马皇帝和世界统治者。"基督必胜，基督为王，基督统万邦（Christus vincit，Christus regnat，Christus imperat）！"

这是历史悠久的西西里国王加冕的呼声，可以追溯到基督教最早的时代（那时多神教仍然残存），人们曾以阿波罗的形象表现基督。"基督必胜，基督为王，基督统万邦！"确实专属于胜利的世界统治者。弗里德里希二世很想把自己挥舞正义之剑和权力之剑的形象与帝王风范的、胜利的基督相提并论。这样的基督是日耳曼人心目中的英雄，日耳曼人在《救世主》①中将基督与其使徒理解为军事国王②与其战斗伙伴或扈从。这是弗里德里希二世皇帝的极限。这位法律的履行者被明确地称为"与上帝的独生子相似的象征，是第二位基路伯而不是撒拉弗……"但"他者"也再次成为人：阿西西的方济各不久前化身为撒拉弗式的基督、救赎者、受难者。

弗里德里希二世还是个孩子的时候，就在他于亚琛赢得第一次胜利后把自己献给了上帝。14 年后，在他 35 岁的壮年时期，他在耶路撒冷兑现了少年时的誓言，并在第二次胜利中与上帝建立联系。将来，他还会拥有第三次胜利。弗里德里希二世的胜利总是能为他打开新的空间。教会当然也认识到这是一场胜利，是"以基督之名获得的荣光"（Gloriari in Christo）和"胜利的教会"（Ecclesia triumphans），但这只是群体的胜利，而非个人的胜利。这里有一个关键的变化：阿普利亚少年的胜利，同时也是教会及教宗英诺森三世的胜利；但对于被逐出教

---

① 《救世主》（Heliand）是中世纪早期（可能出自 9 世纪）萨克森人的一部韵文史诗，讲述基督的生平，是早期德语文学的重要作品。该作品将耶稣及其门徒描绘得像日耳曼英雄一样。

② 军事国王（Heerkönig）是古日耳曼人的一种以军事才干和能力为基础的统治形式。军事国王作为统治者的权威与合法性并非来自世袭或血统，而是来自他豢养和领导军队的能力。

会的皇帝在耶路撒冷取得的神一般的胜利，教会既没有参与，也没有任何贡献，这是坚决拒绝和解的教宗造成的。弗里德里希二世的宣言中没有一个字提到胜利的教会。根据他的宣言，胜利者是上帝，是救世主，也是作为上帝之工具的皇帝；二者的行为是一体的，宣言中对神迹的讲述带来了最清晰的证明，它们显示出弗里德里希二世与上帝的和谐，就像恺撒在法萨卢斯战役①之日的预言故事显示出恺撒与罗马诸神的和谐。弗里德里希二世不是通过教会，而是在独立于教会的情况下，单独完成了他的胜利，完成了"神秘联合"②。我们不妨注意一下，皇帝的伟大对手圣方济各是如何通过最深的谦卑，不需要教会的中保，便实现了自己与上帝的和谐。无论是皇帝的光荣胜利，还是圣方济各无与伦比的谦卑，事实上都无法在此前的教会中找到一席之地；作为精灵（Genien），作为基路伯，作为撒拉弗，弗里德里希二世与圣方济各可以在教会与异教徒和异端的斗争中用剑和棕榈叶为教会服务，但他俩都与上帝有着直接联系，所以都已经超越了教会的中保。他俩也都进行了创造：圣方济各创造了自己的修会，皇帝则创造了自己的国家。

弗里德里希二世皇帝在救世主墓前的自我加冕，是他与上帝的直接联系的清楚体现。他已经分享了围绕着哈里发们的魔

---

① 法萨卢斯（Pharsalus）战役是恺撒与庞培的内战中的决定性战役，发生于公元前 48 年 8 月 9 日，地点在希腊中部的法萨卢斯附近。庞培虽有兵力优势，但仍然几乎全军覆没，仅以身免，逃往埃及，在那里被暗杀。罗马境内再无可以与恺撒抗衡的势力，恺撒成为罗马共和国的实际最高统治者。

② "神秘联合"（unio mystica）是基督教神秘主义的说法，指信徒与神在"精神上的婚姻"。

力和天命的气氛；他现在还戴上了一位东方君主的神圣光环。
正如西比尔女预言家所预言的那样（虽然与世人理解的方式
大相径庭），东西方的统治者在耶路撒冷统一在了弗里德里希
二世一人身上，而圣城也获得自由。随着弗里德里希二世这唯
一一位在耶路撒冷戴着耶路撒冷王冠的皇帝的出现，基督教帝
国的时代结束了。一个新的时代正在徐徐拉开大幕。弗里德里
希二世从东方带回的不是基督教帝国的复兴，而是西方世俗
"君主制"的诞生。他是最后一个拥有双重荣耀的人物：旧的
基督教皇帝的威严和神圣，以及新的西方世俗君主制。法兰
克-日耳曼的封建王权（它将血统和种族神圣化）和巴巴罗萨
的施陶芬-罗马帝国（它将帝位神圣化），在弗里德里希二世
统治下，被东方的专制主义进一步抬高，它将权力的实际拥有
者作为"神的人"（Homo Dei）来崇拜，他是神人，是神之
子，他本人是神圣的。弗里德里希二世的第四次也是最后一次
加冕①，标志着他个人的"发展"，即他个人的崛起的结束。
此后，他作为一个个体不可能有进一步的发展，除非借助他的
国家、与之一道发展。问题是，他能否在一个民族中唤起呼
应，而这个民族能否按照（上帝）传给他的神圣力量所承诺
的那样理解他。在东方取得的成功开始使皇帝在西方摇摇欲坠
的地位稳定下来，起初当然只是在德意志，在那里，教宗的阴
谋诡计一直都没有什么分量，皇帝的捷报却很有影响力。萨克

---

① 弗里德里希二世的四次加冕：1198 年加冕为西西里国王，1212 年加冕为
罗马人国王（德意志国王），1220 年加冕为神圣罗马皇帝，1229 年加冕
为耶路撒冷国王。

森公爵阿尔布雷希特①立即向在烈韦里②的德意志人转达了喜庆的宣言，荷尔斯泰因伯爵阿道夫则将他的文件的日期标注为"在战无不胜的罗马皇帝弗里德里希二世重新征服圣地的那一年"。但西西里的前景比以往任何时候都更黯淡。尽管阿奎诺诸领主、高等法院政法官莫拉的恩里科（Heinrich von Morra）和摄政者斯波莱托公爵莱纳尔德以及第一次经受考验的西西里撒拉森人热情地为皇帝而战，但事实证明，这个王国并不像弗里德里希二世希望的那样坚不可摧，尤其是在君主远在异乡的情况下。雪上加霜的是，帝国的军队此时也被分割开来，一支部队在阿布鲁佐，另一支在卡普阿。教宗的"钥匙军"在曾经的耶路撒冷国王约翰的领导下，成功地入侵了西西里王国，占领了大部分的大陆省份。教会扮演了它最喜欢的"被压迫者的解放者"的角色。弗里德里希二世对西西里施加的枷锁确实不轻；教宗散播了皇帝死亡的谣言，并解除了西西里臣民对皇帝的效忠誓言。这些综合因素加速了皇帝在西西里王国意大利本土部分的统治的瓦解。但即便在这些地区，也有足够的人对皇帝忠心耿耿，急切地盼望着弗里德里希二世归来（这是教宗党人最害怕的事情）。教廷的军事统帅布里耶纳的约翰因此秘密下令监视阿普利亚的各港口，并在皇帝上岸时将其俘虏。虽然有所有这些预防措施，但在 1229 年 6 月初，还是突然出现了皇帝驾临阿普利亚的传闻。

---

① 指阿斯坎尼家族的萨克森公爵阿尔布雷希特一世（约 1175～1260 或 1261），他早年支持奥托四世，后来指挥一支德意志十字军参加了埃及达米埃塔的战事（1217 年开始）。1219 年，他参加了前往立窝尼亚的十字军东征，展现出杰出的军事才华。他死后，他的两个儿子将萨克森公国分割成萨克森-维滕贝格和萨克森-劳恩堡两支。

② 烈韦里即今天的爱沙尼亚首都塔林。

　　在离开圣地之前，弗里德里希二世还必须忍受一些不愉快的经历。在耶路撒冷加冕后对朝圣者的讲话中，他非常谨慎地遵照他从一开始就采取的路线，在谈到教宗时只使用了和解性的言辞。他没有对格列高利九世提出抱怨（这本来是理所当然的事情），而是帮着教宗找借口。教宗派的整个行为模式也始终如一：随着皇帝的成功，他们加倍地进行敌对活动和阴谋活动。教宗拒绝承认弗里德里希二世的十字军战士身份，称他为"海盗"。为了替教宗说好话，弗里德里希二世向朝圣者们解释，宗主教热罗尔德背信弃义的阴谋诡计一定会招致教宗的不满。但热罗尔德有充分的把握，教宗一定会站在他那边。因此，弗里德里希二世在耶路撒冷的跌宕起伏的停留只持续了两天：他在星期六入城，星期天为自己加冕，星期一就离开了该城。这是因为热罗尔德不仅命令一位多明我会修士更新教宗对皇帝的绝罚令，而且还将圣城置于禁止圣事的禁令①之下，这让朝圣者们怒不可遏。他们无法在皇帝收复的圣地祈祷，因此觉得自己被教会和教宗愚弄了。皇帝在与圣殿骑士和教士们进行了一场激烈的交锋后，立即离开了耶路撒冷。圣殿骑士背叛他的阴谋就发生在这个时候。他对朝圣者们的建议是加入他的队伍，和他一起从阿卡登船出发。

　　现在没有什么能让弗里德里希二世在圣地逗留了。西西里的噩耗已经传到了阿卡。他急切地盼望回国，在复活节期间就

---

①　禁止圣事（Interdikt）是天主教会的一种处罚。一旦被处以"禁止圣事"的处罚，从弥撒到出生洗礼、婚礼、葬礼统统不能举行。开除教籍（绝罚）是对个人的处罚，而禁止圣事是对居民共同体的处罚。中世纪罗马教廷常用禁止圣事与开除教籍这两种手段来处罚俗界。通常某位统治者与罗马教廷闹翻的时候，教廷会施加这样的惩罚。只有教宗或他的直接代表有权解除禁止圣事的惩罚。

命令海军司令马耳他伯爵恩里科在阿卡准备好桨帆船。但在他离开巴勒斯坦之前，还要发生最疯狂、最可耻的一幕。虽然弗里德里希二世明令禁止，但宗主教还是在皇帝自己的耶路撒冷王国里征召了军队。这种对皇权的悍然侵犯是不可原谅的，并且更严重的是，这些军队只可能是用来对付皇帝本人的，因为基督徒与撒拉森人之间有停战协定。作为报复，帝国军队将宗主教和圣殿骑士包围在他们在阿卡的住所里，切断了他们的供应，封锁了全城，将几个宣扬反对弗里德里希二世、煽动暴乱的托钵修士从讲坛上拖走并痛打一顿。这还不是全部。当皇帝在预定日期的清晨准备登船时，民众在教宗派的煽动下伏击他，向他和他的亲信投掷秽物。皇帝咒骂着离开了圣地。

几周后，意想不到的事情在阿普利亚发生了。弗里德里希二世远远走在其他十字军战士的前面，于 6 月 10 日在布林迪西港登陆。"上帝保佑。"他在不久之后给埃米尔法赫尔丁的信中写道。他的到来是如此令人惊讶，以至于布林迪西市民在看到展开的皇帝旗帜时无法想象这意味着什么，因为他们已经在为皇帝的死亡而哀悼。直到他们亲眼看到皇帝，才看穿了教宗的奸计。然后，他们急忙用欢呼迎接他们的主公。弗里德里希二世回国的消息像野火一样传遍了西西里。整个局势迅速发生了变化。皇帝立即从布林迪西前往巴列塔，发布了一份激动人心的公告，宣布他已经回国，劝说在卡普阿的部队坚守并保持忠诚。他派遣阿奎诺伯爵托马索去支援他们，并承诺不久后将亲自前往。与此同时，他迅速集结军队，但避免了不适当的匆忙。他的追随者从四面八方蜂拥而来；斯波莱托公爵莱纳尔德带着他的部队从阿布鲁佐赶来，高等法院政法官莫拉的恩里科带着他的撒拉森人和所有其他保持忠诚的西西里人前来勤王。一个幸运的巧合也对弗里德里希二世有利：风暴迫使一大批德意志骑士在从圣地返回的途中在布林迪西登陆。他们立即宣布愿意留下来帮助弗里德里希二世。比萨人也来了。如果皇帝想要再一次指出这是天意的直接干预和上帝为他创造的奇迹，他也完全有权利这样做。

弗里德里希二世身边聚集了一支引人注目的军队：西西里人、德意志十字军、忠于帝国的撒拉森人。他们并肩作战，对抗伦巴第人和教宗的军队，或者说，准备好了与他们作战；因为局势并没有发展到这一步。对皇帝的畏惧，认识到自己被散播皇帝死亡假消息的教宗欺骗了，教廷对军饷的拖欠，糟糕的领导，以及伦巴第人非常不愿意被卷入公开的背叛和对宗主的叛乱中——所有这些因素都使钥匙军土崩瓦解，被赶回教宗国的边境地带。皇帝的出现，或者仅仅是他的名字，就像一个令人瘫痪的符咒。钥匙军在某些地方做出了成功的抵抗，但当皇帝在8月底出发前往卡普阿时，圣座的战士没能守住哪怕一个据点：他们不等遭到攻击就逃过了边界，尽管教宗使节佩拉吉乌斯①没收了卡西诺山和圣杰尔马诺的教会财产来支付军队的饷银。当弗里德里希二世后来如法炮制的时候，教会是何等的"义愤填膺"啊！

这就是"钥匙军"臭名昭著的溃败以及他们被逐出西西里的情况。此役结束后，世界对皇帝充满了景仰，他又一次赢

---

① 枢机主教和阿尔巴诺主教佩拉吉乌斯（Pelagius，约1165—1230）出身于西班牙，是1219年第五次十字军东征期间的教宗特使。十字军的灾难性决定（拒绝与卡米勒议和，沿着尼罗河前进并攻击曼苏拉，结果导致十字军溃败）有他的部分责任。在1229~1230年的"钥匙战争"（教宗格列高利九世反对弗里德里希二世皇帝）中，佩拉吉乌斯是教廷军队的领导人之一。

得了一场（几乎）不流血的胜利。当时的穆斯林将他与亚历山大相提并论。尼西亚的希腊皇帝①派出了一个使团，后来又送来了贵重的礼物和一大笔钱。同时，皇帝在帝国意大利的支持者也成功地击败了伦巴第联盟的诸城市。在西西里王国境内，四天之内有 200 座城市宣布支持皇帝。只有少数人还在负隅顽抗。杀鸡儆猴很有必要，于是皇帝亲自率军围攻了拒不悔改的索拉城，将其征服并烧为灰烬，使得此地永远无人居住。弗里德里希二世后来是这样说的：应该在这座反叛城市的土地上犁地，就像古罗马人处置迦太基的土地一样。我们很容易想象，皇帝对叛徒和不忠的官员采取了极端严厉的措施。编年史家告诉我们，任何希望通过皇帝倒台而高升的人，现在将被吊上高高的绞架，算是满足了他们"高升"的心愿。为了惩罚圣殿骑士团和圣约翰骑士团在巴勒斯坦的背叛行为，弗里德里希二世没收了这两个骑士团在西西里的所有货物和财产。

教宗对这一切是什么态度？他处于极其困难的境地：罗马贵族对他的仇恨使得他无法返回罗马；他的资金和战争物资已经耗尽；伦巴第人把他抛在一边；他向西方诸国君主求救的呼声无人理睬。但在皇帝向格列高利九世派遣的众多使团中，没有一个能取得哪怕是最微小的成功。虽然教宗被打败了，但他仍然拒绝屈服；恰恰相反，他还要求皇帝屈服。弗里德里希二

---

① 尼西亚古城，今称伊兹尼克，位于今天土耳其西北部，因基督教的两次会议（325 年和 787 年）和"尼西亚信经"（基督教信仰的一项基本议决）而闻名。1204 年拜占庭帝国被西方十字军消灭后，拜占庭贵族狄奥多·拉斯卡里斯以尼西亚为都城，建立了尼西亚帝国，宣称继承拜占庭正统。1261 年，尼西亚帝国的摄政米海尔·帕里奥洛格斯光复君士坦丁堡，自立为皇帝（史称米海尔八世），重建拜占庭帝国。帕里奥洛格斯皇朝是拜占庭的最后一个皇朝。

世已经稳稳地掌握战局，没有什么能阻止他征服教宗国的所有领土并用武力迫使教宗求和（正如他后来有一次尝试的那样）。但到了教宗国的边境之后，皇帝带着部队停了下来，仍然理智地保持着他从一开始就采取的那种无可指摘的克制与平和的语调。他很清楚，在目前的情况下，他这种顺从的姿态比任何暴力对教宗的伤害都更大。他使教宗在世人眼中成为欧洲和平自始至终唯一的破坏者，而皇帝从克制中获得的好处，要比暂时占领教宗国土地、延续绝罚令和使得基督教世界的最高精神领袖殉难所带来的好处更多。特别是，就在此时，整个帝国急需新的组织和整顿。因此，已经为和平做过很多努力（尽管无果）的条顿骑士团大团长被再次派往格列高利九世面前。枢机主教团的一部分人不赞成教宗的政策，因此至少达成了停战协定。教宗很不情愿地同意了，尽管他是唯一的受益者。无论如何，对弗里德里希二世来说，和平已经有了一个开端。

谈判拖了一年之久，这让我们能够清楚地看到教会拥有的压倒性的强势地位。胜利的皇帝在祈求和平，战败的教宗却顽固地拒绝做任何让步，并试图为他不想要的和平规定条件。这清楚地表明，教宗远远不仅是一个军事上的对手，并且罗马教会首脑的地位是多么不可撼动。只有格列高利九世一个人能决定是撤销还是延续对弗里德里希二世的绝罚，而皇帝在每一个细节上都投降之前仍然是教会的"逆子"。格列高利九世完全不为这样的事实所困扰，即开除皇帝教籍的理由是他如期开展十字军东征的誓言没有兑现，而这一点现在已经完全没有意义了。格列高利九世曾试图通过绝罚来毁掉这个令他憎恨的皇帝，现在既然教宗的主要目标未能达成，皇帝就必须为自己摆脱绝罚付出更大的代价，即在西西里做出让步。因此，急需和平的是皇帝，而不是教宗。战争的威胁并没有使教宗惊惶失措，他甚至欢迎战争。在整个谈判过程中，弗里德里希二世表现出了令人难以置信的克制、一种几乎令人无法理解的顺从，而战争几乎再次爆发也不是他的错。此时，皇帝召集德意志诸侯，请他们对教宗施加影响以促进和平，他们也取得了很大的成功。在诸侯亲自保证皇帝的诚意之后，终于与教宗达成了谅解，这使格列高利九世没有任何借口来拒绝和平。但他还不愿意解除对皇帝的禁令，因为这意味着他承认自己之前的操作是错误的。教宗在前不久还谴责皇帝为"穆罕默德的门徒"，但他在1230年夏季把皇帝当作"教会的爱子"来问候，这无疑给人留下了深刻印象。这一点怎能瞒得住世人？一位同时代人将以《圣杰尔马诺条约》为开端、以《切普拉诺和约》（"Frieden von Ceperano"）为终点的整个事件斥为"教会之耻"。一位游吟诗人在咒骂教宗并对教宗国的首都发出威胁时，表达得更加激烈："罗马，这是我的慰藉：当正直的皇帝再次恢复他的好运并按自己的意愿行事时，你将陷入毁灭。"

正是为了恢复他的好运（也就是他的权力），弗里德里希二世才愿意接受对他十分不利的和约条款。他赦免了教宗在西西里王国的追随者，归还了所有在战争期间没收的教会财产，包括圣殿骑士团和圣约翰骑士团的财产。这些算是较小的让步。当然，最重要的是西西里神职人员的问题，因为格列高利九世不再满足于康斯坦丝皇后当年签的政教协定。为了摆脱被逐出教会的命运，弗里德里希二世准备做全面的让步，这似乎违背了他的所有原则。皇帝的让步包括：西西里的神职人员，除了少数例外，不再受世俗法庭的管辖，无须缴纳一般税款；

而在主教选举的问题上，皇帝甚至放弃了他在此之前行使的同意权。对于这项与弗里德里希二世的胜利相矛盾的条约，人们见仁见智，但总体上倾向于高估皇帝所做让步的价值。从皇帝与教宗霍诺里乌斯三世的争吵中可以看出，皇帝的同意权实际上价值不大；税收和对教士的司法管辖权的问题一直是争论的焦点。只要皇帝与教宗保持和平的关系，这些困难都能克服。而一旦发生战争（弗里德里希二世在最近的经历之后一定会感到战争迫在眉睫），所有这些协议都将成为一纸空文。对皇帝来说，当务之急是赢得时间来重组他的国家，集中分散的力量，然后征服伦巴第。为此，几年的和平是至关重要的。更重要的是，虽然教会与伦巴第联盟有勾结，但在这场镇压叛逆和异端的斗争中，最好争取教会保持中立姿态，或者甚至将教会化敌为友。此刻的时机对皇帝有利，因为在西西里战役中，伦巴第人对教宗的支持没有达到他希望的程度；而在接下来的几年里，弗里德里希二世与格列高利的所有沟通都是为了让教宗相信，在当前的三方斗争中，对教宗来说，与皇帝结盟反对伦巴第人，比与伦巴第人结盟反对皇帝要有利得多。教会和帝国这两种权力的团结始终是弗里德里希二世的心愿。他完全真诚地寻求这种团结，而且得到了全世界的支持，因为这种团结代表了上帝规定的秩序。从这个角度看，弗里德里希二世完全是反动的。他急切地想不惜一切代价拉拢教廷、使其脱离伦巴第联盟，重新唤醒教会中的所有贵族元素，以便重建两种权力的传统团结。他可能会在一段时间内取得成功，而且此时教宗认为与弗里德里希二世结盟从其他方面看是有利的，因为教宗夹在皇帝和伦巴第人之间，承受了不小的压力。三方都非常需要喘息的空间，然而三者越是恢复实力，山雨欲来的气氛对整个世界来说就越是压抑。

弗里德里希二世与教廷的第一次大争斗就这样结束了。在接下来的近 10 年里，这种争斗处于潜伏状态。皇帝和教宗之间重建的友谊被炫耀性地展示给世人。弗里德里希二世到格列高利九世位于阿纳尼的住处拜访了他，据弗里德里希二世说，他们在那里"用神圣之吻"敲定了协议。教宗和皇帝共进晚餐，除了他们之外只有一个人在场，这个人的人生使命便是为教会和帝国的荣誉而奋斗，和约的达成在很大程度上归功于他的努力。他就是条顿骑士团大团长赫尔曼·冯·萨尔察。现在，皇帝着手扩充自己的权力：首先是在西西里，后来是在德意志。

第五章　西西里的专制君主[*]

弗里德里希二世在东方取得胜利之后，建立了西方第一个绝对君主专制国家，这并非偶然。这一事件带来了一场根本性的变革，就像神话中的英雄突然意识到自己的神圣血统，于是他体内的神性明显地涌现了出来。英雄宣称自己是宙斯-阿蒙（Zeus Ammon）的儿子^①、母亲女神维纳斯（Venus Genetrix）的孙子^②，或其他一些神的化身，从而逐渐实现了自己的神化。从宣布自己的神之子身份的那一刻起，君主的人生轨迹随之改变：从单纯的个人活动和自我证明的阶段，进阶到了创造和改造世界的阶段，通过国家和政府为他代表的永恒法则创造具体的形态。

---

* 作者用的德文词是 Tyrann，相当于英文的 tyrant，源自古希腊文 túrannos，字面意思为"专制君主"。在古希腊的语境里，这个词常被译为"僭主"，可以理解为古希腊君主制的一种变体。不通过世袭、传统或合法的民主选举程序，而凭借个人的声望与影响力获得权力来统治城邦的统治者，被称为僭主。公元前 5 世纪到前 4 世纪的西西里曾被多位僭主统治。Tyrann 一词原本是中性词，但后来贬义越来越强，在现代语境里经常被译为"暴君"。本书将弗里德里希二世称为西西里的 Tyrann，并非贬义，所以译为"专制君主"。

① 阿蒙（Ammon）是古埃及的主神之一，有时与太阳神拉（Ra）融合，称为"阿蒙-拉"。古希腊人将阿蒙与宙斯融合，称为"宙斯-阿蒙"。此处自称为宙斯-阿蒙之子的英雄，指的是亚历山大大帝。

② 自称母亲女神维纳斯的孙子的英雄，指的是奥古斯都。尤利乌斯·恺撒认为维纳斯是他的祖先，所以自称维纳斯之子。而奥古斯都是恺撒的养子，所以就是维纳斯之孙了。

　　耶路撒冷的加冕礼显然标志着弗里德里希二世帝王生涯中的这样一个转折点。阿普利亚少年已经围绕着巴勒莫、亚琛和罗马转了一圈，而现在作为德意志-罗马皇帝，他终于将包括东方在内的整个世界都吸纳进了他的帝国。但是这最后一环，也是最外层的一环，已经濒临梦幻般的无限，也为个人意义上的扩张画上了休止符。他的位置已经不会更高了，这位统治者的前方已经没有王冠等待他争取了。此时弗里德里希二世已经走到了人生的中途，他已经35岁了[①]，作为个人的发展已经画上句号。但人们已经可以瞥见一种新现象：施陶芬皇帝第一次将整个世界——西方的基督教国家和东方的伊斯兰国家——的目光集中到了自己身上。他作为基督教世界的皇帝和十字军领袖，第一次在一项世界性的事业中证明了自己的能力。上帝第一次亲自（通过伟大的耶路撒冷宣言）向世间的万民发话，并通过皇帝之口宣布祂借助皇帝来完成的业绩。所以耶路撒冷对弗里德里希二世来说是一个转折点。这是一个大转折的时刻：在东方，弗里德里希二世已经瞥见了更广阔的天地；现在他回到了西方较狭小的空间，并将东方专制统治的概念移植到西方，从而与他的国家一起从头开始成长。

　　施陶芬皇帝将东方的、与上帝直接联系的大卫式王权附着在日耳曼的封建宗主权和罗马帝国元首的权威之上，成功地将中世纪的、基督教的恺撒地位提升到一个无与伦比的巅峰。弗

[①] "人生的中途"出自但丁《神曲·地狱篇》第一句：在人生的中途，我发现我已经迷失了正路，走进了一座幽暗的森林。译文参考：《神曲·地狱篇》，但丁著，田德望译，人民文学出版社，1997年，第一章，第1页。

　　另参考：《旧约·诗篇》第90章第10节：我们一生的年日是七十岁。

里德里希二世非常幸运地在此时找到了一个有接受能力、愿意受他的影响，而且能够理解他的民族，尽管他高高在上，并且他的威严对别人是一种莫大的危险。他很幸运，虽然他是世界性皇帝，但他拥有一个属于自己的民族，他可以感觉到自己与他们融为一体。在此之前，中世纪的皇帝一直处于一个非常奇怪的位置：虽然他作为基督教的、罗马的和德意志的帝国的统治者，引领着所有民族，但他不像一般的"省级国王"① 那样，拥有一个属于自己的民族。所以皇帝没有自己的民族可以让他的存在与该民族无条件地、直接地融为一体，就像该民族的存在无条件地、直接地在统治者身上得到表达，他们可以用自己全部的精神和身体的力量为他奉献，或者与他共担对君主而言也很必要的土地的羁绊与尘世的重量。皇帝当然是基督教世界的领袖，但皇帝必须与教宗并列，并且只有在某些情况下，例如在十字军东征期间，整个基督教世界才以皇帝为中心。但当时并没有一个"基督教民族"，而且就算人们使用这个短语，那也仅仅是一种思想和信仰的表达。皇帝（Imperator）是罗马皇帝和罗马国王，但曾经主宰世界的古罗马人民（Populus）已经死了，只有它的空壳还在为世界性帝国、为皇帝的形式和仪式提供模板。那么，作为德意志人统治者的皇帝又是什么呢？德意志民族的团结从来都只是昙花一现，何况当时还不存在德意志民族的概念；在除了帝国和教会活动以外的日常生活中构建一个统一的德意志，更是不可能。萨克森人、弗兰肯人和施瓦本人的皇帝② 不是在德意志民族中，而是在他们各自的

---

① "省级国王"（拉丁文 provinciarum reges，德文 Provinzkönige）是巴巴罗萨皇帝对基督教世界其他君主的称呼，意思是他们的地位比皇帝要低。

② 分别指代神圣罗马帝国的奥托皇朝、萨利安皇朝和施陶芬皇朝。

部族中寻找支持者。皇帝不知道有哪一块土地、哪一个民族可以让他像上帝一样不受约束地统治。许多皇帝都渴望并寻求这样的权力，他们总是在意大利寻找，特别是那个在弗里德里希二世之前第一个瞥见祭司-皇帝权力至高点的少年皇帝奥托三世。但他在堕落的罗马公民中没有找到大众的支持和滋养，之后还受到了罗马人的欺骗，于是这位少年崇高的、极具前瞻性的梦想就消散在了缥缈的虚空中，而这位少年自己，一个"世界奇观"，不幸英年早逝。奥托三世的命运与寻找自己王国的少年诗人康拉丁（施陶芬家族的最后一个孩子）颇有相似之处。但只是为了向世界证明德意志的帝国梦想的密度和力量，为了让世人知道，资源不足的少年仍有希望实现这梦想，强大血统的渴望和感觉才在这两位少年身上爆发出来：但他们都没有在人民中得到救赎，也没有成为其统治者。

只有弗里德里希二世，这最后一位在意大利土地上建立国家的日耳曼君王，成了实现德意志梦想的最后一个皇帝。他的成功当然也不是基于任何一个民族，而是基于帝国，基于基督教的罗马帝国（作为一种普适思想的表达），基于天意（正如他经常强调的那样），最后，也是最主要的，是基于他自己。如果他没有不顾他那近似神的、充满毁灭力量的威严而回到坚实的大地，如果他没有明智地一次又一次深入理解大地的自然之力，如果他没有把他的飞行降低到一个民族的高度，从而借助他们的力量扶摇直上，直至盗取天堂的火焰，那么他也可能作为一个崇高的影子、一个尊贵的皇帝幽灵（没有扎根于现实，没有稳稳地站在大地之上）而灰飞烟灭。只有弗里德里希二世找到了这样的一片土地和一群人，他们能够领会并相信来自远方的皇帝的威胁和威严，并且随时准备好无条件追随他，不管是出于爱还是恐惧。

　　每个统治者都需要这样一个基础，一片他的生命所扎根的土地，一片无论多么有限和狭小的土地，只要这土地能孕育出像他自己一样的人，他就能让他们成为世界的主宰。因此，马其顿贵族支配了亚洲；西班牙的大贵族①在查理五世广阔的哈布斯堡土地上驰骋；而在拿破仑的领导下，法兰西的元帅们在欧洲纵横捭阖。早期的神圣罗马皇帝缺乏一个统一的民族，但他们有自己的部族；后来的皇帝有自己本家族的势力和地盘（Hausmacht）。但德意志诸部族——萨克森人、弗兰肯人和施瓦本人——的力量正在消逝；他们的力量已经从他们那里流向外部世界，流向帝国；他们没有意愿，没有冲动或欲望，也许还没有之前民族大迁徙时代的那种力量（至少作为一个部族是没有的），去始终如一地追随皇帝，无论他奔向何方。他们当然会作为雇佣兵追随皇帝，而且人数越来越多，但雇佣兵不是一个民族，他们的服从与根深蒂固的部族忠诚有着根本区别。

　　如果弗里德里希二世要为帝国注入新的血液，他就需要一个民族无条件的、心甘情愿的忠诚、服从，以及整个民族集中起来的强大力量。一个民族和一个国家，对他个人来说是特别必要的。一位英格兰人最近谈到他时说，这位施陶芬皇帝是一

---

① 此处的"大贵族"，德文为 Granden，英文为 Grandee，西班牙文为 Grande，指西班牙的一种高级贵族头衔，拥有超出其他贵族的地位和特权，比如无须在国王面前脱帽、被国王称呼为"我的堂亲"等。西班牙的所有公爵都自动算是大贵族，但其他贵族衔级（侯爵到男爵）就只有少数算作大贵族。无头衔的人也可能有大贵族的身份。如果两名贵族的衔级相同，比如都是伯爵，那么有大贵族身份的伯爵高于无大贵族身份的伯爵。有大贵族身份的男爵的地位高于无大贵族身份的侯爵。

个具有如此个性的人，"整个社群的人——一个教派、一个派系或一个民族，都可以把他当作他们的先知、创始人或解放者"。事实上，作为罗马帝国继承人的弗里德里希二世似乎天生就注定要成为他自己国家的创始人。只有这样一个属于他自己的创造物，才能对他施加足够的约束和节制，而这正是一个在陌生土地成长起来的孤儿，正是一个没有家庭、家族或部族管束的人所需要的。正是这种不受压制的自由，这种个人的自由（之前的任何一位部族皇帝①都不曾拥有）给了弗里德里希二世相对于他所处的那个思想受束缚的时代的巨大优势。正是这种自由，给了他清晰和宽广的视野、头脑的警觉性和灵活性、多种语言的熟练掌握、没有偏见的心态，以及与上帝的直接联系，使他能够挣脱教会的束缚，使他能够自由地沿着最直接、最短的道路前进，除了国家的需要之外不顾一切。但这位皇帝的独特禀赋，如果要避免浪费在危险的多才多艺中，使他能够跨越一切障碍，就需要一个能够容纳他的天才的容器，就需要创造并运行一种最坚固、最严格的框架，即自创的国家结构，其法律即他的法律，以他自己的创造束缚他自身。这种类型的统治者不可能服从任何束缚，只能服从他自己制定的法律的约束。他最需要的，就是能够按照自己的意志来创设自己的法律。他心爱的世袭领地西西里，他的诺曼祖先留下的王国，为他提供了施展拳脚的机会。

"西西里是僭主之母。"几乎是玩世不恭地（因为在基督徒眼中，"僭主"是撒旦的化身），弗里德里希二世将奥

---

① 指之前的皇帝都依赖自己所在部族（萨克森人、弗兰肯人、施瓦本人）的力量。

罗修斯①的这句话写在了他后来的一份诏书的开头。过去是吉斯卡尔的后继者，现在是施陶芬皇帝，凭着实际经验下的正确直觉，而不是书本知识，在许多方面都遵循了古西西里的希腊僭主的治国之道。现在比历史上的任何时候都更需要一位睿智的僭主。西西里王国（三面环海，北面由弗里德里希二世的堡垒群防守）在地理上的统一性，几乎是他能找到的唯一一种统一性。与此直接对应，我们可以看到西西里的统治者——皇帝本人的意志和权力的统一性。统治者与土地之间最重要的环节——民族的统一——仍然缺失。民族的统一要求以血统和语言的统一、信仰与节庆习俗的统一、历史和法律的统一为先决条件。在这里，等待施陶芬皇帝的是一个创造者能够拥有的最美妙的任务：创造一个民族，也就是创造人民。这是除了专制君主以外不可能有人完成的任务，而且必须是一个以神自居的专制君主，更重要的是，他需要能够让别人相信他是神！因为神一样的帝王的每一道命令和每一句话都必须是神圣的，而民众必须在他的"神谕"（这是弗里德里希二世本人有时使用的一个词，来描述他的御旨）面前顶礼膜拜。

这种情况只有在西西里才有可能实现，因为西西里已经习惯了这样的状态，这片天堂般富饶的土地若是没有专制君主，就会朽坏腐烂。有一半东方血统的西西里人把他们的统治者当作神来崇拜，这也是有充分理由的，因为在这片天然慵懒而繁盛的土地上，专制君主实际上也是救世主。当亨利六世皇帝率领胜利的军队以庄严的姿态进入巴勒莫时，人们匍匐在地，回

---

①　保卢斯·奥罗修斯（Paulus Orosius，约 375 或 385—约 420）是罗马帝国时期的神父、历史学家和神学家，可能出生于葡萄牙，是希波的奥古斯丁的弟子。

避主人的威仪。在"幸运的国王"即诺曼王朝君主的统治下，对国王跪拜已经是西西里的习俗，而且这种习俗可能自哥特人征服者纳尔塞斯①把西西里纳入拜占庭帝国之后就已存在，且又在阿拉伯人的统治下"发扬光大"。那时的西西里人已经习惯于向任何掌权者下跪，所以我们不难想象，当这些光荣的日子为西西里带来了罗马皇帝（而不是一位诺曼伯爵或普通王公）当它的国王时，西西里人对统治者的崇拜会变得多么发自肺腑。根据罗马法，皇帝是神（Divus），自古以来整个帝国都把皇帝视为神的化身来崇拜，甚至基督教骑士、圣殿骑士和圣约翰骑士都在他面前下跪。因此，在西西里，弗里德里希二世可以指望找到他绝对必需的自愿的无条件臣服。

西西里曾是日耳曼人梦想中的天堂，歌德认为它是"万物的关键"。因此，西西里与阿普利亚一起，成了试图实现自己梦想的皇帝的应许之地。当弗里德里希二世在他的十字军东征期间渡过大海、看到巴勒斯坦和叙利亚，即《圣经》中的"应许之地"时，他以他惯用的唐突神灵的讽刺语气说，耶和华没有看到他（弗里德里希二世）的世袭王国，即西西里、阿普利亚和拉波利斯之地；如果耶和华看到了，祂就不可能如此高估祂要送给犹太人的这片土地。弗里德里希二世从婴儿时期就熟悉这个南意大利王国，他在那里度过了他的孩提时代，在他的一生中西西里王国始终是他唯一的真爱。他与"他的阿普利亚"

---

① 纳尔塞斯（Narses，478？—573？）是拜占庭帝国在查士丁尼一世时期与贝利撒留齐名的名将，亚美尼亚人，原为宫廷的宦官，他最著名的战绩是于552年在塔吉纳战役中击溃东哥特王国的军队，杀死了东哥特国王和卓越的军事家托蒂拉。不过原文有误，为拜占庭收复西西里的应当是贝利撒留。

交谈，仿佛与一个活生生的人、一个心爱的女人交谈一样；只有在他的世袭土地上，他才能感觉到自己在家里。拿破仑曾说："我只有一种激情，一个爱人：法兰西。我与她同床共枕，她从未抛弃过我，她为我倾注了鲜血和财富……"他表达的是与弗里德里希二世类似的情感。弗里德里希二世向这片为他奉献又被他掌控的土地表达爱意，并用出自《圣经》和他那个时代的诗歌与东方抒情诗的意象来赞美它。这个南方王国是他的"掌上明珠"；"他的国度的可爱程度超过了所有世俗的甜蜜"；"它是洪水中的避风港，荆棘丛中的乐园"；当他"在帝国的海洋上来回航行时，他对西西里充满了渴望"。有一次他从北意大利写了这样一封信到西西里："再过一段时间，待确保了我的最高胜利，并结束你（西西里）的负担之后，我保证会回来；然后在我们的互爱中欢欣鼓舞，我将持续陪伴在你身边，宠溺你，而此刻我只能用书信断断续续地爱抚你。"还有一次是这样写的："虽然在我的统治下幸福地呼吸着和平的空气的万民无时无刻不在占据着我的思想，但在某种爱的特权的驱使下，我将留心把注意力不断地放在我挚爱的西西里人民身上。在我眼中，西西里的遗产比我所有其他的财产更光荣，愿它能得到和平，在恺撒·奥古斯都的时代蓬勃发展。"

这就是弗里德里希二世对西西里的态度。在他的口中，"西西里"总是指"南意大利王国"，不仅包括西西里岛，还包括意大利半岛的南半部，尤其是阿普利亚。他说的"西西里人"也包括南意大利人民。他觉得自己与西西里人处于完全的和谐状态。正如犹太人的上帝从世间众多民族中选择了自己的选民（弗里德里希二世与西西里的关系与其极为相似），皇帝、万王之王、帝国的主宰者，选择了他的阿普利亚-西西里民族。西西里是他的应许之地，它的居民是他的选民，是专属于他的民族；他依靠他们，"就像头依偎在靠枕上休息一样"；"他们忠诚的光芒环绕着我，如同一颗星星，随着时间的流逝，它的光会越来越亮"。他说自己对西西里人的感情"就像父亲对儿子的温柔爱护"，这个说法值得注意。"人民之父"这个老生常谈的短语最早就是出自弗里德里希二世之口。皇帝后来的一篇文章更突出地表达了统治者和被统治者的鲜活的统一性："我在所有土地中选择了我们的西西里作为自己的专属领地，并把整个王国选作我居住的地方，因为我虽然因恺撒的头衔而自豪，但觉得被称为'阿普利亚人'并不是一件可耻的事。我在远离西西里的宫廷和港口的帝国洪流中来来回回，我感到自己是一个离家的朝圣者……我发现你们的愿望和我的愿望是永远一致的；你们的意愿永远和我一样。"

这些话并不只是随口说说而已。对西西里的许多爱的保证，对它的人民表示认同的保证，如果不是弗里德里希二世用行动来巩固的话，就只能是空谈。他在执政的早期几乎没有流露过这样的感情，当时也没有上述的表达。与他的青春相称的是，他当时的任务是清除国内的吸血鬼和寄生虫，它们即将耗尽王国的血液和骨髓。通过武力和计谋，他打击了许多势力（即便是零散的势力），并从混乱中建立了初步的秩序。他为国家提供了一个轮廓和框架，规定了未来发展的路线，至少确定了国家的外部统一性，并为其他许多方面奠定了基础。但所有这些，都是在准备土壤，10年后他将在其中播下种子。建立"第二个国家"是成熟的哲学家和立法者的工作，他"将经线和纬线编织成一个整体"，用他的精神和法律浸润了活生生的国家，并把他的创造物唤醒。引用一部《君主宝鉴》中

恩斯特·康托洛维茨，1921年。

巴巴罗萨的半身像。

亨利六世皇帝。

西西里国王罗杰二世，弗里德里希二世的外祖父。

康斯坦丝皇后，弗里德里希二世的母亲。

弗里德里希二世在耶西的广场上的帐篷内出生。

弗里德里希二世出生的广场。

康斯坦丝皇后在耶西将新生的弗里德里希二世交给斯波莱托公爵夫人。

英诺森三世。

施瓦本的菲利普，德意志国王。

弗里德里希二世的金玺上将西西
里王国描绘为一座城堡。

弗里德里希二世用过的御玺盖下的印章。

阿拉贡的康斯坦丝（弗里德里希二世的
第一任妻子）的冠冕。

ben geselleschaffte gesa   den glouben Der donu
nt Do zu predigen   nitus orden ane vmg

Dis ságet vns von Otten dem vierden rc

奥托四世皇帝与教宗英诺森三世握手。

霍诺里乌斯三世。

弗里德里希二世（左）与卡米勒苏丹握手交谈。

弗里德里希二世与耶路撒冷的伊莎贝拉结婚，右二是新娘的父亲，
布里耶纳的约翰，名义上的耶路撒冷国王。

弗里德里希二世发布《埃格金玺诏书》的地点——埃格城堡礼拜堂。

格列高利九世。

奥古斯都金币正反面图样。

一枚留存下来的奥古斯都金币。

弗里德里希二世与英格兰的伊莎贝拉结婚。

弗里德里希二世和他的猎鹰。

康拉丁与他的朋友（巴登与奥地利的弗里德里希）一起放鹰。

ECEL NVS DE ROMANO PATAVINORVM
TYRANVS.

埃泽利诺·达·罗马诺，弗里德里希二世的女婿。

的话，就是"如同灵魂为自己创造一个身体"。弗里德里希二世希望通过把自己描绘成立法的恺撒，以仁爱之举跟进暴力之举，为之前创造出的空间注入生机……那是基督教恺撒们的"本原的爱"①，但丁就是这样赞美立法者查士丁尼的。

这是施陶芬皇帝第一次效法罗马恺撒们的机会，不仅仅是在地位和职位上，而且作为立法者。坦率地说，在战绩上，弗里德里希二世目前还不可能与恺撒们媲美。但恺撒们在智识方面的行动和业绩也很出色（他们的活动被概括为 arma et leges，即"武器与法律"），在这一点上，他可以与他们平分秋色，除了他之外没有一位西方的基督教君主能做得到。

从一开始，弗里德里希二世的地位就很独特，因为罗马帝国和西西里是联系在一起的。施陶芬皇朝和诺曼国王们在效仿罗马和拜占庭的恺撒方面，都远远领先于欧洲的其他君主。但是，无论吉斯卡尔的继承人作为西西里的国王和专制君主如何用查士丁尼的皇帝符号来装饰自己，这些光辉显然是借来的，仿佛是一件尺寸过大的华丽大氅。直到有一天，坐在西西里王位上的不是单纯的诺曼国王，而是一位罗马皇帝，那时这件大氅才算合身。此外，无论巴巴罗萨如何大力宣称罗马法的绝对有效性，无论亨利六世如何在整个罗马世界推行封建制度，无论这两位皇帝如何借助罗马恺撒之名的魅力登上最高峰，他们都没有办法稳稳地扎根于大地。在巴巴罗萨和亨利六世的庞大帝国中，没有一个哪怕最微小的省份可以让他们以诺曼国王那种无条件的绝对权威来统治。巴巴罗萨固然从罗马法中推导出

① 译文参考：《神曲·天国篇》，但丁著，田德望译，人民文学出版社，2001年，第六章，第40页。

了绝对皇权的理论，并且没有人质疑他提出的这种抽象理念，但在德意志的广袤土地上，没有哪怕一个村庄可以让他将自己的理论付诸实践。

弗里德里希二世从未如此强调过对罗马法的认可。诺曼王朝将其在西西里的合法性视为理所当然，因而皇帝现在对其的利用没有引起任何议论。西西里僭主的继承人同时又是罗马皇帝，这位中世纪的基督教皇帝不仅嘴上主张，还实际对一块真正的土地和真正的人民行使绝对君主的直接专制权力，这种独特而幸运的巧合使弗里德里希二世能够不受约束地、自由和坦然地使用罗马帝国的头衔、符号和姿态。他与他的前辈的不同之处，不在于他有更多的知识或对古典作家有更精确的了解，而在于在他身上，前提与事实相符。弗里德里希二世第一次真正接近恺撒们时，恰恰是在西西里，这绝非偶然。有三位罗马皇帝被他明确地当作自己的榜样：查士丁尼、奥古斯都和尤利乌斯·恺撒①。

中世纪的人们把查士丁尼（也许还有西庇阿、加图②和图拉真）视为正义的象征。查士丁尼作为罗马法的编纂者，是"主在人间的代表"（minister Domini），但丁把他看作一个神圣的人物。查士丁尼必然是立法者弗里德里希二世的榜样。与

---

① 严格地讲，尤利乌斯·恺撒并非皇帝。

② 应当是指老加图，全名马尔库斯·波尔基乌斯·加图（前234—前149），罗马共和国时期的政治家、演说家，前195年的执政官，后担任监察官。布匿战争期间，老加图在元老院做的每一次演讲都以"迦太基必须毁灭"这句话结尾，直到它最终成了一句口号。老加图一直将自己与门阀世家的软弱娇气的贵族对比，鄙视他们对希腊语言和文化的追捧，并过着俭朴的生活，以严厉的责任原则要求自己。老加图还是第一个用拉丁散文撰写罗马历史的人，他在史书中刻意不提具体行政长官的名字，因为他想要赞颂的是罗马人民的事迹，而不是纪念贵族的成就。他的曾孙小加图也是著名的政治家和斯多葛派哲学家，坚决反对恺撒，战败后自杀。当维吉尔写到加图在阴间裁判死人时，他指的是既是老加图，也是小加图。

教宗达成和平协议后，皇帝立即着手统一西西里的法律。1231年8月，他在梅尔菲颁布了著名的《梅尔菲宪章》，它是皇帝的高等法院（Großhof）艰苦努力的成果。这部代表着国家法和行政法的法律集，首先是基于古代诺曼王朝的法令，其中一些是从年老的西西里居民口中收集的；其次是基于弗里德里希二世早期的立法；最后是大量的新法律（后来进一步增补）。所有这些都被皇帝及其助手融合成一个连贯的整体。这部对国家行政法的伟大编纂（中世纪的第一部，实际上也是自查士丁尼以来的第一部），当之无愧地受到了全世界的钦佩，并在得到历代学者的注释之后成了一部在许多个世纪内具有权威性的法典。它对后来的欧洲绝对君主制国家立法的影响不容忽视。弗里德里希二世收集和整理法律，显然是在效仿查士丁尼，但在这部令人惊叹的作品的整个构思和安排中，这种效仿甚至更为突出。查士丁尼的精神贯穿《梅尔菲宪章》的始终，并传达给了他的施陶芬后继者。帝国晚期的罗马人对坚实的结构和严谨的形式仍有一种生动的感觉，这样的结构与形式与强化了的拜占庭-基督教华美风格并存，在该法典的细节和整体中都有体现。查士丁尼在他的《学说汇纂》（*Digesten*）中列举了他作为凯旋者的头衔"阿兰人①征服者、哥特人征服者、

---

①　阿兰人是源自北高加索地区、活跃于古典时代和中世纪的一个说伊朗语族语言的游牧民族，可能是萨尔马提亚人的一支。现代史学家普遍认为，中文古籍中的奄蔡、古罗马文献中的 Aorsi 与阿兰人指同一族群。阿兰人于公元1世纪出现在罗马文献中，经常袭击帕提亚帝国和罗马帝国的高加索省份。3世纪，阿兰人被哥特人打败。约375年哥特人被匈人击溃后，大批阿兰人随日耳曼部族西迁，进入今天的法国和西班牙境内，乃至北非。留在北高加索一带的阿兰人在9世纪建立了自己的王国，直到13世纪被蒙古人击败。奥塞梯学者认为阿兰人是现代奥塞梯人的祖先。

汪达尔人征服者"（Alanicus，Goticus，Vandalicus）作为开场白。中世纪的人们以为这是对被征服种族的列举。同样，弗里德里希二世的法典也有一个气度恢宏、傲气冲天的标题。

弗里德里希二世皇帝

IMPERATOR FRIDERICUS SECUNDUS ·

罗马人永恒的恺撒与奥古斯都

ROMANORUM CAESAR SEMPER AUGUSTUS ·

意大利征服者、西西里征服者、耶路撒冷征服者、阿尔勒征服者

ITALICUS SICULUS HIEROSOLYMITANUS ARELATENSIS ·

幸运的胜利者与凯旋者

FELIX VICTOR AC TRUMPHATOR.

这样的表述不仅有分量，也有格调。它不仅表明了弗里德里希二世与查士丁尼平起平坐的地位，也表明了弗里德里希二世对这项工作和对他自己的极大重视，尽管他的法典只为西西里王国服务，而不是为罗马帝国服务。对查士丁尼的模仿在以下方面也是显而易见的：一篇庄严的前言（Prooemium）；对统治者和法官的权力的起源的解释；将法典作为祭品献给国家之神（Staatsgott）；法典中的第一批法律专用于处置异端分子和保护教会；其他许多细节也是以查士丁尼法典为蓝本的。

在立法皇帝查士丁尼之后，弗里德里希二世的下一个榜样是被称为和平皇帝的奥古斯都。奥古斯都时代是《圣经》中的"圆满的时代"（Fülle der Zeit），也是自亚当夏娃被逐出天

堂以来唯一一个和平的黄金时代（aurea aetas），因为上帝之子希望在和平君王奥古斯都的统治下出生，在他的法律下成长和生活，在罗马皇帝的法令下死亡。在这位与基督同时代的伟大皇帝（他本人被赞誉为救世主、拯救者和救赎者）的时代，世界的秩序是完美的，因为奥古斯都使每个人都各得其所，因此天下太平。弗里德里希二世认为，他的特殊使命就是使奥古斯都的和平时代和世界的神圣秩序再现于人间。如果这种秩序能够恢复，弗里德里希二世自己的时代也将成为"圆满的时代"，在这种情况下，和平与正义（Pax und Justitia），即世俗国家的唯一意义，将像奥古斯都时代那样笼罩整个世界。这种信仰是水到渠成的，因为13世纪的人们每天都在等待世界末日的降临，这是其他时代没有的现象。当时的预言预示着：世界末日应当既是中间，也是开始；应该既是救赎，也是创造。因此，人们相信天堂般的黄金时代和奥古斯都的和平时代即将降临，所以弗里德里希二世竭尽全力，希望他的世袭王国"能够得到和平，能够在恺撒·奥古斯都的时代蓬勃发展"。

除了世界和平之外，弗里德里希二世还感到与奥古斯都有另一层联系。有一次，也只有一次，救世主亲自承认罗马帝国是合法存在的：他说"恺撒的物当归给恺撒"①。因此，弗里

---

① 《旧约·马太福音》第22章第15~21节：当时，法利赛人出去商议，怎样就着耶稣的话陷害他。就打发他们的门徒，同希律党的人，去见耶稣说，夫子，我们知道你是诚实人，并且诚诚实实传神的道，什么人你都不徇情面，因为你不看人的外貌。请告诉我们，你的意见如何。纳税给该撒（恺撒），可以不可以。耶稣看出他们的恶意，就说，假冒为善的人哪，为什么试探我。拿一个上税的钱给我看。他们就拿一个银钱来给他。耶稣说，这像和这号是谁的。他们说，是该撒的。耶稣说，这样，该撒的物当归给该撒，神的物当归给神。

德里希二世庄严地指出，他的帝王之职便源自那一刻，当时我们的主"看到用于缴税的钱币上的肖像，在所有其他国王面前指出了皇帝命运的崇高高度"。根据当时的观念，这枚钱币很可能带有救世主皇帝恺撒·奥古斯都的肖像。实际上，提比略[①]时期也铸造了奥古斯都钱币，其背面印有罗马雄鹰的图案。因此，当弗里德里希二世改革西西里货币时，就铸造了一种金币，不仅称之为奥古斯都金币（Augustalen），而且还故意模仿了奥古斯都的钱币。奥古斯都金币的正面是弗里德里希二世的肖像，穿着皇帝的大氅，头上戴着月桂冠或放射出光线的冠冕，金币边缘还有 IMP ROM · CESAR AUG（罗马皇帝恺撒·奥古斯都）字样。金币的背面是罗马雄鹰，似乎是奥古斯都钱币上雄鹰图案的完美复制品，周围是皇帝的名字：FRIDERICUS（弗里德里希）。弗里德里希二世在最小的细节上追随奥古斯都，奥古斯都的名字也在鹰的那一面出现。弗里德里希二世在钱币上效仿古风不是出于纯粹的审美原因（尽管他确实热爱古典的形式），而是出于一种奇特的思维和清醒的实用意识：如果他的时代是"圆满的时代"，他就是末日之前的太平皇帝，那么一切都必须尽可能与救赎时（指耶稣和奥古斯都的时代）的情况相同。对弗里德里希二世（以及对整个文艺复兴初期的人们）来说，这种仿古是一种真诚信念的实际表达：基督的时代，以及奥古斯都的时代，已经再次来临。

弗里德里希二世拥有足够的思想自由，不是简单地照搬奥古斯都的钱币，而是用自己的肖像代替救世主皇帝的肖像，并

---

① 提比略是奥古斯都的女婿、养子和继承人，即罗马帝国的第二任皇帝。

且钱币上他的肖像更加清晰和纯净，这在所有人看来都是最神奇的。而且他修改了鹰的爪子的形态，以表达他自己时代的更大的克制和张力。他敢于按照自己的方式，简单而自然地成为罗马人。这种"肖像"相似性的背后有什么意义，以及它为什么是不可或缺的，这是一个有待解答的问题。但有一点是显而易见的：这些做工精良的钱币有着精致的浮雕（从中世纪直到文艺复兴时期最美的铸币），而不是象征性的套路化的头像；也不是用当时其他钱币上常见的基督、羔羊或十字架图案，而是以清晰无误的线条印有恺撒·奥古斯都的肖像，以及用黄金（在其他地方几乎完全不用黄金铸币）精心雕琢的令人肃然起敬的鹰的形象。在所有的有信仰的时代，钱币的价值都以这样或那样的方式由人们所信仰的国家之神来担保：原始人的钱币上有动物图腾；希腊人的钱币上有本城邦的守护神；相应地，在罗马，有神圣的皇帝；而在中世纪，救世主以多种标志和符号之一的形式，为钱币的价值提供担保。但在弗里德里希二世的奥古斯都金币上，找不到哪怕是最小的基督教标志，权杖、十字圣球或王冠上找不到哪怕是最小的十字架：独立于基督之外，这里有一个召唤人们信仰他的神，一位新的恺撒·奥古斯都。

查士丁尼是法律的皇帝，奥古斯都是和平的皇帝，他们都是弗里德里希二世的榜样。和平与法律是"紧紧相拥的两姊妹"。和平与正义（pax et justitia），这个表述在无尽的变化中不断重复出现，定义了国家的目的。这种二合一贯穿了整部西西里法典：在引言之后，第一卷，也是最重要的一卷，被分为两个部分，第一部分涉及国内和平（Pax）；第二部分涉及法律秩序，即正义（Justitia）。这部法典被皇帝称为《奥古斯都之书》（*Liber Augustalis*）①，以纪念奥古斯都的威严；该法典于 1231 年 9 月出版，上面印有 8 月的日期。

对弗里德里希二世来说，查士丁尼和奥古斯都是国家的某些特征和秩序的体现与象征，但在和平（Pax）与正义（Justitia）之外，还有另一位统治者的（充满人性的）身影若隐若现：尤利乌斯·恺撒。在晚年，弗里德里希二世对"光荣的尤利乌斯，第一位恺撒"赞不绝口，因为恺撒曾为了庞培的死而流泪。不管是有意还是无意，弗里德里希二世都在效仿这位开朗活泼、心胸开阔的尤利乌斯，比如皇帝下令将他的生日（紧随救世主的生日）规定为整个西西里王国范围内的公共节日。尤利乌斯·恺撒是第一个将自己的生日定为节日的人，据说不遵守这一规定的人会被处以极刑。也许施陶芬皇帝想到了这一点，也许他还想到了恺撒的传奇式的好客。皇帝在他的生日当天曾盛情款待成千上万的人，仅在圣杰尔马诺小镇的庆典上，就有 500 多人在露天市场上享用了御赐的面包、酒和肉。《圣经》的先例可能也影响了弗里德里希二世。无论如何，皇帝的生日是全体西西里人民的第一个共同的节日：撒拉森人和希腊人、基督徒和犹太人都庆祝这个节日。

对弗里德里希二世来说，法律、秩序、人性，在三位恺撒的形象中得到了具体体现，这三位一体包含了国家的全部职能。现在，皇帝的西西里法典，即《奥古斯都之书》，告诉人们，什么样的力量（virtutes）是产生这三位一体的有效途径。诚然，这三位一体被经院哲学界和法学界的表达惯例所遮盖，但它们无疑是强有力的。因为这些根本性的力量创造了第一个

---

① 即前文提到的《梅尔菲宪章》。

摆脱教会束缚的纯粹的世俗国家。这是任何一个国家的建构过程的肇始。这些根本性力量的影响虽然被削弱和掩盖了，但通过专制主义和官僚国家传到了今天。但丁在关于世界在一位君主统治下统一和人间的神圣君主国（这位最具灵性的诗人曾为之奋斗，其激情与激励他的先驱、最有天赋的那位皇帝①同等伟大）的崇高理论中，使西西里帝国的形象永垂不朽。

第一节

对于像《梅尔菲宪章》这样重要的文件（它甚至被称为"现代官僚机构的出生证"），其诞生的时机必然会引起人们的注意。在中世纪，所有世俗统治的功能都被定义为"和平与正义"（这种表述反复出现）。如果正义当道，就会有和平；如果和平存在，正义必然也是有的。所有的统治都是为了确保正义；正义本身即目的，正义作为上帝的礼物，是一种绝对之物。尘世的国家（人的堕落②的产物）面前有一项独一无二的任务：维护这一绝对之物。这一点使中世纪的国家与后来的国家有着本质区别；不是"正义的存在是为了维护国家"，而是国家的存在是为了维护正义。这样的以正义为导向的国家如今已经被完全超越了，正如奥古斯丁所言："只有在一个由基督创造、由基督引导的国家，才能实现正义当道。"

我们有必要记住，弗里德里希二世生活在这样一个千年的

---

① 指弗里德里希二世。
② "人的堕落"是基督教用来形容第一个男人和女人从无罪、顺服上帝的状态转变为有罪、悖逆的状态的术语。根据《旧约·创世记》第3章，起初，亚当和夏娃在伊甸园与上帝同在，但蛇诱使他们吃了知善恶树的果实，这是上帝所禁止的。此后，他们为自己的裸体感到羞耻，上帝将他们驱逐出伊甸园，以防他们再食用生命树的果实而获得永生。

末尾：这个千年的人们认为正义是世俗国家的唯一目标（众所周知，文艺复兴时期的政治家对这个目标漠不关心）。并且，施陶芬皇帝生活在"法学世纪"的繁盛时期，而这个世纪标志着追寻正义的千年的结束。"法学世纪"在弗里德里希二世身上留下了痕迹，就像他在法学当中留下了痕迹一样。我们必须牢记他对博洛尼亚的访问、法学学者贝内文托的罗弗雷多，还有那不勒斯大学的建立。将中世纪的最后 100 年，即 1150~1250 年，称为"法学世纪"，是完全有道理的：自从格拉提安①和伊尔内留斯②的时代，以及巴巴罗萨恢复罗马法的难忘事件（这象征着时代精神）以来，世界从未对任何知识领域表现出像当时对法学那样的真正兴趣。诚然，这种热情最终陷入了疯狂：13 世纪末，人们开始将查士丁尼的《法学阶梯》（Institutionen）改为韵文形式，就像今天有人将康德的《纯粹理性批判》改为韵文一样。这种愚蠢的行为表明，在该领域，严肃的研究已经没什么可做的了。法学并没有随着这个世纪的结束戛然而止，但注释法学派③辛勤地筛选这些材料，学派自身也变得越来越没有活力了。另外，文艺复兴的到来开辟了新的知识领域，这些知识种类繁多，而且非常重要，以至

---

① 格拉提安（Gratian）是中世纪意大利的一位法学家，在 12 世纪编纂了《格拉提安教令集》（Decretum Gratiani），这是一部重要的教会法典籍和教科书。格拉提安被誉为"教会法之父"。

② 伊尔内留斯（Irnerius，约 1050—1125 年之后）是 12 世纪意大利的法学家，注释法学派及中世纪罗马法传统的创始人。他在博洛尼亚大学教授重新发现的查士丁尼法典，对欧洲罗马法的复兴产生了重要影响。

③ 注释法学派（Glossator）是 11 世纪至 12 世纪法国、德意志、意大利若干法律学者的统称，他们研究东罗马帝国皇帝查士丁尼下令编纂的《查士丁尼法典》《学说汇纂》及《法学阶梯》，使得罗马法文献转变成了中世纪罗马法。

于世俗教育不再像弗里德里希二世时代开始时那样，几乎是法学研究的同义词。但法学，即研究法律的学科，标志着非神学的、世俗的教育已经出现。另外，教会本身在法学研究方面也保持着领导地位：这个世纪所有重要的教宗——亚历山大三世、霍诺里乌斯三世、格列高利九世、英诺森四世——都是法学家；教会法知识很快成了神学的缩影，或者说，神学和法学在教会内部成了危险的竞争对手，法学甚至变得严重有害。但丁愤怒地诅咒教宗的教令集，因为教宗和枢机主教们永远在翻阅那些卷了边的教令集，却忘记了拿撒勒。这时开始出现了许多法律集。诺曼国王罗杰二世的篇幅小但重要的法律集是一个很早的先例。由英诺森三世开始撰写、由格列高利九世于1234年出版的伟大的教宗教令集（"以查士丁尼为榜样"并"省略冗余部分"）几乎与弗里德里希二世第一部国家法和行政法的伟大编纂同时出现。

一个奇怪的事实是，在一个时时刻刻等待世界裁判者、末日审判和世界末日的时代，却到处都有渊博的法律知识，仿佛了解法律就可以避免最后的审判。在这个比其他时代更加期待"圆满的时代"的世纪，千年以来世界的目标——正义，似乎真的要实现了。在所有的法律研究中，只有一部作品是真正杰出和卓越的，那就是弗里德里希二世的《奥古斯都之书》。某些假设在这部法典里得到了融合，正义女神在这部法典完成之时得以羽化登仙。弗里德里希二世凭借其皇帝和最高法官的身份，将自己置于整个正义运动的领导地位，通过这种方式创建了一个纯粹的世俗国家，它虽然不受教会的精神权威的影响，但呈现出一个由精神力量激发的完整整体。

与主宰中世纪思想的俗世和永恒的二元性相对应，人们理所当然地认识到存在两种不可调和的法律：一种是上帝和自然的永恒法律，另一种是实在法①或人类的法律，后者总是与前者对立。在世俗国家当中有效的人类法律，就像所有凡间事物一样不完美，部分基于流传下来的习惯法和民间法（Volksrecht）；部分基于《圣经》中降示的戒律，而《圣经》作为上帝的启示，更接近于神的法律；在更近的时代，人类法律也基于罗马法，因为救世主曾服从于罗马法，所以它得到了神圣化和认可。君王的使命首先是维护和平；由于对法律的任何修改都不可避免地会伤害到某些人并带来骚乱，所以作为和平的守护者，君王的次要任务是维护现行法律。因此，对法律的必要修改最好是基于对被误用的旧法律的更新，而君王的诏书被表述为对被遗忘的旧法律的恢复和执行；没有人敢自夸制定了一项"新法律"。因此，中世纪的国家"维持法律、保护法律，但几乎不创造法律"，这基本上描述了统治者的职责：最重要的是维持和保护法律。根据中世纪世界的等级森严的秩序，皇帝（相对于其他掌权者）被特别地要求行使这种保护性的职能。正确的说法是："天上的上帝是什么，地上的皇帝就是什么。"从查理曼时代起，罗马皇帝就是天父上帝的代表；是人间权威的顶峰，是天国统治者的代表，作为人间法律的保护者和维护者，是维持永恒、不变的自然法则的上帝的代表。

因此，中世纪的基督教世界之皇帝是作为天父上帝、世界

---

① 实在法（Positives Recht）或称实证法、实定法，指的是人为制定的要求或阐述某个行为的法律，它也描述了个人或团体具体权利的建立，由享有立法权的君主、代议制立法机构或直接民主制的民众大会制定。实在法的概念与自然法相对。

统治者和世界保护者的代表而出现的。当这种尊贵安宁的静止中突然爆发出一种年轻的、激动人心的力量时，该怎么做呢？当来自天堂的火花突然跳到端坐云中的皇帝身上时，在此之前仅仅是天父上帝的代表的他突然变成了神子（中保和审判者，还有救赎者！）的代表。这时，皇帝就不再只是守护者和保护者了，还是中保和赋予者，是神圣法律和自然法律的来源；他将上帝的法律带入他的国家，将天堂作为神圣永恒的法律、作为正义带入人间，而不是作为赋予神圣性的灵（以恩典的形式分配这种灵，仍然是教会的职责）。

　　一句古老的日耳曼谚语说，神是一切法律的开端；圣奥古斯丁教导说，神是正义的源泉。但最后一位施陶芬皇帝之后的政治理论家把皇帝理解为"神的法与人的法之间的中保"，这完全可以描述弗里德里希二世本人在《奥古斯都之书》中提出的教义。统治者凭借正义担当上帝和人类之间的中保，就像教士凭借恩典一样。或者，换个说法，正义是上帝和皇帝之间的纽带，就像它也是皇帝和人民之间的纽带一样，因为"世俗的法律在统治者之下，神圣的法律在他之上"。这种表达方式比较冗长，但与《奥古斯都之书》之中极具启发性的简洁措辞所要表达的内容相符，弗里德里希二世用这些措辞介绍了关于新的法律秩序的大约 70 条法律："因此，恺撒必须既是正义的父亲又是儿子，既是正义的主宰又是它的仆人。"从整个逻各斯学说来看，对这句话唯一的解释，只能是皇帝将活生生的上帝理解和阐释为权利和法律，也就是正义。根据复兴的罗马法，皇帝无疑是"大地上活生生的法"（lex animata in terris）。皇帝与活生生的上帝（正义之源）的这种神秘联系，使皇帝有资格颁布和阐释法律。弗里德里希二世的法律权威、学者贝内文托的罗弗雷多这样表述："皇帝把他的法律建立在上天赐予的恩典之上。"皇帝本人也遵循《查士丁尼法典》，多次宣称自己"从神的考量中获得动力（motus）"。皇帝因此成为国家的正义之源：借助上帝的力量、与上帝相似的他，不仅是法律的维护者，还是法律的创造者；他是"新法律的创始人"，因为他宣称"新的法律每天都从他那里诞生"，并要求，"在王国全境，所有法律规范都来源于皇廷，如同溪水从泉眼中发源"。他是法律的宣讲者，他可以无拘无束地自由发言。他的整部法典的结语是："在未来的若干世纪里，后人必须相信，我编纂这部法典不是为了沽名钓誉，而是为了在我的时代消除早先的不公正。在早先，法律是沉默的。"弗里德里希二世与之划清界限的不仅有早先的不公正，还有法律的"沉默"，即法律创造的缺失。这一点从他的法典的介绍性话语中可以看出，正如在其他艺术作品中一样，它（法典的介绍性话语）是对神的敬献和呼吁："我们拥有的一切都是耶稣基督赐予的，因此我们希望把祂所托付给我们的东西加倍奉还给活生生的神，我们向耶稣基督致敬，我们用对正义的崇拜和对法律的规约把出自我们的嘴唇的颂赞献给祂。"

弗里德里希二世现在可以自由地颁布法律，这几乎是一种给他个人的恩典。他也当然拥有立法这一特殊的个人才能。他渊博的知识和对自然界永恒法则的不懈探究，使他具有独特的资格，可以在神圣法则（自然法则）和实在法则（人的法则）之间担当中保。皇帝经常吹嘘说，与那些"不看事物本质"就做出判断的人相反，他"研究了自然法则的真正科学"。他对自然法则的了解加强了他与上帝的同一性，并进一步确立了他的无误性；正如他接下来所说的，"因此我不屑于犯错"。

在圣灵的感召下，教宗在信仰问题上是无懈可击的，同样，"被正义充溢"的皇帝在法律问题上是永远正确的。根据皇帝的这种无误性，弗里德里希二世像他之前的诺曼国王一样，采用了罗马法的表述："妄议皇帝的判决、法令和法规是一种亵渎。"这句话几乎奠定了国之根本，以至于当教宗胆敢批评皇帝的某项措施时，弗里德里希二世大胆地引用它来反驳教宗。

皇帝是世界结构的顶峰，他直接接纳和吸收了"从天而降的正义"的光芒，并将其辐射到法官和法学专家身上。因此，他是作为皇帝，而不是作为西西里的国王，来颁布西西里的法律；通过对自然法则的了解，他能够阐释神圣的正义和自然的正义。但上帝与皇帝的关系还没有形成回路。在债权人和债务人的极性关系中，如果要传递权力，就需要一个担保人。现在，在上帝和自己关于自然法则的知识之外，弗里德里希二世在人民与生俱来的权利中寻找他的第三个来源。他通过罗马的"君王之法"（lex regia）将人民与生俱来的权利集中在自己身上。他用几个世纪以来世人从未听过的雄壮的拉丁文（其中深厚的、广阔的基督教韵律与罗马恺撒的崇高尊严水乳交融）写下了几乎无法翻译的话语："Non sine grandi consilio et deliberatione perpensa condendae legis jus et imperium in Romanum Principem lege regia transtulere Quirites."[①] 同时代人和注释法学派都对这些话的华丽辞藻印象深刻。皇帝在这些话中回顾说，根据罗马的君王之法，罗马人民（Quirites）将全部权力和立法权交给了元首（Princeps）。弗里德里希二世

---

① 大意：罗马人民在得到了重要的建议并仔细斟酌之后，通过君王之法，将立法权和治权转交给了罗马元首。

（他是最后一位在这方面与第一位恺撒相似的恺撒）援引了罗马帝国建立时的决定性程序，取消了人民的权威和立法权，或者更确切地说，将其吸收到自己身上，作为正义的神圣来源。来自上帝的、自然的、人民的所有权力、强力和尊严，就此集于弗里德里希二世一身。

上帝、人民和皇帝是法律的源头，它们在弗里德里希二世身上结合起来，将他的注意力集中到这方面。上帝；作为上帝的化身、作为上帝之子的皇帝；正义：这是新的、世俗的三位一体，在弗里德里希二世的国家中占主导地位，它不影响教会的有效性，并在皇帝身上找到其活生生的代表，即"法律在地上的化身"。弗里德里希二世的整个司法官僚国家，是建立在对这三位一体的崇拜之上的。在这里我们开始初步了解到这位施陶芬皇帝的伟大成就：1000 年来，上帝只在神迹中显示自己，只作为一种精神来充盈空间，现在却被这位皇帝俘虏了；就国家而言，上帝从一种无形的、全能的仁慈力量转化为有形的、可理解的国家法律，也就是转化为正义……上帝已经成为"国家之神"，就像在君士坦丁时代，基督继承了密特拉①的地位，被提升为国家之神。弗里德里希二世将彼世的上帝与世俗国家唯一的绝对的意义——"正义"结合起来。"Deus et Justitia"（神与正义）是一个反复出现的表述。因此，也只有这样，才有可能将唯一的、世界性的上帝理解为特殊的

---

① 密特拉（Mithras）是一个古老的印度-伊朗神祇。1~4 世纪的罗马帝国（尤其是军队中）盛行一种叫作密特拉教的受到琐罗亚斯德教的影响的秘密宗教。密特拉教与早期基督教有不少相似之处，譬如解放者-救世主、神职人员的等级制度（主教、长老、执事）、（宗教性）聚餐以及善与恶间的艰苦搏斗（屠杀公牛/受难）。

国家之神，才有可能在没有教会帮助的情况下在世俗国家去展现祂、呼吁祂、崇拜祂。上帝被强行纳入俗世的国家，而不仅仅是国家被抬高到超脱于俗世的神的高度。

现在，既然作为正义的上帝已经成为最狭义的国家之神，那么皇帝就有必要将国家司法服务转变为一种宗教崇拜。教宗英诺森三世曾说过："当我们［教宗］得到尊重时，上帝通过我们得到了尊重。"弗里德里希二世皇帝可以这样回应："当我的臣民崇拜正义时，他们即在侍奉及取悦上帝和皇帝。"这几乎与罗马法的表述完全一致："尊崇正义的人，就是向神致敬。"这就要求遵守某些外在的仪式。探讨"对正义的崇拜"的法律是这样开始的："对正义的崇拜要求保持沉默。"当教宗和教士以奇迹和魔法的形式将神的恩典分配给信众时，皇帝和他的法官与法学家以法律和规则的形式将神分配给民众，从而实现了诺曼人从罗马《学说汇纂》中引用的理论，即法官和法学家是"正义女神的祭司"。因此，当人们不仅把帝国说成"正义女神的圣殿"，而且还说成"帝国教会"（imperialis ecclesia）时，是完全合理的。从最细微的细节来看，这个帝制的正义之国映照了英诺森三世用他精心设计的教会统治结构所建立的教会的上帝之国。根据教宗的"完全的权力"，上帝的恩典通过主教和教士传达给人民；同样，从皇帝那里，上帝的正义通过官僚和法官传达给人民。因此，一种直接来源于上帝的活生生的力量开始在国家的血管中流淌。

弗里德里希二世的法典中的所有隐喻都指向同一个方向：皇帝是法律的唯一来源，而在正义女神（皇帝拥抱她）的宝座上，编织正义之网的人（也就是皇帝）占据了首要的位置。他的正义像洪水一样奔流；他用正义的天平衡量每个人的权

利；他阐释法律，解答法学家的疑问，并颁布法律来结束他们
的分歧。他必须每天为新的罪恶找到新的应对办法，因为时间
和环境不断变化，古老的法律不足以用不懈的锤击来打垮恶
人。正义从皇帝那里源源不断地流入王国，那些在全国范围内
传播他的法律制度的人就是代表皇帝执掌行政的帝国官员，他
们是皇帝的代表，就像他本人是上帝的代表一样。但这些官员
不再是旧的封建附庸，而是由皇帝从各个等级中挑选出来的
人，他们担任的职务不是一种封建封授（beneficium）、一种可
以占有的采邑，而是作为一种官职（officium），一种需要履行
的义务和职责。借用教会的说法，他们履行的是上帝的职责。
这些学过法律的官僚是由皇帝的特殊恩典任命的（只有皇帝
才能行使这种恩典，他称他们为"我们知识的共同了解
者"），因此，卖官鬻爵是被禁止的，因为这等同于教会中的
买卖圣职。只要皇帝认为一名官僚配得上他的职位，并且他具
有克里斯玛（领袖魅力），他就始终是官员，而无须考虑他个
人的价值多寡。"争论皇帝选择和任命的人是否德不配位，是
一种亵渎的罪行。"

官员的选拔权只属于皇帝本人，只有皇帝能任命官员，官
员的职位不能转让给其他人，也不存在世袭的职位。没有皇帝
的示意和允许，任何人都不能任命官员，任何擅自任命官员的
行为都将受到最严厉的惩罚：发生这种行为的城市将被永久性
摧毁，居民被贬为奴隶，被非法任命的官员将被斩首。但皇帝
将确保有足够多的官员，使所有人都能自由地获得正义，并使
皇帝的"神圣愿望"得以实现。官员要履行"最神圣的服
务"，即对正义女神的崇拜，他们通过这种崇拜来侍奉上帝。
官员每天履行法官职责，以及皇帝本人每周三次亲自履行法官

职责，是一种神圣的行为，因此要求大家保持肃静；与此同时官员们礼拜正义女神，为请愿者提供神圣的正义。这项服务是免费提供的，就像教士免费提供教会的恩典服务一样，因为皇帝的慷慨和恩典为主持"正义的秘仪"（justitiae mysterium）的官员发放薪酬。

我们绝对没有理由不认真看待《奥古斯都之书》中每一个字透出的神圣的庄严。特别是有大量的证人描述了皇帝本人在履行"最神圣的职责"（sacratissimum ministerium）时的情况，这也是他晚年的习惯。每一种新的崇拜都会演化出新的仪式，因此我们在这里发现了以前在西方从未出现过的仪式、形式和习俗，而且它们的这种组合也从未在任何地方盛行过。皇帝带着神圣的威严（Sacra Majestas）雄踞于常人难以企及的高处，巨大的冠冕悬在他的头顶之上；所有接近的人都必须匍匐跪拜，然后吻他的脚；全体公众都在神圣奥古斯都（Divus Augustus）面前跪拜一段时间，而奥古斯都则像神灵一样留在背景中。他本人很少发话；在奥古斯都旁边站着书记官（Logothete），他负责宣布皇帝用手势确认的命令。书记官作为统治者的喉舌和传声筒，将皇帝的神圣且高瞻远瞩的决定以神谕的形式表达出来，在某些情况下，还伴随着铃铛的脆响。这就是"最神圣的仪式"和秘仪：高等法院成了正义女神-上帝-皇帝的大弥撒。

现在我们不妨回顾一下弗里德里希二世和他引人注目的"正义崇拜"的先驱者。罗杰二世国王和巴巴罗萨都对这种仪式和法律的国家精神做出了贡献：罗杰二世保留了拜占庭的仪式，并在一个新征服的国家取得了立法者的创造性成就；巴巴罗萨根据罗马法对帝国和皇帝都进行了神圣化。从巴巴罗萨的时代开始，人们通常将帝国称为"神圣的"；皇帝的诏书、书讯和宫殿也变成了"神圣的"；皇帝变成了"神圣的权威"
（Sacra Majestas）、"永恒者"（Perennitas）、"神灵"（Numen）；
先帝则被称为"神圣的"（Divi）。不过，在这方面，弗里德
里希二世最要感谢的是教宗英诺森三世，因为英诺森三世把法
官和祭司一体的理念灌输给了世人。也就是说，神职具有帝王
性质，而王权具有祭司性质。英诺森三世是第一个将大祭司的
精神灌注给法官职位和国王职位的人，弗里德里希二世现在将
这种大祭司精神转化为世俗的中保。这位教宗自己也是一位
"真正的皇帝"（verus imperator），他把皇帝降为祭司式的中
保，并消灭了在巴巴罗萨之前一直流行的"皇帝是上帝的代
表"的理念。最后，英诺森三世将教士国家从所有的世俗监
护中解放出来，这就向皇帝展示了如何建立一个世俗的法学家
国家（在精神上得到解放并独立于教会）。当然，这样的话，
教宗和皇帝之间的鸿沟就会比以前更深。在此之前完全属于教
会的作为思想与灵魂统一体的非物质领域，此时已被弗里德
里希二世分割开来：虽然灵魂领域仍属于教会，国家却要求掌控
人民的思想。就这样，与教士统治集团相对应的世俗的、思想
层面的法学家统治集团出现了。

另外还有一点值得一提。诚然，罗马法说法官也是祭司，
但弗里德里希二世曾与法赫尔丁探讨过国家与教会事务，而且
对穆斯林习俗很熟悉，所以他不可能没有注意到，穆斯林的神
学家，即"乌理玛"①，是法学家和祭司的合体！西方语言的

---

① 乌理玛的阿拉伯文原意为学者，伊斯兰教学者的总称。任何一位了解古
兰经注疏学、圣训学、教义学、教法学，及有系统的宗教知识的学者，
都可被称为乌理玛。它被用来泛指伊斯兰社会中所有的知识分子，包括
阿訇、毛拉、伊玛目等。

一个创新也起到了作用：大约从"法学世纪"开始，Laie 一词不仅被用作教士的反义词（即俗家人士），也开始指没有法律知识的人；而法学家虽然不是祭司（sacerdos），却也是 clericus①，这里的 clericus 指"有文化教养的、受过教育的"。弗里德里希二世正是为了培养这样的法律文书人员而创办了那不勒斯大学。

因此，弗里德里希二世在一个特定的时刻将许多现有的倾向集合在一起，发展出了对世俗国家之神——正义——的庄严崇拜。当然，正义不是"完整的神"，但它是神的一个体现，是神在国家中的表现形式。如果我们考虑一下当时的经院哲学问题——信仰与知识的对立，这一点的重要性就很明显了：正义成为神的显现（Erscheinungform），它可以被理性和知识所理解，并作为活生生的法律在国家内运作。另外，恩典作为同一个神在教会中的显现，仅能通过信仰来理解。弗里德里希二世带来的思想革命是不言而喻的：上帝有两种可能的精神上的崇拜形式，即法律或神迹。在一个主要通过神迹来呈现自己并获得崇拜的上帝统治了一千多年之后，一个新的上帝开始出现在光天化日之下，在教会之外，与教会并行，这个上帝只有通过清醒的理性才能识别，这个上帝就是法律。这里表达了教会和帝国（两者都与上帝直接联系）之间的全部张力，这种张力在但丁身上达到了顶点。

现在，上帝不再仅仅依赖于教士创造的恩典奇迹而在"上帝之城"（Civitas Dei，即教会）以肉身出现；上帝也被召唤到国家中，并在那里被皇帝变成法律；皇帝和教士一样成了

---

① 拉丁文 clericus 的本义是祭司或教士。

上帝的化身。这一理念中的全新元素是，正义的运作不被认为是僵硬的书面法律，而是一种活生生的、无所不在的力量。"由于我不能在世界的每个角落亲自执行正义——尽管我的力量无处不在——所以我从我的王国的受信任者中选拔了一些人……他们是我的意愿的有力执行者，以此达到实现正义的目的。"同时代的人借助皇帝本人的著作，用这些话记录了弗里德里希二世对官僚国家的内在含义的见解。他的这种观念，即正义是一种应当被接受和传递的力量，与皇帝在其他地方所说的话吻合：他从神的考量中获得他的动力（motus），并将其作为指示和命令传递下去；通过这些指示和命令，他在接受者中唤起了"内心的激动（motum interioris hominis），从而将源自神的命令付诸实施"。

这种无可置疑的亚里士多德学说，即皇帝被视为国家的思想中心和权力中心，在弗里德里希二世的每项法律的措辞中都有暗示。这种直接来自上帝的独立力量对"地上之城"（civitas terrena）的渗透，一下子就表明了"国家"（Staat）和"帝国"（Reich）的区别，因为帝国是一种基于理念的抽象概念，通过教会获得其精神力量。而必然有着有限边界的国家不是基于理念的抽象概念，而是被一种活生生的力量浸透和充盈的存在。正义女神被理解为一种通过皇帝来运作的法律力量，是西西里国家的典型象征。在这里我们就发现了一个谜题的答案：就帝国而言，皇帝的角色和他的前任一样，主要是和平与正义（Pax et justitia）的守护者和保护者，这显得很"中世纪"；而就他的西西里国家而言，人们很容易认为他很"现代"，因为他在这里是一种"力量"。但在此我们有必要保持谨慎：真正的"现代人"在其构成中没有任何"神的映像"

（Gleichnis Gottes），而弗里德里希二世在西西里就代表着神的映像。这种双重角色——同时是神的映象和活生生的力量——就是弗里德里希二世的整个西西里统治的独特之处。

这种将上帝视为独立于教会的持续力量的概念，体现出新的西西里国家的文艺复兴特质。在这里，我们再次想到圣方济各（在任何时候他都与弗里德里希二世对应），他以完全类似的方式，在没有教会帮助的情况下，将上帝宣扬为一种力量。这位头脑朴素的圣徒把这种力量看作永远活跃的爱，一种为人、动物和植物注入灵魂的神圣的气息（pneuma）。而那位博学的、几乎是过度清醒的君主在世界和自然的法则中认识到了这种神圣的力量。圣方济各通过灵魂，而弗里德里希二世通过头脑，感知神性在世间的表现：两人都是按照自己的方式去感知的。

皇帝的两项重要创新，显示了这一切在国家政治中的实际应用。一项被注释法学派称为“新法”的引人注目的法律体现了皇帝在国家中的无所不在。皇帝通过该法律来扶助弱者，因为他们经常受到强者的不公正压迫。通过这项保护性法律，皇帝授权每一个无辜的臣民，如果遭到攻击，可以“通过呼唤我的名字来抵御侵害者，并以皇帝的名义禁止侵害者继续攻击”。任何不尊重帝王之名的人，将被直接传唤到最高法庭，不得上诉。“不可妄称神的名字”这句律法在国家中也是有效的。任何滥用皇帝之名，比如仅仅为了自己的私利而使用它的人，都会受到最严厉的惩罚。这些法律的预设条件是，人们已经有了这样的思维方式：在极端情况下，一个人不向上帝呼吁，而是求助于皇帝的更直接和更有效的力量，因为他是正义的化身，是扶弱济贫者和复仇者。这项法律是史无前例的。

弗里德里希二世率先在世俗法律中引入的另一项创新，彻底变革了西方的整个法律程序，显示了皇帝之正义的主动性（Zugreifende），甚至是侵入性（Angreifende）：这就是宗教裁判所的起诉。在中世纪，人们普遍的看法是，刑事诉讼必然意味着有原告，没有原告就没有审判。对于某些死罪，弗里德里希二世明确废除了这一原则：如果所涉及的罪行是最严重的罪行，即叛逆罪，就应当以国家的名义开展调查，无须原告，不得拖延，无须皇帝特别授权，只需由负责的官员执行。对于其他的严重罪行，如果要在没有原告的情况下发起正式起诉则需要皇帝的授权。因此，在死罪的情况下，不会发生原告任性地放弃指控或与被告达成协议的情况。对严重罪行的诉讼被从原告手中夺走，而且（可能是违背原告意愿地）由国家进行正式调查和追究。这是"国家公诉"的第一个雏形，它与中世纪的整个思想模式相悖，因此注释法学派对皇帝的相关法令的评价是："这项规定可以说是体现了一种新的法律。"注释法学派认为弗里德里希二世是个"专制君主"，而这种新法一定是专制君主所为：皇帝的司法不是为了保障受害方的权利，而是作为报复，或者说将正义本身视为目的，通过报复违反国家法令的行为，来安抚国家之神，即正义女神。值得一提的是，公诉程序的发明者并非弗里德里希二世，而是教宗英诺森三世。是英诺森三世首先通过他的宗教裁判所，发明了无须原告的宗教纪律制裁程序，以报复异端对神圣奥秘的每一次侮辱或伤害。但当旨在保护神圣奥秘不受亵渎者侵害的特别程序被毫无保留地应用于世俗国家和世俗法律时，情况就变得完全不同了。我们可以认为这只是宗教司法程序的世俗化，或者承认国家的神圣奥秘的存在，其神圣性不亚于宗教的奥秘，并需要类似的保护。从逻辑上讲，国家的裁判所主要针对的是"不信"
国家的叛逆者，这些人与教会的"异端分子"完全对应。宗
教裁判所的程序确实相当于"高等法院"，是以一种特别庄严
的仪式进行的。无论如何，这种"国家公诉"程序传达了一
种感觉，即从今往后，世俗国家的秩序（像教会的秩序一样）
也是一种神圣的、属灵的秩序，其神圣程度不亚于上帝之城，
即教会。

世俗国家的这种自给自足，也体现在弗里德里希二世的另
一项意义重大的举措中。如果神出现在人间，不仅出现在教会
的恩典之国的范围内，而且以正义的形式降临到世俗国家，那
么国家就不能再被视为"有罪的"，我们也不能认为国家在世
界的全部邪恶中仅仅是一种相对的善；相反，国家将成为以自
身为目的绝对的善，因为神已经进入国家之中。救赎的必要性
当然没有因此消失，因为救赎涉及个别灵魂在彼世的存续。这
对皇帝来说是个小问题，因为他的行动范围是"此时此地"；
在他眼里，"此世"是如此之重要，以至于人们有理由说他完
全否定了来世的存在。但弗里德里希二世通过新的"神之国"
提出了救赎之外的问题：死后的救赎是一件神圣的事，而在尘
世、在世俗国家实现上帝意志的行动，其神圣性至少与死后的
救赎等同。

弗里德里希二世推导出了"国家本身作为目的"的重要
性，赋予国家一种神圣的疗愈能力，它不亚于教会的疗愈能
力。在《奥古斯都之书》的序言中，弗里德里希二世从他自
己的宇宙观（详见下文）开始，讲述了创世的故事，后来又
在某些总督的委任状中再次重复了这个故事。在故事的大部分
内容里，他遵循当时的信仰，用几句话概括创世的传说，直到

他谈到最重要的一点——人的堕落。在自然法则盛行的时代，处于纯真和不朽状态的人类享有完美的自由；在天堂的黄金时代，国王和国家是多余的。是人类的堕落将政府的"桎梏"强加于人。中世纪的国家源自人的堕落。也许这就是但丁将罗马帝国象征为人间天堂的知善恶树的原因。这至少很有启发性，因为但丁认为皇帝的使命是带领人们回到最高的理性，回到生长在天堂入口处的知善恶树，回到人类仍然纯真的时刻。在这之后，教会承担了这项使命，即将人重新引入天堂从而获得永恒的幸福，将人从死亡的诅咒中救赎出来。从人类堕落的故事往下，弗里德里希二世为了自己的目的略微修改了神话、传说和教条。教会从人的堕落中推导出原罪，而原罪将君主和国王的枷锁强加于人们，作为对其始祖的罪行的惩罚。皇帝将这些道德说教抛在一边。在他看来，最早的人类只违反了一条"法律"（按照《圣经》的说法就是上帝的一条戒律）；作为惩罚，他们被赶出了天堂，并失去了永生不死的权利。这就是人的堕落。凡人身上仍然保留了上帝创造的第一代人类的违法倾向，尤其是在如今大量居住在大地上的人们之间产生了相互仇恨。对此，有一种补救办法：正义，也就是统治者和国家。弗里德里希二世从人的堕落中推导出一个完全实事求是的、非说教的、与古典思想接近的结论，该结论考虑到了实际的人性和"事物的现状"，即天堂已成为过去，现在的人们倾向于犯罪和仇恨，所以如果没有统治者的约束，他们将相互摧毁和消灭。

因此，我们注意到，之所以有帝王，不是为了对人类的罪孽施加道德惩罚，而是为了防止人类自相残杀。皇帝的进一步推论是：如果人类灭亡了，那么"其他一切也会灭亡，因为从属者没有了它所从属的上级，任何人的需求都不会得到满足"。既然大自然是被设计来为人类服务的，那么没有了人类，大自然就不再有存在的理由，也就会消失了。这是一种流行的概念，可以追溯到亚里士多德，但也是一个不寻常的帝国式的世界图景。因为从逻辑上讲，这种概念意味着：如果没有皇帝这个最高的上级，整个人类和整个自然界都会灭亡。因为如果没有皇帝，国王和王公们首先就会互相毁灭，以此类推。这让人对皇帝所处的几乎难以想象的高度和这高度所对应的责任有了一些概念。因此，对叛逆罪的惩罚是极其严厉的。皇帝经常解释说，"其他人的生命取决于他〔皇帝〕的生命"，所以，叛逆者危害的是整个世界。

没有统治者，人们就会自我毁灭。因此，为了拯救人类、为了避免世界毁灭的危险，"急迫的必然性，不亚于天意的启示，创造了万民的统治者"，或如后来更精练的表达：必然性创造了统治者。也就是说：统治者是为了满足自然的需要而演化出来的，而不是作为对罪孽的惩罚而出现的。弗里德里希二世的伟大艺术，即始终把否定的东西变成肯定的东西，在这里得到了体现：统治者和国家不是惩戒罪人的鞭子，而是维护世界和拯救世界原则的捍卫者；统治者和国家已经成为一种"救赎之物"（Heilsgut），就像教会和教士是为了灵魂的救赎而出现的。当然，基督已经救赎了人类的灵魂，但"无论是大洪水还是洗礼之水，都无法洗去我们的始祖轻率地违反律法而造成的实际影响"，弗里德里希二世这样说过。他这么说，并非否认救赎，而是将其限制在灵魂和来世。因为凡间的人们仍然没有得到救赎，只能通过统治者和国家来在一定程度上回到无罪的状态，或者更确切地说，通过"人类生活的调节器"，即正义的力量，回到"正确"的状态。因此，正义成为一种拯救世界的力量。

因此，皇帝（神圣奥古斯都）作为救赎力量的可见的承载者，确实像是罗马的救世主奥古斯都那样，成为救世主，成为世界拯救者和世界救赎者。圣奥古斯丁的教导是什么？"真正的正义只存在于其创始人和领导者是基督的国家。"当时机到来时，弗里德里希二世没有胆怯，而是大胆地接受了这个结论：他将像上帝之子一样出现，不仅作为法官和中保，而且作为救世主和法律的实现者。因为他的帝国并不只是向往着天国的正义，而是由正义本身建立的，"正义女神从上天俯视，在万民中设立了它的宝座"，即罗马皇帝的宝座。这与基督的说法相符："恺撒的物当归给恺撒。"

弗里德里希二世颁布了他的新法典，仿佛发布了福音，沉寂已久的正义之舌再次开始发声。他希望人们将这些法规作为新的伦理和行为准则来阅读，并在结尾处向他的追随者叙述："愿我们的人民为了上帝的荣耀和荣誉，接纳这项因希望得到上帝的眷顾而开始、在上帝的恩典指导下完成的工作。为了对崇高的奥古斯都表示敬意，也为了帝王尊严的荣誉，它以奥古斯都的名字作为装饰。万民啊，请怀着感恩的心接受这些法律，在法庭内外将其作为你们自己的法律……随着你们新国王的胜利，愿正义的新的枝丫可以滋长壮大。"弗里德里希二世带来的确实是福音，因为他消灭了过去的法律中因脱离生活实际而产生的僵硬。他的前辈和同时代的人认为，国家秩序的意义部分是由惩罚组成的，部分是为实现永恒上帝和遥远自然的法律（这是在人间无法实现的完美状态）而进行的不完美的努力。皇帝教导说，国家本身每天都会产生唯一真实有效的上帝之法；世俗世界的活生生的法律就是活生生的上帝本身；永恒之物和绝对之物如果要保持生命力，必须与时俱进。皇帝的这个观点是与过去的决裂。

"当我们制定新的法律以满足新时代的特殊需要，并为新的疾病找到新的药物时，并没有因此减损对早先的统治者应有的敬意。出于这一必要的职责，皇帝的显赫尊严带有这种特权：当人类的旧法律在时间和环境的变化下不再足以消除罪恶和培植美德时，皇帝每天都要想出新的办法来奖励善良之人，并在反复的惩罚下粉碎邪恶之徒。"正义在新的浪潮之中展现：不再仅仅是一种从上帝那里流向国家的活生生的力量，而是被另一种力量推波助澜，并根据国家不断变化的需要而日新月异。正如皇帝同时是"正义之父和正义之子"一样，正义是国家的建立者，也是由国家建立的。国家本身就是目的，是救赎的手段，因此国家的需求是神圣的，是救赎所必需的。因此，力量形成了相反方向的流动：神圣的正义产生了世俗的法律，世俗的必然性又产生了神圣的正义。脱离实际的、不可改变的正义失去了它的僵硬性；它充满了生命力，与时间与自然的变化联系在一起，是实际上可以代表国家的"活生生的上帝"；通过它，皇帝确实成为"法律在地上的化身"。第二种推波助澜的力量，即生命本身的力量，在此被揭示出来，那就是必然性（Necessitas）。

"必要的职责"使皇帝有权修改法律和法规。弗里德里希二世的"法律上的马基雅维利主义"建立在这样一个事实之上：皇帝可以修改神圣正义的形式，以满足人们的不同需求。皇帝代表并宣布了"国法"。曼弗雷德国王探讨"违反法律"时援引了恺撒的一句话，"如果必须行恶，那么只能为了统治而行恶"（si violandum est jus，regnandi gratia violandum est）。而马基雅维利提出了这一观点：国家和君主的需求和需要凌驾于每一条道德法则（即神圣法则和自然法则）之上。虽然弗里德里希二世在手段上无所顾忌，但他的立场是：国家的需求不会凌驾于神圣法则和自然法则之上，因为国家的需求就是神圣法则和自然法则。对弗里德里希二世来说，下面一点也是正确的（尽管对文艺复兴时期的君主来说不再正确）：当时整个"帝国治下欧洲"的命运都取决于对最微小的国家需求的重视与否；因此，在皇帝的眼中，国家当前的每一个需求都理所当然地具有巨大的重要性，直到国家的需求成为一种不可避免的宇宙需求，相当于上帝的世界规划和神圣天意的一部分。国家的需求是绝对的：它不与神性相对立，而是本身就是神性的，因此有能力决定法律和修改神圣的正义。

"马基雅维利主义诞生于亚里士多德主义"，康帕内拉①后来如此解释。他这样说，确实揭示了最重要的关系。因为很明显，一些外部影响必然会闯入中世纪的世界观，导致中世纪思想发生根本性的变革。立法者皇帝的视野，是浸淫于阿拉伯和希腊化智慧的哲学家的视野。令人瞠目结舌的是，弗里德里希二世用一个词就改变了整个中世纪的国家概念，并为其注入活跃的生命力。当时的人们还在讨论世俗国家源于上帝还是源于撒旦，是善的还是恶的，弗里德里希二世却冷静地宣布：统治

①　托马索·康帕内拉（Tommaso Campanella，1568—1639）是意大利的多明我会修士、哲学家、神学家、占星学家和诗人。康帕内拉的宗教思想较为激进，因此他多次被捕，前后在狱中度过近30年。他最著名的著作是《太阳城》。这本书借助航海家与招待所管理员的对话，描绘了一个完全废除私有制的社会，启发了后来空想社会主义的众多理论与实践。

者的职位是由自然的必然性产生的。必然性是一种独立的积极力量，是一种活生生的自然法则，这属于亚里士多德的思想，也属于亚里士多德的阿拉伯弟子的思想：它是皇帝扔进西方中世纪国家哲学中的新公理，从而让国家成为独立的力量。在西西里法典的导言中，弗里德里希二世写道：万民的君主是"由事物的急迫的必然性，不亚于由天意的启示"创造的。在后来的文件中，他的表述甚至更明确：正义使统治者的宝座成为必然。弗里德里希二世在解释皇帝职位的产生时，放弃了所有超自然的、深不可测的天意设计理论，而仅仅指出了基督在看到钱币时说的话。皇帝经常使用"自然的必然性"来使教条和神圣的制度能够为理性所理解：就像国家的情况一样，例如，婚姻的圣事（在不贬低上帝赋予它的神圣性的情况下）被理解为保障人类种群延续的"自然的必然性"。他明确表示，他对婚姻的自然必然性的评价高于其作为圣事的神圣性。例如，他无视教条，对西西里的婚姻制度进行了彻底的、革命性的改革，目的是改良西西里人的血统！这些都带来了影响深远的后果：通过限制《圣经》和教会的概念与理论，为自然的概念和理论提供空间；国家没有被局限为一种单纯的暴力和剑的力量，而是被引向另一种属灵的概念（但教会与之无关），即国家被承认为属灵的和守法的自然。我们可以说，形而上学正在取代超验主义。

对于皇帝的整个救赎理论来说，必然性是不可或缺的，因为它是世俗国家的基础，它诉诸理性而非信仰。早先的统治者浮夸地宣称国家是上帝设置的机构，人们的确可能相信这一点，但这种理论不能强迫人们相信。而统治者的必然性可以通过理性来把握，因为没有统治者，人类就会自我毁灭。当但丁希望证明世界性君主制不可或缺的时候，他在同样的意义上接受了弗里德里希二世皇帝的论点，宣扬对国家之救赎使命的信仰。教宗博尼法斯八世教导说，为了自己的灵魂得到拯救，每个人都必须服从教宗。但丁在没有皇帝的情况下①，几乎是作为施陶芬皇朝恺撒们的代表发言的，他用伟大的帝国救赎理论回应博尼法斯八世：为了拯救世界，每个人都必须服从罗马皇帝。但丁对世俗国家的全心全意的认可，甚至在方法上也经常是弗里德里希二世的观念和思想的延续。但丁在《帝制论》（*De Monarchia*）的第一卷（题为"帝制的必然性"）中阐述了国家的特殊神性及其神圣的救赎使命。在这部书里，他阐述了君主制对自然和生命的必然性，第一卷的几乎每一章都以反复出现的感叹来结束：因此，为了世界的安全和利益，君主制是必要的。皇帝和诗人在这一点上是一致的：他们不顾教会和经院哲学的反对，如此重视世俗国家，以至于宣布它是救赎计划的一部分，是要实现上帝设计的人类和整个世界的"更好的性质"所必需的。

这种"必然性"学说有哪些重要意义，使得同时代的人把它称为吉伯林派的独特发明，并认为它是施陶芬宫廷的口号，以至于那些试图抓住施陶芬宫廷文献特点的伪造信件和模仿习作很少忘记把"国家的必需"（necessitas rerum）扯进来？人们常常把施陶芬皇帝弗里德里希二世称为启蒙者。他是他那个时代最多面的，无疑也是最博学的人。他是哲学家和辩证法学家，不仅受过经院哲学和古典学术的训练，而且还接受过亚

---

① 之所以这么说，是因为在但丁在世期间（1265—1321），除了卢森堡家族的亨利七世皇帝（在位：1312—1313）的短暂在位之外，没有一位神圣罗马皇帝在位，这期间的多位德意志国王都未曾加冕为皇帝。

里士多德、阿维森纳①和阿威罗伊②的学问的训练。每一次启蒙运动的关键词——突破压制性的、违反自然的束缚，确实在皇帝的治国智慧（Staatsweisheit）中通过必然性（Necessitas）得到了代表。必然性是事物本身的必然性，它按照因果法则编织命运的线索。也就是说，除了上帝的法则和人类的法则，还有自然的法则。这一学说是多么具有革命性，毋庸赘言。只要人们相信只有神迹才是复苏世界和维护世界的力量，所有的因果关系都可以被废除，而被解释为天意；自然后果则被解释为神的干预。这不是因为没有人有能力往别的方面想，而是因为一方面没有人愿意往别的方面想，另一方面其他的事情并不重要；人所寻求的上帝、人所信仰的上帝，不是在因果律中，而是在神恩的奇迹中显示自己。只要神迹依然掌控一切，事物的因果关系仍然躲在神迹的背后，人就无法理解人类的厄运：于是，最跌宕起伏的人生充满了魔法和童话，但始终是脱离实际和命运的，从来没有被自己的法律所统治，从来不是"魔性"的。

从这个角度看，必然性学说具有启蒙性：承认事物本身所

---

① 伊本·西那（Ibn Sina，西方人称他为阿维森纳，Avicenna，980—1037）是中世纪波斯的哲学家、医学家、自然科学家和文学家。他博学多才，有多方面的成就。医学上，他丰富了内科知识，重视解剖，所著《医典》是 17 世纪以前亚欧广大地区的主要医学教科书和参考书。哲学上，他是阿拉伯/波斯的亚里士多德学派的主要代表之一。

② 阿威罗伊（1126—1198），阿拉伯文的名字为伊本·鲁世德，中世纪安达卢西亚（穆斯林统治下的西班牙）的博学者，对逻辑学、亚里士多德哲学、伊斯兰哲学、神学、伊斯兰司法、政治学、音乐、数学、地理、医学、天文学、物理学等都有研究。他对基督教欧洲影响极大，被誉为西欧世俗思想之父。他关于亚里士多德的著作的拉丁文译本对亚里士多德哲学在西欧的传播贡献极大。

固有的自然法则，从而打破了魔法的主宰。在这个意义上，作为自然法则与生命法则之研究者的弗里德里希二世［他的儿子称他为"作为探寻者的人"（vir inquisitor）］可以被称为启蒙者，或者更准确地说：他通过将知识提高到与魔法平起平坐的层次，发挥了启蒙的作用。虽然他开始消解奇迹、魔法、神话，但他也利用并实现了它们，甚至创造了更多的奇迹、魔法、神话。所以他没有摧毁迄今有效的奇迹，而是将知识与之并列，并因此制造了那些罕见的、无与伦比的过渡时刻之一。在这样的时刻，所有的东西都同时具有生命力：神话与洞察、信仰与知识、奇迹与法律，相互印证又相互否定，相互合作又相互冲突。这就是弗里德里希二世的精神氛围：学识惊人地渊博，却又近似天真；具有宇宙的缥缈神秘感，却又清醒务实；既直言不讳和生硬，又充满激情。但丁呼吸的空气也是如此。

只有充分认识支配整个自然界的必然性，才能使活生生的人服从于在宇宙中同样有效的法律。当弗里德里希二世把必然性（自然作为一种力量）注入他的国家结构时，他（正如他在"正义"那里所做的那样）回避了中世纪的二元自然概念——就人类而言是死和罪的状态，就上帝而言是不朽和神圣的状态。弗里德里希二世从未攻击过这一概念，但他指出，同样的自然力量和自然法则在较高和较低的领域发挥作用，在整个宇宙中发挥效力，这就是必然性。在这一法则（它将人类与宇宙法则联系起来）发挥作用的地方，也存在着人类的命运，这主要体现在皇帝本人身上，因为他阐述和解释了当前需求的意义。

弗里德里希二世极其重视他自己和他的国家的必然性，以至于将其提升到"世界必然性"的层次，于是他自己成为活生生的世界之命运和臣民之命运的化身。帝国的学说（即没有皇帝，世界就会自我毁灭）已经表明皇帝在多大程度上代表着世界命运。弗里德里希二世在他的法律中毫不含糊地指出："臣民只有通过（仅次于上帝的）尊贵恺撒的仁慈，才能呼吸。"忠实的和虔诚的人（Fideles）一定没有自己的命运；他们通过"君王之法"（lex regia）将自己交到了皇帝的手中，他们的命运在皇帝的命运中得到了实现，皇帝的"生命是所有人的生命"。在这种专制制度下，皇帝必然是他的国家中唯一的个体（Individuum），因为只有他，是"一个个体，不是另一个个体的一部分"（引用但丁的说法），只有他可以直接与上帝联系。在他那危险的、威胁性的、冰冷的高度上，作为自由高耸的世界顶峰，他独自感知到尘世的需求和尘世的发展，以及世界必然性的稀薄空气，即上层和下层领域的各种力量如何在他身上不可阻挡地运作。没有人像这位懂得观星的施陶芬皇帝一样，在自己身上如此直接地体验到天与地所规定的命运；他感到自己与上帝结合在一起，与在不可改变的法则中运行的星辰结合在一起。他是中保，是宣告者，是解释者，他观察天体的轨迹以查明自己和世界的未来，并反过来将尘世事物的进程与星体的进程相适应。个人与宇宙法则之间的这种紧密联系，使命运和厄运再次成为可能。每一个把宇宙作为一个巨大的整体来把握的伟人，都和弗里德里希二世持同样的看法，即"通过天意的指示，行星的位置影响到凡人的福祉"。很自然的是，神性（Himmelsnatur）和凡俗性（Erdennatur）的这种平衡是在作为世界大厦顶峰的皇帝身上完成的。由于皇帝的双重性质，他被赋予了一种天使或精灵的特征，人们称他为"基路伯"，甚至将他与救世主相提并论。弗里德里希二世所说的永恒的"更好的本性"与人的世俗本性（从原初的形象中偏离）的融合，就是世俗国家的意义和目标。弗里德里希二世努力创造的人法、神法和自然法的统一（他本人第一个体验到这种统一），在一位编年史家的话语中得到了明确的表述："这位皇帝，世界的真正统治者，他的名声响彻整个世界。他确信，通过他在数学方面的经验，他也许可以使自己的本性与神性相近。"

毋庸置疑，弗里德里希二世确实持有这种信念，他甚至努力扭转这一进程，使上帝的性质与他自己的皇帝性质相近。与更早期的人们相比，他把上帝的行动理解为更接近人类。在《奥古斯都之书》的序言中，他明确地对当时的哲学问题——是上帝创造了世界，还是上帝只是改造了原本就有的原材料——表明了自己的立场。弗里德里希二世认为，上帝像工匠一样（也就是说，像皇帝一样！）塑造了现有的原材料。在其他方面，他也努力为上帝设定其界限。《奥古斯都之书》的序言将建立统治者职位的两种力量摆在一起（它们之间有着奇特的张力），即"事物的必然性和（不亚于前者的）天意的启示"。这里没有任何对立的意思，因为自然界固有的法则在运作上与天意并无区别。但大自然服从它自己的法则，即事物的必然性；如果上帝不破坏祂自己的创造物，祂就不能违背自然法则行事。因此，上帝受到祂自己创造的法则的约束。这并不是要否定神的自由意志：因为除了祂自己愿意服从和预见的法律，即祂自己的神圣法律之外，上帝不服从任何法律。在这里，约束和自由的奥秘对皇帝也是有效的：他也是自己的法律的"父亲和儿子，主人和仆人"。他之所以愿意接受这样的束缚，是因为唯有这样，他才能成为神的映像；因为皇帝的法律与他的创造物——国家的必然性相对应，正如上帝的法律与上帝的创造物——自然的必然性相对应。这里没有古典思想的回声：即使是诸神也不能与必然性对抗。服从法律的约束从而获得自由，在这里要完全从基督教的意义上理解。一位与皇帝同时代的人后来这样解释：国王无须服从任何人，但必须服从上帝和法律；国王只是把法律给国王的东西再交给法律。"尽管国王是上帝的代理人，但国王必须在法律之下，这一点在耶稣基督（国王代理他统治人间）身上得到了明确的证明，因为上帝的儿子自己……也愿意处在法律之下。"

因此，皇帝和世俗国家的拯救和救赎的奥秘，在于法律的实现。一个反复无常的、只创造奇迹而不遵守法律的上帝，无论祂多么仁慈，都是不可容忍的。因为如果有一个武断的天主不顾理智或自然法则行事，就会使国家四分五裂。弗里德里希二世对这一点非常清楚。虽然皇帝不愿意放弃在他自己的人生中不断创造奇迹的天意（它一刻不停地以征兆和暗示、动力和启示的形式在皇帝的人生中表现出来），但皇帝坚决否认这样的可能性：作为奇迹出现、但无视乃至违反理性和自然法则而行事的天意可以直接干预国家，而不通过皇帝。弗里德里希二世废除了神明审判①，不是因为它如教宗英诺森三世表达的

---

① 神明审判（Gottesurteil）是古代的一种司法手段，通过让被告承受某种痛苦的、通常很危险的处置，来判断被告是否有罪。所谓的原理是，如果被告是无辜的，那么神就会创造一个奇迹来挽救或帮助他。比较常见的神明审判方式有：让被告赤足走过烧红的犁头，如果他的烧伤能够愈合，就说明他是无罪的；让被告从开水（或滚油）中取出一块石头，如果他的手没有被烫伤，他就是无罪的。比武审判也是神明审判的一种。神明审判到中世纪末期变得罕见，但在17世纪的猎巫运动中仍有发生。

那样，"试探神"①，而是因为它蔑视自然和理性。"一个人怎么可以相信烧红的铁的自然热量会在没有充分理由的情况下变冷或变凉……或者，我们怎么可以相信，仅仅由于良心不安，冷水会拒绝接纳被告。"皇帝继续嘲弄道：这些被人们称为"揭示真相"的神明审判，最好被称为"掩盖真相"。同理，他禁止了比武审判（这是神明审判的另一种类型），今后只允许在叛逆案中进行比武审判。这是符合逻辑的，而且是很典型的，因为比武审判是一种占卜（Divinatio），涉及皇帝本人的神性（göttlich）和神圣性（heilig），人类的知识无法企及，只有上帝可以干预。另外，在纯理性的基础上，皇帝禁止了爱情魔药，并颁布了其他许多法令：在（世俗）国家里不允许出现奇迹。如果天意被理解为"法律"，并通过奇迹扰乱了国家之神——正义的运作，那就会破坏国家的合法性。

　　天意作为法律，也就意味着：天意持续地运作，以构建合法的国家和世界秩序为目标。因此，天意与自然法则难以区分，因为自然的世界秩序也是完全神圣的秩序。这样的天意被称为理性。经院哲学给它下了定义："天意是有其目的的事物秩序的理性。"施陶芬朝廷的人们对"自然的目的"进行了热烈的辩论。但如果天意在运作中与必然性法则没有区别，那么我们在曼弗雷德的著作中偶尔见到"理性"（Ratio）一词就不会感到惊讶，而在他的父皇的表述（更全面、更实际、更深刻）中，"必然性"仍然占统治地位。

---

① 不可试探神是基督教的教义。人如果试探神，意味着对神是将信将疑的，没有足够的信仰。《旧约·申命记》第 6 章第 16 节：你们不可试探耶和华你们的神，象你们在玛撒那样试探他。《新约·马太福音》第 4 章第 7 节：耶稣对他说，经上又记着说，不可试探主你的神。

我们已经熟悉的情况在天意（Providentia）那里重复出现，它与正义（Justitia）和必然性一起，构成了创造国家的世界力量的三位一体。在这里也有一种映像（Gleichnis），因为上帝对世界的规划（Provisio）在凡间对应着皇帝对国家的规划。但经院哲学严格区分了这两者，并明确指出其中一个是世俗的，另一个是永恒的。皇帝不理睬这种对比，反而强调天意规划的虚拟延伸："作为天意的执行者，统治者根据每个人的情况，向万民分配命运、份额和等级。"在这一点上，皇帝也是神圣规划的中保和阐释者。他同正义与必然性一样，在自己身上体现了天意，只要天意的目标是建立和维持国家的秩序。天意在这里被理解为拥有创造国家的具体能力，是一种持续活跃的力量，并与皇帝相关联。但弗里德里希二世肯定没有排除以恩典奇迹的形式运作的天意。他声称自己像其他中世纪君主一样"仰赖上帝的恩典"来统治：天意选中了他（并且只选中了他），并将他直接提升到了皇位上，天意的恩典奇迹将最后一位施陶芬皇帝笼罩在神奇的光辉中，令他远远超过了其他任何一位君主，远离了俗众的视野。但天意，作为一种有计划地运作的力量，并没有笼罩在皇帝身上，而是在他身上显示出最高的理性：他被称为"理性道路上的引领者"。

将这一点和后来的理性主义作区分，几乎是多此一举。理性在这里被设想为对蒙恩者（特别是皇帝）的最高照耀，并且第一次出现：它对人类来说仍然是一个犹抱琵琶半遮面的最终目标，神可能以这种姿态进入凡间。但理性绝不只是一种手段；目标绝不只是福利和利益。弗里德里希二世的国家的"手段"是正义，而正义自身也曾是"目的"。因此，理性只有在与法律和权利相关时才有意义。"公正且合理"（juste et rationabiliter）是一个古老的并置，而新的东西也是这样，理性同正义一样，与活生生的自然规律和必然性联系在了一起。最早产生这些并置的，是法律：博洛尼亚的法学家着力强调了理性；而在正义中融合自然、理性、天意，是罗马法的产物。所有这些平等的力量经常相互融合："皇帝从天意中获得动力"是一个经常出现的说法；另外一种表述是，皇帝被理性驱使着行动，而理性与自然没有区别。归根结底，这一切都指向一点：作为活生生神灵的正义。它随着国家在不同时间的需求而变化，因此与凡人的生命相联系。而正义又服从于神圣的理性，理性则将正义与永恒联系在一起——这是皇帝本人的映射："虽然我的显赫地位不受任何法律约束，但它并没有被抬高到理性的支配之上。理性是一切法律之母。"因此，皇帝因其受理性的束缚，而成了上帝的代表；上帝也没有超越理性，因为上帝就是理性。随着新的正义化身为皇帝，并像他一样被置于上帝的法律和自然的生命法则之间，实在法（或人类的法律）和永恒的上帝之法（或自然法）之间的鸿沟被弥合了：这是弗里德里希二世的一项解放性成就。

在解释皇帝的救赎理论的目标之前，我们必须回顾一下他的国家的整个宏伟结构。它就像每一件艺术品，是独一无二的产物。这个国家的前提条件是：与君主专制结合的帝国、介于两个时代之间的过渡时期、作为国王的哲学家。思考弗里德里希二世的西西里国家属于中世纪还是属于文艺复兴时代，是徒劳无益的：它建立于圆满的时代，因此既同时属于两者，又不属于其中任何一个。将西西里王国与中世纪割裂开来的是：国家本身就是其目标和精神意义；君主不是依靠来世的救赎来引导他的王国，而是把神引到凡间的国家，并在国家中扮演神。另一项创新是：在这个充满生命力的国家，除了中世纪的神圣法则和人类法则，还有第三种力量，即自然法则在发挥作用。只有通过自然法则，国家才获得了深度，而三位一体（神圣法则、人类法则和自然法则）的有形体现，使力量的活生生循环成为可能。所有这些都体现了文艺复兴时期的特点。但文艺复兴时期的国家完全缺乏西西里祭司帝国的祭司因素，也缺乏帝国的实际或想象的广阔与普遍性。文艺复兴时期的国家是一种手段，并不包含任何世界性意义：在文艺复兴时期，只有君主才是胸怀世界和宇宙尺度的，国家并不是这样。

　　无论我们认为弗里德里希二世的国家最重要的特征是皇帝对罗马法思想的运用，还是其通过阿拉伯人的渠道受到的亚里士多德和新柏拉图主义思想的影响，又或是对基督教的、祭司的元素的采用，其实这一切都殊途同归，因为所有这些原材料都被改造为了一个新的统一体。基于三种世界性力量——必然性、正义、天意——的帝制司法国家是严峻、严厉和清晰明确的。这种三位一体的力量以牢固持久的节奏贯穿整个国家，并作为自然法、神法、人法的三合一，在国家的每一个部分反复出现。这个建筑的绝对对称性（其中上层和下层的空间像镜子中的映射一样相互关联，又共同构成一个整体）可以用图形表示，并让人想起文艺复兴时期的建筑对称性。因为这三种力量在宇宙中的统治就像在国家中的统治一样，位于皇帝之上，也位于皇帝之下，作为权力通过中保从天上流向地上的王国，然后再返回，由土地和人民提供养料：每一种力量都作用于另一种力量，也被另一种力量所作用。

　　我们说这个国家是一件"艺术品"，不是因为其巧妙的行政管理手段，而是因为上帝之法、人类之法和自然之法的结合使其接近于理想的原始状态。自觉或不自觉地，这个新的君主国成为几个世纪以来的标准和典范。施陶芬皇帝的这个司法国家几乎是柏拉图在寻找迪凯娥斯涅（Dikaiosyne）①时曾经带到西西里的图景的晚期实现；在柏拉图的几个世纪之后，普罗提诺（Plotin）②曾试图在坎帕尼亚实现柏拉图的设想。西西里以一种奇怪的方式做好了准备，去迎接弗里德里希二世的改革。当他在他的法典中写下这段话时，他很可能觉得自己已经创造了接近"理想国"的东西："西西里将成为凡景仰者以此为鉴的镜子，成为君主们羡慕的对象，成为万邦的标杆。"

　　弗里德里希二世还按照西西里的模式改造了意大利。在这位施陶芬皇帝的脑海中肯定存在着这样一个梦想：在整个世界上，在"延伸到大洋的整个罗马帝国"实施这些相同的改革。后来但丁描绘了强大到不可估量的罗马世界帝国的景象，表达了对上述图景的渴望。而且这个梦想并不像人们有时认为的那样是一个乌托邦式的幻梦，因为但丁的国家模式在现实中是有原型的，而且曾经与柏拉图式的理想国并无二致。但丁的作品被称为《帝制论》（*De Monarchia*），而不是"帝国论"（De

---

① 迪凯娥斯涅（Dikaiosyne）即希腊神话中的正义女神狄刻（Dike），相当于罗马神话中的正义女神朱斯提提亚（Justitia）。

② 普罗提诺（Plotin，约204/205—270）是出生于罗马治下埃及的希腊化哲学家，被认为是新柏拉图主义之父。几个世纪以来，他关于形而上学的文章不断影响着基督教、犹太教、诺斯替主义以及伊斯兰的形而上学哲学家与神秘主义学者。普罗提诺不是基督徒，但他的哲学对当时基督教的教父哲学产生了极大影响。

Imperio)，在其三段式的细分中，施陶芬君主国的三重权力得以重现。在这部国家福音书的第一卷中，但丁论述了"君主制的必然性"；在第二卷中，他试图证明正义从一开始就在罗马帝国中固有；在第三卷中，他论述了皇帝由上帝直接任命为维护世界秩序的天意执行者，并担当通往最高理性的引导者。但丁为君主制寻找证据和正当化依据。弗里德里希二世已经创造了这样的君主国，尽管其规模较小。必然性、正义、天意这三种根本性的力量，在但丁的愿景和弗里德里希二世的真实国家中是相同的。诚然，但丁的作品不仅展示了这种权力综合体向整个世界的扩展，同时也展示了它在个人（Individuum）身上的集中。这就是极限：世界是一个统一的巨大国家，并在每个单元中实现了整体的统一与和谐。自柏拉图和但丁的时代以来，从未有人如此别出心裁地将宇宙设想和阐述为一个活生生的国家，也从未有人这样将国家设想和阐述为宇宙。但作为行动家的弗里德里希二世只是暗示了这种扩展、这种集中：一方面，他不久之后就建立了涵盖整个意大利的巨型领主制国家（Signorie）；另一方面，他既没有企图将整个国家集中在任何个人身上，当然也没有实现这一点，除了在他自己身上。他自己是第一个通过国家圣礼拯救了自己灵魂的人。

　　皇帝的世俗君主国所承诺的这种救赎是什么性质的？但丁后来以火热的激情重新揭示、深化、扩展了它。在弗里德里希二世的统治早期，阿西西的方济各在游走和言语中重申了被钉十字架的基督的神圣福音：清贫和爱（对每一个被上帝注入生命之气息的生灵的爱）给世界带来救赎。弗里德里希二世现在以同样的坚持宣扬荣耀者（基督）的福音，祂自己就是一位国王，拥有国王的血统；虽然祂有神之子的身份，但祂服从于法律，并以肉身履行了法律，从而为人类指明了救赎的道路。下面就是皇帝要宣讲的福音：在人间，法律的实现就是救赎；受法律约束就是自由；对法律的服从通往人的正义和正直。因为正义不仅意味着惩罚和复仇的力量（它保护人类不至于毁灭），还是对堕落人性的纠正，而上帝原本希望人类是"正直和单纯"① 的。正义是通往一个最高目标的力量，这目标就是实现神一样的人从天堂堕落之前所拥有的更好的"天性"。因此，皇帝为"代表神的映像的人类"制定了这样的教条："人的本性必然受制于正义，而自由是法律的婢女。"只有通过对正义法则的敬畏，人类才能达到真正的自由，或者用基督教的习惯说法，达到天堂的无罪状态。因为罪就是不自由的。

因此，正义将再次创造出天生正直和单纯的人，即上帝的映像。但人应该服从的正义不是抽象的（例如，"良心"后来就变成了抽象的概念），因为（按照皇帝的说法），"化身为人的神圣理念向来自外界的另一种生命鞠躬是不合适的；相反，一个人应当被高举在众人之上"。根据主的旨意，皇帝统治着万民。皇帝是正义的化身，人类受制于正义，因此只有履行了皇帝律法的人才能获得自由，只有皇帝能够在上帝面前负责该律法的正义性。上帝对皇帝的审判与皇帝对臣民的审判相对应。但由于理性是正义所固有的，皇帝也是理性的向导。皮耶罗·德拉·维尼亚万般敬仰地写到他所崇拜的皇帝（他是第一个通过正义获得救赎并重新展现神之映像

---

① 《旧约·传道书》第 9 章第 29 节：我所找到的，只有一件，就是神造人原是正直，但他们寻出许多巧计。

的人）："理性的道路需要他来引导。"当然，皇帝早就被称为"上帝的映像"（Imago Dei），但弗里德里希二世是一种特殊意义上的上帝的映像，因为他是第一个通过他所宣讲的正义获得救赎的人。虽然"皇帝的任何意愿都具有法律的效力"，但他比其他所有人都更加是正义的仆人、债务人和儿子；他比其他任何人都更加受到法律的束缚和制约。因此，在他身上再次体现了救世主也展示出的原本像神的人形。皇帝的同时代人这样宣布："从耶稣基督的形象来看（国王代理祂在世间统治），显然……国王也必须受制于法律……因为上帝之子也自愿受制于法律。"我们可以在此回顾歌德的一句话：在最高的梯级上没有自由。

　　既然正义引向真正的自由，引向无罪的状态，那么进一步的推论就是：皇帝对应于天堂里的第一个人，即还处于无罪状态的亚当。上帝按照祂自己的形象创造了亚当，亚当"更好的性质"曾经差不多可以与天使媲美。《奥古斯都之书》序言中的宇宙学论述指出："在宇宙的运动被神圣的天意创造出来之后，在用于实现更好性质的原始物质被分配到原始形式中之后，上帝已经预见到了所有要完成的事情……看到人是从月亮的范围往下［即在地球上］的所有生物中最高贵的，是按照祂自己的形象和样式塑造的，祂将人创造得比天使低一点，并根据祂深思熟虑的计划，将人置于地球上所有其他造物之上。祂把人从一粒泥土中取出来，给他注入生命和灵魂，给他戴上荣耀尊贵的冠冕……"亚当，由上帝亲自创造的第一个人，暂时还没有罪，在这里被皇帝当作第一个世界统治者的象征：亚当是地球上所有生物的统治者，被冠以荣耀尊贵的冠冕；他也是第一个纯洁无罪的人，与上帝有着直接联系；只要他不违反上帝的"律法"，他就是自由的。因此，上帝创造的第一个人就是世界之王：弗里德里希二世的君王之位和他的第一个前任（亚当）是在上帝创造人类时被创造出来的，因此这个君王之位在人的堕落之前就已经存在，而不是人堕落的结果。救世主（耶稣）在人间再现了第一个纯洁无罪的世界之王，所以救世主自己就是第二个亚当，或者说是"新亚当"，是上帝亲自创造的，所以祂和我们的第一位先祖亚当一样，没有原罪：祂也是世界之王，也受法律约束。皇帝的话呼应了《圣经》中的一段文字："你叫他比天使微小一点，并赐他荣耀尊贵为冠冕。"[①] 弗里德里希二世在这段文字（在《诗篇》中指的是亚当，在《希伯来书》中指的是基督）中加入了一个重量级的表达——"荣耀和尊贵的冠冕"，是弗里德里希二世作为罗马皇帝而佩戴的世界之王的冠冕！弗里德里希二世将自己与上帝直接创造的唯二无原罪的人相提并论（就像英诺森三世将自己比作祭司王麦基洗德）。仿佛是为了消除世人对这一点的怀疑，皇帝最亲密的朋友后来在一篇书面颂词中直接将他的主公称为"纯洁无罪的君主……最高工匠之手创造的人"。

三位世界之王是自由的、纯洁的、无原罪的，因为他们作为人在法律中寻求自己的实现。此外还出现了另一种将皇帝与天堂里的亚当和救世主等同起来的猜测性思想，即相信"黄金时代"近在眼前。人们常说，创造（天堂里的亚当）和救赎（基督的诞生）是一个时代的开始和中间，其结局也应如此。在正义皇帝弗里德里希二世（西比尔神

---

① 《旧约·诗篇》第8章第5节。另见《新约·希伯来书》第2章第7节。

谕所预言的即将降临的弥赛亚统治者）的权杖下，这个"圆满的时代"（Zeitenfülle）已经到来。这位世界之王应该与救世主相似，这并不令人惊讶，一位阿拉伯哲学家就向皇帝详细阐述了弥赛亚和亚当之间的基本相似性。这就完成了皇帝的救赎学说的循环：在人间服从皇帝的正义，使人达到纯洁无罪的境界，从而达到堕落之前的人的更好本性。如果世界上的其他人都以皇帝（第一个生活在自由状态下的人）为榜样，去遵守正义的法则，那么天堂就会在人间实现，黄金时代就会来临（根据最古老的神话，黄金时代的神就是正义女神）。

让我们回顾一下但丁的说法，因为所有这些概念都深深地埋藏在《神曲》中，诗人在其中指出了从有罪的状态回到尘世，然后回到天堂（回到最初像神一样、能够直接看到神的人）的道路。在但丁的世界观中，帝国也能使人从罪恶走向纯洁：维吉尔（恺撒的诗人、罗马帝国和最高理性的代表）是前往人间天堂的向导，直到但丁（从所有的罪恶中解脱出来，额头一尘不染）被允许作为一个纯洁无罪的人进入种植着知善恶树的花园。在这里，维吉尔离开了但丁，但离开之前先为他戴上了皇帝的两个标志，即"法冠和王冠"①。现在的但丁在无罪方面与皇帝相似。

对神话中的但丁-君王来说，向导的职责到此为止。但现实中的弗里德里希二世只考虑到尘世的天堂；由于他对永生漠不关心，于是但丁在地狱里给他安排了一个位置，就在那些不

---

① 译文参考：《神曲·炼狱篇》，但丁著，田德望译，人民文学出版社，1997年，第二十七章，第367页。

相信灵魂不朽的人，即"伊壁鸠鲁派"①的火棺之中。但但丁对施陶芬皇帝满怀最深刻的尊重和钦佩：但丁一辈子都将弗里德里希二世视为统治者、法官、学者和诗人的典范，是完美的君主，是"杰出的英雄"；"只要他的好运还在"，他就会追求人性，追求人道（Humanum）；作为一位受了加冕的君主，他把人世间最崇高和最杰出的才俊聚集在自己身边。弗里德里希二世在但丁的作品中，与其说是一个历史人物，不如说是正义皇帝的理想代表。皇帝的世俗目标是，通过在地上履行法律和在国家中自我实现，再次达到自己等同于神的形象。这正是但丁的信仰教条的前提，即每个人心中的沉思者需要通过教会得到拯救，而每个人心中的行动者则需要在地上的法律和国家中得到同样神圣的实现。"因为不可言喻的天意在人类面前设定了两个目标来激励他：即今生的幸福，这将由他运用自己的力

---

① 伊壁鸠鲁主义是以古希腊哲学家伊壁鸠鲁（前341—前270）的学说为基础的哲学思想体系。伊壁鸠鲁是原子论唯物主义者，他认为存在着的万物必定是由永恒不变的原子构成的。他不采信决定论，反对迷信、否认神的干预。伊壁鸠鲁延续了昔兰尼的阿瑞斯提普斯（苏格拉底的学生之一）的论点，认为最大的善是驱逐恐惧、追求快乐，以达到一种宁静（ataraxia）且自由的状态，并透过知识免除生理的痛苦（aponia），降低欲望。

伊壁鸠鲁于公元前307年开始在雅典建立自己的学派，这个学派在他去世之前一直在雅典活动。传说中该学派居于他的住房和庭院内，与外部世界完全隔绝，因此被人称为"花园哲学家"。据说在庭院的入口处有一块告示牌写着："陌生人，你将在此过着舒适的生活。在这里享乐乃是至善之事。"伊壁鸠鲁将友谊看作幸福重要的组成部分，他的学派一直是个温和的禁欲主义团体，拒绝成为雅典哲学的政治中心。以当时雅典文明的标准来说他们是十足的世界主义者，信徒中有女性和奴隶。少量的证据证明，有些信徒是素食主义者，比如伊壁鸠鲁本人就不吃肉类。西塞罗认为伊壁鸠鲁主义是放纵的享乐主义，缺乏道德感和责任感以及远离公众生活的负罪感。

量来实现，在人间天堂中得到体现……和永生的幸福，即能够看到上帝，但如果没有神圣之光的帮助，人类无法靠自己的力量达到这一点，天上的天堂提供了对这一点的理解。"

与施陶芬皇帝不同，但丁认为，天上的天堂向地上活着的人敞开大门。因为在完成运用自己力量和最高理性的工作后，人的可能性并没有被耗尽：有福者的牧场，甚至是神本身，都可以通过使祈祷的人（圣方济各，以及尤其是圣伯纳德，即通往上帝宝座的最后一位向导）感动的狂热的爱来感知。如果一个人要在自己身上认识到上帝的映像，就必须有最崇高的洞察和最崇高的行动；要在上帝身上看到自我，还需要更多的东西，需要神圣之光的恩典的照亮。因此，从第一章到最后一章，但丁的道路就是活人的道路。这个人和皇帝一样，是神的映像（Imago Dei），虽然有最高的知识，但仍能保持幸福祈祷者的简单信仰：神在一个异象中向他揭示了自己的形象，在这个异象中，摆脱了罪恶的、作为神的映像的人，看到了闪闪发光的"我们的形象"（de la nostra effige）①。

第二节

皇帝的立法工作引起了格列高利九世深深的猜忌。甚至在《梅尔菲宪章》出版之前，教宗就在一封信中向皇帝表态，清楚地表明他对这部著作的危险性有多么准确的评估。"我听到的消息是，你想颁布新的法律，这要么是由于你自己的冲动，

---

① 注意德文版引用的意大利文拼写有误，已改正。田德望的译文："……似乎它自身里面显现着一个用与它自己相同的颜色画成的人像。"译文参考：《神曲·天国篇》，但丁著，田德望译，人民文学出版社，2001 年，第三十三章，第 226 页。

要么是因为你被堕落之徒的恶毒建议带入了歧途。随之，人们会称你为教会的迫害者、国家自由的颠覆者。因此，你在用自己的力量对抗自己……如果你是自己主动考虑这么做的，那么我不得不严重地担心，上帝已经从你身上收回了祂的恩典，因为你如此公开地损害自己的声誉和救赎。如果你是被别人怂恿的，那么我必须惊讶于你能容忍这样的顾问，他们在堕落精神的刺激下，一心想让你成为上帝和人类的敌人。"格列高利九世在写给卡普阿大主教雅各布的信中，同样表达了尖锐的态度。雅各布大主教曾在弗里德里希二世的立法中参与了法律的搜集整理工作。格列高利九世严厉指责雅各布大主教，因为他没有公开抗议皇帝的举措，而是充当皇帝的"笔杆子"："这些法律放弃了救赎，酿成了不可估量的灾难"，教宗"绝不会平心静气地容忍这些法律"。教宗的顾虑不是空穴来风，但皇帝的地位如此稳固，以至于格列高利九世不得不立即安抚他，因为他被教宗的信严重地激怒了。教宗对皇帝安抚道：（教宗之前的信）不是对皇帝公开的责备，而是私下里的提醒，没有一个儿子会认为父亲的这种提醒是错误的。但格列高利九世对《梅尔菲宪章》不抱任何幻想。

新的世俗国家以法律、自然和理性为基础，完全自成一体，形成了一个如此独立和完整的整体，以至于它看起来似乎既不需要教会，也没有给教会留下空间。但无论弗里德里希二世在哪里掌权，他的座右铭都是：要世俗国家，但也要教会。他这么想的理由有千千万万，其中有一条是简单而个人的：教会的权威对他来说几乎是不可或缺的。理性明确了统治者的必然性，但理性并没有证明这一特定的施陶芬家族成员成为统治者的必然性。至少在那个时期，对弗里德里希二世个人的信仰，当然仍然与教会的权威捆绑在一起。皇帝确实在很大程度上将自己从对教会的无条件依赖中解放出来，而他达成这一点的手段，是援引上帝为他创造的奇迹，从而证明他的统治权来源于上帝的直接召唤，例如阿普利亚少年的惊人崛起，他在《奥古斯都之书》的序言中再次提到了这一点。但他不可能要求人们在相信他是天选之子的同时却拒绝教会所要求的无条件信仰，因为这个时代还没有成熟到可以理解这样的英雄，而皇帝也很难单枪匹马地唤起人们对他本人的信仰。为了加强他当皇帝的必然性主张，特别是在人们很少看到他本人的偏远地区，教会的祝圣和背书是必要的。在第二次被开除教籍之后，当教廷想尽一切办法来动摇人们对施陶芬皇帝这个神秘人物的信仰时，世界上仍有一半人不顾教会的反对，坚信弗里德里希二世是天选之子，这是一个十足的奇迹，也证明了弗里德里希二世的个人魅力。但是，在后来的日子里，当他竭尽所能地利用他掌握的权力来弥补教会的祝福与支持的缺失时，当他在公开场合不得不轻描淡写地将教会的祝福和支持的重要性一笔带过时，他的所有行为表明，他对失去了教会的支持感到多么痛惜。不过，弗里德里希二世违心地证明了教会的祝福事实上并非不可或缺，这一事实对教廷来说是一个巨大的打击。

因此，弗里德里希二世希望利用教会来加强人们对皇帝本人的信仰。另外，他的大部分法律，以及对正义的崇拜，都以臣民的宗教信仰为前提；无论皇帝如何呼吁将自然和理性作为超越教条的公理，这些都与教会崇拜的上帝是一体的。因此，在某种意义上，皇帝认为异端分子比叛乱者更危险。叛乱者因其愚蠢而触犯了理性和自然的法则，反对皇帝的统治，而每个有理智的人都必须承认皇帝的统治是必要的。异端分子在动摇天主教信仰的根基的同时，也动摇了人们对皇帝本人的信仰，动摇了皇帝法律的根基。皇帝作为教会的捍卫者、保护者和守护者的角色，是由国家的直接需要决定的。

弗里德里希二世认为自己是凭借真正信仰的捍卫者这一职务而与教会融为一体的。他在法典的序言中写道："万王之王和万主之主对一个统治者的最高要求是，他绝不可以允许最神圣的罗马教会——基督教圣约之母——被那些歪曲信仰的人的秘密无信所玷污，而应当以世俗之剑的力量保护教会免受国家之敌的攻击。"弗里德里希二世效仿查士丁尼，以反对异端分子（即国家之敌）的诏书作为法典的开篇。这是整部《奥古斯都之书》中唯一提到教会和国家关系的地方（除此之外它只包含关于西西里神职人员的一些无足轻重的指示），人们乍一看很容易忽视皇帝在提出这一点时所用的技巧和思虑。有人认为，皇帝的反异端诏书是对教宗的一种礼貌性姿态，但事实上，它几乎完全相反。它的目的其实是向教会表明，教会没有国家的保护是不行的。皇帝同时还提醒大家，君主是教会的保护者，这才是教会与国家的唯一关系，教会在其中依赖于国家，也臣服于国家。皇帝极力避免提及国家与教会的任何其他关系，因为任何其他关系都会损害国家自成一体的完整性。有人认为，皇帝经常强调帝国对教会的保护，说明皇帝面对教宗是软弱无力的，所以要对教宗友好。这是一种极其严重的误解，而把弗里德里希二世对"异端瘟疫"的强力镇压解释为一种虚伪的狂热，更是大错特错。

还有其他的一些决定性因素。天主教信仰被弗里德里希二世视为几乎是古典意义上的国教：在更广泛的意义上，它可能是一种普适信仰；但在直接的意义上，它是国家的宗教。弗里德里希二世效法查士丁尼，以反异端的诏书作为其法典的开篇。施陶芬皇帝和拜占庭皇帝这么做的意思不过是对国家宗教加以确认，因为国家和法律都建立在宗教的基础之上。与为帝国起草的诏书相比，为西西里设计的反异端诏书的措辞更加强烈地表达了严格意义上的国家宗教概念。弗里德里希二世总是强调罗马帝国中帝国（Imperium）和祭司制度（Sacerdotium）的并存，因为在罗马帝国，教会主要是将多民族的帝国在精神上团结在一起的纽带。而对于自给自足的西西里，国家并不依赖于教会，教会甚至也不与国家协调，但国家将教会作为被监护人来拥抱并吸收它。因此，在西西里的诏书中甚至没有提到教廷，只是漫不经心地提到罗马教会是正统的教会，它被认为是所有其他教会的首脑。因为对弗里德里希二世来说，异端不是对教会的犯罪，而是对上帝的亵渎，因此是对国王尊严的叛逆，也是对国家的犯罪。

弗里德里希二世作为"真正的皇帝"的伟大前任，教宗英诺森三世，是一位彻头彻尾的皇帝式统治者和政治家，他把异端和叛逆等同起来，并说冒犯天上的威严比冒犯地上的威严更罪不容诛。教宗的话在弗里德里希二世1220年的加冕诏书中得到了回应，但这是他第一次将这一教义完全地转化为国家层面的政策。西西里的反异端诏书写道："我最严厉地谴责异端在西西里的滋长，我现在命令：异端的罪行，以及任何一个被诅咒的教派的罪行——无论该教派的名字是什么——都应被视为对国家的犯罪，正如古罗马法律的规定。异端必须被谴责为比冒犯我的尊严更令人发指的罪行，因为异端是对神圣尊严的物质（Materie）的攻击，尽管在宣判时，对异端的惩罚并不超过对叛逆的惩罚。"在整个诏书中，不存在两种权力统一的问题：异端是对国家、对上帝、对皇帝的尊严的直接犯罪；上帝和皇帝之间的界限确实比平时更具有流动性，甚至从皇权到神权的轻微上升也被一个补充所冲淡，即两种情况下的惩罚是一样的；最后，诏书甚至没有直接将皇权的威严与上帝的威严对应，因为其中的措辞是"神圣尊严的物质"！这句话是指上帝，还是指皇帝本人？这里的确可能指皇帝，因为教宗英诺森四世在 1254 年提及皇帝的反异端法令时，将"materiam"一词改为"injuriam"，这样就完全改变了整个原意。该条款现在变成了"对神圣尊严的攻击和损害"，而不是"对神圣尊严的物质的攻击"。很明显，国家与上帝的片面关系，现在由于神性被引入国家而得到了平衡：异端分子伤害了上帝，从而伤害了皇帝；反叛者在伤害皇帝的同时，也犯下了直接反对上帝的罪行。

　　这一立场在反异端的帝国法律中并不那么明确，因为相应的段落只是简单地写道："当我对藐视我名字的人感到愤怒时，当我谴责那些被指控叛国的人并剥夺其子女的继承权时，我对那些亵渎圣名和攻击天主教信仰的人更加愤怒，这既是公正的，也是合理的……"皇帝甚至摆出复仇之神的姿态，将对异端罪孽的惩罚延伸到第二代，"……这样，孩子想到父亲的罪行，就会在痛苦中暴毙，并真真切切地知道上帝是一位忌邪的神，有能力追讨罪人的罪、自父及子……"[1] 皇帝在这里只是忌邪的神（Deus zelotes）的映像，而不是"神圣尊严的物质"本身。镇压异端的实践比任何文字更清楚地表明，只

---

　　① 《旧约·申命记》第 5 章第 9 节：不可跪拜那些像，也不可事奉他，因为我耶和华你的神，是忌邪的神，恨我的，我必追讨他的罪，自父及子，直到三四代。

有在西西里，异端才被直接作为危害国家的罪行来对待和追究。因为西西里的宗教法官不是教会的下属，而是帝国的官僚，他们遵照弗里德里希二世的旨意，并没有对通过亵渎上帝来伤害皇帝的异端和通过攻击皇帝来亵渎上帝的叛乱者加以区分，而是将两者都送上火刑柱，直到教宗格列高利九世感到震惊，并施加干预以缓和弗里德里希二世的狂热。认为"头脑开明、思想自由"的施陶芬皇帝只是在教会的强迫下才迫害这些不幸的异端分子的说法，是没有根据的，因为"被诅咒的教派，无论该教派的名字是什么"，唯一的前景就是被火烧死。碰巧的是，这是弗里德里希二世为数不多的真正让教会满意的法律之一，而他在所有场合都毫不犹豫地在反异端问题上满足教会的要求。1238 年，更严厉的西西里法令被推广到整个帝国，并在 1254 年根据教宗的命令被纳入意大利诸城市的法规和特许状。

　　正如皇帝自己指出的，他的整个反异端立法都深入地效仿了罗马法。异端就是叛逆，因为上帝和皇帝是一体的。在罗马帝国，不存在"伤害罗马宗教的罪行"（crimen laesae Romanae religionis，德尔图良①等教父首先提出了这一概念）；在皇帝的统治下，伤害宗教罪就是叛国罪。根据这一观念，弗里德里希二世（仅在西西里）将异端描述为 perduellio，即对国家的严重叛逆。这个词只用在西西里，帝国文书官衙在措辞方面很有

————————

①　德尔图良（Tertullian，约 155—约 220）是早期基督教著名的神学家、哲学家、护教士，出生于罗马帝国治下的迦太基。德尔图良阐明了"三位一体"与"基督的神人二性"这两种教义，为后来东方与西方两个教会的正统教义奠定了基础。有人称德尔图良是"希腊最后一位护教士"，亦有人说他是"第一位拉丁教父"。

技巧，这一点素来是大家公认的。

所以，异端分子犯了叛逆罪，等于是携带了瘟疫，是国家的敌人，他们对《圣经》的阐释便证明了这一点：异端分子认为应该服从上帝，而不是服从人。这种学说不适合弗里德希二世的国家，因为他的教条正是"万民之上有一个人"！有人认为，这就是皇帝的"内在矛盾"之一，即"一个自由思想家，竟然立法反对异端"。皇帝的自由思想和异端的思想之间确实有一些共同之处，因为两者都释放出某些迄今为止被埋没的大地的、生命的力量，但皇帝是这些力量的主宰。在他手中，在明确规定的条件下，在明确规定的法律下，这些力量可以是有力和有益的，是建构国家并为其注入活力的力量。而未经授权的人所释放的同样的力量，对国家却是危险和破坏性的。对皇帝个人而言，这一说法可能是正确的：皇帝必须只服从上帝，而不服从人。但任何低于皇帝的人都无权僭越这一条或任何其他专属于皇帝的特权。因此，在他的一生中，甚至在他与教会的最后一次最激烈的斗争中，弗里德里希二世都极力反对与异端联手。有一次他被围困，异端分子愿意伸出援手，但被皇帝立刻拒绝。在他眼里，异端分子是他所代表的世界统一的破坏者，尽管为了维护世界统一，他自己也经常求助于反教条的势力。因此，但丁在地狱中给弗里德里希二世分配了一个位置，不是在敌视正统的各教派中，而是在伊壁鸠鲁派，即那些鄙视来世的人中。

弗里德里希二世的另一个表面上的矛盾在于，他在"宽容"穆斯林、犹太人和希腊东正教徒的同时，却迫害基督教的异端。弗里德里希二世与他的国家中的非基督教元素的关系，是他的政治实践中最有启发性的篇章之一，特别是当我们研究他的宽容的限度时。与诺曼时代种族和宗教的混合以及基督徒、撒拉森人和犹太人的和平共处、水乳交融相比，在弗里德里希二世统治下，非基督徒的自由受到了极大的限制。这不是因为宗教，不是为了教宗或教会，而是为了国家。弗里德里希二世对另一种信仰的信徒表示同情，他在这方面表现出了同时代人中罕见的宽广胸怀，但他对异教徒的同情的前提条件是，他们对国家有用，并且不会损害国家之神圣性。正如我们所看到的，为了避免非基督徒的渗透，他从一开始就将他们完全隔离：例如，他把撒拉森人从西西里岛赶走，并把他们安置在卢切拉。在他这样化解了威胁到国家的充满敌意和混乱的穆斯林之后，他就可以容忍他们的宗教习俗了，正如他总是对战败的叛乱者的任何良好习俗表示容忍。

　　弗里德里希二世对犹太人的待遇遵守了同样的原则。他从德意志回来后颁布的第一批法令中有一条是这样的：犹太人必须从衣着上与基督徒区分开来，而且必须蓄须，"这样基督教信仰的仪式才不会被混淆"。违反本法者将受到没收财产的惩罚，如果他是穷人，额头要被打上烙印。这样的法令不是出于宗教不宽容，而是为了维护国家的秩序。至于其他方面，犹太人被允许，甚至有义务，按照他们自己的宗教法律生活，除非这些法律对国家有害。他们的许多宗教习俗甚至是对国家有利的，因此《奥古斯都之书》明确规定道："我们准许犹太人不受我们的高利贷法律的约束。他们不能被指控为上帝所禁止的高利贷者，因为众所周知，他们不受有福的教父们的法律约束。"但当国家受到伤害的时候，皇帝的宽容就立刻结束了。一件所谓的犹太人仪式谋杀案被提交给了皇帝。由于对外国宗教仪式有惊人的了解，他立即看出这一指控纯属无稽之谈。但他宣称，如果能够证明希伯来人的仪式需要人祭，他将立即准备屠杀罗马帝国的每一个犹太人。另外，他经常因为犹太人的缘故对教会施加干预，但这是有特殊原因的。在关于犹太人应当作为外国人受国家管辖，还是作为异教徒受教会管辖的古老争议中，弗里德里希二世自然决定支持前者，这让教宗格列高利九世非常恼火。就像对待撒拉森人一样，弗里德里希二世把犹太人也纳入了国家的结构。在诺曼时代，犹太人主要是作为农奴，依附于教堂和修道院。弗里德里希二世则将他们几乎完全从这种关系中解放了出来，而且很少或从未再将他对犹太人的权利转让给他人（他对其他王室权利也是这样操作的），但更加强调了犹太人对皇帝的直接隶属关系（Kammerknechtschaft）。即使在帝国，选举产生的犹太人主教①也被国家任命的犹太人长官（Judenmeister）取代了，后者实际上是一名国家官员。为了使国家能够从其犹太臣民那里获得最大化的利益，弗里德里希二世凭借准确的直觉，设法将国家对犹太人控制权的垄断与新的贸易垄断——特别是国营印染厂和丝绸加工厂——联系起来。皇帝将国营印染厂、丝绸生产和丝绸贸易（这些都是犹太人具有传统技能和经验的事务）委托给了他私人的犹太农奴，这种安排对皇帝和犹太人双方都有好处。但这与宽容没有任何关系，而只是弗里德里希二世的一贯政策的一部分，即他甚至要把最小的力量都用于国家的利益，不浪费任何资源。归根结底，这个解决方案意味着，对犹太人的奴役应该被如此组织和利用，使他们的劳动生活可以直接有利于国家。

---

① 犹太人主教（Judenbischof）是中世纪德意志对犹太人社区的领导人的称呼，他们往往是本社区的拉比。犹太人主教负责向本社区征税，并担当社区与国家之间的中介。

　　另外，非基督徒既然被纳入国家，就在西西里和其他帝国领土上享有国家的保护，这在其他地方是很少见的。皇帝的法律明确规定："尊重主人，意味着也要尊重他的仆人"，以及，"任何无辜的人都不应当因为他是犹太人或撒拉森人而受到压迫"。法律中没有任何关于赋予犹太人或撒拉森人平等公民权的建议。在犹太人或撒拉森人杀人的案件中，如果受害者是基督徒，凶手所在的社区要被罚款 100 奥古斯都金币；如果受害者是撒拉森人或犹太人，凶手所在的社区要被罚款 50 奥古斯都金币。根据现行法律，从天主教改信伊斯兰教或犹太教将受到严厉的惩罚。当然，犹太人或穆斯林寻求洗礼是被允许的。但弗里德里希二世是否乐意看到犹太人或穆斯林皈依基督教，就是另一个问题了，因为那样的话他就失去了农奴、人头税、出生税、婚姻税以及许多其他强制赋税。不管背后的原因是什么，事实是无可争议的：皇帝总体上是不喜欢人们改变信仰的。弗里德里希二世在犹太人和撒拉森人问题上的整体政策可以用一句话来概括：在真正的政治家手中不存在无用之物，任何材料都是有用的。

　　弗里德里希二世不会单纯因为信仰的缘故而迫害任何人。镇压叛乱者和异端分子已经让他忙得不可开交了。如果说对其他宗教信仰的宽容应该延伸至对本宗教信仰的堕落者的宽容（在弗里德里希眼中，异端分子就是堕落者，因为他们撕裂了"无缝圣袍"，破坏了国家的统一），这是不合逻辑的。矛盾不在于皇帝，而在于持上述观点的人没有认识到，对弗里德里希二世来说，异端分子更多是国家的敌人，这远比他们是宗教的敌人更重要。上述误解的第二个问题是，它错误地、武断地应用了后宗教改革时代的宽容思想，该思想是在新教已经是一种独立宗教并包括多种教派的时代提出的。在弗里德里希二世与各教派和非基督徒的关系中，将后宗教改革时代的宽容思想错误地应用于他，就更加危险了，因为它诱使人们对弗里德里希二世的性格进行错误的概括，把他说成一位开明和宽容的君主。这是一个精心构筑的虚假形象，与事实不符。就其个人倾向而言（特别是在国家之神圣性受到反叛者和异端威胁的情况下），弗里德里希二世实际上可能是西方有史以来最不宽容的皇帝。没有哪位皇帝像弗里德里希二世那样，在主张和本质上都是一个彻彻底底的法官。作为法官，他在人们的记忆中生活了几个世纪；人们等待着他作为法官、作为复仇者再次降临。而宽容的法官就像温和的火。

对非基督徒没有仇恨的皇帝，在面对叛乱者和异端分子，面对正义之神和国家神圣秩序的冒犯者时，就表现得像一个"忌邪的上帝"。人们甚至可以说他是一个狂热的人，执迷于一种狂野的原始仇恨，无情地镇压堕落者到第二代和第三代。在他看来，最骇人听闻的惩罚对这些罪犯来说似乎还是太温和了。按照皇帝的说法，异端分子参照英勇的殉道者的"受难"（Passion），自称"受难者"（Patarenes），如同阿里乌派得名自阿里乌（Arius），聂斯脱利派得名自聂斯脱利（Nestor）。针对这些异端分子的诏书以令人毛骨悚然的嘲弄结束："因此，我通过本法命令，这些被诅咒的'受难者'确实应当遭受他们渴望的受难：他们应当被判处火刑，在世人面前被活活烧死；我也不会为成全他们而感到遗憾。"

作为教会保护者的使命给了皇帝唯一的机会，将世界性的罗马教会纳入他的国家，甚至使之成为需要国家保护的附庸。另外，教会对他来说是不可或缺的，因为他的整个国家及其法

律都建立在天主教的信仰之上。这种相互依赖的关系完全符合
弗里德里希二世关于人神关系的理念。无论他如何夸大自己的
保护作用，甚至充当复仇之神的角色，他都毫不犹豫地承认，
教宗对皇帝的地位就像父亲对孩子，或者像太阳对月亮。即使
在激烈的战斗中，弗里德里希二世也总是承认这一点，尽管他
强调月亮也是一个独立的天体。这并不是软弱的表现。在特定
条件下，淡然地承认有人比自己更优越而不是极力否认，恰恰
证明了更高程度的内心自由、安全感和崇高。但丁用一本书专
门描绘了一位世界君主，并试图证明这位世界君主相对于教宗
的独立性和与上帝的直接关系。这简直就是弗里德里希二世的
画像。但丁在这本书结尾处说的话仿佛出自弗里德里希二世之
口："恺撒敬重彼得，犹如长子敬重父亲。这样，有了慈父般
的恩典，这一政体的光辉可以更加明亮地普照全球大地，而它
就在大地上直接依靠上帝进行统治，因为上帝是天上人间万事
万物的统治者。"①

　　上文已经指出了弗里德里希二世的国家形而上学的独特
性。这种形而上学只以这一位皇帝为中心，只在这一个时间点
上有效。但世界所关注的，以及每个欧洲国家迟早都会直接或
间接采用的，是弗里德里希二世从他的形而上学中推导出的国
家治理技术：由法学家组成的行政机构；由受薪官员组成的官
僚机构；财政和经济政策。不过，在这里我们不探究这一切的
发展，也不细究其如何消亡。随着时间的推移，国家的公理在

---

① 译文参考：《论世界帝国》（即《帝制论》），但丁著，朱虹译，商务印书馆，1996年。卷三，第十六章，第88页。文字略有改动。

各地得到了体现，当然首先是在邻近的罗曼民族诸王国：除了四分五裂的意大利，还有法兰西和阿拉贡，也许在卡斯蒂利亚也是如此，甚至在13世纪末之前就已经是这样了。新的行政系统及其官员受雇于国王，这在未来是不可避免的。因为这种模式比封建制度更适合统治者，它为统治者提供了一种前所未有的强大力量，并有可能发展出一套源于一个中央权力机构的、全面而计划有序的国家组织。人们始终能或多或少地感觉到，法学家之国起源于对教会的抗争，却始终沿用教会的手段。弗里德里希二世的法学家之国（它一直存续到现代）带来了什么？精神上独立、不依赖于教会的官僚机构给教会带来了怎样可怕的危险？拿破仑在与教宗和教会斗争时用一句话就将其表达得淋漓尽致："我必须让法庭运动起来，让［法官的］袍子对着［教士的］袍子，让［法官的］团队精神对着［教士的］团队精神。法官也是一种神学家，就像教士一样；法官也有自己的规则、自己的章程，自己的教会法……君主国［旧的法兰西王国］对抗教士集团的唯一办法就是用法庭与之抗衡。"这位铁腕人物拥有入木三分的洞察力，总是能抓住事物的本源。他呼吁法官们帮助他反对教士集团，因为在他的时代，只有法官这一群国家官员才是被自己的思想秩序连接起来的。这让我们能够领教到弗里德里希二世的天才，他在与教会的斗争中，第一个坚定不移地在世俗国家内部建立这种思想秩序，并使之成为唯一的有效武器，这种思想秩序从诞生起就被神圣的纽带束缚在这个时代的祭司-基督教精神中，并被提升到对正义女神的崇拜中。

这是西方的第一个官僚机构，是正义女神的祭司团，它必然是等级森严的。弗里德里希二世本人将这个官僚机构称为

"正义女神之团"或"官员之团"。在最重要的等级，即政法官的等级中，严格的级别被清楚地标示出来，正如较高级别的拉丁文命名所表明的那样。这些级别在传统上被称为"大政法官"（德文 Großjustitiar，拉丁文 Magister Justitiarius）和"高等法院政法官"（德文 Großhof-Justitiar，拉丁文 Magnae Curiae Magister Justitiarius）。根据 1239 年的新命令，设有三个等级：政法官，即 10 个省的总督；总政法官（Justitiarenmeister），即王国的两半——大陆部分和西西里岛——的总督；以及最高总政法官（Justitiaren-Großhofmeister），即整个行政部门的负责人，他代表神圣的皇帝担任"官员之团"的领导人，就像条顿骑士团的大团长代表基督那样。不存在西西里"抄袭"骑士团组织的问题。在那个时代，任何以某种思想原则为基础从事积极生活（vita activa）的团体，都不可避免地要与骑士团的组织相近。事实上，条顿骑士团领导下的普鲁士国家比当时的任何其他国家都更接近于皇帝统治下的西西里，正是因为西西里和普鲁士是当时仅有的两个在国家结构中直接体现某种思想的政体。将西西里与遥远的条顿骑士团国比较并非毫无意义。就像在西西里的类似于骑士团的官僚机构中一样，条顿骑士团的官员在西西里模式的影响下很快就官僚化了，大团长赫尔曼·冯·萨尔察当然也非常熟悉西西里模式。与圣殿骑士团和圣约翰骑士团完全不同的是，条顿骑士团中担任高级职务的人（如军务官和指挥官）很快就成了"官僚"，其职能在某些方面明显受到西西里官僚的影响。西西里的官僚机构，本身就是中世纪最早的国家-思想的团体，它与条顿骑士团和现代国家官僚机构有着同样密切的关系（今人已经回顾性地将西西里与现代国家官僚机构做比较）。

　　弗里德里希二世努力用类似骑士团的团队精神来激励这个新的官僚团体。除了服务于皇帝和正义以外，政法官不得有其他联系；他们在自己的省内不得有任何私人利益。因此，他们被严厉禁止在其辖区内占有金钱或土地，不得参与任何买卖、交换或赠送。即使是儿子也不能在他父亲管辖的省份拥有财产。政法官必须"手脚干净"，不得通过贪污贿赂、徇私枉法、压迫民众或任何其他形式的腐败来谋取一己私利，而必须满足于皇帝恩赐给他们的薪水。当他们在本省的偏远地区主持法庭时，除了纯粹的官方招待外，他们不得接受任何招待。在任职期间，他们不得在本省订婚，不得结婚，甚至不能做出相关的承诺。由于大多数政法官也是封地的拥有者，因此他们原本就需要得到皇帝的许可才能结婚。他们甚至不被允许把妻子带入辖区，至少后来在意大利国家内肯定是不被允许的。

　　官员不得与自己的辖区有任何私人联系的原则，在各地得到了强调。政法官不能是他所管辖的省份的本地人；在他被任命后，他不能从他所属的省份抽调仆人；而且，为了防止官员在任何地方结党营私，职位必须每年调换。后来，根据古罗马的习惯和伦巴第诸城市的做法，一般规定所有官员的任期只有一年。在任期结束时，他们必须提交述职报告。之后，皇帝有权重新任命这些资深执政官和资深裁判官①继续任职一年。

――――――――――

① 在罗马共和国，最重要的职责和军权由执政官（Consul）控制，次级的职责则被托付给裁判官（Praetor）。大多数资深的行政长官在任职期满的一年内会被派遣出去，治理一个行省。执政官或裁判官掌握军政大权的时间可以延长，每次可以延长一年，那时他们就被称为资深执政官（proconsul）或资深裁判官（propraetor）。这里泛指弗里德里希二世手下的封疆大吏或朝中重臣。

　　这种制度有很多好处。一方面，通过保持高高在上的脱离，总督的权威得以加强，地位也得以提高。他成了皇帝的"映像"。另一方面，皇帝的"有益的深谋远虑"消除了一切背叛或贪腐的可能性。整个体制是这样的：官员们相互监视，这种相互的警惕性一直延伸到最卑微的官阶。弗里德里希二世几乎总是为他的官员（他们的权力极大，简直可以呼风唤雨）的忠诚要求各种进一步的担保：官员们几乎都在其他省份拥有地产或亲戚，所以如果他们欺骗皇帝，皇帝可以拿他们的财产或亲戚开刀。

　　除了周日和节假日，政法官必须每天开庭，而以前每月只开一次庭。他们没有固定的大本营，因为他们的主要职责是不断巡视自己的省份，开庭，监督各地的管理，监视可疑人物，追捕叛徒或秘密的反叛者。担任帝国官员不是轻松的工作。在任职期间，所有的私人生活都停止了。除了当前的日常工作（迅速处理这些工作是他们的职责）外，任何案件的审理都不允许超过两个月。几乎每个政法官都会不断地，有时几乎每天都会收到来自皇帝的大量特别命令和特别指示，它们涉及生活的方方面面：法律、财政、军队、行政、大学、农业、建筑、刑罚、调查、封建事务、婚姻事务，以及纯粹是皇帝个人的事务，这涉及他的狩猎、猎鹰、马匹、猎苑内动物的数量、消灭猎苑内的肉食动物和狼等。弗里德里希二世的官僚机构里没有挂名的闲职。他即使身在远方，也保持整个国家一刻不停地运转。官员们的极大权力和相当大的独立性，在某种程度上因皇帝的直接干预而受到限制和约束；此外，官员们还要以自己的生命和财产对国家受到的任何伤害负责。除了官员之间互相监视外，臣民每年有两次提出申诉的机会，而每个官员都在其上级的监督之下。每个官员的职能都有明确的规定，并有严格的主从关系。

皇帝想方设法地阻止官员滥权。在这方面他是否成功很值得怀疑，特别是在施陶芬皇朝的晚期，而有些人会认为专制主义才是官员腐败的原因。这些批评者忘记了，专制主义之所以存在，之所以需要专制主义，就是因为整个民族的腐败和无纪律。在西西里这样30年来没有任何统治者、缺乏管束的国家里，如果弗里德里希二世采取了所有的预防措施，仍然发生了不诚实和贿赂行为，那么这也不能证明什么。皇帝的新体制对官员的思维方式和心态提出了怎样的要求啊！官员要承担艰巨的工作，但不能像过去的封臣那样用服务换取对其封地的享受（此外，封建义务，甚至直接税，都压在官员的肩上），而且官员的薪水也相当微薄。对于西西里官员来说，除了利益之外，还必须有一些其他的吸引力来诱惑他们出仕：可能是为国王服务的荣誉；行使权力的机会；获得名望的前景和皇帝的特别宠爱（表现为赞美，有时无疑还有奖赏）；最重要的是属于统治者随行人员的特权。所以大部分是非物质的好处。而这是在一个贵族阶层严重腐败、民众是不可靠的混血儿的国家里！

弗里德里希二世首先要唤醒人们对这些不可估量的好处的认识，并为每一个官僚机构创造必要的条件：官员的荣誉和纪律。值得注意的是，所有众所周知的官僚国家现象都突然在这里出现，尽管它们仍然扎根于原始的条件和神圣性中，并且始终和宗教相关。例如，"侮辱官员罪"的理论基础是，官员是皇帝的映像，因此，侮辱官员等于侮辱皇帝，都应当受到相应的惩罚。一般理论认为，对受雇于皇帝（无论是作为军人还是官员或以任何身份）的人犯下的任何罪行，都将受到比对私人犯下的同样罪行严厉一倍的惩罚。这背后是罗马法的原则，即皇帝任命的官员比普通人更有价值。官员还受到一道法令的进一步保护："争论皇帝选择和任命的人是否德不配位，是一种亵渎的罪行。"官员身上有一种无形之物，是由皇帝以恩典的形式赋予官员的。

这意味着官员有相应的义务，要确保自己的行为配得上自己的地位，从而保护皇帝赋予他们的特殊禀赋。赌徒不得担任公职，任何人都不得允许他人代他主持工作，对这两种行为的惩罚是死刑。皇帝只在官员履行职责时保护他免受侮辱，官员在私人争吵中得不到皇帝的这种保护。另一方面，如果一个官员"在其职位的掩护下做出不公正的行为"，也就是滥权，他将带着永恒的耻辱（cum perpetua infamia）被免职，因为他为了掩盖自己的犯罪行为而在臣民面前置皇帝于不义。"永恒的耻辱"这一概念是从罗马法中借用的，它明确涉及了官员的荣誉：它是罗马人对不忠于职守的官员的常规惩罚，并伴随着没收财产。皇帝向每位官员解释其职务的意义。"政法官（Justitiar）的名字和头衔是由 Jus（法律）和 Justitia（正义）组成的，政法官通过自己的官名与这两者的关系越密切，他就越是真诚和热切地尊重它们。"同样，对于最高级的官员，即高等法院政法官或最高总政法官，皇帝解释道：他应当成为"正义之镜"，不仅在名义上成为其他政法官的主宰，而且在实际上担当他们的榜样，"使下级在他身上看到他们应该遵守的标准"。此处暗示了官员等级制的重要性。皇帝在其他地方用星辰的比喻对这一点做了阐述："为了维护我的高等法院应有的特殊荣誉，我命令：当高等法院政法官在任何时候访问任何城镇，与法院法官坐在一起审案时，各省的政法官如果碰巧在场，应保持沉默，就像较小的光源在较大的光源面前就会显得暗淡一样。"这确实是一个新的变化，注释法学派对这一法律的异议是：它违反了一般的法律，因为下级官员绝不会因为上级官员在场而必须保持沉默。

政法官作为国王在各省的专员和全权代表，甚至是他的副王，他们不仅承担行政和司法职能，还承担军事职能：他们必须召集封建骑士，招募雇用骑士，而且在弗里德里希二世统治的最后 10 年里，当战争在全国各地造成长期围困状态时，政法官还是自己省份的军队指挥官。不同的服务部门未做区分，政法官甚至有时会带兵打仗，这并不令人惊讶。在那个时代还没有公认的"战争艺术"，而且行省总督必须始终处于最高指挥地位。在古罗马和拿破仑的元帅们身上都是如此，在国家需要加强纪律的时候也总是如此。完整的指挥权（merum imperium）不能与执行权（gladii potestas）割裂，除非是在和平的资产阶级时代。

政法官还必须行使最高的警察权。警察的下级机关大概是警察局（Comestabuli）。弗里德里希二世表现出来的对政治警察的特别关注，是在每个独裁政权下都可以观察到的现象。密探制度已经发展到了细致入微的程度，因此，即使皇帝远离西西里御驾亲征，他对各省发生的事件的了解也往往比政法官们更多。对他而言，"全知"的光环和"无所不在"的光环同样不可或缺。为了将政治嫌疑犯置于国家的持续监控之下，皇帝发明了一种独特的制度，它的优点是公开，但正因为如此，它无疑比最多疑的秘密监控要残酷得多。每一个被怀疑与罗马教廷、流亡者、异端分子或叛乱者有阴谋关系的人，都会从当局那里得到一个小本子，上面记录着指控的细节，以及告发者的名字。这一程序无疑简化了政法官对嫌疑人的监控，而被告人对自己受到的怀疑完全清楚。但我们完全可以相信编年史家的说法，即这种公开性导致了指控者和被告人之间的严重不和与相互仇恨。

在法律事务方面，政法官代表国王的司法管辖权，是法庭的庭长。除了一些无足轻重的遗留之外，封建法庭的高级司法权已经没有了存在的空间。现在，虽然政法官必须经常掌握相当多的法律知识，但他们很少是科班出身的法学家。主持法庭的军事总督不需要是专业法学家。政法官被授权维持秩序和主持法庭。一些专业法学家被委派到政法官身边，组成了真正的法庭。因此，存在着与政法官并列的第二种公职人员，由大量的法官和律师以及公证人和文书人员组成。在这一点上，下级法院是高等法院的缩小版。皇帝本人身边总是簇拥着成群结队的法律学者，他们充当他的常任顾问（consiliarii），并受雇于国家的各种工作。这些专业律师就此取代了封建附庸的位置！作为高等法院院长的高等法院政法官手下有四名法官，大政法官手下有两名法官，每个政法官手下有一名法官。只要有法院的地方就会有助理法官，因为每座城市都有三名城市法官和六名公证人，像墨西拿、那不勒斯、卡普阿这样的大城市则有更多。在财政、军队、城堡、王室领地、林业和港口等部门，有大量的公证人。他们等级由高至低，直到最卑微的职位，负责从事完全基于文牍的行政管理的所有文书工作。每位官员都必须保存相当数量的账簿、登记簿和日志，其中许多是一式两份的，因为它们必须在规定的时间内提交给后来成立的审计总署。法院的每项判决都必须用清晰可辨的笔迹记录，不准用被明令禁止的任何字体的特殊符号或标志。由于判决书需要归档，所以只使用羊皮纸，不过日常凭证允许使用普通纸张。法律界也有相应的等级和级别：从高等法院法官和御用法律顾问到最卑微的地方法官，所有这些人都是由皇帝或其代表直接任命和宣誓就职的。任何人都不得独立担任法官、公证人或辩护律师。法官必须是有文化、有教养的人，皇帝会仔细观察，确保不称职的人不会被委以法官之职。每个部门都有人员名单，所以皇帝在任何时候都能了解其工作人员的情况，所以通常可以避免严重的过失。例如，他从洛迪城下的军营给西西里写信。

致蒙泰内罗的托马索（Thomas von Montenero），贝内文托亲王领地和贝内文托城的政法官。

最近，一个惊人的传言传到了我的耳边，它对你的懈怠提出了严厉的指责，并合理地要求我予以注意。我得知，我上一次关于任命年度法官的法令在萨勒诺城没有取得成果，在那里你允许任命一个叫马太·库利亚里斯（Matheus Curialis）的人担任法官，他是个不识字的商人，完全不适合这个职位……在这样一座人杰地灵的城市的居民中，我相信一定能找到一个受过教育的人担任这一职务。你的做法首先可能会对该城造成损害，而且我的命令没有得到应有的遵守，这使我更加不悦。由于我不希望我的忠实臣民的法律事务被任何一个商人买卖（他们手指灵巧，擅长渔利），所以我在此命令你将上述马太撤职，选拔一个有能力、值得信赖、受过足够教育的人……

　　在整个西西里国家，政府会直接干预生活的方方面面。较小的权威失去了所有的独立性，不仅是封建等级①，还有城镇，以及（在皇帝与教宗第二次决裂之后的）教堂和修道院。各城市的市政长官（Bajuli）每年由皇帝亲自任命。由于弗里德里希二世曾与争取独立的伦巴第诸城市进行过激烈的斗争，所以他很自然地严格禁止西西里的城镇任命自己的市政长官，违规的城镇将被彻底摧毁。没过多久，他就毫不犹豫地执行了这项法律。在《梅尔菲宪章》颁布一年后，一些西西里城镇掀起了叛乱。皇帝以雷霆手段镇压了叛乱，可以说无所不用其极。他抓到的叛乱头目被当作异端叛乱者绞死或烧死，尽管皇帝曾答应给他们豁免权。这样的处罚发生在墨西拿、锡拉库萨和尼科西亚，而参与叛乱的小城镇琴图里佩（Centorbi）、特罗伊纳（Traina）、卡皮齐（Capizzi）和蒙特阿尔博纳（Monte Albona）则被夷为平地。那里的居民被贬为奴隶，并被驱逐到一座新建立的城镇，皇帝称之为奥古斯塔（Augusta）。为了建造这个地方，反叛的锡拉库萨被迫割让了一些土地。弗里德里希二世的残酷手段非常成功，以至于在他在世期间，西西里的城镇再也没有尝试实现市政独立。

　　整个王国将由帝国官员统一管理。只有当我们牢记中世纪普遍存在的政府形态时，我们才能理解这种无情整顿的必然性：法律和经济关系的混乱纠结；无数的微不足道的小权威，

---

　　① 中世纪和近代早期欧洲某些国家（比如神圣罗马帝国和本书中的西西里王国）的所谓"等级"（德文：Stände），本义是指封建社会把人分成三个等级，一般是教士、贵族和平民；但后来，"等级"也指参政的政治实体，可能是一位贵族、一座城镇、一个主教教区等。这些"等级"派遣代表参加会议，与君主一同决定国家大事，有时与君主合作，有时与君主对抗。

如各种封建领主、主教、修道院、城镇，它们的权利和主张无休止地犬牙交错，在生活的每一个领域中都横亘在统治者和人民之间；每个社会等级、每个行业、每座城市、每个小村庄都拥有万花筒般的特权、豁免权、特殊权益，这些东西在每个方面都造成了千百倍的阻挠和踌躇。弗里德里希二世将一个统一的行政系统扩展到他的整个王国，最终扩展到整个意大利，使西西里真正成为"万邦的模板"。皇帝为了达成这一目标而采取的措施往往十分残酷，但它们对整个政府机构和社会形态带来了最令人钦佩的简化。他对国家的法律状况的影响是从外部施加的。他在一个统一的法律和行政体系中整顿了所有混乱局面，但他没有侵犯臣民的私人权利和公民权利。他对他们的私人事务是否按照法兰克人、伦巴第人、罗马人、犹太人或撒拉森人的法典来决定漠不关心，只要这些法典不与国家法律相违背。

国家第一次在如此广袤的地区实现了统一管理。在此之前，只有在最微小的领土上才有可能实现这样的统一管理。弗里德里希二世的世袭王国的地理条件是一个对他非常有利的因素。大自然为西西里王国提供了一个明确的轮廓和唯一一条陆地边界，而弗里德里希二世想方设法巩固了这一边界。他占据了几乎所有的边界城堡，而且通常是通过非常阴险的手段。例如，某位修道院长拥有一座城堡；于是他得到了皇帝的传唤，然后被扣留，与此同时他的城堡被皇帝吞并。接下来，弗里德里希二世自己在北方建立了几座城镇，例如弗拉杰拉（Flagella）和阿奎拉（Aquila），并把它们建设成驻军地。建城的方法很简单：划出一定的土地；将这一地区分散的居民集中到新的驻军地，解除他们对以前的领主的所有义务；赐予他们自由，而为了报答皇帝，他们被迫从事防御工事的建设。

北部陆地边界的防御区有效地阻止了人员的进出。皇帝现在可以监视王国的所有边界了。由于巧妙而娴熟的港口管理，弗里德里希二世还能够封锁西西里的所有港口，因此，王国与外部世界的所有交流——经济、政治或思想的交流——都可以被随时完全切断。皇帝仿佛控制着一座巨大的水坝，或一座有一百扇守卫森严的大门的城堡，可以调节所有的对外关系。只要一句话，他就可以把整个王国变成一座要塞，或者在经济上将其变成一个"封闭的贸易中心"。西西里因此接近于一座有围墙的中世纪城市，而弗里德里希二世备受推崇的经济政策，如果被设想为是中世纪城市经济在整个王国的扩展，则最容易理解。在财政、垄断、货币和金融方面，以及在行政的许多方面，意大利的许多市镇都走在了弗里德里希二世的前面。为期一年的任期，前任官员向继任者介绍工作情况，政法官在自己的辖区是外来者——所有这些制度，在意大利的许多市镇都已经以各种形式设立了。此外，我们必须记住的是，意大利市镇早已不再是被城墙环绕的简单城镇。像米兰、克雷莫纳、皮亚琴察、拉文纳这样的城市，它们拥有的地产与公国一样大。伦巴第诸城市教会了弗里德里希二世很多市政管理技术，就像罗马教会在其他领域教会他许多东西一样。他热衷于学习，尤其是热衷于从敌人那里学习。

在此，我们只需详述西西里国家经济的基本原则。它的主要特点是国家利益凌驾于所有私人利益之上。皇帝的名言"西西里是僭主之母"，让人在经济领域不禁想起了叙拉古的狄奥尼修斯①，他的手段在当时引起的震惊不亚于弗里德里希二世引起的震惊。财政统一的重要性不亚于行政统一，而中央集权的原则在弗里德里希二世的统治过程中越来越显著。皇帝最引人注目的措施之一是在 1231 年建立了国家垄断。诺曼王朝和拜占庭的先例可能对他有影响……但国家垄断的理念与他自己的政策——最大限度地利用所有王室权利——相符。既然皇室早已垄断了矿产开采权，那么再发展出朝廷对盐、钢和铁的垄断，也就顺理成章了。朝廷垄断麻和焦油，无疑是为了满足帝国舰队的需要。印染在过去是王室的特权，现在被转化为了垄断事业；只有丝绸垄断是一个明显借用拜占庭模式的案例。垄断的运作在盐的案例中体现得最为明显，而盐至今仍是国家垄断的商品。在西西里，有些盐矿由国家管理，有些在私人手中，个人必须将盐交付给财政部门。后来，整个食盐贸易被移交给国家。在每个中心都有合适的人负责销售，整个王国都有统一的价格：批发价是采购价的 4 倍，零售价是采购价的 6 倍。同样的方法也适用于钢和铁，而丝绸和染料的垄断权被交给了犹太人。丝绸的生产最初是拜占庭皇帝的特权。罗杰二世国王在底比斯、科林斯和雅典作战期间俘虏了一些丝织工人（其中有许多犹太人），把他们带到巴勒莫，从而将丝绸加工业引入西西里。在这里，王家的丝绸制造（Tiraz）赢得了世

---

① 叙拉古的狄奥尼修斯（约前 432—前 367）是西西里岛叙拉古城（锡拉库萨的古名）的希腊僭主，曾统治西西里岛和南意大利部分地区。狄奥尼修斯早年仅为小吏，后在对抗迦太基的战争中一战成名，一度是非常强大的统治者。后由于民怨沸腾而为迦太基所败，被迫割地赔款。关于他的死亡有不同的推测。根据一种记载，他的儿子兼继承人教唆他的医生将他毒死；根据另一种记载，他创作的戏剧《赫克托耳的赎金》在雅典一次不是很高端的戏剧节拔得头筹，在庆祝时他过于兴奋，乐极生悲。

界性的声誉。弗里德里希二世将生丝贸易委托给特拉尼的犹太人，其他任何人都不得购买生丝，而且这些犹太丝绸商人必须在转售中获得至少 1/3 的利润，因为那是他们必须向国库缴纳的税款。丝绸的生产也掌握在犹太人手中，现有的国营染坊以及弗里德里希二世建造的许多新染坊都被交给了他们。

在经济领域，弗里德里希二世最大的组织性胜利是他统一营造的庞大的海关系统。他的海关官员的头衔 doana，说明该体系起源于阿拉伯人的体系（diwan）。对征收边境关税特别重要的国营仓库（fondachi）也是源于阿拉伯世界的概念。弗里德里希二世将只对个别贵族或城镇有利的国内关税降至最低，取而代之的是增加边境关税，这一管理方式最终成为整个西方世界的典范。现在，海关收入不再致力于使无足轻重的国内势力、海港或贸易城镇致富，而是流入国库。弗里德里希二世在所有海港和北部陆路边界的大道上建立了国营仓库。每个人，不管是本国人还是外国人，只要想通过海路或陆路向这个封闭的王国输送货物，就必须把它们存放在国营仓库，在帝国官员的监督下销售。除了与外国签订的一些特殊贸易合同外，进口税被规定为商品价值的 3%，由卖方承担；仓储费稍高，由买方承担。一旦支付了关税和仓储费，货物便可以通过海运或陆运转移到西西里的任何其他城市，无须再出示凭证和支付任何费用。出口程序与之类似：仓储费用是相同的，但不同产品的出口税税率不同，关税也会波动。出口是根据国家的需求来管理的；在战时，所有的武器、马、骡子和牛等牲畜的出口都可能被禁止。

仓库同时也是商人的旅馆，这在东方早已司空见惯。例如威尼斯人、比萨人、热那亚人和后来的佛罗伦萨人都在亚历山大港有自己的 fondachi（贸易站）。在弗里德里希二世时代之前，这些贸易站在所有意大利海港都很常见，里亚尔托①著名的德意志人贸易站（Fondaco dei Tedeschi）的文献证据最早出自 1228 年。但在意大利内陆地区，直到 13 世纪末，贸易站仍然几乎无人知晓。这些贸易站似乎是在德意志汉萨同盟的商人聚居区重新出现的，而汉萨同盟于 13 世纪下半叶开始扩张，与条顿骑士团有着密切联系。起初，贸易站是外国商人的私有财产。但弗里德里希二世把整个王国的贸易站变成了国有财产，并通过禁止在贸易站之外销售货物来强迫所有商人使用这些国营仓库。此外，商人实际上是被强迫住在这些国营旅馆里的，因为床铺、照明和燃料的费用都包含在高昂的仓库费中。当这一制度开始实行时，现有的国营仓库不够用，以至于商人不得不在其他地方寻找住所。但他们仍然必须支付国营仓库的全部费用，而他们的住宿费用由国家承担。这一制度的好处是可以监督所有的进出口。所有商品都被准确地登记在册，并且必须定期核算，下级官员向省级财政官报告，省级财政官向审计总署报告。所有的海关账簿和仓库账簿都必须保存一式多份。海关官员（magister doanae）与仓库管理员（fundicarius）由不同的人担任，从而互相监督和约束。此外，所有货物都必须在国营的天平上称重，并支付相当高的费用，布匹等商品则用国营量具进行测量。在锚位费、登陆费和港口费之外，还有许多其他费用需要支付。

货币兑换所、浴场、屠宰场和度量衡都属于国家。正如弗

---

① 里亚尔托（Rialto）是威尼斯的一个中心区域，很多个世纪以来都是威尼斯的金融和商业中心。

里德里希二世用奥古斯都金币统一了钱币，他也设立了统一的度量衡，从而改善混乱的秩序。他在一切事务中的目的都是为了简化和方便实用，这一点从他对市场和集市的新规定中就可以看出。为了避免集市中普遍存在的混乱、分散和时间冲突的问题，皇帝决定采取新的制度：每个月在不同的省份举行集市，从最北部的省份阿布鲁佐开始；然后到坎帕尼亚、贝内文托亲王领地、卡皮塔纳塔、阿普利亚、巴西利卡塔，最后到卡拉布里亚。冬天有几个月没有集市，在此期间，商人们可以补货，并在春季再次向北旅行，开始新一年的商业活动。

严格的海关制度实际上不允许有任何特权或例外。只有皇帝本人、国家或财政部门可以豁免。这对食品的出口具有特殊的意义，因为西西里生产的食品非常丰富。皇帝不仅可以免交关税，他还是王国最大的地主，因此也是最大的粮食生产者。他首先拥有自己经营的御用庄园（Massarien），这些庄园通常由熙笃会修士建立，因此无疑也在管理这些土地，而帝国高官只负责最终的监督。在不太肥沃的地区，养羊业得到了广泛发展。在熟练而专业的管理下，羊毛和粮食的收成肯定产生了巨大的利润。皇帝本人也是一位农业专家。有一次，他对伦巴第的土壤类型做了调查，然后建议那里的意大利人播种粮食、豆类或其他作物，这让他们大吃一惊。他还尝试了各种新作物的栽培：例如，他建立了散沫花和靛蓝的种植园，改进了枣树的品种，还通过建立炼糖厂来鼓励人们在巴勒莫种植甘蔗。他对防治害虫也做出了指示：当一场虫灾威胁到收成时，每个居民每天都要上缴一定数量的毛虫。他相信这种方法比教士在受灾田地上巡视和祈祷更有用。他承认收成可能受到天气的影响，但他认为主要的危险在于民众的懒惰。因此，他下达命令，任何愿意工作的无地者都应得到土地，而这些土地取自那些有土地闲置的人。

这些措施肯定大大提升了他自己庄园的生产力，但他并不是只从自己的御用庄园获取粮食。他还获得了王室领地出产的 1/12，而且所有用于出口的粮食都要向国库缴纳实物税，除非用现金来代替。没有人能够与国营粮食的数量竞争，尤其是王室还可以凭借其强大的财力从私人手中收购粮食。皇帝不仅可以免税出口他的粮食，还可以把它装在他自己的帝国舰队的船上。因此出现了国家对粮食贸易的隐蔽的垄断，而且国家拥有削弱竞争对手的各种手段。我们可以援引一个例子来说明弗里德里希二世是如何利用这些可能性的：当他在北意大利作战时，有消息说突尼斯发生了饥荒，热那亚商人在西西里港口用突尼斯的钱购买粮食，然后将其运往突尼斯。听闻消息后，皇帝立即从比萨派遣他的会讲阿拉伯语的宫廷哲学家特奥多尔大师作为大使前往突尼斯，同时下令关闭西西里的所有港口，不允许任何私人船只航行，并以最快的速度在帝国舰队上装载 5 万拉斯特①粮食。这些粮食或取自帝国的粮仓，或从私人业主那里购买，并被立即运往突尼斯。直到帝国舰队起航后，私人船只才可以继续装货并带着货物离开西西里的港口。而帝国舰队早已安全抵达非洲。国家在这笔生意里赚了大约 150 万马克。这笔交易的记录碰巧留存至今。

---

① 拉斯特（Last）是汉萨同盟早期使用的一个重量单位，原指一辆四匹马拉的马车能够运载的粮食的重量，在中世纪被用于货船运货的重量或容积单位，具体数值在各地有很大差别。例如，在汉堡，对于小麦、黑麦等，1 拉斯特 = 3158 立方米。而对于鱼、黄油等货物，1 拉斯特 = 2000 千克。

　　诸如此类的交易无疑让人想起柯尔贝尔①的重商主义，但后来资本主义世纪中的冷静的国家理性主义与施陶芬皇帝的激情冒险之间存在着天壤之别，后者的措施总是国家的某种实际需求的直接产物。在突尼斯粮食的问题上，皇帝起初拒绝干预；但他的国库在当时空空如也，他自己也深陷对罗马人的债务，而且他与教宗的战争正处于高潮，所以他除了抓住这个机会之外别无选择。征收直接税也是不寻常的事情，虽然在后来的岁月里，他每年都会征收直接税，但这些税收总是被解释为产生于国家当前的"迫切需要"。皇帝的财政活动总是由当前的需求决定，而从来不是为了单纯地积累资本。一旦他的处境有所改善，皇帝就会减税或完全停止征收。弗里德里希二世当然懂得冷酷的国家理性，但他只是利用它来解决紧急的困难，并没有系统地利用它来积累财富。

　　在这些年里，皇帝还忙于通过商业条约来打开外国市场。我们已经谈到他与突尼斯的商业联系。穆瓦希德王朝苏丹下属的总督阿布·扎卡里亚·叶海亚（Abu Zakaria Jahya）于 1228 年建立了自己的王国，即哈夫斯王朝（Hafsiden），其领土包括突尼斯、的黎波里和摩洛哥的一部分。三年后，即 1231 年，弗里德里希二世与阿布·扎卡里亚签订了一项为期 10 年的商

---

① 让-巴蒂斯特·柯尔贝尔（1619—1683）是路易十四时代法国的重要政治人物，长期担任财政大臣和海军大臣。他按照重商主义的社会经济理论，鼓励发展本国工商业，并且提高关税来予以保护，法国重商主义因此也被称为"柯尔贝尔主义"。通过政府直接控制经济部门，建立殖民贸易公司和开办新式工厂，柯尔贝尔成功地发展了法国的工业和贸易能力。在他的领导下，法国建立了运河和道路系统，加固了海港防御工事，法国海军的实力亦得到加强。他还允许法国人前往北美殖民，建立新法兰西殖民地。柯尔贝尔也是科学和艺术的慷慨资助者之一，他创办的几个学术团体成为法兰西科学院的前身。

业条约，将双方的关税定为 10%，并保证保护对方的商人。按照那些航海城市的先例，皇帝为突尼斯任命了一位西西里领事，这是历史上西方君主国首次在海外设立常驻代表。首位驻突尼斯的帝国领事是撒拉森人亨里克斯·阿拔斯（Henricus Abbas），在他之后是一位基督徒，来自阿马尔菲的彼得·卡普阿努斯（Petrus Capuanus）。西西里频繁派遣使团前往突尼斯。双方都努力满足对方的需求，皇帝从突尼斯获取的物资不仅有柏柏尔骏马、猎豹和骆驼，有时还有用来补充他的撒拉森弓箭手队伍的突尼斯武士。作为回报，帝国的船只有时也将突尼斯的使节送往西班牙。西西里的官员作为皇帝的信使被派往格拉纳达的哈里发，即"信士的长官"那里。毫无疑问，穆斯林治下的西班牙有时是西西里粮食的重要市场。

在叙利亚时，弗里德里希二世与他的朋友——埃及苏丹卡米勒达成了一项贸易协议。皇帝没能为西西里商人在亚历山大港和罗塞塔港争取到完全的关税自由（这似乎是他的目标），但西西里与埃及的贸易往来仍然很活跃。一艘名为"半个世界"号的帝国航船在驶入亚历山大港时，它巨大的尺寸（船上有 300 名船员）引起了埃及人的极大兴奋。另外，据说弗里德里希二世还通过他的代理人（途经埃及）与印度建立直接联系。我们没有办法核实这一说法……但从别的方面可以看出，弗里德里希二世对印度的消息非常灵通。"东印度"这个词对地理大发现时代探险家的魔力，在弗里德里希二世时代的西西里就已经开始滋长了。就在施陶芬皇朝时期结束的几十年后，马可·波罗开启了将罗马-地中海世界分解得支离破碎的大发现时代。

与此同时，西西里的税收部门恪尽职守地履行了它的职责。帝国官员从这个富饶的国家榨取了大量资源。在大战爆发之前，弗里德里希二世被认为是自查理曼时代以来欧洲最富有的君主。皇帝的原则为人熟知：德意志的任务是为他提供士兵，而西西里的功能是为他提供军费。这场战争的对手是已知世界中财政最强的势力：教会和意大利诸城镇。推崇弗里德里希二世的经济体系已成为一种时尚，但人们同时又喜欢指责他在战争年代不适当地提高征收要求，严重剥削人民。但是，每一位像弗里德里希二世这样层次的统治者都在压榨世界的资源，而西西里王国享有不间断的和平作为回报，因此不可能指望幸免于经济压榨。如果没有这样的压榨（到了资源枯竭的极限），就不会有真正伟大的成就。我们不妨考虑一下拿破仑战争期间和之后的法国。

弗里德里希二世的新国际秩序以皇帝的法典序言为开端，从最崇高的精神巅峰缓缓降下，在西西里的土地上安家落户，而皇帝通过统一的管理、统一的司法和统一的财政，将整个国家牢牢地抓在手中。国家的建构就这样完成了。皇帝为让西西里人感到自己是一个统一的民族、培养他们作为一个民族的凝聚力铺平了道路，但皇帝的目标还没有达成。除了极少数地方，法律几乎没有触及某些核心，这些核心能够使一个国家的全体居民感到自己是一个整体，并将他们捆绑成一个民族。这些核心是：语言、血缘、历史和节日的共同体。与其他大多数民族相比，西西里的混血人民更缺乏这些共同要素。但对皇帝来说幸运的是，欧洲其他国家几乎还没有开始意识到这些天然纽带的存在。许多个世纪以来，教会的目的就是要扼杀这些天然的力量，用教会的仪式取代民间习俗，用《圣经》取代民族的历史，用教会的节日取代本地节日，而每一次智识层面的发言都要用神圣的拉丁文而不是本族语，种族的血统不如救世主的血液重要。12 和 13 世纪民族意识的觉醒，就是人民的天然本能从教会的精神束缚中解放出来。

弗里德里希二世作为皇帝，一方面，不敢切断束缚人民的教会枷锁，因为教会是他的皇帝地位和罗马帝国存在的唯一担保人。所以教会的力量必须存在下去；另一方面，他比之前的任何人都更能唤醒和激发"民族"的冲动。在西西里，他不仅唤起了这种潜在的力量，而且着手在他选择的民族中创造这些力量，并将这个民族铸造成一个国家。在这里，我们又一次看见了之前提到的那种张力：要帝国，也要民族！

弗里德里希二世不断地强调这一事实：随着他的到来，西西里的一个新纪元开始了。在他的法典中，他一次又一次（有意识地）称自己为"新国王"。随着他的到来，西西里的混血人群开始成为一个有自己历史的民族。在这一时期的一份值得玩味的文献中，弗里德里希二世为他的忠实臣民总结了西西里的历史，勾勒出过去，意图是让西西里人认识到他们的共同历史。在希腊人和罗马人的统治下，西西里遭受了巨大的不公，因为这个国家被肆无忌惮地分割开来，四分五裂……诺曼人第一次为西西里创造了统一："自那以后，这个高贵的国家……在我的祖先坚定而英勇的统治下，上升为一个王国，而居民们学会了热爱他们的王国和他们的国王陛下的宝座。"西西里历史的巅峰出现了，这时"神圣的力量给我们的时代带来了如此巨大的幸福，你们的国王——你们用爱的乳汁养育了他，并在你们的乳房前为他断了奶——奉天承运，登上了罗马帝国的高峰。"西西里人如今生活在西西里的施陶芬皇帝的统治之下，"［施陶芬皇帝是］这个新茎的分支，他在王国的本地人中成长起来……"西西里人的勇气在他们的皇帝领导下会越来越大，"因为在上述英雄时代的早期，我的祖先的高贵种子就已经结出了丰硕的果实"。皇帝用这样的措辞鞭策他的信众与无信仰的伦巴第人作斗争：西西里人应该以他们的祖先为榜样，他们的祖先征服了非洲和其他遥远的国度，"不惧海洋的危险，也不惧陆地上命运的打击。"

这种呼吁的前提是，皇帝要对一个民族讲话，一个已经为了皇帝而存在的、皇帝的话会对其产生影响的民族。诺曼人当然已经完成了"最初的巩固"，但吉斯卡尔的继任者不可能对阿拉伯人、希腊人、拉丁人和犹太人的混合体说这样的话，这样的话也顶多能激励他们周围的少数诺曼贵族同胞。弗里德里希二世则把西西里人当作一个拥有自己光荣历史的民族，他是第一个试图向西西里人指出他们的共同传统、向他们发出呼吁的人……他之所以能够这样做，是因为他不是篡位者，而是"新的西西里血统的继承者"，他与自己在其中长大成人的新人民有一种联系，在统治者和被统治者之间有一个新的种族共同体，这是西西里在此之前所缺乏的。皇帝对种族和教养的暗示并非偶然，我们可以在此引用皇帝的另一份声明。

皇帝曾经解释说，婚姻的圣事是维持人类种族延续的自然需求。但在他看来，并不是所有的婚姻都有助于满足自然的另一个需求，即实现人类"更好的天性"。因此，皇帝颁布了一项法律，该法律更多关注的是繁育，而不是圣事方面的考虑，以至于一位后来注释法学家愤怒地评论道："这暴露了这位弗里德里希二世皇帝整个灵魂的堕落，他要阻碍上帝在天堂设立的公正和自由的婚姻。这样的法律在上帝的审判台前是没有约束力的。"弗里德里希二世禁止任何西西里男子或女子在未经皇帝特别许可的情况下与外国人（即在西西里境外出生的人）结婚，否则将被没收财产。他以令人想起治国智慧之根源的深思熟虑，解释了他这么做的理由："我经常看到我们王国的正派风气因为不同民族的混杂而遭受外国风俗的腐蚀，这让我感到很难过。当西西里的男人与外国人的女儿结婚时，种族的纯洁性就会受到玷污，邪恶和感官弱点就会增加，人民的纯洁性就会被异族的语言和风俗所污染，外邦人的种子就会玷污我们忠实臣民的家庭。"因此，作为对"种族退化"和"王国中的种族混乱"的补救措施，法律禁止西西里人与外国人结婚。

没有什么能比这项法律更清楚地表明皇帝的意图：即使从血统的角度，也要从西西里人中创造一个统一的民族。正如一位注释法学家指出的那样，这项措施以必需的、有益的严厉性，旨在实现更高的秩序，却违背了教会的每一项习俗，并一直被认为是一种畸形的现象。不过，同一位注释法学家不无赞叹地补充道："但这位皇帝努力保护他的人民不受外邦习俗和语言的腐蚀。"在这个严酷的国家里，一切都以最高的统一为目标，不仅在理论上，而且在实践上，都是以"国家的需求"（necessitas rerum）为基础。因为统一是上帝的，多元是魔鬼的。历史证明，弗里德里希二世达成了他的目标，成功地唤醒了西西里人对自己种族尊严的尊重。在他们唯一的皇帝驾崩30年后，西西里人（首先是最混杂的巴勒莫人）在西西里晚祷时举兵反抗安茹王朝，并在一场无可比拟的大屠杀中将法兰西占领军斩尽杀绝。西西里人在迎风招展的鹰旗下战斗，呐喊："高卢人去死吧！"当他们发现一些西西里的妇女怀上了法兰西人的孩子，就用剑撕开她们的子宫，把异族的胎儿挖出来并踩在脚下。

弗里德里希二世的历史表明，只要立法者明确自己的目标，那么他就能通过武力和强制措施完成许多事业。但统治者对群众的直接的思想影响是有限度的，他的愿望、思想和意见在大多数情况下是通过中间人，即那些受统治者影响的亲信、宫廷、随从和帝国官员的"骑士团"，以不可避免的稀释方式传递的。通过研究皇帝对那些与他关系最密切的人的影响，可以更好地了解皇帝本人。

第三节

从思想史的角度看，弗里德里希二世的新世俗国家是新的世俗教育的胜利，这种学术在过去一个世纪里一直在越来越广泛的范围内传播。但在西西里国家，世俗教育第一次以集中的形式体现出来。国家的思想栋梁不再是神职人员，而是受过教育的俗士，而国家的创始人本身就是文化程度最高的俗士，这是自然而然的。弗里德里希二世通过国家来凝聚"世俗化"的、被解放的思想，一举打破了教会作为思想和灵魂的统一体对整个非物质领域的掌控。新国家的完全的思想独立，表现在神职人员不再参与西西里的行政管理，他们对西西里的精神影响也逐渐消失了。

西西里国家本身就能证明世俗教育在弗里德里希二世的世纪取得了长足的进步，因为皇帝能够冒险将他的整个新王国纯粹建立在世俗教育的基础上。另外，现有受过教育的俗士的数量不够，而他认为必须大规模地培养这样的人才，所以他创办了那不勒斯大学。弗里德里希二世在大学的章程里写道："我希望通过知识的汲取和学问的播种，培养出许多聪明和目光敏锐的人；通过学习和遵守上帝的公正法律，使他们变得能言善辩。他们将侍奉上帝，并通过对正义的崇拜来为我服务、取悦于我……我邀请饱学之士为我效力，这些人对研究法律和司法充满热情，我可以放心大胆地将国家的行政管理委托给他们。"皇帝由此明确了什么样的精神将会领导他的国家——法律精神。这并不令我们感到惊讶。因为，既然正义是皇帝与上帝之间的中保，那么同样的道理也适用于他的追随者和仆人。

整个国家到处都是法学家。市民阶级出身的法学家赶走了迄今为止教育和文化生活的唯一代表——神职人员，获得了进入皇帝宫廷的机会。自由的世俗气氛取代了神职人员的气氛，这甚至在最高层政治中也孕育着重大变革。教会长期以来一直在努力争取新近觉醒的市民加入它的阵营。弗里德里希二世现在与教会争夺这个阶层。虽然教会在托钵修会的支持下成功地得到了大众的拥护，但皇帝赢得了受过教育的阶层，即新的知识贵族的支持。这些人在城市里通常倾向于支持皇帝的统治。因此，最重要的是，弗里德里希二世认识到了这些人的活力和潜力。通过与思想自由的市民阶级出身的法学家联合，让这些人为他服务，并在政府管理、文书工作和宫廷圈子里给予他们尽可能广阔的空间，皇帝在几年内彻底改变了整个西西里乃至帝国的中央政府。西西里和帝国的两个行政机构原本根据皇帝与教廷的协议是分开的，但后来它们合并了。

那不勒斯大学负责培养专业法学家、法官和同样受过法学科班训练的公证人。在弗里德里希二世的国家里，严格不变的"职业路径"是不存在的，论资排辈的逐步晋升也是不存在的，因为大多数职位的任期仅有一年。成功的因素是个人的才干、崭露头角的机会，以及吸引皇帝和宫廷青睐的运气。官员的数量相对较少，所以皇帝有可能将他们全部置于观察之下。一个真正有能力的人怀才不遇的情况是很少见的，因为皇帝很快就会选拔一个合适的人担任某个职位，无论是否因此遵循或开创了一个先例。不过，我们可以追踪到司法官员的职业生涯的一般趋势：例如，法官的职业路径通常与公证人不同，尽管这两条路径偶尔会交叉。

从那不勒斯大学毕业后（我们没有关于课程时长的线索；在北意大利，学业规定为3~6年），新法官被某座城市选为城市法官。随后，候选人带着证书前往宫廷，接受皇帝或其代表的任命，进行宣誓，并在必要时接受高等法院对其文学和法学造诣的测试。通过这种方式，皇帝或高等法院法官与法学界正在崛起的这一代新人保持联系。皇帝不在的时候，由他的行省总督即政法官任命新人。年轻的法官接下来有机会进入真正意义上的国家服务部门，比如成为一名政法官下属的法官，或者后来在北意大利，成为众多的帝国总督（Vikar）、高级总督（Generalvikar）或督政官①下属的法官。如果运气好的话，他可能最终攀升到高等法院法官的职位，这是他能够取得的最高职位。但这并不是通往高等法院法官职位的唯一路径，因为我们知道有些高等法院法官从未担任过普通法官。例如著名的塞萨的塔代奥（Thaddeus von Suessa），他是弗里德里希二世的亲信之一。值得注意的是，有不少人仅仅使用高等法院法官的

———————

①　督政官（Podestà）是中世纪晚期意大利北部和中部的城邦的最高民政长官的头衔。最早的一位督政官出现在1151年的博洛尼亚。12世纪巴巴罗萨皇帝在意大利任命了很多督政官。后来督政官一般由市民或市民代表任命，成为本城邦的最高长官，任期一般仅有一年。为了避免内斗，很多城市会聘用一个外邦人来担任自己的督政官。在近代的奥地利帝国的意大利语区和法西斯意大利，Podestà这个词被用来指市长。

头衔，但从不参加高等法院的工作。这些人是皇帝的顾问
（consiliarii），也在外交使团和帝国文书官衙工作，他们构成
了皇帝的直接随从的一部分。这是第一次在皇帝的宫廷出现常
任的专业法学家的身影，而不仅仅是作为偶尔到宫廷服务的专
家。级别较低的法官可以在国家服务机构中找到许多位置，比
如司库和司库总管、财政机关中的审计总署领导者、税吏、国
库的管理员以及其他职务。这些职务也完全可以由未受法学训
练的贵族或市民担任。重要的是，法学家们也进入了这些
部门。

受过法学训练的第二个重要群体是公证人。他们也必须在
大学读书，并可能需要获得硕士学位，然后再接受进一步的培
训，成为一些文书官衙的登记员（Registrator）。经过高等法院
的考核之后，公证人可以获得皇帝的提名和任命。与法官一
样，对公证人来说，在宫廷工作是一个理想的目标。公证人可
能开始在省级政法官的法院工作，或在财政部门的某个机关工
作，然后在宫廷得到一个机会，成为高等法院的公证人，或帝
国文书官衙某个部门（例如，负责当前事务或封建事务的部
门）的主管。一般来说，法院公证人和文书人员的数量会以
其他方式得到补充，我们将在下文讨论。正如我们已经看到的
那样，国家到处都是公证人，他们必须处理与日俱增的书面文
件，这些文件给行政部门带来了非常现代的气息。宫廷发布的
大量命令，其中大部分都需要一式多份，这就要求每个服务部
门都要有高度熟练的文员，而且这些人不能每年更换。其他行
政部门，特别是财政部门，也需要公证人的服务。

法律精神对世俗国家的这种渗透，只是反映了在教会内部
早就发生的事情：对任何职位较高的教士来说，教会法的知识

都是不可缺少的。公证人精心培养的文风最初也是教会的产物。因此，在那不勒斯大学学习和在帝国文书官衙工作也可能是教士生涯的开端。任何学习过两种法律的人都有可能得到教会的提拔，而如果这一点没有实现，那么文书官衙就是一个安全的避难所。上文已经提到了皇帝为确保其得以任命他的公证人到空缺的主教职位上所作的努力。在早期，皇帝的这些努力总是失败，但后来就比较顺利了，因为在第二次被逐出教会后，皇帝抛弃了所有的束缚，开始自行为西西里任命主教，或授权巴勒莫大主教贝拉尔多这样做，除非皇帝更愿意让具体的主教职位继续空缺下去。德意志的奥托皇朝和萨利安皇朝的皇帝曾经把他们的私人神父培养成未来的主教，而现在帝国高等法院的文书官衙也起到了与过去皇帝的私人礼拜堂相同的作用。与过去的根本区别是，在弗里德里希二世的高等法院，这些教士式的文员人数从来就不多，他们之所以能够在思想层面发挥重要作用，不是因为他们是教士，而是因为他们是法学家，何况他们的教士身份实际上是减分项。皇帝并不依赖这些人，他们的教士身份对他来说是一个无所谓的问题，没有任何危险。奥克拉的瓜尔蒂耶罗（Walther von Ocra）是皇帝的公证人兼私人神父，也是皇帝手下最忙碌的官员之一，虽然后来升任西西里首相，但他的地位与早先的主教兼首相完全不同：奥克拉的瓜尔蒂耶罗只是一个碰巧有神职身份的帝国官员。另外，高级神职人员在高等法院中仍有代表，特别是那些能够适应新时代精神的高级教士。巴勒莫大主教贝拉尔多和卡普阿大主教雅各布属于皇帝最亲信的圈子。弗里德里希二世让雅各布成为《梅尔菲宪章》的合作者，特别是在涉及教会和西西里教士的部分。还有几位主教与皇帝关系密切，如墨西拿大主教贝拉尔多和拉韦洛主教彼得罗（Petrus von Ravello）。这些高级教士在宫廷的知识生活中有一定的分量，仅仅是因为他们适应了周围的文学和精神追求。他们不再像过去的主教那样，本身就是精神生活的独立承载者。但我们不能低估这样一个事实，即宫廷的精神氛围足够包罗万象，甚至可以为宗教教育提供空间。学科基本齐全的那不勒斯大学难免会有一些教士学生，因为所有的西西里臣民都只能就读于那不勒斯大学。最伟大的教会人物之一就是那不勒斯大学的产物：托马斯·阿奎那，罗马教会的天使博士（Doctor Angelicus）。

弗里德里希二世在创办那不勒斯大学的两年后，由于1226年克雷莫纳朝会的惨败，关闭了博洛尼亚大学。在这样做的时候，他有自己的特殊意图。他在当时写信给博洛尼亚大学的教授和学生：他不希望看到学者们因为博洛尼亚人（他们竟敢加入伦巴第联盟、反叛皇帝）的顽固不化而受苦。因此，他邀请学者们离开博洛尼亚，搬到那不勒斯，"在那里，由我精心建立的大学在蓬勃发展……附近的美景很有吸引力，还有一切物资的供应，以及德高望重的博士群体"。不过，将著名的博洛尼亚法学院转移到那不勒斯的伟大计划失败了。教宗的干预确保了皇帝与伦巴第联盟的休战，皇帝不得不撤销他对博洛尼亚大学的取缔，并允许它重新开学。博洛尼亚的学生们大肆取笑皇帝的那不勒斯大学，认为这所新大学充其量只是一个雏形，而且十分虚弱，不大可能茁壮成长，因为它的生命取决于它的创始人的心血来潮，而他不承担任何义务，心情随时可能改变。博洛尼亚人的想法不无道理：无论好坏，这所突然成立的大学的命运都与皇帝及其国家的命运联系在一起。在皇帝的十字军东征期间，当教宗的军队入侵西西里王国时，那不勒斯大学的所有工作都停了，尽管只停了几年。1234 年，弗里德里希二世恢复了那不勒斯大学，并吸引了一支真正优秀的教师队伍。起初，贝内文托的罗弗雷多教授民法；教会法学者巴托罗缪·皮格纳泰鲁斯（Bartholomäus Pignatellus）教授教令；阿蒂纳的泰里西奥（Terrisius von Atina）大师传授自由七艺①；加泰罗尼亚人阿纳尔杜斯（Arnaldus）大师讲授亚里士多德的自然哲学。语法学家阿斯科利的瓜尔蒂耶罗（Walther von Ascoli）也应聘来到那不勒斯大学，并在那里完成了他在博洛尼亚开始的词源学百科全书。最后，爱尔兰的彼得（Petrus von Hibernia）教授自然科学，他是托马斯·阿奎那的老师，他的同时代人赞誉他是"教师中的珍宝和道德楷模"（gemma magistrorum et laurea morum）。

弗里德里希二世与教会的激烈斗争迫使他在以后的日子里削减了那不勒斯大学的工作，但在他在世期间，大学再也没有被解散过。自 1234 年恢复后，大学的管理权掌握在一位学者总管（Justitiar der Scholaren）手中，因此大学享有一定的独立性，尽管它仍然与高等法院和帝国文书官衙有着直接联系。教师和学生都很清楚谁是大学的拍板人物：当他们在 1234 年恳求恢复大学时，他们没有直接向皇帝申诉，而是向"大师"申诉，即高等法院法官皮耶罗·德拉·维尼亚，他在当时被认为是"皇帝耳边唯一真理的阐述者"。

---

① 欧洲古典时期和中世纪的自由七艺（拉丁文：Artes liberales；英文：Liberal arts）由四术（quadrivium）和三艺（trivium）组成。四术即天文、算术、几何、音乐。三艺为语法、逻辑和修辞。古希腊人认为这些学科或知识门类是一个自由人安身立命所必需的。今天的 Liberal arts 被理解为博雅教育、文理教育、通识教育等。

　　我们对这位著名的学者和文人知之甚少，他就像第二个圣彼得一样，"是握着弗里德里希的心的两把钥匙的人"①。在但丁笔下的地狱里，在自杀者的鬼影幢幢的树林里，维尼亚坚持表示，他的倒台完全是由于廷臣们的嫉妒，而嫉妒被咒骂为"淫荡的眼睛永不离开恺撒的住处的那个娼妓"②。皮耶罗·德拉·维尼亚有时被认为代表了一种经常出现的类型人物，以至于康拉德·斐迪南·迈尔③毫不费力地根据他描绘出了英格兰的托马斯·贝克特。但皮耶罗·德拉·维尼亚因其整个地位，以及与统治者的人际关系，同卡西奥多鲁斯④或莱纳尔德·冯·达瑟尔这样的首相有着本质的区别。维尼亚不是负责辅佐一位武士国王的智者，而是一位最具灵性的皇帝有意识地为自己设计的工具：维尼亚是他的统治者的发言人和传声筒。

　　作为书记官（Logothet），即"安排文字的人"，这位中世纪最伟大的拉丁文体家在写作和言说中都是皇帝思想和行为的代言人，是皇帝的辞藻和威严话语的创造者；作为著名的法学家，他可能是皇帝所有法律的起草者；作为鸿儒和人文主义学者，他是皇帝的顾问和亲信，甚至是朋友。这位大师

① 译文参考：《神曲·地狱篇》，但丁著，田德望译，人民文学出版社，1997年，第十三章，第92页。
② 同上。
③ 康拉德·斐迪南·迈尔（Conrad Ferdinand Meyer，1825—1898）是19世纪瑞士最重要的诗人之一，还创作了一部关于托马斯·贝克特的历史小说。
④ 卡西奥多鲁斯（Cassiodor，约485—约585）是中世纪初期罗马城的政治家与作家，出身于贵族家庭，早年即博学多才，后参与政务，不久转攻基督教事务。他曾因为被东罗马帝国的军队俘获而在君士坦丁堡滞留。他著述颇丰，影响了中世纪初期的基督教发展。

首屈一指地擅长用语言表达皇帝的思想与力量，为皇帝的行为提供了最有说服力的阐释，并经常在这样做的时候帮助确定皇帝的立场。他的职责是宣布弗里德里希二世的立场，并对皇帝立场的千变万化加以合理化，所以对皇帝来说他是不可或缺的。弗里德里希二世把他从一无所有提升到一人之下万人之上的地位，并让他成为皇帝所有谋划的知情人。恰恰是因为这一点，最后当这个仆人开始莫名其妙地失足时，皇帝不得不毁掉他。如果是另一个人，皇帝对他责备或放逐就足够了；但维尼亚的越轨就会招致灭亡。他的一生被命运纠缠在施陶芬皇朝的悲剧中。

据传说，皮耶罗·德拉·维尼亚出身极其卑微，父亲身份不详，母亲被遗弃，靠乞讨维持自己和婴儿维尼亚的生活，十分凄惨。但事实上，他出身于一个有声望的家庭，他的父亲可能是卡普阿的一名城市法官，皮耶罗当然也是在卡普阿出生的。这个少年似乎没有得到家人的支持就去了博洛尼亚大学，并在相当艰难的情况下攻读了教会法和民法。最后，他向巴勒莫大主教贝拉尔多提交了一份请愿书。据说，贝拉尔多仅凭这封信，就立即向皇帝举荐了这位请愿者，这足以证明皮耶罗的出类拔萃和贝拉尔多的慧眼识珠。弗里德里希二世于 1221 年回国后，把这个年轻人安排在了他的文书官衙担任公证人，在后来认识到他的杰出能力后，便迅速提升他为高等法院法官，然后是西西里王国的首席公证人（Protonotar），最后还专门为他设立了书记官职位，让他在高等法院代表皇帝发言，并为皇帝起草文字。作为高等法院法官，皮耶罗·德拉·维尼亚是皇帝身边最亲信的法律顾问之一。1231 年，他以这个身份制定了构成《奥古斯都之书》的全部法律。如果我们把弗里德里希二世比作查士丁尼，那么维尼亚就是特里波尼亚努斯①，以至于后人将维尼亚的名字插在了《奥古斯都之书》的末尾。后来，维尼亚接管了帝国文书官衙的领导权。他的名声更多的是依靠其文体上的成就，但他的这门艺术植根于人类事务，他的表达能力随着皇帝的成长而增长。当十字军东征给皇帝开拓了新的视野时，维尼亚的宣言也开始扩展，并涌现出一种有节奏的恢宏情感；年复一年，弗里德里希二世的帝王威严被更宏伟、更令人敬畏的雄辩所环绕。维尼亚的拉丁文是一种矫揉造作的语言，在形式上高度完善，且往往佶屈聱牙，因此同时代的人常常抱怨他的高雅风格是"故意晦涩难懂"。但只有一定程度的晦涩，才有可能在不牺牲其鲜活活力的情况下，从几个世纪以来被误用的拉丁文中提取出所需的高度和深度。当稍晚的人文主义学者复苏了西塞罗的古典拉丁文时，他们发现了一种死亡的语言（呜呼哀哉！），并使它复活。皮耶罗·德拉·维尼亚是最后一位有创造力的拉丁文作家。在他那里，拉丁文是一种活生生的语言，以其晦涩的文风，带着华丽和骄傲以及流畅的壮丽言说。他的拉丁文的包罗万象和风格上的美丽，蕴含着古典人文主义拉丁文的种子。维尼亚的语言，在语言的领域也是一部"大全"（Summa），在教会和帝国的领域里则穷尽了拉丁-基督教语言的全部可能性。

在未来的几个世纪里，在孕育了维尼亚的书信的基督教罗马世界死去很久之后，他的书信作为文体学杰作在欧洲的各大文书官衙继续流传，并保留了那位将自己的风格强加给发言人

---

① 特里波尼亚努斯（Tribonian，约485?—542）是拜占庭的著名法学家，查士丁尼一世皇帝的谋臣，领导修订了拜占庭帝国法典《民法大全》。

的皇帝的形象。这些信中有多少是属于皮耶罗·德拉·维尼亚的，又有多少是属于弗里德里希二世的，我们永远无从知晓，但两方面综合的结果决定了皇帝的所有其他文员的风格。如果没有站在他背后并秘密执笔的皇帝，如果没有罗马帝国的广阔圈子，卡普阿人维尼亚精心设计的恢宏表达方式就会显得虚假和空洞。曼弗雷德国王以维尼亚的风格写的信，就显现出了二者在水平上令人痛苦的差距。

　　我们渴望获取关于维尼亚私生活的信息，但一无所获。不过，他的宣言、书信和诗歌显示出他是那些文化程度很高的文人之一。人文主义与彼特拉克一起觉醒，后来产生了很多这样的文人。维尼亚是 13 世纪初存在的少数这样的文人中最杰出的一位。一方面，他精通当时的全部晚期古典学问：教会法和民法、经院哲学和古代哲学、古典作家和教会神学家的著作、书信写作、修辞学和诗词……另一方面，他拥有一种坚韧不拔的原始力量，他的语言中闪现着一种火焰和激情。他多才多艺，什么都能做——学者和法官、哲学家和艺术家、文体家、外交官和廷臣、大使和谈判代表，在需要的时候还能做将军，划定战线，甚至亲自厮杀。他为皇帝效力而鞠躬尽瘁，以至于早衰。他自己有一次说，他已经变得非常老了，与永远朝气蓬勃的皇帝形成了鲜明的对比。人们对维尼亚的外貌知之甚少。卡普阿桥门上的所谓维尼亚半身像不可能是弗里德里希二世的那位著名的高等法院法官，更可能是在描绘一位古典晚期的哲学家。但同时代人认为这尊半身像就是施陶芬宫廷的一名法官，这表明这种类型的人在最高法院的法律学者中并不鲜见，并且与古典晚期的哲学家有相似之处：这是一张阴沉、严肃、博学的脸，表情傲慢，甚至带有嘲讽的意味；但他精力充沛，身体强壮雄健，留着浓密的胡须，这使这个男人的头像更有尊严，与我们对皇帝本人的印象截然不同。

皮耶罗·德拉·维尼亚在那不勒斯大学以及帝国文书官衙和高等法院的职责并不局限于行政管理，还包括人事任免。这首先是因为宫廷官员也在大学授课，起初包括高等法院法官贝内文托的罗弗雷多，以及后来的帝国宫廷公证人罗卡的尼古拉（Nicolaus von Rocca），他在那不勒斯大学开设了修辞学课程。文书官衙与学生的关系甚至更为重要，因为刚起步的法学家，尤其是年轻的公证人，在大学只接受了基础训练，还需要在皇帝的宫廷得到最后的历练。这些经过精挑细选的人才的文学教育或多或少地直接掌握在皮耶罗·德拉·维尼亚手中，他们在他的文书官衙掌握了"最佳文风"（stilum supremum）。维尼亚在这方面是一种传统的维护者，这种传统不是在宫廷里，而是在他的家乡卡普阿流连。因为书信写作的技艺（Ars dictandi）在这座城市得到了特别的培养，以至于我们可以公平地说存在一种"卡普阿文体学派"，其特点是直接回归到晚期古典散文。维尼亚本人很可能是在卡普阿学会了创作技巧，而上一代的文体家则采用了伟大的英诺森三世时期罗马教廷著名的书信风格。维尼亚之所以得到巴勒莫大主教的举荐并被高等法院接受，很可能是因为皇帝急于让他的文书官衙达到与英诺森三世教廷同等的文体水准，而维尼亚的第一份请愿书一定表现出了非凡的技巧，因此获得了皇帝的青睐。弗里德里希二世对信件风格的重视，以及他想在这方面与教廷竞争的雄心壮志，或许与皇帝普遍的艺术鉴赏力有关系。但对他来讲，这种能力主要是一种政治手段。皇帝必须通过宣言来赢得世界舆论的支持，而对这位基督教世界性帝国的皇帝来说，舆论相当于古罗马的广场①，因此书信艺术相当于罗马和希腊城市的雄辩术。人们恰如其分地将卡普阿的演说家皮耶罗·德拉·维尼亚与西塞罗相提并论。

13世纪初，在卡普阿有一个兴盛的书面修辞学派，皮耶罗·德拉·维尼亚本人就是该学派的产物。极为重要的是，他在这个学派和高等法院之间建立了密切的联系，甚至将其移植到了帝国的文书官衙。因此，文书官衙本身成了一所修辞学学校，是宫廷文学生活的焦点。皇帝宫廷的一切似乎都是人文主义的预兆：对古典模式的回归；皇帝对罗马的崇拜；他在形式和标题、明喻和隐喻中对恺撒们的呼应。所有这些都源于维尼亚的学术圈子，而这个圈子受到了一位活生生的恺撒的启发。这两者相得益彰：弗里德里希二世可以摆出恺撒的姿态，因为他的随从可以接受他这样的角色；而他又必须摆出恺撒的姿态，因为修辞和书信宣称他是恺撒。同样的情况也适用于他的基督教立场：因为皇帝的书信艺术产生自教廷的风格，而教廷风格提供了所有的《圣经》中的比喻，包括关于基督的比喻。弗里德里希二世的文字中普遍存在的这种基督教与罗马古典的融合带有文艺复兴的味道，这与这群文体家有着紧密联系，对他们来说，对《圣经》的掌握和对古典文学的了解一样必不可少。这并不能解释他们的活力：这些御前文员流传至今的许多私人信件令人信服地证明了这些人对知识的热情，他们一旦呼吸到皇帝宫廷浓郁的知识气氛时，就会拥有这种热情。一个

---

① 广场（Forum）是古罗马的城市中心，呈长方形，周围是罗马最古老与最重要的一些建筑。它是罗马公共生活的中心：凯旋式游行、选举、公共演讲、罪案审判、角斗士竞技、商贸活动都在广场进行。广场及其周边有纪念伟人的雕像和纪念碑。

公证人从监狱里写信给他的朋友，让他们给他寄一本李维①或其他历史学家的书，他觉得自己"不配解开他们的鞋带"。皇帝亲自灌输的观点占据了支配地位："名声来自知识，荣誉来自名声，而财富来自荣誉。"

现在，高等法院和文书官衙向尽可能多的人传播这些知识，而这些知识正是皇帝所珍视的，也是他的廷臣所觊觎的。皮耶罗·德拉·维尼亚给一位年轻的朋友写道："修辞学的乳房在皇帝宫廷里哺育了许多杰出的人才。"他后来把这位朋友带到宫廷担任公证人，并与他保持着通信联系（就像与其他人通信一样），而这也是为了锻炼写作。这可能是一种通常的写信课程，所以这样的书信有双重目的。有一个现象是不足为奇的，那就是后来的文体家大部分是维尼亚的同乡：如果不是卡普阿人，也是坎帕尼亚人。我们了解维尼亚的很多学生，他有时被认为是文学青年的导师。卡普阿的乔瓦尼（Johann von Capua）自称维尼亚的弟子。一名御前秘书去世后，卡普阿的乔瓦尼写了一封吊唁信寄给另外两名秘书（他们三个都是高等法院法官维尼亚的弟子）。在信中，乔瓦尼对维尼亚的人性光辉做了生动的描述："我深知我们唯一的主人和恩公皮耶罗·德拉·维尼亚对这样一位朋友的去世是多么震惊。因为他有充分的理由怀着最大的希望，希望在他的葡萄园（vinea）里，果实累累的葡萄树上能结出三枝嫩芽，从而让他能为皇帝

---

① 提图斯·李维（公元前 59—公元 17）是古罗马的历史学家，著有巨著《罗马史》（Ab urbe condita，意为"自建城以来"），从关于罗马的最古老传说一直写到李维自己的时代，也就是奥古斯都时代。李维与奥古斯都关系很好，还曾鼓励奥古斯都的甥孙、年轻的克劳狄（后成为皇帝）研究历史。

提供三个有价值的弟子，三个追寻他自己的价值的后学，三个承袭他自己的衣钵的门生。不知情的人会想知道，知情的人会惊叹，这三个人是如何以同样的方式从这样一位老师那里接受同样的教导，又是如何被某种感情结合在一起的。这种三者合一的共同体确实是幸福的，在这里，家庭之爱将老师和学生结合在了一起。"这充分表明了卡普阿传统的学校性质。我们读到，维尼亚赢得了名声和赞誉，同时也招致了嫉妒。当他的学生"在君主的眼中找到了恩宠"，并从"热爱这些新青年"的皇帝那里得到了职位时，廷臣们在所难免的嫉妒心就暴露无遗了。维尼亚在宫廷圈子里不断被人提及，他的名字被一语双关地称为"硕果累累的葡萄园"。他是所有这些宫廷活动的中心和灵魂，当廷臣们为这样或那样的问题"陷入愉快的争吵"（知识分子扎堆的时候经常这样）时，他们总会向他寻求启发。

维尼亚享有皇帝的完全信任，这一点是至关重要的。向"主人的葡萄园"溜须拍马的佞臣俯拾皆是。一位高级教士写道：维尼亚是彼得，皇帝的教堂就建立在他的磐石上①，而皇帝通过与门徒共进晚餐来振作他的精神。他们称维尼亚为"皇帝的代理人"，与基督的代理人、使徒的君王彼得相对应，因此维尼亚是此世的帝国，是皇帝的心脏的"钥匙持有者"，但丁后来也使用了这个比喻。维尼亚对宫廷社会的间接影响同样巨大。他是弗里德里希二世的宠臣，所以人们围着他打转。当教会和国家的最高级权贵们向他询问宫廷的总体气氛，以及

---

① 《新约·马太福音》第16章第18节，耶稣对彼得的话：我还告诉你，你是彼得，我要把我的教会建造在这磐石上，阴间的权柄，不能胜过他。

"主公"或"恺撒"的心情时，他们指责他的长期沉默，或请求他代为向皇帝转达请求和建议，并乞求他的支持。所有这些信件都试图达到大师的崇高风格，而他的回答往往显示出一丝微妙的讽刺，因为他使用的措辞、隐喻和句子更加浮夸。维尼亚与博洛尼亚大学的法学教授们也保持了一段时间的交往。但在过去，往往是罗马皇帝向博洛尼亚大学咨询法律的阐释或应用，而如今则是博洛尼亚大学的博士们向弗里德里希二世请教西西里特有的一些法规，皇帝也很乐意回答他们。维尼亚的《梅尔菲宪章》是13世纪最伟大的法学成就之一。关于《奥古斯都之书》的注释几乎立刻开始出现，许多注释者是那不勒斯大学的校友。因此，皇帝的一项创造对另一项创造产生了反应。

创作拉丁文诗歌的艺术，作为一种可以在学校习得的技艺，也属于文体和修辞的一部分。因此拉丁文诗歌艺术几乎只在法学家和文体家的圈子里出现。世俗拉丁文学在意大利的发展相对较晚，意大利最早的吟游书生①诗歌之一被认为是皮耶罗·德拉·维尼亚的作品。这是一首长篇讽刺诗，谴责高级教士和托钵修士的贪婪，但与其他流浪诗人的歌曲不同，它具有积极的政治意义。维尼亚的学生们也写过拉丁文诗歌。阿蒂纳的泰里西奥大师是一首伟大诗歌的作者，他被算作维尼亚的朋友之一。编年史家圣杰尔马诺的里卡尔多（Richard von San Germano）在他的编年史中穿插了一些诗歌，他也是一位公证

---

① 吟游书生（Goliard）是12~13世纪欧洲多国出现的一群拉丁文讽刺诗歌作者。他们往往是叛逆的大学生或被免去圣职的教士，高歌狂欢的歌曲，赞颂饮酒作乐与纵情声色。吟游书生用简单的诗句抨击伪善与假虔诚，并用讽刺文学批判当权者。

人，但不属于维尼亚的圈子。法官韦诺萨的里卡尔多（Richard von Venusia）也不是。他用对句创作了一部喜剧，其中充满了对帝国官员的影射。他还把这部喜剧献给了皇帝。这是同类作品中的开山之作。

在官僚圈子里，希腊文的诗词并非闻所未闻。卡拉布里亚在很大程度上还是希腊语区，且据说是向文艺复兴时期的学者介绍古希腊文知识的途径。被誉为彼特拉克和薄伽丘的希腊文教师的巴尔拉姆①就是卡拉布里亚人。因此《梅尔菲宪章》在颁布之后很快就被翻译成了希腊文。我们还拥有弗里德里希二世（他也懂希腊文）写给他的女婿、尼西亚皇帝约翰三世·瓦塔泽斯的一些希腊文信件。这些信件可能是由奥特朗托的乔瓦尼（Johann von Otranto）起草的。他是一位懂希腊语的公证人，通常负责将希腊文文件翻译成拉丁文。他的一首关于帕尔马之围的抑扬格诗留存至今。帕尔马之围也是文件守护者②加里波利（在卡拉布里亚）的乔治奥斯（Georgios von Gallipoli）的一首长诗的主题，乔治奥斯还书写了对弗里德里希二世的热情赞美，其中皇帝的形象是希腊神话中的雷神和闪电施放者宙斯。因此，一种超自然的气氛围绕着施陶芬皇帝，以一种非凡的方式展现在后来的人文主义学者面前。有一个故事是这样的：1497 年，有人在海尔布隆（Heilbronn）的一个池塘里钓

---

① 卡拉布里亚的巴尔拉姆（Barlaam von Kalabrien，约 1290—1348），出生于意大利南部卡拉布里亚地区的学者、教士、人文主义者、语言学家和神学家。他早年信奉东正教，参与了很多神学争端。晚年逃往西方，皈依天主教。他是个才华横溢的伟大学者。

② 文件守护者（Chartophylax）是拜占庭帝国的东正教会中负责管理档案文献的官员。君士坦丁堡宗主教的文件守护者的职衔虽低，但权力极大，是宗主教的左右手，优先权高于所有主教。

到了一条鲤鱼，在它的鱼鳃下有一个铜环，上面有一句希腊文的铭文，说是弗里德里希二世亲手放生了这条鱼。人文主义学者被"弗里德里希二世之手赋予的奇特生命力"所震撼，特别是对铭文用希腊文写成这一点感到激动，他们认为弗里德里希二世的意图一定是通过这条哑巴鱼传达信息，要在德意志为希腊文的学习注入新的活力。

英格兰人阿夫朗什的亨利（Heinrich von Avranches）的一首诗揭示了施陶芬宫廷在外国发挥的知识影响。亨利大约在这个时候向皇帝提供服务。这位诗人表明自己精通文体艺术的每一个分支，像英格兰人索尔兹伯里的约翰一样掌握了他那个时代的所有早期人文主义文化。亨利用很大的篇幅论述了拉丁文诗歌的起源，说诗歌是通过阿多尼斯①和萨福②从希伯来人那里传至希腊人中，再由希腊人传给拉丁人；他自己也崇尚并实践着这种诗歌。在他看来，诗歌是语言的神圣形式，能够将散文转化为诗歌的人也能将野蛮国家的山洞转化为文明人的居所。因此，这个英格兰人希望待在皇帝的宫廷，成为皇帝在诗

① 阿多尼斯（Adonis）是希腊神话中的美男子，爱与美的女神阿佛洛狄忒和冥后珀耳塞福涅都很爱他。阿多尼斯本来是近东地区的一个神，后来被纳入了希腊神话，掌管植物每年的死而复生。已知最早的提到阿多尼斯的文献是萨福的一首诗的残章，其中少女们问阿佛洛狄忒，应当如何哀悼被野猪杀死的阿多尼斯。阿佛洛狄忒回答，要她们捶打自己的胸脯、撕烂自己的衣裳。在今天的西方文化里，阿多尼斯是美男子的代名词。
② 萨福（Sappho，约前630—约前570）是生活在莱斯博斯岛上的古希腊女诗人，以抒情诗著称，在古希腊有"第十位缪斯"的美誉。萨福创作了约1万行诗歌，但完整存世的只有《阿佛洛狄忒颂》，此外就是一些残篇。她的诗歌中有对于女同性恋感情的表达，所以今天英语中表示女同性恋的两个词sapphic和lesbian分别源自她的名字和家乡的名字。不过萨福本人的性取向一直是争议话题。有一个传说是她因为爱上一名男子而跳崖自杀。

歌艺术方面的伙伴，而如果遭到了拒绝，他就不得不放弃他作为诗歌之王的荣誉。

如果我们不考虑帝国城堡和宫殿上的诗词铭文，以及传统上被认为是弗里德里希二世所写的一些零星的对句，那么皇帝本人并没有写过拉丁文诗。但他与这些文体家及其创作有着密切的联系。他在很大程度上分享了他们的知识，而且我们在很多地方都听说他能够以出色的口才和技巧发表演讲，尽管他后来更愿意让皮耶罗·德拉·维尼亚代他发表讲话。维尼亚在重要的演讲中对奥维德的诗句和《圣经》中的弥赛亚言论同样信手拈来、运用自如。皇帝并不渴望炫技，而且明智地避免了过多的公开演讲。舆论对他的评价是："他说得少，知道得多，能做的多。"但在真正的重要场合，皇帝本人会在维尼亚之后发言，而这种情形总是会产生重大的影响。一份报告告诉我们，有一次，当神圣的皇帝陛下在他崇高的宝座上庄严地批评罗马主教并为自己辩护时，人们感到多么惊愕。也许君主的仪式性发言的习俗可以追溯到弗里德里希二世，他被称为"世界言论和习俗的镜子"。但对于这位施陶芬皇帝来说，只有出现严酷的需求时他才会发表这样的演讲；文艺复兴和专制主义时期的任何一位君主都无法像弗里德里希二世那样通过演讲激起人们那种神奇的战栗。

弗里德里希二世能够自然而然地做出基督教世界君主的恢宏姿态。同样自然而然的是，当他可以确信自己的话不会被误解的时候，他愿意在亲密朋友的陪伴下放松自己。他最爱的是"精妙的言谈"（dilicato parlare）。诙谐和富有智慧的谈话（他在其中放射出一种难以形容的魔力）对他来说是绝对必要的。但他不需要从国外召来一个伏尔泰来提供妙趣横生的谈话。他的宫廷里就有许多外国学者，他们的工作是对明确的哲学或科学课题进行研究，将其进行重新阐述，并将学术成果传达给宫廷，且主要是以弗里德里希二世本人为媒介。但他不需要外国人来为他提供"精妙的言谈"。整个施陶芬宫廷都认同他的思想。每个人都在自己的能力范围内，对皇帝的智力刺激做出反应，而且皇帝的知识和世界观有相当大的比例传达给了每一个宫廷官员、公证人和文体家。在他去世几十年后，我们仍然可以非常明确地判断出某封信的作者是否曾接触过那些"在皇帝宫廷里喝过修辞学乳汁"的人。

某些被后世简单地称为"吉伯林派思想"的哲学观念，就是弗里德里希二世和他的圈子的思想产物：自然、理性、必然性以某些组合的形式居支配地位，相信命运而不是天意，不再使用俗套的《圣经》引文而改用古典著作的引文。弗里德里希二世的同时代人已经成熟得可以接受这些东西了。但维尼亚的活动表明，皇帝在思想方面的准备工作是多么有意识、有目的，经过了怎样的深思熟虑。

这就像从宫廷圈子里传出的一种新学说，其标志之一是一种青春的精神涌入了这个颓废和腐朽的时代，一种活生生的东西把所有积极活着的东西都吸引到了自己身上。陈旧的思想在这个国家没有地位。皇帝的整个亲信圈子都很年轻，不仅在精神上，而且在年龄上也朝气蓬勃、血气方刚、活力四射。年迈的教宗格列高利九世有充分的理由感到害怕。他甚至对帝国官员的过度年轻化提出了抱怨……皇帝不甚客气地反驳说，这不关教宗的事，并请教宗注意，根据西西里法典，就帝国官员的合格与否进行辩论是一种亵渎行为。皇帝这么做真是玩世不恭。事实上，在弗里德里希二世和他的朋友的圈子里盛行着一种不可名状的玩世不恭的态度，尤其是在对待他们的对手时。这是这些人充满活力的标志。他们的玩世不恭也不仅仅是针对对手。弗里德里希二世总是很难抑制自己尖刻的机智，而且可能在他的亲信圈子里无拘无束地自由发挥。不仅对教宗，他对朋友和同时代的人都给予冷嘲热讽……例如，他对最忠实的城市克雷莫纳的使节大加取笑，并模仿他们滑稽的说话方式，说他们在觐见皇帝时必须先互相吹捧一番，然后其中之一才会说明来意。他挖苦他的朋友蒙费拉侯爵，说需要一把镐才能从他身上挖出钱来。这句话被一名游吟诗人迅速抓住并编入他的讽喻诗[①]中。弗里德里希二世甚至还嘲弄了他的同时代人成吉思汗。成吉思汗曾提议，弗里德里希二世应该向他臣服，并在大汗的宫廷担任一个官职（只有从亚洲人的角度来看，这才是可以理解的）……皇帝机敏地回答说，他可以申请养鹰人的职位。[②] 另外，当皇帝的亲信说俏皮话挖苦他时，皇帝只是感到好笑。编年史家说，埃泽利诺·达·罗马诺（Ezzelino da Romano）会把拿他开玩笑的人当场处死。

这些都是皇帝本人及其宫廷的思想自由与超脱的标志。这是一种广泛的自由：皇帝的每一句话，每一个流露出来的亵渎行为，都是对整个世界的挑战。若不是弗里德里希二世本人能够建立起一个具有自己的神圣性的新世界，这些玩世不恭的言行就完全缺乏正当性。但如果有人胆敢亵渎国家之神圣事物，

---

① 讽喻诗（sirventes，字面意思为"服务、效劳"）是游吟诗人创作的一种古奥克语抒情诗，通常采取戏仿的形式，模仿知名诗歌的旋律、结构甚至韵脚，来谈一个有争议的话题，通常是时事。

② 另有说法，在这个语境里与弗里德里希二世通信的是拔都汗，即成吉思汗的孙子。

皇帝就会立即大发雷霆："以言语挑衅皇帝的人，将受到行动的惩罚。"官员们也迅速学会了他们主人的玩世不恭的讲话方式。他的一个下属说出了完全可能出自弗里德里希二世本人之口的话：一些圭尔甫派的囚犯即将被处决，他们想要做告解，但被拒绝了；皇帝的官员嘲讽说，告解对他们来说完全多余，因为作为教宗的朋友，他们都是圣人，会马上升天堂。在弗里德里希二世的时代之前，没有人敢开这样的玩笑。它的前提是对公认的关于来世的信仰有一种不可言传的蔑视，以及对死亡的完全无畏。弗里德里希二世的这种影响是不可避免的，如果没有国家的约束，这肯定会充满极端的危险。在弗里德里希二世自己的嘴里，这种纯粹因为自卫而产生的言论只是他自由奔放、上天入地的头脑的副产品。

人们经常称赞弗里德里希二世在选拔官员时不考虑其出身和等级。他任命市民出身的法学家和用外来人员补充官员队伍的做法似乎支持了这种观点。但他这么做，与其说是因为毫无成见，不如说是因为他喜欢扮演东方式暴君。东方式暴君可以把今天的厨房小厮抬举为明天的大维齐尔……弗里德里希二世也是这样。一支由男女奴隶组成的庞大队伍隶属于皇帝的宫廷，其中许多是摩尔人，他们主要负责皇帝居所内的各项工作。弗里德里希二世在许多地方都有居所——卢切拉、梅尔菲（Melfi）、卡诺莎、墨西拿，这是有原因的。直到前不久，人们还把这些军械库和服装仓库看作皇帝的后宫，而皇帝的一些命令加强了这种看法，即在那里工作的少女应该得到衣服，在没有其他工作的时候应该织布。有人认为这是皇帝对他的女奴的一种人道待遇。从那些命令的措辞中可以清楚地看出，那些撒拉森少女是由宦官看护的，但这对于管教撒拉森女奴是必要的，她们并非主人的玩物，而是受雇于军械库及其附属的织布作坊，它们必须满足宫廷的需求，为军队提供服装，为马匹、骆驼和猎豹提供毛毯和昂贵的挂毯与鞍褥。这些地方还制造了武器和盔甲、战争器械、马鞍和驮鞍。弗里德里希二世经常从远方找来工匠来教他的奴隶，例如请叙利亚的师傅教制弩，或者请比萨人教制链甲。

除了皇帝在这些地方的工作人员之外，还有一支他个人的随从队伍陪伴他参加所有战役，包括辎重和宫廷人员及其配套的所有东西……这是一支庞大的队伍，长期跟随在皇帝身边。弗里德里希二世从东方回来后，在他的旅途中总是有一支令人惊愕的队伍陪伴着他。西方从未见过这样的队伍，它就像一位东方君主的排场。除了行政官员、高等法院法官和撒拉森保镖之外，皇帝的随行队伍中还有一个完整的动物园，吸引人们从很远的地方赶来围观：以前从未见过的稀奇野兽，其中一些在皇帝的狩猎中很有用，但主要功能是增加皇帝陛下的魅力和神秘感。昂贵的四马马车拉着大量财宝，披挂华丽的骆驼驮着重物，由数不清的奴隶护送，他们身着丝绸上衣和亚麻布服装，衣着光鲜。豹子和猞猁、猴子和熊、豹和狮子，都由撒拉森奴隶牵着走……皇帝甚至拥有一只长颈鹿。除此之外，还有无数的狗、猎鹰、仓鸮、角鸮、雕、秃鹫、各种类型的隼、白色和彩色的孔雀、罕见的叙利亚鸽子、冠有黄色羽毛的白色印度长尾小鹦鹉、非洲鸵鸟，最后还有背负木塔的大象，里面坐着撒拉森弓箭手和小号手。在盛大的凯旋场合，例如有一次在克雷莫纳，皇帝本人就骑行在这支队伍的前面：他就是明显高于世界上所有生物的神人。

仅仅是动物的数量（其中许多，人们几乎不知道它们的名字，更不用说见过它们了）就让全世界兴奋不已。所有编年史家都给出了关于皇帝出行的详细描写。但丁的老师布鲁内托·拉蒂尼（Brunetto Latini）详细描述了克雷莫纳的大象，它用象鼻把一头驴打倒在地。除了拉蒂尼实际看到的，他还讲述了各种奇妙的故事：大象是祭司王约翰送给皇帝的礼物；在得到安全返回的承诺之前，它绝不会踏上任何船；而且在交配之前必须吃一种只生长在人间天堂附近的茄参的根。大象死后，人们屏息等待着看它的骨头变成象牙。其他人则把注意力放在其他动物上。法兰西人维拉尔·德·奥讷库尔（Villard de Honnecourt）曾在旅行中看到这个动物园。他画了狮子的素描，并在下面写道："这头狮子是根据我亲眼所见画成的（Ci lions fu contrefais al vif）。"

皇帝随行队伍的其他成员所引起的猜测几乎与异国动物一样多。宫廷随行人员中包括撒拉森女子和宦官，当皇帝的队伍经过大利各城市时，人们总是会注意到这一点。即使没有教宗信中的暗示，观众也会自然而然地认为这些戴面纱的女人就是充满传奇色彩的皇帝后宫中的宠妃。不确定性本身就很让人兴奋。这些少女，是否就像经常陪伴皇帝的走钢丝者、杂耍艺人和杂技演员一样，仅仅因为她们的技能所提供的娱乐而被皇帝豢养（弗里德里希二世在面对教宗的责难时这样无辜而震惊地抗议道），或者弗里德里希二世是否偶尔以其他方式利用这些撒拉森女子（正如教宗更愿意想象的那样，皇帝"被她们的魅力所征服"），我们都无法确定。皇帝的使节后来在里昂大公会议上说："谁能在这件事上作证？"她们只是宫廷工作人员的一部分，是女仆和女奴，也许还是舞女和歌女，这与皇帝宫廷的东方风格相吻合。

　　皇帝的内廷人员还包括众多的男奴，他们的职责非常广泛，从侍奉君主的起居到最卑微的工作都有。皇帝为其中比较聪明能干的人提供了适当的教育和培训，其内容多种多样。有的男奴被教导阅读和书写阿拉伯文。还有一次，他挑选了16～20岁的黑人少年组成一支乐队，让他们穿着华丽的衣服，学习吹奏大大小小的银质小号。我们可以假设，这支御用摩尔人乐队的职责是在皇帝用膳时奏乐助兴，因为安茹王朝和阿拉贡王朝的宫廷（在各方面都模仿弗里德里希二世）都有这种习俗。黑人侍童经常被提及，其中一对黑人侍童被称为穆斯卡（Musca）和马尔促赫（Marzuch）。教宗指控皇帝对他们进行了"几乎不加掩饰的鸡奸"，弗里德里希二世愤怒地驳斥了指控者。随后，他们又重拾了关于撒拉森女子和"蛾摩拉式"后宫的暗示，来消除皇帝的怒斥对他们造成的刺痛。这些摩尔人男孩中的一个可能是在皇帝宫廷长大并升任国家最高职务之一的奴隶约翰·摩鲁斯（Johannes Morus）。他是女奴的儿子，在宫廷服务时引起了皇帝的注意，成了皇帝寝宫的管理者。在皇帝在位期间，他的地位再度提升，成了"内廷亲信"之一，还获得了一个男爵爵位。后来在康拉德国王的统治下，他成了首席宫廷总管、撒拉森人的卢切拉要塞的指挥官，最后还担任了西西里王国的财政大臣。但最终，他被飞黄腾达的宫廷奴隶的通常命运所笼罩：他当了叛徒，并因此丢了性命。教宗接纳了他，他却被忠于曼弗雷德国王的撒拉森人杀死了。这是弗里德里希二世宫廷中另一种常见类型的人。就像在诺曼王朝时期一样，弗里德里希二世手下有一些撒拉森官员，特别是在海关和财政部门，但他们往往会从史料中消失，没有一个像约翰·摩鲁斯那样有如此辉煌的履历。

除了聚集在维尼亚周围的市民出身的文人和外国人之外，还有第三类官员，即贵族骑士。虽然弗里德里希二世更看重官员的才干而不是出身，但政法官的职位，或者后来在北意大利被称为总督和高级总督的职位，几乎只保留给贵族，尤其是级别较低、不太富有的贵族。弗里德里希二世治下不像诺曼时代那样，仅仅拥有一块封地便有了当官的资格；决定性的因素是人……贵族只有通过为皇帝效力并表现出个人才干，才能获得殊荣。引人注目的是，不仅是围绕着维尼亚的文体家圈子，而且绝大多数出身贵族骑士的官员都来自贝内文托或坎帕尼亚，有的还出身于阿普利亚的贵族世家。高等法院政法官莫拉的恩里科所属的莫拉家族来自贝内文托。他们喜欢把自己的血统追溯到哥特人，如托蒂拉①国王手下的某个将领，尽管所有的意大利家谱都有很大的不确定性。自诩为伦巴第人后裔的阿奎诺领主来自坎帕尼亚。这个家族比其他任何人都更热情地支持皇帝的事业，弗里德里希二世甚至与该家族结为姻亲。阿奎诺家族唯一非典型的子孙是圣徒托马斯·阿奎那。第三个贵族家族，菲兰杰里家族自称有布列塔尼血统，与诺曼人一起来到西西里；他们的大本营在先前的贝内文托亲王国②。埃博利家族

---

① 托蒂拉（Totila）于 541 年至 552 年担任东哥特王国的倒数第二任国王，是一位出色的军事和政治领导人，543 年在哥特战争中逆转了形势，一度收复了拜占庭帝国于 540 年前在意大利半岛上占领的全部土地。552 年，托蒂拉败于拜占庭帝国的名将纳尔塞斯，战死。

② 以贝内文托城为中心的贝内文托公国（774 年后改称贝内文托亲王国）是伦巴第人在意大利半岛建立的最南端的一个公国，被罗马与其他伦巴第领地隔开，所以几乎从一开始就是独立的。在伦巴第王国于 774 年被法兰克王国消灭后，贝内文托公国成为伦巴第人的一个残存国家，并在此后的 300 年中保持事实独立的状态，直到 1077 年被诺曼人攻占并统治了 4 年，随后此领土被教宗占有。

也被认为是伦巴第人。蒙特福斯库里（Montefusculi）家族和蒙泰内里（Monteneri）家族来自贝内文托亲王国，还有卡塞塔（Caserta）伯爵，弗里德里希二世与他们也有姻亲关系。皇帝的其他著名仆人包括可能源自热那亚的奇卡拉家族、阿夸维瓦（Acquaviva）家族（以阿布鲁佐为大本营）、那不勒斯的卡拉乔利（Caraccioli）家族和卡拉布里亚的鲁菲（Ruffi）家族。但西西里王国的核心无疑是坎帕尼亚-贝内文托地带，那里的人有很高比例的伦巴第血统，而且很早就被诺曼人征服了。与其他地区相比，这里的种族混杂程度较低……这让人想起了伦巴第人在托斯卡纳文化中类似的重要性。但对皇帝来说，最重要的不是这些贵族的日耳曼血统，而是他们尚未堕落的品质。弗里德里希二世喜欢吹嘘自己是"一个新品种的枝丫"，一位在南方从来不会被视为来自北方的外籍统治者。因此，弗里德里希二世绝不会重新唤起半被遗忘的日耳曼人的记忆，在不存在对立的地方制造对立。

起初，弗里德里希二世只能运用现有那种模样的南意大利贵族。渐渐地，随着时间的推移，在呼吸了宫廷的空气后，这个贵族阶层开始按照一个特定的模式重塑自己，所以在弗里德里希二世统治的当时和之后出现了新一代贵族。我们通过跟踪贵族出身的官员的教育和培养，可以对宫廷的所有骑士活动有一个生动的了解，因为宫廷的骑士传统仍然很强。后来获得最高职位的总督们几乎都在童年时担任过皇帝身边的侍童，并享受过当时宫廷诗歌中熟悉的骑士教育。这种教育现在有了新的方向，因为它将骑士训练与未来担任官职的前景相结合。

在弗里德里希二世的身边，我们处处都能见到贵族侍童，或者用从诺曼时代继承下来的法语来说，就是"皇帝的侍童"

（valetti imperatoris）。贵族子弟要成为骑士，就必须首先为某个权贵、皇帝或教宗，或者某个教会诸侯或世俗诸侯担任侍童。西西里贵族习惯于在皇帝宫廷度过童年。侍童的服务从 14 岁开始。在此之前，贵族出身的男孩会在某个修道院接受教育。我们知道，圣徒托马斯·阿奎那"还是小男孩的时候，不得不与其他贵族子弟一起在卡西诺山接受教育，这在这位圣徒的家乡是惯例"。一旦进入宫廷，侍童就属于皇室（familia），每月从皇帝那里领取 6 盎司黄金的薪水，有权得到 2 名盾牌手和 3 匹马（这些马和他们自己一样，由皇帝的宫廷供养），并构成骑士阶梯的最低阶层，正如西西里法典所说。如果一个侍童侮辱了比自己地位高的骑士，侍童的手就会被砍掉。在宫廷里，如果不从事特殊服务，侍童就得听从总管（Seneschall）的命令。他们在他的旗帜下作战，必须向他汇报他们的来去情况，尽管皇帝可能已经知道了。皇帝对这些侍童关怀备至：一名生病的侍童被送到阿普利亚休养；另一名侍童由宫廷出资去波佐利和萨勒诺的浴场。侍童的职责非常广泛。一些侍童属于皇帝的内室，侍奉皇帝的生活起居；一名侍童被派去执行会见米海尔·科穆宁①的信使的光荣任务，另一名侍童被派去接待克恩滕公爵。他们具体的职责涉及骑士生活的方方面面。我们发现有的御前侍童在皇家马厩工作，有的在犬舍工作，有的照顾猎豹，还有很多人忙于弗里德里希二世最喜欢的消遣：鹰猎。弗里德里希二世对鹰猎的热情是众所周知的。人们非常习惯于看到皇帝穿上

---

① 米海尔二世·科穆宁·杜卡斯是 1230 年至 1268 年伊庇鲁斯专制君主国（1204 年第四次十字军东征导致拜占庭帝国灭亡之后，在拜占庭领土上建立的几个国家之一）的统治者。他的女儿海伦娜·安杰丽娜·杜凯娜嫁给了弗里德里希二世皇帝的私生子曼弗雷德。

猎装，以至于后来绿色成了北意大利吉伯林派的时尚颜色。一位教廷编年史家嘲讽地写道：弗里德里希二世把自己威严的头衔贬低为猎手，他没有用法律和武器来装扮自己，而是让猎犬、豹子和尖叫的鸟环绕自己，并成了狩猎爱好者。他用他那根显赫的权杖换了一把长矛，并与雕争夺在捕鸟方面的胜利。身为猎人的皇帝需要大量的侍童，并让他们忙个不停：有的鹰要被送到阿普利亚的贵族们那里，在它们换羽毛的时候得到照顾；要从阿普利亚把皇帝的圣鹰（sacri falcones）接回来；其他的侍童被派到马耳他，还有人远至吕贝克，为皇帝带回某些类型的隼。年轻的侍童可能很少被允许实际参与鹰猎。皇帝对"理想的鹰猎者"设定的标准很高。他在关于猎鹰的书中对理想的鹰猎者做了一番描绘：机智、敏锐的视力、良好的记忆力、敏锐的听力、勇气和耐力是必不可少的，而且完美的鹰猎者必须是中等身材，太高的人是没有用的。只有 1/2 或 1/4 资格的人不被允许接近猎鹰，年纪太小的人必须首先在皇帝的教养中成长为有用的人。皇帝明确规定："鹰猎者的行为不能太孩子气，以免他的孩子气导致他违背鹰猎的艺术；因为孩子们总是不耐烦，他们通常只喜欢看很多漂亮的飞行。但我并不完全排斥孩子们，因为即使是他们也会变得更聪明……"

　　侍童们一直待在宫廷里，直到他们赢得了骑士的腰带，并且常常是在皇帝的帮助下获得骑士身份的。他们中的一些人随后离开了宫廷，回到了自己的领地生活，或者作为雇佣骑士加入了帝国军队，从此消失在我们的视线中。另一些人则进入国家机关工作，而这种可能性很可能是作为侍童在皇帝宫廷服务的主要吸引力之一。西西里-阿普利亚的贵族世家几乎都派出了他们所有的儿子到宫廷当侍童。两位阿奎诺领主、好几位莫拉家族成员、一位卡拉乔利家族成员、一位卡塞塔伯爵、一位菲兰杰里家族成员，一位阿夸维瓦家族成员；城堡长官的儿子，无官职的封建贵族的儿子，以及其他许多人都担任过侍童。有时，皇帝会命令一个男孩到宫廷工作，或经常寻找那些"愿意接受皇帝教养"的人，以便"将他们纳入他的教育的怀抱"，并像父亲一样关心他们的命运，尽管他们并非他的骨肉。他曾写信给一名侍童的父亲说："我在他身上堆积了所有美德的开端，以便他能成长为对自己有价值、对他人有用的人，并能为我结出果实。"此外，这些年轻人"在为我所做的服务中光荣地生活，并在伟大事业的喜悦中死去，不会在软弱的恶习或虚弱的焦虑中憔悴"。不过，皇帝宫廷的侍童并非全都来自西西里王国，也有北意大利人；当弗里德里希二世在塞浦路斯时，他把伊贝林的约翰的一个儿子带到了自己身边担任侍童。同样，后来在维也纳逗留期间，他把霍恩堡（Hohenburg）边疆伯爵夫人的两个儿子贝托尔德（Berthold）和戈特弗里德（Gottfried）带回了意大利。他们差不多是仅有的两位在意大利–西西里国家飞黄腾达的德意志人。

我们没有听说宫廷会对侍童做行政方面的特别指导，可能确实也没有。皇帝可能认为，这些年轻贵族在他身边的这些年里会看到、听到足够多的东西，因而足以直接接管某个高级职位。一个20岁的小伙子在宫廷里服务多年，即使只是负责猎鹰和豹子，也一定获得了和许多年迈的主教一样多的生活智慧。侍童在经验上的不足通过忠心耿耿和热心服务得到了充分的补偿。在这方面，我们可以回顾一下歌德的箴言："如果我是一位君主，我永远不会把最高的位置交给那些仅仅因为出身和资历而逐渐显赫的人……我应该重用年轻人……那么，统治就会是一种快乐。"事实上，在弗里德里希二世时期，我们经常发现一些曾经当过侍童的相当年轻的贵族担任总督的高级职位。例如，霍恩堡兄弟在北意大利担任总司令时，顶多只有二十五六岁。卡塞塔伯爵里卡尔多和阿奎诺的小托马索在皇帝将类似的职位交给他们时更年轻。我们相当肯定地知道，后来成为那不勒斯大学的学者总管的兰多尔福·卡拉乔利（Landolfo Caraccioli）在 1239 年只是个 16 岁的侍童，但在弗里德里希二世在世期间，他就已经在托斯卡纳的阿尔诺河上游谷地担任了一个工作极其棘手的总督。其他一些在皇帝在位晚期担任过侍童的贵族，不少在随后的曼弗雷德国王时期身居高位：阿卡维瓦的贝拉尔多（Berard von Acquaviva）担任西西里岛的政法官，小里卡尔多·菲兰杰里①担任大陆的总司令，还有其他许多人。我们无法确定贵族侍童是否会就读于那不勒斯大学，但有一个例子是，御前侍童特拉尼的尼古拉（Nicolaus von Trani）后来进入了司法部门，并在曼弗雷德时代担任高等法院法官。这是市民出身的法学家的精神注入骑士贵族的第一个例子。后来的法学家有时会被提升到骑士等级……他们的儿子也被安茹王朝的国王接纳为侍童。

　　皇帝自己的儿子，无论是否合法，大多在宫廷的年轻贵族当中长大，外国君主的儿子也经常和他们一起受教育。似乎没有关于耶路撒冷国王约翰留下的两个孤儿的记录，他们是皇帝的年轻的小舅子，被皇帝邀请到他的宫廷。弗里德里希二世的外甥、卡斯蒂利亚国王的儿子费德里科被送到皇帝的监护下成长。但施陶芬-卡斯蒂利亚混血的后代不肯受约束：卡斯蒂利亚的费德里科几年后就从皇帝身边逃走了；他的弟弟卡斯蒂利

①　指的是皇帝的最高军务官里卡尔多·菲兰杰里的儿子。

亚的恩里克也是如此，他是一个更大胆的人，在经历了跌宕起伏的生活之后，在施陶芬时代晚期的意大利政治中发挥了强大的影响力①。恩齐奥国王一定在西西里宫廷度过了他的童年的若干岁月，还有安条克的弗里德里希，他是皇帝的另一个私生子。关于曼弗雷德在这个知识气氛浓郁的宫廷所受的教育，我们有比较详细的了解。他父亲去世时他才 18 岁。弗里德里希二世在晚年对曼弗雷德的爱超过了对其他任何一个儿子。"一大批德高望重的博士"给曼弗雷德上课，教他"关于世界的本质、身体的起源和发展、灵魂的创造、灵魂的不朽和完善灵魂的方法、物质的转瞬即逝、永恒事物的坚固"。曼弗雷德从童年起就坚持他父亲的思想方式，父亲对他来说既是母亲又是家庭女教师。曼弗雷德在所有思想领域都与父亲酷似，而正是

---

① 卡斯蒂利亚的费德里科（1223—1277）和他的弟弟恩里克（1230—1303），卡斯蒂利亚国王斐迪南三世与施瓦本的伊丽莎白的儿子。伊丽莎白是德意志国王施瓦本的菲利普与拜占庭公主伊琳娜·安格丽娜的女儿。所以伊丽莎白是弗里德里希二世皇帝的堂妹。

恩里克参加了 1248 年征服塞维利亚的战斗，战功赫赫。1252 年，斐迪南三世驾崩，传位给长子阿方索十世。费德里科和恩里克对王兄的压制不满，于 1255 年发动了叛乱。叛乱失败后，恩里克逃往英格兰，后去突尼斯闯荡。费德里科也逃往突尼斯，与弟弟会合。兄弟俩成为游侠骑士，为突尼斯的埃米尔服务。恩里克还在突尼斯经商致富。

在安茹的查理与曼弗雷德争夺西西里王国的战争中，费德里科为曼弗雷德效力，参加了 1266 年的贝内文托战役，战败后逃回突尼斯。而恩里克支持安茹的查理，并贷款给他。查理安排恩里克成为罗马城的元老。但查理始终没有还钱，而且恩里克对区区元老职位不满足，想当撒丁国王，于是又与查理疏远。

1268 年，曼弗雷德的侄子康拉丁到意大利争夺西西里王位之后，费德里科和恩里克都支持康拉丁，参加了塔利亚科佐战役。战败后，恩里克被安茹王朝囚禁了 23 年。费德里科则逃往突尼斯，帮助突尼斯军队抵抗 1270 年的第八次十字军东征。费德里科随后与阿方索十世和解，返回卡斯蒂利亚，但卷入政治阴谋，被王兄秘密处死。恩里克则最终获释，在卡斯蒂利亚安度晚年。

为了回应他的迫切要求，弗里德里希二世才创作了《鹰猎的艺术》（*De arte venandi cum avibus*）。

据说，曼弗雷德后来被皇帝托付给霍恩堡的贝托尔德，贝托尔德曾是皇帝的侍童。而帝国的继承人康拉德国王在 7 岁时就离开了父皇的宫廷，名义上是为了接管德意志政府。他的导师是一位那不勒斯骑士，"由于他的高贵血统、伟大智慧、善于辞令以及高尚的品格，康拉德的教育被委托给了他，以便通过这样一位教师的崇高榜样，使这个孩子在各种美德、智慧和自制方面得到透彻的教育"。这个那不勒斯人可能是卡拉乔利家族的成员，因为当时 16 岁的兰多尔福·卡拉乔利作为侍童陪同年幼的康拉德国王去了德意志。我们还了解到，康拉德和其他许多贵族男孩一起上课。据说每当小国王犯错时，老师就会抽打其他男孩之一，因为如果小国王有一颗高尚的心，看到其他人因为他的错误而受罚，他就会感到特别痛苦。

弗里德里希二世给儿子康拉德的一些教育信件留存至今，他在其中努力向孩子解释了一个国王的真正尊严。虽然康拉德被称为"恺撒种族的神圣子孙"，但这些信件显示出皇帝宫廷的人们对统治者的职位有多么清醒和明确的思考，尽管他们对统治者有着英雄式崇拜，将其神化。"仅有显赫的出身不足以成为国王，也不足以成为大地上的伟人，除非高尚的品格与卓越的血统结合在一起，除非杰出的热忱为君王的衔级增光添彩……人们将国王和恺撒区别于其他人，并不是因为他们地位更高，而是因为他们看得更远，做得更好！作为人，他们因其人性而与其他人平起平坐，在生活中与其他人联系在一起，没有什么值得骄傲的，除非他们因美德和智慧而超越其他人。他们生为人，死为人。"弗里德里希二世还写道，只有通过思想上的智慧，国王才有别于其他人；而对于一位君王来说，如果他不能为智慧服务，继续处于无知状态，那么这比一个普通人糟糕得多。"因为王室血统的高贵使国王更容易接受智慧的教诲，因为他有高尚而敏锐的灵魂……因此，你热爱智慧是必要的，也是恰当的。为了智慧，你应该放下恺撒的尊严。在教师的鞭子和老师的戒尺的鞭策下，你既不是国王，也不是恺撒，而是学生。"皇帝在另一处还写道："我不禁止你在适当的时间和地点与熟练的人一起练习鹰猎和狩猎这种传统的帝王娱乐。但我要警告你，在打猎和放鹰时，不要与狩猎助手、弓箭手和驱赶猎物的奴仆过于亲近地交谈，以免他们用妄言损害国王的尊严，或用喋喋不休贬低君主的尊严，败坏良好的道德。"

人们很容易忘记，虽然弗里德里希二世的宫廷有着丰富的学识和法律知识，但它也是一个中世纪的骑士宫廷，几十年来一直是骑士-宫廷生活的焦点。这对意大利来说特别重要，使它能够充分地发展宫廷生活。弗里德里希二世和他的宫廷远远更多地属于意大利，而不是偏安一隅的诺曼宫廷：多年来，皇帝的宫廷一直在意大利中部和北部巡回，甚至当皇帝回到他的南方家园时，他仍然完全处于意大利的视野之中，因为他只居住在他的北部大陆领土。皇帝很少在巴勒莫这个诺曼人的古都寻找他喜欢颂扬的西西里的欢乐和乐趣，这可能会引起人们的惊讶。位于巴勒莫的辉煌的施陶芬宫廷的故事属于神话的范畴。在他统治的最后 10 年里，弗里德里希二世只踏上过西西里岛一次，去镇压 1233 年墨西拿发生的叛乱。巴勒莫仍然是王国的首都，但只是名义上的。在弗里德里希二世统治下，巴勒莫失去了皇家住所的特权地位，原因也是很务实的：巴勒莫只能通过海上旅行或漫长的令人疲惫的陆路旅行直接到达，所以对于帝国的统治者来说，它太偏远了。弗里德里希二世将他的国家重心转移到其主要力量所在的地方：他的几个北部省。

弗里德里希二世曾歌颂阿普利亚（亚得里亚海沿岸的省份）和拉波利斯之地（今天的坎帕尼亚），认为它们胜过应许之地，并自诩为"阿普利亚人"。他的实际家园是位于这两者之间的土地——围绕曼弗雷多尼亚湾（Golf von Manfredonia）的卡皮塔纳塔。在弗里德里希二世的时代之前，卡皮塔纳塔是个不重要的地方。但在将近一个世纪的时间里，世界政治的脉络在这个被世人遗忘的"阿普利亚平原"[①] 交织，福贾城在东西方的土地闻名遐迩，而这完全是由于皇帝个人对这个省份的偏爱。政治无疑是弗里德里希二世重视这个北部地区的决定性因素：在这里，他离意大利北部和中部的战场很近，随时可以亲自出手向北方出发，或者密切监视罗马的事态发展。但在选择卡皮塔纳塔这个贫瘠之地时，其他方面的考虑也很重要。卡皮塔纳塔在今天是一片石质沙漠，充其量只能用来放羊，但在施陶芬时代（当一切都更加丰饶、树木更加茂盛的时候），它一定拥有一些古人看重的宜人之处（amoenitas）：山地和丘陵、森林和平原的令人愉快的交相辉映，以及近在咫尺的大海。但在历史上的任何时期，卡皮塔纳塔都无法与色彩斑斓的巴勒莫竞争（巴勒莫几乎具有热带的繁茂，极富异域风情），也无法与那不勒斯湾的奇景媲美。可能是狩猎的可能性吸引了弗里德里希二世，弥补了卡皮塔纳塔在其他方面的不足……这种假设至少有一丝真实性：意大利人当然会有这样的印象，即

---

① 阿普利亚平原（Tavoliere di Puglia，字面意思为"阿普利亚桌子"）是意大利南部阿普利亚地区北部的一处平原，占到卡皮塔纳塔地区的将近一半。

弗里德里希二世在福贾过冬，是为了放鹰打猎，并在附近的山上度夏。或许对他来说恰恰是这个地区的贫瘠（显然极具潜力），让它比始终繁盛的西西里的千倍肥沃更有魅力，能够为他提供更多的可供塑造的原材料。弗里德里希二世给这些北方省份带来的变化可以说是翻天覆地！

弗里德里希二世曾写道，他访问卡皮塔纳塔的次数比其他省份多，是因为那里有他的城堡。在他之前，那里没有任何城堡。1221 年，他第一次驾临卡皮塔纳塔时肯定就立即决定将王国的这一部分作为他的大本营：早在 1223 年，他就开始建造福贾大城堡了。那里的铭文指出，弗里德里希二世已经把福贾这座王城提升为了远近闻名的皇室居所。很快，在合理的距离内又建起了娱乐性的宫殿、猎苑和小村庄，这些地方通常配有一座庄园或农场……皇帝的这些"慰藉"（solatia）由他从"大卡皮塔纳塔"（这是恩齐奥的说法）的土壤中建造起来，就像附近的古代圣地一样简单而自然而然地产生。蒙特城堡（Castel del Monte）位于巴列塔附近的高地上，是这些施陶芬城堡中保存最完好、最著名的一座。它的平面布局是史无前例的，而且和其他许多建筑一样，可能是由皇帝本人设计的：它是一个由淡黄色石灰石构成的规则的八角形；其光滑的、完全吻合的石块间没有任何接缝，产生了独块巨石般的效果……八个角上各有一座与墙同高的八角形塔楼……塔楼分两层，每层的层高相同，都有八个相同尺寸的梯形大房间……一个八角形的中央庭院，装饰着古典雕塑和仿古雕塑，在庭院中央有一个八角形的大理石池子作为浴池。该建筑的每一个部分都显示出施陶芬宫廷在思想上的兼收并蓄：整体的雄浑的东方气质、预示着文艺复兴的门户、哥特式窗户，以及带有穹棱和拱顶的房间。房间的窗户狭小，但其阴暗被装潢所缓和：地板上是镶嵌画，墙壁上覆盖着微红色角砾岩或白色大理石片，穹棱拱顶由带有科林斯式柱头的壁柱支撑，或由精致的成群的白色大理石柱支撑。庄严和优雅水乳交融。

　　弗里德里希二世从不吝惜精心挑选的华丽。异国情调的奢华和壮丽在这些严酷的北方地区产生的效果，可能比在半非洲半撒拉森的巴勒莫更强烈。同时代的人不禁猜测，在这些城堡的沉默高墙后面发生了多么神秘的仪式、多么难以想象的狂欢！那些时时得以瞥见的光彩多么令人惊奇！在宽敞的福贾城堡（被描述为随处可见大理石的宫殿，有古绿石的雕像和柱子，有大理石的狮子和水池），传说中的宴会在骚乱和狂欢中进行，其魅力仍然萦绕着关于南方施陶芬王朝的记忆。有一位编年史家是这么记载的："每一种节日的欢乐都在那里水乳交融。唱诗班的交替和乐师的紫色服装唤起了节日的气氛。一些客人被授予骑士身份，其他客人则戴上特殊荣誉的标志。整整一天都在欢乐中度过，当夜幕降临时，四处都点燃了火把，把黑夜变成了白天，供乐手们比赛。"另一位编年史家报告了英格兰王子康沃尔伯爵理查①有幸看到的城堡内院的奇迹。这位

---

① 康沃尔伯爵理查（1209—1272）是无地王约翰的次子、亨利三世的弟弟。理查是当时欧洲最富有的贵族之一，参加了 1239~1241 年的"诸侯十字军东征"，前往圣地，但没有参加实战，但通过谈判争取到一些十字军战俘获释，并重新修建了亚实基伦的防御工事。从圣地返回途中，理查到意大利拜访了他的妹妹伊莎贝拉，即弗里德里希二世皇帝的妻子。1252年，教宗英诺森四世邀请理查出任西西里国王，理查断然拒绝，并对教廷大使说："你还不如对我说：'我把月亮送给你，或者卖给你，你自己爬上去拿吧。'" 1257 年，理查当选为德意志国王，但在德意志并无实权，仅数次到访德意志，也没有被教宗加冕为神圣罗马皇帝。他死后，德意志发生争夺王位的长期斗争，直到 1273 年哈布斯堡家族的鲁道夫成为国王。

英格兰伯爵从十字军东征中返回，正值盛夏：人们先是用沐浴、放血和强身健体的滋补药使他忘记了战争和航海的劳累与艰辛，然后用各种类型的运动为他助兴。他惊奇地听着陌生的乐器演奏的陌生音乐，看到杂耍者展示他们的技巧；被可爱的撒拉森少女的风姿所倾倒，她们随着铙钹和响板的节奏翩翩起舞，在一些大球上保持平衡，这些大球在五彩斑斓的光滑地板上滚动。很多故事和传说讲述了弗里德里希二世的盛宴和他的宫廷的光辉璀璨：来自各国的数百名骑士如何在丝绸帐篷里受到款待，流浪艺人如何从世界的每个角落蜂拥而来，外国使团如何在皇帝面前展示最稀有的珍奇。祭司王约翰的使者带来了石棉衣、返老还童药、隐形戒指，最后还有贤者之石。此外，人们还谈到了皇帝的宫廷占星家、神秘莫测的迈克尔·斯科特，提及他的名字时人们往往带着好奇的战栗。据说，在一个炎热的日子举行的宴会上，斯科特在皇帝的命令下召集了雷云，还创造了其他奇迹。

阿普利亚再也看不到像弗里德里希二世和曼弗雷德时期那样富丽堂皇的宫廷-骑士生活了。骑士精神本身与十字军东征和骑士爱情诗的联系很密切，所以在施陶芬皇朝的后期已经越来越黯淡。此外，在施陶芬皇朝之后统治西西里的安茹王朝是毫无情趣的偏执者，他们虽然是普罗旺斯人，却远远不像施瓦本人的施陶芬皇朝那样喜爱法兰西南部游吟诗人那种轻松快活、几乎属于多神教的精神和生活乐趣。

对意大利来说很新鲜的爱情诗，就是在弗里德里希二世宫廷的骑士氛围而非学识氛围中诞生的。人们争论不休的问题是，弗里德里希二世是如何，以及通过谁，了解到普罗旺斯抒情诗的，以及这些抒情诗是如何"转移"到西西里宫廷的。

这些问题很无聊。如果弗里德里希二世对这些诗歌一无所知，那才是难以解释的。事实上，皇帝相当充分地接触了整个法兰西和普罗旺斯的文化世界以及东方的文化。他从小就懂这两种语言，熟悉它们的文学作品，而且很有可能读过他的宫廷圈子所熟悉的小说：特里斯坦、兰斯洛特，等等。有证据表明，他知道梅林和吉隆·勒·库尔图瓦①的《帕拉米迪斯》的故事。吟游诗人赞美了阿普利亚少年，传说在这位 15 岁国王的宫廷里，举行了中世纪第一次诗人加冕礼，一位后来成为方济各会修士的流浪歌手获得加冕。

皇帝宫廷的诗歌在形式和内容上都模仿了普罗旺斯诗歌。但西西里的宫廷诗歌没有像北意大利贵族的宫廷（如萨卢佐和蒙费拉）习惯的那样使用普罗旺斯语，或像教会权贵的宫廷一样喜欢用外语。在西西里宫廷，人们首次用一种意大利语言写诗，即西西里-阿普利亚的民间方言。肯定有个别的先驱用西西里俗语②写作（也许包括传说中的阿尔卡莫，Alkamo）……但每一部意大利文学史都是从施陶芬宫廷的诗歌开始的。在这里兴起的"西西里诗派"的凝聚力，极大地提高了新俗语诗歌的影响力和传播速度，正如彼特拉克回忆的那样，"……在很短的时间内，这种在西西里人中诞生的诗歌

---

① 吉隆·勒·库尔图瓦（Guiron le Courtois）是亚瑟王传奇中的一名游侠骑士，是法国罗曼司《帕拉米迪斯》（Palamedes）的主要人物之一。《帕拉米迪斯》得名自亚瑟王的撒拉森骑士帕拉米迪斯，讲述亚瑟王等英雄的父辈的故事。

② 本书中的"俗语"指本民族的语言（相当于拉丁语而言）。意大利俗语（volgare）于 8 世纪末或 9 世纪初从通俗拉丁语发展而来，13 世纪开始出现意大利俗语文学（如弗里德里希二世的西西里诗派）。俗语后经但丁、薄伽丘和彼特拉克等人的发展，逐步演化为今天的标准意大利语。

类型就传遍了整个意大利和其他地方"。迟至但丁，所有非拉丁语的意大利俗语诗歌都被称为"西西里的"，但丁在他的《论俗语》一书中解释说，"因为王座在西西里"。

弗里德里希二世试验的时机已经成熟了。从普罗旺斯开始，俗语爱情诗已经传播到欧洲的其他地区，特别是法兰西和德意志，并受到了热烈欢迎。只有当普罗旺斯爱情诗的巅峰几乎过去时，它才来到了意大利，因为意大利在发展自己的母语方面远远落后于欧洲大部分国家，可能是因为其他国家都没有那么长久地与拉丁语保持如此密切的联系。在 13 世纪之前，意大利人几乎没有意识到他们的口语已经不再是古罗马的语言，而成为一种独立的语言。意大利民族意识（但丁将成为其先知）大约在同一时间开始出现，比其他国家要晚，而这是因为同样的误解，即误认为意大利语和古罗马的拉丁语是同一种东西。由于民族语言和民族意识在 13 世纪密切相关，所以我们不必奇怪，一种意大利方言首先在弗里德里希二世的南意大利国家成为民族语言，毕竟在意大利的那个部分，国家和民族的感情已经最早并最强烈地被唤醒了。现有的方言作为市井的简单交流手段，充满了不确定的喧嚣，只有在脱离了这些之后，方言才会转变为民族语言，即使不能立即成为书面语，至少也会成为诗歌的语言。不过这是为了一个封闭的群体，而不是为了个别的先驱。

所以，是什么让弗里德里希二世"想到"用阿普利亚–西西里的本土方言来创作普罗旺斯风格的诗歌，这个问题很幼稚。这样解释就足够了：他是一个国家、一个民族的创始人。据说，诺曼人，那些极具天赋的政治家，曾试图通过引入法语——"让人民合而为一吧（gens efficiatur ut una）！"——来创造一个西西里民族，但他们这么做的时机不成熟，也不成功。他们希望通过普及宫廷语言来实现语言的统一，因为在12世纪中期，法语还是巴勒莫王家城堡的语言。弗里德里希二世把他王国的重心从语言混乱的西西里岛转移到了单一语言的大陆上，很典型地没有为宫廷诗歌和庆典活动引进某种外语，而是按照他的一贯风格，抓住唾手可得的原材料进行实验，并根据他的目的对其加以塑造。经常歌颂他的但丁是他成功的见证："虽然土生土长的阿普利亚人说话一般都很粗俗，但他们中一些杰出的人说话却很文雅，因为他们将宫廷式语言融入他们的歌曲中。"通过对民间俗语的完善和培养，弗里德里希二世和他的诗派将本土方言提升为宫廷和文学的"出色的俗语"（volgare illustre）。他使俗语脱离了下层社会，承认西西里语是一种独立的语言，并同时创造了民族的共同体，也在人民和他们的"新品种"的统治者之间建立了联系。弗里德里希二世在多大程度上有意识地建立了语言和种族的统一，这一点并不重要。重要的是，他虽然不是现代意大利语的实际创造者（那是但丁），却是现代意大利语最重要的先驱。一位皇帝取得这样的成就，在西方历史上是独一无二的；即使在较小的君主中，也几乎没有出现过这样的情况。

两种语言并存造成的问题，在其他国家早就司空见惯（弗里德里希二世是德意志第一个同时用德文和拉丁文发布帝国法令的人），在南方的施陶芬国家也仍然存在。当然，神圣的拉丁文对罗马皇帝来说是不可或缺的，因为它具有世界性的效力，而且弗里德里希二世不曾梦想过在他的"神圣宪法""宣言书"和"帝国法令"中使用拉丁文之外的任何语言，而他的文书官衙对拉丁文极为精通。俗语对于言说永恒的真理还不够庄重；但丁仍然区分了永恒不变的拉丁文（主人）和易变的俗语（仆人）。帝国的神圣性是不朽的。但在意大利，人们已经开始尝试为俗语赋予一种神圣性，但丁"献给神的诗歌"（poema sacro）最终实现了这种神圣性。几乎在弗里德里希二世的第一批诗歌诞生的同时，阿西西的方济各，"主的吟游诗人"，也开始歌唱。他的俗语仍然很粗糙，仍然带有强烈的拉丁语色彩，但他拥有弗里德里希二世和西西里人所缺乏的一种强大的驱动力，一种"灵魂"。弗里德里希二世将西西里语作为世俗和宫廷娱乐的轻松活泼的语言，不要求它具有严肃性或庄重性。西西里诗歌无非是对世俗生活乐趣和快活的骑士-宫廷生活的一种表达，源于当下，服务于当下。与普罗旺斯的诗歌相比，西西里的诗歌几乎没有什么新的思想或感觉，但这也不重要，因为它们的唯一目的是在节日的聚会上听起来悦耳；重要的不是唱什么，而是用人民的语言和普通百姓的语言来歌唱。弗里德里希二世和西西里宫廷从奥弗涅、利穆赞和普罗旺斯的歌手那里借来的不仅是韵律和内容，而且同样重要的是他们对生活的喜悦，这唤起了宫廷、皇帝和他那一代人的回应。

在世界历史上的诸多著名君主中，最能让弗里德里希二世脱颖而出的，是他在所有风云变幻中保持的不慌不忙的开朗态度……那是思索一切的人的智识层面的开朗，他的目光从神的高度扫视大地，对自己也有反思。这种品质的名称 jovialitas 来自朱庇特。在帝国的官方语言中，它被称为 serenitas。这种开朗除了要求有君主的精神，还要求有一定的世故练达，以及一个可衡量的、既定的、稳固的世界。所以这种开朗在统治者中是很罕见的：在这种地位的君主中，也许只有尤利乌斯·恺撒才能达到①。在弗里德里希二世之后，没有一个伟大的实干家在同等程度上表现出这种开朗，以及与之对应的广度、高度和深度。聪明和机智的国王并不少见……在法兰西有一些轻松愉快的国王：亨利四世第一次呼吸就闻到了加斯科涅葡萄酒的芬芳。但他们与弗里德里希二世那种崇高的、恺撒式的开朗相去甚远。尽管肩负责任的重担，他却仍然保持着欢快开朗的心情，对歌声和节奏感有着一种爱好。后来没有任何一个德意志统治家族像施陶芬家族那样完全实现了这种轻松美好的精神自由，也没有任何一个施陶芬家族成员达到了弗里德里希二世那样的程度，他甚至在皇帝的位置上也能维持这种精神。弗里德里希二世把这种品质传给了他英俊的儿子们，但他们都没有成为皇帝。他们也会唱歌，即使是在悲剧性的命运笼罩着他们的时候。长子亨利，这个在父亲的地牢里结束生命的叛逆者，即使在宫廷总管剥夺他轻率地丧失的王家徽记时也没有停止歌唱，"早上他唱歌，晚上他哭泣"……曼弗雷德以不负责任的轻浮，为了他的歌声而忘记了他的王国。皇帝的老仆奥库尔西乌斯（Occursius），在与曼弗雷德一同在贝内文托战役中被杀前不久，转向曼弗雷德，责备而又感动地说："现在你的小提琴手在哪里，你的诗人在哪里，你爱他们胜过爱骑士和武装侍从！他们竟希望敌人能跟着他们甜美的音调跳舞！"恩齐奥在博洛尼亚的地牢里，用欢快的歌声打动并鼓舞了他的狱卒。和蔼可亲并且颇具骑士风度的安条克的弗里德里希，人们称他为托斯卡纳国王，也像他的兄弟一样唱歌。最后，康拉丁在一首甜美的哀歌中唱出了他自己的死亡和他家族的沉沦。这不是轻浮，也不是

---

① 当然，严格地讲，尤利乌斯·恺撒并非君主。

王室的时尚，而是一种无与伦比的生命与血脉的活力，即使在毁灭中也渴求荣耀和名望。曼弗雷德和恩齐奥的美貌将他们出卖给了敌人。整个施陶芬家族的艺术和弗里德里希二世自己的所有作品，都沉浸在这种生活的快乐之中：这些作品是他所统治和代表的世界的快乐果实，是从这个"懂得谱写和演唱歌曲的艺术"的快乐之人的快乐中涌现出来的爱情诗歌。

但新的诗歌并不局限于施陶芬家族，尽管新的诗歌没有他们是不可想象的。这门新艺术之所以产生了广泛的影响，是因为诗人弗里德里希同时也是弗里德里希二世皇帝，而宫廷在节日里提供了懂得欣赏的听众。弗里德里希二世和曼弗雷德的个性很重要，对其最好的解释就是当但丁对他的同时代意大利权贵，特别是西西里施陶芬王朝的继承人——阿拉贡的费德里科二世①和安茹的查理二世②怒目而视时，对施陶芬家族发出的赞美："如果我

---

① 费德里科二世或三世（1272—1337）是阿拉贡国王佩德罗三世的第三子。佩德罗三世夺取西西里王国，建立巴塞罗那王朝之后，费德里科二世继父亲和兄长海梅一世之后，成为西西里王国巴塞罗那王朝的第三代君主。虽然他是西西里的第二位叫费德里科（弗里德里希的西班牙语形式）的君主，按理说他应当是费德里科二世，但他自称费德里科三世，因为他的外曾祖父弗里德里希二世皇帝是"二世"。费德里科二世继续与安茹王朝（以查理二世，即安茹的查理的儿子为代表）争夺西西里和意大利南部，后来双方的战争陷入僵局，签署了《卡尔塔贝洛塔条约》。这对西西里历史来说是个里程碑，尽管实际上它只不过认可了局势紧张的现状。安茹王朝同意从西西里岛撤军，西西里人同意从意大利大陆撤军。

② 那不勒斯国王查理二世（1254？—1309），绰号"瘸子"，是安茹的查理的儿子。他还是王储的时候，于1284年被阿拉贡海军将领劳里亚的鲁杰罗俘虏，父王驾崩时查理二世还在狱中。查理二世于1288年在缴纳赎金后被释放回国，并于1289年在列蒂被教宗尼古拉四世加冕为国王。查理二世致力于与阿拉贡人争夺西西里，但最终失败，于是出现了安茹王朝统治那不勒斯、阿拉贡的巴塞罗那王朝统治西西里岛的长期局面。查理二世的孙子查理·罗贝尔（1288—1342）成为匈牙利国王，开创了匈牙利的安茹王朝。

们正确地解读了这些迹象，特里纳克里亚①的（诗歌）名声，就只剩下意大利王公的耻辱了，他们不像英雄，而像平民，追随自己的自负。杰出的英雄弗里德里希二世皇帝和他教养良好的儿子曼弗雷德揭示了他们思想的高尚和正确性。只要幸运之神眷顾他们，他们就会追求真正的人性，鄙视兽性。因此，所有具有高贵心灵和蒙恩的王公都依附于他们。在他们的时代，当时拉丁人中所有杰出的思想都是在这两位国王的宫廷中首次绽放出来的。因为西西里是王座的所在，我们的前辈用俗语创作的一切都被称为西西里诗歌；我们继续采用这个说法，我们的后继者也无法改变这一点。但是，呜呼哀哉！我们从这个最新的费德里科二世那里听到了什么诗歌？这个查理二世的铃铛声是怎样的？从乔瓦尼和阿佐这些强大的侯爵那里可以听到什么样的号角声？只有‘来吧，你们这些压迫者！来吧，你们这些两面派！来吧，你们这些贪婪的门徒！’”

当但丁这种段位并且如此严厉的诗人用这样的语言赞美“杰出的英雄”的人性时，这肯定是一个不寻常的现象，事实上也是如此。最不寻常的或许是西西里诗派本身。有品位的王公经常在自己的宫廷“赞助诗歌艺术”，通过慷慨解囊来吸引演奏者和流浪歌手。但这不是弗里德里希二世的做法。恰恰相反，弗里德里希二世不信任浪迹天涯的吟游诗人，也不鼓励吟游诗人在他的王国里的活动，而且在德意志的一次宴会上，他命令不要在流浪的吟游诗人身上浪费那么多钱。令人惊奇的是，西西里诗派所有的早期诗人，无一例外是由弗里德里希二世在自己的宫廷培养出来的。以皇帝为榜样，官员们突然诗兴

---

① 特里纳克里亚（Trinacria）是西西里的别称。

大发。文艺复兴时期的王公把官职授予诗人、画家和雕塑家，卡尔·奥古斯特①也把官职授予歌德。这与弗里德里希二世的做法完全相反。弗里德里希二世没有因为一个人碰巧是诗人而让他成为国家官员，而是"局势的迫切需要"唤起了这位皇帝手下官员们的诗歌技巧。这无疑是历史上独一无二的现象：最伟大的政治家和立法者之一不仅创造了整个民族的文学语言，而且为国家培养了两三代诗人。这让我们更加相信达蒙②所说的话，即如果不改变缪斯女神之律法，就不能改变一国之律法。

很自然的是，虽然新诗的动力是由皇帝提供的，但主要是年轻一代，而不是弗里德里希二世的同龄人，在实践这种新艺术。在 1231 年之前，似乎没有一个官员写过诗，而西西里诗派的全盛时期是在整整 10 年之后。皇帝自己的诗歌（数量不多，但影响力很大）肯定在十字军东征之前就有了。耶路撒冷国王布里耶纳的约翰（Re Giovanni）当时在弗里德里希二世的宫廷，他的一首西西里俗语诗保存至今，而且不可能是更晚期创作的。要确定诗歌的创作年代，最好看一下这些诗人是

---

① 萨克森-魏玛-爱森纳赫大公卡尔·奥古斯特（1757—1828）是以赞助文艺而著称的一位德意志君主，把歌德等一大批优秀的文学家、思想家和科学家吸引到自己的宫廷，使得魏玛一时间成为德意志的知识中心。他是歌德的好友，对他大力提携和赞助，任命他为枢密顾问。在政治上，卡尔·奥古斯特支持普鲁士，反对哈布斯堡帝国。在拿破仑战争的前半期，卡尔·奥古斯特为普鲁士效力，在普鲁士被拿破仑打败后一度被迫为法军作战，但后来又投入反法的"德意志解放战争"中。在内政方面，他的态度是自由主义的，是第一位颁布自由主义宪法的德意志诸侯。

② 雅典的达蒙（Damon）是公元前 5 世纪的希腊音乐学家，据说是伯利克里的老师和谋士。柏拉图多次提到达蒙，认为他是音乐领域的权威。

谁。由于这不是一个学术问题，而是骑士-宫廷艺术的问题，所以我们必须在贵族官员中寻找作者，特别是那些在可塑性强的青葱岁月受宫廷影响最深的人。

诗人中至少有三位阿奎诺伯爵家族的成员：莱纳尔多、雅各布和莫纳尔多（Monaldo）。大约 1240 年，莱纳尔多是皇帝的侍童和养鹰人，几年后在宫廷担任了某个职务。他写了很多诗，但丁曾经引用过其中的一段。我们没有关于他的亲戚雅各布曾担任皇帝侍童的记录，但雅各布的哥哥肯定曾经是侍童。当雅各布的父亲在为皇帝效力时殉职后，弗里德里希二世明确写道，他打算亲自照料这两个男孩，所以我们可以有把握地假设，雅各布·阿奎诺也曾是宫廷的贵族侍童之一。我们对莫纳尔多·阿奎诺几乎一无所知，只知道他属于西西里诗派。莱纳尔多曾试图引诱他的弟弟、年轻的多明我会修士托马斯·阿奎那到宫廷，但失败了，托马斯是家族中最有天赋的人。莱纳尔多的这个努力得到了皮耶罗·德拉·维尼亚的支持。甚至弗里德里希二世本人也暗中支持莱纳尔多和皮耶罗的尝试，因为他喜欢劝说有天赋的年轻贵族不要加入托钵修会。当时，托钵修会吸引了很多贵族子弟。我们知道，皇帝也曾试图这样影响帕尔马的一位年轻贵族。

通过互换合组歌①，雅各布·阿奎诺的名字与另一位年轻诗人雅各布·莫斯塔奇（Jacopo Mostacci）的名字联系在了一起。莫斯塔奇和他的兄弟在大约 1240 年担任皇帝的侍童。莫斯塔奇后来为曼弗雷德国王服务，出使阿拉贡宫廷。莫拉家族

---

① 合组歌（Canzone）指的是中世纪的若干种意大利语或普罗旺斯语的歌谣或抒情诗。13 世纪弗里德里希二世皇帝的西西里宫廷以合组歌的创作闻名，后来但丁、彼特拉克、薄伽丘等人都创作过合组歌。

的一名成员（高等法院政法官莫拉的恩里科的儿子、约 1240
年皇帝两名侍童的哥哥）也出现在宫廷诗人当中。此时，莫
拉的雅各布已经是斯波莱托公国的总司令。由于他父亲的地位
很高，他是弗里德里希二世最信任的亲信之一，是皇帝"视
如己出，什么都不隐瞒"的人之一。莫拉的雅各布对普罗旺
斯语进行了深入的研究。一位吟游诗人，可能是著名的圣西尔
克的乌科（Uc de St. Circ），为他写了现存最早的普罗旺斯语
语法书（Donat proensal）。西西里诗派的一些最美的作品都有
"阿普利亚人贾科米诺"（Giacomino Pugliese）的名字，这其
实就是莫拉的雅各布。弗里德里希二世很信任他，将他提携到
了安科纳边疆区高级总督的高位上。但在这个职位上，莫拉的
雅各布最终背叛了主人，卷入了一场阴谋。另一位诗人鲁杰
罗·德·阿米西斯（Roger de Amicis）也遭遇了类似的命运。
他也是最高级官员之一，是大政法官或西西里总司令。我们知
道他和他的年轻朋友阿奎诺的莱纳尔多之间有一段诗歌交流。
鲁杰罗·德·阿米西斯是皇帝的亲信之一，是卡拉布里亚的贵
族，曾奉命出使埃及，去过开罗宫廷。福尔科·鲁弗（Folco
Ruffo）也是一位诗人，来自同一地区。在后来的日子里，他
经常被提到在弗里德里希二世身边。当他见证垂死的皇帝的最
后遗嘱时，他一定还相当年轻。他属于著名的鲁菲（Ruffi）
家族，该家族的一名成员是御用马厩的负责人，另一人应皇帝
的要求写了一本关于兽医学的书。最后还有巴勒莫的莱纳尔多
（Rainald von Palermo），他也是 1240 年的皇帝侍童之一，是西
西里的一位封建贵族。也许他就是以巴勒莫的莱纳（Rainer
von Palermo）为名保存下来的诗歌的作者，我们对这个莱纳的
情况一无所知。

　　贝内文托的蒙泰内里家族的许多成员都担任了弗里德里希二世的高级官员。蒙泰内罗的莱纳尔多（Rainald von Montenero）①是西西里诗派成员之一，他在一本讲述他在撒丁岛冒险经历的小说中被描述为"宫廷骑士"（kavaliere di corte）。撒丁王国属于恩齐奥，因此这个蒙泰内罗的莱纳尔多一定是他的下属，但具体身份不详。由于帝国的行政管理后来逐渐扩展到整个意大利，而西西里的官员又在各地施政，因此俗语诗向北传播并不奇怪。值得注意的是，起初只有支持帝国的，也就是吉伯林派的城镇，如比萨、阿雷佐、锡耶纳、卢卡和佛罗伦萨，出了诗人。据传说，当诗人兼国王恩齐奥被囚禁在博洛尼亚时，当地有教养的青年常去拜访他。在这些客人面前，恩齐奥不大可能对自己的诗作有任何隐瞒，他对这些诗很重视，在他的遗嘱中都提及了。圭多·圭尼泽利②很可能是这些访客之一。公证人博洛尼亚的森普雷贝内（Semprebene da Bologna）的诗歌中经常提及恩齐奥的名字。森普雷贝内是北意大利最早的俗语诗人之一，也被算作西西里诗派的一员。另外几个北意大利人也属于同一流派，他们是皇帝手下的贵族官员，与宫廷联系密切。阿里戈·泰斯塔（Arrigo Testa）就是其中之一，他是阿雷佐的骑士，经常被派往亲帝国城市担任督政官，然后在佛罗伦萨待了一段时间。安条克的弗里德里希在担任托斯卡纳高级总督时就和泰斯塔一起住在佛罗伦萨。安条克的弗里德里希极有天赋，他署名为"Re Federigo"（费德里戈

---

①　注意，蒙泰内里（Monteneri）是蒙泰内罗（Montenero）的复数形式。

②　圭多·圭尼泽利（Guido Guinizelli）是出生于意大利博洛尼亚的爱情诗人，被认为是"甜蜜的新风格"（Dolce Stil Novo）的创始人。但丁在《神曲》中两次提到他，对他颇为推崇。

国王）的诗歌经常被人与他父亲的作品混淆。佩尔奇瓦莱·多里亚（Percival Doria）是热那亚人，担任过阿维尼翁的督政官，后来在帕尔马任职。在曼弗雷德国王统治时期，多里亚是边疆区总司令，后来以将领的身份在曼弗雷德的一次战役期间溺死。曼弗雷德国王的大量诗歌都没有流传下来，尽管他身边总是簇拥着一大群德意志"提琴手"。在托斯卡纳，他们曾经唱过一首歌曲，内容是：我们的马来自西班牙，衣服来自法兰西，在这里我们用普罗旺斯的风格和德意志的新乐器唱歌跳舞。曼弗雷德的司库大臣曼弗雷迪·马莱塔（Manfred Maletta）伯爵的诗歌也没有保存下来，"他在国王的宫廷里很有权势，很富有，很受曼弗雷德的恩宠……他是最好的［诗人］，在创造合组歌和旋律方面很完美，弹奏起弦乐器来无与伦比"。

市民出身的法学家与王公贵族和骑士歌手一起参与了俗语诗的创作，这是唯一真正将王公、贵族和市民结合起来的宫廷艺术。这些法学家诗人的数量比骑士诗人要少得多，但更有分量，因为皮耶罗·德拉·维尼亚是最早用俗语写诗的人之一。他甚至可能是西西里诗派的核心，有许多较年轻的诗人与他切磋。由于他在十字军东征之前的创作并不突出，而他的诗歌创作属于他的晚期，所以他的灵感也可能要归功于皇帝……无论是否如此，他都是弗里德里希二世同龄人中少有的诗人之一。在这一点上，就像在其他领域一样，弗里德里希二世和维尼亚是紧密联系在一起的。

通过维尼亚，新诗歌艺术传播到了法学家那里。这些人在智识上最为训练有素，在语言上是那个时代最专业的人，最有能力吸纳这种新的诗歌艺术，并将这种骑士-宫廷艺术发扬光大，因为过了一段时间，骑士诗人在自己的阶层中就后继无人了。因此，诗歌在意大利开始市民化，就像在德意志一样。在德意志，骑士阶层的爱情诗（Minnesang）被市民阶层的工匠歌曲（Meistersang）取代，直到最后完全变得僵硬和机械。同样的危险在意大利也存在。我们可能要感谢法学家们对精美风格的培养，因为他们发现了新的诗节形式（据说皮耶罗·德拉·维尼亚创作了第一首十四行诗），但诗歌的日益僵化和贫瘠也是由于法学家的过度迂腐。最后，一度充斥意大利北部和中部的法学家和哲学家诗歌的荒芜被遗忘，取而代之的是但丁和"甜蜜的新风格"①。

除皮耶罗·德拉·维尼亚之外，西西里诗派最知名的代表人物之一，是另一位在皇帝宫廷创作的法学家：公证人贾科莫·达·伦蒂尼（Giacomo da Lentini）。他也与大多数年轻的贵族过从甚密，他的作品在数量上首屈一指。他是这一流派的典型，以至于但丁在与卢卡的博纳准塔（Bonagiunta di Lucca）的重要谈话中挑选出"公证人"作为旧的创作倾向的样本。最后，我们应该提到后来的法官圭多·科隆纳（Guido Colonna），他的诗和阿奎诺的莱纳尔多的诗一样，偶尔会被但丁引用。

因此，在著名的、或者说恶名昭著的弗里德里希二世的国家（"第一个现代官僚机构"！），在官员中存在一个与皇帝亲

---

① "甜蜜的新风格"（Dolce Stil Novo），也称"清新体"，13~14 世纪意大利文学的一场运动的名称，受西西里诗派和托斯卡纳诗歌的影响，主题是神圣的爱。Dolce Stil Novo 的说法出自但丁的《神曲·炼狱篇》。"甜蜜的新风格"诗歌经常描写女性的美，将心爱的女人比作天使。"甜蜜的新风格"是第一种真正的意大利文学传统，也使得托斯卡纳方言得到提升，它最终成了意大利的标准语言。

近的由学者、诗人和艺术家组成的核心圈子。他们都或多或少的思想活跃，生活在相当亲密的关系中，分享彼此的多方面知识，并且互相启发和刺激。西西里诗人与游吟诗人有很大区别，首先他们既不是流浪者，也不是以写诗为职业！西西里诗派，就像后来的西西里雕塑流派一样，与国家联系在一起，与国家融为一体……新诗的支柱同时也是国家的支柱，国家要求得到每个官员的全部，包括他的全部私人禀赋。弗里德里希二世有一种伟大的艺术，那就是让一切都为国家服务，不浪费任何东西。这无疑给个人带来了一种不容易承受的压力，而流浪的吟游诗人完全没有这种压力。西西里诗派并不缺乏创作上的竞争，但其层次比游吟诗人对同行的嫉妒要高，因为西西里诗人之所以创作，不是为了换取生计和金钱，毕竟他们都是皇帝手下的官员。帝国诗派在另一点上与其他宫廷的诗歌不同：在皇帝的宫廷，贵妇人不是宫廷活动的中心……根据东方习俗，皇后有着她自己的宫廷，且通常远离皇帝，住在"后宫"里，甚至弗里德里希二世的许多情人也没有在宫廷中扮演任何角色，我们甚至几乎不知道她们的名字。宫廷只有一个中心，那就是皇帝……在这一点上，弗里德里希二世的宫廷更像教宗的宫廷，而不是当时的其他帝王宫廷。皇帝在有教养的廷臣和官员中的生活，尽管在思想上很开放，却产生了一种严酷和思想上高度紧张的氛围（这种氛围在西方是独一无二的），以及一种新的阳刚之气，它若不是被国家的铁腕所控制和约束，就会冲破一切。弗里德里希二世本人在许多外国学者的支持下，将自然科学的新知识引入他的宫廷，从而进一步激发了这种思想上的张力。

　　必然性学说（即关于事物本身固有的自然规律的学说）的出现，表明那个时代的思想正多么大胆地朝某个方向进步，与生活和现实的联系又是多么密切。我们还可以通过另一种方式来了解当时的思想状态。古人从他们的神和英雄的原始自然世界开始，通过对自然法则和阿南刻①的认识上升到对智性②的认识，然后越来越高，直到最后只有一个单一的"世界智性"统治宇宙。千百年后，人类的思想正从这个高峰（所有的形式都被溶解在其中，被思想所浸透）走下来，在向下的方向再次追溯它曾经攀登过的道路。人们再次认识到自然界的生命法则，特别是那些在整个宇宙中都有效的法则；思想进一步下降，关注大地和大地上的生物，直到自然、精神和灵魂在佛罗伦萨的美第奇时代在大地上相互交融。中世纪的每一个时代都从过去为自己找到了榜样：奥托三世试图复苏君士坦丁的时代，而他的老师热尔贝尔（Gerbert）在成为教宗后，采用了西尔维斯特二世（Sylvester II）的头衔，以对应君士坦丁时期的罗马主教。整个 13 世纪都意识到自己与基督教时代的第一个世纪有着密切的亲缘关系，这种观念由修道院长菲奥雷的约阿希姆的预言引领：即将降临的新时代将类似于使徒领导的第一批基督徒的时代。圣方济各作为主的直

---

① 阿南刻（Ananke，字面意思是"必然性"）是希腊神话中的命运、定数和必然的神格化，她的形象是拿着纺锤的女神。在罗马神话中，她的名字是涅刻西塔斯（Necessitas）。

② 智性（Nous），也译为知性、理智、理智直觉、努斯。Nous 经常被认为与智能（Intellect）、智力（Intelligence）是同义词，但是它较常使用在哲学讨论中。它被认为是人类心智中具备的一种能分辨对与错的直觉能力，牟宗三将它译为"智的直觉"。有人认为 Nous 是一种在人类心智中运作的知觉能力，位阶高于感官。

接门徒，似乎实现了这个预言……而弗里德里希二世试图复苏奥古斯都的时代。关于世界末日的猜测最终归结为一种信念，即在世界末日之前，一切都必须与公元 1 世纪的"圆满的时代"（也就是基督的时代）完全吻合。诚然，这个时刻（即救赎之日）在新的意义上，只有在第一个圣年（即 1300 年的禧年）的耶稣受难日，当但丁在维吉尔的带领下踏上天堂之路时，才会降临。

当时的自然科学-哲学活动也指向了基督教早期或古典晚期。从前引诱人们进入抽象的精神世界的那些古代作家，现在帮助人们摸索着再次进入肉体的世界。人们通过思想，首先（也是最轻松地）发现了晚期古典哲学的整个幻影世界。有机增长的正常过程最终给人们启发，即从个体中抽象出一般规律，在经院哲学时代是既定的、首要的。经院哲学家的思想总是以普遍性为第一前提（即习惯于每天与"普遍性"对话），能够更容易地掌握关于整个宇宙的一般规律，而不是关于地球上最简单的单一事物。人们学会了通过对规律和种类的推测来了解自然界的个别表现形式。任何与永恒和宇宙相关的东西，都能很快被训练有素的头脑掌握：因此，天文学和数学比植物学和动物学更早也更容易被理解，而植物学和动物学又比研究人类的科学更容易被理解。造型艺术引导了人类在这条道路上的每一步。

近期有人试图将对自然的感受或观察归于中世纪，这只是在玩弄文字游戏。整个中世纪的人们当然认为自然是神圣的，是世界的永恒秩序，但至少在 1200 年之前，没有人会从抽象和理智层面把自然看作一个活生生的东西，被它自己的力量所推动，用它自己的力量在跳动。没有人重视自然本身，人们更愿意把自然现象抽象地当作寓言来理解，并用形而上学对其进行超验的阐释。古典晚期出自亚历山大港的著作《博物学者》（*Physiologus*）加强了这种倾向。除了塞维利亚的伊西多尔①的百科全书和普林尼的著作，《博物学者》几乎是中世纪拥有的唯一的自然科学资料，而且是最受欢迎的一部，被翻译成了多种语言。它是一部自然史，提供了关于各种动物及其习性的小趣闻，并以大量篇幅记录了它们的寓意。狮子、公牛和独角兽从道德、星空或宇宙的角度表示什么，比它们实际上是什么引起了人们更多的兴趣。

克雷莫纳主教利乌特普兰德（Liutprant von Cremona）是这种观察自然的方式的一个典型例子。他在奥托皇朝时代被派往拜占庭担任大使。他被带到拜占庭的一所动物园，那里有一群野驴。利乌特普兰德立即开始推敲这些野驴对宇宙可能有什么意义。他想到了西比尔女预言家的一句话：狮子和猫将战胜野驴。主教首先认为，这表明他的主人奥托一世皇帝和拜占庭皇帝尼科弗鲁斯（Nikephoros）将共同战胜撒拉森人。但这两位同等强大的君主似乎不能用雄壮的狮子和小小的猫儿来代表。在进一步思考后，真正的解释闪现在他眼前：狮子和猫是他的主人奥托大帝和他年轻的儿子奥托二世，而他们要战胜的野驴，正如动物园所证明的那样，不是别人，正是尼科弗鲁斯皇帝本人！最博学的教士之一利乌特普兰德主教就是这样理解自然界的。但他熟悉大量的古代作家，包括西塞罗、

---

① 塞维利亚的伊西多尔（Isidor von Sevilla，约560—636）担任塞维利亚大主教三十多年，被认为是"古典世界的最后一位学者"。他对促使西哥特人从阿里乌异端改信天主教做出了很大贡献。他被奉为圣徒，著作很多，包括《词源》和多部史书。

泰伦提乌斯①、维盖提乌斯②、普林尼、卢克莱修、波伊提
乌③，仅举几例，更不用说诗人们。在这些问题上，古典著
作没有什么帮助，人们从它们那里只学到了自己相信的东
西——道德训诫或冒险故事。如果你有足够的学识，即使是
你自己经历的冒险，你也会从智识层面加以解释。首相康拉
德在信中描述了他在西西里的旅行，其间他看到了卡律布狄
斯和斯库拉，以及魔术师维吉尔的奇迹等，显示了这种将已
知的东西投射到真实世界中的做法。在十字军时代，人们的
幻想从奥维德和阿普列尤斯④的传说动物和神话生物、亚历山
大的传奇、埃涅阿斯和奥德修斯的漫游中获得了一定的方向。
但渐渐地，人们不再使用他们的幻想，而是学会使用他们的
眼睛。

　　每个时代根据自己的需要，从古人那里汲取相应的养料。
这可能是古人唯一一次唤醒人们对远方魔法和无形式的感觉，

---

① 普布利乌斯·泰伦提乌斯·阿弗尔（Publius Terentius Afer，前195？—前
159？）是罗马共和国时期（可能）出生于北非的剧作家，原为奴隶。泰
伦提乌斯有《婆母》《两兄弟》《福尔弥昂》《安德罗斯女子》等多部诗
剧传世。中世纪和文艺复兴时代的人们常用他的作品来学习拉丁文。莎
士比亚也深受他的影响。
② 普布利乌斯·弗拉维乌斯·维盖提乌斯·拉涅罗图斯是4世纪后半期罗
马帝国的军事作家，著有《论军事》。
③ 波伊提乌（Boethius，约480—524）是罗马元老、官僚、历史学家和哲学
家。他是将古希腊文经典翻译为拉丁文的重要人物，是经院哲学的前驱。
在狄奥多里克大王统治下的东哥特王国，波伊提乌获得高官厚禄，后因
政治斗争而入狱，在狱中写下了巨著《哲学的慰藉》。他被处死，后被
天主教会封圣。
④ 阿普列尤斯（Apuleius，出生于约124年，卒于170年之后）是出生于北
非的古罗马作家和哲学家，曾在雅典学习柏拉图主义哲学，后广泛游历
地中海地区，著有小说《金驴记》（一译《变形记》），透过主角化身为
驴所看见的真实罗马，讽刺罗马帝国的社会生活。

古人甚至是敌视形式的。被形式和陈规束缚得很紧的中世纪，对这些东西已经受够了。中世纪的人们从另一个世界获得了他们真正的生命，一种以现成的形式显示自己的生命（它是神圣的、美丽的、永恒的，并成为奇迹）。因此古人不需要带来新的形式，古人的任务是唤醒和释放现有的隐藏的力量。为中世纪提供信息并使中世纪与古典时代建立某种联系的作者们是一群怪人，今人几乎完全读不懂他们的作品。例如不计其数的伪亚里士多德著作，它们中的大多数试图通过新柏拉图式的思辨使亚里士多德"更容易理解"。那些不习惯使用眼睛的人，不是以生活和人为出发点，而是从普遍的思想出发，来寻求事物的内在意义。因此中世纪的人们只能通过这种最需要思想、最不需要人的眼睛的作者来找到接触古人的路径。对他们来说，阿拉伯人是古典著作最好的阐释者。阿拉伯人对古典著作的筛选只有一个目的，他们移植了一切值得移植的纯思想性的东西，但他们的头脑对任何带有希腊和罗马生活特殊色彩的东西都完全封闭。阿拉伯人没有翻译任何一部希腊或罗马历史学家的著作，没有传承任何一个诗人的作品！悲剧家和颂歌诗人对阿拉伯人来说算什么？荷马对他们来说算什么？他们只承认他的一句话有价值：只能有一个领军者，一个王（εἷς κοίρανος ἔστω- εἷς βασιλεύς）。另外，阿拉伯人翻译和传承了所有关于自然科学和医学的古典著作，以及自亚历山大以来几乎所有哲学家的著作，而对早期哲学家只译介了柏拉图的《蒂迈欧篇》《斐多篇》和《理想国》。在自然科学作家之外，新柏拉图主义者对阿拉伯人的吸引力最大。通过新柏拉图主义者的版本，阿拉伯人了解到了伟大的系统论者亚里士多德。即使是 10~11

世纪的伟大阿拉伯哲学家肯迪①、法拉比②和阿维森纳，也只能从新柏拉图主义的胡乱拼凑那里了解到亚里士多德。真正的亚里士多德的伟大阐释者，西班牙人阿威罗伊，直到 12 世纪才登场。这位伟大学者最伟大的成就之一是通过翻译和注疏向西方展示了一个更纯粹的亚里士多德，并将其他一些古典作家的著作从阿拉伯文重新翻译成西方语言。阿威罗伊去世的那一年，四岁的弗里德里希在巴勒莫被加冕为西西里国王，传说阿威罗伊在弗里德里希的宫廷生活过。

对阿拉伯文的大规模翻译从 12 世纪初开始，主要（或者说几乎完全是）在西班牙托莱多的翻译院③进行。在中世纪，托莱多翻译院被认为是各种神秘学的大本营：占星术、招魂术、手相术、火占卜术和其他各种占卜术。克雷莫纳的盖拉尔多（Gerhard von Cremona）等北意大利人在这里与多米尼库斯·贡迪萨利努斯（Dominicus Gundissalinus）等西班牙人一起工作。大约在 13 世纪初，阿威罗伊作品的第一批译本肯定已经开始在托莱多发表，同时还有亚里士多德的《物理学》和《形而上学》。早在 1209 年，这些作品就被教宗英诺森三世下令查禁了。

---

① 肯迪（Al-Kindi，约 801—873）是一位阿拉伯穆斯林哲学家、数学家、物理学家和音乐理论家，亚里士多德学派的主要代表人物之一，被誉为"阿拉伯哲学之父"。

② 法拉比（Al-Farabi，约 872—951）是出身于中亚的伊斯兰教国家喀喇汗王朝的著名医学家、哲学家、心理学家、音乐学家。他除编著有关多科学的 160 多种（一说 200 多种）著作外，还在整理研究回鹘医学的基础上编著了十几部有关医学的专著，推动和发展了医学基础理论，为后来出生在布哈拉的波斯医学家伊本·西那（阿维森纳）的《医典》奠定了基础。阿维森纳很自豪地将法拉比称为他的间接启蒙老师。

③ 托莱多翻译院（Escuela de Traductores de Toledo）由 12 世纪到 13 世纪在西班牙托莱多共同从事翻译工作的学者组成，他们翻译了大量古典阿拉伯语的哲学和科学著作。克雷莫纳的盖拉尔多是其中最重要的翻译家。

第二个，但重要性较低的收集这些作品的地方是巴勒莫的诺曼宫廷，那里是东方文化传入西方的第二个入口。像巴勒莫的欧根尼乌斯（Eugen von Palermo）和海军司令亨利·阿里斯蒂普①这样的人就在诺曼宫廷工作。但就目前所知，巴勒莫出版的唯一一部从阿拉伯文翻译的著作是托勒密的《光学》。当时巴勒莫更重要的意义是作为西方与拜占庭的联系纽带，在巴勒莫被翻译成拉丁文的主要是希腊文作品：埃律特莱亚神谕的预言集、托勒密的《天文学大成》（Syntaxis）、欧几里得的《光学》和《几何原本》、普罗克洛②的著作、亚历山大港的希罗③的《气体力学》（Pneumatica）、亚里士多德的逻辑学和气象学著作、柏拉图的《美诺篇》和《斐多篇》等，还有卡尔吉迪乌斯④的《蒂迈欧篇》拉丁文译本，以及出自波伊提乌之手的亚里士多德《论题篇》《分析篇》和《范畴篇》的从未失传的译本。

我们可以假设，弗里德里希二世知道这些作品中的大部分。另外，他很可能在少年时代就通过与巴勒莫的撒拉森人的

---

① 亨利·阿里斯蒂普（Henricus Aristippus，1105？—1162）是西西里王国的宗教学者和高级官僚。他可能是希腊人，不过是拉丁教会的拥护者。他将柏拉图的《美诺篇》《斐多篇》和亚里士多德《天象论》的第四卷翻译为拉丁文。他最后因为受到西西里国王威廉一世的怀疑而入狱，死在狱中。

② 普罗克洛（Proklos，412—485）是最后一位主要的希腊哲学家，新柏拉图主义的集大成者，极力促使新柏拉图主义在整个拜占庭、伊斯兰和罗马世界广泛传播。

③ 亚历山大港的希罗（Hero von Alexandrien，公元约 10—70），古希腊数学家和工程师，居住在罗马统治下的埃及，有很多发明创造，包括最早利用风能的设备之一。

④ 卡尔吉迪乌斯（Chalcidius 或 Calcidius）是 4 世纪的哲学家，可能是希腊人。他将柏拉图《蒂迈欧篇》的第一部分从希腊文翻译成拉丁文，并加以详细注释。在随后将近 800 年里，他的译文是拉丁西方的学者知道的唯一一柏拉图作品。

密切接触，了解了阿拉伯人的自然科学和哲学著作；他至少熟悉了阿拉伯人的思想。在最后一位诺曼国王去世后西西里的数十年混乱时期，原本与宫廷联系紧密的翻译活动陷入了停滞。弗里德里希二世抓住每个机会去复苏旧的传统，比如当他从德意志回到西西里王国后。他从东方回来后，宫廷开始了一个学术活动的时期，其成果几乎不再落后于托莱多。当十字军于1204年征服君士坦丁堡并在那里建立了一个拉丁帝国后，人们对拜占庭的兴趣大大减少，对阿拉伯的兴趣则（由于皇帝的影响而）大大提升，因此希腊研究的传统逐渐让位于阿拉伯研究。皇帝曾直接亲身了解阿拉伯学术，现在则开始通过众多学者向西方世界传播这些知识。

弗里德里希二世可能是在加冕之旅期间访问博洛尼亚时第一次见到了他后来的宫廷中最著名的学者：迈克尔·斯科特。我们对这位苏格兰学者的生平知之甚少。他在托莱多开始了翻译生涯，1217年在那里翻译了阿尔佩特拉吉斯[①]的《球面几何学》。三年后，斯科特来到博洛尼亚，然后在一段时间内与教廷保持联系，教廷将他推荐给了坎特伯雷大主教。他可能在1227年前后来到弗里德里希二世身边。他或许是在皇帝与数学家比萨的列奥纳多交谈的同时认识了皇帝。迈克尔·斯科特是翻译家、占星家、哲学家、数学家和占卜者，在他的时代被认为是一个魔法师，但丁把"确实会施妖术邪法"[②]的斯科特

---

① 即努尔丁·比特鲁吉（Nur ad-Din al-Bitrudschi，卒于1204年），西方人给他取的拉丁文名字是阿尔佩特拉吉斯（Alpetragius）。他是伊比利亚半岛的阿拉伯天文学家和法官，提出了第一个非托勒密系统的天文系统。

② 译文参考：《神曲·地狱篇》，但丁著，田德望译，人民文学出版社，1997年，第二十章，第151页。

打入地狱，并把他描写为一个头在肩膀上向后扭转的假先知。关于迈克尔·斯科特和皇帝的神奇而不可思议的故事数不胜数，至今仍然可以在浪漫派的小说和故事中找到。弗里德里希二世与他的宫廷占星家同样能激发人们的不寒而栗之感，人们称斯科特为"第二个阿波罗"。据传说，由于预先知道自己的死亡方式，斯科特总是戴着一顶铁帽。尽管如此，他还是被一块掉下来的石头砸死了，和他的预言一模一样。他的死亡可能发生在 1235 年，当时他正陪同皇帝前往德意志。

有大量著作被认为出自迈克尔·斯科特之手，但他的著作数量实际上没有那么多。但可以肯定的是，他翻译了亚里士多德的《论天》（De Caelo）和《论灵魂》（De Anima）以及阿威罗伊的评论，还翻译了阿维森纳划在《动物志》（Liber Animalium）题目下的亚里士多德动物学著作，包括《动物故事》《论动物的器官》以及其他一些论著，总共 19 种。和他的其他大部分作品一样，这些都是献给皇帝的。斯科特将亚里士多德的动物学首次引入西方。科隆的海因里希大师在 1232 年对皇帝的抄本进行了誊写，这很可能就是大阿尔伯特①使用的版本。《物理学》和《形而上学》的翻译也被归于

---

① 大阿尔伯特（Albertus Magnus，约 1200—1280）是德意志的一位多明我会修士、哲学家、科学家和主教，后被天主教会封圣并列入 36 位教会圣师，被认为是德意志中世纪最伟大的哲学家和神学家。1899 年整理出版的大阿尔伯特的全著包括 38 卷，显示了他的多产和渊博的知识，涉及的领域包括逻辑学、神学、植物学、地理学、天文学、矿物学、化学、动物学、生理学、颅相学等。大阿尔伯特阅读、理解、系统化了当时所有翻译成拉丁文的亚里士多德著作以及阿拉伯学者对其的评论，并将它们与教会教条结合起来。大阿尔伯特对物理学的知识非常丰富，对炼金术和化学也有研究，并教授过这些学科。1250 年，他分离了砷。他同代的敌人多次控告他施巫术、与魔鬼交谈、制造会说话的魔术机器。

斯科特，不过可能不是他翻译的……而一些晦涩难懂的哲学论著，如《逍遥学派的尼古拉的问题》（*Fragen des Nicolaus Peripateticus*）和《系统哲学》，则更有可能确实是斯科特写的。亚里士多德的其他著作在宫廷也很有名：除了《修辞学》和《气象学》，还有《尼各马可伦理学》，几十年后还有《政治学》。另外，伪亚里士多德的著作在宫廷传播极广。曼弗雷德国王后来将论著《论苹果》（*De Pomo*）翻译成了拉丁文（弗里德里希二世已经将这部书翻译成了希伯来文），并将《大道德学》（*Magna Moralia*）赠送给了巴黎大学。弗里德里希二世在他关于猎鹰的专著中引用了伪亚里士多德的《论力学》……一位生活在希腊的学者从希腊文翻译的所谓《问题集》（*Problemata*）被献给了皇帝。所谓的亚里士多德著作"神学"或《论王政》（περὶ βασιλείας）估计也是皇帝耳熟能详的。

　　另一位学者特奥多尔大师为皇帝准备了《秘密中的秘密》（*Secretum Secretorum*）的摘录，该书也被认为是亚里士多德的作品。特奥多尔大师和迈克尔·斯科特一样拥有宫廷哲学家的头衔，并可能接替了斯科特在宫廷的职位，后来甚至获得了一块封地。迈克尔·斯科特代表了西班牙和托莱多的精神，特奥多尔则代表了阿拉伯东方的精神。他可能来自安条克，据说曾在巴格达和摩苏尔学习，并于1236年被"大哈里发"（可能是埃及的卡米勒）送到皇帝那里。特奥多尔在皇帝身边忙忙碌碌：抵达皇帝宫廷的几个月后，他被聘为占星家，为皇帝测算星盘；作为文书人员，他帮助皇帝与阿拉伯统治者通信；他被派往突尼斯担任大使；作为学者，他翻译了一部阿拉伯文的关于狩猎的论著；最后，他还为宫廷准备紫罗兰蜜饯（这些工作不是那么有知识性，但也很重要），皇帝给生病的皮耶罗·德拉·维尼亚送了一些这种蜜饯。

西班牙人彼得（Petrus Hispanus）在一篇医学论文中称自己是特奥多尔大师的学生。关于他，以及另外两位被称为宫廷哲学家的人——巴勒莫的乔瓦尼大师和多米尼库斯大师（可能是西班牙人），我们都没有更多的信息了。几乎所有这些宫廷学者都与比萨的列奥纳多的圈子保持着密切的关系，列奥纳多将阿拉伯数字系统引入了西方。我们知道，弗里德里希二世在比萨会见了这位中世纪最伟大的数学家，并与他进行了长时间的交谈。列奥纳多从未为皇帝服务，但他把自己最重要的作品《计算之书》（Abacus）的修订版寄给了迈克尔·斯科特，还引用过"伟大的哲学家"特奥多尔大师的著作，并把他的《正方形之书》（Liber Quadratorum）献给了皇帝。看来皇帝在早些年已经完全熟悉了这位伟大数学家的其他著作。苏丹卡米勒曾派数学家兼天文学家、博学的哈尼菲（Al-Hanifi）去见皇帝，因为皇帝非常重视数学。宫廷学者都同时是数学家，这必须如此，因为数学对他们的天文和星象计算是绝对不可缺少的。

人们经常忽视占星术在这个世纪扮演的重要性极高的角色。在这个时代，对"时间"的硬性概念占了上风，确定正确时刻的任务就落在了占星术的肩上，而人们因为对天意的信仰而对正确时刻还没有很好的感知。占星术的任务还包括：直接从一个永恒的来源证明某个特定事件在特定时刻发生的必然性。当时人们还没有能力去思考这样的概念：事件本身会确定它们自己的时刻，而事件为时刻赋予了永恒的意义。甚至但丁也查证了每个重要事件发生时行星的位置，从而将当下与永恒联系起来。在这一点上，他的观点与迈克尔·斯科特相似。斯科特认为：天体不是事件的原因，而是事件的标志，就像酒馆门前的招牌说明里面有酒。

天文学和占星术在宫廷生活中发挥着重要作用。有一位苏丹给弗里德里希二世送来了一件昂贵的星盘，这个星盘与他的继承人康拉德一起，是皇帝在世上最心爱的宝贝。埃及苏丹送来了一本关于占星术的阿拉伯文作品：《九法官之书》。皇帝的儿子曼弗雷德后来翻译了另一部占星学著作《赫耳墨斯的一百警句》（*Centiloquium des Hermes*）；最后，迈克尔·斯科特在他的《引介之书》（*Liber Introductorius*）和《细节卷》（*Liber Particularis*）中汇编了一部精彩的百科全书，包含了他那个时代的全部天文学和占星学知识。迈克尔被誉为中世纪的第一占星家可谓实至名归，意大利各城市充斥着据说出自他之口的虚假预言。

无论皇帝临幸何方都会有占星家陪同，而且意大利王公最愿意向皇帝请教的，就是如何使用占星术。弗里德里希二世在多大程度上真正相信占星家，仍然是一个问题。虽然他经常询问某项重要的事业（如城市的营建或战役的开始）应当在什么良辰吉时进行，但他很可能像文艺复兴时期的王公一样，认为即便星星不会说谎，占星家却会。他一次又一次地对占星家们进行测试。迈克尔·斯科特曾向皇帝建议："当你向智者寻求建议时，请在上弦月时咨询。"他还告诫皇帝要注意一条古代医学格言，即当月亮在双子座时要避免放血。皇帝想证明他是个骗子，于是在一个禁忌日派人去找外科医生给他放血。放血很顺利，但结束时，外科医生不小心掉落了柳叶刀，刺穿了皇帝的脚。一连好几天，伤口的肿胀给他带来了极大的痛苦。还有一次，弗里德里希二世问斯科特，天空离皇宫有多远。不管皇帝到底是什么意思，斯科特迅速地计算出了距离。皇帝让他离开，然后命人将他的宫殿的房间或院子的地板挖深了一个手掌的宽度。迈克尔回来时，皇帝要求他再次计算天空与皇宫的距离。他的计算结果立即显示，要么天空移开了一个手掌宽的距离，要么宫殿下沉了。这些逸事很符合弗里德里希二世的个性，表明他不是对事物而是对人持怀疑态度。他的占星家，就像他的"后宫"一样，往往只是构成了他的"人设"的一部分。他为自己打造的形象需要神秘感，就像需要光辉一样。

弗里德里希二世与西班牙和普罗旺斯的希伯来学者建立了联系，或者甚至把他们请到了宫廷。宫廷对天文学和哲学（而不是对占星学）的浓厚兴趣，在很大程度上要感谢这些学者。通过他们，皇帝了解了犹太哲学。当时迈蒙尼德①的哲学已经达到了顶峰。据说弗里德里希二世能用九种语言口头表达自己的观点，并能书写七种语言。他很可能懂希伯来语，肯定曾让人将许多作品被翻译成希伯来语。犹大·本·所罗门·科恩（Juda ben Salomon Cohen）在 18 岁时来到皇帝的宫廷，在那里编纂了一本关于亚里士多德、欧几里得、托勒密和西班牙人阿尔佩特罗尼乌斯（Alpetronjus）的作品的百科全书。一名犹太人被提到是迈克尔·斯科特的秘书；在西班牙，犹太人与拉丁文学者合作对阿拉伯文进行翻译，是习以为常的事情。雅各布·本·阿巴马利（Jacob ben Abbamari）来自普罗旺斯，他翻译了亚里士

---

① 迈蒙尼德（Maimonides，1135—1204），中世纪西班牙著名的犹太哲学家、天文学家、医生和学者。

多德的五部逻辑学著作以及波菲利①的《导论》和阿威罗伊的评论。阿巴马利还在那不勒斯准备了托勒密著作的希伯来文译本，并将费尔干尼②的《天文学概述》翻译成希伯来文。这些译本都是献给皇帝的，并表示希望在"供养我的智慧之友"（指弗里德里希二世）的领导下，弥赛亚能够重现人间。这个愿望并不是单纯说说而已，因为根据希伯来历法，公元 1240 年是希伯来历5000 年，人们期待弥赛亚在这一年降临。弗里德里希二世在犹太人中享有很高的声誉，以至于在一部希伯来文的礼仪规范书（Sittenspiegel）中，他的逸事和言论被记录为典范，与亚里士多德、亚历山大大帝、波菲利和泰奥弗拉斯托斯③的言论并列。

来自萨勒诺的学者摩西·本·所罗门（Moses ben Salomon）向弗里德里希二世介绍了迈蒙尼德的作品。所罗门曾为《迷途指津》④写过评论。迈蒙尼德这位伟大的亚里士多德研究者的其

---

① 波菲利（Porphyrius，约234—305）是罗马帝国时期出生于推罗的新柏拉图主义哲学家。他著作颇丰，涉猎广泛，包括音乐、荷马以及素食主义。他的著作《导论》（Isagoge）在中世纪被认为是逻辑学和哲学的入门书和教科书，并被翻译成拉丁文和阿拉伯文。波菲利是反基督教人士，著有《反对基督徒》等反基督教著作。

② 费尔干尼（Al-Fargani，约800—870）是阿拉伯帝国阿拔斯王朝的天文学家，生于今乌兹别克斯坦的费尔干纳，著作涉及天文学及天文仪器，在中世纪阿拉伯国家和西方国家广泛流传。他的作品对托勒密的《天文学大成》进行了概况，并加入了修正后的实验数据，据说对哥白尼和哥伦布都产生了影响。

③ 泰奥弗拉斯托斯（Theophrastos，约前371—前287）是古希腊哲学家和科学家，先后受教于柏拉图和亚里士多德，后接替亚里士多德，领导"逍遥学派"。"泰奥弗拉斯托斯"并非真名，意为"神的代言人"，据说是亚里士多德见他口才出众而替他起的绰号。

④ 《迷途指津》是迈蒙尼德的神学著作，试图调和亚里士多德主义与犹太教拉比的哲学，为许多事件给出理性的解释，用希伯来字母和古典阿拉伯文写成。

他作品也为皇帝所知，他的一些谈话证明他对这些作品非常了解。有一天，皇帝与人谈话时提到了迈蒙尼德，有人说他的主要作品是他对《旧约》和《塔木德》①的阐释。皇帝说，他在这本书中没有找到对犹太教一种奇怪仪式的起源的解释，根据这种仪式，红母牛的灰烬有净化的作用。他认为这种仪式起源于印度，正如他在《印度圣贤书》中读到的那样，印度人会为类似的目的焚烧一只红色的狮子；也许立法者摩西考虑到捕捉狮子会涉及巨大危险，就用牛来代替狮子，作为犹太人的燔祭。皇帝认为，占星术很可能与此有关，这与埃及的魔法师和招魂师有联系……还有一次，他们讨论了为什么根据《圣经》的戒律，只有家畜可以作为祭品，野生动物却不行。皇帝给出了他的解释：祭品是给天堂的礼物，一个人只能献出自己的财产，而不能献出不属于任何人的自由的野兽。

值得注意的是，在宫廷这个"学者的共和国"中，大家相互认识，并在工作中互通有无。犹太人雅各布·本·阿巴马利是迈克尔·斯科特的朋友，且经常向他求助。阿巴马利写道，他与斯科特结成同盟，并从他那里得到了许多关于《圣经》经文的渊博的建议，主要与自然科学问题有关。萨勒诺的摩西·本·所罗门与霍恩堡边疆伯爵贝托尔德进行了博学的交谈。贝托尔德在1240年是皇帝的侍童，后来年轻的曼弗雷德被托付给他。所以很明显，宫廷圈子对科学的好奇心也感染了年轻的贵族。另一位廷臣向犹太人耶胡达·本·所罗门

---

① 《塔木德》是犹太教中极其重要的宗教文献，是犹太教律法和神学的主要来源。《塔木德》包含了人生各个阶段的行为规范，以及人生价值观的养成，是犹太人对自己民族和国家的历史、文化以及智慧的探索而淬炼出的结晶。

（Jehuda ben Salomon）询问关于从一个给定的球体中构建五个物体的问题，所罗门建议他去读欧几里得的著作。这位来自萨勒诺的希伯来学者与那不勒斯大学的著名教师爱尔兰的彼得进行了辩论，彼得随后与曼弗雷德及其朋友进行了内容非常丰富的交谈。

这所类似于文艺复兴风格的"学院"，以皇帝为首（不过他只是同侪之首），第一次展示了自由的人类思想如何跨越民族、宗教和等级的所有鸿沟，在世俗世界中充当一个融合各阶层的机构，恰似在一个完全不同的方向，教会的信仰在精神世界中发挥的作用。在创建那不勒斯大学的特许状（在许多方面是以博洛尼亚大学的特许状为蓝本的）中，皇帝指出了思想的统一作用："学问带来了高贵和财产，使友谊的情感和恩典得到了升华。"将人类的自由精神描述为建立友谊的精神，是一种新的、几乎是人文主义的关怀，表明教士精神已经被击败。一种新的力量正在这里涌现，因此皇帝十分重视学者和学生。正如一位廷臣所写的那样，他们"居住在从一片海到另一片海的大地之上"。当弗里德里希二世把亚里士多德关于逻辑和数学的一部论著的手抄本（这部手抄本和其他手抄本装满了他的库房，他在开展语言学和数学研究时发现了这些手抄本）寄给博洛尼亚大学的教师和学生时，他在附信中写道：收件人应该感激地接受这些著作，因为它们是他们的朋友即皇帝的礼物……他们应当知道如何使用这些著作，并"从古井中汲取新的水"。

这是对施陶芬宫廷中萌芽的文艺复兴学术活动最美的阐释。随着对一切知识的高度重视，一个新的问题出现在宫廷圈子里。这个问题从游吟诗人的时代、从自由的世俗思想开始悸动的时代，就一直萦绕在人们的头脑中：人究竟怎样才算高贵，是血统使人高贵，还是精神使人高贵。在皇帝的宫廷，这个问题被争论得异常热烈。在宫廷，市民出身的法学家和学者与骑士-贵族出身的官僚共同工作，并与基督教、犹太教和伊斯兰教哲学家交往和辩论。有一次，廷臣们求助于高等法院的两位法官——皮耶罗·德拉·维尼亚和塞萨的塔代奥，请求他们对上述问题做出裁决。他们的回答可能借用了皇帝引用过的亚里士多德的一句话：高贵在于古老的财产与高尚的行为结合在一起。弗里德里希二世在那不勒斯大学的创办特许状中也表达了类似的意思。他自己是皇帝和国王的子孙，对他来说，脱离血统高贵的精神高贵是不可想象的。但丁在《帝制论》中也表达了同样的立场。在《飨宴》（Convivio）中，但丁确实试图证明"古老的财产"的空虚，而在他伟大的教育论著和与之配套的合组歌中，他引用了弗里德里希二世的上述言论，但只是为了反驳它，尽管他把这位施陶芬皇帝称为"伟大的逻辑学家和伟大的学者"。无论人们对贵族的定义有多少争议，血统贵族和精神贵族的融合已经在皇帝的宫廷实现了。

上文提到了曼弗雷德国王及其朋友与爱尔兰的彼得的对话。虽然这段对话发生在弗里德里希二世驾崩 10 年之后，但它很接近皇帝的思想，生动地揭示了西西里宫廷在思考什么样的问题。这是一个意义重大的问题：大自然的目的。有人问，肢体之所以被创造出来，是由于它们的功能吗？或者，功能是肢体的目的吗？或者更确切地说（一个参与此次对话的人问道），猛禽的爪子、狼的獠牙、狮子的血盆大口，是大自然赐予这些动物，用来把其他动物撕碎的吗？这是一个魔鬼的问题，充满了陷阱。如果回答是肯定的，那就意味着大自然承认毁灭的原则，承认邪恶，邪恶是大自然的意志，是造物主的意志。根据这一理论，天意就不会以基督教意义上的"善"为目标，而人们渴望的那个秩序——狮子和羔羊在天堂的草地上一同玩耍——就不再是自然和上帝所希望的世界秩序。这是可以想象的……因为每个政治家都会觉得，所有动物之间的博爱，以及所有被造物的平等，是一种可怕的混乱。弗里德里希二世本人尤其会这么想，因为他首先把亚当想象为"国王"。皇帝对等级和优先权的适当遵守（即使在动物世界）持有非常强烈的看法。有一则逸事说明了这一点：有一天，他把他最喜爱的一只隼（"他爱这只隼胜过爱一座城市"）放飞去追击一只鹤。隼升到了鹤的上方，这时它看到下方有一只雏鹰，便俯冲下去把它杀死了。皇帝看到这一幕，愤怒地传唤了一名政法官，命令将他最喜爱的隼斩首，因为它杀死了鸟类之王、一只年轻的鹰，而鹰的地位比隼更高，是隼的主人（perk' avea morto lo suo signiore）！但这并不妨碍弗里德里希二世开启"黄金时代"的梦想。不过，他梦想的不是无精打采的和平、田园诗般的无欲无求，而是通过皇帝的"正义"施加的最高的控制和纪律的张力，在这种情况下，狮子在必要时可以放弃吞噬邻近的兔子。这就是皇帝对天堂的憧憬，因为在那里他可以完全放松。

爱尔兰的彼得拒绝回答这个危险的问题，即利爪和獠牙是不是为了撕咬其他动物而被创造的。他说："这个问题的秘密力量使许多人认识到一切事物都有两个原则，即恶的原则和善的原则。但这是异端邪说，而且是恶俗的。"他把人们的注意力引向了物质中固有的必然性，它提供了一切必要的东西。这位学者可能特别想到了当时正在蔓延的新摩尼教①：各地都有崇拜魔鬼的教派出现，其中有路西法派，据说他们认为上帝将撒旦判入地狱是不公正的，而撒旦才是万物的真正创造者。

皇帝在关于一段《圣经》经文的阐释的谈话中，触及了另一组由亚里士多德提出的问题。皇帝和他的朋友们在讨论为什么迈蒙尼德将世俗物质描述为雪。皇帝认为：因为白色很容易接受其他各种颜色，就像物质很容易接受强加于它的形式；因此，雪象征了物质的可塑性。物质的塑造是皇帝经常思考的一个问题。《奥古斯都之书》的序言就提到了这个问题，在这篇序言中，上帝不是作为创造者，而是作为现有物质的塑造者出现的。这个问题与另一个问题紧密关联：世界是如亚里士多德教导的那样，"从永恒"中存在，还是由上帝创造的？弗里德里希二世就这些问题和其他形而上学问题向伊斯兰教的学者请教，还询问了亚里士多德和他的注疏者阿佛洛狄西亚的亚历山大（Alexander von Aphrodisias，所以皇帝也了解他）之间的某些差异。皇帝向埃及、叙利亚、伊拉克、小亚细亚和也门发送了他的询问。最终，通过穆瓦希德王朝苏丹的中介，皇帝的

---

① 摩尼教是 3 世纪由波斯人摩尼创立的一种宗教，持二元论的宇宙观，认为存在着两种互相对立的世界，即光明世界与黑暗世界。初际时，光明与黑暗对峙，互不侵犯。中际时，黑暗侵入光明，二者发生大战，人类世界因此产生。后际时，恢复到初际时相互对立的状态，但黑暗已被永远囚禁。物质是黑暗的产物，精神则是光明的产物，因此摩尼教否定物质世界，希望利用虔诚的信仰和严格的戒律获得灵知，回归光明世界。摩尼教试图融合、取代和超越基督教、琐罗亚斯德教、佛教、犹太教、诺斯替主义、古希腊宗教等。摩尼教在盛行琐罗亚斯德教的波斯萨珊王朝和盛行基督教的罗马帝国都受到迫害，逐渐消亡。摩尼教也曾传入中国，"明教"就是中国本土化的摩尼教。在中世纪欧洲，基督徒常用"摩尼教"一词指代基督教的异端，比如阿尔比派（清洁派）就曾被称为摩尼教，尽管这些异端与摩尼教未必有联系。

问题到达了休达的摩洛哥学者伊本·萨宾（Ibn Sabin）那里。正如萨宾所写，他"微笑着回答了皇帝"。他拒绝接受弗里德里希二世的众多礼物；他打算以此让基督教世界之皇帝认识到自己的渺小，从而"让伊斯兰教获胜"。他的回答也是为了这样的目的。皇帝的问题之一是："灵魂不朽的证据是什么，灵魂的存在是永恒的吗？"伊本·萨宾用居高临下的语言让皇帝明白，他甚至不懂得如何正确地提问。"追求真理的君王啊，"伊本·萨宾写道，"你提出了关于灵魂性质的问题，却没有确切指出哪种类型的灵魂是你提问的对象。因此，你忽略了本质，并令人遗憾地混淆了许多本应分别单独考虑的事情。正是因为你对思辨问题缺乏经验，对科学的一个特殊分支的研究也缺乏经验，才导致你陷入这种混乱。如果你知道'灵魂'这个词所包含的类型的数量；如果你懂得辩证法，知道如何区分有限与无限、特殊与一般、模糊的同音字与语言术语所规定的神圣概念，你就不会这样提问题了。因为当你问：'灵魂不朽的证据是什么？'你的问题可以理解为指的是植物灵魂、动物灵魂、理性灵魂、智慧的灵魂、预言的灵魂。你指的究竟是这些灵魂中的哪一个？"

伊本·萨宾继续这样高谈阔论，他为自己对于鸡毛蒜皮的丰富知识感到骄傲，却无法给出真正的答案。他对每一种类型的灵魂都写了一篇单独的论文，并解释了他对柏拉图和摩西、阿维森纳和婆罗门的看法；最后相当平庸地提出，伊斯兰教是唯一真正的宗教。这些长篇大论有一定的价值，例如，其中提到了婆罗门教的教义。弗里德里希二世关于印度的许多知识一定是以这种方式传给他的。他向学者提出这样的问题，肯定不仅仅是作为一种智力消遣。他在为自己的生活方式的正确性寻找证据，而且他经常用不寻常的手段来获取证据。例如，为了证明灵魂会死亡，他把一个人囚禁在一个完全密闭的酒桶里，任其死亡，以证明无法从酒桶中逃脱的灵魂一定与身体一同灭亡了。至少传说是这么说的。迈蒙尼德在某种程度上鼓励了这种类型的思辨，因为他和阿威罗伊派哲学家一样（虽然基于不同的理由）否认任何普遍的不朽，而认为只有真正的智者是不朽的。弗里德里希二世与东方学者的通信当然不会都像与休达的伊本·萨宾的通信那样毫无结果。我们从阿拉伯人那里得知，弗里德里希二世向摩苏尔提出了天文和几何问题，例如，其中一个问题是，如何画出一个面积与给定圆的一部分相同的四边形。双方还交换了书籍。皇帝收集了梅林的预言，并为埃及苏丹将其翻译成阿拉伯文，而皇帝本人从突尼斯收到了小说《西德拉赫》（Sidrach）和《全知之书》。皇帝的使节注意到突尼斯统治者的睿智，并得知他将自己的智慧归功于《西德拉赫》，于是请弗里德里希二世注意这部作品。皇帝立即请求允许抄写这部书。《西德拉赫》以问答的形式论述了天堂和凡间的每一个领域。这本书的部分内容肯定刺激了皇帝的进一步探究。这种探究的冲动，是弗里德里希二世最危险的品质，因为他有一种天赋，可以通过一个漫不经心的问题来化解貌似不可撼动的公理。他曾恶意而假装天真地询问，教宗格列高利九世是否像他（施陶芬皇帝）一样，可以将自己的统治权追溯到自己的父亲和祖父。这个恶意提问是为了破坏教宗统治的思想基础。弗里德里希二世还通过对迈克尔·斯科特提出的一系列貌似天真无邪的问题，攻击了中世纪世界观的根基。迈克尔·斯科特在他的百科全书中叙述如下。

有一次，当罗马皇帝弗里德里希二世，这位永远尊贵的人，按照他自己建立的秩序，对整个世界的差异，它们是什么，以及它们如何出现在地球表面、地球上空、地球内和地球下，进行了长时间的思考。然后他秘密地传唤我，迈克尔·斯科特，他最忠实的占星家，秘密地向我提了一些问题（因为他喜欢这样做），涉及地球的基础和世界的奇迹。具体如下：

我最亲爱的大师，我经常以各种方式听到关于天体的问答，关于太阳、月亮和位置固定的星星，关于元素、世界灵魂，关于异教徒和基督徒，以及其他存在于地球上和地球内的造物，如植物和金属。但我没有听说过那些令与智慧紧密联系的心灵产生愉悦的秘密：关于天堂、炼狱、地狱、世界的根基和奇迹。因此，我请求你，以你对智慧的热爱和对我的王位的忠诚，向我解释地球的结构。

地球是如何被固定在地狱之上的，地狱是如何被固定在地球之下的？

除了空气和水，还有什么东西承载着地球吗？

或者，地球自己能站稳？还是倚靠着它下面的天？

那么有多少个天呢？

谁是它们的主宰？

主要是谁在天上居住？

按照我们的标准，一个天与另一个天的距离有多远？

如果有许多天，那么在最后一个天之外还有什么呢？

一个天比另一个天大多少呢？

上帝在哪一个天里？也就是说，在祂神圣的威严中，祂以何种方式坐在天堂的宝座上？

天使和圣徒以何种方式陪伴祂？

天使和圣徒在上帝的面前不间断地做什么？

同样，请告诉我：有多少个地狱？

住在其中的灵是谁？

他们的名字是什么？

地狱在哪里，炼狱在哪里？天堂的乐园又在哪里？在地底下？在地球内部？还是在地球的上空？

进入地狱的灵魂和从天堂坠落的灵魂有什么区别？地狱里又有多少种折磨？

一个灵魂在来世是否认识另一个灵魂？灵魂能否回到今生，能否说话，能否向任何人展示自己？这是怎么回事：当一个活人的灵魂进入来世时，没有什么能给它返回的力量，初恋不行，甚至仇恨也不行，仿佛什么都没有发生过？或者说，灵魂似乎对其留下的一切漠不关心，无论它是被祝福还是被诅咒？

这些问题让人一下子想起了经院哲学家苦苦思索的貌似与之类似的问题，但他们的问题大多是这种纯粹的头脑体操：如果没有堕落，人类将如何按照上帝的意愿在大地上繁衍传播？在复活时，没有牙齿的人是否会再次长出牙齿，秃头的人是否会长出头发？但弗里德里希二世问的只是来世的外观。他对来世的状况抱有同样的好奇心，就像他向穆斯林王公的使者询问他们各自国家的状况一样。对他来说，天国就是这样的另一个国家。对来世的思考，使弗里德里希二世的同时代人感到深深的不安，并使心惊肉跳的人接受忏悔和鞭笞，但对皇帝来说，来世（极其惊人地）只是一个单纯的知识对象和"心灵的愉悦"。他之所以提问，是因为世界的构造在他看来妙趣横生；他渴望知道上帝是如何坐在祂的宝座上的，因为他必须以同样的方式坐着；作为法官，了解地狱的惩罚对他无疑是有用的；而作为政治家的他出于务实的原因询问了圣徒、天使和灵魂的优先次序。

这种只寻求客观观点的思考方式与神秘主义完全不同：皇帝对于在灵魂层面参与来世毫无兴趣，他的灵魂中也没有最微弱的（关于来世的）焦虑。永恒的幸福、永远待在上帝身边，对他没有任何诱惑力："天使们在上帝面前不间断地做什么？"另一个问题，"甚至仇恨"也不能让一个灵魂回到此世，这与皇帝对某座城市叛变的说法相呼应："如果我有一只脚踏进了天堂，我也会把它收回来，从而向维泰博复仇！"

后来但丁对所有这些问题也做了解答，他也是清醒而务实的人。但他对另一个世界的每一根纤维都兴趣盎然，日夜不停地对那个世界进行感官的、可见的描绘。他提出的问题往往与弗里德里希二世相同。人们讲述了弗里德里希二世的另一个故事。他精通多种语言，希望通过研究发现人类的原始语言是什么。因此，他安排一些婴儿由保姆抚养，而保姆被严格禁止与婴儿说话。"他想知道这些孩子是否能说希伯来语、希腊语、拉丁语或阿拉伯语，也就是说，这些语言是不是所有语言之源，或者他们是否会说其父母的语言。"实验失败了，因为孩子们都死了……这个问题也吸引了但丁，他在关于俗语的论著中探讨了这个问题。但丁还在另一篇短文《论水与土》（De Aqua et terra）中讨论了弗里德里希二世曾请教迈克尔·斯科特的一种水文现象。皇帝问道："海水如此之咸，而且在远离大海的许多地方发现了盐水，而在其他地方发现了淡水，尽管它们都来自活生生的大海，这是怎么回事呢？又怎么会有淡水经常被大地喷出，并经常从石头和树木上渗出来，就像春季割下的葡萄藤一样？又怎么会有许多水是甜美温和的，而有许多水是野性的，还有一些是黏稠的呢？我对所有这些事情感到惊奇，尽管我早就知道所有的水都来自大海，它们流经许多土地和洞穴，回到大海，而大海是所有水流的床和子宫。"但丁和他那个时代的人都有这种地球上所有水的统一性的概念。

皇帝的这种"惊奇"是至关重要的一点。许多个世纪以来每个人都看到并接受为事实的东西，却刺激他去刨根问底。当他在波佐利或蒙特普尔恰诺（Montepulciano）这样的地方逗留时，他立即想知道所有关于当地的奇特泉水的情况。"在很多地方汹涌而出的咸水和苦水是从哪里来的，还有在很多浴场和池子里发现的恶臭的水，它们是自己冒出来的吗？还是从别的地方来的？还有那些在某些地方很热或至少很温暖，或甚至沸腾的水，就像被装在容器里在火上煮了一样，它们又是从哪里来的？地球是空心的吗，或者它是像岩石一样的固体？"对他来说，世界充满了疑问。他在十字军东征的航行中一定观察过风："从地球不同地方吹来的风从何而来？"他指的可能是地中海的规律性的风。火山是他的另一个探索主题："大地从平原和山顶上吐出的火焰从何而来？烟雾也是一会儿出现在这里，一会儿出现在那里。它是在哪里产生的，又是什么原因导致它喷发的呢？人们在西西里的许多地方和墨西拿附近看到了它，比如在埃特纳、维苏威、利帕里群岛（Liparen）和斯特龙博利岛（Stromboli）。"当他提出下面的问题时，他指的可能是海底火山："怎么会有这样的火焰，不仅出现在大地上，而且在印度海的许多地方都有这样的火焰？"

促使皇帝深思的其他事情包括物质中固有的秘密力量，他在自己的国家中如此娴熟地解放了这些力量。他对宝石情有独钟，这与它们的魔力特性不无关系。即使国库枯竭，他也会购买宝石。据说，祭司王约翰给了他一些美妙的宝石；他还从渔夫发现的巴比伦龙的王冠上得到了传说中的珠宝。他非常熟悉磁针和它的神秘力量，布鲁内托·拉蒂尼在 13 世纪末写给圭多·卡瓦尔坎蒂①的信中描写过那种奇妙的工具："有了这种磁铁，海员可以正确地驾船，但目前他必须秘密地使用它……因为没有船主敢雇用他，以免被怀疑为巫师。如果水手们知道船长拥有这种魔鬼的工具，他们会拒绝在船上服务。"迈克尔·斯科特向皇帝详细讲解了不同矿物和金属的不同特性，这些知识将人们引向炼金术，而炼金术在宫廷中并不陌生。例如，皇帝了解到，水银这种奇妙的"活银"（argentum vivum）如果掉进人的耳朵里，会使人失聪。皇帝还让迈克尔·斯科特教他草药和药物的特性（迪奥斯科里德斯②的《植物学》在西西里很有名），以及远方湖泊和河流的奇妙特性。弗里德里希二世曾特意派人去挪威调查某处泉水的石化特性。

弗里德里希二世在所有探究活动中运用的重要资源是迈克尔·斯科特的巨著，这不仅是一部天文学和占星术百科全书，而且是所有秘密科学的汇编。它在许多方面都基于危险的资

---

① 圭多·卡瓦尔坎蒂（Guido Cavalcanti，1250 与 1259 之间—1300）是佛罗伦萨诗人。在薄伽丘《十日谈》第六天的第九个故事，有他在一所教堂前的墓地里与一群豪门子弟对话的故事。他对好友但丁的影响很大。

② 佩达尼乌斯·迪奥斯科里德斯（Pedanius Dioscorides，约 40—90）是希腊的医生与药剂学家，曾被罗马军队聘为军医，其希腊文代表作《药物论》在之后的 1500 多年中成为药理学的主要教材，并成为现代植物术语的重要来源。

料，例如，《灵魂与肉体的毁灭之书》（*Liber perditionis animae et corporis*）中记载了恶魔的名字、居住地和力量；还有《占卜之书》（*Liber auguriorum*），迈克尔·斯科特（在其他方面是教会最顺从的儿子）写道，尽管罗马教会查禁了这本书，他还是读过并拥有它。他的作品也没有忽视数字的象征意义和它们的神秘属性：数字 7 统治着世界，因为 7 是行星、金属、艺术、颜色、音调和气味的数量。在所有领域，我们都能发现他努力将宇宙中的一切按照规律与其他一切联系起来。迈克尔·斯科特论述了天体音乐（Sphärenmusik）①，并顺便解释了波伊提乌的古老音乐学说和阿雷佐的圭多②的新学说；在另一个场合，他解释了历法。他丰富的占星学和天文学知识不仅归功于《天文学大成》（*Almagest*）和费尔干尼的著作，而且还归功于古人，例如晦涩难懂的《日耳曼尼库斯传古抄本注释》（*Germanicusscholien*），其中又包括尼吉迪乌斯③和福尔

----

① 天体音乐（musica universalis）是一种源自古希腊的哲学概念，认为天体的运行规律是一种音乐。毕达哥拉斯提出，太阳、月亮和行星基于其轨道改变，都散发着自己独特的嗡嗡声，生命的特性反映了人耳察觉不到的天体物理声音。16 世纪的天文学家开普勒认为这种天体音乐是人耳听不到的，但可以用灵魂感知。天体音乐的理念影响了很多学者，一直到文艺复兴时期结束。

② 阿雷佐的圭多（Guido von Arezzo，约 991—1033 之后）是意大利的音乐理论家和中世纪音乐的教育家，常被认为是现代音乐记谱法（五线谱）的发明者。

③ 普布利乌斯·尼基迪乌斯·费古鲁斯（Publius Nigidius Figulus，前 98—前 45）是罗马共和国晚期的大学者和政治家，于前 58 年担任裁判官。他是西塞罗的朋友，在恺撒与庞培的内战中支持庞培。恺撒胜利后，西塞罗替尼基迪乌斯向恺撒说情，但尼基迪乌斯没有来得及获得赦免，便在流亡中死去了。尼基迪乌斯以渊博而闻名，作品极为深奥。中世纪和文艺复兴时期的人们将他视为魔法师、占卜师或神秘学者。

根提乌斯①、希吉努斯②、普林尼、马尔提亚努斯·卡佩拉③和阿拉托斯④的作品。迈克尔·斯科特传承了古抄本注释（Scholia）中的星象图。这些火星和木星、射手座和半人马座的星象图沿袭了古代的表现形式，对文艺复兴时期的绘画产生了影响，这一点从乔托在帕多瓦的壁画便可以看出。斯科特的占星术主要借鉴了阿拉伯人的知识，首先是阿布·马沙尔⑤，而阿布·马沙尔收集了更多古代作品的知识，如赫耳墨斯⑥、多罗特斯⑦、巴比伦的特克罗斯（Teukros），还有印度人和波斯人的知识……简而言之，在皇帝的宫廷里，晚期罗马帝国

① 费边·普朗奇亚德斯·福尔根提乌斯（Fabius Planciades Fulgentius，活跃于 5 世纪晚期—6 世纪初）是古典晚期的拉丁文作家，其神话学著作对中世纪的影响很大。

② 盖乌斯·尤利乌斯·希吉努斯（Gaius Julius Hyginus，约公元前 64—公元 17 年），古罗马的拉丁文作家，奥古斯都的释奴，奥古斯都让他当帕拉蒂尼山上阿波罗神庙图书馆的馆长。他的著作《传说集》和《天文的诗歌》对于现代学者研究古希腊神话具有重要意义。

③ 马尔提亚努斯·卡佩拉（Martianus Capella，活跃于 410 年至 420 年），古典晚期的法学家、博学者和拉丁散文作家，有百科全书式的著作《语文学与墨丘利的婚姻》。

④ 阿拉托斯（Aratos，约前 315？—前 240）是古希腊最具名望的诗人之一，以长诗《物象》（Phenomena）闻名于世。《物象》的上半部分描述星座，下半部分记录气象，对研究古代的天文学、气象学具有极大价值。这首诗为他赢得了很大名声，在古代流传甚广，不少罗马作家都曾翻译此诗，包括演说家西塞罗。

⑤ 阿布·马沙尔（Abu Ma'shar al-Balkhi，787—886），波斯的穆斯林星相学家，被认为是巴格达的阿拔斯王朝宫廷最伟大的星相学家。

⑥ 指的是赫耳墨斯·特里斯墨吉斯忒斯（Hermes Trismegistos，字面意思为"三重伟大的赫耳墨斯"），希腊神话中的神祇赫耳墨斯和埃及神祇托特（Thot）的结合。有些伪经被认为是他所写，为所谓的"赫耳墨斯主义"奠定了基础，涉及炼金术、占星术与神通术，深深地影响了西方秘教和神秘学。

⑦ 西顿的多罗特斯（Dorotheos von Sidon，公元前约 75—？），希腊的星相学家和诗人。

（受到东方的深远影响）的所有迷信又复苏了，就像诺斯替主义①在同一时期的异端分子中重新苏醒一样。

弗里德里希二世知道所有这些东西，或者在谈话中了解到所有值得了解的事情。"幸运的皇帝啊！"迈克尔·斯科特写道，"我真的相信，如果这个世界上有一个人可以通过他的学识逃脱死亡，您就是那个人……"弗里德里希二世的学识肯定是极其渊博的。他的思想囊括了当时世界的每一种文化脉络：西班牙、普罗旺斯-法兰西、罗马-意大利、阿拉伯、希腊和犹太。此外，他还了解多种语言、法学、古典文学、罗马教育文学和经院哲学。正如他的《鹰猎的艺术》所显示的那样，他对经院哲学的方法耳熟能详。他同时代的人既惊讶又害怕，称他为"世界奇观"（STUPOR MUNDI）。

比他知识的丰富性更令人钦佩的是，在拥有这些知识的情况下，皇帝从来没有一刻失去他清晰的视野。即使在科学问题上，他也清楚地知道哪些事情有重要意义。他自己在占星家的神秘气氛中如鱼得水，对他们的领域评价极高，视其为一个训练场。但他自己的目标过于简单和直接，并且只依靠第一手的视觉观察，所以不可能被这些迂腐的学究理解。他的指导原则之一是："道听途说，没有把握！"他用行动践行了这句话。为了让人们了解皇帝的惩罚手段，他曾将阴谋反对他的人施加肉刑，然后将这些肢体残缺和失明的囚犯送到各地展示，因为

---

① 诺斯替主义（Gnostik），或称灵知派和灵智派，是 1 世纪晚期在某些犹太教和基督教派别中形成的一些宗教思想和体系。该信念的主旨就是通过"灵知"（Gnosis，或译"真知"）来获得知识。诺斯替主义可分为受琐罗亚斯德教影响而倾向于善恶二元神论的波斯学派，和受柏拉图主义影响而倾向于一元神论的叙利亚/埃及学派。

"视觉比听觉给人留下的印象更深刻"。但他绝不是轻视有助于提高视觉敏锐度的思想辅助。阿拉伯学者希哈布丁（Schihab-ed-Din）在一篇关于光学的文章《仔细观察眼睛所感知的东西》中记载了皇帝提出的一些问题。他问道，为什么老人星在上升时看起来比在天顶时更大；为什么患有白内障等疾病的眼睛可以看到黑色的条纹和斑点；为什么插入水中的长矛看起来是断裂的……皇帝寻求解释的这些问题都与眼睛的错觉有关，因为对于主要依靠视觉观察的人来说，视觉错觉是令人不安的。

弗里德里希二世认为，知识与观察紧密联系，这一点从他关于医生的法律中可以看出。《梅尔菲宪章》规定："由于没有逻辑学的初步知识就无法掌握医学，因此我们规定，凡是没有学习过至少三年逻辑学的人都不得攻读医学。"萨勒诺的所有医科学生都必须用五年时间来阅读希波克拉底和盖伦的著作，同时还要学习外科学和解剖学，为此，有时会将尸体交给他们。他们通过考试后，还要"在一位有经验的医生身边实习一整年"，皇帝才会任命他们为医生，因为医生是国家官员。药剂师也是国家官员，他们必须学习一年的物理学。皇帝本人对解剖学（包括动物和人类的解剖学）和医学都有非常准确的认识。阿拉伯人对他的医学知识非常钦佩。他在《鹰猎的艺术》中引用了希波克拉底的话。斯科特写了一篇医学论文，特奥多尔大师也写过。当他奉命制定一个新的膳食计划时，他给皇帝写了一封信："陛下吩咐我为保护您的健康制定一些规则……但您早已拥有亚里士多德的'秘密'中最古老的那封信，当亚历山大大帝请求得到关于身体健康的指导时，亚里士多德把这封信发给了他。陛下想知道的一切，都完全包含在那封信里。"克雷莫纳的亚当也为皇帝制定了医疗指示。在意大利，粉剂、处方和治疗用的祈祷在很长时间里都采用弗里德里希二世的名义。除了解剖学和医学之外，皇帝还试图掌握面相学。在他的要求下，迈克尔·斯科特从阿拉伯-希腊化的资料中汇编了一篇关于面相学的文章，这构成了他伟大的"手册"的第三部分。在该书的献词中，他向皇帝保证：有了这些知识，统治者就可以清楚地知道他身边的人们的恶习和美德，仿佛他能读心。

慢慢地，人们从精神层面的眯眼看发展到对客观物体的观察。看、观察、探索和研究大自然及其规律，成了弗里德里希二世的一种激情。无数的逸事、无数的问题都透露出他对探索新发现的活生生的世界的渴望，都透露出他对自然规律、各种形式的生命之间关系的同样热情的好奇心……他与列奥纳多·达·芬奇有着同样的求知欲和好奇心，尼采也将他比作达·芬奇：弗里德里希二世在一个时代的开端，而达·芬奇在同一时代的末尾。仅仅观察是不够的，弗里德里希二世还开始做科学实验。就像所有的实验一样，这在中世纪是令人厌恶的，被认为是疯狂的。据说，他急于想知道两个人中哪一个更容易消化食物，一个是饭后休息的人，另一个在饭后运动。于是他把他们的身体切开来看。为了确定鱼的寿命，弗里德里希二世将一个铜环插入鲤鱼的腮中，并将其放生。还有一个"潜水员"的故事与弗里德里希二世有关。他让这个潜水员潜入法罗河（Faro），去了解海洋动植物的情况。皇帝在他的阿普利亚庄园组织了最有原创性的实验，他在那里饲养马匹，并试图通过进口巴巴利马来改善马的品种。在马耳他，他建立了一个骆驼繁育站，更不用说他对猎犬、鸡和鸽子的繁育了。为了研究雏鸟如何从蛋中出来、胚胎在蛋中的位置等，他建造了人工孵化炉。听说鸵鸟蛋是在热沙中被太阳孵化的，他就从卡米勒那里采购了鸵鸟蛋，还找来了有经验的人，尝试在阿普利亚夏季的高温下将它们孵化出来。卡米勒还给他送来了印度凤头鹦鹉和鹈鹕。弗里德里希二世回赠了白孔雀和北极熊。他试图确定猛禽是通过视觉还是嗅觉发现猎物的。"我们经常以各种方式进行实验。因为当猎鹰被完全弄瞎时（通过缝合眼皮），它们甚至不能发现饲养员扔给它们的肉，尽管没有什么能阻碍它们的嗅觉。"他是第一个对猎物进行系统性养殖的人。他根据对动物交配和繁殖时间的准确观察，确定了禁猎期，传说阿普利亚的动物为此给他写了一封感谢信。他在王国的许多地方都设置了动物保留地，而他的大部分动物，在没有跟随他旅行的时候，都被安置在卢切拉。有时，他会把捕获的一些鹤分给他的其他城堡。他的大型生态馆（Vivarium）很有象征意义，这是福贾附近的一个大沼泽和池塘系统，通过有墙的水渠进行调节，里面有各种类型的水禽。这是一幅梦幻般的景象：雄伟的宫殿有大理石和蛇纹石的柱子，有青铜和大理石的雕塑，德意志皇帝在摩尔人奴隶和贵族侍童的陪同下参观他的池塘，研究鹈鹕、鹤、苍鹭、野鹅和充满异国风情的沼泽禽类。

他的所有这些本能的爱好，在他对狩猎的热情中达到了顶点。为了狩猎，他在帕尔马城墙下遭遇了自己帝王生涯中最惨重的失败。对弗里德里希二世的祖先来说，狩猎是和平时期对战争的一种替代；对弗里德里希二世来说，它还不止如此，它是一种"完全出于爱"（totum procedit ex amore）的艺术，是一种与他的自然科学研究同等重要的智力活动。当然，只有鹰猎才是这样。鹰猎的魅力在于鹰猎者对所有鸟类中最自由、最难以捉摸的雕、鸢、隼所掌握的神秘力量。当 6 只、8 只，甚至 10 只隼在空中自由盘旋时，人们几乎看不见它们，但它们却被某种无形的线束缚着，被某种神秘的力量所掌控，使它们准确无误地回到鹰猎者的手腕上，蔑视自己原本可以享有的自由：对弗里德里希二世来说，这不仅是一个令人兴奋的奇迹，也是完美纪律的最高境界。弗里德里希二世希望看到人类的纪律发展到同样的程度。他鄙视用陷阱、网子或四足动物打猎的猎人。鹰猎才是高贵的运动，因为它是一门只能从老师那里学到的艺术。"因此，虽然许多贵族学会了这门艺术，但没有受过教育的人很少做得到。"猎犬和猎豹可以用暴力驯服，猎鹰只能靠人的聪明才智来捕捉和训练。"因此，一个人从鹰猎当中学到的自然奥秘要比从其他类型的狩猎中学到的多得多，"弗里德里希二世在他的《鹰猎的艺术》中这样写道。他的这句话也解释了，为什么在鹰猎衰落之后，像弗里德里希大王或拿破仑这样的知识分子君主没有对狩猎的爱好。这句话也揭示了弗里德里希二世在狩猎中所追求的是什么：研究大自然的秘密运作。

弗里德里希二世的伟大作品《鹰猎的艺术》（*De arte venandi cum avibus*）是多年观察鸟类世界的成果。一位编年史家写道："由于他惊人的洞察力，特别是对自然界的观察，皇帝亲自写了一本关于鸟类习性和饲养的书。在书中他显示了他对知识的热爱是多么深刻。"这部全面的动物学著作绝不是帝王心血来潮的肤浅之作。从最细微的细节来看，这本书是基于他自己的观察，或基于朋友和专家在他指示下进行的观察。数十年来，皇帝一直在考虑撰写这本鸟类学专著，而且一直在收集第一手材料，直到最后，在儿子曼弗雷德的敦促下，他开始着手撰写这部的六卷本专著。"我们必须认为他是动物学领域有史以来最伟大的专家之一。"兰克①这样评价道。这样的评价颇有道理。在最重要的方面，这本书甚至至今还没有过时。最令人惊讶的，是它的绝对准确性和实事求是。它所包含的自然界奥秘比宫廷哲学家的宇宙星空百科全书还要多，而皇帝对这些百科全书总是微微一笑，尽管有时他也参与了当时流行的迷信。在那个智识贫乏的时代，人们会猜测有多少个天使能在针尖上跳舞，而弗里德里希二世在其著作的导言中精练地总结了他的计划："我的目的是阐述事物的本来面目（manifestare ea quae sunt sicut sunt）。"在事物之前或之后不寻求任何东西，而只寻求事物本身，是一种清醒和直截了当的精神。当这种精神由一位智者使用时，便包含了最高级的智慧：一切事物都首先是它自己。东西方的哲学家都没有把这一点传授给弗里德里希二世。我们反思一下，一个世纪前，当德意志其他地方都沉醉于情感和哲学时，有些人在幻灭中离开了魏玛，因为在那里，每个人都在"忙着数金龟子的腿"。

皇帝的《鹰猎的艺术》包含的内容之广博，远远超过其标题的暗示。该书的第一部分是对鸟类的总体介绍、品种的分类，鸟类的习性、繁殖、觅食、分布和筑巢方法。作者详细描述了鸟类的迁徙，它们的骨骼结构、器官及其功能；羽毛的每

---

① 利奥波德·冯·兰克（1795—1886）是德国历史学家，也是西方近代史学的重要奠基者之一，被誉为"近代史学之父"。他主张研究历史必须基于客观地搜集研读档案资料之后，如实地呈现历史的原貌。他的这种史学主张，被称作兰克史学，对后来东西方史学都有重大的影响。不过史学家要做到绝对"客观"是不可能的，兰克自己也在作品中流露出他的路德宗思想和政治上的保守。兰克史学在今天已经受到许多批评和更新，不过仍然是一种重要的史学理论。

一个细节，飞羽的数量和位置，飞行本身；飞羽的硬度与拍翅的频率有什么关系。引人注目的是，弗里德里希二世在解释问题时引用了他知道的各种著作，例如伪亚里士多德的《力学》。我们得知，翅膀的每一次扇动都要经过一个圆的一段，在这个运动中，最外侧的羽毛画出了最大的圆。根据《力学》的定律，较大的滑轮能举起较大的重量。由于最外侧的羽毛有最大的圆要画，也就是说有最大的负担要支撑，所以它们的结构也相应地更强，羽毛的硬度也按一定的比例下降。

在六卷本的第二卷中，皇帝谈到了不同类型的猎鹰，它们的捕获、训练，它们的暂时失明（通过缝合眼睑），以及携带和放飞它们的方式。弗里德里希二世让人从世界的各个角落送来或取来猎鹰。有一次，他带着一个死刑犯，把他送进深渊，去取一只白隼的巢。当他谈到从西班牙和保加利亚、近东和印度、不列颠和冰岛（他把冰岛定位在挪威和格陵兰岛之间）送来的猛禽时，他对植物和动物地理学的渊博知识展露无遗。他说，栖息地靠近北极的鸟类比南方的鸟类更强壮、更勇敢、更美丽、更敏捷。他准确地解释了为什么会这样，并认识到，两只通常被认为属于不同品种的隼实际上是相同的品种，它们的差异只是由于气候的差异造成的。他从所有国家收集观察结果。他从阿拉伯半岛和其他地方请来专家，在专家"更了解"的地方，他就采用他们提供的信息。他在书中只记载"我自己的经验，或别人的经验"，并认为"仅靠道听途说，无法确定"。凡是他只通过道听途说知道的，他都尽量去核实。例如，他对所谓"藤壶雁"进行了调查。传说藤壶雁是从北方地区的蠕虫、贝壳或腐烂的船木中孵化出来的。他专门派使者到北方去取这种木头，并证明了这个传说纯属无稽之谈。由此他得出结论，这种野雁的巢穴在人迹罕至的偏远地区。对于无法核实的说法，他只是有保留地引用。例如，当他写到普林尼描述的不死鸟时，他补充说："但我不能相信这一点。"

弗里德里希二世对作为哲学家的亚里士多德的评价非常高，但认为他是一个完全依赖书本知识的学究，并毫不犹豫地用一句"并非如此"（non sic se habet）来否定亚里士多德的说法。"我在必要时追随亚里士多德。但我从经验中得知，他似乎经常偏离真理，特别是在写到某些鸟类的性质时。因此，我并没有事事追随这位哲学家的君王……因为亚里士多德很少或从未从事鹰猎，而我一直喜欢并实践鹰猎。"皇帝经常纠正亚里士多德："但我们这些在狩猎方面有一些实践的人却不这么认为。"在他详细描述了以一字长蛇阵或者三角队形飞行的水禽如何换首领之后，他写道："因此，水禽的首领不可能像亚里士多德认为的那样保持不变……"

皇帝的著作包含了数以千计的独立意见，这些意见被正式地、清晰地、有逻辑地归纳起来，总是按照经院哲学的要求从一般到特殊。句子的结构通常是清晰晓畅的，语言（与他的文书官衙的辞藻华丽的宣言相反）是简单、直截了当、实事求是的，但总是庄重的，总是用"尊严复数"（pluralis majestatis）①，并带有一种不容争辩的确定性。正如皇帝所说，要找到阿拉伯文或普罗旺斯文技术术语的拉丁文同义词往往很困难。书中有几百幅赏心悦目的鸟类图画，无疑出自御笔。有

---

① "尊严复数"（majestic plural 或 royal we）指的是欧洲等地的帝王或其他统治者用复数自称，比如英文中帝王不用 I（我），而用 We（我们）。

明确的记录表明，他懂得如何绘画。这部书最早的两卷豪华版中有一套于 1248 年在帕尔马落入敌人之手，后来到了安茹王朝手中，其中的插图在后来的副本中被重复使用。这些图画真实地反映了生活中最微小的细节，而画面的风格——处于飞行的不同阶段的鸟儿——明确无误地指向热忱的观察者本人，尽管这些华丽的彩色版本可能是由一些宫廷艺术家制作的。可能是波斯或撒拉森人的图画影响了弗里德里希二世，也许还有古代的册子本。无论如何，专家们认为《鹰猎的艺术》的图画就像西西里的造型艺术一样，令人惊讶地"早于其时代"。

皇帝的著作很快就出版了几个法文版本，并取代了所有同类作品。在皇帝的《鹰猎的艺术》之前，也曾出现过诺曼人和其他来源的简短的鹰猎指南，但它们没有皇帝作品的详尽透彻的动物学知识，也没有那么全面。弗里德里希二世有理由将它们斥为"不准确和不充分"。他的目标是将鹰猎提升到一门精确科学的水平，而此前的书籍中没有一本能够做到这一点。皇帝无疑熟知东方的同题材作品。在恩齐奥国王的命令下，一本关于猎鹰的波斯文著作被翻译出来；一本阿拉伯的关于猎鹰治疗的书对弗里德里希二世来说当然也不陌生。但他几乎不可能运用这些资料，因为他自己的书几乎完全基于个人观察。只要有机会，皇帝就会努力笔耕，尽管正如他写的那样，他"日理万机"。我们偶然了解到，在围攻法恩扎（Faenza）期间，他修改了特奥多尔大师对皇家养鹰人穆阿明（Moamin）写的关于狩猎的阿拉伯文文章的翻译。一个克雷莫纳人将这篇文章翻译成法文，献给了恩齐奥国王。皇帝是在去世前几年才写了《鹰猎的艺术》。皇帝驾崩后，曼弗雷德国王根据自己的知识和皇帝遗留的散页，填补了该书的许多空白。

关于《鹰猎的艺术》最重要的一点，不是大阿尔伯特多次使用它的事实（从语文学角度可以证明），也不是不久之后其他狩猎书的出现，比如一位德意志骑士的书，他称自己在狩猎方面的能力可以得到"特别是罗马皇帝、杰出的弗里德里希的猎手们"的证明。更重要的是，皇帝的廷臣和他的儿子们（与他们的父亲很像）获得了一双观察自然的眼睛，这样他们就不知不觉地学会了皇帝的观察艺术，无论他们将其应用于什么。《鹰猎的艺术》中的新元素是观察并讲述"事物的本来面目"的理念，而这部书不是由一个不知名的定居者或学者撰写的，而是由罗马-基督教世界的皇帝创作的：这是一个伟大政治家的无心插柳之作。皇帝的直接影响还体现在另一部作品中，该作品被广泛传播，并被翻译成多种语言，成为后世的典范：卡拉布里亚贵族和官员乔达努斯·鲁弗斯（Jordanus Ruffus）的《马医学》（*Hippiatrik*）。这是西方第一部兽医学专著，是在皇帝的建议下编写的。作者明确表示，他在该书的所有话题中，在很大程度上接受了皇帝的亲自指导，而皇帝本人就是该领域的专家。

一个重要的事实是，维尼亚圈子里的大学者，那些像迈克尔·斯科特一样的人，在观察方面都完全失败了。而皇帝、曼弗雷德国王、恩齐奥、贵族官员乔达努斯·鲁弗斯、阿拉伯养鹰人穆阿明，都是擅长观察的人。我们可以说，观察从他们身上再次"开始"。这并不是说这种天赋在他们之前已经完全丧失。即使在中世纪，农民和猎手也像其他时代一样精明地使用他们的眼睛。但是，那些能够用语言表达他们所看到的东西的人，那些知识分子、各种类型的学者，那些"受过教育的人"，在中世纪却没有眼睛去真正地观察物质世界。弗里德里希二世是13世纪伟大的经验主义者、多明我会修士大阿尔伯特和方济各会修士罗杰·培根的前辈。弗里德里希二世是第一个既掌握了全部现有的学问，又作为猎人，从一开始就懂得如何使用自己眼睛的人。人们经常断言，《鹰猎的艺术》标志着西方思想的一个转折点，是西方经验主义科学的开始。在这里，我们必须回顾一下皇帝的对立面——阿西西的方济各，人们把对自然的新感觉追溯到他。诚然，这两位以不同的感官去感知自然。如果我们认为弗里德里希二世是第一个睁开眼睛的头脑，在类型、种类和品种中追踪着自然和生命的永恒不变的法则，那么我们就可以同样公正地认为阿西西的方济各是第一个睁开眼睛的灵魂，自发地将自然和生命作为魔法来体验，并在所有的生命中追踪同样的神性的气息（pneuma）。但丁集两者于一身。

世界的改造者！这是同时代人对弗里德里希二世的称呼。他不仅仅是人的"改造者"，因为他的极具知识氛围的宫廷培养了一种新的人类，在他们身上，哲学不是国王的心血来潮，而是生命的孕育者。十字军时代的属灵骑士逐渐被随后几个世纪中占据主宰地位的智识骑士取代。自然，这位创始人自己也是新人类中的第一人：他进行了一场几个世纪以来被遗忘的战斗，这在后世为西西里的施陶芬专制君主赢得了"缪斯的引领者赫拉克勒斯"（Herakles Musagetes）的称号。

弗里德里希二世更多是军人和斗士，而不是骑士。巴巴罗萨在晚年甚至也笼罩在骑士竞技和比武的魅力光环中，而弗里德里希二世身上没有这样的光环。对他来说，"游戏"不是骑士武器的冲击，而是高贵思想的碰撞。但当有必要的战斗开始时，他从来不会逃避危险。他拿起盾牌，身先士卒，攻击被围困的城市；在正面对垒中，他亲自率领骑兵冲向敌人，特别是当他受到愤怒和复仇渴望的刺激时。从孩提时代起，他就强身健体，练习使用十八般兵器；对他来说，没有什么艰辛劳苦是克服不了的；直到最后，他都能承受在炎热或寒冷环境下的露营。他甚至从未表现出疲惫的迹象。他的身体，虽然只是中等身材，却保持着完美的状态，并不瘦弱，反而孔武有力、肌肉发达，始终能够吃苦耐劳、不畏艰辛，从不松懈。除了偶尔的不适和一次染上瘟疫之外，他从来没有严重的疾病。虽然他喜欢其他类型的奢侈，但他保持着极其俭朴的生活方式，每天只吃一餐。他从东方学到了一种对身体的精心护理，在他同时代的人看来，这简直就是撒旦的生活方式。一位托钵修士抱怨道，即使在教会节日的日子里，弗里德里希二世也没有放弃洗澡！这有助于保持他身上的青春感、弹性和清新感。他的生活方式对此也有帮助：他花了不少于 1/3 的时间在马鞍上，其中一半时间是用来打猎的。直到最后，他都觉得自己可以胜任任何体力活动。例如，在他去世的两年前，有一次他在马背上整整待了 24 个小时。他的黑马"龙"在黎明时分载着他去打猎，在中午时分投入战斗，然后整夜以最快的速度从帕尔马赶到克雷莫纳。他几乎没有什么疲劳感，以至于在到达战战兢兢的克雷莫纳城后，他就开始集结部队，尽管天还没亮。两天后他就带着部队出发作战了。类似的惊人成绩屡见不鲜。就像阿普利亚少年骑着没有配鞍具的马蹚过一条河一样，皇帝在伦巴第战争开始时，带着他的重装骑兵在一天两夜内完成了 140 千米的强行军，并在行军结束时出其不意地占领了维琴察：他的同时代人对这一壮举表示了应有的敬佩。

所以，弗里德里希二世虽然是知识分子，但身体没有任何软弱之处。他的四肢既有力又匀称。他一脚踢裂了反叛的撒拉森埃米尔的身体侧面。他那双美丽而强健的手的力气也同样可怕。他的双手也因灵巧敏捷而闻名。150年前人们打开弗里德里希二世的坟墓后，有人为皇帝的遗骸画了像，其中可见他修长而匀称美观的手指按在剑柄上。这幅画虽然肯定不是十分可信，但这样的手很可能是弗里德里希二世遗传的施陶芬特质的一部分。即使是12世纪的人也注意到并钦佩巴巴罗萨那双不寻常的美丽的手！

我们没有证据表明弗里德里希二世的外貌随着岁月的流逝而发生了变化，尤其是因为最有价值的证据，即装饰在卡普阿桥门上的皇帝坐在宝座上的巨型大理石雕像，流传到我们手中时只剩下了躯干。除了少量的文学描绘外，对于皇帝的外貌，我们掌握的证据就只有奥古斯都金币，特别是后期铸造的非常完美的钱币。我们掌握的所有资料都证实了这样一个事实，即皇帝自始至终都保持着阿普利亚少年的"眉宇间的愉悦和眼睛的光彩"。直到皇帝的晚年，所有编年史家都夸赞他开朗快活的面部表情，所有的西方人都认为他很英俊，有着不寻常的高贵面孔。他们都力图界定他身上放射出来的非凡魅力，这也许与他的混血血统不无关系：棕色的皮肤，玫瑰色的脸颊，红金色的头发，随着岁月的流逝，头发当然越来越稀疏。他身上有一种说不清道不明的东西，而且，由于他始终把胡子刮得一干二净，所以他身上有一种不老的特质，那是永恒的青春。没有胡子，让他的所有面部特征都清晰可见：短小有力的傲慢的鼻子，非常强壮的下巴，经常带有嘲讽表情的嘴巴，以及丰满的嘴唇（至少钱币上是这样的）。这位恺撒的面容值得雕刻家雕琢，其中没有任何细节能让人想起常见的德意志皇帝的天父形象（就像巴巴罗萨那样），而在弗里德里希二世之后，文艺复兴时期的皇帝们又恢复了那种天父形象。

皇帝的一个敌人形容他"诡计多端、狡猾、贪图感官享受、邪恶和行事出人意料"，但又说，"如果他想示好，他也可以做出友好、开朗和亲切的姿态"。在他面前，每一个人都被笼罩在一种不安全感之中。无论他的面容是表现出最有魅力、最迷人的友好，还是表现出最可怕的严厉、苛刻和残忍，他的眼神从来没有变化，或者最多只是多了一道难以察觉的阴影。他的魅力的一部分一定在于他那永恒的、没有灵魂的目光的这种令人不安的效果，它让人猜不透他的真情实感。这不是"伪装"，而是更危险的东西。他的一个朋友说他有一双蛇的眼睛，从而表达了这种不可思议的魔力：他的目光并非闪烁的、咄咄逼人的或尖刻的，而可能是宁静安详的；它坚定不移地感知着；而且最不符合基督教精神的是，这目光从不向内看。这种坚定不移的目光一定比闪闪发光的闪电般的目光更残酷、更令人震惊，也更令人不可思议。这种两只完全平行、完全一致地工作的眼睛的惊人的平静，有时会产生几乎与邪眼（mal occhio）① 相同的效果。有意思的是，一个东方人形容他是"斜视的"。

没有人能够说清楚，在那双洞察一切的阴森恐怖的眼睛背后，是怎样的一种大无畏的精神，它贯穿了东西方的所有距离。也没有人能够说清楚，那强大的智力是怎样塑造出他的头

① 邪眼（英文 Evil Eye，德文 Böser Blick，意大利文 Malocchio）是世界各地许多民族的民间文化中存在的一种古老的迷信：他人的妒忌或厌恶的目光可带来厄运或者伤病。因为邪眼的力量强大，所以在地中海和中东各地有着不同的祛除和保护方法。

部和"欢快的前额"的。尽管他有着粗壮的脖子和钢铁般的强硬感,给人的总体印象却是轻盈的、歌一般的,这种形象甚至从半罗马化的奥古斯都金币上散发出来。这是恺撒和拿破仑都不曾拥有的德意志特征。

第六章 德意志皇帝

弗里德里希二世花了一年多的时间来改革和巩固西西里的君主制政权。1230 年 8 月，他与教宗格列高利九世签订了和约。1231 年 8 月，《梅尔菲宪章》的收集整理工作完成了。几个月后，皇帝觉得可以离开他的世袭王国，把全部注意力放在整个罗马帝国的事务上了。他在南方的统治似乎是安全的，不会轻易被撼动，所以他现在可以考虑采取必要的措施，在帝国恢复皇帝的威信，并将他的辉煌权力向北带到北意大利和德意志。

帝国主宰者的统治方式，必然与西西里的专制君主截然不同。教宗的友好或敌意在西西里几乎无足轻重，甚至可以说，西西里在与教宗的无所顾忌的斗争中得到了最好的发展。但帝国的整个秩序是建立在两种权力（教宗与皇帝）的和谐共处之上的；要实现帝国的最佳状态，就需要两者在友好与和平中达成完美的平衡。帝国并不像西西里这种官僚国家那样单纯地以君主为代表，而是以其世俗王公和教会诸侯为支柱，以教宗和皇帝的双重权力为代表，他们共同构成了"一种个体"，即"一个剑鞘里的两把剑"，真正的世界之王（上帝）的两个代言人。

在接下来的几年里，弗里德里希二世努力向世界展示的形象，就是与教宗友好合作的基督教皇帝。他从来没有像在这些和平年代那样，与他的前辈皇帝们如此相似，并且真正成为查理曼、奥托大帝和巴巴罗萨的继承人。在这些和平岁月里，他的力量没有聚集起来做出威胁的姿态，而是能够普遍地支配广袤的罗马帝国的所有土地。帝国的"长度是巨大的，其宽度仅止于天涯"。崇高皇帝们的时代正走向辉煌的终点，并在弗里德里希二世辞世后突然崩溃。但现在，世界将再一次看到中世纪所认为的"正确关系"的建立；教宗和皇帝再一次齐心协力，皇帝再一次在他的诸侯当中担任同侪之首。这些理想最后一次得到了充分和完整的实现，并被赋予了古典式的表达。在后来的只关注本家族利益的皇帝和头戴冠冕的意大利中部领邦君主的时代，这些理想只能作为空洞的口号可怜兮兮地回响。但在一个短暂的时刻，弗里德里希二世在古代德意志罗马帝国的全部威严中光芒四射；在内卡河和莱茵河的普法尔茨地区，皇帝的璀璨光辉在南方的光照下耀眼地闪烁，然后永远地熄灭了。只是德意志人对这一切保持着怀旧的向往。这些和平岁月的意义，似乎就是实现帝国的光辉。

皇帝从福贾北上，前往拉文纳。他带的西西里随行人员不多。巴勒莫大主教贝拉尔多和阿奎诺伯爵托马索是陪同他的仅有的比较知名的权贵。皇帝的当务之急是把伦巴第和德意志的事务安排妥当，而德意志诸侯早就被邀请参加 1231 年 11 月在拉文纳举行的朝会了。弗里德里希二世原本的意图可能是率军进入北意大利；但教宗向他担保伦巴第人会服服帖帖，于是皇帝暂时放弃了军事措施，结果 1226 年的克雷莫纳惨败几乎一毫不差地重演了。尽管皇帝宣布自己是教宗的代表，肩负着镇压异端的使命，尽管格列高利九世确实努力去影响伦巴第人，尽管此次朝会是为了"上帝、教会和帝国的荣誉，以及伦巴第的繁荣"而举行的，但各城市完全没有向朝会派遣使者。

恰恰相反，随着皇帝的到来，原本已经逐渐瓦解的伦巴第联盟立即重组，阿尔卑斯山口再次被叛军占领，德意志军队被拦住去路，无法通过。

此时此刻，皇帝无法进行有效的干预。朝会休会了几个星期，直到圣诞节。在此期间，皇帝在哥特国王和拜占庭皇帝的古城拉文纳消磨时光。他收集了宝贵的建筑材料、古代柱子和雕像，并把它们送到了西西里。他以非凡的古物学热情进行了第一次系统的发掘工作。他发现了加拉·普拉西提阿①的陵墓，并使这座完全淹没在冲积卵石之下的建筑的美丽镶嵌画重见天日。他还发掘出了三具雪花石膏石棺，里面有这位皇后、她的丈夫狄奥多西二世②和圣以利沙（Elisäus）的遗骸。但古物研究并不是皇帝在拉文纳逗留的目的。渐渐地，开始有较多的德意志诸侯抵达拉文纳。一些人从威尼斯乘船而来，一些人乔装打扮逃过了维罗纳人的封锁。条顿骑士团大团长赫尔曼·冯·萨尔察来了，图林根贵族格布哈德·冯·阿恩施泰因（Gebhard von Arnstein）也从意大利中部赶来，他是弗里德里希二世的老熟人，前不久被任命为帝国驻托斯卡纳的使节。但本次朝会是为了某个人而特别召集的，而那人仍然没有露面：皇帝的儿子，亨利国王。

---

① 加拉·普拉西提阿（Galla Placidia, 388?—450）是罗马皇帝狄奥多西大帝（379~395年在位）的女儿，西罗马皇帝霍诺留（393~423年在位）的妹妹，君士坦丁乌斯三世皇帝（421年在位）和西哥特国王阿陶尔夫之妻，西罗马皇帝瓦伦提尼安三世（425~455年在位）之母。她终其一生都是重要的政治人物，最后以皇太后的身份摄政，其间在拉文纳修建了大量的教堂，其陵墓（原本是一座教堂的演讲室）拥有早期拜占庭马赛克最好的样式。
② 原文有误。加拉·普拉西提阿的第一任丈夫是西哥特国王阿陶尔夫，第二任丈夫是君士坦提乌斯三世。

过去一段时间里，据说弗里德里希二世和这位年轻的德意志国王（此时大约 20 岁了）之间发生了不和。弗里德里希二世已经有十多年没见过儿子了，对他也没有什么严重的指责。但他注意到，无论是在与父皇有关的个人事务上，还是在帝国的政治事务上，这位德意志国王的态度中都有某种普遍的桀骜不驯。亨利国王在他人的监护下一共度过了 18 年：先是处于科隆大主教恩格尔贝特的监护之下，在大主教遇害后，改由巴伐利亚公爵路德维希监护他。3 年前，亨利开始独立执政。他也许是在效仿他的父亲，因为弗里德里希二世在 12 岁时就认为自己仍处于监护之下是"不光彩的"，并在 14 岁时有幸成为自己的主人。亨利国王的第一个野心是摆脱一切监护，提高自己的独立性，但不是以牺牲皇帝的利益为代价，而是以牺牲诸侯的利益为代价，因为他们是每一位德意志国王的眼中钉。为此，他必须与诸侯的对手联合起来，也就是在德意志（就像在其他地方一样）日益重要的市民（城市联盟的时代已经不远了）以及家臣①，即下层贵族。在他的随行人员中，除了骑

---

①　中世纪的德意志骑士中有很大一部分不是自由人，而是依附于高级贵族或教会。这些不自由的骑士就是所谓"家臣"（Ministeriale）。家臣往往是从农奴攀升起来的，侍奉自己的主人，担任宫廷官员、行政官僚和军官等。家臣不享有完整的自主权，比如他们的婚姻要经过主人的许可；家臣也不可以自行把主人赏赐的土地和财产传给自己的儿子。家臣的依附身份的一个重要标志是，他们的子女要被分给其父亲的领主和母亲的领主。不过家臣通常被视为贵族。很多家臣往往从小接受骑士的训练，长大后作为骑士为主人效力。家臣有上升的机会，很多后来成为更高级的贵族。马克瓦德·冯·安维勒是亨利六世皇帝手下的家臣，非常有政治才干，一度成为皇帝推行的意大利政策的主导者。1195 年，皇帝册封马克瓦德为拉文纳公爵和安科纳边疆伯爵，并正式赐予他自由。13 世纪末，"家臣"这个概念逐渐从史料中消失。有的家臣上升成为自由的低级贵族，也有的绝嗣或者坠落到平民阶层。今天现存的德国贵族家族，如果能上溯到中世纪，大多曾经是家臣。

士吟游诗人，总是可以看到大量的家臣。如果亨利国王做出这一选择是出于政治的敏锐性，意识到德意志的最强大力量和驱动力在于骑士和市民，那么他就能与父亲达成谅解，或者至少能与他进行有益的协商。但亨利国王完全缺乏这种把握总体政治局势的天赋。他拥有施陶芬家族的和蔼可亲和魅力，但也有一种被人们称为"轻浮"的不连贯性和无目的性。如果他偏爱市民和家臣，那么他这样做的原因无非是反对和敌视那些束缚他的诸侯。

没过多久，亨利国王的这一立场就变得令人尴尬了。1230年，当诸侯在意大利逗留，安排皇帝和教宗之间的《切普拉诺和约》时（因此，也就是在弗里德里希二世对德意志诸侯特别依赖的时候），亨利做出了一个明确的敌对诸侯的行动。当时列日的市民与他们的主教发生了争执，亨利国王将这些居民置于自己的保护之下。这件事情本身并不重要，但这里有一个原则性的问题。在一瞬间，诸侯对他群起而攻之。1231年1月，他们从意大利回来后，立即搁置了所有的相互争吵，联合起来发动抵抗，迫使亨利国王于1231年5月在沃尔姆斯召开了一次不幸的朝会。诸侯知道皇帝一定会支持他们，于是迫使无助的国王交出了一项重大的特权：除了一些荣誉性的王室权利外，"邦君"（Landesherren）在他们自己的领土上，特别是在城市中，将拥有几乎不受限制的主权。亨利国王曾如此急切地希望加强王权，以抗衡日益强大的诸侯，结果却适得其反，大大地削弱了王权。

皇帝的政策与他儿子的立场在每一点上都截然相反。弗里德里希二世不同意亨利对诸侯的普遍敌视态度，何况此时诸侯正远离德意志、在意大利为皇帝服务，亨利居然趁机对诸侯发难，更是说不过去。对皇帝来说，没有什么事情比阿尔卑斯山以北发生动乱更讨厌的了，而他儿子的行为催生了一个反施陶芬的诸侯联盟。另外，亨利国王在诸侯的强迫下向其授予了"沃尔姆斯特权"（Wormser Privileg），等于是毫无意义地抛弃了很多宝贵的权利。弗里德里希二世本人也曾放弃一些王室权利，将其让渡给诸侯，但始终是在有充分交换条件的情况下进行的。这一次，国王由于自己的笨拙，没有得到任何回报。此外，还有一些个人问题。亨利想与他的王后——奥地利的玛格丽特①离婚（尽管他们已经生了孩子），并与自己的初恋情人波希米亚的阿格尼丝（Agnes von Böhmen）结婚。这也违背了皇帝的意愿，因为弗里德里希二世在与奥地利缔结婚姻的谈判中已经考虑到了政治因素。这个问题很快就自行得到了解决，因为波希米亚的阿格尼丝为了逃避进一步的麻烦，出家当了修女。但这件事情使人们普遍感到不快。在所有这些问题上，皇帝认为有必要与他的儿子进行一次面谈，因此邀请他到拉文纳来。无论亨利国王是对是错，他不接受皇帝的邀请都是不明智的。到目前为止，人们还可以为他辩解，说他还很青涩；但既

---

① 奥地利的玛格丽特（1204 或 1205—1266）是巴本贝格家族的奥地利公爵利奥波德六世的女儿，1225 年嫁给德意志国王亨利，即弗里德里希二世皇帝的儿子。玛格丽特与亨利有两个儿子，但都夭了。亨利于 1242 年死后，玛格丽特隐居。1246 年，玛格丽特的弟弟、最后一代巴本贝格家族的奥地利公爵"好斗的"弗里德里希与匈牙利人作战时阵亡，并且没有留下子嗣。奥地利公国先被"好斗的"弗里德里希的侄女格特鲁德及其丈夫波希米亚王子弗拉迪斯拉夫继承，但弗拉迪斯拉夫英年早逝；格特鲁德的第二任丈夫巴登边疆伯爵赫尔曼六世也不幸死亡。奥地利的继承权最终落入格特鲁德的姑妈玛格丽特手中。她给了比自己年纪小二十多岁的波希米亚王子奥托卡，于是奥地利公国落入波希米亚手中。奥托卡就是后来强大的波希米亚国王奥托卡二世。但因为玛格丽特与奥托卡结婚时年纪已经很大，没有子嗣，奥托卡与她离婚。

然他不来拉文纳（尽管他后来以阿尔卑斯山的通道被维罗纳人封闭为借口推脱），在他父亲的眼中，他就是一个不孝子。他可能知道，不服从父亲，当然不会让他得到父亲的好感。

在此期间，弗里德里希二世一直在拉文纳与德意志诸侯和众多意大利主教就伦巴第人的问题谈判。伦巴第联盟仍然拒绝开放跨越阿尔卑斯山的通道，于是皇帝再次对伦巴第联盟实施了帝国禁令。看到教宗因联盟城市毫无道理的顽抗而陷入尴尬，皇帝可能并不感到遗憾，因为教宗表面上为伦巴第诸城市的良好行为做担保，暗中却煽动他们抵抗皇帝。伦巴第人的行动清楚地表明，皇帝在这里不诉诸武力是不可能维护帝国的权威的。北意大利错综复杂的局面显然不能用和平手段来解决，因为皇帝的每一道诏书都会带来新的纠葛。例如，他在取缔伦巴第联盟时下令，伦巴第的其他城市不得聘请任何一个反叛城市的公民担任一年一届的督政官。这立即造成了皇帝与热那亚的摩擦，而热那亚刚刚向他派遣了一个规模很大的使团，给了他极大的荣耀。热那亚人不久前任命了一个米兰人当督政官，现在他们面临一个微妙的选择，是拒绝接受这个米兰人而得罪联盟，还是保留他而得罪皇帝。皇帝不可能在发布上述旨意后立即允许例外。尽管热那亚的强大的亲帝国派系极力反对，那个米兰人还是被任命为督政官。尽管皇帝不愿意破坏他与热那亚的良好关系，但他立即采取了报复措施，打击了热那亚在西西里的贸易。没有军队，皇帝就不可能在伦巴第进行政治活动。

教宗格列高利九世再次自愿在弗里德里希二世和伦巴第联盟之间调解。皇帝不可能对教宗的提议抱什么指望，因为他对教宗的调解和仲裁早有领教。皇帝的疑虑不是没有道理的。虽然格列高利九世表面上支持皇帝，但他所选择的教廷谈判代表以及这些代表的行为清楚地表明了，所谓的公正裁决将对谁有利：教宗的谈判代表是伦巴第联盟城市的枢机主教，因此被宣布为皇帝的敌人。这些代表没有向叛乱者传达受侮辱的皇帝提出的条件，而是先与叛乱者会谈，最后带着联盟预先准备好的建议去拉文纳。皇帝没有等着听他们的裁决，因为他完全知道会有什么结果。但他此刻还需要教宗，所以不愿意与教宗闹翻。因此当教宗的谈判代表于 3 月初到达拉文纳时，他们惊讶地发现皇帝已经离开了。原来，之前的某天下午，皇帝按照自己的习惯，骑马来到城外。一艘装备齐全的桨帆船停在岸边，准备出海；他带着几个随从上了船，然后扬帆起航。他早就做好了一切准备。他预见到自己将长期离开西西里，于是将阿奎诺的托马索派回西西里，担任王国的总司令；他遣散了拉文纳会议的其他与会者，只留下了德意志诸侯，因为他打算于复活节期间在阿奎莱亚（Aquileja）举行一次新的朝会。他没有邀请他的儿子出席阿奎莱亚朝会，而是命令他到阿奎莱亚，然后自己走海路前往那里。

留在拉文纳的诸侯很快就听到了一个意外的消息：皇帝正在前往威尼斯的路上。大多数诸侯匆匆忙忙地从陆路赶往威尼斯。由于弗里德里希二世与热那亚的关系暂时陷入僵局，他现在想争取威尼斯成为他的盟友，并利用这两座城市在东方的竞争关系，从而渔翁得利。他还有其他重要的动机。由于阿尔卑斯山通道持续受到威胁，途经威尼斯和弗留利的道路是通往德意志的唯一安全路线，因此，与威尼斯人达成谅解是至关重要的。他航行经过了科马基奥（Comacchio）、洛雷托和基奥贾（Chioggia）。他在洛雷托稍作停留，在那里接待了赶来迎接他的威尼斯共和国（是独立国家，不是帝国的属国）的使节。他向他们倾诉了自己的愿望，即访问威尼斯并参拜他们的主保圣人——圣马可。威尼斯人立即召开了大议事会，决定满足皇帝的请求。因此，弗里德里希二世继续他的旅程，前往基奥贾。当弗里德里希二世在圣马可海岸登陆，站在威尼斯执政官雅各布·蒂耶波洛（Jacob Tiepolo）身边时，他发挥了自己所有的魅力和亲和力。威尼斯人以隆重的仪式接待了他。他向他们的圣徒赠送了昂贵的黄金和宝石作为礼物，喜爱圣物的威尼斯人给皇帝的回礼是真十字架①的一个碎片。他还授予威尼斯人在西西里的大量特权和贸易自由权（对方几乎不肯接受）。但没有什么能消除威尼斯商人和航海家的不信任感，他们既满腹狐疑又无比傲慢。由于他们在黎凡特享有巨额财产，特别是在拉丁帝国的财产，威尼斯人觉得自己几乎与皇帝平起平坐。他们并不打算对施陶芬皇帝承担任何义务。弗里德里希二世委托一位威尼斯金匠为他制作一顶王冠。大议事会批准了此事，但条件是不能对共和国造成伤害。皇帝的权力在威尼斯眼中也是危险的，他们不愿意与他打交道。一有机会，威尼斯共和国就站到了弗里德里希二世的伦巴第敌人那边。但当一个热那亚人成为教宗时，威尼斯又是第一个与皇帝缔结和约的城市。

　　1232 年复活节，德意志诸侯聚集在阿奎莱亚，来到弗里德里希二世身边，人数之多，非同寻常。亨利国王起初试图回避父亲的命令，但一些从拉文纳回来的诸侯在奥格斯堡见到了年轻的国王，并告诉他皇帝的心情是怎么样的。他们的紧急交涉促使亨利很不情愿地出席了专门为他召集的会议。皇帝指定

―――――――――

　　①　即钉死耶稣的十字架。

邻近的奇维达莱（Cividale）为亨利及其随从的住所，但命令阿奎莱亚对他关闭城门。弗里德里希二世以公事公办的方式，就像与一位外国王公谈判一样，在阿奎莱亚主持了与儿子的讨论。在亨利接受了皇帝的条件之后，他才被允许与父亲面对面，这是十年来的第一次。弗里德里希二世后来写道，作为父亲，他责备了儿子；作为皇帝，他对这个不听话的国王提出了苛刻的要求。几周后，朝会改在奇维达莱举行。在那里，亨利国王被迫当着他的对手（诸侯）的面庄严宣誓，今后将服从皇帝的一切命令，并以应有的尊重对待德意志诸侯，将他们视为"帝国的明灯和保护者"以及"皇帝的掌上明珠"。一份书面文件进一步强化了这一誓言。在这份文件中，亨利本人规定，如果他再次做出不服从皇帝的行为，那么诸侯可以不受对亨利国王的效忠誓言的约束；并请求他们在这种情况下代表皇帝起来反对他。皇帝乘胜追击，迫使亨利国王写信给教宗，告诉对方，他对"神圣的奥古斯都"发过什么誓，并请求格列高利九世在亨利国王违背对其父亲的承诺时，立即将亨利国王逐出教会。就这样，弗里德里希二世按照自己的意愿驾驭了两股通常反对罗马皇帝的力量。当然，代价是他那桀骜不驯的儿子。轻狂的亨利在诸侯和教宗的监督下，只获得了一段缓刑期：这是一个令人难以忍受的地位，与之相比，废黜会更仁慈，也更温和。曾寻求独立和自力更生的他，如今被剥夺了身为国王的所有行动自由。皇帝对待他就像对待一座反叛的城市一样：要求他无条件地顺从皇帝的意志，宣誓服从，并听命于皇帝委派的监督者。如果亨利国王的梦碎不酿成悲剧，那么他就不是施陶芬家族的人。

弗留利朝会一直拖到5月底，从奇维达莱转移到乌迪内，然后又转移到波尔德诺内（Pordenone），以此避免让一座城市承担全部开销。这次会议对德意志的帝国法权秩序（Verfassung）来说是非常重要的。人们常说，至今仍然可以感受到弗留利会议上做出的决定的后果。由于亨利国王将"沃尔姆斯特权"让渡给了诸侯，皇帝别无选择，只能确认这项"有利于诸侯的诏书"。就这样，弗里德里希二世，这最后一位作为旧意义上的部族公爵①而当选的德意志皇帝，看到了基于部族和军队的日耳曼王权的终结。从宪法史的角度来看，德意志从此可以被称为诸侯联盟或诸侯统治。

每一位德意志政治家都面临同样的问题：如何在帝国与其成员之间建立正确的关系。之前的每一个答案似乎都适合作为一时之计，但作为永久的解决方案却值得怀疑。但每一个答案都是命运攸关的。在弗里德里希二世的时代，这个问题可以说是这样的：在各地，每个邦国都在努力获取直属于帝国的地位；西西里王国这样的国家的专制主义，必须以某种方式与德意志人基于部族和封建制度的现有王权相协调。与人们的预期相反，弗里德里希二世甚至从未考虑过将整个德意志变成一个类似于西西里君主国的、统一的官僚国家。的确，在后来的日

---

① 法兰克人的墨洛温王朝时期，公爵（Herzog）是为国王效力的封疆大吏，一般也是独当一面的军事指挥官，权势非常大。这一时期的公国主要有阿勒曼尼、巴伐利亚、勃艮第、弗兰肯、阿基坦和布列塔尼等。这几个超级大的公国被称为"部族公国"（Stammesherzogtum），代表日耳曼人的不同部族。部族公国一度被强大的加洛林王朝废除。但随着加洛林王朝中央集权的衰落，部族公国又重新建立起来，往往形成近似王国的强大割据势力。10世纪初，东法兰克王国（后来发展为德意志王国）有五个超大的部族公国：弗兰肯、施瓦本（以前的阿勒曼尼）、萨克森、巴伐利亚和洛林。这五位公爵的地位仅次于国王。国王需要和他们讨价还价，达成妥协与共识。后来，在神圣罗马帝国框架内，原先超大的部族公国逐渐分裂，公爵越来越多，这个头衔的含金量也下降了很多。

子里，弗里德里希二世从他的意大利基地将他的西西里官僚制度推广到了勃艮第和蒂罗尔，甚至以一种改良的形式推广到了奥地利，但下面的说法可能是成立的，即弗里德里希二世根本无法完成帝国的"西西里化"（从南向北稳步推进），因为他没有来得及稳固地控制伦巴第，就过早地去世了。但没有任何迹象表明，皇帝打算将他的西西里官僚体制进一步向北推进。如果他那么做，德意志所有的历史和精神力量都会立刻让他失望，而且德意志缺少一个必不可少的条件：意大利所拥有的世俗教育与市民教育。也就是说，取代封建制度成为西西里－意大利国家之基础的整个世俗法学家阶层，在德意志是不存在的。弗里德里希二世从来没有考虑过破坏广袤而深刻分化的德意志的封建势力，并通过官僚进行统治，从而排除诸侯的干预。此外，德意志诸侯和主教不是西西里贵族和微不足道的小教士，他们是皇帝的同僚。

由于皇帝放弃了在德意志采用他新的直接统治手段，统治的任务就必须落在德意志诸侯的身上，反正他们已经在争取更大的独立性，而且权利早就以牺牲王权为代价在稳步增加了。弗里德里希二世允许诸侯继续走这条路，甚至支持他们，因为这正好符合他的帝国政策，而他的帝国政策可以浓缩为伦巴第政策。与之前的任何一位皇帝相比，弗里德里希二世都首先是一位超国家的罗马皇帝，他的欧洲中部大帝国从锡拉库萨延伸到弗里斯兰和波罗的海。为了巩固自己的帝国，他首先需要的是一个完全顺从的伦巴第。没有这个，帝国就会被一分为二。为了掌控伦巴第，弗里德里希二世首先需要德意志的力量，但更需要的是确保北方的和平（也是为了防备教宗），以及确保忠于他的德意志诸侯（包括世俗诸侯和教会诸侯）对他的后方的保护。通过牺牲自己的收入和权利，他可以从强大的诸侯那里买到这一切，而诸侯在他之前曾剪断过许多胜利的皇帝的翅膀。为了更重要的事业（控制伦巴第），他毫不犹豫地做出了牺牲，尤其是他在西西里的财富和资源可以补偿他在德意志的损失。西西里的黄金在缺钱的德意志很有威力，弗里德里希二世的慷慨赢得了诸侯对他本人的依恋。面对长期以来教会的阴谋诡计，这种依恋也经受住了考验。

毫无疑问，罗马帝国的实际考虑和更高的需求促使弗里德里希二世做出了这些有利于诸侯的让步。无论这是否符合皇帝的意愿，每个诸侯都在自己的领地上获得了接近于主权的独立性。弗里德里希二世早年对教会诸侯所做的让步，通过沃尔姆斯和弗留利的新特权也扩展到了世俗诸侯，因此，德意志的贵族现在有了某种统一性。这样一来，诸侯或多或少都处于同一起跑线上，他们开始觉得自己比以前更像一个团体，或者说是利益的共同体。这种诸侯的利益共同体根据具体情况对皇帝有利或不利。弗里德里希二世放弃了皇帝在诸侯领地上的大部分权利。根据授予诸侯的新特权，皇帝放弃了在诸侯领地上的铸币权、建造防御工事的权利，以及对诸侯（现在他们被称为"邦君"，这一点很重要）所有土地的司法权。诸侯对其臣民的权力得到了加强，因为下级法院被置于诸侯的直接管辖之下，非诸侯的司法权被废除或受到很大限制。其他条款也指向同样的方向，因此，诸侯在自己的领地上几乎可以行使专制君主的权力，或正在往这个方向发展。所以，西西里模式的国家组织的强化在德意志也开始了，但不是从王权产生并加强王权，而是加强了各个组成部分，即诸侯。现在，诸侯拥有了巩固自己国家的可能。而且，与一个受诸侯掣肘的皇帝或一个受王权约束的诸侯的间接统治相比，一个小君主的直接而彻底的统治更有利于同领土和部族紧密联系的国家力量的释放、发展和利用。消灭了挡在邦君与其领土之间的所有权力，个别国家开始有可能得到稳健的治理。

从这个角度看，皇帝加强诸侯的政策似乎是对整个德意志国家的简化，这对巩固松散的、广袤的德意志土地至关重要。在这些土地上，自古以来，所有的力量和政治才干都在各部族中，而不是在德意志种族的聚集体中。但弗里德里希二世的这种政策充满了巨大的危险性。帝国的构成国越强大，将它们统一为一个德意志国家的希望就越小，而弗里德里希二世的行动方针大大延长了德意志的分裂：他无疑阻碍了德意志人民统一成一个"德意志国家"。此外，他的这一政策对整个帝国产生了有害的影响，因为诸侯都沉浸在自己领地的发展中，对帝国的命运没有表现出积极的兴趣。但弗里德里希二世最重要收获是，诸侯保持了和平，并在他需要的时候随时团结一心地支持他。这种状态持续了二十多年，甚至更久。众所周知，诸侯独立性的增强被历史证明是一个灾难。随着罗马帝国的衰落，最后的统一冲动也消失了。每个邦君都在追求本邦国的目标和利益，并形成了一种狭隘的视野，对整个世界、德意志、皇帝或帝国都不闻不问。山头林立的诸侯权力必然会让帝国缺乏统一领导的状况更加糟糕，而在罗马帝国的压力下曾闭合的裂缝和裂痕，如今在不断地扩大和深化。

无论弗里德里希二世如何准备将德意志的利益置于世界帝国之后，我们都很难想象，像他这样层次的政治家会不考虑建立一个统一的、适应即将淡出的中世纪条件的北方王国。他不会从单纯的权力表象中得到任何好处，而如果要避免这种情况，他就必须在新的基础上重组整个王国，并适当考虑新的条件。一些旨在加强中央皇权的个别措施表明，他心中有一些明确的计划。我们可以想象，如果伦巴第斗争能迅速而令人满意地结束，皇帝会对所有领土实行某种统一的管理方法。在完整地保留诸侯的主权的同时，他可能会将诸侯改造成某种形式的总督，类似于后来意大利的高级总督们，使其拥有王公的身份，甚至是国王的身份。有人建议弗里德里希二世搜集整理帝国法律并进行新的立法，他自己肯定也想到了这样一项工作，它将把诸侯的邦国政府引导到特定的轨道上。不久之后，弗里德里希二世为德意志任命了一位帝国高级政法官（Hofjustitiar），这意味着皇帝的最高司法权应该比以往得到更多维护，而各邦国的常规司法应该由诸侯各自负责。但最重要的是，皇帝应该有一些积极的力量供他支配，从而平衡他为了确保诸侯的诚意而做出的让步。也就是说，皇帝需要有足够的力量来迫使人们在他需要时服从，并以强制手段保证帝国的统一。

弗里德里希二世从德意志诸邦的重新洗牌中得出了什么推论，是非常值得注意的一点。皇帝让渡了自己的许多权利，以至于他不能再凭借自己的特权自称最重要和最强大的；他必须用实际的实力来证明自己。也就是说，必须用君主个人的私有资源来填补非个人的帝国财产和王权的缺口。这一变化在施陶芬家族努力为自己在南方获得一个坚实的立足点中得到了预示。西西里第一次为一位皇帝提供了这样一份个人财产。它完全在德意志诸侯的干预范围之外，而且，由于拥有了西西里的资源，弗里德里希二世能够放弃他在德意志的一些权利。当然，在获得西西里的过程中，施陶芬家族并没有考虑到这样一种"王朝政策"；西西里和帝国的其他构成国一样，是为作为一个整体的帝国服务的。弗里德里希二世站在两个时代的交界处，是第一个感到有必要在北方的德意志本土建立自己的王朝势力的人。哈布斯堡家族幸运地遵循了他开创的先例，这是一个不寻常的巧合。1236 年，皇帝粉碎了巴本贝格家族的最后一个统治者——奥地利和施泰尔马克公爵弗里德里希二世的叛乱。皇帝没收了他的公国，并将其保留在帝国的直接管辖之下，而不是按照惯例，在一年零一天后将其授予某个新的封臣。因此，在帝国的东南角，波希米亚、匈牙利和奥地利公国仍然提供着大片连续领土的地方。弗里德里希二世皇帝（其施瓦本的遗产虽然分散，但仍有相当大的范围）在试图建立一支新的力量。对奥地利公爵的军事行动只是大型战役中的一次小会战，公爵不久之后就成功地收回了自己的大部分领土。后来双方达成了协议，规定奥地利公国将被提升为一个王国。但这个计划失败了。巴本贝格家族的最后一位奥地利统治者——"好斗的"弗里德里希，最终于 1246 年去世，没有留下子嗣，他的无主领地落入帝国手中。弗里德里希二世随即恢复了他原先的计划，为自己保留奥地利公国，不将其封授出去，而是将其委托给西西里总司令管理，并将其作为施陶芬家族的世袭财产留给他的孙子。皇帝的战斗当然主要局限于意大利，施陶芬家族的奥地利领地暂时还不算很重要。令人惊奇的是这位世界级政治家惊人的远见卓识，以及他对即将发生的事情的准确直觉。

皇帝让渡出了不计其数的权益，加强了帝国诸侯的权力。这必然会造成危险，而皇帝通过上述手段来应对这种危险。但弗里德里希二世最强大的力量在于他的个性。他是所有德意志皇帝中最罗马化的一位。在他辉煌的巅峰时期，他不仅拥有实际的力量，还拥有个人魅力，可以使诸侯服从他的意志，并将他们的目光引向罗马世界的重大问题。在这些光辉的岁月里，得到加强的诸侯权力，以及古老的军事国王地位与新的由诸侯组成的帝国的双重光辉，带来了独一无二的成就：一位强大的皇帝在他强大诸侯的簇拥之下，使德意志人的旧帝国得到了全面的完善。在未来的几个世纪里，羸弱无力的一代代人沉浸在幻梦之中，幻想这个强大帝国能够重返人间。当时，作为"帝国"的德意志确实是统一世界上所有民族和种族的罗马帝国的伟大理念的象征与体现，是伟大的基督教世界帝国的映照，也同时是这二者的统一体。这之所以是可能的，是因为无论祸福，德意志都保留了众多的部族和诸侯，这些部族、诸侯与欧洲诸民族和诸国王的理想化的共同体相一致。与精明务实的西方邻居（法国）相比，德意志始终是"帝国"。

中世纪理想的世界帝国并不意味着所有民族服从于一个民族的统治，而是代表着所有国王和王公、基督教世界所有国度和民族的共同体。这个共同体处于一位罗马皇帝的领导下，他不属于任何民族，也属于每一个民族；他站在所有民族之外，在他位于唯一永恒之城的宝座上统治所有民族。完美的德意志的景象只能是这样的，有一句话很适合描述这样的德意志：是罗马帝国，但也是诸邦。因此，对德意志来说，一个部族对另一个部族的征服将是一种扭曲，从中获益的是萨克森人或弗兰肯人，施瓦本人或最终的普鲁士人。因为在被一个部族主宰的帝国里（尽管实现了真正的统一，不过并非民族的统一），所有部族的最佳力量永远不可能平等地发展，以产生一个包容世

界的德意志。比起伊奥尼亚人和多利亚人①，或许更为不幸的
是，没有任何一个部族，无论是萨克森人、施瓦本人还是弗兰
肯人，能成为世界意识的承载者，尽管每个部族都有很好的国
家意识。对世界的感觉——从对国家的感觉中分离出来——只
存在于超国家的德意志整体之中。弗里德里希二世从未考虑过
这种扭曲，从未想过用施瓦本的骑士和士兵来统治德意志。他
不是施瓦本公爵，也不是德意志国王，他单纯是罗马的恺撒和
皇帝，是神圣奥古斯都。在他之前和之后都没有这样的人物。
作为罗马恺撒，他本人就是德意志整体的象征，虽然这个象征
是异邦的，但它提供了德意志当时寻求的自我实现的唯一一种
可能形式：在罗马帝国内的自我实现。

　　这位伟大皇帝的伟大帝国并不是一个以西西里为模板的德
意志民族国家，也不以卡佩王朝治下的法兰西为模板。真正的
政治家从来不会把一个现成的计划强行应用于所有国家。但在
更高的意义上，弗里德里希二世完善并完成了统一的德意志帝
国。当然，他在德意志人面前的姿态并不是像西西里官僚国家
里的祭司式皇帝和中保那样，也不是像从天上派来的半神那
样，更不是像上帝之子那样。东方人对英雄崇拜的热爱，对日
耳曼人来说是完全陌生的，特别是当英雄还是肉身时。在德意
志人中，他的目的是创造一种形象，即国王从诸侯的肩上高高
飞起，飞向天堂。诸侯摆脱了封建束缚，拥有了无限的权力

---

① 多利亚人是古希腊的四大部族之一，另外三个部族是伊奥尼亚人、埃奥
　利亚人和阿卡亚人。约公元前 12 世纪到前 11 世纪，多利亚人由巴尔干
　半岛北部迁来，大多分布在伯罗奔尼撒半岛、克里特岛、罗得岛以及西
　西里岛东部一带，之后逐渐扩展到希腊各地。定居在伯罗奔尼撒半岛的
　多利亚人建立了斯巴达、科林斯、阿尔戈斯等城邦。雅典人则属于伊奥
　尼亚部族。

（这使他们第一次在中世纪晚期的"自愿统一"中联合起来），这使施陶芬皇朝的专制君主确确实实成了诸多专制君主的同侪之首。此外，由于皇帝的所有权威和权利都不再对诸侯的领土有效，他的皇位在凡间几乎不再有任何支撑。正如德意志诸侯在弗留利会议上所说的那样："我们依附于皇帝的宝座，就像四肢依附于头颅一样。皇帝的宝座像头颅一样在我们的肩膀上，并由我们的身体牢牢支撑着，这样，皇帝的尊贵荣耀就会显现出来，而我们的诸侯身份又会反映此等荣耀。"这就是帝国的传统概念，它终于找到了最终的表达和字面的实现。这只发生在一个短暂的时期，而且几乎违背了统治者的愿望。与他的前任不同，弗里德里希二世从未削弱或压迫过诸侯，从而让他们的软弱衬托他自己的伟大。恰恰相反，他加强和抬高了诸侯的权力，甚至建立了一个新公国①。他相信，他的权力、荣耀和皇帝权杖的光辉不会因向外放射光芒而变得苍白，而是会获得更多的光芒。恺撒-皇帝将诸侯视为"他的审判席周围的平等者"；诸侯越是强大、辉煌和威严，皇帝的光辉就越是璀璨。诸侯不再是承重的柱子，支撑着王位的重量。德意志的诸侯就像南方的官僚一样，但又有很大的不同，他们成了表达向上飞升力量的支架和支柱，为"君主中的君主，国王中的国王"的荣耀升华做着准备。君主被他的同侪扛在肩上，又反过来使君主和诸侯都得到升华。

对弗里德里希二世来说，没有紧张感的生活始终是不可想象的。这是一场无比大胆的赌博，其中最轻微的洗牌都可能意味着毁灭。弗里德里希二世面对这种情况毫不畏惧，无比清

---

① 指册封给韦尔夫家族的不伦瑞克-吕讷堡公国，详见下文。

醒。他后来写道："日耳曼的诸侯，我的提升和坠落都取决于他们。"危险与所处的高度成正比。德意志人认为弗里德里希二世是命运的化身；他们渴望他，又害怕他。在他之后，帝国便衰败了。但比一个世纪的安全更具有持久意义的，是一位德意志皇帝有幸踏上如此危险高度的短暂时刻。诸侯权力的增加是其中的一个必要因素。如果要在德意志建立正确的关系，脆弱的四肢就无法支撑起过重的头颅：诸侯和皇帝一起代表了超越部族的德意志，象征着"神圣帝国的尊贵身体"，或者说是"德意志整体"的神秘身体（Corpus Mysticum）。弗里德里希二世有理由将其视为自己的身体，因为这个异邦人、这个施瓦本血统的罗马人，代表了人们梦寐以求的欧洲-德意志人的形象，结合了欧洲的三重文化：古典、东方和教会。教会对弗里德里希二世来说是一种完整的、自成一体的东西，他自己已经超越了它，它已经处于他的身后。尼采说，弗里德里希二世"按我的趣味讲是第一个欧洲人"，并说他是"那种有魔力的不可把握者和出乎意料者，那种预定了要去获胜、去诱惑的谜一般的人"。① 这种类型的人对德意志人来说是最难理解的，原因就在于那种罗马式的雕琢，那种隐秘性，那种完全的独立自主。

在弗留利发表的庄严演说，是弗里德里希二世亲自干预德意志事务的前奏，他在弗留利主要关注的就是德意志事务。但对于帝国的其他组成部分，皇帝也与王公贵族做了磋商，并处

---

① 译文参考：《尼采著作全集（第5卷）：善恶的彼岸 论道德的谱系》，弗里德里希·尼采著，赵千帆译，商务印书馆，《善恶的彼岸》第五章第200节，第153页。文字略有改动。

理了许多重要的问题。弗里德里希二世成功地拉拢到了埃泽利诺和阿尔贝里科·达·罗马诺兄弟，这使伦巴第问题出现了有利的转机。埃泽利诺和阿尔贝里科兄弟当时在特雷维索边疆区①正在变得举足轻重。通过一次巧妙策划的起义，他们成功地使弗里德里希二世成了维罗纳（这个战略要地之前属于伦巴第联盟）的主人，因此阿尔卑斯山的通道现在向德意志人开放了。与帝国的联系非常松散的勃艮第王国，如今也被拉进了与帝国更紧密的关系中。不久之后，勃艮第军队第一次被征召为帝国服务。法兰西国王路易九世（圣路易）的使者来到弗留利，与皇帝缔结了一项友好条约。"山中老人"（阿萨辛派的首领）的使者来弗留利拜见弗里德里希二世，大马士革苏丹的使者也来了，他们给"众埃米尔之王"（Malik al-Amirun）献上了一台用黄金和珠宝制作的天象仪。这时，一年一度的希吉拉节来临了。为了表示对穆斯林使节的尊重，皇帝举办了一场辉煌的宴会，来庆祝先知从麦加逃往麦地那的日子。德意志的诸侯和主教也参加了宴会。

在离开德意志好几个月后，诸侯终于在 5 月中旬，满载厚礼回国。亨利国王也回国了，北方的安定现在取决于他的表现。弗里德里希二世则带着他的由东方人组成的卫队，乘船返回阿普利亚。在途中，他成功地袭击了达尔马提亚海盗，俘虏了许多人，给他们戴上了枷锁。他的下一个紧急事务是与教宗的谈判。

和谐的表象并没有改变这样一个事实：皇帝和教宗之间的

① 特雷维索边疆区（Mark Treviso）是中世纪意大利的一个地区，大致相当于特雷维索城（在今天意大利东北部的威尼托大区）及其周边地区。

和平其实是一场隐秘的战斗，是用无限微妙的外交武器进行的。弗里德里希二世和格列高利九世之间的紧张关系只是暂时被掩盖了，却在帝国和教廷的长期斗争中达到了前所未有的高度。亨利六世和英诺森三世不曾有机会同台对抗。而现在，皇帝与教宗势均力敌，双方对峙着，等待着最后一战的爆发。但双方都把它推迟了一段时间，都愿意为了权宜之计而暂时克制。双方有不共戴天之仇，能表现出同样疯狂的激情，但目前双方还需要彼此，而且都从暂时的休战中受益。皇帝也许比教宗受益更多，因此他希望与格列高利九世和平相处的愿望肯定更加真诚，甚至过于真诚，尽管他对罗马的那个老头子恨之入骨。

和约墨迹未干，一场惊人的外交游戏就在皇帝宫廷和罗马教廷之间展开了。这场游戏还将持续多年，并且愈演愈烈。在世人眼中，这两股势力仍然是父子关系。虽然双方都谨小慎微地权衡着每一步，都无比警觉和敏锐地观察着对方的任何弱点，从而捕捉机会，但双方都同样渴望抓住机会向对方示好和提供援助，从而使对方欠下一份人情。双方也都遇到了重重困难。教宗格列高利九世公开与罗马人交战，而且不得不离开这座城市，因为市民起来反对他们的主教，就像很久以来在意大利其他市镇发生的那样。古罗马共和国的自由思想对当今的罗马市民不无影响，他们渴望扩张领土：罗马人总是对坎帕尼亚和"圣彼得的遗产"垂涎三尺。作为他们主教的敌人，罗马人是皇帝的天然盟友，但弗里德里希二世应教宗的要求，向维泰博派出了一支部队，那个地方通常是罗马人的第一个进攻目标。格列高利九世暂时还不愿意向皇帝提出更多的求助，尽管教宗知道迟早会有这一天。

　　弗里德里希二世这边也不是没有严重的尴尬。暂且不谈伦巴第问题，他必须保证在所有与他儿子亨利有关的问题上得到教宗的同意，这样才能确保不出现意外。耶路撒冷王国也带来了无尽的困难。不过不是因为撒拉森人破坏了停战协定，而是因为那里的基督徒内斗不休。叙利亚-塞浦路斯的贵族在曾经的塞浦路斯摄政者伊贝林的约翰的领导下，在宗主教热罗尔德和人民的支持下，狠狠地挫败了皇帝的最高军务官里卡尔多·菲兰杰里，尽管他在最初取得了一些成功。这场战争在一年后以皇帝丧失塞浦路斯告终。教宗之前一直不肯把耶路撒冷国王的称号赐给弗里德里希二世，却偏偏在这时终于决定授予施陶芬皇帝这个头衔。在遥远的、此时变得无关紧要的东方舞台上支持皇帝对教宗来说无须付出很多代价，而且这还让弗里德里希二世承担了回报的义务。因此，格列高利九世大声谴责了我们早就熟悉的热罗尔德宗主教，并断然将他召回。教廷也对热罗尔德在十字军东征期间的行为产生了疑虑。"人们窃窃私语，并宣称，我们的爱子、罗马人永远崇高的皇帝、耶路撒冷和西西里国王弗里德里希二世的叙利亚王国已经被你的手段所动摇，因为你一直在幕后支持那些扰乱和平的人……"这是教宗给热罗尔德的书信的新腔调。他用安条克宗主教阿尔贝尔（Albert）取代了热罗尔德。教宗同样准备不惜一切代价来反对亨利国王，理由是显而易见的：如果教宗能巧妙地利用德意志国王的垮台，就可能意味着阿尔卑斯山以北整个施陶芬皇朝统治的崩溃。弗里德里希二世则玩弄着惯常的操纵和利用反对势力的游戏。他自己主动请求教宗，如果亨利国王对父皇犯上作乱，就拜托教宗将亨利开除教籍。为了加强效果，皇帝甚至还迫使亨利国王向教宗提出了同样的请求。皇帝和教宗在这方面能够沉浸在相互帮助的乐趣中（同时双方都确信自己最终会智胜对方），并向世界展示了他们亲密无间的和谐景象。

弗里德里希二世很清楚，这种友好关系不会比格列高利九世在罗马的困境多持续一天。因此他并不急于有效地结束教宗的困境，而是希望从目前的有利形势中为自己的伦巴第事务争取一些好处。然而罗马人对教宗的压力如此之大，以至于到了1232 年 7 月底，在弗里德里希二世从阿奎莱亚回来后不久，格列高利九世明确决定请求皇帝帮助对抗罗马人，尽管他清楚地知道，自己必须在其他领域做出让步，以回报他的盟友（皇帝）。皇帝收到了教宗的信，信中劝说皇帝"用他胜利的、杰出的右手把这些放肆的罗马人打倒在地，驱散恶魔的队伍，折断不敬神之徒的角"。弗里德里希二世回信说，他很乐意援助教宗，但只能万般不情愿地拒绝。因为，他在同一时刻收到了墨西拿发生叛乱的消息（这对他来说来得正好），所以他不得不返回西西里，并调遣他的王国的所有军队。因此，皇帝目前能够为教宗做的，最多只能是把他的好朋友罗马市民置于帝国禁令之下。但他立即召集了德意志人、普罗旺斯的封建骑士和整个勃艮第王国的封建骑士，来援助受困的教宗。皇帝（也是精明的外交官）这么做可以说是一石数鸟。首先，这是神圣罗马皇帝在历史上第一次召集勃艮第的封建军队到意大利服役，弗里德里希二世创造了这个重要的先例，并且表面上不是为了他自己，而纯粹是为了教宗的利益。其次，这次征召使弗里德里希二世有机会向勃艮第王国派遣一名帝国全权代表，并说勃艮第已经很久没有为帝国做出任何贡献了；但他这么说并不是为了让勃艮第难堪，因为它还没有得到过这样的机会。再次，弗里德里希二世非常希望，虽然他摆出立刻行动起来为教宗分忧的状态，但要把帮助真正送到教宗手中，还需要很长一段时间。同时，他并没有与罗马人对立，他们的友谊在任何时候都是有价值的，而且他已经在罗马贵族当中建立了一个强大的亲帝国派系。最后，他可以安心地致力于恢复墨西拿和西西里岛上其他城市的秩序了。

教宗当然希望西西里国王、罗马教廷的封建附庸弗里德里希二世能亲自来到罗马城下。不过，教宗暂且对皇帝承诺的援助表示满意。现在，教宗和皇帝之间开始了一系列不寻常的通信，它产生于眼前的局势，却以最完美的形式规定了帝国和教廷之间的理想关系。那个时代的一个显著特点是，在处理任何当下的问题时，总会把宇宙的永恒秩序扯进来。格列高利九世写信给皇帝表示感谢，说"皇帝的精神被一缕神圣的光芒照亮，得到了上帝启发的正确引导，祂将儿子（皇帝）与母亲（教会）联合起来，并将母亲与儿子联合起来，以恢复教会和帝国的权利"。狡猾的格列高利九世这里说的正是弗里德里希二世长期以来急切想听的话，因为考虑到皇帝、教宗和伦巴第人的三角斗争，在弗里德里希二世的心中，没有什么比与格列高利九世达成和解、拆散教宗与伦巴第联盟的盟友关系更重要的了。因此，弗里德里希二世赶紧在一封长信中做出了类似的答复。代笔人是皮耶罗·德拉·维尼亚，他和高等法院政法官莫拉的恩里科（都是皇帝在伦巴第事务中的谈判代表）受托将这封信呈给教宗。这篇富含文字游戏的杰作提出了一条普遍的教义：上帝，这位具有远见卓识的医生，及时诊断出教会受到异端和叛乱分子的双重压迫；为了对付这两种疾病，祂不是准备了两种单独的药物，而是准备了一种双重的治疗："祭司的药膏，通过它，不忠的仆人内心的病痛得到精神上的疗愈；

帝国之剑的威力，用它的刀刃清洗化脓的伤口，用世俗帝国的利刃从被征服的敌人身上砍下所有被感染和腐烂的东西。"以及："圣父，这确实是对我们疾病的一种双重治疗。虽然神圣的帝国和神圣的祭司从其名称上看是两个独立的实体，但它们在实际意义上是同一的，因为它们具有相同的起源，被神圣的力量所圣化。它们应受到同样的敬畏之心的守护，并且，我不寒而栗地说，它们的共同信仰若是被推翻了，那么这二者也就会毁灭。"

值得注意的是，在给教宗的信中，就像在其他地方对诸侯讲话一样，弗里德里希二世也提及了帝国的毁灭。他当然始终清楚地知道，他的宝座是一座火山。他在西西里的治国之道是基于对现有体制之不安全的诠释。帝国和教廷的相互依存关系，在弗里德里希二世那里得到了最清楚和明确的表达。弗里德里希二世在这里强调的，正是但丁式的关于罗马之两个太阳的国家图景与世界图景，其基础是皇帝与上帝的直接关系（弗里德里希二世强调了这一点，但教会从未承认这一点）。我们将在下文看到，弗里德里希二世后来对理想教宗的描绘极其准确地预示了但丁的观点。但对弗里德里希二世来说，这一学说除了其一般的、永恒的、普遍的意义之外，还有一个非常现实的实际应用："因此，最有福的圣父，既然我们是一体的，而且肯定会有同样的感觉，那么，让我们为共同的服务进行同一的思考；让我们通过更新教会和帝国的权利，来恢复教会受损的自由；让我们磨利上帝委托给我们的剑，来对抗信仰的颠覆者和帝国的叛乱者……"这种回到当前事务的意思其实就是，请教宗像弗里德里希二世镇压异端分子那样去镇压伦巴第叛乱者："因为时间紧迫，现在不是为了鸡毛蒜皮而争执的时候！"

弗里德里希二世委托教宗在伦巴第问题上进行调解。在弗留利会议结束、皇帝与埃泽利诺和维罗纳结盟，以及亲帝国派系在北意大利取得一系列成功之后，皇帝的总体处境似乎异常安稳，以至于伦巴第人准备对皇帝做出许多让步。只有在两点上，双方的立场是不可调和的：皇帝要求伦巴第人为非法封闭维罗纳通道的行为做出赔偿，并拒绝承认伦巴第联盟的地位。因为对他来说，伦巴第联盟是叛乱的国中之国，它将帝国一分为二，即把西西里与德意志分割开。这就是为什么伦巴第问题是皇帝和教廷之间所有矛盾的源头：弗里德里希二世需要一个无条件顺从的伦巴第来建立一个连贯的世界帝国；而教宗为了防止自己受到南北夹击，不得不无视法律和习俗来支持伦巴第联盟，因为它是与皇帝对立的阵营。但教宗此刻需要弗里德里希二世的帮助，所以他谨慎地回避了所有的争议，搁置了整个伦巴第问题。皇帝对这一权宜之计可能并不排斥，因为它使所有的可能性仍然存在。因此，皇帝和教宗在伦巴第人和叛乱者，甚至在异端分子的问题上部分达成了一致，尽管双方对宗教裁判所的操作持有不同的看法。在西西里发生叛乱之后，弗里德里希二世允许他的帝国官员和一些顺从的高级教士开展一种明显具有政治色彩的宗教裁判，但不准教宗的下属参与；而在伦巴第，宗教法官都是教宗的人，大部分是多明我会修士。教宗对皇帝镇压异端的方法不太满意，而弗里德里希二世强烈反对伦巴第宗教裁判所在没有帝国官员在场的情况下进行审判，因为他有充分的理由担心忠皇的城市会受到扰乱。皇帝和教宗都把反异端的法令作为一种受欢迎的政治武器来使用，而不久之后，教宗就对新近归顺皇帝的维罗纳及其统治者埃泽利诺颁布了禁止圣事的命令。任何不顺从教宗或皇帝意志的人都是异端分子，因为这显然是对上帝的叛逆。

当教宗和皇帝以各自的方式镇压异端时，突然发生了一件事，我们只能将它与某种大型自然现象相比：整个北意大利同时陷入一场忏悔运动的癫狂和混乱之中。这场运动可能与多明我会在北意大利镇压异端的运动不无关系。多明我会是忏悔者的主要领导者之一，而多明我会与方济各会的竞争可能是另一个因素：阿西西的方济各早已被封为圣徒；1232 年 7 月，方济各会修士帕多瓦的安东尼（Antonius von Padua）也被封为圣徒，而多明我（Dominikus）去世已经 12 年了，教会还没有正式承认他的圣徒身份，也没有通过封圣来表彰他。一位与多明我会比较亲近的主教甚至向多明我会修士们敦促道："既然小兄弟会有了自己的圣徒，那你们就想办法给自己找一个圣徒吧，哪怕是用木桩做一个。"在意大利，人们对圣徒非常重视。忏悔运动是如此成功，以至于多明我会的创始人多明我在 1234 年被封为圣徒。

多明我会自然而然的野心是让他们的创始人被封圣，这无疑为多明我会的一些领导人设定了目标。但整个忏悔运动的基础是别的冲动。三十多年来，诸多预言让意大利人感到恐惧，这里的民众比其他任何地区的民众都更多地处于一种持续的激动状态，并时刻期待着末日审判。修道院长菲奥雷的约阿希姆在世纪之交发表了可怕的末世预言，这深刻地影响了整个 13 世纪，直到但丁的时代。约阿希姆关于三个时代的奇特学说产生了极大的影响：第一个时代始于创世和上帝创造亚当；第二个时代始于基督的诞生；第三个时代即将来临。类似的时间划分并不新鲜。但约阿希姆将这三个时代与三位一体联系在一起，并将第一个时代命名为圣父的时代，第二个时代为圣子的时代，在此基础上，第三个时代为圣灵的时代。由于三位一体的三个部分是同质的，因此，三个时代的进程必须是完全对应的。也就是说，第三个时代开始时的世界形势必须类似于第一和第二个时代（即创世和救赎的时代）的初始。弗里德里希二世也利用了这种时间理念，将自己与亚当和基督并列，说自己将引领第三个也是最后一个时代。

从这个出发点，人们开始重新阐释圣经。如果这三个时代会精确地重现，那么《旧约》的先知们（他们同时宣告末世的所有恐怖与救世主的来临）的预言对于再次期待弥赛亚的当今必然是直接有效的。以赛亚、耶利米和但以理对于毁灭与救赎的预言再次在意大利各城市风行；约翰的《启示录》和其他伪启示录中令人生畏的幻象闯入了这个战战兢兢的世界，它认为所有这些预言都适用于自己和近期的未来。修道院长约阿希姆凭借他对《启示录》的阐释和被归功于他的《耶利米书注释》，掀起了一股热潮，并在短时间内拥有了无数的后继者和模仿者，尤其是在托钵修士当中。局面发展到这种程度，以至于世界发生的每一件事都被解释为《圣经》某句箴言的"实现"，托钵修士的编年史中充满了这样的阐释：《圣经》中的这句话和那句话在这个和那个事件中得到了印证，上帝的律法得到了实现。当弗里德里希二世宣布他是来履行律法的、并在律法的履行中发现了世界的救赎时，他是在对一个渴望这种履行的时代讲话。

当人们觉得约阿希姆修道院长的预言还不够时，其他类似的预言和阐释就会迅速被发明出来。真真假假的西比尔神谕诗句、梅林的魔言、迈克尔·斯科特的预言、东方神谕、西班牙的占卜，都迷惑和刺激了那些已经生活在对世界末日和审判日即将降临、敌基督即将到来的恐惧中的人，他们还没有放弃对弥赛亚降临、世界和平和阿波罗黄金时代的期许。因为尽管敌基督将凶残地攻击教会，但他将被一个过着使徒般朴素生活的修会的有效干预所战胜。预言就是这样的。约阿希姆修道院长发布预言的不久后，阿西西的方济各出现了，于是预言实现了。圣多明我拿起类似的武器对异端进行了斗争。在帕多瓦，安东尼被当作圣徒来崇拜。意大利人民早就渴求和平，他们厌倦了无休止的争斗。简而言之，在这个危机和混乱的时代，在新生的阵痛中，所有的精神力量和其他力量都处于紧张的狂热状态，人们急切地听信了任何承诺更舒适和更美好生活的奇迹。宣讲者同时出现在各处，呼吁人们忏悔，他们可怕的、承诺和平的言辞把人们刺激得狂叫和癫狂起来。这种流行病像野火一样迅速蔓延。"所有人都醉心于天国之爱……因为他们喝下了圣灵的酒，然后所有的肉体都开始疯疯癫癫。"

1233 年的和平与忏悔狂潮被称为："大哈利路亚！"因为宣讲者用这种赞美三位一体的呼声征服了整个国家。忏悔运动在各地的过程几乎完全一样。在帕尔马，出现了一个身着奇装异服的宣讲者，他不属于任何修会。他留着黑胡子，头上戴着高高的亚美尼亚帽，身上裹着一件麻袋状的衣服，胸前和背后都有一个巨大的红色十字架。这位修士吹奏一个小铜喇叭，声音时而甜美时而恐怖。他像哈默尔恩的魔笛手一样引诱人们，特别是有儿童跟着他。他们拿着树枝和燃烧的蜡烛，穿过街道和市场，大声加入这个修士的"哈利路亚"。他到来时，人们所有的敌意突然被遗忘，所有的战斗被放弃："一个幸福快乐的时代开始了；骑士和平民，市民和农民都唱起了礼拜上帝的赞美诗和歌曲；人们泪流满面地互相拥抱，没有愤怒，没有混乱，没有纷争；只有爱与和平。"

几乎整个意大利都陷入了"哈利路亚"的魔咒之中。西西里是个例外：一个这样的忏悔宣讲者被帝国官员火速赶出了国境。佛罗伦萨人也对忏悔运动冷嘲热讽，并以恶作剧来迎接宣讲者的奇迹创造活动。在米兰，众人由多明我会修士维罗纳的彼得①领导，就是那个后来被谋杀并被授予"殉道者"称号的人。在皮亚琴察，忏悔运动由方济各会修士利奥领导。多明我会修士维琴察的乔瓦尼（Johann von Vicenza）从博洛尼亚往北活动。在帕尔马，小兄弟会的杰拉尔多（Gerhard）修士担任了使徒的职务，创造了许多神迹。另一位小兄弟会修士，帕尔马的萨林贝内（Salimbene von Parma），生动地描述了这些神迹：所有重要的宣讲者在各地举行会议，商定他们布道的日期、钟点、地点和主题，然后各走各路，进行宣讲。"我亲眼看到，在帕尔马的广场，杰拉尔多修士站在一个木制的平台上，他专门让人为他的演讲做了这个平台。人们听着的时候，他突然停止了演讲，把兜帽盖在头上，仿佛沉浸在对上帝的敬拜之中。过了很久，在人们的赞叹声中，他摘下兜帽，继续发言，仿佛想说：在主的日子里，我是在灵里。"然后他告诉惊讶的民众，他刚刚听到乔瓦尼修士在博洛尼亚讲这样的经文，利奥修士同时在讲那样的经文。帕尔马的人们通过使者确认了

---

① 维罗纳的彼得（Petrus von Verona，1205—1252），也称"维罗纳的圣彼得"或"殉道者圣彼得"，是多明我会修士和著名的讲道者，曾任宗教法官，被清洁派（即卡特里派或阿尔比派）异端分子刺杀。彼得去世仅11个月之后，教宗英诺森四世就将他封圣，这使他成为历史上被封圣速度最快的天主教圣人。

他所说的异象的真实性，于是许多人加入了他的修会。无论用的是什么方法，宣讲者确实取得了成果，所有的争斗确实突然停止了。在某些城市，局面发展到了如此地步，以至于修士们攫取了权力（就像 250 年后的多明我会修士萨伏那洛拉①一样），并按照托钵修会的原则统治这些城邦。例如，弗里德里希二世的崇拜者和支持者、小兄弟会修士杰拉尔多在帕尔马就是这样做的。维琴察的乔瓦尼修士（皇帝的敌人）在博洛尼亚被奉为圣徒，他将整座城市置于他的魔咒之下，随后在特雷维索边疆区继续他的和平运动。最后，在维罗纳，他登上了本城的军旗战车，向从帕多瓦、特雷维索、维琴察、费拉拉和曼托瓦涌来的人群布道。成千上万的人聚集在一起，推举杰拉尔多为维罗纳的公爵和总督（Rektor）。没有人敢反对激动万分的民众和他们的领袖的意愿。当局束手无策。埃泽利诺在维罗纳的统治一瞬间就结束了：他，"撒旦的化身"，被迫发誓服从这些修士，而且是含着眼泪这样做的。众人认为这是激动的眼泪。

1233 年的忏悔运动只是于弗里德里希二世驾崩后在 1260 年爆发的更疯狂、更恐怖的自我鞭笞运动的前奏，以弗里德里希二世为中心的传奇故事中就讲到了这些狂热的人物。但对 1233 年的皇帝来说，大哈利路亚运动的政治后果是极其不方便的。唯一从中受益的人是教宗格列高利九世。随着维罗纳的

---

① 吉罗拉莫·萨伏那洛拉（1452—1498）是一位意大利多明我会修士，从 1494 年到 1498 年担任佛罗伦萨的精神和世俗领袖。他在"虚荣之火"事件中反对文艺复兴艺术和哲学，焚烧艺术品和非宗教类书籍，毁灭被他认为不道德的奢侈品，并发表严厉的讲道。他的讲道往往充满批评，并直接针对当时的教宗亚历山大六世以及美第奇家族。萨伏那洛拉后来因施政严苛而被佛罗伦萨的市民推翻，以火刑处死。

丧失，弗里德里希二世再次失去了他的阿尔卑斯山口通道。教宗抓住了这个机会与罗马人讲和。他无须皇帝帮助，就在罗马取得了胜利，所以在伦巴第问题上丝毫没有打算迎合弗里德里希二世，而此时正是伦巴第问题特别尖锐、皇帝的处境最困难的时候。伦巴第人并没有信守他们之前让步的承诺。虽然教宗没有答应他们更无耻的要求，但还是制定了一个权宜之计：他恢复了他的前任霍诺里乌斯三世缔结的对弗里德里希二世不太有利的条约。伦巴第问题没有得到解决，而是仍然处于混乱之中。教宗的这一操作不仅激起了弗里德里希二世的愤怒，也招致了好几位枢机主教的不满。枢机主教们毫不掩饰自己的情绪，拒绝跟随格列高利九世去罗马，而是留在阿纳尼，并且当教宗回到阿纳尼时，他们立即去了列蒂（Rieti）。令所有人惊讶的是，皇帝虽然不承认伦巴第联盟，却接受了教宗的提议，这部分是出于权宜考虑，部分是因为他还有其他计划在酝酿。但伦巴第联盟阻挠皇帝朝会的行为还没有受到惩罚。

哈利路亚运动戛然而止。在帕克拉（Paquera）举行的最后一次也是规模最大的和平盛宴上，据说有 40 万北意大利人簇拥着维琴察的乔瓦尼修士。人们庄严地宣誓了一项永久和平的契约。四天后，在伦巴第和特雷维索边疆区，城市之间的战争再次爆发。所有人都互相掐架，维罗纳的"公爵"乔瓦尼修士被他不计其数的敌人之一投入地牢。当罗马人在和平的狂欢之后再次清醒过来时，皇帝和教宗之间的平衡逐渐得到了恢复。1234 年，卢卡·萨韦利（Luca Savelli）当选为罗马元老。他宣布教宗治下的托斯卡纳和坎帕尼亚是罗马人民的财产，并要求这些地区的城市向罗马人民宣誓效忠。教宗逃到列蒂，将正在抢劫拉特兰宫和枢机主教宅邸的罗马人逐出教会，并号召整个基督教世界来救援他。

弗里德里希二世的机会来了。现在他可以在整个世界的注视下，扮演罗马的捍卫者和教宗的保护者。他可以按照世界理想的要求，并像他不久前给教宗的信中描绘的那样，拔出世俗的剑来保卫教会。他立即向教宗提供了积极的帮助，并在列蒂与教宗会合。随行的还有他六岁的儿子康拉德，他被交给教宗，作为担保皇帝动机纯洁的人质。然后，弗里德里希二世亲自率军进入维泰博，从这个基地围攻罗马的里斯潘帕尼要塞（Rispampani）。在这里，姿态是最重要的。教宗当然不能接受人质，而皇帝也不想和罗马人打仗，他宁愿在坎帕尼亚放飞他的猎鹰、在教宗国的土地上打猎。围攻越拖越久，他于是回到了西西里，而他的部队在一段时间后迫使罗马人求和。皇帝已经达成了他的全部目标。他的成绩不容小觑。来自德意志的最新消息表明，在即将发生的事件中向教宗发号施令的时刻已经到来。

西西里法典将皇帝描绘成命运本身。皇帝的亲生儿子就是这命运的第一个牺牲品。自从亨利国王缺席拉文纳会议并第一次违逆父亲的意愿以来，他的命运就已经注定了。亨利稳步地、不可避免地走向末日。当他在奇维达莱被迫做出决定时，他别无选择，只能无条件地在父亲的权力面前低头，发誓服从，并对诸侯表示尊重。当他回到德意志后，他感受到了自己戴的镣铐的全部重量。起初，他小心翼翼地想把这些枷锁从身上解开。但没过多久，局势就迫使他不得不违抗皇帝、教宗和诸侯了。这里没有什么难解之谜。在失去父亲的信任的同时，他也失去了自己的行动自由。他被诸侯安排的一群密探监视着，被皇帝怀疑着，并经常受到皇帝的阻挠。他的行动漫无目的，这一点本身就经常让他显得可疑。亨利自己也感到不安全，举棋不定，朝令夕改；无论他做什么，不管是对是错，都会立刻促成他自己的毁灭和不幸。

在此没有必要详细探讨亨利倒台的各个阶段。一个小插曲便可以说明这位年轻的国王是多么倒霉。大约在忏悔宣讲者的"哈利路亚"在北意大利的城市回响的同时，宗教法官马尔堡的康拉德（Konrad von Marburg）在德意志大出风头。此人是一个狭隘、阴郁的狂热分子，在教宗的服务中作为异端猎手而闻名。德意志的主要异端似乎是将撒旦视为造物主的路西法派的各个教派。皇帝在我们已经知道的诏书中命令铲除异端，而亨利国王和德意志诸侯起初全心全意地站在宗教裁判所一边。但没过多久，马尔堡的康拉德就开始表现得像一个不负责任的疯子一样；他但凡收到告发和指控，就将其视为有罪的证据；他宣布一些市民是异端分子，并将其处以火刑，直到莱茵河畔的各城市在瘫痪中惊恐地看着他的狂怒，不知道如何逃避。最后，康拉德毫无理由地指控几名德意志权贵为异端：阿恩斯贝格（Arnsberg）伯爵、索尔姆斯（Solms）伯爵，特别是赛因伯爵海因里希（Heinrich von Sayn）。他这么做，就侵犯了主教们的管辖权。这时，亨利国王在诸侯的同意下，叫停了这位宗教法官越来越疯狂的行动，并向罗马教宗发出了抗议。不幸的是，这封书信到达格列高利九世手中的同时，传来了马尔堡的康拉德被怨恨他的敌人杀害的消息。教宗一怒之下撕毁了亨利国王的信。与此同时，亨利在法兰克福的一次朝会上宣布自己反对所有像康拉德这样的法庭，并抱怨希尔德斯海姆主教在宣扬反异端的圣战。

国王的这些操作都是无可指摘的，但他偏偏在这个时候把教宗的怒火引向自己，这对皇帝来说是极不合适的。因为就在这个时候，忏悔运动的后果使教宗比皇帝更有优势，所以教宗得以返回罗马，而弗里德里希二世看到他在北意大利的整个地位因忏悔宣讲者的活动而受到损害，所以他特别渴望与格列高利九世保持良好的关系。因此，他坚决不同意儿子的做法。与此同时，亨利国王非常不幸地卷入了几乎是叛逆的行为中。他与皇帝的敌人交好，并且非常不公正地伤害了他父亲的挚友戈特弗里德和康拉德·冯·霍恩洛厄兄弟，以及巴登边疆伯爵。最后，德意志几乎陷入了无政府状态。诸侯迫使亨利宣布了"国内和平"（Landfrieden），但这无济于事。就在弗里德里希二世上战场对抗罗马人的同时，他的儿子在受到父亲的严厉责备后举起了叛乱的大旗。他于博帕德（Boppard）与一小撮可信赖的朋友在一起。这是一个出自各阶层的异质群体，只是因为想造反而团结在一起，尽管他们造反的理由各不相同。除了市民和家臣，还有一些教会权贵，如奥格斯堡主教、维尔茨堡主教和沃尔姆斯主教，富尔达修道院长，以及一些世俗领主，站到亨利那边。很难说亨利国王希冀能取得什么样的成功，因为所有的实权人物，即教宗和诸侯，都站在皇帝那边。弗里德里希二世把儿子的行为定性为"孩子气的叛逆"，把儿子描述为"一个幻想推翻我从而掌握北方王位的疯子"。亨利在彻底绝望之中，做出了最后的愚蠢行为。1234 年深秋，为了阻止或推迟皇帝翻越阿尔卑斯山返回德意志，他与父亲和祖先乃至整个施陶芬家族的死敌——米兰和伦巴第联盟的其他城市——缔结盟约。在这之后，皇帝与亨利不可能再有任何妥协。

　　亨利国王再也无法阻止局势的发展了。弗里德里希二世曾写道："帝国的力量不考虑个人。"他高瞻远瞩，早就为他的儿子准备好了天罗地网，现在他从容地慢慢收网。亨利国王与伦巴第人的盟约还没有正式缔结，就已经变得毫无价值了。当来自德意志的第一批令人不安的消息传到弗里德里希二世耳边时，他正在列蒂拜访教宗，并提供他的小儿子作为人质。皇帝亲自申请将他的长子逐出教会。格列高利九世很高兴，非常乐意地满足了弗里德里希二世的这个愿望，并发布了教宗禁令。但此举使格列高利九世输掉了竞赛。就在他为弗里德里希二世准备陷阱的时候，他自己却掉进了皇帝的陷阱，进退两难。因为当教宗的伦巴第朋友——米兰及其追随者与亨利国王结盟的事被人知道后，教宗的处境极为微妙。他不能加入这个奇特的伦巴第-德意志联盟来推翻皇帝或严重伤害他，因为教宗把亨利国王逐出教会，就宣告了自己是亨利的敌人。不仅如此，教宗还绝不能站在伦巴第人一边。按理说，他应该诅咒他们，因为他们是被逐出教会的亨利国王的盟友。教宗没有走到这一步，皇帝也没有催促他。但弗里德里希二世迅速利用了教宗的窘境。现在教宗不可能支持他的伦巴第朋友，因为他们犯了叛逆罪。弗里德里希二世找不到比大吃一惊的教宗更适合他的意图的代理人了，于是皇帝把为伦巴第联盟新的背叛行为（这一次连教宗也无法为之开脱）索赔和施加惩罚的任务委托给了教宗本人。教宗正在为弗里德里希二世帮助他对付罗马人付出沉重的代价。皇帝现在可以放心大胆地前往德意志了。他已经写信给德意志的权贵们，"我的幸运抵达是毫无疑问的"。

　　皇帝抵达雷根斯堡的消息本身就足够了。德意志规模相当大的叛乱一下子就崩溃了。亨利国王在赫尔曼·冯·萨尔察的劝说下很快就无条件投降。对作为裁决者的皇帝的恐惧（尽管他是单独从南方来的）导致了瘫痪。弗里德里希二世没有带军队，也没有带一群西西里权贵（他在边境让他们回国）。他于 1235 年春季出发，乘坐桨帆船从里米尼来到阿奎莱亚，然后向北穿过弗留利和施泰尔马克。他只带着七岁的儿子康拉德和私人金库（他通过新的税收充实了金库），因为他很清楚什么手段在德意志最能帮助他。就像从前阿普利亚少年几乎是独自一人到达康斯坦茨，但很快就被成千上万人追随和簇拥一样，现在皇帝的追随者也日渐增多，人们潮水般地涌来投奔他。像以前在德意志、叙利亚和西西里一样，弗里德里希二世这一次也是仅仅仰仗他的个人魅力，以及他的名字的荣耀和魔力。他精通引诱和操控人的各种艺术，并根据具体情况使用不同手段。在叙利亚，他通过对数学和天文学的侃侃而谈折服了东方人；在西西里，他唤起了人们对神力的恐惧（神力在人间化身为法律）。这些魔咒在德意志无效，但德意志对远方的魔法却始终有反应。陌生的南方奇观曾帮助被人们比作大卫的阿普利亚少年赢得胜利，而现在，传说和故事中的查理曼似乎又复活了，他作为《圣经》中无比辉煌和富有的睿智国王，作为末世的太平皇帝，带着他的富有异国情调的动物，又一次大获全胜。

德意志的编年史家惊愕地描述了弗里德里希二世的光辉璀璨。"与皇帝的威严相称，他以最隆重的排场前进，许多四马双轮战车（Quadrigen）紧随其后，满载黄金和白银，海丝①和

---

① 海丝（Byssus）是某些海生软体动物分泌的丝状物，有的可以做成布料，非常罕见和昂贵。

骨螺紫①服饰，宝石和昂贵的器皿。他带着骆驼、骡子、单峰驼、猴子和豹子，还有许多撒拉森人和黑皮肤的埃塞俄比亚人，这些人多才多艺，为他的金钱和财宝担任护卫。"皇帝在多瑙河、内卡河和莱茵河沿岸的城市展示了南方的童话般的华丽、充满异国情调的珍宝和他的宝库中的奇观，"西方很少见到这些东西"。当这位不可思议的君主偶然向他的养豹人下达几条阿拉伯语命令时，这些外国话语，以及追随他的大队诸侯、贵族和骑士，都令德意志人叹为观止。皇帝的这种形象在德意志人心目中留下了不可磨灭的印记，以至于在哈布斯堡的鲁道夫的时代，出现了一个"假弗里德里希"，他试图通过拥有三名摩尔人随从和一些满载财物的骡子来证明自己的真实性。雷根斯堡的贝托尔德②的布道中对神圣威严的描绘，无疑受到了关于皇帝那场胜利巡游的记忆的影响。

当弗里德里希二世率领他华丽的随行队伍，骑着他的一匹高贵的安达卢西亚或巴巴利骏马，进入位于施瓦本的帝国行宫温普芬（Wimpfen）时，亨利国王已经在他之前匆匆赶到了那

---

① 骨螺紫（Purpur），又称推罗紫、皇家紫等，一种红紫色的天然染料，由多种骨螺分泌的黏液制成。最早使用骨螺紫染色的是腓尼基人，他们早在公元前16世纪年就开始使用骨螺紫，今属黎巴嫩的推罗是一个重要的骨螺紫生产中心。腓尼基人通过自己的海上贸易网络将骨螺紫传播到地中海世界各地，后来的希腊人和罗马人也学会了骨螺紫生产。骨螺紫的生产需要成千上万的骨螺和大量人工，且耗时甚久，所以十分昂贵，因此在古代西方成为权力和地位的象征，是专属于贵族和神职人员的服装用色。

② 方济各会修士雷根斯堡的贝托尔德（Berthold von Regensburg，约1210—1272）是中世纪德意志最重要的布道者之一，既反对异端，也反对迫害犹太人。贝托尔德认为敌基督即将到来，因此严厉谴责各阶层的堕落，要求大家悔过。他认为猫是魔鬼的动物，因此呼吁杀猫，并将爱猫的女子定性为巫婆。

里，想要拜倒在父亲的脚下。犯上作乱的儿子将会失去自己的生命。皇帝不允许儿子进入他的视线。亨利首先被迫作为囚犯，陪同父亲沿着内卡河谷向沃尔姆斯前进。在沃尔姆斯，弗里德里希二世受到了人民的热烈欢迎，12位主教在主教座堂的门前等候迎接他。皇帝在他们中间看到了沃尔姆斯主教兰多尔夫（Landolf von Worms），他是叛乱国王的主要支持者之一。皇帝命令兰多尔夫退下，并命令剥去他身上的主教袍。亨利国王被关进了地牢，游吟诗人说，早上他的盔甲被拿走时，他还在唱歌；但到了晚上，他们给他送来食物时，他就哭了。

若干天后，弗里德里希二世才在沃尔姆斯审判了他的儿子。在许多诸侯、伯爵和贵族的见证下，皇帝坐在神圣庄严的宝座上，君临天下，威风凛凛。亨利国王步入大厅，扑到他的法官脚下。作为一个请求君主赦免的叛徒，他在皇帝坚定不移的目光面前叩首。在一片压抑的沉默中，他不得不长时间保持这种姿势，没有人叫他起来。最后，在几位诸侯的求情之下，皇帝才下达命令，让亨利平身。亨利感到畏惧和困惑，于是站起来向皇帝哀求开恩，放弃了他的国王尊严和他所拥有的一切。他的屈服救了他的命，但他丧失了自由。他已经不可能得到宽恕，因为他先是拒绝交出他的支持者正在保卫的、存放着王室珠宝的特里费尔斯城堡；他甚至还企图逃跑。他首先被囚禁在海德堡，然后被押往阿普利亚。未投降的叛军都被打败了。弗里德里希二世对所有人都表现出极大的宽容，甚至重新恩宠了兰多尔夫主教，并在短时间内释放了在特里费尔斯俘虏的伦巴第使节。只有儿子感受到了父亲、皇帝兼法官的全部严厉。他在梅尔菲附近的罗卡-圣费利切（Rocca San Felice）被囚禁了好几年，然后被转移到尼卡斯特罗（Nicastro）。经过6

年的监禁之后，他又要被转移。据说，他即将被释放，但他本人还没有接到通知。亨利国王厌倦了生活，担心受到更严厉的处罚，于是在从尼卡斯特罗到他的新监禁地的路上，骑着马跳下了悬崖。他当时只有 30 岁。他被安葬在科森扎（Cosenza）教堂的一具大理石石棺中，身上披着金线银线的寿衣，里面织着雕的羽毛。按照阿普利亚的习俗，一位小兄弟会修士在葬礼上讲道，并选择了这样的经文："亚伯拉罕就伸手拿刀，要杀他的儿子。"① 布道结束时，小兄弟会修士颂扬了正义女神，即国家之神，弗里德里希二世不得不把自己的头生子献祭给她。我们绝不能忘记皇帝本人遭受了多么大的痛苦。在他下令举行葬礼时写的悼念信中，仍然回荡着沃尔姆斯那个审判日的悲痛，当时父亲不得不按照自己的法律对儿子进行判决，人性必须向正义低头。"慈父的怜悯必须服从严厉法官的判决：我为我的头生子亨利的厄运感到悲伤。人之常情让我流下泪水，但泪水被伤害造成的痛苦和正义的不可撼动所抑制。"

描述皇帝在德意志的逗留，就是描述一系列光辉璀璨的庆典活动。因为当伟人达到其声望的巅峰时，他们喜欢对自己支配的所有力量进行庄严的检阅。第一场活动是为了庆祝皇帝的再婚。耶路撒冷国王康拉德现在是唯一的合法王位继承人，于是弗里德里希二世决定第三次娶妻。教宗格列高利九世像他的前任一样，为皇帝选择了新娘。她是英格兰国王亨利三世的妹妹伊莎贝拉。在皇帝与格列高利九世在列蒂会面不久之后，皮耶罗·德拉·维尼亚就被派往伦敦，去商谈婚姻契约。从内政

---

① 《旧约·创世记》第 22 章第 10 节。

外交的角度来看，这是非常重要的一步，因为在此之前，弗里德里希二世出于严格的德意志内政的考虑，总是倾向于站在法兰西一边、反对英格兰，因为英格兰是韦尔夫家族的支持者。与英格兰公主伊莎贝拉的婚姻，是皇帝庄严地放弃韦尔夫和施陶芬两大家族之间历史悠久的宿怨的第一步。

当亨利国王仍被囚禁在沃尔姆斯等候判决时，人们已经在城里为皇帝的大婚做准备了。当时是 7 月初，伊莎贝拉自 5 月以来一直在科隆等待皇帝抵达德意志。英格兰编年史家以英格兰人对大人物的"私密"细节的喜爱，细致入微地讲述了这位美丽的年轻皇后的婚礼的整个故事。她还不到 21 岁，是金雀花家族的后代。英格兰编年史家的记述甚至从订婚之前就开始了：在英格兰国王同意妹妹与皇帝结婚之后，皇帝的使节恳求拜见公主，于是伊莎贝拉被从她在伦敦塔的宅邸护送到威斯敏斯特宫，向使节展示自己。他们高兴地久久注视着她，认为她在各方面都配得上皇帝，然后以弗里德里希二世的名义将订婚戒指戴在她的手指上，并向她请安，称她为罗马帝国的皇后。所有的细节都被记录在案，包括皇后的珠宝、衣服和嫁妆，甚至婚床上色泽鲜艳的丝绸床罩和柔软的垫子，以及纯银制成的炊具，"这在所有人看来都过分了"。然后编年史家描述了皇后的旅程和海上航行，尤其是科隆人民为她准备的庆典和欢天喜地的接待。成千上万人蜂拥而出，用鲜花、棕榈枝和音乐来欢迎她。人们骑着西班牙骏马，用长矛表演了婚礼上的断杖仪式。与此同时，在那些看似在旱地航行、实则由隐藏在丝质织物下的马匹牵引的船上，科隆的教士们演奏着新的乐曲。坐在阳台上观看的妇人们请求伊莎贝拉摘下帽子和面纱、露出她的容颜。她欣然答应。大家对皇后的美貌赞不绝口。六个星期后的 7 月 15 日，皇帝在沃尔姆斯举行了无比隆重的婚礼，盛况空前。人们惊奇地议论道，皇帝并没有在新婚之夜圆房，而是等到第二天清晨，等到占星家指出的最有利于怀孕的时间。然后，弗里德里希二世把妻子交给撒拉森宦官照料（这是一件国家大事，但并不比其他大事更重要），并告诉妻子，她已经怀了一个儿子。皇帝还在给英格兰国王的信中提到了这一点。与他的前任们不同，弗里德里希二世把自己的妻子仅仅看作他的合法继承人兼继任者的母亲；她们作为皇后并不重要。他的前辈皇帝们，特别是在向教会作虔诚的捐献时，习惯以皇室夫妇的名义起草特许状，例如亨利二世和库尼贡德（Kunigunde）、弗里德里希一世和贝亚特丽斯，甚至亨利六世和康斯坦丝。除了少数与嫁妆有关的文件外，施陶芬家族最后一位皇帝弗里德里希二世的文件中从来没有提到他的妻子。弗里德里希二世是形单影只的，这一事实对他的儿子们不无影响。尽管他经常提到自己的父母，并用德意志统治者从未使用过的表述来歌颂他的神圣母亲，但他的儿子们始终只称自己为"神圣奥古斯都皇帝的儿子"（Divi Augusti Imperatoris Filius）。这种对妻子的冷血态度，常常被认为是弗里德里希二世"缺乏人情味"的表现。但是，任何其他类型的关系对他来说都是不可想象的。因为弗里德里希二世以一种前所未有的方式站在了世界的巅峰，没有人能够与他分享这个位置。对于一位德意志皇帝来说，皇室伉俪平起平坐的景象是可能的；但对于西西里的专制君主或罗马的恺撒来说，这却是不可想象的。对弗里德里希二世来说，甚至连感情和家庭生活的表象都是不可能的。人们更多看到他与撒拉森美女在一起，而不是与他的合法妻子耳鬓厮磨。英格兰国王抱怨说，结婚多年，皇后从未在公众面前戴过皇冠。敌人指控皇帝把他的几任妻子囚禁在"蛾摩拉迷宫"中（即在他的后宫中，与索多玛形成对比），使她们几乎与世隔绝，并使她们与自己的孩子形同路人。这一切都可能是真实的：弗里德里希二世身边没有女人可以扎根的地方，他的每一任妻子都在结婚几年后去世，而且据我们所知，他的情妇们也有同样的命运：没有一个活到他去世之后。在这辉煌的、充满紧张气氛的巅峰的稀薄空气中，除了他自己，没有人能够茁壮成长，即使是他的朋友也没有人能够坚持很久；没有一个女人能够在那里呼吸。因此，英格兰的伊莎贝拉在她的内廷人员的簇拥下，在宦官的监视下，很快消失在了"后宫"里。

幸福的施陶芬时代见证了德意志艺术创造力的空前爆发，德意志的所有部族都在其中找到了自己特有的，却又具有普遍性的表达方式。人体雕塑的创作达到了后无来者的完美程度：这是德意志造型艺术自发和不自觉地接近古典艺术的唯一时期。1235 年 8 月，在沃尔姆斯的大婚庆典之后不久，弗里德里希二世皇帝在美因茨召开了一次盛大的朝会。德意志人的"更好的天性"，以及他们巨大的永恒矛盾的调和，从来没有像在这个场合那样得到如此惊人的实现。美因茨的伟大的帝国庆典一定唤起了许多人对那个"无与伦比的节日"的回忆。在那个节日里，巴巴罗萨以一种在德意志从未见过的高贵和侠义的仪式来向他的儿子们授予骑士身份。巴巴罗萨虽然年过六旬，却亲自参加了竞技，并被齐聚一堂的吟游诗人誉为新的亚历山大、恺撒和亚瑟王。德意志宫廷骑士精神的这一开端，通过德意志最早的诗人之一费尔德克的海因里希与一位法兰西游吟诗人之间的问候和握手，得到了美好的象征。接下来的 50 年，即斯特拉斯堡的戈特弗里德、沃尔夫拉姆·冯·埃申巴赫和福格威德的瓦尔特的时期，带来了繁盛和希望；而在德意志天才的首次爆发期间，阿普利亚少年从南方飘到了德意志，并被其荣耀所吸引和改变。如今，弗里德里希二世到了不惑之年。20 年后重访德意志，他发现繁花似锦的春季已经过去，收获第一批果实的时机已经成熟。现在，似乎是时候让刚刚发展起来的美丽的罗马-德意志形式永久化了，是时候帮助它变得更加完美，并把整个国家焊接成一个统一体了：他要把诸侯和各部族变成一个有觉悟的统一民族。皇帝的使命是加强和巩固这个带有罗马帝国印记的德意志的发展，就像塑造持久的石质纪念碑一样，既不能把它从罗马中剥离出来，也不能废除诸侯的权利，而是要坚持不懈地用罗马的国家思想来激励诸侯和各部族。

弗里德里希二世在美因茨举行的盛大朝会（curia solemnis）是一个开端：法律、语言、血缘和封建效忠（在德意志比在南方更有分量）是罗马恺撒铸造的链条上的若干环节。弗里德里希二世以富有异国情调的恢宏姿态，以奉天承运的和平与正义的提供者、保护者、守护者的威风，出现在这次令人眼花缭乱的会议上。几乎所有的德意志诸侯都参加了此次会议。皇帝以颁布《美因茨国内和平法令》（"Mainzer Landfriede"）拉开了会议的序幕，其中的开场白回响着立法者的骄傲。他第一次设立了成文法，"因为目前全德意志的人们在私人争吵和法律诉讼中都遵照了古老的传统和习俗以及不成文的法律"。《美因茨国内和平法令》包含了新旧两种法律，其重要性远远超过了以前所有的类似法令。它构成了未来所有帝国法律的基础，是所有后来的立法者必须仰赖的基础，而且他们必须不断地参考借鉴这一基础。城市联盟和诸侯，以及哈布斯堡的鲁道夫、拿骚的阿道夫①、奥地利的阿尔布雷希特②，都经常对《美因茨国内和平法令》的全部内容进行更新。它的 29 个章节涉及诸侯和主教的司法管辖权、铸币权和交通权、废除不公正的税费、禁止自行通过武力解决争端、限制比武审判，以及其他许多问题。弗里德里希二世作为法律的化身，始终认为自己的个人行为就构成了法律先例，因此在美因茨会议上，他从自己对儿子的终身监禁的判决中创造了一项帝国法律。所以《美因茨国内和平法令》以这样的法令开始："若有儿子将父亲赶出其城堡或其他地产，或烧毁它，或掠夺它，或与父亲的敌人密谋，或图谋损害父亲的荣誉，或企图毁灭他的父亲……这个儿子将永久性丧失财产、封地和不动产以及来自父亲或母亲的一切继承，法官和父亲都无法恢复他的身份。"该法令的中古高地德语原文中还响起了一个阴险的音符："若有儿子对父亲的身体动手或对他进行犯罪式攻击，'他将永远没有荣誉、没有权利，这样他将永远丧失自己的权利'

---

① 拿骚的阿道夫（1250 之前—1298）原为德意志西部的拿骚伯爵。由于多位选帝侯的反对，哈布斯堡家族的第一位德意志国王鲁道夫一世未能替自己的儿子阿尔布雷希特确定下一任国王的位置。鲁道夫一世死后，选帝侯们选举并不起眼的拿骚的阿道夫为国王。阿道夫为了当国王，承诺向选帝侯们渡很多权利，并在政治上服从他们的要求。但阿道夫在 1292 年成为国王之后，就撕毁协议，奉行独立自主的政策，拒绝向选帝侯们屈服。最终选帝侯们将阿道夫废黜，选举阿尔布雷希特为国王。阿道夫在与阿尔布雷希特作战时阵亡。

② 即德意志国王阿尔布雷希特一世（1255—1308），他于 1298 年取代拿骚的阿道夫成为国王，但后来被自己的侄子谋杀。阿尔布雷希特一世的儿子美男子弗里德里希未能成为国王，王位落入卢森堡家族的亨利七世之手。

(derselb si erloss und rechtlos ewiglichen, also das er nimer mer wider komen moge zu sinem rechten)。"

皇帝从西西里复制过来的一项重要创新，是设立了一名帝国高级政法官（Reichs-Hofjustitiar），后者每天都要免费主持高等法院的工作并代表皇帝办事。帝国高级政法官至少要任职一年，并得到一名特别公证人的辅佐，这名公证人必须是世俗人士，"这样他就可以在做错事时受惩罚"。我们可以在《美因茨国内和平法令》的有些地方发现西西里法律的回声，但它没有侵犯德意志法律，而是来自同一根源的另一个分支，被改成了在其他地方已证明有用的形式。《美因茨国内和平法令》大概只是一个初步的规定，就像在西西里，《卡普阿宣言》只不过是伟大的《梅尔菲宪章》的先驱。如前文所述，弗里德里希二世很可能为德意志计划了类似的立法工作。我们知道，此时皇帝身边有西西里高等法院的法官，而且当时正在酝酿编纂一部伟大的帝国法律。英格兰诗人阿夫朗什的亨利是皇帝的热情崇拜者，他劝说皇帝颁布一部大全来收集整理众多零散的帝国法律，从而赢得永恒的声誉，该大全应成为教宗格列高利九世在一年前颁布的教令集的搭档。

"意大利人"弗里德里希二世用德文发表了《美因茨国内和平法令》，并用德文记录下来，然后才将其从德文翻译成拉丁文，这是一件极其重要的事情。这是第一次有人在法令中使用德文，而且在罗马皇帝的诏书中，德文被认为与拉丁文享有同等地位，这一事实的重要性毋庸赘言。这证明了这位最罗马的皇帝同时也是最德意志的皇帝。这是整个国家（不仅是在个体中）的德意志个性的肇始，是德意志法律在德文中的第一次记录，是第一次放下拉丁文的脚手架，因为它至少不再是言语所必需的。对于弗里德里希二世的这一初步尝试，即在诸侯的合作下建立一个可与当时德意志在艺术和文学方面的成就相媲美的德意志国家结构，怎么评价都不过分。这次历史性的会议期间发生了很多值得纪念和具有象征意义的事件，但如果不是因为韦尔夫和魏布林根两大家族之间历史悠久的争斗在此次会议上宣告结束，那么上述的面向全德的立法可能很容易被认为是此次会议期间最重要的事件。吕讷堡的奥托，即奥托四世皇帝的侄子，出席了会议。弗里德里希二世在当时宣布："在庄严的美因茨朝会上，诸侯围绕着我崇高的宝座，而吕讷堡的奥托向我下跪并宣誓效忠，并且不顾两家的祖先之间存在的所有仇恨和纷争，将自己置于我的裁决和保护之下，为我效力。"弗里德里希二世确认了奥托在吕讷堡的全部财产：皇帝首先将这些财产收入自己手中，然后将其作为帝国的封地归还奥托。此外，皇帝还把刚刚为自己购买的不伦瑞克赠送给奥托，从而扩大了韦尔夫家族的领土，并建立了一个新的不伦瑞克-吕讷堡公国。韦尔夫家族的奥托在帝国十字架的见证下，将他的手放在弗里德里希二世皇帝的手上并宣誓效忠，表达了自愿将自己和他的财产托付给皇帝的诚意，并以各种方式对皇帝表示尊重。作为回报，弗里德里希二世将新建立的公国作为世袭的帝国封地委托给他，并按照习俗的要求，郑重地将相应的旗帜授予奥托。在被恺撒宝座的荣耀笼罩、疆域远至波罗的海和北海的德意志，早先的家族世仇已经显得不合时宜：北方不再有韦尔夫或魏布林根了。古老的预言在这一天实现了。这预言为德意志规定了正确的秩序：韦尔夫家族应该永远提供强大的公爵，但只有魏布林根家族的成员能够成为皇帝。弗里德里希二世有充分理由发出这样的命令：这一天将被载入帝国的

所有史册，因为它为帝国增加了一位公爵……这也给了弗里德
里希二世一个理由，让他于次日前往美因茨主教座堂，戴上皇
冠，并在大弥撒后为全体德意志诸侯和他们的 12000 名护卫骑
士举行盛大的宴会。这是神圣罗马帝国旧有的贵族政权在沉闷
的市民世界来临之前的最后一次伟大的帝国盛宴。弗里德里希
二世正试图通过加强诸侯的权力来阻挠市民世界的到来，那个
世界缺乏帝国的宽广，但从它自己狭窄的范围向上爬，寻求赢
得天国。

　　弗里德里希二世以法官的身份来到德意志，第一次以这种
身份向全欧洲展示自己。现在，一个案件给了他机会，去摆出
整个基督教世界的最高法官的姿态。这个案件引起了很多人的
兴趣和激动，他自己也设法将其放大为整个西方的事件。肯定
是在美因茨的辉煌日子之后不久，当皇帝在帝国行宫哈格瑙停
留时，这个案子被呈到了他面前：富尔达的犹太人被指控在逾
越节期间对一个基督徒男孩进行了仪式性谋杀。这件事的第一
个结果是富尔达和其他多个德意志城市的犹太人遭到了屠杀。
然后，人们一直等待着皇帝的到来，以寻求对所有动乱的裁
决。现在，犹太人和基督徒双方都在哈格瑙向弗里德里希二世
告御状。作为反对犹太人的证据，基督徒保存了孩子的尸体，
并把它拖到哈格瑙。弗里德里希二世审理了此案，并做出了所
罗门式的睿智判决。他指着尸体，实事求是地、冷冷地对基督
徒说："人死了以后，就把他埋了吧。死尸没有别的用处。"
皇帝确信犹太人是无辜的，但对他们处以巨额罚款，因为不管
他们是无辜还是有罪，都造成了一次骚乱。这样，德意志很快
就恢复了太平。

　　但此案并没有就此结束。皇帝发誓，如果真的有仪式性谋

杀这种事情，他将处死帝国的每一个犹太人。因此他开展了全面彻底的调查，以查明真相。他首先向帝国的诸侯、显要、贵族、修道院长和各种教会人士征询意见。但这位专制君主兼学者对这样一群人得出的结论十分轻蔑，并做出了这样的最终决定："这些人各不相同，因此在这个问题上众说纷纭，但这显示出他们没有能力对这个案件做出恰当的判断。因此，我凭借自己的渊博知识意识到，针对被指控犯有上述罪行的犹太人的最简单的程序，是求助于那些曾经是犹太人但已皈依基督教的人。他们作为犹太教的反对者，不会隐瞒他们可能知道的对犹太人或摩西的律法书不利的信息。现在，虽然我凭借自己的智慧，从我了解的许多书籍中，明智地认为这些犹太人的清白已被证明，但我既要满足法律，又要安抚无知的民众。因此，我以有益的远见，并与诸侯、显要、贵族、修道院长和教士们一致决定，向西方世界的所有国王派遣特使，要求各国君主向我们派遣尽可能多的、精通犹太法律知识的新受洗者。"

确实有一些国家的君主这么办了。英王亨利三世在温莎写道，他已经喜悦地，而且是以体面的方式，接待了皇帝的信使（一位帝国军务官）；皇帝愿意向英王告知最近在他的帝国领土上发生的这一在此之前闻所未闻的案例，英王受宠若惊，表示感谢；英王将尽力满足皇帝的愿望，所以将派遣他在英格兰能够找到的两位最杰出的新受洗者，他们将乐意服从皇帝的所有命令。欧洲其他国家的国王应当也是这样答复的，因为这是一个关系到他们所有人的案件。这个西方"调查委员会"，肯定是第一个由一位皇帝召集的类似委员会。委员会花了不少时间磋商，皇帝一直在准确地了解磋商的进程。最后，委员会宣布了他们坚信不疑的结论：正如皇帝推测的那样，希伯来经文中没有关于仪式谋杀的内容，经文实际上禁止所有的血祭，《塔木德》和《托拉》①对动物血祭规定了严厉的惩罚。在这一结论的基础上，皇帝授予犹太人一项声明，在整个帝国严禁对犹太人进行任何类似的指控。

弗里德里希二世在此项调查中的主要目的，是以皇帝的身份召集一个代表整个西方世界的法庭，其次是在这样一个论坛上展示自己的渊博学识。他从不会费力掩饰自己的学识，因为他知道欧洲的国王们会从使者那里听说这些。此事在德意志引起了不小的轰动，尽管在某些地方，人们对皇帝做出反对基督徒的决定感到不快。但人们一定怀着极大的好奇心和惊讶了解了这位皇帝。他不仅展示了自己被异域的辉煌和奢华所包围，而且还讨论了《塔木德》经文。他对阿拉伯语的掌握似乎比德语更好，这为一些传闻提供了明显的证据。根据这些传闻，他享受了"人们称之为数学家和天文学家的撒拉森预言家和占卜师"的服务！在当时，"哲学家"的意思与巫师和魔法师差不多，被认为是所有奥秘知识的大师，甚至像大阿尔伯特这样的人也被认为是在搞魔法。在后来的德意志传说中，弗里德里希二世皇帝曾在科隆的魔法花园拜访过大阿尔伯特，还有人说阿威罗伊曾住在皇帝的宫廷。事实上，德意志人总是觉得这位皇帝有点不可思议，但他们的敬畏总体上是融合了深刻的钦

---

① 即《摩西五经》。"托拉"是犹太教名词，指上帝启示给以色列人的真道。狭义上专指《旧约》的首五卷：《创世记》《出埃及记》《利未记》《民数记》与《申命记》。传统看法认为《托拉》由摩西所著，但研究《旧约》的学者认为它是在远晚于摩西的时期编写完成的，很有可能是在公元前 9 世纪到前 5 世纪，尽管它引用了更为久远的传统。在犹太教中，"托拉"也常用来指全部希伯来《圣经》（即基督教《旧约》的全部）。从更广义上讲，这一术语也指犹太教的宗教文献和口头圣传。

佩（以及秘密地渴望爱他），而不是厌恶。

弗里德里希二世在哈格瑙的帝国行宫过冬，他最喜欢这个地方。他总是说阿尔萨斯（在气候和习俗上是德意志最南部的地区）是他的德意志世袭土地中他最喜欢的地方。他在这里停留了几个月，中间有短暂的中断，身边总是簇拥着许多诸侯。他就这样调解纠纷，达成协议，接见外国使节。一些使者从西班牙赶来，为皇帝带来了宝贵的马匹；罗斯王公（来自基辅？）也派来使节，献上礼品。在此期间，在弗里德里希二世作为"邦君"直接统治的、属于他个人的德意志领地，他似乎采取了一些行政措施，并至少建立了一个集中的税务部门，其可能与他在西西里的税务部门类似。除此之外，他还忙于增加他的私人财产和帝国财产。他用西西里的钱赎回了波希米亚国王对施瓦本的某些主张权，还在乌里①为帝国获得了一些权利。这些权利非常重要，因为它们使他获得了新开放的圣哥达山口（Gotthardpaß）北端的土地，从而为他提供了一条翻越阿尔卑斯山的替代通道。但当时几乎不可能利用这条通道攻击米兰的后背。弗里德里希二世在伦巴第战争开始时设想了以两支军队同时入侵伦巴第的计划，那时他应该是考虑了穿越塞普蒂默山口（Septimer）或尤利尔山口（Julier）的古老路线。按照这个构想，莱茵兰和尼德兰的骑士将在巴塞尔集结，而那些从布伦纳通道过境的骑士则在奥格斯堡集结。这也许是中世纪第一个伟大的战略构想。

伦巴第战争再也无法避免了。在美因茨朝会上，德意志诸侯一致投票赞成对伦巴第人开战，因为伦巴第人与亨利国王结

----

① 乌里（Uri）在今天瑞士的中部，是一个州。

盟，就是对帝国的背叛。按照德意志人的习俗，诸侯不是口头宣誓，而是通过喊话和举手，发誓，准备在春季开战。弗里德里希二世这次不仅师出有名，而且有实力做后盾。教宗格列高利九世通过一名信使了解了德意志的局势，突然发现自己完全被孤立了。他的处境很绝望。如果他与皇帝结盟对抗伦巴第人，就意味着作为一支政治力量的教廷被扼杀了：教宗国将被夹在由帝国主宰的意大利之中，很可能很快就会成为皇帝的猎物，教宗的地位将变成区区罗马主教。格列高利九世也不能公开宣布支持伦巴第人：无可否认，伦巴第人通过与亨利国王结盟，极其严重地侵犯了帝国的主权；而当教宗试图与他们谈判时，这些城市对他的命令和对皇帝的命令一样置若罔闻，以至于格列高利九世现在也开始抱怨伦巴第人"傲慢无礼"。但如果教宗保持中立，实际上就等同于支持弗里德里希二世，并坐视这些城市遭到皇帝的报复。

因此，格列高利九世的第一项努力是试图将惩罚他的伦巴第朋友一事推迟。按照教宗的宣传，对基督教世界来说，突然间没有什么比新的十字军东征和对圣地事务的管理更迫切的了，在那里，基督徒正在相互争斗，这其实更多损害了皇帝而不是教廷的利益。教宗写信给仍然聚集在美因茨的德意志诸侯，恳求他们为了圣地而放弃伦巴第战争。他的恳求是徒劳的，因为弗里德里希二世在任何情况下都不会同意违背与他的朋友卡米勒的 10 年停战协定，该协定直到 1239 年才会到期。但皇帝又给了教宗一个机会：如果教宗作为仲裁人，能够在 1235 年 8 月至圣诞节说服伦巴第人提出符合皇帝和帝国的荣誉的赔偿条件，皇帝就不会对伦巴第发动武装干预。格列高利九世向皇帝提出了一个后者绝不可能答应的要求：弗里德里希二世应事先保证无条件地接受教宗对伦巴第问题的裁决，无论这裁决是什么。皇帝对这种事情很有经验，因此断然拒绝，但他派条顿骑士团大团长作为谈判代表去见教宗，让大团长与长期在罗马负责帝国事务的皮耶罗·德拉·维尼亚会合。

赫尔曼·冯·萨尔察自此开始扮演伟大的调解人的角色。他在格列高利九世那里享有很高的声誉，教宗总是承认他无条件的公正无私的精神，而且赫尔曼几乎可以算作弗里德里希二世的朋友。教宗强调，伦巴第人无条件地准备接受他的仲裁（事实并非如此），但大团长苦等伦巴第人的使者，却毫无结果。最后，他回到了皇帝身边，但并非完全空手。格列高利九世一直在努力使维罗纳脱离对帝国的效忠，他的手段是突然在维罗纳安插一个忠于教廷的督政官，尽管教宗没有任何权利这么做。赫尔曼·冯·萨尔察在帝国使节格布哈德·冯·阿恩施泰因的陪同下及时赶到了维罗纳，并迅速采取行动，为皇帝拯救了这座至关重要的城市。格布哈德现在控制了它。但赫尔曼刚离开意大利，伦巴第联盟的使者就来到教宗面前，且丝毫没有屈从的意思。格列高利九世派出了一名特使，敦促大团长返回罗马。赫尔曼的答复是，皇帝给他的命令是继续前进，于是他就去了德意志。弗里德里希二世规定的仲裁期限已过，所有的和平希望都被伦巴第人的顽固破坏了，他们充分意识到教宗对他们的需求是多么迫切，因此对教廷也相当放肆。

格列高利九世现在不得不求助于另一件武器，这件武器在皇帝第一次被逐出教会时曾为教宗所用。那时候，双方摩擦的真正原因，即十字军东征的延迟，被搁在一边，而西西里事务成了教宗攻击皇帝的借口。同样，现在教宗也把伦巴第问题搁到一边，出人意料地对西西里官员的某些冒犯、西西里王国对教堂和教士征税、卢切拉的撒拉森人定居点以及其他类似的话题提出了抱怨。换句话说，教宗开辟了一个新战场。他现在提出的抱怨与紧迫的伦巴第问题风马牛不相及，而且无论对错，自从几个月前弗里德里希二世离开西西里（那时他与教宗十分友好）一直到现在，教宗从未提起过上面这些问题。仿佛过去很长一段时间谈判的唯一话题就是西西里的状况一样，格列高利九世在信的结尾说了一句阴森森的话："我不能再把这种事情锁在我的胸中，而不伤害上帝的威严，不损害我的声誉和我的良心。"不久后，第二封信又来了。这一次教宗要谈的不是西西里，而是十字军东征。格列高利九世突然发现十字军东征是绝对必要的，并在信的末尾写道："伦巴第人把自己交给教会保护，所以教会不能心平气和地看着他们受到任何压迫，因为这样一来，十字军东征就被耽搁了……在这种关系到救世主的荣耀的情况下，教宗必须就事论事而不论人！"这只不过是烟幕弹，因为当后来的十字军东征的准备工作进行到一定程度、很可能会加强皇帝在东方的力量时，格列高利九世是第一个跳出来阻止东征出发的人。

德意志诸侯坚定地支持弗里德里希二世，这一次皇帝和诸侯对教宗的忍耐终于到了极限。弗里德里希二世在一封充满愤恨的信中逐一回顾了教宗关于西西里的抱怨，并试图驳斥它们。皇帝写道，即使在他不在西西里的时候那里发生了违规行为，他也不可能从遥远的德意志把西西里王国看得一清二楚，并在那里发出雷鸣般的声音！他告诉教宗，他很快就会来到意大利，届时将讨论西西里的问题。皇帝对教宗的第二封信的答复简要地指出，在帝国内部恢复和平之前，不能远征海外。帝国针对伦巴第人的战争就这样决定了。

正当弗里德里希二世与罗马教廷的关系越来越紧张、越来越成问题时，他似乎希望再次向德意志人公开地展示教会与帝国、皇帝与教宗的团结，并强调只有这种团结才能保证基督教世界的和平。在亚琛举行的加冕礼上，他还是个孩子，却出人意料地宣布将要参加十字军东征，并庄严地将神圣的查理曼重新安葬，从而给他的德意志-罗马王国赋予了神圣的色彩。现在，他即将离开德意志，于是举行了一场类似的仪式。他去了马尔堡，将孩子般的图林根方伯夫人圣伊丽莎白的遗骸挖出并重新安葬。

圣伊丽莎白，这位贞洁而美丽的瓦尔特堡（Wartburg）贵妇人，至今仍然被人们铭记。她创造的最大奇迹是将对丈夫和孩子的温柔之爱与致力于扶助穷人和照料病人的生活结合起来，从而用温柔和谦卑来调和尊严与高贵。马尔堡的清心寡欲的女忏悔者身穿小兄弟会修士的长袍，腰系绳索，这样的形象已经被遗忘，人们只记得那位亲切的贵妇人，她是匈牙利国王的女儿，在图林根宫廷度过了童年，并且在很小的时候就与路德维希四世方伯订了婚。后来几个世纪的人们会说，她在童年时代就创造了一些奇迹：这个善心的少女在篮子里装满了给穷人的食物；有人严厉地责备她的慷慨。看！在遮盖篮子的布下面，篮子里装满了芬芳的玫瑰花。当15岁的伊丽莎白在艾森纳赫第一次见到阿西西的方济各的第一批门徒时，这位托斯卡纳-翁布里亚圣徒的教导落在了经过精心准备的土壤上。他对贞洁和谦卑的要求，尤其是对清贫的要求，指明了伊丽莎白成为寡妇后决心要走的道路。路德维希四世方伯对她的慈善义举一直抱有善意的宽容。当他在弗里德里希二世的十字军东征期间在布林迪西死于瘟疫之后，伊丽莎白热切地希望不再当贵妇人，而愿意过乞讨妇女的生活。她的告解神父是马尔堡的康拉德，也就是在她死后变成狂热的宗教法官的那个人。他劝她凡事避免过度。她离开了瓦尔特堡，放弃了她的孩子，在马尔堡用木头和泥巴给自己盖了一间小屋，就像圣方济各命令他的追随者做的那样。但她保留了自己的王公地位，并用她作为寡妇享有的财富来帮助和喂养穷人和受苦受难的人。她为患麻风病和受伤流血的儿童提供住所，清洗他们的伤口并照顾他们，甚至亲吻他们，用微笑来克服恶心感。在一个耶稣受难日，她也在狂喜中获得了天上的异象。但她并没有沉溺于自己看到的异象，更没有把它们公之于众。在她短暂的 24 年生命中，她没有宣称自己成就过什么神迹。她在奄奄一息的时候，处于强烈的喜悦之中。人们说，虽然她的嘴唇紧闭，但从她的喉咙里听到了最甜美的天使之音。就在她下葬的第二天，这位备受尊崇的女士开始创造神迹。人们从很远的地方赶来，想要得到她的衣服的碎片、头发和指甲作为圣物。不久之后，教宗应图林根的康拉德①的请求将她封为圣徒，而康拉德本人加入了条顿骑士团。1236 年 5 月，弗里德里希二世皇帝驾临马尔堡，为伊丽莎白举行盛大的新葬礼。

当弗里德里希二世在许多主教和诸侯，特别是条顿骑士们的见证下，从这位与他有亲戚关系的年轻圣徒的坟墓上搬起第一块石头时，数不清的人（据说有 12 万人！）已经涌入马尔

---

① 图林根的康拉德（约 1206—1240）是前文提到的图林根方伯赫尔曼一世最小的儿子。康拉德的兄长就是图林根方伯路德维希四世，即圣伊丽莎白的丈夫。康拉德的另一个兄长是下文提到的对立国王海因里希·拉斯佩。康拉德是条顿骑士团的第五任大团长（任期 1239~1240），也是第一位加入该骑士团的重要贵族。此处原文说他是图林根方伯，有误。作为幼子，他并未继承父亲的方伯头衔，而仅仅是古登斯贝格伯爵。

堡。这时发生了一个神迹：神圣的躯体开始流出油来。条顿骑士们收集了这些油，并分发给许多教堂和修道院。然后，遗体被放入一具橡木棺材，棺材上覆盖着做工精美的黄金装饰，并有富丽堂皇的银质人像和古董宝石作为点缀。弗里德里希二世把他常用的金杯赠送给了圣徒，并为方伯夫人的头戴上了金冠，从而向圣徒、贵妇和他的亲属致敬。马尔堡的圣伊丽莎白教堂就是在这个时候奠基的，它的彩色玻璃窗不仅将马尔堡的这位主保圣徒描绘为身穿白色的飘逸衣服、分发施舍的穷人之仆，还将她描绘为尊贵的天堂女王（即圣母）的女儿。她从童贞圣母手中接过冠冕，而在她旁边的圣方济各正被上帝之子亲自加冕。

如果说弗里德里希二世对发掘随便哪个圣徒的遗骸感兴趣，这几乎是不妥的。人们似乎已经暗示了这一点，因为弗里德里希二世为自己辩护，说他更多是向那位身为贵妇人的亲属致敬，而不是向那位圣徒致敬。但他写道，这两方面是不容易分开的，"因为我们知道我们的救主、拿撒勒人耶稣，是大卫王室的子嗣，这让我们充满了喜悦；《旧约》的律法规定了，约柜只能由出身高贵的人的手来触碰"。弗里德里希二世在写给方济各会总会长的关于马尔堡仪式的信中，就是这样表达的。

马尔堡的仪式标志着弗里德里希二世在德意志的这个阶段的结束。这些日子是庄严的节日，是辉煌与和平的快乐日子，和平凭借着皇帝的"莫大荣光"（magna gloria）笼罩着整个德意志和罗马帝国的几乎所有土地。当时的人们感受到，世界和平的气氛占了上风。编年史家报告说，在这些岁月里，葡萄大丰收，冬季的天气温和而温暖。所有这些迹象似乎都证明了和平的君王、正义的皇帝正在统治。看来似乎的确是这样，因为弗里德里希二世总是不战而屈人之兵；所有使他达到如此高度的伟大胜利都是通过和平手段赢得的，最多只借助一个威胁性的姿态。如果说 1236 年夏季的莱希菲尔德在武士们簇拥着皇帝集会时回荡着武器的铿锵，那么这支军队将为世界带来和平的赠礼。因此，皇帝称即将开始的战役为"执法行动"，他不明白教宗格列高利九世怎么会用"战争"这样丑陋的字眼来诋毁皇帝兼法官的"善意"。上帝为正义的皇帝安排的世界和平近在眼前，骚乱只在伦巴第这个角落时隐时现。现在，皇帝有责任为这个地区也带来和平。这个容易激动、始终嗜血的地区自己招致了法官和复仇者的惩罚。皇帝用剑带来和平，但这是因为伦巴第人不愿意和平地臣服。

这个时期皇帝的所有信件都充满了类似的声明：伦巴第联盟的 10 或 12 座城市是和平的破坏者，上帝亲自交给皇帝的任务便是迫使伦巴第联盟安宁下来。"在东方世界，耶路撒冷王国是我最疼爱的儿子康拉德从他母亲那边获得的遗产。耶路撒冷王国顺应天意，坚定不移地忠于我；西西里王国也是如此，它是我的母亲的家族的光荣遗产，日耳曼的主宰权也属于我。因此，我相信，救世主的天意如此有力而奇妙地引导我的脚步，只是为了达到这一个目的，即四面都被我的力量包围的意大利中心理应重新效忠于我，并以此恢复帝国的统一。"征服帝国的中心伦巴第，已经被天意设定为他的使命，上帝指引他走向这个目标："因此，我相信，当我更清楚地读到表明天意的预兆时，我更高兴地想到整个帝国的和平，所以我是在为永生的上帝提供他最欢喜的效劳。"我们很少看到弗里德里希二世本人阐释自己的政治行动，所以这个例子很具有启发性。在这位法官眼中，对伦巴第人的惩罚是对上帝的效劳；而令人高兴的是，上帝预先决定的事情与皇帝的个人热情冲动非常吻合：实现上帝的目标，恢复各族人民的和平，与此同时尽情地放纵他对米兰的古老的、天生的仇恨。他给法兰西国王写信说："在我逐渐成熟的青春岁月，在身心蓬勃发展之际，出乎人们的预料，我仅靠天意的帮助，便登上了罗马帝国的最高峰……这时，我所有的敏锐思考就不断地指向同一个目标……为（伦巴第人）对我的祖父和父亲的侮辱，向（伦巴第人）复仇，把已经在其他地方培育出来的可憎的叛贼踏平在脚下。"这种刻骨仇恨有着天意和上帝旨意的韵味。因此，一切——天意、世界的福祉和个人的冲动——都指向一个目标：必须将和平强加于伦巴第人。

　　皇帝针对异端和叛乱者的伦巴第战争成为一场神圣战争，不亚于前往圣地的十字军东征。所以皇帝无法理解，教宗格列高利九世为什么以十字军东征为借口，去牵制皇帝正义的手臂。打败伦巴第联盟是皇帝在叙利亚作战的第一个先决条件。他在给法兰西国王路易九世的信中是这么说的："因为除了为被钉十字架的基督效力之外，我们显然没有其他目标。但在正义的力量平定我周围的各民族之前，十字军东征是不可能发生的。"在其他场合，皇帝坚决否认他是为了自己的利益而发动战争："为了上帝和帝国的荣耀，当意大利怀抱中的这场纷争胜利结束之后，我希望能够率领一支强大的军队前往圣地。"皇帝在这里是否想到了其他事情？也许是那些经常被解释为指他——圣墓拯救者的预言？预言说，在平定整个西方之后，弥赛亚-皇帝将前往东方，在至圣所①放下全世界的王冠，把长矛和盾牌挂在枯树上，作为最后审判的标志。弗里德里希二世是否也打算从字面上实现这一预言？

弗里德里希二世非常谨慎，没有明确地说出这一点，也没有做太具体的承诺。但世界末日与和平帝国的临近都隐含在他所说的一切中。这是和平的问题……不仅是实际的罗马帝国的和平，而且在这圆满的时代是整个基督教世界的和平。因此，伦巴第战争关系到整个世界。于是皇帝邀请欧洲所有国王派遣使者参加在皮亚琴察举行的伦巴第朝会，以便与他们共同消灭残余的扰乱世界和平的势力。而教宗就站在这些势力的背后，尽管并不总是公开地支持他们。弗里德里希二世做出了正确的决定。欧洲的基督教国王们现在都站到了他那边，尽管在他的战争的胜利得到保障之前，他们并没有派出武装援助。英格兰国王在信中说：他非常希望背上剑，亲自追随皇帝。同时，英王自发地写信给教宗和他的一些枢机主教朋友，对伦巴第人的傲慢表示了强烈的不满；并提出，大家都应该支持皇帝的事业，反对伦巴第联盟。匈牙利国王贝拉四世在 1236 年 6 月写给教宗的信更强有力地表达了这一点：他听说恶毒的伦巴第人正试图以对圣地事业的必要服务为借口，诱使教宗反对皇帝加强帝国的措施。贝拉四世请求教宗不要听从伦巴第人的意见，否则帝国和教廷之间将陷入无法解决的纷争。贝拉四世还说，教宗对君主的世俗权利的侵犯将是对他自己（贝拉四世）和欧洲其他君主的一个警示。

---

① 在犹太教中，至圣所是帐幕和后来耶路撒冷圣殿的最内层，是存放约柜的场所。约柜内存放着十诫。

匈牙利国王的这些充满阳刚之气的话语表明，当时西方的其他君主是多么热情地将皇帝的事业视为自己的事业，也表明弗里德里希二世在他们当中的声望是多么高。他被认为是他们中间的第一人，不仅是因为他的皇帝之位，而且是因为他的实际实力。现在，巩固西方基督教诸王的团结成为皇帝的最终政治目标。现在，就在弗里德里希二世最伟大的权力展示的前夕，他表示："整个世界比以往任何时候都更多地依靠帝国的气息而生存；如果帝国被削弱，世界就会变得虚弱；而当帝国兴旺时，世界就会繁荣昌盛。"这个声明当中没有不真诚的东西。他还表示："罗马帝国必须更加认真地争取和平，必须更加迫切地致力于在各民族中建立正义，因为帝国站在世界各国政府面前，就像站在一面镜子面前。"现在，和平帝国以及人们渴望的黄金时代（aurea aetas）在召唤，所以皇帝比以往任何时候都更觉得自己是正义的化身，并把"我们的正义"当作"我们的尊贵""我们的威严"的同义词。他即将武装"他的正义"，伦巴第人将看到他充满怒火的脸，而他本想以和平的姿态向他们展示这张脸，"他们将无法无动于衷地看着它［皇帝的脸］，因为在正义女神面前，他们会心惊胆战"。在此之前，"正义"一直是引导人们走上理性道路的组织和调节的力量，现在它第一次成为惩罚和报复的力量。目前，它还在为世界和平与完美的世界秩序而努力。再过 10 年，充满仇恨的复仇的"正义"将只为自己的目的在整个意大利肆虐。

世界和平的希望和世界性罗马帝国的概念，此时在其他背景下得到了表达。弗里德里希二世给罗马民众写了一些不寻常的信件。这些信都充满了这样的信念：圆满的时代迫在眉睫，世界即将被更新。更新意味着：将世界重建为奥古斯都时代和救赎时刻的世界所处的状态。人们期待的弥赛亚-皇帝将建立一个正义的帝国，他必须宣示自己是古罗马帝国的复兴者，是和平帝王奥古斯都的转世，将使罗马帝国恢复到它在世界的旧有地位。早在巴巴罗萨时代，诗魁①就像他的前辈一样，唱出了对罗马法的"复兴"（Renovatio）的期望，并歌颂他的皇帝。

> 一位奥古斯都让人们重估整个世界，
> 用久经考验的规矩重整帝国的秩序，
> 和平降临人间，令万民喜悦，
> 恶人再也不能损害善法。

所有能够为万民期待的弥赛亚君王赋予感官形象的观念，比如古代恺撒和奥古斯都们的外貌形象，弗里德里希二世都加以运用。在写给罗马人的辞藻华丽的信件中，他力图唤醒这些"过分满足于一个伟大名字的阴影"的人，"唤起这正在酣睡的新的后辈，令其再次攀登他们古代的伟大高峰"。皇帝的话在罗马人的耳边产生了共鸣：在家庭琐事和令人萎靡不振的享乐之间，他们已经忘记了他们辉煌的往昔。"看哪，傲慢的米兰已经在北意大利建立了一个王座，它不满足于与罗马平起平坐，而是向罗马帝国发起挑战。看哪，这些自古以来必须向你们进贡的人，如今不仅不纳贡，反而侮辱你们。这与你们祖先的丰功伟业和古人的美德是多么不同！只有一座城市敢于向罗马帝国挑衅。在过去的日子里，罗马人并不满足于只征服他们

---

① 诗魁（德文 Erzpoet 或 Erzdichter，拉丁文 Archipoeta，1125 至 1135—1165 之后）是 12 世纪德意志的一位重要的拉丁文诗人，真实姓名不详，是科隆大主教兼帝国首相莱纳尔德·冯·达瑟尔的门客。

的邻居，而是征服了所有的省份，占领了遥远的西班牙，还把美丽的迦太基变成了废墟！"他继续写道，古罗马和当今罗马之间的对比，让所有听过罗马的名声或读过古代纪念碑碑文，并且看着如今委顿不堪的罗马人都感到惊讶。想到当今罗马的各市镇，皇帝写道："你们也许会回答，是国王和恺撒完成了那些伟大的事迹。看吧，你们现在也有一个国王和恺撒，他为了罗马帝国的更大荣耀而献出了自己，他打开了他的国库，不辞万般辛苦！你们有一位国王，他用不断的呼唤把你们从睡梦中惊醒……"

　　通过这些方式，皇帝试图唤起当时所有的思想力量，让世界看到他对伦巴第人亮剑的意义何在。伦巴第人在阻挠上帝亲自设定的目标：世界和平与正义帝国。因此，弗里德里希二世有理由宣布，伦巴第人的叛乱不仅是反对他，而且是直接反对上帝、反对天主教信仰、反对自然。他本人非常谨慎地只谈了他的帝国和平使命，只补充了一句话："不仅仅是在世俗事务中，皇帝权杖的荣耀从罗马照亮了黑暗。"但他在意大利的朋友都称赞这位即将到来的"拯救者"。皮耶罗·德拉·维尼亚向皮亚琴察人民发表讲话，宣布皇帝即将驾临。而且，维尼亚并非完全偶然，也并非完全故意地借用了以赛亚的预言，该预言在圣诞的福音中反复出现："那坐在黑暗里的百姓，看见了大光，坐在死荫之地的人，有光照着他们。"[1]

　　就这样，弗里德里希二世从立法者摇身一变，成了军队领袖，并为自己的新角色做好准备。他将履行恺撒的职能——

[1]　《新约·马太福音》第4章第16节。

"武器与法律"（arma et leges）。他把即将开始的战役称为
"正义的执行"，这一概念使他不可能执行严肃的战略，因为军
队只是法官惩罚违法者和叛乱者的工具。弗里德里希二世没有
大片连续的领土需要征服。像所有的中世纪统治者一样，他缺
乏空间，也缺少敌手，所以无法像亚历山大、汉尼拔或尤利乌
斯·恺撒那样开展大规模战役。中世纪有时会看到国王和王公
率领军队，但是不知道有什么高水平的统帅或战略家（也许拜
占庭除外）。在中世纪，任何勇敢的人都可以领导军队，枢机主
教或政法官或国王都可以，但没有人可以成为好将军或坏将军，
因为当时几乎没有兵法这一说。到了雇佣兵队长（Kondottieren）
和职业化军队的时代，兵法才开始慢慢发展。前 10 年无休止
的战斗使弗里德里希二世的军队得到了锻炼，显示出成为一支
职业军队的迹象：按照封建制度征募的部队逐渐让位于皇帝直
接招募的职业军人。弗里德里希二世显示出了所有伟人的适应
性，自己也发展成了一个雇佣兵队长。但无论是他还是他的对
手，都没有机会进行战略层面的运筹帷幄，因为在中世纪，每
场战斗或多或少都是偶然事件，需要随机应变、当机立断。弗
里德里希二世充分地利用了速度、计谋、出其不意和兵力的优
势。但他很少能诱使敌人冒险进行正面对垒，因为在正面交锋
中他们总是被打败。而当时的攻城技术尚不完善，以至于当守
军躲在坚固的城墙后面时，攻城者往往只能用饥饿迫使守军屈
服，通过强攻拿下城池只是偶然事件。围城战通常会持续许多
个月，因此弗里德里希二世尽可能避免围城战，因为维持围攻
部队的费用是巨大的。与世界性帝国和世界性教宗制度的恢宏
概念相比，当时的军队似乎小得可笑。这一时期的特点是，人
们惯于从普遍的、精神的层面下降到物质的层面，所以微小的

具体物体可能被赋予伟大的理念，最微不足道的行为可能被赋予压倒性的精神意义。弗里德里希二世很可能从未"在罗马帝国的胜利之鹰下"召集过超过 12000 人，最多只有 15000 人。即使是这支部队也是由五花八门成分构成的异质集合而成：德意志、意大利、西西里的封建骑士与撒拉森人并肩作战，来自忠皇城市的步兵与雇佣骑士并肩作战，还有背景极其杂乱的雇佣弓箭手。皇帝在骑兵方面可能优于敌人，但伦巴第联盟军队作为一个整体可能与他的军队兵力相当。在正面交锋中，骑兵总是赢得胜利；但在围城战中，重甲骑士却毫无价值。

　　皇帝在伦巴第开展了几个月的作战，他率领的军队规模即使在当时也算是小得可怜。他不得不分出一支强大的德意志军队来对付奥地利公爵①。这个好惹是生非的巴本贝格家族成员没有在任何指定的会议上露面；他囚禁了皇帝的使者；对所有的邻邦诸侯挑衅，最后还拒绝服从皇帝的命令。现在他被置于帝国禁令之下，波希米亚国王和巴伐利亚公爵奉命执行这一禁令。他们在几个月内就战胜了奥地利公爵，把他赶回了他最后的堡垒。皇帝为这轮次要战役投入了他的几支德意志部队，这样至少他不需要削弱他的意大利部队。

　　因此，整个 1236 年战役只持续了几个月，仅仅是为稳定伦巴第局势而进行的试探。弗里德里希二世急于明确知道教宗的态度。因此，他提出，既然本次战争是针对异端的，并且帝国和教廷之间仍然处于和平状态，那么教宗应该通过宗教上的程序对叛乱者出手。皇帝要求教廷支持这一惩罚性行动并不过

---

①　即前文提到的奥地利公爵"好斗的"弗里德里希二世（1211—1246），他是巴本贝格家族最后一位奥地利公爵。

分。但格列高利九世根本没有答复。后来，当他的沉默受到指责时，他辩解道，他一定是"出于一种梦幻般的遗忘"而没有答复皇帝。相反，他给皇帝发了一份关于西西里管理的新的抱怨清单，而几乎没有提到伦巴第。最后，当皇帝的军事进展有一刻似乎停滞不前时，教宗突然撕掉了面具，粉碎了帝国与教廷保持团结的梦想。"你看到了，"他在给皇帝的信中写道，"国王和王公拜倒在教士的膝下，基督教皇帝的一举一动不能只是服从罗马教宗；皇帝甚至无权排在其他任何一个教士之上。"这就是著名的，或者说臭名昭著的"教士至高无上"的理论，格列高利九世是第一个提出这个理论的人，并且他有点过早地对弗里德里希二世提出了这个要求。格列高利九世的这个说法远远超过了他的前任提出的主张权，因为他竟然说皇帝应当从属于每一个下级教士，而且显然不止是在宗教问题上。格列高利九世宣称，圣座的裁决在全世界都是至高无上的。这相当于说，弗里德里希二世必须毫无异议地服从教宗在伦巴第事务中的裁决，尽管皇帝和叛军之间的争吵说到底与教宗毫无关系。格列高利九世从那个著名的赝品，即所谓的"君士坦丁献土"① 文件中得出了教廷有权决定一切问题（特别是意大利的问题）的结论。他阐述道：君士坦丁，世界所有土地的唯一统治者，与罗马元老院和人民达成一致。罗马元老院和人民不仅拥有对罗马城的权力，而且拥有对整个罗马帝国的权

---

① "君士坦丁献土"是一份伪造的罗马皇帝法令，内容是：公元315年3月30日，罗马皇帝君士坦丁大帝签署谕令，将罗马城和帝国西部的土地赠送给教宗。罗马教廷在与世俗权威的斗争中经常以此文件为依据。一般认为这份文件是8世纪的人伪造的。15世纪的意大利天主教神职人员及人文主义学者洛伦佐·瓦拉从语文学角度明确证明该文件是伪造的。

力。君士坦丁认为，统治着全世界教士和灵魂的使徒君王（圣彼得）的代理人（教宗），也应该拥有对整个世界的人和事的最高权力。而君士坦丁曾相信，主将天上的事情交给地上的教宗处理，教宗也必须用正义的缰绳主持地上的所有事务。因此，君士坦丁将帝国的标志和权杖永远交给了教宗。罗马城、罗马公国，以及整个帝国，都永远处于教宗的管辖之下。君士坦丁将意大利完全交给教宗处置，自己则在希腊寻找新的住所。因为在他看来，在基督教信仰的领袖坐着天帝安排的宝座的地方，地上的皇帝拥有权力是不合适的。后来，在丝毫不影响其统辖权的至高无上品质的情况下，教廷将帝国移交给了德意志人，移交给了查理曼，并通过加冕和涂油礼授予他剑的力量。

我们在此不需要进一步探讨教宗的上述学说。目前，格列高利九世凭借该学说声称，他对所有意大利事务的裁决是最终的，甚至对皇帝也有约束力。弗里德里希二世觉得回复这封信是多余的。就算他以前有任何疑问，现在他也知道自己的处境了。说话还有用吗？任何关于教宗或皇帝统辖权至高无上的学说，任何关于教宗高于皇帝或教宗在意大利拥有最高宗主权的理论，都无法辩驳伦巴第人与亨利国王合谋犯有叛国罪这一事实。赫尔曼·冯·萨尔察正在与教宗进行的谈判被推迟到了一年零一天之后，所以可能会与军事行动同时进行。而在军事问题上，只有行动才能决定一切。

1236 年 8 月，弗里德里希二世驾临维罗纳附近。格布哈德·冯·阿恩施泰因做先锋，率领 500 名雇佣骑士和 100 名雇佣弓箭手去占领该城，弗里德里希二世又带来了 1000 名骑士和若干步兵。还有相当多的部队将在意大利与他会合，特别是来自忠皇城市的兵丁。当务之急是在各个方向上扩大维罗纳山口通道的出口。埃泽利诺将向东，向特雷维索边疆区进军，去对付帕多瓦、维琴察和特雷维索，这些城市已经得到了威尼斯的支持。皇帝本人则向西进入伦巴第本土。曼托瓦已经宣布加入伦巴第联盟，因此帝国军与克雷莫纳（弗里德里希二世在北意大利最宝贵的基地）的联系被切断了。克雷莫纳、帕尔马、雷焦（Reggio）和摩德纳这些忠皇城市的部队无法与弗里德里希二世会合，尤其是因为一支伦巴第联盟军队正竭力阻止两支帝国军的会合。通过向北迂回，攻占敌视皇帝的布雷西亚的领土，忠皇城市的军队成功地在布雷西亚的要塞蒙特基亚罗（Montechiaro）附近与皇帝会师，这是帝国军的一个巨大成功。现在最重要的任务是打通从维罗纳到克雷莫纳的道路。伦巴第联盟军队据守的两座较小的要塞梅卡里亚（Mercaria）和莫西奥（Mosio）被帝国军攻占了。然后，帝国军通过为期三天的围攻，试图引诱曼托瓦人出城交战，但他们拒绝出来，于是帝国军继续向克雷莫纳进军。现在他们已经达成了一个目标：维罗纳这个据点得到了保障。

皇帝几乎整个 10 月都在克雷莫纳等待。与教宗和伦巴第人的谈判正在进行，另外皇帝将在克雷莫纳举行一次朝会。它原本是要在皮亚琴察举行的，但现在皮亚琴察不再是合适的开会地点，因为教宗的"和平与调停行动"成功地使该城脱离了皇帝阵营，并诱使它加入了伦巴第联盟。在接下来的 10 年里，皇帝不再控制皮亚琴察。另一方面，贝加莫城（Bergamo）抛弃了联盟，加入了弗里德里希二世的阵营。伦巴第的政治格局始终瞬息万变。

克雷莫纳朝会注定不会举行了。10 月底，皇帝突然离开克雷莫纳。埃泽利诺正在莱尼亚诺（Legnano）地区的阿迪杰河（Etsch）河畔，牵制着一支由维琴察、特雷维索、帕多瓦和曼托瓦联合部队组成的敌军。他看到维罗纳山口通道再次受到维罗纳的威胁，于是请求弗里德里希二世亲临东部战场。皇帝以一次著名的强行军支援他，可能打算从北面经圣博尼法乔（San Bonifacio）和阿科莱（Arcole）接近联盟部队，从他们背后发动进攻。弗里德里希二世仅在他的重装骑兵的陪同下，于10月30日晚离开了克雷莫纳，在一天两夜的行军中走完了从克雷莫纳到圣博尼法乔（在维罗纳东面）的全部112千米路程，一路全速前进，"恰似燕子在空中划过"。11月1日上午，他到达了圣博尼法乔，稍事休息，"停留时间就像一个人匆匆吃下一块面包那样短"，然后立即赶路，但不是向南去埃泽利诺那里，而是继续向东，去进攻维琴察。形势突然发生了变化：当伦巴第联盟军队听说皇帝突然到来时，立即作鸟兽散，因为他们的城市本身似乎受到了威胁。维琴察人带头逃跑，丢弃了帐篷和辎重，匆匆忙忙地逃回了家，因为维琴察比其他任何城市都更容易受到皇帝的攻击。但他们来得太晚了。在几个小时里，弗里德里希二世又走了30千米，于11月1日下午到达维琴察。该城拒绝投降，皇帝发动强攻，将其占领并洗劫一空。与此同时，埃泽利诺赶来了，维琴察被移交给他看管，并由一名帝国将领直接负责。帝国官僚对伦巴第城市的管理就这样开始了。有一个故事是这样的：弗里德里希二世在维琴察给他的朋友埃泽利诺做了简短的指示，解释他希望如何治理这座城市。两人在维琴察主教的花园里一边踱步一边讨论局势。皇帝抽出匕首说："我将向你展示，你如何能够成功地维持对这座城市的统治。"然后他用匕首割断了所有较长的草茎。埃泽利诺心领神会，答道："我一定谨遵皇帝的指示。"不久，他开始通过恐怖统治建立起意大利的第一个领主制政权①。

帝国军攻占维琴察的直接结果是，萨林盖拉（Salinguerra）及其城市费拉拉投降了，卡米诺（Camino）地区也投降了。北意大利东部的其他城市受到了极大的震动，以至于埃泽利诺和格布哈德·冯·阿恩施泰因得以在冬季占领帕多瓦，之后埃斯特侯爵统治下的特雷维索也投降了。这样，皇帝就控制了从维罗纳到费拉拉一线以东的整个北意大利。在皇帝的保护下，埃泽利诺现在将这整块领土组织成一个"僭主政权"，威尼斯认为这是对它的严重威胁。1236年的短暂战役并没有最终的决定性，但至少取得了显著的成功：首先，阿尔卑斯山的出口和通往克雷莫纳的道路得到了保障。1236年11月，皇帝得以暂时离开伦巴第，前往维也纳过冬。奥地利的局势也尽在他的掌握之中。

我们已经谈到了奥地利的主要事件。推翻巴本贝格家族的弗里德里希二世公爵只是暂时的，因为他能够在某些防御巩固的地方顽抗。不过，目前奥地利已经恢复了和平。皇帝在维也纳逗留了几个星期，他宣布废黜巴本贝格家族的公爵，为施陶芬家族自己的邦国奠定基础，并授予维也纳城一项重大的特权，使它从此成为帝国的直接附属地。皇帝在维也纳举行了一次朝会，大量的德意志诸侯再次齐聚一堂。没有什么能比以下事实更有力地证明弗里德里希二世的声望和权力得到了大大提升：在皇帝没有做出任何特别让步的情况下，德意志诸侯立即同意

① 领主制政权（德文 Signorie，意大利文 signoria）是意大利中世纪和文艺复兴时代很多城邦的政权形式。在意大利的中世纪公社（commune）政权衰败之后的无政府状态中，一些强有力的铁腕人物应运而生，夺取政权，于是逐渐出现了一个家族长期统治一个城邦的现象，这就是领主制。比如，美第奇家族统治佛罗伦萨，德拉·斯卡拉家族统治维罗纳，维斯孔蒂家族统治米兰，等等。

选举 9 岁的耶路撒冷国王康拉德为弗里德里希二世的继承人；而且，康拉德现在被称为"罗马人国王和未来的皇帝"，这满足了施陶芬家族的雄心壮志。诸侯的选举决议是用十分骄傲的语言表达的。他们遵照施陶芬皇朝的传统，自然而然地认为自己是古罗马元老的继承人和后继者："在罗马历史的初期，在特洛伊人令人难忘的结局和他们高贵的城市被摧毁之后，帝国的最高权力和选举权由新城市［罗马］的元老掌握。但随着帝国的逐渐壮大和实力不断增强，这样的好运不可能永远停留在一座城市，尽管它是所有城市中最有帝王气魄的。帝国的力量在最遥远的地区徘徊许久之后，最终在日耳曼尼亚的诸侯中间永远停留了下来——这种方式不可谓不有益，也是必然的——所以应该从确保帝国安全和繁荣的诸侯之中，选出帝国的统治者。"

就这样，德意志和罗马帝国的王位继承得到了保障。皇帝现在选择了康拉德，"就像大卫取代扫罗"。但皇帝没有为康拉德四世加冕，因为皇帝在亨利国王身上的经验表明，德意志国王太过独立是一件危险的事情。因此，康拉德国王或其摄政者将仅仅作为皇帝的代表来统治。第一位摄政者是美因茨大主教西格弗里德①，后来是图林根方伯海因里希·拉斯佩（Heinrich Raspe）②。

---

① 这里指的是美因茨大主教西格弗里德三世·冯·埃普施泰因（Siegfried III. von Eppstein，约 1194—1249），他是前面提到的为弗里德里希二世皇帝加冕的美因茨大主教西格弗里德二世的侄子，还是特里尔大主教特奥多里希的外甥。西格弗里德三世于 1230 年接替叔父，成为美因茨大主教。弗里德里希二世皇帝将自己的儿子康拉德四世留在德意志坐镇，请西格弗里德三世监护并摄政。弗里德里希二世两次被格列高利九世绝罚后，西格弗里德三世仍然支持皇帝。但在格列高利九世死后，西格弗里德三世不知为何开始反对皇帝，先后将海因里希·拉斯佩和荷兰的威廉推举为对立国王。
② 他是前文提到的图林根方伯赫尔曼一世的儿子、图林根方伯路德维希四世的弟弟、条顿骑士团大团长图林根的康拉德的哥哥。

春季，弗里德里希二世从维也纳来到施派尔，在那里召集了若干诸侯庆祝圣灵降临节，这些诸侯确认了康拉德国王的当选。皇帝的时间主要用于为伦巴第战争做广泛的准备。1237 年 8 月，他再次率领新的部队在莱希菲尔德扎营。一封简短的信将他的行动通知了罗马人。他写道，与罗马人有关的任何事情都不应向他们隐瞒，因为皇帝的每项事业都是为他们特别策划的。他此刻正在奥格斯堡的田野上拔营，然后将率领德意志军队在帝国雄鹰的著名旗帜下再次前往拉丁姆①的边界。当弗里德里希二世率领他的军队行进时，他感到自己比以往任何时候都更像一位恺撒。当初伦巴第战争开始时，他手里拿着一面罗马鹰旗。这一年，他甚至比 1236 年更希望罗马的精灵能在战役中陪伴他。

应条顿骑士团大团长的要求，皇帝在这一年重启了与教宗的谈判。赫尔曼·冯·萨尔察面临一项艰巨的任务。在马尔堡的一次大型会议上，100 多名条顿骑士聚集在一起，骑士团的兄弟们想到他们的大团长仍然在谈判而不是战斗时，表现得和德意志诸侯一样不耐烦。皇帝对这些新的谈判努力不抱什么希望，尽管事实上，赫尔曼·冯·萨尔察在这一次取得了比以往更多的成绩。弗里德里希二世在特雷维索边疆区取得的成功使伦巴第人和教宗都感到害怕。格列高利九世甚至从伦巴第召回了他的使节——枢机主教帕莱斯特里纳的雅各布（Jacob von Palestrina，皇帝很不喜欢他），并用两位更能为皇帝接受的枢机主教取代了他。伦巴第人也变得更加顺从。如果不是威尼斯

---

① 拉丁姆（Latium）是意大利中西部的一个区域，大致对应今天的拉齐奥大区。罗马城就是在拉丁姆地区建造起来的。拉丁人（即生活在拉丁姆的部落民族）的古老语言是拉丁语和罗曼语的祖先。

人破坏了和平谈判，也许真的会达成妥协。伦巴第在皇帝的领导下统一，与此同时，埃泽利诺也在特雷维索边疆区，也就是在威尼斯的背后。这种局面一定让威尼斯人觉得是永久的威胁。在皮亚琴察背弃了皇帝之后，一个威尼斯人被推举为皮亚琴察的督政官。或许是在威尼斯执政官的指示下，这个督政官让皮亚琴察人发誓，他们永远不会接受亲帝国的督政官。但这是皇帝提出的最重要的和平条件之一，因此谈判失败了。

1237 年 9 月中旬，皇帝率领大约 2000 名德意志骑士抵达维罗纳。格布哈德·冯·阿恩施泰因很快与他会合。阿恩施泰因先行出发，匆忙召集了托斯卡纳的军队，并与由 7000 名撒拉森弓箭手和阿普利亚-西西里骑士组成的西西里军队合兵一处。几天后，以克雷莫纳为首的亲帝国城市的部队和埃泽利诺的辅助部队也来了。贝加莫和托尔托纳（Tortona）等城市的骑士也被召集起来，其他兵卒也蜂拥而至，因此皇帝最终拥有了一支 1.2 万至 1.5 万人的军队。他很快旗开得胜。9 月，曼托瓦以西的雷东德斯科（Redondesco）要塞被帝国军攻克，随后曼托瓦地区的另外两座城堡也被占领，因此曼托瓦于 10 月 1 日投降。与曼托瓦领导人圣博尼法乔伯爵里卡尔多的谈判为这个重镇的投降铺平了道路。

皇帝现在挥师北上，进入布雷西亚领土。拥有巩固的防御工事和强大驻军的蒙特基亚罗在经过 14 天的围攻后被用计攻下。工事被摧毁，在这里被俘的 1500 名步兵和 20 名伦巴第联盟的骑士被押解到了克雷莫纳。通往布雷西亚的道路现在畅通了。但是，一支大约 1 万人的伦巴第军队就在布雷西亚城墙附近。帝国军的当务之急是尽可能在开阔地抓住敌军主力。伦巴第人巧妙地回避了战斗。只要他们能以布雷西亚为基地，避战就是很轻松的事情。于是皇帝试图引诱他们离开自己的基地。他通过布雷西亚的领土向南进军，一路烧杀抢掠，占领了布雷西亚人的4座城堡，并迫使伦巴第人追赶他，因为他们担心如果与帝国军失去联系，帝国军就会对其他缺乏驻军的城市之一发动攻击，维琴察的命运很可能重演。11月中旬，两支军队终于在蓬泰维科（Pontevico）附近对峙，双方被一条流入奥利奥河（Oglio）的小河分开，河岸上尽是沼泽。战事陷入了停顿。皇帝不能让他的重装骑兵穿过沼泽地进攻，而伦巴第人不接受挑战。11月快结束了。虽然伦巴第联盟做出了相当大的让步，但谈判并不成功。似乎没有希望在年底前对伦巴第人发动决定性的打击，而伦巴第人拒绝投降。

然后，弗里德里希二世求助于谋略。从北向南纵贯伦巴第并注入波河的奥利奥河位于他的阵地的背后，皇帝的阵地基本上覆盖了沼泽小支流和奥利奥河形成的三角形。奥利奥河的另一边是克雷莫纳，离帝国军的营地有三四个小时的路程。皇帝佯装前往该城过冬，因为已经入冬，所以此时进入冬季营地是完全合理的。伦巴第人在沼泽地的掩护下仍在观察，而皇帝率军通过几座桥越过奥利奥河，且过桥之后就将其拆毁（敌人可以观察到这一点），而事实上他的军队的很大一部分，包括各城市的步兵和辎重，都被送往克雷莫纳。现在，奥利奥河将皇帝与伦巴第人分开，皇帝带着他的打击力量——全部骑兵和撒拉森轻型弓箭手，不是开往南面的克雷莫纳，而是挥师向北，沿着奥利奥河逆流而上。伦巴第人，至少是米兰人，一定会在某个地方渡河，皇帝打算拦截他们。他在松奇诺（Soncino）埋伏了两天，但毫无收获。最后消息传来，伦巴第人感到非常安全，已经进一步向北移动，过了河，在蓬托廖（Pontoglio）扎营。弗里德里希二世立即拔营，于 11 月 27 日上午离开松奇诺。他的由德意志骑士组成的前锋部队在当天下午就扑向了目瞪口呆的伦巴第人。伦巴第人只来得及在科尔泰诺瓦（Cortenuova）搭建的米兰军旗战车周围集结。与此同时，弗里德里希二世的主力部队分几个纵队行进，其中一个由皇帝亲自指挥，很快就强迫敌人接受决战。由于季节原因，天黑得早，帝国军没有时间在白天拿下科尔泰诺瓦。但伦巴第人在夜里放弃这个地方逃走了，丢下了米兰人的军旗战车。帝国军在黎明时分开始追击。大批伦巴第人被俘：3000 名步兵和1000 多名骑士，其中包括米兰的督政官，即威尼斯执政官的儿子彼得罗·蒂耶波洛。米兰人试图挽救的军旗在溃逃中丢失，并被胜利者找到，成为一件伟大的战利品。

科尔泰诺瓦战役是中世纪为数不多的大规模战役之一，帝国军大获全胜，这也是弗里德里希二世在德意志的帝国的一个辉煌高潮。这场胜利完全属于他的德意志时期。这是历史上最后一次出现这样的局面：一位皇帝发动意大利远征，由德意志诸侯决定和支持，并采取了帝国战争的形式。弗里德里希二世像他的祖先一样，从北方而来，越过阿尔卑斯山，在伦巴第平原取得大捷。胜利主要是由德意志骑士赢得的，但弗里德里希二世立即用罗马的措辞来描述这次胜利，以使它具有精神价值。"日耳曼人的胜利"这样的说法会造成一种错误的印象，"德意志人的胜利"的说法在当时还没有任何意义。因此，这场胜利被描绘为罗马军队的荣耀，它是以罗马帝国及其恺撒们的名义赢得的，弗里德里希二世就是这样通知罗马人民的。甚至在战斗期间，当施陶芬皇帝向武士们发出新的战斗口号和胜利口号时，罗马的凯旋将军们①的灵魂，甚至胜利的罗马女神（Roma）本身，也伴随着他。这句口号是：MILES ROMA! MILES IMPERATOR!（罗马是战士！皇帝是战士！）为了不失古罗马军事业绩的魅力和荣耀，弗里德里希二世在他以罗马的战斗口号赢得胜利之后，又举行了一次凯旋式，从而有意识地恢复了这种古代的、被遗忘的"神圣仪式"。人们说，他正计划将克雷莫纳提升到第二个罗马的地位。几天后，当弗里德里希二世带着胜利的军队、众多的俘虏和大量战利品进入克雷莫纳时，他是按照罗马皇帝庆祝胜利的方式操作的：被俘的敌方指挥官身披枷锁，跟在他的队伍后面；威尼斯执政官的儿子、米兰督政官彼得罗·蒂耶波洛被绑在米兰军旗战车的拖到地面的旗杆上。在人们的欢呼声中，这最高贵的战利品（军旗战车）被一头大象拉着，在凯旋者的背后穿过克雷莫纳的街道。皇帝的带有罗马雄鹰图案的黄色旗帜高高飘扬在大象的背上，而从大象背上的木塔上，号手宣布了新的神圣恺撒·奥古斯都的胜利。皇帝亲自告诉罗马人，他的凯旋式是对原初的罗马习俗的复兴。

这种令人陶醉的胜利庆祝活动，一半是异国情调的，一半是多神教罗马式的，肯定极不符合基督教的精神。这场凯旋式标志着弗里德里希二世生命中的一个转折点。在科尔泰诺瓦大捷之后，他像他的前辈一样拥有所有华丽的罗马恺撒头衔，

---

① 罗马共和国时期的"凯旋将军"（Imperator，音译为英白拉多）原本是赋予一名赢得重大胜利的将军的头衔，后来变成罗马皇帝头衔的一部分，后来则成为"皇帝"的同义词。加洛林王朝的皇帝和后来的神圣罗马皇帝也用 Imperator 的头衔。

现在都名正言顺了。"战无不胜的皇帝"（Imperator Invictus）这个被漫不经心地使用的空洞的程式化表述，突然再次拥有了它在古时的本义。无须超验的解释，他现在就是字面意义上的FELIX VICTOR AC TRUMPHATOR（幸运的胜利者与凯旋者）。罗马的鬼魂，罗马人和他们的恺撒们的鬼魂，已经尝到了血的滋味：它们又开始蠢蠢欲动，再次成为肉身……一种真正的古代的气息被生命本身重新激活。

第七章　恺撒与罗马

　　金色的、永恒的、强大的、光荣的、主宰世界的罗马……罗马，女主人，万城之城，幸运的、皇家的、神圣的城市……这座城市，是帝国和名望的居所！在古代和中世纪，要配得上这座世界之都仍在焕发的荣耀，没有一个形容词会显得过分。许多世纪以来，罗马城的魔力一直在发挥作用，不曾衰减，起初是荣耀的魔法，后来是辉煌的废墟的魔力。罗马的名字和对罗马的占有（许多人为之垂涎），是统治罗马世界的同义词。如果想要向强者致敬，人们就会用图画或言辞描绘罗马向强者屈膝。每位皇帝都会到授予世界皇冠的城市朝圣，以表达对罗马的尊崇。

　　自罗马衰落以来，重振其古老荣耀的愿望从未消失过。德意志人的罗马帝国本身就是"复兴"（Renovatio）的理念，加洛林王朝一个印章的铭文写道："复兴帝国"（Renovatio Imperii）。起初，德意志皇帝是那些试图实现罗马复兴的人中最强大的，但很快出现了两个对手——首先是教宗，然后是罗马人。中世纪盛期的恺撒式教宗认为自己像皇帝一样，是罗马诸神的继承人，因为君士坦丁的献土使教宗有权获得皇权的象征符号——披带①和紫袍，权杖、旗帜和三重冕；并进一步赋予他们拉特

---

① 披带（pallium）是罗马天主教法衣的一部分，原本仅由教宗佩戴，后来也由教宗授予一些高级教士（如教省总主教以及拉丁礼天主教的耶路撒冷宗主教）。披带的造型通常是一圈挂在双肩的羊毛织就的长型布条，且头尾两端垂挂在胸口与背后，形成一个 Y 字形。

兰皇宫，以及对罗马、意大利，乃至整个帝国的统治权。帝国式教廷的世界统治还将恢复罗马古老的伟大和权力。这是一条直线，从帝国式教廷的创始人格列高利七世开始，经过英诺森三世，他是"真正的皇帝"（verus imperator）和拜占庭-拉丁帝国的保护者；经过博尼法斯八世，他自称恺撒和皇帝；一直到那位君王兼将军，也就是最后一位恺撒式教宗，他选择尤利乌斯二世作为自己的称号，尤利乌斯正是恺撒的名字。而罗马人重新寻回自己力量的速度较慢，但即使对他们来说，一个新的时代也在12世纪中叶开始了。这与罗马法的传播和伦巴第人的自由观念密切相关。在接下来的很长一段时间里，罗马人的文件上的年代都是从1144年算起的。在这一年，罗马元老院和骑士团体（Ordo equester）被复苏，罗马共和国（res publica）再次通过卡比托利欧山上的神圣的元老院（sacer senatus）统治。元老院提醒当时的皇帝①、施陶芬王朝的第一位君主康拉德三世，古时的恺撒们只是凭借罗马元老院和人民的力量统治世界的。"罗马元老院与人民"（SPQR）②现在又要统治世界了。

　　虽然有这两个对手，但在施陶芬皇朝灭亡之前，复兴罗马的梦想在德意志帝国始终存在，这种梦想时而疲软，时而强劲，时而消退，时而激增，比如在醉心于罗马的奥托三世和巴巴罗萨的时代。罗马理念的多变性证明了它的生命力：每个接

---

①　原文如此，康拉德三世只是罗马人国王（德意志国王），未加冕为皇帝。
②　"罗马元老院与人民"（Senatus Populusque Romanus，缩写为SPQR）是罗马共和国政府的正式名称。此名称或其缩写形式SPQR被纹饰在罗马军团的鹰旗上以及古罗马很多公共建筑之上。当今罗马市的市徽、市政设施上，以及公用建筑物上都可以找到"SPQR"这个缩写词。

受它的皇帝都给它留下了他那个时代的印迹。但罗马理念的某些元素保持不变：例如，从一开始，复兴罗马的想法就涉及与东方帝国的首都拜占庭的竞争。如果说查理曼修复了阿卡迪乌斯和霍诺留①瓜分帝国而造成的后君士坦丁时代的世界状态，那么赛奥法诺②的儿子奥托三世皇帝，似乎注定要让皇帝重新成为两座帝都（罗马和君士坦丁堡）的主人。罗马法规定，所有民族都要服从于同一位罗马恺撒。巴巴罗萨恢复了罗马法，将复兴罗马重新定为目标：重建君士坦丁之前的罗马世界，使其成为一个完整的、不可分割的、涵盖全世界的整体。十字军东征将西方人的空间无限地向东方扩大。最后，亨利六世作为罗贝尔·吉斯卡尔（人们写道，"他原本可能会重振古老的罗马帝国"③）的继承人，曾计划给羸弱的拜占庭以致命一击；那样的话，西方的、德意志的罗马皇帝将成为世界上唯一的君主。这是亨利六世的意愿。他未能实现这个愿望，但他的儿子实现了。

---

① 阿卡狄乌斯（约377—408）和霍诺留（384—423）是古罗马的狄奥多西大帝的两个儿子。狄奥多西是最后一位统治环地中海全境的罗马皇帝，他于395年驾崩后，帝国永久性地分成东西两个部分，阿卡狄乌斯统治东罗马帝国，霍诺留统治西罗马帝国。阿卡狄乌斯软弱无能，生活在权臣和妻子的阴影之下。霍诺留的统治十分混乱，风雨飘摇。410年，也就是霍诺留在位期间，罗马城遭到阿拉里克领导下的西哥特人的洗劫。这是罗马建城以来第一次被敌人彻底陷落。

② 赛奥法诺（Theophano，约955—991）是东罗马帝国皇帝约翰一世的侄女，嫁给了神圣罗马皇帝奥托二世，在其子奥托三世年幼时期摄政。她是一位强有力的统治者，是神圣罗马帝国唯一获得"共治皇后"（coimperatrix augusta）称号的皇后。

③ 罗贝尔·吉斯卡尔于1081年率军攻打拜占庭，取得不少战果，但此时教宗格里高利七世被亨利四世皇帝围攻，教宗向吉斯卡尔求援，于是他返回意大利。帮助教宗重返罗马之后，吉斯卡尔率军返回希腊，继续进攻拜占庭，但于1085年染病而死，壮志未酬。

没有一个安格洛斯或科穆宁①能够与弗里德里希二世竞争，因为在他的统治开始之前，拜占庭已经被十字军征服了。名义上的拉丁皇帝是教宗的附庸，在拉丁帝国的博斯普鲁斯海峡之上统治。尼西亚帝国（拜占庭的残余部分）由一个无能的巴西琉斯②统治，他的妻子是施陶芬皇帝的私生女。弗里德里希二世无疑是古罗马帝国的最后一位皇帝，是基督教世界的唯一首脑。如果他接受了复兴罗马的想法——他怎么可能不接受呢！——他就必须赋予它一种新的含义，以对抗内部的对手，因为他已经没有外部对手了。

在耶路撒冷取得的胜利将施陶芬皇帝提升为上帝之子，科尔泰诺瓦的流血胜利使他成为大地之子。耶路撒冷的胜利之后，弗里德里希二世建构了自己的西西里君主国；科尔泰诺瓦大捷的庆祝之后，是弗里德里希二世的"帝国复兴"（Renovatio Imperii）。此外，皇帝的整体形象发生了变化。弗里德里希二世以倚仗"法律与军队"（legibus et armis）的凯旋者身份进入了恺撒们的圈子，获得了世界君主的地位，尽管不是广袤世界的征服者的地位。在上苍显示的迹象中，弗里德里希二世读到了他的使命："在平定了周围的各民族之后，让意大利的中心地带为帝国服务。"这一征服"众省之省"的号召与皇帝的个人愿望惊人的一致："自从恺撒的杰出本性以幸运的力量战胜了我的皇家天性，在更高的幸运落到我头上之

---

①　科穆宁皇朝于1081~1185年统治拜占庭，安格洛斯皇朝于1185~1204年统治拜占庭。

②　巴西琉斯（Basileus）是古希腊、拜占庭和现代希腊王国所用的君主的称号，视上下文可译为"国王"或"皇帝"。

前，从我生命的开始，我的心就一直在燃烧，渴望恢复罗马帝国的创始人和创始者——罗马女神本身的古老尊严……这种永不熄灭的愿望与随之而来的皇帝身份融为一体。"

回顾过去，我们看到这个少年和国王，然后是皇帝，在巴勒莫、亚琛、沃尔姆斯、美因茨和耶路撒冷登基，从小就致力于实现一个伟大的目标：通过他自己的行动，重塑恺撒们和罗马的古老辉煌。在这一强烈愿望的驱使下，弗里德里希二世带着骄傲的心情在他的各国度旅行。正如当时的一位诗人所说："在叙利亚，他是大卫；在西西里，他是吉斯卡尔；在德意志，他是查理曼。"施陶芬皇帝从这些国家中的每一个都得到了一些东西，但这些统治者角色中的每一个都被恺撒的气息和冲动所提升，而且每一个都在他那里获得了成熟和实现。其他人已经准备好了土地，其他人已经播种和浇灌；圆满的时代已经到来，弗里德里希二世被选中来收获几个世纪的成果。只有一个统治者形象，与其说是靠魔法，不如说是靠武力而重新召唤出来的。谄媚的诗人曾唱道："在罗马，你是恺撒！"科尔泰诺瓦大捷似乎可能使这一愿景得到实现：这场胜利是通往意大利的大门的钥匙，那是恺撒的土地，而不仅仅是各省份——西西里、日耳曼、叙利亚。弗里德里希二世在给罗马人的信中说，他希望能再次看到拉丁姆的边界，并在恺撒的故乡（帝国的发源地）成为恺撒：这对他自己和世界来说，都是最终的实现。

ROMA CAPUT MUNDI（罗马是世界之首）！这句古老的话就像一个挑战一样，出现在弗里德里希二世的印章上。如果这句话像古代皇帝声称自己是大卫的继承人一样当真得到实现；如果弗里德里希二世是意大利的皇帝，并在罗马再次成为恺撒兼最高大祭司①；如果罗马不是精神上的、超验的意义，而是在清醒的事实中成为意大利和罗马帝国的首都，那么在宣言中经常提到的恺撒的帝国就再次变得切实可行，帝国也得到了与时代相称的政治上的完善。因为"罗马作为世界之首，掌控整个世界"是当时人们认为理所当然的观点；而一位在罗马城庆祝胜利的皇帝，将以某种神秘的方式成为西方所有国度的主人。罗马也是通往末世之前的和平帝国的钥匙：在人间重现奥古斯都时代的人，必须在罗马统治，并根据罗马法审判世界间的各民族。人们期望世界的救赎从罗马法中来，在所有国家出自同一个正义女神："有了古代的法律，大地将会得到修复，焕然一新（legibus antiquis totus reparabitur orbis）。"这种希望由来已久，"诗魁"曾为他的主公巴巴罗萨唱过类似的歌。近期，另一位诗人向弗里德里希二世皇帝承诺，一部帝国法律汇编将使他成为"世界的疗愈者"（orbis terrarum salutifer）。毫无疑问，罗马复兴的理念在任何时候都会被这种关于救赎的猜测激发；但现在它们都被最终吞没在世界末日即将到来的信念中，这种信念如此彻底地支配着这个时代。一切都在紧张地回到相同的起源，即教会和帝国的起源。人们期待

① 最高大祭司（Pontifex maximus）是古罗马祭司团的最高阶祭司。这是古罗马宗教中最重要的职位，原先只允许贵族担任，直到公元前254年才出现第一位平民出身的最高大祭司。在共和国早期，最高大祭司是严格意义上的宗教职位，后来逐渐政治化，直到奥古斯都将其与帝位融合。从此罗马皇帝身兼最高大祭司之职。拉丁文中 Pontifex 的字面意思是"造桥者"，可能是因为造桥者在罗马相当重要，罗马主要的桥梁都建在神圣的台伯河上，只有德高望重的宗教权威才有神圣的资格用人造机械物"打扰"台伯河。但是"造桥者"也具有象征意义：大祭司是搭起凡人与神之间桥梁的人。不过，Pontifex 也可能源于失传的伊特鲁里亚语言和宗教。Pontifex 一词后来被用于描述基督教的主教，而 Pontifex maximus 在天主教会内被用来指代教宗。

的和平君王、正义皇帝和恺撒·奥古斯都的复兴者，说到底没有根本的不同。

"他的心在跳动，没有其他目的，只想成为整个世界的主宰……"布鲁内托·拉蒂尼后来如此写道。弗里德里希二世的同时代人也发出类似的喃喃低语。但弗里德里希二世所梦想的世界统治并不意味着对邻国统治者的威胁："在帝国福运的巅峰，满怀最高的幸福，满足于自己的命运，我不羡慕任何人……"因为这位施陶芬皇帝的罗马世界统治不是在高卢或西班牙、埃及或波兰的战场上赢得的，而是在罗马。弗里德里希二世把他所有的计划都集中在罗马。现代人心目中的有机的成长是以离心方式进行的，其不断扩大的圆圈在实际空间中越伸越远。相比之下，这位最后的施陶芬皇帝在登上世界统治巅峰的过程中，将他的向心圈越画越窄，越画越近。他的使命是深入罗马帝国的精神的最深处，正如他的职务所授予他的权力那样，将帝国凝聚在其中心。因此，随着他权力的增加，他必须避免在远方分散自己力量的危险，而必须将全部力量集中在中心点。最终的结果当然是一种难以忍受的压力，这种压力永远不能对外释放，而是在中央越来越强烈：弗里德里希二世是历史上唯一一个不以扩张，而以浓缩为目标的世界统治者。但丁以一种类似的方式将整个宇宙集中到一点，但丁的三个王国（地狱、炼狱、天国）的系统都指向了这样一条从最外层到最内和最高层的生命之路，就像时间一样。

科尔泰诺瓦大捷使得帝国的广阔空间对弗里德里希二世关闭了。虽然他经常试图再次冲出意大利，但他从未离开过这个半岛。意大利完全吞噬了他。但科尔泰诺瓦大捷也是他的恺撒身份的开始，是他从大国的立法者向小规模军队统帅蜕变的开始，是他的人生路——从世界帝国的精神空间回到意大利的核心、"众省之省"、万城之城——的反映。在科尔泰诺瓦战役本身和胜利后的凯旋中，弗里德里希二世铭记着古罗马和恺撒们的习俗。他的头衔——Victor Felix Triumphator（幸运的胜利者与凯旋者）——现在听起来更真实，更响亮。它不再仅仅是一种思想的象征；它是对其实现的宣示。现在帝国文书官衙大肆使用恺撒的头衔。"恺撒的帝国"是一个古老的表述。按照现在的说法，恺撒的剑屡战屡胜；恺撒的大旗、罗马鹰旗和恺撒的军队都是光荣的、战无不胜的。这一大堆嘹亮的形容词不同于所有的惯例，它就像"永不熄灭的意志"一样，以实际行动唤醒了罗马恺撒们的新生命。要问科尔泰诺瓦大捷能否与古代恺撒们的胜利相媲美，那是空谈。因为活生生的事件——行动、姿态和场景——完全以古罗马的含义得到了诠释（人们希望看到恺撒，也能够看到恺撒），并将真正的恺撒氛围带入了这个时代，这比连篇累牍、所涉甚多的学术论著能做到的还要多。

"恺撒"一词的内涵是奇特的：其中当然包括名望、荣耀、胜利；但也有作为恺撒之职能的复仇（这种理念可能源于罗马法），还有他们的仇恨、野蛮、狮子的愤怒、他们的力量和激情、他们不屈的意志。维尼亚在科尔泰诺瓦的捷报中写道，"河流般的血染红了恺撒的剑"，并讲述了"恺撒如何身先士卒，勇猛冲锋"。皇帝将再一次向世人展示"奥古斯都如何对敌人下手，恺撒如何用钢铁复仇"。"复仇者奥古斯都"，这是恺撒们的一个辉煌形象，怒不可遏，令人恐惧。弗里德里希二世主要向敌人展示了这一形象，而且在整个文艺复兴时期，这一形象仍然是生动鲜明的。

人们确实也曾将更早期的（神圣罗马）皇帝与恺撒们相提并论。但现在，弗里德里希二世开始以一种新的姿态，以恺撒们为标杆来衡量自己的个人品质。当弗里德里希二世从帝国的监狱中释放了一位他深恶痛绝的枢机主教时，他对全世界这样写道："你们可以翻开恺撒们的历史，搜寻古代编年史和年鉴中描述的无比伟大的事迹，你们可以浏览个别皇帝的行为，但最勤奋的探索者也不会找到能够与我相媲美的温柔的慷慨。是上帝赐予我这种慷慨。"像其他许多专制君主一样，他坚信自己宅心仁厚。在那封著名的对被推翻的亨利国王的哀悼信中，弗里德里希二世将自己摆到了与恺撒同等的位置上。他用大卫和恺撒，即《圣经》和罗马的原型，为哀悼的父亲的眼泪辩护："我不是第一个，也不会是最后一个在犯罪的儿子手下受到伤害，却仍然在儿子坟墓前哭泣的父亲。大卫为他的头生子押沙龙哀悼了三天；杰出的尤利乌斯，即第一位恺撒，看到他的女婿庞培的骨灰，既不逃避责任，也不吝惜父爱的眼泪，尽管庞培曾试图攻击并夺走岳父的生命。"这几乎是一种全新的看待过去的方式：当行动中的人在崇高的名字背后被召唤出来时，伟大的人物又活了过来。

弗里德里希二世摆出的姿态和帝国文书官衙所描绘的图景，远近的人们很快就理解了。时代已经成熟，人们愿意看到皇帝将自己比作罗马恺撒，尽管事实上，他们梦想中的僵硬的、空洞的罗马人与弗里德里希二世这位活生生的恺撒相去甚远，就像古典主义与拿破仑一样遥远。但鬼魂又尝到了鲜血，弗里德里希二世在恺撒们的英雄队伍中占据了一席之地。诗人、编年史家和作家们开始将弗里德里希二世与恺撒和奥古斯都比较，寻找相似之处。一位诗人明确地回顾了那位内战中的胜利者，并这样赞美弗里德里希二世："当叛乱的人民向你挑战时，你比尤利乌斯更伟大。"人们引用卢坎①的诗句，将弗里德里希二世对待士兵的方式与恺撒比较。不久之后，佛罗伦萨的一位历史学家写道："从第一任皇帝尤利乌斯·恺撒②（起初被称为盖乌斯·尤利乌斯）到强大的主宰者、无比睿智的弗里德里希二世，梅林和西比尔女预言家预言过他……"曾用于歌颂古代皇帝的所有的形容词和所有的最高级赞誉之词，如今都被放在了施陶芬皇帝身上。他与皮耶罗·德拉·维尼亚的关系被比作奥古斯都与维吉尔的关系，或狄奥多里克大王与卡西奥多鲁斯的关系。有人参考维吉尔的一首诗写下了这样的颂词："与朱庇特一起，恺撒引领着帝国。"这位诗人以恺撒的名字作为主题，用乏味的短语无休止地重复这种类型的诗节。

> 世上无人比恺撒更伟大，
>
> Nullus in mundo Caesare grandior.
>
> 太阳底下无人比恺撒更强……
>
> Nullus sub sole Caesare fortior...

　　如果说弗里德里希二世有可能在古代世界的废墟上和正在觉醒的新知识界中摆出恺撒的姿态，那么罗马本身和像皇帝一

---

① 卢坎，全名马尔库斯·安奈乌斯·卢坎努斯（39—65），他的未完成史诗《法萨利亚》描述恺撒与庞培之间的内战，被誉为是维吉尔的《埃涅阿斯》之后最伟大的拉丁文史诗。

② 严格地讲，尤利乌斯-恺撒并非皇帝（Imperator），但他享有 Imperator（在那个时候是凯旋将军的意思）的称号。

样渴望复兴旧日辉煌的罗马人，就更有可能接受这位新的恺撒了。弗里德里希二世曾写道，在罗马附近，幸运女神①对恺撒的欢呼比在其他任何地方都更热烈。帝国军队或者说罗马军队在科尔泰诺瓦的胜利使罗马变得近在咫尺，罗马向凯旋者承诺了克雷莫纳这样的城市无法给出的热烈回应。弗里德里希二世可以在向罗马人宣扬自己的恺撒身份时发出更饱满的音符，歌颂他和他们的声音可以更加嘹亮地响起。把恺撒带回其发源地即罗马的时机还没有完全到来，但弗里德里希二世现在就可以做一些工作，将自己凯旋的若干光辉转移到罗马（皇帝凯旋式的故乡），作为未来荣耀的预兆。为了使他的古罗马凯旋式的姿态更加丰富和真实，他在大捷后不久就向罗马元老院和人民送去了米兰的军旗战车，还有缴获的旗帜、军旗和号角，就像胜利的恺撒按照罗马皇帝的方式放在罗马脚下的"最高战利品"（spolia opima）②。一封庄严而华丽的信伴随着这些战利品而来。

　　我们的祖先通过凯旋式的荣耀来增进这座城市［罗马］的光辉。全能的理性（帝王也必须服从它的命令）和自然，使我在胜利的日子里有责任增进这座城市的荣

---

① 即古罗马神话中的福尔图娜（Fortuna）女神。Fortuna 一词源自 Ferre，意为"多产""增殖"。福尔图娜最初是丰收女神，以及母亲和妇女的保护神，后演变为幸福和机运女神、成功女神。她的形象为一个少女，手握聚宝角，正在撒落金币，有时蒙着双目，站在象征祸福无常的球体和车轮上。她的形象常出现在钱币、印章、辟邪物和各种艺术品上。

② 最高战利品（Spolia opima）：在古罗马，一位凯旋将军能够获得的最崇高荣誉，就是在卡比托利欧山的至善至伟朱庇特神庙奉献缴获自敌人之手的盔甲与兵器。获得此荣誉的唯一办法是与敌军统帅单挑并将其杀死。这种荣誉很少有人获得。

耀。我仁慈地，用充满尊严的言辞，承认我有这样的责任。诸位请听，如果凯旋式的起源不可避免地被追溯到自然，我就必须首先提升这座城市——我过去认为它是我的权力的源头——的荣耀，然后才有可能提升我的帝国的荣耀……

如果我在恺撒们光辉的照耀下，竟能容忍罗马人不享有罗马胜利的喜悦，我的愿望就真的与理性相去甚远……我在以罗马之名的战斗呐喊声中打败了背叛罗马帝国的叛军，而如果我要从你们手中剥夺以你们的名义进行的事业的成果，我的愿望就真的与理性南辕北辙……如果我不能把我的功绩的光辉与荣耀带回皇城（这座城市曾送我去德意志攀登帝国的高峰，就像母亲送她的儿子），我的愿望就真的与理性背道而驰……我把我后来在有利条件下取得的任何成就都归功于你们。我在我最辉煌的成功的名望中再次转向这座城市，而我还是个孩子的时候就带着对未知命运的焦虑离开了它。

我提醒诸君回忆古代的恺撒们，罗马元老院与人民将凯旋式和桂冠颁发给他们，以表彰他们在胜利的旗帜下所成就的辉煌战绩。我通过我现在作出的杰出榜样，为你们的愿望开辟了道路。因为在战胜米兰（它肯定是意大利分裂与不和的罪魁祸首）之后，我给你们送去了该城的军旗战车，作为战胜敌人的战利品和胜利的奖品，并向你们送去我的伟大事业和荣耀的凭证，以便在我看到我的罗马帝国的所在地意大利恢复和平之后，安全地完成所有剩下的任务。

因此，罗马人啊，请怀着感激的心情接受你们皇帝的胜利！最美好的希望可能会向你们微笑，因为我喜欢遵循古老的神圣仪式，但我更热衷于恢复罗马城古老的高贵……

弗里德里希二世打算通过凯旋式和他自己的榜样，在当代罗马重新唤醒古罗马精神。我们可以从伴随凯旋赠礼的"正义的恺撒·奥古斯都"的诗句中了解到这一点。

城市啊，愿你铭记早先的胜利
那是诸王、战争中的领袖，以前为你注定的。

仍然以其古老声誉为养料的万城之城，对这位新恺撒的要求做出了回应：罗马人带着被缴获的战车庄严地游行（此前，为了羞辱米兰，战车被拖到战战兢兢的意大利诸城市展示，由一队骡子而不是它自己的白牛拖曳）。根据罗马元老院的指示，这件战利品在人民的欢呼中被护送到卡比托利欧山。在那里，战车被摆在五根大理石柱子上展示。然后罗马人用大理石雕刻了一件浮雕，描绘了这一胜利的象征。浮雕上的铭文用许多对句来歌颂皇帝和他对罗马的爱，正是这种爱促使他把战利品送到了罗马城。

不仅对弗里德里希二世本人，而且对整个时代来说，这场凯旋式都带来了一个新元素：弗里德里希二世的古罗马风格的凯旋式已经预示着文艺复兴的到来，也预示着对 Trionfi（凯旋式）的渴望、对桂冠的渴望、对个人名声的渴望、对英雄不朽的渴望。弗里德里希二世已经在耶路撒冷举办了一次凯旋式（耶路撒冷是他的基督教王权的源头），但那次东方的凯旋式是献给上帝的（而不是献给教会的，这让教会很生气）。那是神秘的"基督的荣耀"（Glorie in Christo），"与其说是靠英勇，不如说是靠奇迹完成的"。而弗里德里希二世的新凯旋式只颂扬罗马皇帝、恺撒以及他本人为胜利者。皮耶罗·德拉·维尼亚在写给教宗和基督教君主的捷报中，试图把此次胜利提升到奇迹的境界：在卡比托利欧山（基督徒认为它是多神教魔鬼的居所）举行的凯旋式、庆祝胜利的活动本身，缺乏基督教的神圣性，不再为上帝的永恒荣耀服务，而是为一个凡人的永恒名声服务，尽管他的确几乎把自己视为半神。但如果没有持续不断的更新，凡人的荣耀就会褪色，所以自此，弗里德里希二世对名声的渴求越来越强烈。在这些战斗的岁月中，他曾写道："愿奥古斯都的力量不会缺少新的胜利的机会！"对他的臣民来说，战斗是为了结束他们的负担，而"对我来说，（战斗是为了带来）最高的胜利……"对他的臣民来说，胜利是为了带来他们渴望的安宁，而"对我来说，（战斗是为了带来）胜利的花环"。为了"青史留名"，弗里德里希二世此时考虑重建富基纳湖（Fucinersee）的水渠（克劳狄皇帝的工程）。为了"永恒和不朽的记忆"，弗里德里希二世还命人为他雕刻了一尊独立的立体石像，以装饰卡普阿桥的大门；而颂扬皇帝胜利的浮雕使整个门具有凯旋门（Porta Triumphalis）的特征。皇帝如此重视易腐的肉体，如此无耻地向它致敬，这在中世纪是独一无二的。

这种恺撒姿态无疑出自皇帝个人的任性，并自有其意义。但在政治家身上，最私人的行为也有政治目的。巴巴罗萨——时隔多年第一位有效干预意大利事务的德意志皇帝，发现自己不得不以罗马法为后盾，铿锵有力地重申自己作为恺撒的尊严，因为德意志的封建王权虽然能满足奥托皇朝和萨利安皇朝的要求，在意大利却不再有分量。意大利如此，罗马更是如此。一位枢机主教在施陶芬时代后期写道，企图统治罗马人的人必须向他们展示"杰出的成就、振聋发聩的言辞与令人战栗的举措"（et gestus magnificos et verba tonantia et facta terribilia）。至少一个多世纪以来，罗马人已经感受到了这种渴望，因为他们重新意识到了自我的存在：这种对慷慨恢宏的姿态和雷霆万钧的话语以及令人敬畏的行为的渴望，被弗里德希二世进一步强化了。对他来说，罗马人是他的帝都的人民，他希望为他们再次建立起世界帝国。此外，在与教宗的斗争中，他也需要罗马人。

1236 年，整个意大利-罗马问题达到了高潮。这一年，弗里德里希二世开始用辞藻华丽的书信向罗马人示好。不过他早就在罗马为自己争取到了一个强大的派系，所以他肯定会得到响应。可能在他与教宗就十字军东征的第一次争吵中，当高等法院法官贝内文托的罗弗雷多不得不在卡比托利欧山宣读皇帝的解释性宣言时，皇帝与罗马人的第一批政治联盟就已经建立。弗里德里希二世把以弗兰吉帕尼家族为首的罗马最强大的贵族家族聚集在自己周围，并通过购买他们在罗马领土上的不动产、再把这些不动产作为封地重新授予他们的方式，使他们成为自己的附庸。这些不动产包括庄园、农场、葡萄园，但最重要的是城内的塔楼和坚固的建筑，其中大部分是古罗马时代的。奥古斯都的陵墓属于科隆纳家族①，斗兽场属于弗兰吉帕

---

① 科隆纳（Colonna）家族是意大利的著名贵族世家，在中世纪和文艺复兴时代很有权势，出过一位教宗（马丁五世）和许多教会与政治领导人。科隆纳家族与罗马的另一个世家——奥尔西尼家族曾长期斗争。

尼家族；提图斯①和君士坦丁的拱门，塞普蒂米乌斯·塞维鲁②的七节楼③，都是很早就被加固的建筑，作为城堡为城市贵族服务。皇帝取得了这一切的所有权，而罗马人对这些交易很满意：虽然他们的永久产权财产变成了封建采邑，但他们仍然享有这些财产，并从皇帝那里得到了不少现金。在未来很长一段时间里，罗马贵族都会向皇帝出售他们的财产，并成为他的附庸。除此之外，弗里德里希二世还将他的西西里王国的若干封地授予了许多罗马贵族：一名弗兰吉帕尼家族成员在贝内文托亲王领地得到了一处封地，波罗的乔瓦尼（Johann von Polo）得到了丰迪（Fondi）伯爵领地，后来又得到了阿尔巴（Alba）。弗里德里希二世很可能还与他的这些追随者的家族结为了姻亲。据说安条克的弗里德里希的妻子就出身于波罗家族。还有一些罗马人从皇帝那里定期领取年金，并享有一种罕见的特权：在西西里从事贸易时免税。

因此，皇帝在罗马城内的支持者绝不是无足轻重的。皇帝

---

① 提图斯（39—81）是罗马皇帝（在位：79~81）。他以主将的身份，在70年攻破耶路撒冷，摧毁第二圣殿，大体上终结了犹太战争。他经历了三次严重灾害：79年的维苏威火山爆发、80年的罗马大火与瘟疫。他是一位在当时普遍受到人民爱戴的有作为的皇帝。

② 塞普蒂米乌斯·塞维鲁（145—211）是罗马皇帝（在位：193~211）。他在康茂德皇帝死后天下大乱的环境里夺取帝位，建立塞维鲁皇朝。他远征帕提亚帝国，取得辉煌胜利，占领其都城泰西封，大大扩张了罗马帝国的东部疆土。他还曾远征不列颠，加强了哈德良长城的防御。

③ 七节楼（Septizonium）是塞普蒂米乌斯·塞维鲁皇帝于203年在罗马建造的一座装饰性建筑，可能得名自七大天体（土星、太阳、月亮、火星、水星、木星、金星）或因为它原本由七个部分组成。到8世纪，七节楼已半壁倾颓，成为中世纪罗马城诸多的贵族要塞之一的一部分，在12~13世纪由弗兰吉帕尼家族掌控。1241年教宗格列高利九世去世后长达2个月的艰难选举就是在七节楼进行的，详见下文。1588年，教宗西克斯图斯五世命令拆除七节楼，其石料被用于其他建筑。

曾不得不以教宗的名义在战场上与罗马人作战，这让他感到很不安。这当然是一种两面派的游戏，目的是暂时在德意志获得安宁。但罗马人对教宗的憎恨促使他们重新投入弗里德里希二世的怀抱。在他针对罗马人的战役结束一年后，亲帝国的派系在罗马再次占据上风。不管是自发地想要讨好弗里德里希二世，还是在他的直接唆使下，罗马贵族都在皇帝与教宗之间的伦巴第问题变得尖锐的时候煽动民众去反对教宗。1236 年，又有一位亲皇帝的元老当选，于是弗里德里希二世现在把他的信送到了这个亲帝国的罗马城。因此，教宗格列高利九世抱怨说，皇帝为了挑起纷争而一掷千金。这抱怨并非没有道理。弗里德里希二世的答复是，恰恰相反，在任命亲帝国的元老之后，而不是之前，罗马才处于和平状态。

一个惊人的事实是，在伦巴第，面对革命的反权威的冲动，弗里德里希二世选择用火和剑与之斗争；然而当同样的冲动出现在罗马时，却得到了他的支持，并且为他所用。这是因为，在罗马，这一运动是敌视教宗的。此外，伦巴第人对独立的渴望完全是地方主义的，而罗马人渴望获得他们古老的世界统治权。早先的皇帝对他们凭借罗马元老院与人民的授权行使皇权的说法很反感，因此对罗马人民抱有敌意。罗马人邀请康拉德三世让罗马这个世界之都（caput mundi）成为他的首都，并让罗马帝国恢复到君士坦丁和查士丁尼时代的地位，这两位皇帝曾通过罗马元老院与人民来统治世界。康拉德三世对这样的邀请不予理睬。当巴巴罗萨来加冕时，罗马人向他提出了类似的建议，并要求他做出某些保证。巴巴罗萨带着恺撒式的傲慢，并且不乏一丝天真，对罗马人的使者大发雷霆，说元老院和骑士阶层对他来说一文不值。"你们想看看你们罗马的荣耀、你们元老的尊严、你们骑士的勇气和纪律吗？请看我的主宰权！一切权力都在我这边，你们的执政官在我这边，你们的元老院在我这边，你们的军队在我这边！我是合法的主人！让我们看看谁能从赫拉克勒斯的手中抢走钥匙吧！君主向人民发号施令，而不是人民向君主发出命令！"

没有什么能比对罗马的态度更清楚地说明弗里德里希二世和他祖父之间的相似和差异。祖孙两人都有无尽的骄傲和自负，但他们对罗马的态度截然不同，因为这两位皇帝一个是骑士和斗士，另一个是政治家和外交家。弗里德里希二世丝毫不否认，神圣的皇帝位置是罗马元老院和人民授予他的。他喜欢回忆说，是罗马人自己选择了他，是罗马人推举了当年那个17岁的少年为皇帝，而当时这个少年"正在对晦暗不明命运的焦虑中向德意志进发，以攀登帝国的高峰"。他不厌其烦地解释说，罗马人根据"君王之法"（lex regia），把元首的所有职位和身份都委托给了他。他绝没有从这里推导出罗马人拥有反对他的特殊权利。他得出的推论是，那些自发赋予他皇帝身份的罗马人，从此有义务充分支持他们的国王和恺撒、他们的骑士和皇帝、他们自己选择的元首和"帝国之父"（pater imperii）。他给他们的奖励是允许他们分享皇帝的威名和胜利，他们在凯旋者（弗里德里希二世）送来的战利品中已经得到了这种奖励的样本。"将所有权力和财产授予罗马元首的幸福的罗马女神（Felix Roma）必须站在他身边，分担负担和劳苦，也必然会分享到她自己帮助他获得的荣誉。"

就这样，弗里德里希二世让罗马人分担了他的责任——保障其帝国的伟大和永久，而且他心中还有另一个想法。他承诺会实现罗马人古老的梦想：复兴古罗马的权力。他的恺撒头衔对他来说意义重大，古典形式和仪式的复兴也是如此，然而"尽管我们乐意遵循古老的仪式，但我们更热切地寻求恢复罗马城古老的高贵"。对于这些话，人们必须从字面上进行实事求是的理解。对弗里德里希二世来说，复兴（Renovatio）的古老理念与其说是指头衔和仪式的复古，不如说是指罗马人本身的再生，即罗马人民和罗马贵族应当再次有资格统治一个帝国。也就是说，必须再造"罗马人"。弗里德里希二世不可能单枪匹马地实现罗马和帝国的重生，不可能独自唤醒一个古代意义上的罗马国家。他需要罗马贵族的合作，这些贵族与古罗马的费边家族（Fabii）、科尔内利乌斯家族（Cornelii）和图利乌斯家族（Tullii）的相似性至少和他本人与奥古斯都和恺撒的相似性一样高。在这一点上，他也给了罗马人一个榜样："我通过我自己的例子，让人们回想起古代的恺撒们！"但这只是他追求的目标的前提条件："在我们幸福的时代，罗慕路斯血脉的荣誉可以重现，罗马帝国的言语可以再次被听到，古老的罗马尊严可以重新恢复，并且通过我的恩典在罗马帝国和罗马人民之间建立不可分割的纽带。"为了通过分享对帝国命运的责任来激发罗马人统治和政治的旧有本能，皇帝现在下令将罗马贵族和杰出的罗马市民送到他那里，以便为他们分配各种职务。其中一些人将在皇帝身边担任宫廷职务。他让另一些人负责地区和省份的领导和管理，还有一些人将根据个人的衔级和资质找到不同的职位。他从忠于他的贵族家族——奥尔西尼（Orsini）家族、波利（Poli）家族、弗兰吉帕尼家族和马拉布兰卡（Malabranca）家族中提名一些人担任行省总督，为他服务。

弗里德里希二世攻入伦巴第时抱有怎样的想法，现在已经很清楚了：他筹划的新的泛意大利国家（他已经在扩建这个国家）将由罗慕路斯血统的罗马人统治，各省将由罗马的行省总督管理，就像过去强大的罗马帝国被少数罗马总督掌控一样。"我会尽快执行业已制定的计划：为了罗马城的荣誉和荣耀，杰出的罗马人将主持国家的事务，并在尊严中焕发光彩。"罗马帝国和意大利（"帝国的所在地"）应该属于罗马人，属于罗慕路斯的血脉！这就是弗里德里希二世的复兴（Renovatio）理念。在消灭米兰（"意大利所有纷争的罪魁祸首"）之后，意大利-罗马国家的中心点和力量源泉应该是罗马城本身。一位同时代人这样解释弗里德里希二世的意图：皇帝希望悄悄地在罗马留下他的仁慈和力量的象征，从而使力量和德性能够从世界的头部流入四肢。这意味着旧德意志-罗马帝国的重心将从德意志彻底转移出去。对弗里德里希二世来说，现在更重要的是让古罗马恺撒帝国从源头上获得新的生命：真正的罗马血液应该再次流淌在罗马帝国的血管中。

就这样，弗里德里希二世选择了罗马人去承担伟大的使命。但他们绝不能沉睡，绝不能蹉跎岁月。"醒来！不要睡觉！"这是那些充满热情与力量的呼唤的主旨，也是对古代著名事迹的所有回顾的目的。难得却易守的名望对这些罗马人来说几乎失去了意义，因为他们与自己高贵的本源已经疏远了。皇帝以一种人性化的方式对待他们（除罗马人之外，只有阿普利亚人能得到这样的待遇）：他时而称他们为罗马同胞（Conromani），并回顾了他们在特洛伊的灰烬和废墟中的起源；时而回想起古代的那些伟大名字，并唤起罗马人的大军、罗慕路斯的部落、罗马的元老们（Patres conscripti），以及成千上万的罗马人民；时而劝告他们铭记祖先的胜利和荣耀、胜利者的桂冠，帝国的古老法西斯①，即执法者的束棒。对他来说，罗马不仅仅是他的帝王头衔的来源。恺撒们的罗马，就像教会本身一样，也是他的精神母亲。他是罗马的儿子。弗里德里希二世在科尔泰诺瓦大捷后的这几周内得了一个儿子，"在一颗幸运的星星下被孕育，他的出生被这样的胜利所预示"。全世界都得知了这一吉祥事件。这个襁褓中的国王得到赞颂，说他"保证了人们渴望的和平与正义的力量，和平与正义将在象征法律与秩序的古老法西斯束棒下重新在帝国中盛行"。

德意志皇帝们古老的复兴梦想就这样在弗里德里希二世身上再次燃烧起来。由于他（施陶芬皇朝的最后一位皇帝）想要复苏的不仅仅是罗马的外在形式（这是他的前辈的梦想），还有罗马的生活和罗马人古老的国家生活，他的复兴的末尾便直接过渡到文艺复兴：从古代国家的复兴中，意大利被引向古人的重生。罗马将成为一个统一意大利的首都，而意大利本身则是罗马帝国的中心：诚然，弗里德里希二世只是部分实现了这个梦想，但这一愿景从未褪色，因为但丁将其发扬光大并赋予其灵魂。但丁还将皇帝的统一的意大利（Italia Una）设想为罗马帝国的中心、众省之省，但并非仅仅是恺撒的国度，而是一个属于全民族的意大利。弗里德里希二世曾试图唤醒死去的罗马人，但丁却试图唤醒活着的意大利人民，弗里德里希二世在 10 年的时间里一直在强行将意大利人民与他的意大利帝国融为一体。这就是弗里德里希二世与教廷的巨大分歧的原

---

① 束棒（fasces），音译"法西斯"，在古罗马是权力和威信的标志。束棒是一根斧头，被多根绑在一起的木棍围绕着。在官方场合下，高级官员的卫兵在他的前面持束棒来代表该官员的级别和权利。按官员级别的不同，束棒的数量也不等。

因，教廷也希望统治一个统一的意大利，并一直怀揣这个梦想，直到博吉亚和美第奇教宗的时期。

弗里德里希二世不满足于为自己争取到恺撒的罗马，他还想赢得教宗的罗马，因此他让格列高利九世始终惴惴不安。自从皇帝取得科尔泰诺瓦大捷之后，教宗的处境几乎完全绝望。他刚回到罗马不久，弗里德里希二世就毫不掩饰地打算攻占罗马（教宗的主教座堂所在地），接着是罗马贵族的阴谋，这对教宗的打击很大。此外，弗里德里希二世向罗马人发表的胜利宣言的最后一句话包含了对教廷的威胁，这一点再清楚不过了。他写道：罗马人应该提防那些看到皇帝的胜利就眼红并企图摧毁战利品的人；罗马人应该小心翼翼地保护皇帝的礼物，如果有必要的话，可以实施他们的"平民之法"（Lex plebiscita）。该法规定，在这种情况下可以对罪人判处死刑！最后，弗里德里希二世在一份激动人心的宣言中（该宣言的副本被寄给了教宗），将他对格列高利九世的门客伦巴第人的胜利解释为上帝对撒旦的胜利！这还不是全部。弗里德里希二世是一个危险的敌人，他善于捕捉教廷的弱点。他为教廷的各路敌人构建了集结点，并能在那些与格列高利九世关系最密切的人中，也就是在罗马枢机主教团中找到支持。

当时的人们就把枢机主教与教宗之间的关系恰当地比作德意志诸侯与皇帝之间的关系：皇帝是由诸侯选出来的，教宗是由枢机主教选出来的；罗马主教（即教宗）在某些问题上受到枢机主教的商议（consilium）和共识（consensus）的约束，就像皇帝在某些情况下受到诸侯的建议和同意的制约。同样，在罗马教廷中，教宗是更专制地统治还是更依靠共识，完全取决于当时在位的教宗的个性；而枢机主教们有时会抵制恺撒式教宗的过分要求，就像诸侯有时反对皇帝一样。

教宗格列高利九世是伟大的英诺森三世的亲戚和弟子，是一个彻头彻尾的专制主义者。为了保证枢机主教团对自己俯首帖耳，他在就职后立即提名了六名新的枢机主教，他知道这些人完全忠于他，并准备一致地支持他的政策。但有一些关心教会福祉的枢机主教认识到两股势力（教廷与帝国）的和平合作是必要的，因此很早就开始批评格列高利九世对弗里德里希二世的过度敌意。皇帝始终对教廷的局势了如指掌。教宗最喜欢的手段是怂恿德意志诸侯反对皇帝，弗里德里希二世以其人之道还治其人之身，巧妙地将一根楔子插入教廷自己都看不见的裂缝。皇帝不时地表示怀疑教宗的举措是否得到了枢机主教们的同意，试图将他们与他们的主公对立起来，并逐渐取得成功。随着他与格列高利九世的关系因为伦巴第战争的缘故而日益恶化，弗里德里希二世开始越来越多地利用枢机主教们，甚至绕过教宗，与他们直接沟通。在一次关于某个意大利城市归属问题的争吵中，皇帝指责教宗不顾几乎所有枢机主教的建议，拒绝将这个地方归还帝国。皇帝还直接向枢机主教们抱怨教宗使节在伦巴第的活动。英格兰国王也给个别枢机主教写信，帮皇帝说话。皇帝在军事上的成功导致教廷内部发生了最终的分裂：局势明显对教宗不利，大多数枢机主教焦虑而恐惧地看到，他们主公的冒险政策有可能使教会陷入危局。即便没有弗里德里希二世的拉拢，枢机主教当中寻求尽可能与皇帝和解的主和派的人数也增加了。例如，枢机主教乔瓦尼·科隆纳向一位逗留在英格兰的枢机主教抱怨道，教会"太猛烈地、太不加思索地"投身于洪流之中……枢机主教们和其他人的不满没有得到教宗的重视……和平的倡导被回绝了，枢机主教团分裂了，而他，这位写信人，在试图恢复秩序时遭到了无耻的背叛，茕茕孑立……

罗马教廷内盛行的情绪对教宗来说是危险的。他的政策受到"教会的支柱"（枢机主教们）的谴责，很快就又遭到了公开的极其激烈的反对。当弗里德里希二世将象征着教宗失败的战利品——米兰军旗战车送到罗马人手中时，罗马教会的许多枢机主教与罗马元老院和人民一起，护送军旗战车到卡比托利欧山，举行庆祝游行。格列高利九世曾竭尽全力阻止战车入城。枢机主教们出席了皇帝战利品的安放仪式，从而在某种程度上为这场古罗马式的胜利庆典提供了教会的祝福。心怀不满的枢机主教们和沉醉于凯旋者送来的礼物的罗马人抛弃了教宗，他突然在罗马成了孤家寡人，"悲痛至极"。皇帝已经公开宣布，"在首先平定了我们的帝国所在地意大利"之后，将确立罗马为帝国和意大利的首都。在皇帝最近的胜利之后，对意大利的平定（或征服）肯定不会太远了。教宗的政策自始至终都是阻碍皇帝的这个目标，而现在教宗几乎不可能做到了。但这位勇敢无畏、简直胆大包天的老人并没有感到绝望，而是在他人生的最后几年里达到了一种几乎令人毛骨悚然的宏伟境界。机会可能还会再来，皇帝可能会失足跌倒。教宗等待着，准备用剑和禁令发动反击，以冲破皇帝的包围圈。

皇帝打败伦巴第军队之后，伦巴第联盟实际上是解散了。弗里德里希二世在克雷莫纳举行凯旋式的 10 天后，他就得以进入洛迪。稍晚的 1238 年 1 月，他在帕维亚的一次会议上得到了维杰瓦诺（Vigevano）的臣服。不久之后，诺瓦拉

（Novara）和韦尔切利（Vercelli）也臣服了。2月，他进入皮埃蒙特。在都灵，他召开了第二次会议，这些地区的贵族向他宣誓效忠，还有萨伏依、蒙费拉等。随后，萨沃纳（Savona）、阿尔本加（Albenga）和利古里亚海岸的其他城市也被帝国军占领，因此伦巴第西部、波河上游地区现在都臣服于皇帝了。胜利的影响立即向南扩散。帝国使节格布哈德·冯·阿恩施泰因与佛罗伦萨达成了一项协议：佛罗伦萨人解雇了他们的米兰籍督政官，取而代之的是罗马人安杰洛·马拉布兰卡，他是弗里德里希二世指定担任帝国要职的封疆大吏之一。于是，弗里德里希二世稳稳掌控了托斯卡纳。一位编年史家在类似的场合写道："就像新的水流入干涸的河床，于是所有的鱼都开始复苏一样，各处的皇帝支持者都重新变得精神抖擞……"弗里德里希二世的军事胜利在整个意大利都有强大的威慑力，也颇为振奋人心。

但战争还没有结束。皇帝还没有与米兰达成和约。皇帝在科尔泰诺瓦大捷之后的举止没有使这座城市崩溃，反而使其抵抗力量更加顽强。弗里德里希二世认为，胜利者不应该屈尊与反叛者谈判，而反叛者必须无条件投降。由于这种态度，再加上他对米兰深恶痛绝，他把所有的政治权宜之计都抛到了脑后。皇帝确实打败了米兰军队，兵败之后米兰本身也确实发生了严重的骚乱：持异端思想的乌合之众冲进教堂，玷污了祭坛，把十字架倒挂起来……但米兰的力量核心，那座坚不可摧的城市，却毫发未伤。为了和平，米兰愿意接受有条件投降：应皇帝的要求，米兰人立即把洛迪交给了皇帝，并表示愿意接受一名帝国将领的监督、交付人质，并准备承担其他义务。但弗里德里希二世似乎驳回了米兰的所有提议，并顽固地要求对方无条件投降：失败者必须把自己和他们的城市无条件地置于他的发落之下。他向米兰人发出了模棱两可的训示：他只做他必须做的事。

作为法官的皇帝会对米兰施加何种惩罚，这是我们猜不到的。至于其他投降的城镇，弗里德里希二世基本上都饶恕了，这显示了他的帝王式宽容。但他特别憎恨的米兰能否指望得到宽恕，这就难说了。米兰人不会冒这个险。他们记得巴巴罗萨是如何摧毁他们的城市的，并准确地判断等到万不得已的时候再签订无条件的和约也不迟，于是拒绝了皇帝的要求。米兰人指示信使告诉皇帝，"他们的智慧因经验而变得敏锐，他们害怕皇帝的野蛮"。对自己的力量和坚固城墙的信心，使这座城市得以成功地独自对抗春风得意的皇帝。另外五座城市，即伦巴第联盟的余部——伦巴第地区的亚历山德里亚（Alessandria）、布雷西亚和皮亚琴察，以及罗马涅地区的博洛尼亚和法恩扎——效仿了米兰的英雄榜样。战争继续进行，皇帝现在必须逐个战胜这 6 座城市，或者通过强攻占领它们。考虑到当时的攻城技术水平，这个任务很困难，不过也不是不可能，如果弗里德里希二世只需要与这些城市打交道的话。

从理智的政治角度无法解释，是什么促使皇帝对米兰如此严厉，以至于他不满足于仅仅羞辱该城，尤其是他知道他最危险的敌人其实在罗马。如果米兰臣服于他，不管按照什么条件臣服，那么整个意大利都会是他的，而教宗在事实上就只是罗马主教。但是，对叛乱者的仇恨，特别是对米兰的仇恨，再加上行使正义的法官的无情的严厉，以及胜利者的狂傲（他自认为是天意的工具）：这些可能都促成了皇帝的态度。此外，他有充分的理由去期望，一场新的军事胜利将打破剩余 6 座城市的抵抗。如果帝国军队能再次胜利，皇帝就不必再害怕教宗了，因为教宗只有在与伦巴第人合作时才是危险的。

弗里德里希二世立即着手为新的战役进行史无前例的准备。为了惩治少数叛乱的城市，他动员了整个世界。弗里德里希二世甚至向友好的外国君主请求援助，理由是伦巴第人正在攻击和危害的不是弗里德里希二世本人，而是整个君主制的原则。桀骜不驯的贵族造反是司空见惯的事情，但皇帝在市民阶层寻求独立的叛乱中看到了更严重的威胁。他在给法兰西国王的信中写道："这件事关系到您和世界上所有的国王。因此，请睁大你们敏锐的眼睛，请竖起耳朵，认真考虑，如果罗马帝国因这种叛乱而遭受损失，那么会给所有渴望摆脱统治者枷锁的人带来怎样的鼓励。"对弗里德里希二世来说，伦巴第人不是普通的叛乱者：他从他们的顽抗中嗅到了一种敌视君主制和君主威严的原则，其中包含着异端邪说，"所有统治者应当共同打击和消灭"这些异端邪说。市民阶层的这种思想、这种对"令〔君主们〕憎恶的自由"的渴望，目前还仅限于意大利，而一旦它充斥了整个世界，将酿成何等的灾祸！所有君主都必须肩并肩地履行互助的义务，以对抗这种颠覆国家的叛乱分子。因此，皇帝之所以要求国王们支援，不是因为他自己太弱，而是为了"当他们看到各国的王家军队增援帝国军队时，各地的叛乱臣民都会陷入恐惧，并感到在类似的情况下，帝国也会出手帮助各国君主"。皇帝在给匈牙利国王贝拉四世的信中写道："因此，如果帝国军队得到国王们的力量的支持，如果若干结盟的君主自愿团结在一起相互帮助，那么一切造反和阴谋的冲动就会在臣民中销声匿迹。这些造反和阴谋在意大利各地如此严重地滋长，以至于叛乱者虽然没能把我的力量连根拔起，却把他们的恶劣榜样传播到了最遥远的地区，尤其是在我的邻国！"

我们不能说弗里德里希二世未能理解伦巴第叛乱的深层意义。正是因为他充分认识到了危险，所以他一直在寻求通过贵族和教士的天然联盟来建立一座壁垒，阻挠"第三等级"的崛起。因此，他始终强调他与君主制、贵族制的教会的利益共同体。但他没能成功地实现帝国与教廷的团结，这种团结只存在于信件和说辞中。为了对付君主制原则受到的威胁，弗里德里希二世现在不得不求助于欧洲的世俗统治者，而不是教会。他试图将世界上所有的君主联合起来，促使他们在帝国的领导下结成联盟，并争取他们对国家和正义的悖逆者发动一场"十字军东征"。这项事业并不缺乏宗教因素，因为反叛者是在反对上帝想要的世界和平帝国。因此，从某种意义上说，这些反叛者确实是异端。弗里德里希二世顺理成章地重新颁布了先前的反异端法令。君主们结成联盟，对抗那种敌视权威的原则——它最早在思想进步的伦巴第人（阿尔卑斯山脉南麓的"阿勒曼尼人"）中诞生，这构成了历史上第一次为政治目的而进行的世俗的世界性行动：这是反对雅各宾派的君主主义和正统主义联盟的先驱。

弗里德里希二世的警告和要求在各国君主那里得到了回应。他立即得到了一些特别的辅助部队，首先是他在年初召集的帝国本身的部队。西西里和德意志正在武装起来，在都灵、克雷莫纳和维罗纳召开的朝会已经将从勃艮第到特雷维索边疆区的一切力量都动员起来。1238 年春季，康拉德国王率领德意志军队从北方来到维罗纳。到了夏季，一支庞大的军队终于集结完毕，这是弗里德里希二世曾经指挥过的规模最大也最异质的军队。其中有来自西西里的雇佣兵、封建骑士和撒拉森人，康拉德国王的德意志骑士，佛罗伦萨和托斯卡纳的部队，北意大利的贵族骑士，来自帝国控制下的伦巴第、罗马、各边疆区、罗马涅的武士，还有来自亲帝国城市的步兵，以及一支勃艮第骑士的队伍，他们在普罗旺斯伯爵的指挥下，将首次为帝国而战。此外，西欧几乎所有的君主都向皇帝派遣了辅助人员，如英格兰国王、法兰西国王、匈牙利国王贝拉四世和卡斯蒂利亚国王的部队。东方的君主不甘示弱：尼西亚皇帝约翰三世·瓦塔泽斯派出了他的希腊人，卡米勒苏丹派遣他的阿拉伯人到意大利，在皇帝的军中作战。紧随这支大军之后的是皇帝宫廷的整支充满异国情调的队伍，以及各种珍奇的野兽。人们说，自从古代竞技场的时代以来，在意大利还没有见过这样的景象。人们还想起了在罗曼司或《圣经》中读过的亚历山大和安条克[①]的战象。

这不是一位罗马统帅的军队（跟随罗马统帅的，应当是训练有素的军团的雷鸣般的脚步声），而是一位世界主宰者（Kosmokrator）的军队，他统领着来自世界各个角落的人和兽。弗里德里希二世首先率领他的大军攻打地势较高的小城布雷西亚，他此时的姿态也许可以与曾经率领多民族讨伐希腊城邦的波斯国王相提并论。皇帝考虑进行围攻，并夸耀他拥有的

---

① 应当是指塞琉古帝国的统治者安条克三世（约前241—前187）。在公元前217年6月22日的拉菲亚（在今天巴勒斯坦的加沙附近）战役中，安条克三世与埃及托勒密王朝的托勒密四世交战。安条克三世投入了103头印度象，托勒密四世投入了73头非洲象。这是史上已知的唯一一场亚洲象与非洲象对抗的战役。根据历史学家波利比乌斯记载，托勒密四世的非洲象无法忍受印度象的气味、声音和形象；更为雄壮的印度象轻松打败了非洲象。但安条克三世输掉了这场战役。

大量攻城器械。此外，他还聘请了西班牙工程师卡拉曼德利努斯（Calamandrinus），此人在建造攻城槌等器械方面具有卓越的创造力。埃泽利诺把他送到了皇帝那里，并且让他戴着镣铐，这样他就不会逃跑。但造化弄人，这个西班牙人落入了布雷西亚人手中。他们热烈欢迎他，给他赠送了住宅和财产，并给他送来一位布雷西亚的新娘。他立即发挥他的聪明才智，为这座被围困的城市服务，对抗皇帝。

所以布雷西亚战役出师不利，皇帝试图改变命运，但徒劳无功。虽然帝国军在布雷西亚附近的小规模战斗取得了成功，虽然个别部队表现得非常英勇（英格兰人表现得尤为突出），但围城战止步不前。帝国军发动了多次进攻都铩羽而归。卡拉曼德利努斯的投射武器非常准确地击中了目标，摧毁了皇帝的攻城器械。为了保护攻城器械，弗里德里希二世命人把布雷西亚俘虏绑在攻城塔上，然后把攻城塔往前推。布雷西亚市民对同胞的生命毫不在意，并以类似的方式报复他们俘虏的帝国军人。野蛮的战斗持续了几个星期。皇帝原指望他的庞大军队能迅速取胜，但在两星期后不得不寻求谈判，但布雷西亚市民拒绝谈判。帝国军营里的牛群中爆发了瘟疫，恶劣的天气和暴雨使行动更加举步维艰。弗里德里希二世的谈判代表——帕尔马的贝尔纳多·奥兰多·迪·罗西（Bernardo Orlando di Rossi）似乎背叛了自己的主人：他不是劝说布雷西亚人投降，而是鼓励他们坚守。经过两个月大量士兵的无谓牺牲，以及最后一次失败的进攻，皇帝终于在 10 月解除了围困。弗里德里希二世遣散了所有的外国辅助人员，只保留了德意志骑士。皇帝精心策划的大规模行动的受挫几乎等同于战败。危机迫在眉睫。

皇帝在前不久的成功让他的朋友勇气大增，而如今他的失败极大地鼓舞了他的敌人。伦巴第人认识到自己的城市是多么牢固，足以抵御强大的敌军，所以他们比以往任何时候都更自信。整个意大利都在屏息等待着这场斗争的结果，而没有人比教宗格列高利九世更关注。只要对布雷西亚的围攻还在进行，他就明智地避免公开站在伦巴第人一边。他甚至对弗里德里希二世摆出和解的姿态，并派方济各会的总会长，即弗里德里希二世的朋友科尔托纳的埃利亚修士（Fra Elia von Cortona）前往皇帝的宫廷，信誓旦旦地说教宗希望与弗里德里希二世达成一致（unus et idem）。但教宗得知布雷西亚围城战的结果之后，立即放弃了之前的克制。之前弗里德里希二世巧妙地煽动了所有反教宗的力量，并将他们聚集在自己身边。格列高利九世现在以牙还牙。帝国军的惨败使教宗摆脱了极不愉快的窘境。尽管他年事已高，但还是表现出了惊人的活力。他必须提供弗里德里希二世的各路敌人此前所缺乏的东西：一个集结点和一个伟大的共同理念。格列高利九世带着炽烈的热情，开始弥补之前的延迟。导火线早已悄悄埋下。教宗对伦巴第异端分子、叛乱者和皇帝之敌的深切同情早就是一个公开的秘密。现在教宗开始按照自己的计划安排伦巴第人的活动。他任命弗里德里希二世最痛恨的敌人——蒙泰隆戈的格列高利（Gregor von Montelongo）为伦巴第的教宗使节。这位高级教士最初是罗马教廷的公证人，并最终成为阿奎莱亚的宗主教。他对战争的了解在当时是无与伦比的，并且他狡猾而足智多谋，精通各种政治阴谋诡计。他通过娴熟的操作，成功地联合了伦巴第的所有反皇帝的分子，调和了五花八门的利益。他的伟大成就是在意大利建立了一个反对统一皇权的巩固的反对派。各城市和

1237 年科尔泰诺瓦战役中，帝国军缴获米兰的军旗战车。

1240 年围攻法恩扎期间，发行皮币。

1241 年的吉廖岛海战。

1241 年基督山岛附近俘获大批高级教士的海战，左边船里中央就是弗里德里希二世，不过他实际上没有亲身参加此次海战。

英诺森四世与圣路易。

弗里德里希二世被教会描绘为《启示录》巨龙的第七个也是最大的头。

弗里德里希二世与比安卡·兰恰。

1245年里昂大公会议上，教宗英诺森四世宣布将弗里德里希二世绝罚。

1248年帕尔马人袭击维多利亚的帝国军营。

1249 年福萨尔塔战役，恩齐奥被俘。

巴勒莫大教堂内弗里德里希二世的石棺。

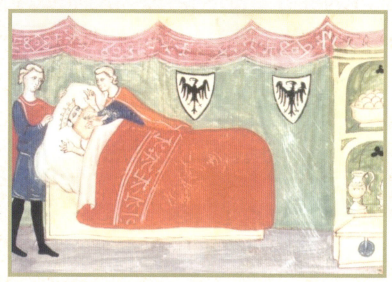

有一种传说是，弗里德里希二世是被儿子曼弗雷德用枕头闷死的。

曼弗雷德在巴勒莫加冕。

1266年贝内文托战役，安茹的查理击败曼弗雷德。

康拉丁在那不勒斯被处死。

克雷莫纳的大象。

美因茨大主教西格弗里德三世的墓碑，
两侧是他扶植的两位对立国王——
海因里希·拉斯佩和荷兰的威廉。

但丁和维吉尔遇到皮耶罗·德拉·维尼亚，多雷为《神曲》创作的插图。

《美因茨国内和平法令》文件中的弗里德里希二世肖像。

1994 年德国发布的纪念弗里德里希二世
诞辰 800 周年的纪念邮票。

蒙特城堡。

斯特拉斯堡的彩色玻璃窗，描绘四位皇帝：施瓦本的菲利普、亨利四世、亨利五世、弗里德里希二世。

城市派系（无论叫什么名字）的所有活动，只要是敌视皇帝的，都能得到他的帮助。这些人在此之前短视的、以自我为中心的各种争吵，现在由于与一个伟大的普遍性理念——罗马教廷——平等地联系在一起，突然获得了尊严和意义。各种阵营、等级和阶层的五花八门的反帝国分子不再是反叛者和暴徒，而是被压迫的教会的拥护者和捍卫者。反对吉伯林统治者的人们很快被称为"圭尔甫派"，这个名字成为教会领导下的所有反帝国分子的统称。贵族和平民、异端和正统、俗士和教士往往并肩作战，因此吉伯林派和圭尔甫派的派系划分绝不符合社会、宗教或民族的分野。但情况恰恰相反，当时的人们就正确地认识到，整个世界都被卷入了这场斗争：没有任何修会、城市、等级、家庭，甚至没有任何个人，不被吉伯林派和圭尔甫派之间此消彼长的斗争所割裂。

教会领导下的反帝国联盟不仅仅是防御性的。弗里德里希二世当然是挑战者，因为他的存在本身就是战争和战斗，尽管他寻求的是和平。但正如人们普遍认识到的，那个拒绝任何妥协、以战争为目标的攻击者，不是弗里德里希二世，而是莽撞的、头脑发热的教宗格列高利九世。在他公开宣布自己是皇帝的敌人之前，他已经在拉特兰宫促成了威尼斯和热那亚之间的反对皇帝的进攻性联盟。这两个经常交战的航海城市承诺互相提供援助，并发誓，未经教宗同意，不与皇帝媾和。当时热那亚的督政官是米兰人，所以敌视皇帝的派系在热那亚占了上风。而威尼斯人之所以敌视皇帝，不仅是因为特雷维索边疆区对威尼斯构成威胁，还因为弗里德里希二世粗暴地对待他们执政官的儿子。此人在科尔泰诺瓦被俘，在弗里德里希二世的凯旋式中被拖着走，现在还被囚禁在阿普利亚的地牢里，这让威尼斯感到脸上无光。

教宗格列高利九世充分地利用了人们对皇帝的怨恨。在罗马城，他也采取了行动。当他于 1238 年 7 月离开罗马前往阿纳尼时，正值皇帝的强大军队向布雷西亚进军，此时罗马几乎完全是亲皇帝的。当教宗于 10 月返回罗马城时，教宗党再次占了上风。格列高利九世急忙下定决心，通过摧毁一些忠于皇帝的贵族的城堡（这些可以追溯到古罗马时代的宫殿，现在正飘扬着"敌基督的旗帜"）来使自己的呼吸更加轻松自如。这些城堡的大理石和镶嵌画在这个时期被摧毁了。后来，弗里德里希二世命令一位西西里官员尽可能地修复这些被毁坏的建筑，费用由皇帝承担。

虽然教宗不加掩饰地一心想要开战，并在为破局而努力，但他还是恢复了与皇帝的谈判，不过不是为了达成协议，而仅仅是为了争取时间。在布雷西亚失败后，对弗里德里希二世来说，没有什么比恢复与教廷的公开敌对更不合适的了。他尽其所能地避免新的冲突，直到一场新的胜利将局势改变为对他有利。因此，他表现出了莫大的克制。他叫停了在伦巴第西部已经开始的对意大利国家的扩建，并自愿在克雷莫纳的一些高级教士面前接受了调查。教宗对皇帝提出了 14 项指控。虽然敌对行动的中止取决于对这些问题的处理，但其中没有一个问题涉及当下的争议。格列高利九世从仲裁的一开始，就故意忘记了皇帝和教廷之间新的纷争的源头是伦巴第人对亨利国王的支持。教宗无视皇帝合理的抱怨，而在西西里的管理上吹毛求疵。问题原本是非常清楚的，但格列高利九世像过去在十字军东征问题上一样，想方设法地掩盖和歪曲问题的实质，甚至能够给纯粹的权力政治问题——谁应该是意大利的主人——披上宗教外衣。

我们没有必要为这场斗争的必然性费神。教宗格列高利九世的个人勇气，使他不顾自己年事已高，用他力所能及的一切手段寻求与敌人交锋。他的勇气令人敬佩。而他的手段是歪曲事实，使受到伦巴第人侮辱的皇帝看起来是在伤害伦巴第人。最终，这些歪曲事实的手段对教宗的伤害比对皇帝的伤害更大。为了掩盖教廷的意图，教宗提出了14点指控，而这14点本身是无足轻重的。它们涉及皇帝对西西里的教堂、修道院和神职人员的所谓压迫，涉及西西里王国对圣殿骑士团和圣约翰骑士团的待遇，还涉及一位穆斯林王子，据说弗里德里希二世阻碍了他皈依基督教，以及类似的鸡毛蒜皮的指控，而皇帝在很多情况下都能反驳。当然，皇帝的朋友在罗马挑起了民众对教宗的不满，这是事实，不过在这一点上皇帝能够巧妙地为自己开脱：教宗在罗马也有为他的目的服务的下属。伦巴第问题才是整个争端的核心，但格列高利九世只是漫不经心地触及了它，将其作为一个次要问题：他指责皇帝让圣地的事业因他的伦巴第战争而受到损害。两年前同样的指控曾激起了德意志诸侯的愤怒。

在所有这些问题上，本来还是有可能达成谅解的，特别是因为皇帝承诺将迅速纠正西西里的违规行为。但格列高利九世的整个态度表明，他根本不想达成谅解。争论越来越激烈。在皇帝一方，赫尔曼·冯·萨尔察，这位多年来的和谈代表，开始失效了。条顿骑士团大团长随康拉德国王的军队来到意大利时已经病入膏肓，现在正试图通过在萨勒诺静养来恢复健康。皇帝再也不能指望他了。与此同时，意大利的气氛变得黑云压城城欲摧。弗里德里希二世自己的行为也无助于缓解普遍存在的紧张感：随着冲突的迹象越来越明显，他又引发了教廷新的不满。这年 10 月，他在克雷莫纳举行了庆祝活动，册封他的爱子恩齐奥为骑士。

在皇帝所有的儿子中，恩齐奥一定是外貌最像父亲的。弗里德里希二世说恩齐奥"在面容和身材上都与我一模一样"。恩齐奥的母亲是一位德意志贵族女子，弗里德里希二世在他作为德意志国王的早期曾爱过她。这个骄傲而英俊的男孩，体态轻盈，身高适中，长长的金色卷发垂到肩上，很可能让人想起阿普利亚少年的形象。恩齐奥身材匀称，脚步轻盈、灵巧敏捷（人们称他为 falconello，即"年轻的猎鹰"），无比大胆，无所畏惧，每次战斗都冲到最前面，是一个在危险中欢欣鼓舞的英雄，在战斗中承受了许多伤痛——这就是人们对他的描绘。他头脑的自由和灵活与他敏捷的身体相得益彰，而当时的宫廷训练使他的头脑得到了充分的锻炼。他远没有父亲那么博学，但也算极有文化修养，智识上接受力强，而且能吟诗作赋。即使当他在监狱里消磨时光时，他的诗歌中也会响起生活的快乐和对生命的热爱。如果说他父亲是恺撒转世，那么阿喀琉斯的某些品质便在恩齐奥身上重生了。他是一位淳朴直率的战士、国王和歌手，他在战斗间歇会坐在国王的营帐外，在轻松愉快的同伴中弹奏弦乐。恩齐奥的独特魅力（经常得到赞颂）可能就在于这种自然的优雅和简单的心性：他的敌人甚至都为他倾倒，很少有人对这个英俊的小伙子表现出些微的怨恨或恶意，尽管敌人对施陶芬家族的其他成员恨得咬牙切齿。围绕这位皇子出现了许多传说和故事，将他笼罩在闪耀的光辉中，甚至在他生前也是如此。这些传说和故事有一种史诗般的朴素，快乐，简单，不像围绕着他父亲的逸事（总是有种不可思议和阴森森的气氛）那么"深刻"。恩齐奥是一个德意志的梦，现实生活中很少有这样的梦。

在恩齐奥 20 岁，且获得骑士爵位不久之后，按照皇帝的心愿，他与撒丁岛两个省的女继承人阿德拉西娅（Adelasia）结婚。恩齐奥因此被授予"托雷斯与加卢拉（Torres und Gallura）国王"或撒丁国王的头衔。但这场婚姻注定会加剧弗里德里希二世与罗马教廷的争吵。撒丁岛被认为是教会的臣属，因为很久以前，比萨和热那亚在教宗的鼓励下，从撒拉森人的手中夺回了撒丁岛。另外，巴巴罗萨在与教廷的斗争中，将撒丁岛作为采邑封给了这两座航海城市（比萨和热那亚），因此，帝国现在对该岛提出了主张。从此之后，撒丁岛就像玛蒂尔达的遗产一样，成为教宗和皇帝之间永远的争论焦点。弗里德里希二世通过安排恩齐奥迎娶该岛大部分地区的女继承人，期望获得新的主张权，而且他不会因为格列高利九世明确禁止这门婚事而放弃自己的筹划。皇帝说，他曾发誓要为帝国赢回它失去的所有财产。他还提出，格列高利九世对恩齐奥的婚姻感到愤怒的主要原因是，教宗曾希望把自己的一个侄女嫁给这个英俊少年。

无论此案的是非曲直如何，皇帝的操作再次激怒了教宗，所以和平很难挽救了。弗里德里希二世多次试图与教宗重建良好的关系，但格列高利九世只与皇帝的特使虚与委蛇。这些特使都是在皇帝宫廷非常显赫的大员，如巴勒莫大主教贝拉尔多、阿奎诺伯爵托马索和塞萨的塔代奥。教宗早就计划好了要与皇帝撕破脸皮。所以皇帝的使团只能无功而返。弗里德里希二世很清楚即将发生什么事情。1239 年年初，他在帕多瓦进驻冬季营地，打算在那里停留较长时间。他和宫廷人员下榻在圣尤斯蒂纳（Santa Justina）修道院。这对当地的僧侣来说固然是莫大的荣誉，但也是不小的负担，因为他们（就像后来维罗纳的圣泽诺修道院的僧侣一样）除了接待皇帝之外，还要安顿1头大象、5只豹子和24匹骆驼。是埃泽利诺把皇帝请到了帕多瓦。埃泽利诺在特雷维索边疆区的统治受到了他的兄弟阿尔贝里科·达·罗马诺、埃斯特侯爵阿佐（Azzo von Este）和其他贵族的阴谋的威胁，这些人嫉妒埃泽利诺日益增长的权力。弗里德里希二世的亲自到来，以及他在这一年将女儿塞尔瓦吉娅（Selvaggia）嫁给埃泽利诺这两件事，使局势稍稍得到了缓和。帕尔马不久前也发生了类似的动乱，弗里德里希二世驾临当地，加强了皇宫的防御，还亲自担任帕尔马督政官，于是当地迅速恢复了安宁。弗里德里希二世试图通过重新发布反异端法令来改善他与教宗的关系，但他一定知道这是没有希望的。两周后，他尝试了一个新的权宜之计，以逃避威胁性的禁令：他不再向教宗进言，而是向枢机主教们进言，从而利用教廷内部的分歧。

为了使教宗的地位从属于枢机主教团，弗里德里希二世提出了一个了不起的新理论，实际上是复苏了一个几乎被遗忘的旧理论。这个权宜之计将被后世再次采用。皇帝提醒枢机主教们，他们才是教会的明灯和真正的代表，也是使徒的继承人。彼得在众使徒中只是发言人和执行者，而不是他们的专制君主；同样，教宗作为彼得的继承人，在教会政策和立法的所有问题上只是枢机主教们的主席和执行官，枢机主教与教宗是平等的。因此，弗里德里希二世试图向枢机主教当中的寡头求助（他在枢机主教当中有许多朋友），而不是向僵化的教宗专制政权呼吁。他写道，枢机主教们的使命是避免迫在眉睫的麻烦。教宗是枢机主教们选出来的，是为了宣扬福音，而如果教宗为了伦巴第叛乱者和异端分子的利益而挥舞属灵之剑、反对罗马的捍卫者，那么枢机主教要负最终的责任。皇帝必须向枢机主教们求助，为了他们的缘故，他恳求枢机主教团劝教宗不要轻举妄动；整个世界都拥有无可辩驳的证据，足以证明教宗的企图是建立在不公正和专横的任性之上的。一旦发生冲突，（与教宗一起）对所发生的一切负有责任的枢机主教也将遭到帝国的报复：皇帝将不得不对他们采取措施，因为"无论是这位教宗本人，还是他的党羽［指枢机主教］，都不配让尊贵的皇帝在他们身上浪费注意力"。弗里德里希二世已经在说教宗"不配"了，并气势汹汹地补充道，他本人愿意忍受教宗的不公正待遇，但如果圣父敢于动用暴力，他将以"恺撒惯用的"措施来报复。

　　这份盛气凌人的文件是皇帝通过威胁来维护和平的最后尝试。他很清楚现在的危险是什么：一旦他与教宗格列高利九世的关系破裂，等待他的将是绝罚和废黜。他几乎没有力量来影响教宗的决定，万事必须顺其自然。除了在外表保持镇定自若外，他什么也做不了。没有人能够从他的生活方式中看出压在整个宫廷上的重担。恰恰相反，他在帕多瓦度过了许多无忧无虑的日子，至少从表面上看是如此。宴会和狩猎活动接踵而至。在棕枝主日，帕多瓦人按照古老的习俗，在城市的公共草坪以各种游戏为乐时，皇帝出现在他们中间。他在高高的座位上亲切而欢快地观看着这些活动，而皮耶罗·德拉·维尼亚在群众面前发表了一篇辞藻华丽的演说，其中特别强调了皇帝对帕多瓦人民的感情和善意。没有人能够猜到，此时教宗已经颁布了针对皇帝的禁令。

弗里德里希二世原本以为自己写给枢机主教们的信会有一些收获，但这些信送抵的时间太迟了。教宗很可能已经得到了风声。他也许是害怕枢机主教们的干预，所以在濯足节①（宣布开除教籍的通常时间）之前就宣布将皇帝绝罚。教宗决心重启与弗里德里希二世的斗争，于是迅速采取行动，也许是过于匆忙了。弗里德里希二世在帕多瓦观看人们的娱乐活动的同一天，格列高利九世第二次将皇帝逐出了教会。从此以后，在世界各地每座教堂的每场大弥撒上，每个教士都要在钟声和烛光中宣布弗里德里希二世被驱逐出信徒群体。同时，皇帝的所有臣民都被解除了对其效忠的誓约。格列高利九世的声明中没有一个词表明伦巴第人是这场纷争的原因，绝罚的全部理由都是关于西西里的分歧。

骰子已掷出②。一个命运攸关的巧合是，伟大的条顿骑士团大团长赫尔曼·冯·萨尔察恰巧在那个棕枝主日在萨勒诺去世。他终其一生都致力于维护帝国和教廷的团结，现在他的生命已经失去了所有的意义。几个世纪以来悬浮在欧洲人脑海中的完美的世界秩序的图景——教宗和皇帝平等而团结，被永远打破了。两股势力之间无情的、野蛮的殊死搏斗开始了。这场可怕的争斗耗尽了两个对手的力量，并在几年内吞噬了几个世纪以来积累的财富，但注定不会有什么决定性的结果。两股势力在冲突中都最终丧失了数百年来拥有的崇高地位：德意志的

---

① 濯足节又叫神圣星期四，复活节前的星期四，纪念耶稣为门徒洗脚以及最后的晚餐。

② "骰子已掷出"（Iacta alea est）是恺撒渡过卢比孔河、向共和国元老院开战时的名言。意思是这是一场赌博。

大空位期①和阿维尼翁之囚②是中世纪和基督教世界统治的坟墓。

　　一周多之后，当绝罚的消息传到身在帕多瓦的皇帝那里时，人们惊愕了一阵子。弗里德里希二世把帕多瓦人召集到市政厅。皮耶罗·德拉·维尼亚不得不第二次以皇帝的名义向他们讲话，而他话音刚落，在人们的惊讶中，君主本人就从高高的座位上慷慨陈词，为自己辩护，反对教宗的草率行事。紧张的气氛得到了缓和。皇帝离开了帕多瓦。在悬而未决的几个月里使他无所作为的那种令人瘫痪的不确定性结束了，转眼就被一种几乎是狂热的活跃所取代。现在他可以不受阻碍地自由行动了。在最近几个月的沉重压力之下，当一切都必须以低调和谨慎的方式进行时，皮耶罗·德拉·维尼亚曾警告西西里的最

---

①　神圣罗马帝国的大空位期（Interregnum）从 1250 年弗里德里希二世皇帝驾崩算起，延续到 1273 年哈布斯堡家族的鲁道夫成为德意志国王。在这期间，德意志政局动荡，王权急剧衰弱，经常出现两位甚至更多对立国王分庭抗礼的局面，诸侯的势力大大增强。

②　阿维尼翁之囚是指圣座迁移到阿维尼翁（阿维尼翁今属法国，但当时是神圣罗马帝国的一部分）的一段时间（1309~1376），其间 7 任教宗和大部分枢机均为法国人，受到法国王室的控制或影响。教廷阿维尼翁之囚的起源是，法国国王腓力四世（美男子腓力）与教宗博尼法斯八世争夺统治权及教会财产。1303 年，法军攻入博尼法斯八世的住所，教宗被羁押 3 日后获释，不久激愤而死。1305 年，在腓力四世的压力下，波尔多大主教贝特朗·德·哥特当选为教宗克雷芒五世，于 1309 年 3 月 9 日从梵蒂冈迁至阿维尼翁，并于 1312 解散圣殿骑士团。自此以后，教宗成为法国国王的人质近 70 年，史称“阿维尼翁之囚”。随着时间推移，基于巨大的舆论压力，阿维尼翁的教宗为了维持正统，不得不将圣座迁回罗马。1377 年 1 月 27 日，教宗格列高利十一世成功将圣座迁回罗马，阿维尼翁教廷时期结束。但格列高利十一世在圣座迁回罗马后一年就去世了，灾难随之降临。虽然意大利籍的教宗乌尔班六世在他死后接任教宗，但由法国籍枢机占多数的 13 名枢机却自行选出法国籍的克雷芒七世，在阿维尼翁担任教宗，这导致了从 1378 年到 1417 年的教会大分裂。

高法院政法官小心，不要用任何未经皇帝明确批准的措施来刺激敏感的罗马教廷，以免火上浇油、使整个意大利陷入火海。现在皇帝不需要这样的考虑了。被压抑已久的怒火爆发了：皇帝以雷鸣般的宣言和充满激情的小册子向全世界发表讲话，这激起了教廷的责难和反驳，其激烈程度不亚于皇帝的怒斥。这些都是战斗的号角。各项行动很快接踵而至。弗里德里希二世终于可以自由地运用他所有的丰富资源，使其充分地发挥威力。

让我们把目光投向战场。针对伦巴第叛军的作战几乎成了一个次要问题。尽管如此，一项前所未有的组织工作还是在几个月内完成了。现在皇帝在各个方向上来来回回地在北意大利穿梭。绝罚令的宣布使叛乱者欢欣鼓舞，教廷通过其使节在各地大搞阴谋活动，多个地方燃起了熊熊大火。弗里德里希二世从帕多瓦赶到特雷维索，然后又回到帕多瓦，再去维琴察，以确保特雷维索边疆区权贵的忠诚，这些人在埃泽利诺的敌人埃斯特侯爵阿佐领导下，倾向于退出皇帝的阵营。皇帝对此几乎束手无策。埃斯特侯爵不久前还信誓旦旦，如今却背叛了皇帝：5月中旬，特雷维索遭偷袭，皇帝任命的督政官莫拉的雅各布被赶走。6月中旬，埃斯特侯爵阿佐和其他一些贵族投敌。帝国方面在维罗纳举行了一次庄严的审判，皮耶罗·德拉·维尼亚坐在马背上，宣布了帝国对这些反叛贵族的禁令。6月底，迄今为止完全忠诚的拉文纳城突然叛变。皇帝亲自赶到克雷莫纳。在拉文纳，枢机主教西尼巴尔多·菲耶斯基（Sinibald Fieschi），即后来的教宗英诺森四世，煽动人民反抗皇帝。拉文纳的督政官保罗·特拉弗萨里乌斯（Paulus Traversarius）赶走了皇帝的追随者，尽管他的独生女据说是皇帝手中的人质。拉文纳的保卫工作被委托给了博洛尼亚和威尼斯。与此同时，弗里德里希二世迅速从克雷莫纳出发，进入罗马涅地区，对博洛尼亚人展开攻势。博洛尼亚城外的领土被夷为平地，两座要塞——皮乌马佐（Piumazzo）和克雷瓦尔科雷（Crevalcore）也在两星期内被帝国军占领。8月底，皇帝再次来到帕尔马，那里在一年前就出现了动荡的迹象。最后，从9月中旬到11月初，他在极其困难的情况下对教廷的新盟友米兰和皮亚琴察作战。弗里德里希二世并不指望实际占领这两座城市，就像他不打算占领博洛尼亚一样。他没有时间进行漫长的围城战。他有更重要的任务在手。他尽最大努力迫使伦巴第各城市的军队到开阔地接受正面交锋。如果他们避战，他就蹂躏他们的城外土地，这给他们造成了巨大的损失。皇帝拥有相当大的兵力优势，所以希望能成功地重演科尔泰诺瓦大捷，但这个希望破灭了。每次他进攻米兰时，在攻克和烧毁不同方向的几座城堡后，米兰人只是后退，或在战壕和匆忙引水而成的河道的掩护下撤入城内。不过，弗里德里希二世以这种方式成功地诱使科莫和一些邻近的城市背弃了米兰人，站到了他那边。这是一个重要的收获，因为科莫是"从德意志去意大利的通道的钥匙"，正如皇帝在给康拉德国王的信中所说。现在除了布伦纳通道，尤利尔山口和塞普蒂默山口，可能还有圣哥达山口，对他都是开放的。就在凛冬来临之前，弗里德里希二世匆匆忙忙地发动了一次新的作战，企图夺取皮亚琴察人最近在波河上建造的一座新桥头堡。但连续下了几天的暴雨，波河的洪水淹没了河岸，桥头堡阵地变得无懈可击，于是皇帝不得不放弃了这次行动。

上述战斗才刚刚开始，皇帝还在博洛尼亚的地盘上，教廷就迫使他把注意力转移到其他事情上。教宗格列高利九世在威尼斯和热那亚之间撮合的联盟因皮亚琴察和米兰的加入而得到扩大，最后，罗马教廷本身也加入了。这几方的协议规定，没有其他缔约方的一致同意，任何缔约方，哪怕是教宗，都不得与皇帝媾和；此外，威尼斯和热那亚应派遣部队（他们自己的和教宗的部队）在西西里登陆。他们计划对西西里（皇帝的权力基础）发动一次大规模攻势。他们估计 6 个月的时间足以进行这场战役，战利品如何分配也已谈妥：教宗将保留整个西西里王国，"那是圣彼得的遗产"（quod est beati Petri patrimonium）；威尼斯将获得巴列塔和萨尔皮（Salpi）这两座港口，热那亚将收复它为之耿耿于怀的锡拉库萨；而且各方的开支还将在其他方面获得补偿。这就是弗里德里希二世现在必须面对的敌对同盟的行动方案。

皇帝看到自己的西西里王国受到了严重威胁。即使他一开始不知道上述的秘密安排（他极不可能预先知道），但根据他以往的经验，他肯定已经为教宗军队（首先要集结起来）入侵西西里做好了充分准备。他不能中断在北意大利的战争，但他必须同时设法在各个方向上保障他的世袭领土，使其不仅有足够的力量抵御攻击，而且能继续照常运转。在筹集资金和战争物资方面，西西里还必须再接再厉。为了使西西里王国进入战时状态，其必须进行全面的重组，因为目前王国正由一个内廷官员议事会（由高等法院政法官莫拉的恩里科、阿奎诺伯爵托马索、巴勒莫大主教贝拉尔多和另外两名高级教士组成）治理，弗里德里希二世在他缺席期间将摄政权委托给了该议事会。现在，这个独立的议事会不再有意义了。与教会的战争爆发后，西西里除了满足自己的正常需求外，还必须满足在北方作战的皇帝瞬息万变的要求。议事会无法预知弗里德里希二世的需求可能是什么。因此，皇帝必须亲自接过对西西里的直接管理。他这样做的一个困难是，自他在将近五年前离开世袭领地去德意志以来，他就没有再踏上过西西里的土地；另一个困难是，他目前还不能指望返回西西里；最后，北意大利与西西里的陆路交通仍被教宗国阻断。因此，西西里的重组和动员必须在极其困难的情况下，根据皇帝从北意大利发出的指示进行。幸亏西西里国家是一台计划周密、运转良好的机器，否则这就不可能办到了。

我们很快就可以看出，当有一个训练有素、积极性强、未受污染的官僚机构在高压下工作时，在这样的官僚机构的支持下，一个人的意志可以在极短的时间内完成多么了不起的事业。皇帝目光敏锐地根据当下的需求而发号施令，体现出他精简行政的强大能力。内廷官员议事会被解散了。西西里的中央机构——行政、司法、文书官衙直接与宫廷联系在一起，而宫廷在北意大利从一场战役匆匆忙忙地飞奔到另一场战役中。皇帝早先对教廷做出的将西西里的行政管理与帝国的行政管理分割的承诺，如今不再具有约束力。现在有一个统一的帝国行政机构：一个高等法院（或称帝国法院）、一个共同的帝国文书官衙、一个帝国国库；不再有西西里舰队，而是一支帝国舰队，由一位帝国海军司令指挥。西西里的最高行政官员，即高等法院政法官莫拉的恩里科，不能再待在西西里代表皇帝，因为他必须长期在御前效力。为了使西西里的政法官们不至于缺乏监督，他们被分为两组，每组都由一名司令或大政法官负责：西西里王国在意大利半岛的部分，由久经考验、值得信赖的奇卡拉的安德烈亚斯（Andreas von Cicala）负责，他经常向皇帝提交独立的建议；西西里岛由鲁杰罗·德·阿米西斯负责，他此时已经颇有诗名。为了避免人多手杂和终身制任期，省级官员的人数和任期都在尽可能简单的基础上进行了规范：每个省有一名政法官和一名高级财务官；每个政法官手下有一名法官和一名公证人；所有官员的任期都只有一年。因此，王国对官员的控制比以往任何时候都更严格；政府的构成比以往任何时候都更透明、更清楚、更严格。弗里德里希二世的这句话说的正是这个时期：西西里将成为君王们羡慕的对象，成为各国的榜样。

整个西西里的行政管理现在以位于北意大利的皇帝宫廷为中心。文书官衙从弗里德里希二世的肩上卸下了重担，该官衙在两位负责人——皮耶罗·德拉·维尼亚和塞萨的塔代奥的领导下组织得井然有序。文书官衙的工作量极大，因为要想从伦巴第牢牢掌控和领导整个王国，所有的指令都必须是书面形式的。所有的御旨都必须通过文书官衙发布，因此文书官衙必须在皇帝的南征北战中始终跟随他，不管他在城市下榻还是在野外扎营。指令的流转没有中断过一天：文件上的名字和日期表明，在行军的日子里，文书官衙整个上午都在工作，直到出发的那一刻，且到达目的地后又立即恢复工作。由于西西里和帝国的文书官衙没有合并，公证人还有无数的其他事务要处理。当我们想到文书官衙每天要发布几十份各种类型的书面命令（有的时候每天多达三四十份，甚至更多），而且都是一式两份到三份，还要保证有说得过去的文字水平，此外还要经常给所有政法官发函，我们就会对6~8名书记员和6~8名信使所承担的劳动有一定的了解。在这些危机四伏的日子里，所有的工作都不得不在极大的压力下完成，其速度与文书官衙早先的悠闲形成鲜明对比。皇帝对秘书们的过度工作没有表现出丝毫的顾虑：至少有 1/3 的命令纯粹涉及他的个人爱好，如马匹、猎犬、猎鹰和狩猎。但弗里德里希二世说过，他宵衣旰食、日理万机，而且"皇帝陛下始终精神抖擞，不眠不休"，所以他对官员们提出了同样的要求。新生活的特点是极高的速度。它的口号是："如果不能保持静止，那就坚持行动到底（non sit quiescendum，continue sit agendum）。"宫廷的节奏也相应地风驰电掣起来。信使（大多是西西里人）源源不断地进进出出。穿过教宗国的陆路大部分是不安全的，所有使用这条陆路的信使都必须非常小心，因此皇帝还安排了从比萨到那不勒斯的海上快运服务。比萨的桨帆船、帝国的桨帆船和快速的风帆游艇都得到了利用，军队、粮食、现金和携带重要书信的信使被通过海路送来送去。皇帝还在那不勒斯和比萨建立了仓库。指令的快速传递受到高度重视，有些官员因为办事速度快而获得了高度赞扬。另外，为了更迅速地处理工作，皇帝还增加了下属工作人员和书记员。

当务之急是确保西西里免受攻击。所有重要的要塞，在和平时期都是由一名城堡长官和少量人员驻守的，现在都配备了充足的兵力，一部分是雇佣兵，一部分是附近封建领主的人马。例如，靠近教宗国边境的卡西诺山分配到了 100 人，其他城堡也迅速配备了弩炮和重型投射武器。为了占据重要的要塞，帝国军采取了各种手段。他们必须谨慎行事、避免丑闻，但必须占领切罗（Cerro）城堡，还有阿布鲁佐山区的属于某位西西里骑士或修道院长的边境要塞。热那亚和威尼斯的参战使西西里的海岸防御变得更加重要：在航运季节一直有人驻守以防备海盗的瞭望塔现在得到了更多的驻守兵卒，在巴里、特拉尼和奥特朗托的大型海岸城堡的施工也加快了。

作为其他所有措施的先决条件，整个王国必须封闭起来，成为一座巩固的要塞。整个西西里的边界被同时严格关闭。西西里王国与敌人的任何联系都是危险的，必须加以阻止。希望进入西西里王国的人需要护照。皇帝不允许任何陌生人在他的领土上旅行或经商，除非此人的右手上有他的名字的标记和数字。敌人因此对护照的规定大加嘲讽。船舶只能进入某些特定的港口；即使是为了让商人更方便地装货或卸货，也不允许有例外。抵达港口的船只被帝国官员严格搜查，全体船员和乘客被仔细盘问——每个人的出生地，从哪里来，往哪里去，旅行目的是什么。任何人不得在检查前离船；没有皇帝的允许，任何人不得离开王国。可疑人员将立即被监禁。文件和信件是最重要的搜查目标，乘船抵达的人员和其他人员都要接受搜查，看他们有没有携带文件和信件。携带信件进入西西里，每一次都需要得到皇帝的许可。未经许可的携带信件者将被绞死。西西里与罗马的一切联络都被严格禁止。一个来自卡塞塔的人带着教宗的一封完全无害的信，为他的儿子争取到了一个受俸神职。此人被关进了监狱，他的财产被没收，"因为他胆大妄为"。一位非西西里的主教有一些重要的文件需要移交，他被指示在边境将这些文件交给政法官，但他自己不能入境。对皇帝来说最重要的是防止他的世袭领地受到知识层面的毒害。因此，来自叛乱城市的学生被禁止在那不勒斯大学学习。

在封锁西西里、使其与外界隔绝的同时，还必须在国内清除可疑分子。在皇帝被逐出教会后的几周后，他就颁布了关于可疑的西西里神职人员的命令。托钵修士——教宗最喜欢用的间谍和煽动叛乱的代理人被驱逐了。起初只有来自叛乱城市的托钵修士被驱逐，后来所有的托钵修士都被驱逐，无一例外。非西西里籍教士的土地被没收。没有皇帝的命令，任何教士都不能去罗马。没有嫌疑的、忠于皇帝的西西里教士如果此时碰巧在罗马办事，必须立即返回西西里，否则将失去他们的财产并丧失以后返回的权利。此外，政法官们还奉命召集本省所有的主教和教士，并以皇帝的名义告诉他们：虽然有教宗的禁令，但皇帝希望西西里教会的礼拜得以继续；朝廷不会强迫教士做大弥撒，但如果有教士停止礼拜，他所在教堂的世俗财产将被没收。此外，不做礼拜将被认为是可疑的，说明该教士更愿意服从教宗而不是皇帝，这往往足以导致该教士被流放或被处以绞刑。有一位下级教士曾恳求皇帝批准一份将他的私生子合法化的文件。当文件送到时，教士呜咽道，皇帝被绝罚了，所以他的文件也许就失效了。弗里德里希二世"因其无耻的放肆行为"而将其流放，并没收了他的财产。

教宗格列高利九世曾抱怨过皇帝对西西里神职人员的压迫，并声称这就是他将皇帝逐出教会的原因。弗里德里希二世现在主动坐实了这个罪名。自从他在 14 岁时与伟大的英诺森三世第一次发生争吵后，皇帝的愿望就是在西西里建立独立于罗马的教会。现在他可以放开手干了。西西里王国的大约 145个主教区中，目前有 35 个空缺。这些主教区要么继续空缺，要么由弗里德里希二世的可靠支持者填补，有他的公证人，还有宫廷总管里卡尔多的侄子，在另一个主教区则是另一个忠臣。巴勒莫大主教贝拉尔多作为弗里德里希二世最忠实的追随者，也被逐出了教会，现在他成为西西里教会的领袖。罗马教廷在西西里失去了所有的影响力。对皇帝的禁令持续的时间越长，罗马教廷在西西里就越不重要。一个教士如果没有得到皇帝的许可就申请主教职位，就会被要求向宫廷解释。朝廷为此进行了极其严厉的监视，以确保皇帝的所有命令得到执行。

通过这些措施，西西里的教会被迅速清洗。所有留下来的人都忠于皇帝，而且后来的事件证明他们是完全值得信赖的。皇帝首先必须以各种理由除掉大量的主教。毫无疑问，所有在弗里德里希二世因为十字军东征而第一次与教宗决裂时站在教宗一边的人，现在都被免职了。皇帝对不服从的神职人员和在俗人士都施加了放逐和没收财产的惩罚。政法官们不停地奉命调查所有针对这类嫌疑人的案件，而所有嫌疑人都必须随身携带的小笔记本肯定大大减轻了官员的工作量。参加过 1229 年叛乱的封建贵族与他们的家人一起被无情地放逐。正如弗里德里希二世惩罚异端分子的所有亲属到第二代，"以便他们知道上帝是一位忌邪的神，追讨罪人的罪、自父及子"，现在他把叛乱者的亲属（无论是神职人员还是在俗人士）都驱逐出境。但对封建贵族采取的措施略有不同。他们中的一些人被派往伦巴第，加入帝国军队；一些人被运往巴勒斯坦，加入那里的军队。格列高利九世之前就抱怨说，弗里德里希二世滥用他神圣的耶路撒冷王国，将其作为政治犯和嫌疑犯的流放地。现在这种做法自然不会停止。一名未经许可脱离耶路撒冷军队的骑士立即被关进了监狱。另一个未经许可离开宫廷的人也遭遇了同样的命运，第三个人由于类似的原因被披枷戴锁地押往马耳他。在这种情况下，皇帝还放逐了流亡者的家人。另外，他把自己支持者的家人当作人质，以确保他们的忠诚。在将士兵或下级官员送往意大利的指示中经常有这样的字眼："他们出身于忠诚的家族，在西西里有兄弟或儿子"。这些兄弟和儿子就是人质，必要时皇帝可以对他们施加报复。他在每座城市都有足够数量的人质，而且我们知道他在向他们报复时从未犹豫过。当威尼斯人给他制造麻烦时，他立即绞死了威尼斯执政官的儿子彼得罗·蒂耶波洛。据说他还烧死了叛逆的拉文纳督政官保罗·特拉弗萨里乌斯的女儿。当有机会俘虏教宗格列高利九世的兄弟时，弗里德里希二世立即做出回应，并写道，这个提议让他很高兴，如果成功实施，他将更加高兴；有关官员如果能俘获教宗的兄弟，这将是最受皇帝欢迎的服务。据称，皇帝绞死了格列高利九世的所有血亲，但这一指控可能是毫无根据的。不过，他自己承认，他憎恨教宗的"全族"。

这种制度无疑蕴藏着巨大的猜疑和不信任。但是，如果没有这些品质（每一个地位与他一样不稳的伟人都有这些品质），弗里德里希二世就会倒台。这的确是暴政，但如果西西里或意大利没有暴君，后果不堪设想。在这种制度下，检举告发越来越盛行，这既有弊端也有好处。控告者往往是出于纯粹的个人怨恨（例如世仇）而检举别人的，但每个案件都必须经过严格的调查。在这个过程中，各种事实都被揭露出来，甚至包括官员的贪污受贿。特别是在后期，官员经常收受被告的贿赂，然后放他们一马。这些告发是皇帝迫切需要的特务制度的一部分。弗里德里希二世曾对多明我会总会长说："我到处都有信使和特使，所有发生的事情尽在我掌握之中。"他确实享有伟人的无所不知的权利，哪怕他距离事件发生地有数百里之遥。在米兰城下的军营里，他能够告诉阿布鲁佐的政法官，一些属于他的辖区的被点名的人与叛军秘密交换了礼物。皇帝请这位官员调查此事并绞死罪犯，"以儆效尤"。大约在同一时间，他向拉波利斯之地的政法官指出，他管辖省份的一个卡普阿人还居住在罗马，此人的财产应该被没收。皇帝还得知某些乔装打扮的圣殿骑士正带着钱来帮助叛军，于是要求圣殿骑士团的大团长制止这种行为。

如果弗里德里希二世没有消灭教宗在贝内文托的飞地，那么他对西西里王国的净化就是不完整的。贝内文托是教廷敌对皇帝的宣传基地，针对皇帝的叛乱就是从那里组织起来的。所以对皇帝来说，贝内文托实际上肯定是"西西里的绊脚的石头、跌人的磐石"①。此外，还有许多追随教宗的西西里人在贝内文托避难，直到弗里德里希二世最后下令，不允许任何人从贝内文托返回西西里，该城应被围困，所有对外交通和物资供应将被切断。"愿它活活饿死，在自己选择将带来瘟疫的自由中暴毙……" 1241 年，贝内文托被彻底摧毁。

通过这些措施，西西里的内部和外部安全在极短的时间内得到了保障。与此同时，西西里王国不仅要享受和平，而且要利用其和平为皇帝搜罗战争物资，尤其是金钱。他一次又一次地写道，国库空空如也，他需要钱。他已经在各个方向以难以置信的利率筹集了贷款：在锡耶纳，在帕尔马，从维也纳商人海因里希·鲍姆（Heinrich Baum）那里，特别是从罗马人那里贷款。他从这些人手中贷款可能有政治动机。把尽可能多的人与帝国军队的胜利捆绑在一起是很有用的。因为如果皇帝战败了，罗马的债权人就很可能血本无归。与皇帝捆绑在一起的商人可以在许多方面帮助他推进在罗马的计划。有许多由三名或四名商人组成的小团体共同向皇帝发放数百盎司黄金（1 盎

---

① 《旧约·以赛亚书》第 8 章第 14 节：他必作为圣所。却向以色列两家作绊脚的石头，跌人的磐石。向耶路撒冷的居民，作为圈套和网罗。

司约合 52 马克）的贷款。从罗马借来的黄金总数多达数万盎司，因此有相当多的商人参与其中：仅从一份账目报表中，我们就了解到近 80 个债权人的名字。

哪怕只是为了支付雇佣兵的军饷，皇帝对金钱的需求也难免飙升。在这方面，主要是西西里在为皇帝提供支持。首先，朝廷征收了一项新税，神职人员和官员都不能像以前那样免征。其次，朝廷还铸造了新的钱币，但这不一定意味着货币贬值。旧币必须换成新币，而国家为换币所收取的费用是相当可观的，因为换币业务是国家垄断的。皇帝当然命令对新币中合金的比例严格保密，这样外国商人就不能仅仅根据其内含金属的价值来评估它们。皇帝还毫无例外地催缴了所有拖欠的税款。根据古老的法律，所有空缺的主教职位的收入都直接流入国库，但用于维护教堂的费用除外。因此，从财政角度考虑，皇帝对任命新的主教并不十分热衷，尽管在这个问题上，政治层面的考虑有时胜过了经济层面。现在，整个财政管理比以往更加严格。梅尔菲设立了一个审计总署，所有官员都必须向其提交上溯至 1220 年的账目。官员们在过去 20 年里的任职情况都受到了仔细的重新审查，他们有责任自掏腰包弥补其中的亏空。国库当前的余额也同时受到检查。此外，皇帝还委托了一位专家寻找埋藏的宝藏。

皇帝的粮食贸易是另一种收入来源。他的粮食交易非常广泛。那批运往突尼斯的粮食为他带来了近 150 万马克的收入。这笔业务是从洛迪安排的。皇帝在维也纳大量贷款，以换取对西西里粮食的订单。将伦巴第囚犯从比萨运到阿普利亚的桨帆船奉命在返回时利用其空船舱运回粮食，其中一部分满足了军队的需要，一部分被卖给了比萨人。不过因为比萨是友好城市，所以皇帝对他们的要价不高。但他对从威尼斯人身上赚钱没有任何顾忌。虽然皇帝与威尼斯人处于战争状态，但他并不想赶客，所以他允许向威尼斯出口粮食，"但要谨慎，以免这被理解为普遍的许可"。威尼斯人在从"敌人"那里购买粮食时同样无所顾忌。热那亚人起初也被允许使用西西里的港口。只要对其进行严格的监督，这对皇帝来说没有什么危险。但后来，与这两座航海城市的所有贸易都被禁止了。西西里朝廷还从朝圣者身上赚钱：前往叙利亚的船票票价的 1/3 必须上缴国库。朝廷还严格禁止所有的马匹出口。上文已经提到了制造军械的大型工场，它们现在也在全力运作。

就这样，西西里的所有资源都被动员起来，为皇帝提供他在意大利战争中需要的物资。多亏了训练有素和精明强干的官员，尽管统治者远在他乡，整个王国仍然得到了顺利的重组，没有遇到严重的障碍。这些官员能够迅速理解皇帝的需求和目的是什么。但皇帝不能把他的较年轻的优秀官员留在西西里，因为他希望有大量的人才去意大利本土。西西里开始遭受总是笼罩着世界统治者的家乡的命运：它的力量被过度消耗了，这些力量为君主的世界统治服务，而不是为国家本身服务。弗里德里希二世登上帝位不久后，不得不重新征服他那被毁坏的王国；在他立法期间，他显示出自己与他新建立的国家的美妙和谐；如今，作为恺撒，他已经远远超越了他的根基所在的故土，他现在从它那里汲取资源和力量，从而与更广阔的世界合为一体。对于这个时代其他同级别的统治者（尤其是在人生的这个阶段）来说，这意味着他会将力量投入遥远的地区。弗里德里希二世的情况却不同。他的世界帝国就是意大利，他不是把本国的资源和人力投入遥远的土地，而是投入帝国的起源之地。这个帝国越来越多地汲取了整个世界的生命之血。

皇帝还以改革西西里的那种不可思议的速度和同样严酷的方式，建立起意大利的巨型领主制国家（Groß-Signorie），罗马将成为其首都。弗里德里希二世在被逐出教会不久后宣布："我的心渴望看到意大利重建在帝国的旗帜下。"现在他不需要考虑教宗的感受了。作为教士，格列高利九世已经将皇帝逐出教会；作为一位意大利君主和教宗国的统治者，他已经通过与威尼斯、热那亚和其他国家结盟而向皇帝宣战。弗里德里希二世现在可以毫无顾忌地将他的意大利国家的边界扩大得比他原本规划的更远。现在皇帝对教宗国无须手下留情，而最不需要客气的就是两个原属于帝国的省份，即安科纳边疆区和斯波莱托，弗里德里希二世在年轻时被迫放弃了这两个省份，而且它们极不方便地阻碍了他从意大利本土到西西里的通道。弗里德里希二世宣布收回这两个"天然属于帝国的省份"，并根据罗马法，以"受赠者忘恩负义"作为收回这两个已经赠送给教宗的地区的理由。弗里德里希宣布这一决定时，他的新帝国的组织工作已经在进行了。

创造性的建设是迅速、彻底和剧烈的。短短几个月后，国家便出人意料地建立起来了。在中世纪，通常需要数十年甚至数百年的时间，才能逐步完成规模比这小得多的变革。而弗里德里希二世迅速地为意大利构建了一个新的、合理的政体，并一举将其付诸实施。诚然，若干年前他就已经完成了某些预备性工作。在都灵会议上，也就是在为他打开意大利大门的科尔泰诺瓦大捷不久之后，弗里德里希二世立即组建了第一个高级总督区（Generalvikariate，新的省份的称谓，其治理者的头衔是高级总督）。这就是所谓的"上帕维亚"（意思是从帕维亚逆波河而上）高级总督区，包括伦巴第西部和皮埃蒙特。但现在的主要工作是对教宗的攻势采取反击措施。

绝罚令使弗里德里希二世最后的顾虑消失了，他立即以最快的速度完成了他已经开始的工作。他在意大利的匆忙旅行不仅仅是讨伐叛乱者的作战：他出现在哪里，哪里就会组建一个新的省份。1239 年 4 月初，他在帕多瓦听到了自己被逐出教会的消息。5 月 1 日，他为特雷维索边疆区的高级总督区揭幕；6 月，可能是他在克雷莫纳逗留期间，以克雷莫纳为中心的"下帕维亚"高级总督区建立起来了。勃艮第王国也在同一时间被改组为一个高级总督区，并被纳入意大利的体系中，虽然没有受到其他省份那么严格的管理。还是在同年 6 月，在博洛尼亚战役时，弗里德里希二世将罗马涅设立为一个省，先是作为一个直辖的总督区（Vikariate），后来升格为高级总督区。对皮亚琴察和米兰的作战导致行政改组工作短暂地中断，直到一场成功的冬季战役打开了意大利中部的局面。在与罗马涅相似的情况下，弗里德里希二世于 1239 年 12 月将利古里亚海岸省改组为新国家的"卢尼贾纳"（Lunigiana）总督区；后来又增加了韦尔西利亚（Versiglia）和加尔法尼亚纳（Garfagnana）总督区，并被升格为高级总督区。1240 年 1 月，托斯卡纳高级总督区成立，同月又成立了安科纳边疆区和斯波莱托公国这两个高级总督区。2 月，教宗国的被征服部分，特别是原属教宗国的托斯卡纳，被改组为一个以维泰博为中心的高级总督区，"从阿梅利亚（Amelia）到科尔内托（Corneto），经过整个马里蒂马（Maritima）"。一年后，弗里德里希二世又在教宗国领土上建立了纳米（Nami）省。如果再加上南方的两个毗邻的新的西西里行省，我们就会发现，除了"圣彼得的遗产"的若干残存部分和少数反叛城市之外，整个意大利都被清楚而一致地组织在一个坚固的实体中，并在意大利超级专制君主的铁腕统治下，在帝国的统一管理下运作。

这个新国家的整个机体，是被绝罚的皇帝在战争条件下建立起来的。它虽然庞大和坚固，却是灵活和有弹性的，而且可以根据战局的千变万化或其他需要，在必要时重新排列组合。托斯卡纳、上帕维亚和其他大的高级总督区被根据需要细分为若干个总督区，这有点像政法官领导下的省份。这个新国家在某种程度上是按照西西里的模式建立的，只是比西西里强大得多。在这个恺撒帝国的强大机器旁边，西西里就像一件精雕细琢的艺术品、一个八音盒。弗里德里希二世的新国家比西西里更多地体现了他心目中的世界秩序。稍稍几笔便足以解释这个局限于意大利的世界帝国的特点。

每个伟人迟早都会遭到全世界反对，受到那些感到自己受威胁的民族的联合抵抗。弗里德里希二世不是在他的帝国之外，也不是在罗马帝国的不受威胁的边疆，而是在帝国最内部的恺撒式教廷和伦巴第城市遇到了这种联合的敌对势力。其他的世界主宰者利用他们拥有的广袤帝国来压制他们自己唤起的联合抵抗，从而将全世界转化为一个国家。弗里德里希二世则恰恰相反，不得不动用其周围的所有土地和民族的人力和物力，甚至向东西方的外国君主求助，才能在其帝国的中心巩固他的世界性国家。在罗马帝国的核心地带，在意大利这个狭窄的范围内，帝国与反帝国的力量聚集着、积累着。我们在弗里德里希二世的国家中开始清楚地看到的，就是文艺复兴式的张力：在最小的空间里集中最大的力量。在这一切的中心耸立着罗马，世界的首都，人们渴望的目标。以罗马为中心，出现了独一无二的意大利超级君主国，它以令人难以置信的集中程度显示了像拿破仑那样的世界帝国的所有特征。这个由世界统治者在其权力巅峰时期以最大的暴力和最大的努力建立的国家，可以说是罗马世界帝国的新形态，只不过被移植到了北意大利和意大利中部的狭长地带。罗马世界帝国的复兴不是在广袤的旧有省份中实现的，而是在"众省之省"之中。因此，是什么让这个国家的创造适合于一位世界性的统治者，是什么让它在紧凑中具有如此巨大的规模，以至于罗马各省像巨型方块一样被一个巨人的手捏在一起，被挤压在最小的空间里？单纯是那个被压缩在最狭窄范围内的对立世界的那种巨大的活力、张力和压力。弗里德里希二世不顾这个对立世界的曲折和抽搐，现在赤裸裸地建立了他的简单而宏伟的暴政。

新国家的精神与西西里专制君主国的精神相似（例如总督职位的委任状就表达了西西里法典序言提出的那种国家哲学和救赎学说），但除了官僚机构的组织所需的细则外，没有必要进行新的立法。弗里德里希二世希望用他的超级君主国去复兴罗马帝国、让意大利重新生活在恺撒的旗帜之下；不言而喻，罗马法应该在新的罗马诸行省内施行。意大利诸城市很久以前就采用并实施了罗马法，但现在出现了前所未有的新局面：在帝国的心脏地带，再次出现了一个与罗马法的精神相称的伟大国家，并且体现为一个整体的意大利；意大利各省再次成为一个伟大整体的组成部分，一位新的恺撒在官员的辅佐下牢牢地抓住了这个伟大整体；一位新的奥古斯都再次根据古老的规矩来司法，世界的救赎将从他的统治中产生。罗马帝国的复兴（Renovatio Imperii Romanorum）已经在意大利的土地上实现了。弗里德里希二世后来放弃了主要用"罗慕路斯血统"的罗马人填补所有行省总督职位的初衷。遭到绝罚的他需要最值得信赖的部下，而只有西西里能提供这样的部下。

皇帝迅速而强有力地建立了新的统治，其严格和准确的运作也同样强有力。与西西里不同，在新的意大利国家，没有现成的东西可以与新政权相联系，所以皇帝不得不将大多数现存的机构扫地出门。迄今为止，皇帝在意大利完全是通过帝国使节来行使权力的，这些使节都是德意志的主教和贵族。最初，只有一名帝国使节负责整个意大利。但早在 1222 年，弗里德里希二世就把这个过于庞大的区域划分为两个帝国使节辖区，一个负责北意大利，一个负责意大利中部。这些拥有广泛权力和较长任期的德意志裔帝国使节享有相当大的独立性，但他们的影响力是有限的，因为没有服从于他们的下级官员执行他们的命令。所以这些帝国使节其实是被架空的。在皇帝新的高效的集约化管理中没有他们的位置，因此帝国使节的职位被废除了。他们庞大的辖区被分割成多个高级总督区，这使得皇帝可以采取坚定而直接的行动。作为皇帝代表的独立性很强的帝国使节被完全依附于皇帝的官僚取代，这些官僚是皇帝的下属，可能享有政法官的军事权力。最后，即便是高级总督也不会享有帝国使节那样的极长任期，而是采用了西西里那种通常的短期任职方式，而且官员的岗位调动也很频繁，以避免其与被统治者建立任何交情。当这些帝国官员被派往一座重要的城市担任督政官时，他们被严格禁止在任期届满后再次参加竞选（再次参选是意大利的习惯做法）。皇帝只在一种情况下保留了旧的帝国使节头衔：恩齐奥国王被任命为整个意大利的帝国总使节。他不与任何省份有固定联系，但在局势需要时可以自由行动。他是皇帝的副手和代理人。因此弗里德里希二世能够通过他的儿子，即他的"活生生的映像"，将他的个人影响力在整个意大利翻倍。恩齐奥位于高级总督之上，而高级总督必须像服从皇帝一样服从他的命令，尽管高级总督的权力像恩齐奥本人的权力一样直接来自皇帝，而不是通过这位帝国总使节的媒介。

除了少数例外，只有皇帝有权任命官员。在整个意大利（如同在西西里），独享任命官员的权力是弗里德里希二世的绝对君主制的基础。在整个意大利，皇帝的意志必须是至高无上的、延伸至国家的最底层的。而要让皇帝的意志能够深入最底层，皇帝就必须垄断对哪怕是下级官员的任命权。在这个帝制国家里，没有独立于皇权的空间，无论是封建权力还是城市权力都不能脱离皇权的支配。从今往后，在适当考虑各地具体条件的情况下，同质的帝国官僚将在各个城市和伯爵领地的管理中占主导地位。各个边疆区和行宫伯爵领地被尽可能地纳入帝国，特别是如果它们的持有人怀有二心的话。许多大贵族，尤其是北方的大贵族，被皇帝赋予了为国家服务的职务。但封建领主和城市的权利仅在有保留的情况下得到承认，而且仅在它们不违背国家总体组织的前提下。各市镇从友好的城市中为自己选择一个独立的督政官的习惯，现在必须放弃。现在，较重要的城市的年度督政官由皇帝从高级总督中挑选，或者皇帝亲自担任督政官，然后任命一名代表来实际负责。有些城市选举自己的督政官的权利得到了皇帝的承认，但受到很大的限制，以至于皇帝掌握了实际的选择权。这个体制里没有留下任何漏洞，所以不可能出现一个让皇帝不喜欢的督政官。

就这样，弗里德里希二世在很短的时间内就把他的帝国官僚体系扩展到了整个意大利。除了高级总督和帝国任命的督政官之外，还有一支由下级总督、城堡长官、财政官员、法院官员和文书人员，以及各种下级官员组成的队伍牢牢掌控这个新的国家。官员的纪律一如既往地极为严格。为了便于监督，高级总督必须上报其所在省份所有空缺职位（如总督、城市督政官和城堡长官），以及工资的清单，这是因为官员的工资直接来自弗里德里希二世的国库，或者来自官员（如督政官）任职的城市的收入，但这要遵守皇帝规定的标准。皇帝要求官员们对自己的薪水知足，并且为官清廉。卖官鬻爵将受到严厉的惩罚。总的来讲，一个官僚统治集团在整个意大利建立起来了，它与教士统治集团相对立，或者更准确地说，凌驾于教士统治集团之上。皇帝对教会的立场是毫不含糊的：被教会诅咒的恺撒创造了国家，除了他的权威之外，原则上不应当有任何别的权威。

最深入的变化是在新政府的人员本身。在此之前，帝国在意大利的治理机构只有一两个德意志裔的帝国使节，而各城市的政府则由出身于北意大利贵族的督政官领导。现在，突然间，阿普利亚人涌入了意大利的每个角落。军队的各级领导职务都主要（如果不是全部）由训练有素的阿普利亚人担任，他们的忠诚由他们在西西里留下的财产和亲属来担保。博洛尼亚的大学生嘲笑那些因内部纷争而沦落到这一步的城市，"他们必须向恺撒进贡，在阿普利亚人的枷锁下哭泣"。在意大利蔓延的确实是一种异族统治，但是南意大利人而不是德意志人的统治。除了很快被任命为意大利地方总督的两个曾经的侍童——霍恩堡兄弟外，没有德意志人在意大利的行政管理中占据任何位置。霍恩堡两兄弟像阿普利亚贵族子弟一样，在御前接受了至少几年的教育，而弗里德里希二世现在发表了一个总的声明，表示他会将重要的职位优先委托给那些在恺撒宫廷成长起来的人，"因为他们对我的帝国荣誉的热情促使他们接受这些被委托给他们的省份"。现在，一切都取决于官员的完全可靠、个人忠诚和无条件服从，因为教会解除了所有臣民对皇帝的效忠誓言，这等于是邀请他们对皇帝犯上作乱，而且教会实际上是以今世和来世的利益来回报他们对皇帝的不忠诚。

因此，许多熟悉的姓氏突然重新出现在意大利政府中。这些年轻的西西里人中有不少是天赋异禀的才俊：菲兰杰里和埃博利、阿夸维瓦和阿奎诺、莫拉和卡拉乔利……除了这些，还有皇帝的儿子们：恩齐奥和安条克的弗里德里希，鲜为人知的基耶蒂的里卡尔多（Richard von Theate），后来还有英格兰的伊莎贝拉的儿子亨利国王[①]。此外，还有皇帝的女婿们，即他的私生女的丈夫：埃泽利诺·达·罗马诺（特雷维索边疆区的领主）、卡雷托的雅各布（萨沃纳侯爵）、里卡尔多·卡塞塔，以及阿奎诺的小托马索。最后还有皇帝在曼弗雷德国王那边的姻亲，即加尔瓦诺·兰恰侯爵（Galvano Lancia）和曼弗雷德·兰恰侯爵，以及萨伏依伯爵托马索。一些忠于皇帝的意大利家族的成员或来自忠皇城市的意大利人有时也被雇用，主要是担任城市的督政官，有时也担任其他职务，但极少担任高级总督：除了皇帝的意大利亲属之外，唯一获得如此殊荣的是佩尔奇瓦莱·多里亚，他在上文关于诗人的章节已经提到过；还有狂野的侯爵乌贝托·帕拉维奇尼（Uberto Pallavicini），他和埃泽利诺后来成为最早的文艺复兴意义上的意大利领主（Signore）。

---

① 这个亨利（1238—1253）是弗里德里希二世皇帝与英格兰的伊莎贝拉的儿子，按计划应当在父亲驾崩后接任耶路撒冷国王，但英年早逝，始终未加冕。

一位同时代人将帝国高级总督们称为"君王"（principes），这个表述与这些小专制者的举止相称。他们自称"蒙上帝与皇帝的洪恩，上帕维亚的高级总督"，或者仅仅是"蒙上帝洪恩，托斯卡纳的高级总督"。他们对皇帝的依赖是绝对的，但在其他方面，他们具有无限的王公权力，特别是在后来的日子里，担任高级总督的人几乎全是皇子、弗里德里希二世的驸马或近亲。这些人，特别是一天天变得越来越独立的埃泽利诺和帕拉维奇尼，成为他们的主公即皇帝的"镜子"，甚至最细微的外部特征都竭力模仿皇帝：他们模仿他对奢侈品、占星家、动物园和撒拉森随从的喜爱，甚至模仿他的智力活动和他对教会教条的冷嘲热讽。佛罗伦萨、比萨、维罗纳和克雷莫纳等大城市的督政官紧跟在高级总督们身后。若是在另一种境况下，这些帝国总督可能会像拿破仑的皇亲国戚一样，以国王的身份统治一些大规模的附庸国。施陶芬皇帝的这个集约而非发散的意大利"世界性国家"的特点是，广袤的王国被压缩成小的总督区，或者说，这些由皇子们（实际上是无冕之王）统治的小小的总督区会膨胀到公国和王国的地位。在这方面，我们必须在下文讨论皇帝的一个非凡计划。

与此同时，这个最后的、最伟大的日耳曼国家的世界历史意义，在某种程度上已经显现出来。这个国家建立在意大利土地上，而且是由最后一位罗马皇帝建立的，旧帝国在他之后就灰飞烟灭了。这些帝国高级总督和亲帝国的督政官，这些摄政者和总督，是文艺复兴时期的领主和专制君主的直接祖先。具有无限专制权力的城市督政官职位，特别是当它成为终身职位时，逐渐等同于王公的地位。后世意大利的领主们模仿最早的高级总督埃泽利诺和乌贝托·帕拉维奇尼，几个世纪以来一直自称帝国的"总督"，直到 1400 年前后，维斯孔蒂（Visconti）、埃斯特（Este）、贡扎加（Gonzaga）等总督区被德意志皇帝正式合法化为公国。现在让我们了解一下弗里德里希二世的意大利-罗马国家的真正意义：一个强大的泛意大利的超级君主国，在短时间内将日耳曼、罗马和东方的元素统一在一个国家中；弗里德里希二世本人，世界的皇帝，是这个国家的超级领主，或者说是超级专制君主，是这些君王中第一个也是最后一个戴上罗马的世界主宰者之皇冠的人，他的恺撒身份不仅与巴巴罗萨那样的德意志王权联系在一起，也与东方-西西里的专制主义联系在一起。理解了这一点，我们就会发现，文艺复兴时期的所有专制君主，如斯卡拉（Scala）和蒙泰费尔特雷（Montefeltre）、维斯孔蒂、博吉亚和美第奇，从最微小的特征来看，都是弗里德里希二世的子孙和后继者，也就是这个"亚历山大第二"的继业者（Diadochen）。一位托钵修士描述了一棵奇妙的坚果树，它从阿普利亚某座教堂废墟的祭坛上长出来，当人们砍伐它时，它的横截面显示出救世主的面容。即使树被砍成 1000 块碎片，救世主的面容也会在每一截树枝的横截面上重现。弗里德里希二世皇帝去世后，意大利的超级君主国被震成碎片时，也出现了类似的现象。帝国的每个碎片，即每个王公的宫廷，都酷似弗里德里希二世的宫廷；"奥索尼亚①的神圣土壤"在随后几个世纪里孕育的所有王公，作为私生子，无论高贵卑贱，都反映了他们未被承认的祖先的面容：弗里德里希二世，这位德意志皇帝，曾抓住并强暴"意大利

---

① 奥索尼亚（Ausonia）是古希腊人对下意大利的称呼，或引申指整个意大利。"奥索尼亚"一词源自古时生活在此地的奥索尼斯部落（Ausones）。

少女，妓院的老鸨"（但丁语），让她生下了孩子。

　　弗里德里希二世及其官员在意大利实行的专制主义虽然经常是专横跋扈的，但在原则上绝不是意大利的异类。各城市的宪法已经清楚地显示出独裁倾向。直到 12 世纪和 13 世纪之交，各城市一直由两名执政官统治。再往后，执政官要么从属于外籍的督政官，要么被其完全取代，而督政官的职能越来越像独裁者。伦巴第人的"自由"概念，是一种争取独立的地方主义，它反对任何外部强加的权威，但对自己选择的权威的严厉并不反感。因此，地方主义能够与专制主义如此融洽地相处。弗里德里希二世坚决地与分离主义倾向做斗争，而他和他的官员为专制主义指明了道路。在许多方面，皇帝给各城市带来的，正是它们自己想要的东西，因此地方主义暂时受到了压制：将支持米兰的各城市联系起来的，正是那个强大的敌人；其他城市则被帝国和对普遍和平的憧憬所团结，因为人们期待皇帝的强大统治能够带来和平。弗里德里希二世在这个时期一针见血地写道："如果意大利诸城市宁愿选择不确定的自由，也不愿意选择和平与正义的安宁，那就是不顾自身利益。"许多人对这种"不确定的自由"心生厌恶，因为它使他们不断卷入内部和外部的战争。他们渴望得到皇帝承诺的秩序。当时的冥思–神秘主义的希望，以及对罗马帝国及其皇帝的救赎使命的信仰，从另一个方面影响了弗里德里希二世。多年前他就利用过这种信仰：当他开始在伦巴第开展"正义的执行"时，皮耶罗·德拉·维尼亚用《圣经》经文宣布皇帝的驾临："那坐在黑暗里的百姓，看见了大光。"[1] 但这只是前奏。当教宗

----

[1] 《新约·马太福音》第 4 章第 16 节。

用开除教籍和通谕威胁来动摇人们对皇帝之救赎使命的信仰时，弗里德里希二世才开始认真地利用这些不常用的力量，并在它们的帮助下，部分地消解了绝罚令的效力。他能够成功地煽动人们对承诺已久的弥赛亚皇帝的热情，但这只是因为最高的精神权威——教宗格列高利九世本人，一直不遗余力地用天启的气氛来包围皇帝。

如果当时人们还没有沉浸在审判日即将到来的信念中，那么基督教世界两位领袖之间的最后一场激烈的大决战（起初是在言辞空前凶残的小册子和宣言中进行的）也很可能会催生这样的想法：一个时代正在癫狂中结束。10年来，基督教万民被双方发出的雷霆万钧的指控所迷惑。双方都向倾听的君主们及各民族宣称，自己才是世俗和精神领域的最高权威，而毁灭者本人正坐在教宗或皇帝的宝座上。

在教宗格列高利九世通过绝罚将"皇帝的身体交付撒旦，以便他的灵魂在世界末日得到救赎"之后没几天，弗里德里希二世从特雷维索向世界上所有的君主和王公发表了一份伟大的宣言，从而拉开了精神斗争的大幕："人子们啊，抬起你们的眼睛，竖起你们的耳朵！为世界的苦难、各民族的不和、正义的沦亡而哀伤吧，因为巴比伦的恶正从人民的长老那里出来，这些长老表面上引导人民，却把公义变成苦水，把正义的果实变成苦艾。王公们，请坐；万民，请听我讲述！"弗里德里希二世的宣言由此开始，他在其中详细阐述了他在整个统治过程中对教宗的态度。同时，他还对格列高利九世的行为做了详细的批评，说自从这位教宗坐上圣彼得的宝座那天起，他就出于不可告人的动机，无情地迫害皇帝，并显示出他是皇帝的不共戴天之敌。在这里，弗里德里希二世为他对格列高利九世的所有攻击奠定了基础：他既不是在挑战教廷，也不是在挑战教会，而只是在谴责现任教宗本人。他不承认这位教宗是他的法官，因为格列高利九世与帝国的反贼沆瀣一气，已经成为皇帝的死敌。最后，弗里德里希二世向全世界揭示了格列高利九世作为教宗的某些操作，并揭露了教廷的某些弊端。

弗里德里希二世这样做是为了迎合一种普遍的情绪。长期以来，教会的腐化一直为最优秀的人士所憎恶；而对普通人来说，教廷对金钱的贪得无厌是一种负担。人们早就通过各种歌曲和讽刺诗、戏仿和小册子熟悉了教廷的腐败，而皇帝的谴责更是让公众对其深信不疑。在这个充满活力的、警醒的世纪里，出现了大量针对教宗、枢机主教和教廷的讽刺作品，它们戏仿赞美诗、礼仪和弥撒，主要抨击教会及其首脑的欲壑难填。诙谐的假福音书被传播四海，其中圣马可（Sankt Marcus）的角色被银马克（marca）取代。枢机主教（Kardinal）被讥讽为"攫取者"（carpinal），金钱则成为最高的神和万王之王（rex regum）。教宗与被视为异端的高利贷者勾结是一个公开的秘密。弗里德里希二世的大使在里昂大公会议上发言时，教会方面攻击他的主公是异端分子。这位大使反驳说，皇帝才没有在自己的领地容忍高利贷者。教宗对金钱的索取令西方列国深恶痛绝。尤其是对教廷有纳贡义务的英格兰深感不满，并不断地抗议教宗的爪牙对金钱的搜刮。

这种对罗马教会及其弊端的批评态度，在13世纪初约阿希姆修道院长的威胁性话语中首次出现。后来人们将教廷的腐败与圣方济各的节俭生活作对比，于是对教廷的批评就更激烈了。弗里德里希二世现在抓住了这一点并加以利用，但不是攻击教会、教宗制度或教廷，而仅仅针对格列高利九世本人。皇帝努力使枢机主教们和教会组织脱离格列高利九世。弗里德里希二世指责格列高利九世在没有枢机主教同意的情况下发布豁免令，说教宗这么做是为了牟利；格列高利九世坐在自己的房间里"捆绑和释放"，就像一个小贩，充当自己的书记员，设置自己的印章，可能也亲自担任出纳员。弗里德里希二世还补充了一些具体的例子，以说明现任罗马主教的不称职。从弗里德里希二世的圈子里传出的一本小册子也采取了同样的策略，对格列高利九世发动了尖锐而有效的攻击。"你作为教会的牧人，按照基督的命令宣扬守贫，为什么你如此唯恐避之不及地逃离你所宣扬的贫穷？"

弗里德里希二世对教宗格列高利九世最严重的指控，是教宗与伦巴第异端分子，特别是米兰人沆瀣一气。教宗本人曾指责米兰人是异端，一些值得信赖的教会人士也曾判断该城的居民主要是异端分子。格列高利九世与米兰结成同盟，就不配拥有教士的裁判权了。皇帝感到焦虑，担心"主的羊群被这样的牧人带入歧途"。因此，他敦促枢机主教们召集一次由整个基督教世界的神职人员组成的大公会议（也邀请全体世俗君主参加），然后让这个会议同时审判教宗和皇帝。这个提议似乎很骇人，因为自格列高利七世的时代起，教会的会议就不再凌驾于教宗之上，而仅仅是他的工具。弗里德里希二世重申，他只是在反对格列高利九世这个人。"广大教会和基督徒不要惊讶，我不惧怕这样一位法官的判决：不是因为我对教宗的职位和使徒的尊严缺乏敬意（所有正统的信徒都对其表示敬意，我尤其如此）……但我指责这个人的堕落，他显示出自己不配拥有如此显赫的宝座。"

弗里德里希二世就这样严格区分了教宗职位与其现任者。

同时代人注意到了这一精妙之处，并认为如此区分是极其巧妙的，因为这样皇帝就避免了与教会及其机构的争吵，而只是针对作为个人的敌人开展活动。而格列高利九世通过与威尼斯、热那亚和米兰结盟，已经显示出足够的敌意。但这种对职务和任职者的区分，使弗里德里希二世与教会的教条发生了冲突。教条规定，一名教士所拥有的神圣职权与他本人的品质是无关的。这就给了教宗格列高利九世一个反攻的机会。

皇帝的宣言无疑是强有力的。但与格列高利九世的答复相比，皇帝最野蛮的言论都显得很温和了。格列高利九世把《启示录》中所有最恐怖的形象堆积在一起，反对"这只从尾巴上喷出毒液的蝎子"，反对这条恶龙、这支世界之锤。他那篇狂热的通谕的开场白，是为了唤醒世人对这个属于撒旦的世界末日怪物的恐惧："从海里起来的野兽，满口亵渎的名字，它用熊的爪子、狮子的血盆大口、豹的肢体肆虐，张口亵渎圣名，一刻不停地用长矛攻击上帝的帐幕和住在天上的圣徒。它试图用獠牙和铁爪摧毁一切，把世界踩在脚下踩成碎片。它要用攻城槌攻破天主教信仰的壁垒……因此，你们不要对它用诽谤的箭矢对准我们感到惊奇，因为它连主也不放过。你们不要对它对我们拔出污蔑的匕首感到惊奇，因为它要把主的名字从地上抹去。相反，你们可以用公开的真理来抵挡它的谎言，可以用纯洁的证据来反驳他的欺骗：看那野兽弗里德里希，那所谓的皇帝的头、身体和尾巴……"

在这场针对皇帝的斗争中，教宗召集了神秘的力量来支援自己。他厚颜无耻地歪曲每一个事实，指责皇帝犯下了一桩又一桩罪行。除了他希望在基督徒心中产生的影响之外，教宗对一切都漠不关心。按照教宗的说法，弗里德里希二世故意将布林迪西朝圣者营地的十字军战士置之死地，毒死了图林根方伯；在圣地与苏丹媾和，损害了基督徒的利益；煽动了针对爱好和平的教宗的战争；出于贪婪，他允许自己的王国被火与剑蹂躏。格列高利九世以谦卑的态度驳斥那些针对他本人及其行为的指责："我心甘情愿地承认自己身无寸功，所以不配做基督的代理人。我承认，面对这样的重任，我无能为力，因为除非有神的帮助，任何人都无法承担这样的重任。"尽管身体虚弱，他仍然以一心一意的态度，谨遵上帝的命令，履行自己的职责。而弗里德里希二世注定要走向灭亡；他凭借狡猾和诡计，不满足于当君王，还想当祭司；他乐于被称为敌基督的前驱，并渎神地否认教会捆绑和释放的权力。弗里德里希二世自己的著作揭示了他的黑暗，用他自己的手撕开了遮掩他狰狞面目的面纱。"因为他冥顽不灵地宣称，我作为基督代理人发出的绝罚令不能束缚他；同时他胆敢说，教会不拥有圣彼得及其继承者所传递的捆绑和释放的权力……他就这样自证为异端，作茧自缚，并显示了他对真正信仰的其他条款有多么邪恶的看法……"格列高利九世这样辱骂了自证为异端的皇帝之后，又对他发出了最可怕的指控："这位瘟疫之王宣称——我在此引用他的原话——全世界都被三个骗子骗了，他们是耶稣基督、摩西和穆罕默德，其中两个人死得很体面，但基督死在了十字架上。此外，他还大声宣称（或者说，他谎称），所有相信上帝（自然界和一切事物的创造者）由处女所生的人都是傻瓜。弗里德里希二世还通过一种疯狂的断言加剧了上述异端思想，即只有在夫妻之事之后才可能受孕，才会有人出生。弗里德里希二世认为，除了自然的力量和理性可以证明的东西外，任何东西都不值得相信。"

教宗格列高利九世把最致命的武器留到了最后。在这些可怕的亵渎言论（无论受到了怎样的扭曲和掩饰）背后，我们都能看出那个试图在自然界中看到"事物的本来面目"的人的光辉形象。在这一点上，没有任何疑问。我们无法证明弗里德里希二世是否说过那句关于三个骗子的臭名昭著的话。但他肯定能说出这种话来，甚至还能说出更加惊世骇俗的话来……但不管怎么说，这句话也不是他的发明。几十年前，巴黎大学的神学教授图尔奈的西蒙（Simon von Tournai）就提出了这一论点，以展示他的辩证法技巧可以推翻它。后来的教宗们再也没有把这一亵渎行为归咎于弗里德里希二世，甚至格列高利九世也没有再提出同样的指控，因为一旦毒药发挥了作用，这一指控就会被全世界接受。这个指控是真是假，并不重要。有人说，弗里德里希二世与穆斯林的友谊会阻止他对穆罕默德做出亵渎行为。这种假设是站不住脚的，尽管他的同时代人以此为由不相信教宗的指控。有人问，同一位教宗（格列高利九世）对同一位皇帝的第一次绝罚是因为指控他是穆罕默德的仆人，并沉迷于撒拉森人而不是基督徒的习俗，那么弗里德里希二世又怎么可能把穆罕默德与摩西和基督一起列为骗子呢？

当然，教宗格列高利九世无法证明自己的说法。但弗里德里希二世也同样无法反驳。因此他必须借助其他方式来消除教宗宣言的影响，该宣言将他描述为撒旦和敌基督。他当然立刻驳斥了关于三个骗子的言论，说自己从来没有说过这样的话。但单纯的否认并不能证明什么，即使他庄严宣誓说自己恪守真正的信仰，也无济于事。要消解教宗的诽谤，更有效的办法是否定教宗的公信力，以其人之道还治其人之身，对他提出最致命的指控：异端。皇帝几乎不费吹灰之力就把格列高利九世说成真正的异端分子和异端之友。教宗与伦巴第异端分子的联盟是世人皆知的，这给皇帝的指控增加了砝码。德意志的教会诸侯仍然一致地坚定支持皇帝，他们不久之后给格列高利九世写信表示：他们研究了开除皇帝教籍的所有理由，恳请教宗不要再让皇帝这样一个真正的教会之子受到伤害，因为这样的烦扰会在天主教信仰已经蒙受的危险之外增加新的危险。此外，教宗的行为使人们普遍相信，教宗之所以对皇帝如此严厉，是因为教宗想要庇护米兰人（帝国之敌）及其追随者。虽然他们（德意志的教会诸侯）自己也不相信"真理的代言人"（教宗）会包庇反叛者的明显的卑鄙行为，但表象对教宗不利，因为教宗在伦巴第的使节正竭尽全力引诱各城市背叛帝国。因此，德意志的教会诸侯公开表示，他们作为帝国的肢体，不能辜负它，所以将不情愿地为教会哀哭。皇帝如实地辩称，他已将自己和他拥有的一切献给了教会，因此，德意志的教会诸侯恳求教宗立刻实现和平，他们愿意充当教宗与皇帝谈判的中间人。

在当时全世界的眼中，弗里德里希二世仍然主要是圣墓的解放者，并且他确实为了教会的利益牺牲了自己和自己的财富。作为异端的镇压者，他也表明自己是一位有着正统信仰的君王。因此，要动摇他的地位或人们对他的信任是很不容易的。"我们知道，"一些英格兰人写道，"他忠心耿耿地为我主耶稣基督出征，不畏惧海上和战斗的危险。到目前为止，我们还没有在教宗身上看到同等的虔诚。"弗里德里希二世在英格兰仍然被认为是无辜的。此外，英格兰人说，敌人的话绝对不能信，而大家都知道格列高利九世是皇帝的死敌。教宗敢于保护帝国的叛乱者和异端分子，使其不受应有的惩罚，甚至仅仅为了这些人的利益就把胜利的、幸运的皇帝逐出教会，这本身就够奇怪的了。弗里德里希二世明确地强调了这一点，即他自己只是幸运地成为神的意志的工具："但事实上，皇帝的幸运总是唤起教宗的敌意与嫉妒。当西莫尼德斯①被问及为何没有人嫉妒他时，他回答说，'因为我从未成功地做成过任何事情。'但是，蒙上帝的恩典，我［指皇帝］一帆风顺，而且我正在追击伦巴第叛贼，直到将他们斩尽杀绝，而这个希望伦巴第人活下去的使徒教士叹了一口气，亲自下场来阻碍我的好运。"通过把教宗描述为嫉妒别人好运的世界和平破坏者，弗里德里希二世将自己宣传为被压迫的教会的捍卫者。

　　为了说明教宗制造的混乱，弗里德里希二世引用了两个天体的学说，即人们熟悉的太阳和月亮的比喻。在人间，教廷相当于太阳，帝国相当于月亮。两者都是由上帝直接指定的，这样一来，总是受到两个天体同时吸引的人类就可以得到双重的驾驭。但两者是被独立地创造出来的，这样一来，任何一方都不会干扰另一方的运行轨道。正如太阳和月亮在天上并肩存在，教廷和帝国在地上也是如此。弗里德里希二世没有试图宣称皇帝的地位优于教士，而是满足于把帝国比作月亮："但是，哦，这真是闻所未闻！太阳想从月亮上偷走她的颜色，夺走她的光芒！祭司要刺激奥古斯都，企图用他的使徒式的伟大来掩盖上帝安置在帝国巅峰上的我的光辉！"就这样，教宗给

---

①　西莫尼德斯（Simonides，约前556—前468），古希腊抒情诗人，以挽歌和哀悼死者的警句诗著称。他为在马拉松战役中阵亡的雅典人题写的墓志铭，比埃斯库罗斯的同类作品更有名。不过西莫尼德斯的诗歌大部分已经散佚。

世界带来了混乱：彼得不热爱皇帝所追求的和平，而是成为跌人的磐石①；保罗又蜕变成了扫罗，颠倒这个世界。"他，法利赛人②，坐在荒谬教义的座席上，被他的团伙用邪恶之油涂抹，他就是我们这个时代的罗马教士。他放肆地企图消灭上天所规定的万事万物之秩序，或许还相信自然规律会被他炽热的意志所支配。他试图通过把真理变成谎言来掩盖我的威严光辉……他仅仅在名义上是教宗。他说我是从海中升起的野兽，满口亵渎的名字，像豹子一样有斑点。而我认为，他才是经上所写的怪物：又有一匹马从海里起来，是一匹红马，坐在上面的人从地上偷了平安，使活人互相残杀。"教宗本人就是那条大龙。教宗本人就是敌基督，他却造谣说皇帝是敌基督的前驱。教宗是黑暗君王中的君王，滥用先知的恩赐，是基督的假代言人，把基督的神职变成了兽行。

就这样，弗里德里希二世把教宗打成了异端。"教宗是异端"是比"皇帝是异端"更具有革命性的思想。这种新的见解突然改变了世界上的所有关系。因为不用多说，"真正的信徒"是皇帝的朋友，而伦巴第异端分子那样的"不信者"是教宗的追随者和战友。教宗再也不能保护教会了。皇帝作为上帝指定的教会保护者，维护了教会的声望，因为大祭司"违

---

① 《新约·彼得前书》第 2 章第 8 节：又说，作了绊脚的石头，跌人的磐石。他们既不顺从，就在道理上绊跌（或作他们绊跌都因不顺从道理）。他们这样绊跌也是预定的。

② 法利赛人是犹太人历史上第二圣殿时期（公元前 536—公元 70）的一个政党、社会运动和思想流派。法利赛人是当时犹太教的四大派别之一，另外三大派别为撒都该人、艾赛尼人和奋锐党。法利赛人为保持纯洁而与俗世保持距离，与撒都该人追求俗世的权力及物欲相对。后来，"法利赛人"成为西方常用词语，用于形容伪善自大、将律法教条凌驾于精神纲领之上的人。

背了信仰，是那受咒骂却不回嘴的人①的假代言人"。正是教宗给世界带来了不和谐，夺走了和平，而帝国的救赎使命就是缔造和平。现在整个教会应当以皇帝为核心。作为"罗马元老"的枢机主教不再有责任辅佐教宗，而应当成为保护和拯救教会的皇帝的助手。枢机主教们甚至将不得不充当与教宗对立的力量，"恰似行星在相反的轨道上运转，以调节苍穹的速度"。皇帝给枢机主教们写道："请你们把我们那头咆哮的狮子从他的罪行中叫回来，这罪行的开端是令人憎恶的。"欧洲的基督教国王们也有类似的想法：他们作为真正信仰的捍卫者，也应该为了世界和平的缘故，团结一致来反对这位教宗，与皇帝并肩作战。"各位王者，各位亲爱的君主，不要只责备我，也请责备作为信徒团体的教会：因为它的头是软弱的，它中间的领袖像吼叫的狮子，它的先知是疯子，它的新郎是不信者，它的教士是玷污至圣者的恶棍，他行不义，蔑视律法。在世界其他君王的眼里，我们必须为这样一位大祭司的失败感到悲哀，因为我们这些享受荣誉和肩扛重担的人，在空间上离他更近，在职务上更相近。"格列高利九世保护反帝国的叛乱者的事实，也是对君王们的一个警告："亲爱的君王们，我迫切地、不间断地劝告你们，在这种针对我的暴行中，也要看到针对你们自己的不公。当你们的邻居家里着火的时候，你们要赶紧带着水去保护你自己的房子！"弗里德里希二世从教会的各种法令、《圣经》的许多章节和各种传说中汲取新的力量，从新的角度看待一切，直到最后，"君士坦丁献土"本身也被用

---

①　指耶稣。《新约·马太福音》第5章第39节：只是我告诉你们，不要与恶人作对。有人打你的右脸，连左脸也转过来由他打。

来为帝国的利益服务。皇帝阵营对这份危险文件的阐释是，它表明教宗理应对帝国感恩戴德。

人们常说，在这场笔墨之战中，真正有创造性的是皇帝的文书官衙。因为当教廷在几个世纪以来已经变得俗套乏味的《圣经》思想和表述中疲于奔命时，皇帝的宣言却闪烁着新思想的光芒，其中一些思想在几个世纪之后才逐渐成熟。原因之一是，格列高利九世的文字完全是消极的、破坏性的，旨在消灭他的敌人，而弗里德里希二世却有一个建设性的目标。弗里德里希二世没有在檄文中明确地这样表达，但通过对教宗的每一次否定，他指出自己是正义的皇帝，是混乱时代的拯救者和救赎者。弗里德里希二世，他的名字就代表了和平的福音①。他的事功和他的权力似乎证明了，他就是人们期待已久的和平君王。他在耶路撒冷戴上了大卫的王冠，长期以来许多预言和承诺讲的是他，而不是格列高利九世。人们期待着一位弥赛亚式的教宗，就像人们期待着一位弥赛亚式的皇帝一样，但弥赛亚式的教宗将以渔人彼得或质朴的乞丐方济各的身份出现，即清贫的新郎，而不是像格列高利九世或英诺森三世那样的皇帝式祭司。

弗里德里希二世在斗争中只是暗示了这一点，而一本将皇帝视为救世主的小册子则明确地宣称："大祭司和法利赛人召集了一次会议，一起反对罗马人的君主和皇帝。'我们如何是好，'他们说，'既然这个人战胜了他的敌人？如果我们不阻止他，他将推翻整个伦巴第的荣耀，他将像恺撒一样到来，直

---

① 德文名字弗里德里希（Friedrich）的词源是：古高地德语 fridu（和平、保护、安全）+rîhhi（强大、富有、统治者、统治、权力等）。

到把我们从我们的土地上赶出去，并消灭我们的人民……'"
这本小册子就是这样开始的，它模仿了《圣经》中大祭司和
法利赛人决定审判救世主的话语①。这种比喻被延伸得很复
杂：教宗被比作彼拉多，因为他写了那些辱骂皇帝的文字，并
被指责为破坏和平的罪人，因为他"作为分裂之友……反对
罗马君王的荣誉和权利，保护异端分子，而异端分子是上帝和
每一个有信仰的基督徒的敌人"。至于教宗的虔诚借口——他
保护伦巴第人是为了服务于圣地的事业，则被轻蔑地用于攻击
格列高利九世本人：他的绝罚令严重损害了圣地的事业，以至
于耶路撒冷很可能再次成为异教徒的猎物。"而你，基督的代
言人，却酣睡不醒，对我们的遗产被他人夺走视若无睹！因为
这座曾经熙熙攘攘的美丽城市已经荒废……它本流着奶和蜜，
如今却流着苦水。"要怪就怪教宗。基督的城市耶路撒冷没有
得到教宗的安慰，正在等待另一位主人。"她［耶路撒冷］一
刻不停地等待万王之王、罗马的君主，只有他能慰藉被掳的
她，只有他能救赎被毁灭的她。而你，这个敌人，这个不信神
的希律王②，你不敢去耶路撒冷……你这个绊脚石，你这个跌
人的磐石，你把海路和陆路都弄得乱七八糟，使这位恺撒、这

---

① 参考《新约·约翰福音》第 11 章第 47~48 节：祭司长和法利赛人聚集
公会，说，这人行好些神迹，我们怎么办呢？若这样由着他，人人都要
信他。罗马人也要来夺我们的地土，和我们的百姓。

② 大希律王（约前 74—前 4）是犹太国王，罗马的附庸。他以残暴著称，
为了权位，曾下令杀害自己的家人与多位拉比。但他也是犹太历史上最
著名的建设者，扩建了耶路撒冷的第二圣殿（又称希律圣殿），修建了
恺撒利亚的港口，建立马萨达与希律宫的城墙。在《圣经·新约》中，
他知道伯利恒有个君王诞生了，就派三智者先行，假意跟随朝拜。当三
智者从另一方向离开后，他下令将伯利恒及其周围境内两岁及以下的所
有婴儿杀死。耶稣一家逃往埃及，在大希律王死后才回到拿撒勒。

世界的奇异之光、这完美无瑕的镜子，无法按照恺撒的方式前往上帝的土地去帮助它。"这本小册子的结论是，教宗应当再次接受皇帝这个"真正的教会之子"进入教会的怀抱，"否则，我们现在装睡的高贵狮子将以其可怕的咆哮从世界上所有最远的角落吸引肥牛到自己身边。他必建立公义，使教会归于正道，撕裂并摧毁骄傲者的角。"

因此，人们将关于世界末日的愿景与弗里德里希二世联系起来。他的形象注定要在许多世纪里活在神话中，正如这本小册子描绘的那样。他将永存于隐居深山的弥赛亚式皇帝的传奇中，并在某一天重返人间，召集诸王，建立正义的帝国，惩戒教会，带领基督的人民前往耶路撒冷。这传奇里面有一些积极的东西超越了对教宗的指责：当皇帝的支持者在格列高利九世身上看到希律王、大祭司和法利赛人，看到给基督判刑的彼拉多时，皇帝却作为真正的救世主站在他们面前。他是西比尔女预言家所应许的，是值得赞美的，是"世界的奇异之光、完美无瑕的镜子"，是上帝为重建世界的和平与秩序而选择的救世主。皇帝越是相信否认教宗个人的价值的必要性，就越是坚持指出他自己的皇帝职位的神圣和崇高的使命，以及他自己的恺撒身份的神圣性。然而，这样一来，弗里德里希二世又将自己与基督徒们（教宗的绝罚令和言辞恐怖的檄文让他们更为激动和紧张）关于世界末日和复兴的五光十色的愿景联系了起来。教宗的权威本身已将弗里德里希二世置于天启-弥赛亚的玄学领域，所以皇帝只需赋予自己的行动以适当的意义。

皇帝发现自己的这个新角色并不难扮演。因为不仅他的朋友和亲信，就连许多有正统信仰的人士也在他身上看到了期待已久的上帝使者，而这位使者是来惩罚腐败的神职人员的。人们在这位"世界之锤"面前当然会战栗，但他们从先知的话语中清楚地知道，需要有一个人用铁拳打倒教廷和神职集团，从而带领世界再次进入和平与救赎的状态（在奥古斯都统治时期，当基督本人在人间行走时，人类就享受过这种状态）。恰恰在方济各会的神秘主义圈子里（约阿希姆修道院长的学说仍然很有影响），这些恐惧和希望越来越多地集中在施陶芬皇帝身上，他作为教宗的死敌，被认为有可能实现上述的预言。方济各会修士们期待着教会的改革，希望教会能够恢复到使徒时代那种纯洁的状态。虽然他们对施陶芬皇帝怀有敌意，但恰恰在方济各会的修道院中，下面这种信念很快就得到了广泛传播，即弗里德里希二世实际上是世界末日的先驱和上帝的使者；只有上帝本人能够消灭或杀死上帝的使者……在弗里德里希二世的圈子里，越来越多的人认为是上帝亲手塑造了他。

各种各样的梦幻交织在一起：教会的愿景，它梦想通过一个"万民的惩戒者"复兴使徒时代的原始教会；帝国的愿景，它梦想在一个新的恺撒·奥古斯都统治下实现奥古斯都的罗马帝国的复兴；最后，更具有人性的渴望，即梦想在一位正义皇帝的统治下回到人类堕落前天堂中亚当的原始纯真状态。一年又一年，弗里德里希二世越来越成为每个阵营的渴望的承载者，越来越多、越来越疯狂的神秘主义梦想开始聚焦在他身上。世界审判者、正义皇帝、圣墓拯救者与弥赛亚式的和平君王，所有这些都融入恺撒·奥古斯都的形象中，他本人也逐步把自己塑造为正义之君（rex justus）。弗里德里希二世通过铸造奥古斯都金币已经表明，他的恺撒姿态具有比单纯的个人或政治层面更深的意义：他在凯旋式和言行上越像罗马的恺撒和奥古斯都，他就越像维吉尔预言的救世主，而罗马帝国和基督教时代将以这位救世主为起点和终点。文艺复兴的种子潜伏在这种末世信仰中：世界的重生既是自然人的宇宙重生，也是回归教会和帝国的起源。但即使对但丁来说，这些也是在古罗马的使徒时代和罗马的黄金时代发生的。

到此时为止，弗里德里希二世从当时所有纠缠不清、犬牙交错、晦暗不明、黑暗、可怕或田园诗般的弥赛亚憧憬的幻象中，几乎只抓住了那些可以在国家中直截了当地明确表达出来的特征：首先，在他的所有领地，甚至在意大利，都要执行他的救赎世界的帝国正义；然后是罗马的恺撒·奥古斯都的风度与姿态。这两方面都与末世论无关，而是他血液中的本能，是他的职务所固有的。阐释的工作主要留给了别人。现在一切都改变了。教宗使宗教冥想不可避免地成为皇帝生活的一部分。如果弗里德里希二世要以教会拯救者的身份登场反对教宗，那么仅仅用国家的理性去对抗教会的信仰是不够的。弗里德里希二世必须为自己赢得上帝使者那神秘的、神奇的光环，这种光环始终围绕在信徒之统治者的头顶。帝国和教廷的手中都有未曾使用过的奥秘。恺撒可以从这个危机时期的伟大和平运动（人们期待着一位弥赛亚式皇帝，这些日子充斥着和平礼拜、哈利路亚和自我鞭笞）中获得他的神圣光环。这场伟大的运动以弗里德里希二世为旗帜。他使自己成为它的英雄、它的神。所以有人说，法国人把大革命当作他们的宗教，把拿破仑当作他们的上帝。

当弗里德里希二世于 1239 年年初离开伦巴第时，他已经完成了几个月的紧张工作。任务越多，要求越全面，进展越快，就越符合皇帝的心情，他的成功就越有把握。弗里德里希二世在罗马涅和伦巴第与叛军作战；从他在皮亚琴察和米兰城下的营地发布命令，将西西里王国变成一座要塞；在洛迪彻底改革了西西里的行政体系，并领导了南方复杂的航运活动；发布命令，裁决一些人，绞死一些人，流放一些人，并剥夺一些人的财产……虽然如此日理万机，他还是保持了足够的闲暇，每天对供狩猎的野物、用鹤捕猎、养马、消灭害虫进行细致入微的研究；用骏马、鹰和猎犬消遣；为中世纪最美丽、最豪华的城堡之一，为第一座文艺复兴式的大门，为一座凯旋门（其独立的立体雕像标志着世俗造型艺术的萌发）设计图纸并加以讨论。他也仍然对购买各色珍奇兴趣盎然：玛瑙盘子、宝石、其他稀罕物件……他派搬运工将古典时期的雕塑送回他的城堡；他为那不勒斯大学发出指示。在短短几个月内，他的意大利君主国就成为他的创造性天才和组织能力的恢宏纪念碑。他还给一位友好的君主写信，说他的健康状态极佳，一切都按他的意愿一帆风顺，而他现在正在酝酿一些新计划。这个新计划就是在发表许多具有挑战性的檄文之后，正式对教宗发动攻势，攻打教宗国。

皇帝从伦巴第出发，途经帕尔马，翻越西萨山口（Cisapaß），前往托斯卡纳。据说在这里，方济各会的总会长——科尔托纳的埃利亚修士——加入了皇帝的随行队伍，这使局势和各方阵营的排布越发混乱。这是那种将方济各会与吉伯林派联合起来的秘密同情的第一个迹象，这种同情是但丁和文艺复兴第一个世纪的显著特征。埃利亚修士是圣方济各最早和最亲信的弟子之一，圣方济各亲自指定他为自己的继承人。但埃利亚修士严谨的虔诚完全没有软弱或多愁善感的成分。他不是传统意义上的托钵修士，而是政治家、王公和学者，在他的傲慢和对浮华的热爱之外有一丝天才。总会长总是与修士们保持一定的距离，很少与他们一起吃饭，而是在自己的私室独自用餐，这不仅仅是因为他的膳食比修士们习惯的更高档。他要么住在位于科尔托纳的美丽宅邸，要么住在阿西西的教宗宫殿，因为他是格列高利九世的挚友。在公开场合，埃利亚修士总是骑着高头大马，即使他只有几步路要走，并且总是由多名衣着华丽的侍童护送。有人指责这种华丽的生活方式与修会的规则相悖，但他像一个真正的专制君主一样，按照罗马法驳斥了这种批评：总会长不受规则的制约。作为一位教会权贵，埃利亚修士也是一位伟大的建造者，他在阿西西为他的主公建造了宏伟的地下圣堂。据说他是通过炼金术得到这笔建造经费的，他曾写过一篇关于炼金术的论文。如果真的是这样的话，可能会平息许多修士的虔诚低语，尽管他们仍然明显地抱有对金钱的憎恶（方济各会的规则禁止修士占有财富）。但事实上，他是通过对修会本身征税来筹集资金的，所以修士们很快就开始反对他。他被视为专制者和暴君而受到憎恨：修士们部分渴望方济各会草创之际的那种无拘无束的自由，部分厌恶总会长的奢靡生活方式，部分惧怕他的严厉，因为令他们愤慨的是，埃利亚任命了严厉的调查员来加强修会的纪律。

于是，修士们掀起了反叛。总会长倾向于仅仅将方济各会视为一个国家，从而考虑它的世俗目标。这种态度与格列高利九世相似，最终导致了埃利亚的垮台。来自方济各会各分部的代表被派往格列高利九世那里，要求埃利亚修士下台。来自萨克森分部的代表因为过分热情而显得尤为突出。这位乔达努斯（Jordanus）修士在抵达罗马后，在高度兴奋的状态下，想方设法地闯入了教宗的卧室；他没有理会让他离开房间的命令，而是喜悦地赶到教宗的床前，从被子下拉出年迈的格列高利九世的裸足，按规矩亲吻教宗的脚，并对他的同伴说："我们在萨克森没有这样的圣物！"乔达努斯修士自己讲了这个故事。他肯定参加了 1239 年春季举行的方济各会大会，这次大会把埃利亚修士从总会长的职位上撤了下来，尽管格列高利九世竭力想保住他。

这位著名的小兄弟会总会长的倒台，自然在全世界引起了轰动。埃利亚修士在被罢免之初留在阿西西做忏悔，后来却突然出现在被逐出教会的皇帝的队伍中，这是多么令人惊愕啊！不可避免的结果是教宗对埃利亚修士也下了禁令。对弗里德里希二世来说，这位方济各会士是当下求之不得的追随者。对皇帝来说，这位修士对格列高利九世的深度了解是无价的；而埃利亚修士及其若干亲信出现在弗里德里希二世的队伍中，就是向所有人清楚地表明，圣方济各最亲密的弟子正在与异端教宗划清界限。正如当时的一位编年史家所说：弗里德里希二世解放了那些被教宗束缚的人；由于教宗的行为，教会的亲生儿子反倒成了教会的继子。

在这种情况下，弗里德里希二世开始了他新的，也许是最奇妙的冒险。它以皇帝在比萨的短暂停留开始。在这里，弗里德里希二世自称和平缔造者（他的名字就暗示了这一点），并成功地令盖拉尔代斯基（Gherardeschi）伯爵和维斯孔蒂伯爵这两个疯狂交战的比萨派系之间达成了和解。随后出现了令人注目的一幕。圣诞节快到了，他自己的生日紧接着救世主的生日。为了庆祝圣诞节，他，这个被逐出教会的人（他踏入比萨，就使得这座城市遭受了禁止圣事的禁令），不仅安排了一场礼拜，举行了弥撒，还在圣诞节亲自登上了比萨主教座堂的讲坛，向聚集于此的人们布道。他向惊讶的信众承诺，和平与和平帝国即将降临。这次布道使教宗党人对他提出了"最邪恶的亵渎"的指控。几天后，他还以和平君王、弥赛亚和救世主的身份入侵了教宗的领地。

几天前，恩齐奥国王带着一支部队奉命进入两个曾经属于帝国，但当时属于教宗的省份：安科纳边疆区和斯波莱托。恩齐奥在这里没有遇到太多的抵抗，因为教宗派来负责这些地区防务的枢机主教乔瓦尼·科隆纳是弗里德里希二世最热心的支持者之一，这加剧了局势的混乱。皇帝因此再次不战而屈人之兵，当然这是他的最后一次不流血的胜利。就像他早年的戏剧性行动一样，他设法巧妙地攻城略地，因此城市和要塞的大门在他接近时就像被施了魔法一样打开了。他作为解放者和救赎者（他的人民正在耶路撒冷期待这样的人物），作为恺撒式的救世主，踏上了教宗国的土地。恺撒和他的撒拉森卫队在十字架的旗帜下大举进军，并向他们前方的各个社区发出了传唤信。这些呼吁旨在为他的驾临奠定正确的基调。弗里德里希二世从未如此毫不掩饰地用经文宣称自己是万众期待的应许之人：

既然伟大的日子已经到来，你们可以使那个日子更容易得到我和帝国的接受，所以我请求你们：起来吧！引导你们的眼睛去看帝国的智慧与力量！你们要认识我，你们的君主和仁慈的主人。预备主的道路，使祂的道路笔直！把你们门上的门闩拆下来，让你们的恺撒进来，他对你们有恩，对叛乱者有威。他来的时候，长期压迫你们的邪灵就会沉默。

施洗约翰也曾用类似的话宣布主的到来，并承诺天国就在眼前。只有上帝的使者才能使邪灵沉默下来，特别是"人们称为教宗"的那个邪灵。对另一座城市，弗里德里希二世呼吁道："我们和你们所渴望的救赎时刻就要到了！"他把这座城市的归顺称为"皈依"。

弗里德里希二世将自己与东方三圣王寻找的那个人（耶稣）相提并论，这在皇帝给他自己的出生地耶西的那封著名的信中表现得最为直接："耶西啊，自然的本能促使我转向你，并衷心地拥抱你，高贵的边疆之城，我的光辉的出生地，我的神圣母亲在你这里把我带到这个世界，我的光芒四射的摇篮就矗立在这里：你的存在不会从我的记忆中消失；你，我的伯利恒、恺撒的出生地，会在我心中深深地扎根。你，伯利恒、边疆之城，在我民族的城市中并不是最小的：因为领袖从你那里出来，他是罗马帝国的君王，他统治你的人民，保护他们，不让他们受制于外邦人的手。那么，我的第一母亲啊，起来吧，把你从外邦人的枷锁中解放出来！因为我怜悯受压迫的你和其他受压迫的忠实者……"

很难想象有比这更庄严的对出生地的崇拜，并且是用圣书的言辞来表述的。自从查士丁尼把他的出生地提升为仅次于罗马的主教区以来①，还没有听说过类似的情况。福利尼奥也受到了尊崇，"我的童年是在它的光芒下开始的，我把它当作滋

① 拜占庭皇帝查士丁尼的出生地是陶雷修姆（Tauresium），位于今天北马其顿共和国首都斯科普里附近。查士丁尼于535年在陶雷修姆附近建造了一座新城市，称为"查士丁尼第一"（Justiniana Prima），确立其为新建的"查士丁尼第一"大主教区的大主教官邸所在地。"查士丁尼第一"于615年被废弃，遗址在今天的塞尔维亚南部。

养我的家园来敬重"。对他的伯利恒的崇拜，与"神圣母亲"（传说她以修女的身份奇迹般地生下他）联系起来，具有相当特殊的意义。

皇帝抵达斯波莱托和安科纳边疆区后，教宗在这些地区的权威立即土崩瓦解。各城市，除了少数例外，都心甘情愿地向这位"伴随着救赎"而来的恺撒敞开大门。无论这位解放者步入何处，他都受到热烈欢迎，因为"所有人都愿意受到同一个主人的保护"。教宗国的人民，尤其是那些支持教宗的人，在看到皇帝时一定会感到深深的震动和惊愕。其中一位报告了这位"弥赛亚"的渎神的行径："他自己就是十字架的敌人，却让人把十字架扛在他前面。他在被诅咒的土地上踱步。目击者告诉我，在福利尼奥和古比奥（Gubbio），他无耻地胆敢祝福那些被教会抛弃的人，用他不敬神的右手为他们祝圣。在这些地区和其他地区，尽管受了绝罚，他还是大张旗鼓地让人做弥撒，并举行其他神圣的仪式……他就是敌基督的先驱。"弗里德里希二世在福利尼奥停留的时候排场确实十分隆重。许多城市的使者和他自己的许多权贵，包括恩齐奥国王，都聚集在他身边。他向听众发表了讲话，并履行他的职责，恢复了古比奥和另一个社区之间的和平。皇帝为人民祝圣的说法可能是真实的，因为皇帝在福利尼奥召开了朝会，举行了自科尔泰诺瓦大捷以来成为惯例的恢宏仪式，并宣布在整个帝国建立稳固而持久的和平。皇帝在万人之上，安详地端坐于宝座，而皮耶罗·德拉·维尼亚就像一位祭司，立于他的身侧，向群众传达这位神一般的皇帝的神谕，而人民则在皇帝的威仪前屈膝下跪。这种仪式在西方是极不寻常的，在教宗国引起了加倍的轰动和惊奇，特别是皇帝的随行人员中还包括穆斯林。

对曾属于帝国的两个省份的收复，如同一次不间断的凯旋式。弗里德里希二世的成功超过了预期，因此他决定继续向"圣彼得的遗产"本身，即教宗治下的托斯卡纳推进，"在那里，各地人民都在渴望和呼吁我们到来"。同样的场景反复出现：蒂沃利（Tivoli）、奥尔塔（Orta）、苏特里（Sutri）、固若金汤的蒙特菲亚斯科内（Montefiascone）和其他许多城市的人民打着旗帜投奔皇帝，领头的是最重要的城市——维泰博的人民。从 2 月中旬起，皇帝与他的整个宫廷在维泰博驻扎，在那里也受到了山呼万岁的欢迎。皇帝在这个时候写道，负责接受各地人民宣誓效忠的帝国使者忙得不可开交。

弗里德里希二世在帝国的中心画上了越来越小、越来越紧密的圈子：突然间，他站在了罗马城下。从维泰博通往万城之城罗马的道路在他面前敞开。他现在是否应该以洗劫罗马（Sacco di Roma）来结束这次奇妙的胜利之旅，像俘虏敌方的普通将领一样俘虏教宗，从而让教会获得一个新的殉道者？对弗里德里希二世来说，这条道路是不可能的。只有作为预言中的恺撒·奥古斯都，只有作为不动武的和平君王，他才能进入万城之城。他的计划就是这样的。"还有一件事要做：如果全体罗马人民都支持我，并像已经开始的那样欢呼雀跃地迎接我的到来，那么我就应该喜悦地准备进入这座城市，恢复帝国的古老节日和凯旋的桂冠（那是胜利的雄鹰应得的荣誉）。然后，当诽谤我的人面对面地看到我时，他们将感到迟来的懊悔，因为他们将惧怕被他们放肆的嘴唇激怒的人。"

罗马民众对皇帝的态度确实是友好的。罗马的贵族们再次与弗里德里希二世取得了联系，他自己也给罗马人写了新的书信，其中充满了令人面红耳赤的责难：罗慕路斯部落、罗马人、众多贵族和成千上万的罗马人民无不沉浸在无耻的昏睡之中，他们当中没有一个人敢于在教宗在罗马亲自宣布对罗马皇帝的禁令时阻止这个罗马教士，尽管那位从他们的城市中得名的皇帝将来到罗马，使罗马的名字再次辉煌，像古时一样威名赫赫。弗里德里希二世自称罗马人的恩人和父亲，并立即响应元老院和人民的要求，饶恕了被征服的苏特里城。他在罗马的影响力越来越大，并随着他的成功而水涨船高。

皇帝在罗马的追随者更加积极地开展针对教宗的阴谋活动，教宗的地位一天比一天更难以为继。所有的预兆都对教宗不利。格列高利九世不仅没有办法在西西里攻击弗里德里希二世，也没有在伦巴第打败他，反而丧失了前任留给他的教宗国的一个又一个省份。当教宗警告各城市不要受敌基督蛊惑时，他看到一座又一座城市向"救世主"敞开大门。他自己造成的世界之颠倒趋势已无法阻挡。不仅罗马人民对这位狂热的老人置之不顾，枢机主教们也靠不住了。大多数枢机主教都对教宗抱有敌意，有些已经离开了他。由于教宗的顽固不化，这位老人把自己和教会带到了毁灭的边缘。他茕茕孑立，似乎必败无疑。

与此同时，罗马的兴奋也达到了极点。皇帝已经离开维泰博，途经苏特里，开始向罗马进军。他与罗马城只有一两天的路程之隔。教宗党人散布了最疯狂的谣言。但这有什么用呢？他们喊道，敌基督者，这条恶龙，发誓要把圣彼得大教堂变成马厩，把使徒的祭坛变成他的马槽，把圣体扔去喂狗……他正和狂野的撒拉森人一同走来，要打倒基督教信仰、推翻圣彼得的宝座。他将用他的新仪式击败"三个骗子"，恢复多神教时代的习俗，在至圣所自立为教宗，甚至自称神！这些可怕的谣言都没有任何影响力。罗马人正沉醉于他们的恺撒和皇帝的"雷鸣般的话语、恢宏的姿态、令人敬畏的行为"之中，并为戴着桂冠的救世主的驾临而欢呼：ECCE SALVATOR！Ecce imperator！Veniat veniat imperator！（看呐，拯救者！看呐，皇帝！让皇帝来吧，来吧！）世界的命运处于微妙的平衡中，结果难以预料。那个"具有超自然的魔力和多彩魅力的愿景——切萨雷·博吉亚①当教宗"在当时似乎接近实现了。

但正如当时的一位编年史家所说的那样，罗马是"人尽可夫的婊子"。罗马在印章上被如此描绘是有道理的：一手拿着象征和平的棕榈枝，一手拿着地球仪，倚靠在狮子身上的女人，这象征着教宗或皇帝只能以她的名义统治世界。教宗和皇帝当中，谁首先赢得罗马的青睐，谁就是胜利者。格列高利九世已经等待了很久。此刻，在十万火急的时候，他向罗马的主保圣人，即两位使徒求助。这一天是圣彼得宝座瞻礼日（Petri Stuhlfeier）。尽管有骚乱和动荡，教宗还是下令举行通常的仪式：使徒的君王保罗和彼得的头颅、真十字架的碎片以及基督教罗马的其他圣物被庄严地抬到圣彼得大教堂。他本人，这位据说已经百岁高龄的老人，在仍然忠于他的高级教士和枢机主教的簇拥下，笼罩在香火之中，一路走来。群众以沸腾的嘲讽来迎接他。但在其他时候容易头脑发热的格列高利九世，如今却保持着帝王般的镇定自若。他指着使徒们的头颅，

---

①　切萨雷·博吉亚（1475—1507）是亚历山大六世教宗的私生子，起初在父亲的提携下担任枢机主教，后来成为雇佣兵统领和政治家，名噪一时，成为意大利中部的霸主。但在他父亲去世后，他无法维持自己的地位，被流放到西班牙。他在意大利争夺权力的斗争为马基雅维利的《君主论》提供了很多灵感。

说道："这些是罗马的古物，因为它们的缘故，你们的城市得到尊崇！这是教会，这些是罗马人的圣物。罗马人，你们有责任保护它们，直到你们付出生命！我只是区区一个人，能做的有限；但我不会逃跑，我在这里等待主的怜悯！"他从头上摘下三重冕，放在圣徒的遗物上，似乎要保护它们："你们，圣徒们，当罗马人不再关心罗马时，请你们保护它！"这时，刚刚还在嘲讽的人群开始啜泣。他们从衣服上撕下帝国雄鹰的徽记，即敌基督的标志，并以十字架的标志取而代之，准备为他们受到莫大威胁的教会而战。穿着凯旋者紫袍的恺撒被罗马人遗忘了。弗里德里希二世不得不绕过世界之都，撤回他的阿普利亚王国。

第八章　世界之主

"虽然我不能亲临世界的每个角落，但即便是世上最遥远的边疆也可以感受到我的驾驭。"弗里德里希二世的这句话，对他本人和他那囊括四海的神圣帝国（sacrum imperium）都很有代表性。当他在政治层面把帝国越来越浓缩于意大利（他出身的国度，也是帝国的核心地区）的时候，他的无形影响力在整个世界上都是强大的，并以神秘的力量把整个世界拉扯进他与罗马的斗争的旋涡中。拥有万城之城将神奇地保障他对世界的统治，但他对万城之城的突袭很不幸地失败了。如果他成功了，结果会怎样，没人能猜到。仅仅是他的尝试，就使世界突然陷入不安：皇帝兵临罗马城下，教宗处于最危险的境地。人们突然忧心忡忡：这个被教会诅咒为敌基督、被开除教籍的皇帝（但他的追随者称他为救世主和弥赛亚，为他开辟道路）如果占领了罗马，会产生多么不堪设想的后果？这一次，教宗格列高利九世逃过了厄运，但整个基督教世界从此始终生活在对这位皇帝明天可能做出什么事情的焦虑之中。最聋的人开始听，最瞎的人开始看，并在弗里德里希二世的使命中察觉到了一些命运攸关的东西。不可思议的预言性诗句带着世界末日的恐怖感，让全欧洲陷入了不确定的战栗。这些诗句传到了格列高利九世耳边。有人说，弗里德里希二世就是它们的作者。全世界都屏住呼吸，等待着那些命运之鸟的展翅高飞，它们在星空中围绕着末世的君王盘旋。

> 命运在沉默，星辰的运转和鸟儿的飞翔能够揭示：
> 我，弗里德里希，确实很快将成为世界之锤。
> 早已摇摇欲坠的罗马在旧的混乱中萎靡，
> 将会破碎，再也不能成为世界的主宰。

在人们的想象中，对罗马人发出下面的阴暗威胁的弗里德里希二世，究竟抱有怎样的意图？皇帝说，罗马人"从巴比伦的杯子里喝得烂醉如泥"。"你们的巴别塔要解体，大马士革要陷落，风箱要被火烧毁，竖立在午夜的宝座要崩溃，挂在你们腰间的围裙要在我的崇高荣耀下腐烂。上帝的眼睛没有停止照亮我的荣耀，它使每一种黑暗的溃疡消亡，几乎整个世界都在向它鞠躬。"

两大阵营都认识到，弗里德里希二世的使命具有震撼世界的性质：无论人们是欣喜还是恐惧，都看到了神圣奥古斯都的力量在不断增长，看到了他正在攀登的令人眩晕的高峰和在教宗脚下洞开的深渊。朋友和敌人都相信，这个戴着世界帝国冠冕的人是上帝亲自派来的，且正在世界范围内大踏步前进，为基督教世界带来祝福或诅咒。没有人对这种非同寻常的事情不敏感。几十年来，世界一直在忙于寻求对皇帝的表象的解释：弗里德里希二世究竟是祸乱万民的暴君和敌基督，还是带来正义统治的和平皇帝与救世主？对于这种境界的统治者，当时的世界只承认这两种神话般的可能性。弗里德里希二世的每一个行为和话语，都被强行纳入这些现成的模子中的一个或另一个。每一个事件都被解释为《圣经》或预言，或西比尔神谕中指向基督或敌基督的说法的实现。即使是此时期常用的恭维式称呼，"世界之主"（DOMINUS MUNDI），也充满了歧义，因为撒旦也是"世界之主"。因此，根据人们各自的立场，弗里德里希二世被认为是绝对善或绝对恶的使者。无论哪种情况，他都被认为是"被期待的人"，而且在各民族的信仰中，他在几个世纪里始终是这样。

就连他的敌人也认识到并且相信弗里德里希二世使命的特殊性——他是最伟大的君主，连最卑微的人都知道，没有比他更伟大的；任何人都抵挡不了他，只有派遣他的上帝能够杀死他；他是世界之锤，是统治陆地、支配海洋的专制君主。所以追随者对他们的皇帝的崇敬就更容易理解了，何况他还诉诸最崇高的形象和比喻来提升自己的地位。他在威胁罗马的宣言结尾说的那句话，"大地服从我，海洋向我致敬，我想要的一切都会瞬间实现"，表明了他认为世人应当对他抱以何种类型的尊崇。罗马的抵抗对弗里德里希二世的追随者来说似乎是不可理解的。一首威胁罗马人的希腊文长诗写道："罗马背离了强大的命运女神……唉！我们必须为罗马赶走了它的恺撒们而感到悲哀，他们都是受三重祝福的人；命运把最好的、最强大的一人统治变成了邪恶的无政府状态……古时的罗马给荣耀者荣耀，拥有它的恺撒、国王和封疆大吏……但他，强大的三重有福的统治者弗里德里希，光芒四射，如同世界奇观（τò θαῦμα τῆς οἰκουμένης）；他的弓是铁制的，他的闪电使敌人失明；大地、海洋和天穹是他的仆人，他是声名远播的正义化身，是崇高的人……他的声音振聋发聩，他的战车风驰电掣……他的闪电自高处发射，消灭敌人的嚣张气焰。这样的征战是多么令人战栗啊！……因此，罗马啊，请说出表达天意的真诚话语……使他高于每棵雪松……为他驱逐整个腐败的种族。"这首诗的作者，一位卡拉布里亚官员，运用拜占庭宫廷辞令中响亮的隐喻，将皇帝描述为愤怒的雷神朱庇特；这与帝国文书官衙惯于用来描述统治者的辞藻并无大的区别："的确，大地和海洋都敬仰他，天上的风也赞美他，神让他成为真正的世界皇帝、和平之友、爱的保护者、法律的奠基人、正义的维护者、统治世界的权力之子。"

弗里德里希二世在他从耶路撒冷发表的伟大十字军宣言中赞美了上帝："祂支配风和浪，它们也服从祂。"如今，同样的颂词被用在他身上，仿佛他自己就是道成肉身的上帝："他束缚着世界的各个角落，统治着各种元素。"即使是敌人也认识到了他超自然的品质，不过这在敌人眼里当然是邪恶的品质。他的追随者把他当作神来崇拜。他的一个臣子写道："恺撒啊，你的权力没有界限；它超越了人的权力，与神等同。"另一个人写道："戴上与你的超人地位相称的皇冠吧。"第三个人称赞他是上帝的合作者（Cooperator Dei）。当然，这样的辞藻是施陶芬宫廷"风格"的流行语，但它们也是这位君主的特征。在廷臣们（往往过于浮夸）的赞美背后，我们可以看到真相：皇帝希望自己给别人留下什么样的印象，特别是给追随者留下什么样的印象。宫廷小圈子的语言总是具有两面性，既能遮掩又能揭示。如果崇拜者的话被过于当真，它就会立即变成一个玩笑；但如果别人仅仅将其视为宫廷的游戏，它就会突然完全变成字面意思。但所有赞颂至少表明了一点：弗里德里希二世享有某种程度的超自然的崇敬，这是独一无二的，对一位皇帝来说也是极不寻常的。没有什么能比皇帝崇拜在教宗那里引起的深深焦虑更清楚地证明这一点了。教宗阵营指责皇帝允许别人把他当作神来崇拜，让人们称他为神并亲吻他的脚，皇帝这么做的目的是建立皇帝与祭司两种身份合二为一的地位。这些指责没有一项在严格意义上是正确的，但也没有一项是完全错误的。

最值得注意的是赞誉和歌颂的内容，它们的调性完全一致，足够清楚地表明了，人们把皇帝摆到了什么样的位置上，以及人们能够把他摆到什么样的位置上。在教会看来特别邪恶、特别危险的是，这位最后的施陶芬皇帝几乎从不像以前的施陶芬皇帝那样，被赞誉为"出自众神血脉的神"（deus de prole deorum）——这是相对无害的古典的、学究气的表述，如今人们却把弗里德里希二世说成"通晓神的计划"，"被上帝的眼睛不断地照亮"，是一种更接近现实的、基督教的力量；人们表面上谦逊地退后一步，将他仅仅视为真神的化身，是神之子，并不断地将他置于与救世主基督本人等同的层面。此外，这也是在中世纪维持真实而不空洞的统治者崇拜的唯一可能性，因为基督教时代（与多神教时代不同）只有一个人形的神的模板：救世主。即使是早期的皇帝也不完全缺乏这样的崇敬：特别是在加洛林时代，皇帝被称为上帝的代理人、第二个大卫和神圣者，也被称为主的受膏者（主是"我主基督"和"救世主"）；人们还解释说，皇帝体现了"救世主基督"的特征。因此，以这种方式看待皇帝并不牵强，甚至弗里德里希二世的敌人也毫无拘束地称他为"第二个基路伯"和"与神子的相似性的象征"。但弗里德里希二世受到的崇拜具有特殊色彩，这既是由于这种崇拜的体量极大，也是因为它的长期持续，以至于当时兴奋的世人实际上正在期待一个由皇帝扮演的基督般的弥赛亚……弗里德里希二世是唯一被后人寄予这样厚望——他将在世界末日时作为救世主回来——的皇帝。

皇帝本人，以及早些时候的皮耶罗·德拉·维尼亚，都给廷臣们解释了这种路线：给耶西（皇帝的伯利恒）的信是这种类型文献的最佳例子。这确实出现了反响。几年后，一位帝国总督带着他的军队被包围了，他在危急时刻以同样的风格写道："我们的祖先对基督到来的期待，并不比我们对陛下的期待更热切。请向我们展示您的尊贵面容，从而弥补我们犯下的罪孽，消除我们的痛苦，解救受压迫的人吧。我们与祈祷的父老一同带着热忱的渴望恳求您，美德之主，来解放我们，使我们欢欣鼓舞吧！请来到我们面前，我们将找到救赎！这就是我们呻吟的原因，这就是我们叹息的目的：我们渴望在您的翅膀的影子里休息。"一位帝国公证人在狱中向皇帝发出的众多呼吁甚至更浮夸："啊，信仰者的救赎港湾！我们将希望寄托于您的救赎之手。哦，我们生命中内在的生命气息，您以您的力量和恩典使我们从死里复活！让怜悯从我们的苦难来到你的心里：请带领以色列子民走出埃及，把救恩送到你的仆人那里……我们为你忍受折磨，就像殉道者为基督忍受那样……我们受了许多折磨。我们的身体已经虚弱不堪，如果至圣宝座［指皇帝］不加强它们，不给它救赎的希望的话……"一位忠诚的西西里主教在被传唤到宫廷时，也将皇帝与上帝等量齐观："在水面上行走，他将来到他的主身边。"

在皇帝被绝罚后，廷臣们甚至在互相交谈中提到皇帝时也保持这种"风格"，习惯性地运用这种类型的比喻和意象。这种比喻和意象使用次数之多和延续时间之久，极不寻常。弗里德里希二世宫廷的人们像东罗马人一样，在谈到皇帝时总是用某种特殊的宫廷风格，并引经据典地把皇帝与上帝之子联系起来。这一事实足以清楚地表明人们把统治者摆到什么层次，以及他在宫廷圈子里是如何被视为精神领袖的，因为人们几乎总是只将皇帝比作基督，而从不将他与查理曼或其他强大的皇帝联系起来。皮耶罗·德拉·维尼亚对打造他的主公的这一形象贡献最大，也最早理解皇帝的精神统治。也正是这位演说家强调了皇帝在精神领域的活动，例如他在谈到主公时说："……他，这个方方面面都幸运的人，方方面面都活跃地行动的人，最公正地安抚一切混乱的人，不可能不关心人民而仅作为一个个体生存下去。"或者记住耶利米的话："我必使敌人充满你，像蚂蚱一样。他们必呐喊攻击你。"① 最重要的是，弗里德里希二世找到了赞美他和认可他的（与基督媲美的）地位的有识之士：不仅他自己认为他是上帝的使者，他的追随者也这样认为，即使这样的追随者只有十二人②。

在这方面，也是皮耶罗·德拉·维尼亚和他的法学家、文法学家和文人圈子为上述概念提供了影响最持久的表达。当时的人们认为，第一个时代（亚当时代）和第二个时代（基督时代）已经结束，第三个时代正在到来。维尼亚毫无保留地明确指出，他的主公即皇帝，就是即将到来的第三个时代的引领者和英雄，是"最高的工匠［上帝］之手创造"的统治者，是"将万物置于法律秩序之下"的君王，"与他的美德相比，一切神话都相形见绌"，"所有的美德都灌注于他的胸中，云朵在他身上洒下正义，天堂在他身上洒下露水"。维尼亚赞美了这位旧帝国最后一位皇帝身上的"善的原初形态"："他目

---

① 《旧约·耶利米书》第 51 章第 14 节。原文略有出入。
② 暗指耶稣的十二使徒。

不斜视，束缚着大地的每个角落，连接着各种元素，霜与火交融，湿与干交融，粗糙与光滑交融，无路的人与走直路的人携手。"

对立面的结合，自古以来就是黄金时代（aurea aetas）的标志；在黄金时代，争斗和战争将停止：救世主-皇帝将带来这个和平的时代。因此，书记官（皮耶罗·德拉·维尼亚）赞美他的主人："在他的日子里，邪恶的纽带将被扯断，稳固的安全将被播种：人们将把剑打成犁铧，因为和平的纽带使所有的恐惧都烟消云散。"不止维尼亚一个人相信，在弗里德里希二世统治下，世界和平将再次来临。一个北意大利人唱道："世界的黄金时代回归于谁人的皇权统治（Cuius ad imperium redit aetas aurea mundo）？"这听起来已经有点像维吉尔的预言了。另一位意大利诗人对弗里德里希二世在海上的大捷充满了热情，将"阿普利亚少年"拉扯进了维吉尔预言（即预言将有一位神圣少年带来和平）的旋涡。诗人说，教宗的这次惨败会让他知道，在纷争结束后等待他的是什么样的和平。

而阿普利亚的少年会让他的土地处于和平中吗？
Et Puer Apuliae terras in pace habebit?

"阿普利亚少年"——弗里德里希二世这个少年时代的名字，30年来已经被遗忘。如今它被再次唤醒，从而将维吉尔预言中那个带来和平的神圣少年与人们现在正在寻找，或已经在恺撒·奥古斯都身上找到的弥赛亚联系起来，尽管中世纪的传统是把维吉尔预言中的神圣少年与基督联系起来。就这样，神话、诗歌和预言在这位曾经解放了圣墓、现在正向腐败的神职人员开战的皇帝的生活中交织在一起。在相互渗透中，这些古老的图景再次与一个人的生命交织，创造了新的皇帝神话，其承载者仍然是弗里德里希二世。但在这里，我们有可能看到，皇帝最忠实的追随者如何运用当时提供的材料，在世人面前，当英雄还在世的时候，就制造了后世的传奇。当然，他自己必须事先以某种方式经历这些传奇。

弥赛亚式皇权和西西里的正义女神崇拜在弗里德里希二世身上的融合，以及这两者与弗里德里希二世这个人的关系，使皇帝崇拜具有了特殊的人性和国家层面的意义。在翻阅廷臣之间的信件时，我们发现，其中几乎有一种"秘教"、一种理所当然的默契。这种"秘教"崇拜的对象就是正义女神，而弗里德里希二世是其圣礼的唯一主持者。廷臣们的正义女神崇拜和皇帝崇拜，并不意味着存在一个由皮耶罗·德拉·维尼亚领导的俗士教会，更不意味着现实政治层面的变革，而是一种共同的惯例或纽带。教宗越是被看作"假"的基督代理人，弗里德里希二世越是被看作真正的基督代理人，这种纽带就越是坚固和有力，就越是对国家的救赎负有更大的责任，因为教会的圣礼因大祭司的堕落而受到威胁。很自然地，人们把皮耶罗·德拉·维尼亚视为这个新的皇帝-救世主麾下的彼得和使徒君王。但人们赞美这位高等法院法官和书记官，实际上也是赞美皇帝。维尼亚被赞誉为"像从西奈山下来的新的法律宣示者摩西一样，把十诫从天上带到人们面前"，或者，他就像"第二个约瑟，是真正的阐释者，无比强大的恺撒把世间诸王国的领导权交给了他，而恺撒的权力是太阳和月亮所仰慕的……"他（维尼亚）就是那个"负责保管帝国之钥匙的彼得，他锁住的东西无人能打开，他打开的东西无人能锁住"。

“彼得，这个卑微的渔夫，使徒中的君王，他离开了他的渔网，跟随了上帝……但这个持律的彼得（维尼亚）从没有离开他的主人。加利利人三次不认他的主①……卡普阿人绝不会不认他的主人，一次也不会。”宫廷的思想趋势在一位廷臣写给皮耶罗·德拉·维尼亚本人的那封半严肃的信中甚至被揭示得更清楚。“主说：‘彼得，你爱我吗？牧养我的羊。’就这样，热爱正义的主希望把正义建立在这块磐石上，把统御万民的法律的缰绳交给彼得，让你成为正义的监护人。为了更清楚地表明这一点，主把你放在他（教宗）的面前（他是教会的首脑，却也是教会的歪曲者），从而让真正的基督代理人彼得可以通过正义来统治，而基督的假代理人却扭曲了他的代理人身份，伤害了许多人的声誉、财产和身体……如果这样的负担令你不悦（因为你不习惯它，也从未寻求过它）……那你也只能回答：‘主啊，你知道我爱你。如果我能为你的人民服务，我不会拒绝。愿你的旨意达成。’”

有人认为这是一个严肃的建议，即皮耶罗·德拉·维尼亚应该被提升为真正的“对立教宗”。事实并非如此，但它包含了这样的想法：维尼亚作为“帝国教会”（即法学家组成的统治集团）的首脑，在某种特殊意义上可以被理解为一位“对立教宗”。在半认真、半开玩笑的奉承之下，这位廷臣提醒上司记得他的崇高职责，并敦促道：教宗已经没用了，因此现在你要像真正的彼得一样履行职责。在这里我们固然听到了廷臣们的打趣逗乐，但也可以发现激励宫廷的那种崇高的尊严和责

---

① 根据《新约·路加福音》第 22 章，耶稣被捕前曾预言彼得会三次不承认认识他，后来果然如此。这是彼得的一个软弱时刻。

任感，并清楚地意识到，帝国的法学家和官僚集团形成了一个独立的精神秩序，它与教宗的教会并列，而且与教会一样好。换言之，拿破仑的那种思想，即"长袍对长袍，团队精神对团队精神，法官对教士"，在弗里德里希二世的宫廷里就已经清楚地实现了（当然用的是别的比喻）。

当然，在弗里德里希二世的时代，只有借助当时唯一的精神王国（教会和它的君王，即基督）的象征符号，才能表达出上述的思想。因此，为了在教会之外建立对一个精神统治者的崇拜，人们很乐意采用教会的手段；而为了庆祝皇帝的战争胜利，人们的思绪马上就跳到了多神教和恺撒们的世界。因此，国家被称为"帝国教会"（imperialis ecclesia），各省被比作主教的教区，卖官鬻爵被与买卖圣职画等号，也就很好理解了。有时，人们更进一步地说，每当"尊贵的皇帝的灵通过与他的门徒共进晚餐而获得力量"时，建立在彼得身上的帝国教会就会显现出来。这让我们联想到了正义女神的大弥撒、秘仪和"最神圣的职责"（sacratissimum ministerium），即高等法院的庄严的、颇具异国情调的仪式。当法律在其化身（皇帝）身上显现时，当皇帝向他的书记官皮耶罗·德拉·维尼亚低声宣布裁决，后者向跪在地上的众人宣布时，叮咚的钟声预示着神秘的共融已经实现了。将弗里德里希二世与上帝之子等同的主要结果是，在抽象的国家中重新引入了人的因素：通过对弗里德里希二世个人的救赎使命的信仰，国家的纽带被彻底转化为人性的、个人的，转化为门徒对一个活人及其神圣使命的直接信仰。圣徒能够通过奇迹唤起这种信仰，但除了弗里德里希二世之外，没有一个皇帝能激发这样的信仰。他虽然没有创造奇迹，却被称为"改造者"和"世界奇观"。所以他难免会被颂扬为圣人，人们给了他拜占庭皇帝的称号："圣弗里德里希的名字在人民中万岁！让臣民对他的崇敬越来越热忱，让信仰的回报、忠诚本身，激发忠诚奉献的榜样！"

如果对弗里德里希二世这种浮夸的歌颂仅限于维尼亚圈子的修辞和演讲艺术，我们就没有必要对廷臣们著作中对皇帝夸张的礼赞给予这么多的关注。但事实绝非如此。这种在教会之外对一个活人的"圣徒崇拜"，产生了其他的、迥然不同的后果：用艺术来表现这个神人，使之不朽。南意大利造型艺术的引人注目的、文艺复兴式的早熟，突然在弗里德里希二世的西西里王国这个得到精心呵护的天堂里像被施了魔法一样绽放，令廷臣书信中精心设计的隐喻半遮半掩地表达的感情更公开、更明确。

视觉艺术依赖于一种活生生的崇拜，在草创时期尤其如此。南意大利的新造型艺术也不例外。南意大利-施陶芬雕塑艺术的伟大作品，几乎无一例外地出自弗里德里希二世生命的最后 10 年，出自科尔泰诺瓦大捷之后的时期，当时皇帝崇拜开始有了更明确的形式，并在仪式中发挥了更多的作用。在宫廷圈子里，皇帝崇拜开始变得更加人性化和个人化，并逐渐发展为对弗里德里希二世本人的崇拜。这种雕塑艺术属于对施陶芬皇帝之神的崇拜的一部分：在庄严的仪式上，这位"由伟大的工匠之手制造成人的统治者"，以酷似神祇的形象，最生动地呈现在追随者的脑海中；在隆重的仪式上，他作为最高法官和立法者，笼罩着神圣的威严，在所有人的眼中完成了他与上帝的交融，而上帝作为法律的化身，在他——纯洁无罪的圣子——身上有了肉身！文献记载了皇帝的那场大弥撒，"与门徒的晚餐"，以及他如何在与他最亲近的彼得身上建立了帝国教会。而艺术作品本身，刻画了人的"理想"时刻，即他的神圣时刻，其意义不言而喻。在那个年代，当庄严的仪式逐渐形成，维尼亚以罕见的、不寻常的"书记官"头衔作为皇帝的中间人和代言人主持会议时，那不勒斯的宫殿有一件艺术作品（可能是一件浮雕），描绘了这个场景。这件作品没有被保存下来，但文献中有对其相当准确的描述。在这件浮雕的背景中，皇帝端坐于巍峨的宝座，旁边维尼亚的位置较低；而在前景中，皇帝的脚下是跪着的人民。编年史家宣称，众人要求皇帝伸张正义，韵文铭文也讲述了同样的故事。

> 恺撒啊，法律所爱戴的人！弗里德里希啊，众王之中最为虔敬者！
> CAESAR AMOR LEGUM. FREDERICE PIISSIME REGUM
> 请为我们申冤，解开我们的纷争之网吧！
> CAUSARUM TELAS NOSTRARUM SOLVE QUERELAS

这个被呼吁解开纷争之网的人，在他的《奥古斯都之书》中称自己是在编织正义之网。他指着皮耶罗·德拉·维尼亚（神圣旨意的传递者），仿佛在说："在你们的争斗中，向这个人求助。他将做出判决或求我这样做。维尼亚是他的姓氏……他叫彼得①，是法官。"

即使没有铭文中的解释性诗句，这个场景的安排也会表明

---

① 皮耶罗即彼得的意大利语形式。

其代表的内容：皇帝"带着正义女神的威仪"（in cultu Justitiae）。就像从杯子里倒水一样，正义分阶段地逐步流出。就像正义女神作为上帝和皇帝之间的中间人一样，法官彼得（Judex Petrus）被描绘为正义皇帝与人民之间的中保。人们习惯于看到统治者如此主持他的高级法庭。最重要的一点是，我们在这件浮雕里看到的不是抽象的思想，而是真实的、实际的生活，即它被人们看到的模样。

我们不知道那不勒斯宫殿中的这件浮雕在多大程度上接近古典时代的风格。但在弗里德里希二世时期，所有造型艺术都指向了古典时代，这是由于一种内在的需要，与皇帝的个人喜好完全无关。因为在西西里（教宗的臣属领土），在对教会的蔑视中诞生的雕塑是第一种纯粹服务于国家的"世俗的"艺术，就像在旧罗马诸神的时代用于歌颂国家和国家之神的艺术，仿佛教会根本不存在……如果我们理解的"世俗"是相对教会和宗教的表达而言的，那么西西里雕塑就是整个西方第一种伟大的世俗艺术。施陶芬国家的世俗艺术也同样是"神圣的"。

在中世纪，所有创造性的艺术都是专属于教会的。新的创造性艺术取得的突破，以及新的风格，必然意味着向古代的回归，而新艺术对古代艺术依赖的密切程度令人惊讶。整整1000年来，所有的绘画表达都与教会直接或间接相关，都是为了颂扬救世主或他的后继者，即圣徒们。描绘统治者的画作也不例外，因为它们局限于礼拜堂和主教座堂，旨在颂扬救世主。现在，造型艺术第一次单纯地被世俗国家赋予了意义、生命、神圣性和存在的理由……只有对弗里德里希二世皇帝的崇拜，才使之成为可能。他虽然在教会之外的俗世中，却像圣徒一样，作为救世主的后继者，作为上帝的另一个儿子，得到礼赞。我们无须借助象征将造型艺术中的皇帝之荣耀与超验的救世主和世界统治者联系起来，因为皇帝自己在光天化日之下相当直接地用肉身代表了救世主。

所以，从另一个角度来看，这种对古典艺术及其观察和描绘人的方法的终极依赖是完全合乎逻辑的。因为祭司－教会艺术首先关注的是艺术表达与彼世的上帝之间的关系，其次才是其代表的对象，而在西西里的新艺术中，完全可能对作为世界统治者的神人进行肉体的呈现，即刻画一个人的本来面目。在过去，艺术的目标是敬拜神，所以艺术中的真实感和现实感是多余的，可以用符号和象征以及套路化的、僵硬的图像来代替。但如今，艺术中的真实感和现实感成为重要的目标。换句话说，"个人化"现在成了最重要的事情。美丽的奥古斯都金币已经表明，图像，即使是"肖像"，也绝不应当受到轻视："……为了借助新钱币的形式让我的名字被你们铭记，使我尊贵的形象映入你们的眼帘……使你们经常看到它，从而加强你们的忠诚，激发你们的奉献精神。"印章图像的上方写道："只有看到了发出命令的人的形象（蜡印或金属铭刻的形象），人们收到命令时才会有执行的冲动，才会信任自己收到的公文。"在印章上，图像仍然主要是一个单纯的"象征"，但这个图像如一道命令一般说话。图像越是与发出命令的人相像，它承载的力量就越强。这是皇帝重视的一点：皇帝的图像会因为让人想起皇帝本尊而变得有力，力量会从图像散发出来，就像恩典通过宗教信仰从一幅神圣的图画散发出来一样。

从宗教的僵化和象征主义中解放出来，并与生活（国家的生活）重新联系，施陶芬时代造型艺术的一切都同时转向了古典时代。而古典时代在一个"世俗"的、自给自足的国家里，其艺术作品不需要基督教或神秘主义的阐释就能成为神圣的：恺撒通过他自己成为恺撒，不再被艺术描绘中的生命赐予者加冕，而是代表祂。每件东西都凭借其自身的德性（sua virtute）存在，其本身就是神圣的和由上帝创造的，这种认识得到了弗里德里希二世本人所代表的新艺术理念的加强。对人和动物的身体，他有一双前人没有的眼睛，他与恺撒们的内在相似性使他对他们时代的艺术有着敏锐的鉴赏力。他到处搜寻古代雕塑，以装饰他在阿普利亚的城堡。他从罗马附近的格罗塔费拉塔（Grottaferrata）运了一尊青铜牛和一尊立式男子青铜像到阿普利亚。奴隶们奉命从那不勒斯小心翼翼地把古代艺术品搬到卢切拉城堡。皇帝的几乎所有城堡都拥有多神教时代的艺术品。在蒙特城堡内院的高墙上，甚至今天还可以看到一幅浮雕，上面的马匹和骑手依然清晰可见。这也许是墨勒阿革洛斯①狩猎的场景，古代石棺上常有这样的图画，弗里德里希二世在巴勒莫主教座堂埋葬他的第一任妻子阿拉贡的康斯坦丝

---

① 墨勒阿革洛斯（Meleager）是希腊神话中的英雄，是卡吕冬国王俄纽斯和王后阿尔泰亚之子。墨勒阿革洛斯出生没几天，命运三女神来到阿尔泰亚的床前。第一位女神预言说："你的儿子将成为一位勇敢的英雄。""你的儿子寿命像……"第二位女神还没有说完，第三位女神就接过了话头："像炉子上的木柴一样，直到被火烧完。"阿尔泰亚赶紧把木柴从火中取出来，用水浇灭，然后藏在密室里。

多年后，由于国王在收获季节献祭时遗忘了代表丰收的女猎神阿耳忒弥斯，女神生气报复，往卡吕冬的原野上放出一头巨大的野猪，祸害庄稼和羊群。墨勒阿革洛斯和女英雄阿塔兰忒等猎人一起杀死了野猪。墨勒阿革洛斯要野猪的头作为战利品献给立大功的阿塔兰忒，但他的舅舅们不服。在争斗中，墨勒阿革洛斯杀死了两位舅舅。阿尔泰亚得知后，点燃了保存多年的那根木柴，墨勒阿革洛斯因此死亡。

的石棺上就有。

皇帝并不满足于手头已有的艺术品。他的雕塑家们必须以古代雕塑为榜样，创作更多的作品。蒙特城堡的许多头像和雕塑碎片都可能是古代原作的复制品。但是，单纯模仿是不够的。阿普利亚的石匠们收到了皇帝的委托，参考现实生活来创作，尽管要借鉴古典时代的风格。有时，若不是一些细节揭示出了 13 世纪的特征，人们可能会认为这些作品是古罗马帝国的遗迹。皇帝"无止境的欲望"在于重振古代恺撒们的雄风，他想站在奥古斯都们身边，与他们一较高下，于是就有了这些巧夺天工的作品：立体的人物雕塑比之前任何中世纪作品都更像古代艺术。自古罗马帝国时代以来，就不再有本身就具有神圣性的国家，也不再有基督教会之外的国家之神需要艺术来描绘并通过艺术来影响国家。西方有哪个基督教统治者会认为有必要建造一座宏伟的凯旋门来颂扬他自己和他的国家，并以他信任的追随者的形象来装饰它？谁敢于如此奢望？谁敢于如此实践？

在人们只承认一位凯旋者（指上帝）的时代，一位凡人竟敢修建凯旋门来歌颂自己的胜利！这是多么胆大包天，毋庸赘言。自 1234 年以来，人们就着手在卡普阿城下建造一座设防的桥头堡，以守卫跨越沃尔图诺河（Volturno）的阿庇乌斯大道①。皇帝亲手为桥头堡的防御工事绘制了平面图，这座桥头堡在 1239 年就已经大致竣工。大概就是在这个时候，当弗里德里希二世作为凯旋者回到自己的王国后，他决定用雕塑来

---

① 阿庇乌斯大道（Via Appia）是古罗马时期将罗马城与意大利东南部阿普利亚的港口布林迪西连接起来的古道，得名自开始兴建此工程的罗马监察官和演说家"盲人"阿庇乌斯·克劳狄·凯库斯（前 340—前 273）。

装饰这座桥的大门，并将其发展成一座装饰性的拱门。这座备受赞誉的"宏伟的大理石门"直到 1247 年才竣工。这一艺术作品源于施陶芬皇朝在西西里的统治，在整个文艺复兴时期备受推崇。

它与邻近的贝内文托的图拉真拱门差异很大。堡垒和凯旋门的结合，让人不禁想起那不勒斯的新堡（Castel Nuovo）的大门，它是由高贵的阿拉贡的阿方索一世①在两个世纪后建造的，这位统治者在很多方面都是弗里德里希二世的真正继承人。我们得知，在卡普阿桥门的入口两侧有"两座规模、美感和雄伟程度都震撼人心的塔楼"。它的全部表面都是用大理石或类似的石头铺成的。像弗里德里希二世的所有建筑一样，石头被如此巧妙地安装在一起，以至于用熔化的铅固定的接缝几乎看不见。许多浮雕描绘了弗里德里希二世的胜利和凯旋式。大门面向城市的一面装饰着许多赫耳墨斯的形象，其基石是一尊戴月桂冠的朱庇特头像（可能是从邻近的卡普阿圆形剧场掠夺来的）。大门面向沿着阿庇乌斯大道来到卡普阿的旅

①　即阿拉贡国王（宽宏的）阿方索五世（1396—1458），同时是那不勒斯国王（称阿方索一世）。安茹王朝的那不勒斯女王让娜二世膝下无子，先认阿拉贡国王阿方索五世为义子，立他为继承人；后来又立安茹公爵路易三世为继承人。路易三世去世后，弟弟勒内继承了对那不勒斯王位的主张权。勒内作为那不勒斯国王的在位时间是 1435～1442 年，后被阿方索五世驱逐。阿方索五世得到教宗认可，成为那不勒斯国王，重新将西西里与那不勒斯统一到一个王国之内。他或许算不上文艺复兴时代的人，但他至少受到了文艺复兴天才之火的影响。他在卡塔尼亚创办了一所大学，这是西西里历史上的第一所大学。他还在墨西拿建立了一所希腊语学校。他终其一生是慷慨大方的艺术赞助人，尽管他并不总是有这个经济实力。阿方索五世于 1458 年驾崩，死前又一次将王国一分为二。他把那不勒斯留给自己的私生子斐迪南一世，其余部分（阿拉贡和西西里岛）则留给他的弟弟胡安二世。胡安二世的儿子就是统一西班牙的天主教双王之一斐迪南。斐迪南后来重新统一了阿拉贡、那不勒斯和西西里。

行者的那一面更加气势恢宏。精妙绝伦的雕像被安放在若干壁
龛内，它们都是由弗里德里希二世自己的雕塑家创作的。我们
不能完全确定这些雕像的排列方式，但一切都表明，在所有雕
像的最高位置，立着一尊女神雕像，她的身高是真人的两倍甚
至三倍，她雄伟而美丽的头颅保存至今，其面部特征让人想起
法尔内塞画廊里朱诺①的尊贵的威严、沉思的目光和宁静的气
度。虽然这尊巨型雕像整体而言具有古风，但其细节并未借鉴
古典文本。女神的手指向自己的胸部，在那里，帝国之鹰代替
了心脏，伸展着翅膀和爪子。这也许就是奥古斯都金币上那只
桀骜不驯的鹰。

　　这尊女神雕像可能是单体的，位于整个建筑的顶点。这只
鹰并不是唯一表明这尊雕像与其下方壁龛内的弗里德里希二世
雕像有密切关系的标志。法兰西大革命的军队打碎了这尊皇帝
雕像的头部，只留下了躯干，但从这尊真人大小的雕像的碎片
中也可以推断出很多东西。此处弗里德里希二世的形象和奥古
斯都金币上一样，穿着罗马皇帝的大氅，但除此之外都是当时
的惯常打扮。他那张没有胡子、仍然朝气蓬勃的脸（从一块
宝石上的雕像推断出来）直面前方，用镇定自若的目光扫视
着走近的人们。皇帝的两只前臂以一种半是威胁、半是祝福的
态度伸出来，这种姿态常见于某些基督像。其中一只手的两根
手指竖起来，按照编年史家的说法，仿佛"他的嘴要吟诵嘹
亮的威胁性的诗句"，这诗句就刻在他头顶上方的一个半圆

---

① 教宗保罗三世的侄子、枢机主教奥多阿尔多·法尔内塞（1573—1626）
　　聘请艺术家安尼巴莱·卡拉奇（1560—1609）在罗马的法尔内塞宫的法
　　尔内塞画廊内创造了一套湿壁画，称为《众神之爱》，其中有朱庇特和
　　朱诺的画像。

里。这是一个对句，第一句是六步格的，显然是由皇帝上方的女神说的：

> 在恺撒的命令下，我保障王国的太平。

第二句是五步格的，是弗里德里希二世本人的话。

> 在愤怒中，我将消灭不忠的人。

这个对句构成了弗里德里希二世和女神之间的第二个联系。另外两个人物形象提供了线索，说明了那个高高在上的女性的身份，她被刻画得比皇帝更大，立于皇帝之上，又与皇帝构成一个整体。在皇帝的左右两边、可能略低的位置，有两尊半身像（很可能是两座塔楼上各一尊），其通常被解释为两名高等法院的法官：一个是皮耶罗·德拉·维尼亚，另一个是塞萨的塔代奥。他们的壁龛上也各自有一句六步格的诗。其中一句提出了邀请。

> 所有希望生活完美的人，请放心进入。

第二句则是威胁。

> 不忠之人的最终命运可能是被披枷戴锁地流放！

这个超人般的女性形象被后来的地方主义者解释为卡普阿城的象征，但她不可能是其他精灵，而只可能是"奥古斯都的正义女神"（Justitia Augusti）。她与恺撒是一体的，但比任何凡人都更伟大，甚至高于世界统治者。正义女神通过皇帝向法官们传达命令。所以，弗里德里希二世在这里当真被描绘为"正义之父与正义之子"。

三层的卡普阿大门的整体结构讲述了与那不勒斯宫殿中浮雕类似的故事。在那浮雕中，众人跪在他面前对皇帝（正义的化身）无比敬畏和恐惧。宫殿中的浮雕自然是平民百姓看不到的，所以有必要在其中描绘众人，即"群众"。但在凯旋门上描绘众人就显得荒唐了：他们由活生生的路人代表，他们在迫在眉睫的审判前即便不下跪，也会战栗。弗里德里希二世在这里的意图当然是通过他自己的这一形象，通过对人们的眼睛（"视觉比耳朵所能感知的一切都更有力量"）施加的印象，激发人们对神圣皇权的敬畏。编年史家证实了这一点，因为他自己也感受到了皇帝想要的效果："这些雷霆万钧的、威胁性的诗句是为了激发那些走过大门的人们的恐惧，也是为了让雕像的受众感到恐惧。"这让我们想起南意大利-西西里的全能之主基督（Pantocrator）或以马内利（Immanuel）的圣像，"以他的威严而闻名，以他的荣耀而可怕"。这些基督像仍然是拜占庭式的，他们目光坚定不移，略微瞥向一侧，而且几乎是残酷的，也许会迫使人们产生战栗的爱，因为人们畏惧这些既带威胁又含祝福的形象手中握有的剑和法典。弗里德里希二世绝对是想唤起这种恐惧。用皮耶罗·德拉·维尼亚的话说，西西里的和平与正义王国的门槛是以这扇审判之门为标志的，它［西西里的和平与正义王国］只能通过"皇帝激发的恐惧来维持，他擅长用他的惩戒之杖来纠正和惩罚"……这种精神与但丁的精神相近，他在通往上帝的正义国度的大门上刻下了这样的诗句："进来的人们，你们必须把一切希望抛开！"①

那个时代的人倾向于对古典风格的卡普阿大门的寓意进行宗教-寓言式的扭曲。教会的古老传奇故事集《罗马人记事》②第一次准确地描述了这座大门及其图像，然后给出了一个奇怪的阐释：皇帝的形象其实是我主耶稣基督；大理石门代表神圣的教堂，人们通过它进入天国；女性形象（即正义女神）其实是救世主的圣母，而维尼亚的半身像其实是福音书作者约翰。即使是弗里德里希二世的廷臣也几乎不可能给出更谄媚的阐释。但这位虔诚的作者另有目的：这座建筑和这些图像当中连一个基督教符号都没有（皇帝的皇冠上甚至没有十字架，他戴着朴素的罗马尖顶冠冕），所以必须剔除危险的多神教元素，将其基督教化。但正如一位枢机主教在另一个语境下所写的那样：教宗对他（弗里德里希二世）投掷的石头变成了稻草，他像散落垃圾一样散落教宗献祭的黄金，他让太阳的光芒落在他身上，他对闪电之神的恐惧就像对弓箭手的恐惧一样小……教会当然对这种新艺术持不赞成和怀疑的态度。教宗党人执迷地指责吉伯林派从事偶像崇拜和形象崇拜。甚至但丁也没有逃脱这样的指控：据说他曾在烟雾中放置蜡像。而这个否认灵魂普遍不朽的皇帝，竟然用石头来代表易腐的肉体，"作为永恒和不朽的记忆"，这在教会眼中一定是一种难以言喻的狂妄。教宗党人对这位"世界改造者"的评价是："弗里德里

---

① 译文参考：《神曲·地狱篇》，但丁著，田德望译，人民文学出版社，1997 年，第三章，第 16 页。

② 《罗马人记事》（Gesta Romanorum）是可能编纂于 13 世纪末或 14 世纪初的一部拉丁文的故事和逸闻集。乔叟、薄伽丘、莎士比亚等人的作品多有取材于《罗马人记事》。

希二世胆敢改变法律和时代的风尚。"

如果没有对世界统治者和世界法官的歌颂，西西里的造型艺术是不可想象的，而且它确实完全建立在这种歌颂的基础上，以至于除了一些晚期的回声之外，几乎所有古典风格的纪念建筑艺术都在南方随着弗里德里希二世的去世而消失了。施陶芬皇朝结束后，哥特式风格的反拨在各地发扬光大，取代了第一种由国家为了国家的荣耀而唤醒的古典艺术。在未来的几十年里，世俗艺术不再有用艺术表现神人的需求和可能性；只有弗里德里希二世一个人能够凭借他神圣的皇权激发并迫使人们向他如此致敬。在他之后，没有一个人是足够卓越的；如果没有弗里德里希二世（这位独特的统治者是"以其自身的完整性而存在的一个实体，而不构成另一个实体的一部分"），就缺少了赋予生命的气息。没有了世界统治者，宏伟的纪念造型艺术自然就没了意义……因此，在弗里德里希二世的时代，恺撒的神奇荣耀在南方突然大放异彩，但随后就像路西法的可怕但诱人的幽灵一样，随他一同消逝。

弗里德里希二世居然找到了能够以如此完美的形式完成这种未曾有过的任务的艺术家，这也是奇迹的一部分，因为这些帝国雕塑家的作品（尤其是立体雕塑）达到了意大利艺术短时间内无法企及的水平。令人惊讶的是，这些艺术家出自弗里德里希二世自己的西西里王国。就像他早先培养了自己的诗人一样，他也培养了自己的雕塑家。他是如何从那些朴素的阿普利亚石匠当中发掘出这种才华的，这是一个谜。他需要这种才华来颂扬他的国家和国家之神，而他所需要的，他总是能得到。其中一些大师的名字为我们所知。他们大多是阿普利亚和卡皮塔纳塔的本地人。但他们的名字对解决上述谜团没有任何帮助。创造性的力量并不出自他们本身。皇帝要求这些石匠严格遵循古代的模板。第一所在一位策划者的指导下系统地效仿古代的艺术学校，是阿普利亚的帝国雕塑学校。没有皇帝的强迫，西西里雕塑家的"古典化"工作就止步不前了，尽管一位帝国工匠大师的儿子，福贾的巴尔托洛梅奥（Bartholomäus von Foggia）仍然能够完成一件高雅的作品，即拉韦洛的西吉尔盖塔（Sigilgaita）半身像。除此之外，也许只有一个例外，那就是尼古拉·皮萨诺（Niccolo Pisano）。

这位艺术家虽然后来在亲帝国的比萨定居，但他是阿普利亚人，至少这一点似乎不再有疑问。瓦萨里[①]认为他是意大利文艺复兴时期最早的造型艺术大师，并模糊地将他与西西里艺术流派和卡普阿门的设计者联系了起来。尼古拉在 1260 年创作他的第一件杰作——比萨洗礼堂的讲坛之前，说不定已经默默无闻地在家乡的帝国雕塑家当中学习和工作过了。无论尼古拉·皮萨诺是直接还是间接给意大利带来了新的视野，毫无疑问的是，雕塑当中对古典作品的效仿，就像俗语诗一样，是从南到北，从西西里到北意大利传播的……人们从一开始就注意到，俗语诗和新的造型艺术都首先在意大利的亲帝国城市扎根：尼古拉的第一批作品是在比萨、锡耶纳、皮斯托亚（Pistoja）创作的，当时这些城市正处于教宗的禁止圣事的禁令之下。

---

① 乔尔乔·瓦萨里（1511—1574），文艺复兴时期的意大利画家和建筑师，以传记《艺苑名人传》扬名后世。他在美术史研究领域的建树大于他的创作，所著《艺苑名人传》长达百万言，书中第一次正式使用"文艺复兴"一词，并提出可按 14、15、16 世纪划分美术发展的阶段，对后来的艺术理论研究影响很大。

根据瓦萨里的记载，尼古拉·皮萨诺通过仿制古代花瓶和石棺学会了他的手艺。在意大利，除了阿普利亚的帝国雕塑学校，哪里有人会这么做，哪里有人会用这样的系统性的方法？在阿普利亚的帝国雕塑学校，这种练习被弗里德里希二世规定为一种义务。如果不是那个在其他领域也教导人们"从旧井中汲取新水"的人，那么是谁帮助阿普利亚大师们睁开了眼睛，并因此间接地帮助意大利大师们睁开了眼睛，让他们看到并欣赏古人的作品？弗里德里希二世并没有亲自挥舞锤子和凿子，但雕塑家们是他的门客和学生。近期的一位法兰西艺术史学家感叹道：皇帝才是真正的雕塑家（C'est l'empereur qui a été le vrai sculpteur）。我们没有理由怀疑，真正的政治家能够唤醒一种新的诗歌、建筑和雕塑艺术，更何况凿子的魔力只有在一个活生生国家的有序氛围中才能茁壮成长。

因此，这位被人们誉为上帝之镜像的施陶芬皇帝、人类普遍性法则的第一个肉体化身，通过人们对他的国家和他本人的歌颂，成为一种新的造型艺术的创始人，这种艺术自觉地从多神教世界汲取灵感。大约在同一时间，教会内部也诞生了一个新的绘画流派，它直接以复苏了的早期基督教崇拜中的神话为基础。现代的理论认为，对圣方济各的颂扬启发了新的"哥特式"绘画。这种绘画从一个完全不同的方向——从基督教中——重返人类的起源。

1240 年 3 月，弗里德里希二世回到了他的西西里王国，但他所有的思考和谋划现在都指向了意大利君主国的发展壮大。尽管他已经离开西西里五年，尽管他花了四年时间在北意大利和意大利中部南征北战，但他只允许自己在他心爱的西西里休息几周。"爱和关切，驱使我去平定意大利……以至于无论是休息还是娱乐，又或是我的王国的荣华富贵，都留不住我。当我在国内以勤奋和毅力完成了重要的使命（它与平定意大利的更重要使命紧密相连）之后，我迅速离开了西西里，没有休息，因为停留对我的事业是致命的。我在酷暑和营地的征尘中前进，不避危险。"

在福贾召开了一次会议，重新任命了西西里的所有官员，并颁布了若干新的法律之后，弗里德里希二世于 1240 年 5 月再次与新征募的军队一起在卡普阿附近扎营。6 月，他向教宗国的边境推进。他的意图是通过在罗马治下坎帕尼亚地区的作战和破坏活动迫使教宗议和，并从而迫使罗马人打开他们的大门。但在最后一刻，皇帝不得不改变他的计划：新任条顿骑士团大团长——图林根的康拉德，作为德意志世俗王公和教会诸侯的特使来到了罗马；诸侯希望再一次作为中间人在皇帝和教宗之间展开和谈，正如他们在十字军东征后所做的那样。

到此时为止，教宗对弗里德里希二世的处置完全没有效果。由于过度频繁的使用，绝罚令已经失去了杀伤力，不再是以前那种可怕的武器了；解除臣民对皇帝的效忠义务也同样失去了意义。诚然，伴随着蜡烛的燃烧和叮咚的钟声，开除皇帝教籍的判决每个星期天都会在世界的每个讲坛上重新宣布。毫无疑问，这种情况在外国发生了，尽管也经常受到抗议。但在宣读绝罚诏书对格列高利九世最重要的国家，即在帝国内部，教宗的决定遇到了许多障碍和阻挠。意大利的许多社区由于各种原因而受到禁令的处罚，原本就不能举行礼拜。弗里德里希二世到访的每一座城市都自动受到禁止圣事的处罚。我们可以相当合理地怀疑，在整个帝国意大利是否有一位主教敢于宣读

绝罚令；在西西里，不大可能有任何一个教士愿意冒着生命和
财产的危险去宣读针对皇帝的禁令。此外，皇帝的追随者，如
巴勒莫大主教贝拉尔多，也被逐出教会；任何不支持皇帝的西
西里主教则被皇帝迅速放逐。在德意志，许多教会诸侯也拒绝
在讲坛上宣布开除皇帝的教籍。德意志的主教们和世俗诸侯一
样，不愿意因为反对皇帝而危及他们作为邦君的权利，因为他
们的权利得到如此大的扩展要感谢皇帝。德意志的主教们很少
对教宗采取任何行动，当然也不会对皇帝采取任何行动：在大
多数情况下，他们安静地作壁上观。

教宗格列高利九世很可能希望拉拢到那些通常随时准备反
抗皇帝的德意志诸侯，并推动他们反对施陶芬皇帝，就像英诺
森三世成功地煽动诸侯反对韦尔夫皇帝奥托四世那样。但格列
高利九世的这个期望，就像之前以十字军东征为理由绝罚皇帝
一样落空了。教宗扶植一个对立国王的企图彻底失败了。他在
那些言辞恶毒的书信中摆出诸侯权利保护者的姿态，说弗里德
里希二世正试图破坏诸侯的特权。但德意志诸侯对教宗的这些
说辞充耳不闻。教宗还暗示弗里德里希二世正试图借助刺客消
灭所有基督教王公和权贵以便独自统治，大家也对这种说法不
理不睬。弗里德里希二世在争取诸侯支持的方面取得了超乎想
象的成功，诸侯对局势也看得一清二楚。首先是教会诸侯，然
后是世俗诸侯，一致写信给教宗，并以最清楚、最明确的语言
指出，绝罚皇帝的唯一原因是教宗支持伦巴第的叛徒。德意志
的教会诸侯提醒教宗，他们的地位是双重的：一方面，作为高
级教士，他们是教会的儿子；另一方面，作为帝国诸侯，他们
是皇帝的附庸；作为帝国的重要组成部分，他们绝不能失职；
但如果他们被迫为教会哀悼，他们会非常悲痛。同时，他们愿

意向教宗提供帮助，从而在他和皇帝之间重新建立他们最渴望看到的和平。所有诸侯联名向教宗发出了上述的郑重声明，此外，每个人都分别给教宗写信，描述了世界因这场新的争吵而陷入的混乱，并恳请教宗解除对皇帝的绝罚令。

现在，条顿骑士团大团长带着诸侯的建议来到教宗面前。弗里德里希二世不打算通过再次入侵"圣彼得的遗产"来破坏仲裁。诚然，皇帝并不相信顽固的教宗会轻易接受和平，何况拖了相当久的谈判也确实毫无建树。教宗突然厚颜无耻地宣布，只有在帝国的敌人——伦巴第人——被纳入和约当中的时候，他才能解除皇帝因其异端思想、不敬神和迫害教会而受到的绝罚。虽然格列高利九世一直坚决否认伦巴第问题与皇帝被绝罚有任何关系，并在绝罚诏书和宣言中对皇帝提出了最牵强的指控（尽管市井百姓都知道他将皇帝绝罚是为了保护伦巴第人），但现在弗里德里希二世要想摆脱绝罚，不是通过对教宗指控他的罪行进行忏悔，而是需要通过对伦巴第人做出政治让步来实现。我们不难理解，谈判破裂了，甚至连停战协议都没有达成。所有后来的和谈尝试都在同一个礁石上搁浅了：教廷坚持保护伦巴第人，而弗里德里希二世有很好的理由拒绝用这个价码购买赦罪。另外，条顿骑士团大团长在抵达罗马几周后就去世了。与此同时，弗里德里希二世恢复了在罗马涅地区的战斗，不过没有在"圣彼得的遗产"重启战端。

自从前一年拉文纳叛变以来，皇帝在罗马涅地区的处境越来越差。在教宗使节蒙泰隆戈的格列高利的领导下，威尼斯人、博洛尼亚人和其他人在不久前征服了费拉拉，而博洛尼亚和法恩扎一直属于伦巴第联盟，所以皇帝在罗马涅地区的统治摇摇欲坠。皇帝现在沿着亚得里亚海向北进军，经过安科纳边疆区。当时正值夏季，他在沼泽地带患上了轻微的热病，但他"以精神的力量战胜了它，所以在关键的一天结束后，它不能阻止我胜利的步伐"。8月中旬，他率领一支由德意志人、托斯卡纳人和阿普利亚人组成的规模不大的部队来到了拉文纳城下。他原打算向博洛尼亚进军，但听说曾是拉文纳反帝党领袖的保罗·特拉弗萨里乌斯死了，而且该城人民的情绪正在发生变化，于是他改变计划，来到了拉文纳城下。水源被切断了，该城在经过6天的围攻后投降并交出了人质。随后，它重新得到了皇帝的恩宠。弗里德里希二世现在可以挥师博洛尼亚了。但如果他围攻博洛尼亚，南面的法恩扎就会威胁他的后方。因此，有必要首先拿下法恩扎。

弗里德里希二世无疑希望在法恩扎能像在拉文纳一样马到成功。但单纯的围攻没有什么效果。该城固若金汤，抵抗也出乎意料地顽强，守军得到了威尼斯人和博洛尼亚人的大力增援。守军司令是一个23岁①的佛罗伦萨青年——圭多·格拉（Guido Guerra）伯爵，他的指挥颇有方略。圭迪（Guidi）行宫伯爵家族通常是坚定的帝国支持者，但"贤良的郭尔德拉德"②（Gualdrada）的这个孙子（但丁称赞他虽然是鸡奸者，却是优秀的军人）打破了他家族的传统。他在反施陶芬的战争中发挥了重要作用，是佛罗伦萨圭尔甫派最勇敢的领导人之一。

皇帝很快就在法恩扎进退两难。9月悄悄过去了，没有任

---

① 原文有误，圭多·格拉出生于1220年。1240年他防守法恩扎的时候只有20岁。

② 译文参考：《神曲·地狱篇》，但丁著，田德望译，人民文学出版社，1997年，第十六章，第117页。

何决定性的结果。10 月到来了，仍未见结束战役的希望。弗里德里希二世现在决定完全封锁法恩扎，自己在城下过冬。他命令拆除帐篷，并在大家的惊讶中建造了坚固的木屋。不久之后，一座完整的木制城镇就在堑壕的保护下，在被围困的城市周围延伸出一个宽广的圆圈。这样的冬季作战是罕见的。在此之前，弗里德里希二世也没有表现出这种咬住不放的坚韧。他通常在第一次进攻时就不费吹灰之力取得成功，而如果不成功，他宁愿像在围攻布雷西亚时那样及时止损、快速撤退。但在当下，严重的失败对他来说将是致命的。所以，尽管有无数的障碍，他也必须将围攻进行到底。

皇帝之所以厌恶需要大量兵力的长期军事行动，有一个非常实际的理由：开销太大。帝国军在很大程度上是一支雇佣军。唯一不领报酬的部队大概就是撒拉森人，皇帝可能是通过授予土地来补偿他们的。所有其他西西里军队要么从一开始就得到军饷，要么在一定天数后开始领军饷。封建制度在西西里几乎被完全废止了。封臣最多只会在王国境内短期服役，费用自理。如果超过了期限，或者在西西里以外的地方服役，他们就会得到报酬，而且是非常高的报酬。领报酬的封臣和普通雇佣兵之间的差别很小。意大利各城市以更优惠的条件向皇帝提供军队。各城市的步兵民兵和骑士在头 4 个或 6 个星期从自己的城邦领取报酬。如果超过了这一期限（这几乎总是会发生），那么这些官兵的军饷就由帝国财政部承担，而这一点会深刻地影响作战。强攻一座城市的时间往往定在某一天，比如 11 月 10 日，这并不是斟酌军事局势之后定下的日子，而是因为 11 月 12 日是几千名士兵结束服役的日子，而延长围攻时间就意味着更多的开销。皇帝的强大军队迅速放弃围攻布雷西亚，可能就是出于这样的考虑。

在法恩扎城外，人们很快就开始感到物资匮乏。为了彻底封锁这座城市，有必要召集更多部队，特别是步兵，而这些部队由皇帝的意大利国家负责提供。周边各城市——伊莫拉（Imola）、弗利（Forlì）、福林波波洛（Forlimpopolo）、拉文纳、里米尼——的士兵首先被征召，然后是佛罗伦萨和整个托斯卡纳，恩齐奥国王在那里负责征兵；最后，甚至从伦巴第西部，从洛迪、韦尔切利和诺瓦拉也带来了部队。随着围城的时间越来越长，帝国军的财力也紧张到了史无前例的程度。在本次战役开始时，皇帝采取了一个权宜之计，即提前向意大利各城市征收来年的税款，并以免征五分之一作为优惠条件。接下来，他毫不客气地向西西里的教会金库伸手，就像教宗钥匙军的领导人有一次做的那样。黄金、白银、宝石、昂贵的锦缎、丝质的衣服，都凭收据被征收，存放在帝国的国库中。然后，足智多谋的皇帝想出一个权宜之计：也许是以这一大笔财富为担保，发行印有西西里奥古斯都金币的皇帝肖像和鹰徽的皮币。这种皮币在各地都被爽快地接受，没有人提出抗议，后来被帝国财政部赎回。

不过粮草并不缺乏，因为通往西西里的路线对皇帝是开放的。最受欢迎的海路——从阿普利亚各港口到拉文纳——并不完全安全。皇帝在法恩扎的敌人不仅有法恩扎人，还有博洛尼亚人和威尼斯人。威尼斯人成功地掠夺并焚毁了阿普利亚海岸的两座城镇特尔莫拉（Termola）和瓦斯托（Vasto），并在布林迪西附近俘获了一艘从耶路撒冷返回的帝国桨帆船。弗里德里希二世立即采取了报复行动：他要求尼西亚皇帝约翰三世·瓦塔泽斯袭掠其攻击范围内的任何威尼斯财产，并要求突尼斯苏丹暂停与威尼斯的所有贸易。他还资助了扎拉地区的达尔马提亚海盗，并从安科纳派遣船只对付威尼斯人。此外，皇帝的阿普利亚要塞和地牢里住满了来自几乎所有意大利城市的人质，他可以对他们实施报复。正是在这一时期，威尼斯执政官的儿子彼得罗·蒂耶波洛被绞死，他是在科尔泰诺瓦被俘的。这些措施迫使威尼斯停止了攻击。

皇帝在法恩扎城下等待了 8 个月，被迫无所事事。他的部队挖掘了通往被围城市的地道，被围困者的存粮也逐渐耗尽了。与此同时，皇帝通过阅读和修改特奥多尔大师翻译的关于狩猎的阿拉伯语论文来打发时间。但在这个冬季营地里，比猎鹰更重要的几个事项吸引了他的注意力：弗里德里希二世不能忽视教宗格列高利九世的一些图谋。

弗里德里希二世被逐出教会后，立即写信给枢机主教们，恳请他们这些"彼得的副手、罗马城的元老、世界的枢纽"，邀请整个基督教世界的君主和王公、主教和教会的头面人物，派代表参加一次世界性会议。他本人也准备向这个会议提交申诉，甚至亲自出面证明他对格列高利九世的控诉，证明教宗在意大利以最严重的方式侵犯了帝国的权利。皇帝拥有一项历史悠久的权利，即皇帝本人即可展开这样的世界性会议。但为了维护这个将在他和教宗之间做出裁决的法庭的公正性，他认为自己和格列高利九世都不应该为自己的事业召集全世界人来开会，而应该由罗马枢机主教团发出参会的邀请。

皇帝热切期盼的这个会议始终没有召开。教宗格列高利九世有充分的理由来阻止它：任何会议都不得审判基督的代理人。但他通知大家，一年后将举行一次教会的会议。他的邀请函提出了平淡无奇的议程——将讨论世界和教会的某些事务，仿佛这是一次常规的、时常在罗马举行的会议。但教宗的真实意图再清楚不过了：这次会议将由教宗召集，并成为他的工具，其首要职责是废黜皇帝。格列高利九世已经在为施陶芬皇帝的继任者拉票了，但目前为止没有成功。他首先试探了一位丹麦王子；当这位候选人拒绝后，教宗试图利用法兰西对皇帝宝座的历史悠久的渴望来赢得法兰西的支持。自查理曼时代以来，法兰西人一直有这个梦想，后来在路易十四身上得到了延续，并由拿破仑实现。格高利九世建议法王路易九世的弟弟阿图瓦伯爵罗贝尔成为弗里德里希二世的继任者。但法兰西方面拒绝了这一建议，并骄傲地说，一个血管里流淌着法兰西王族血液的人，比任何靠选举获得皇位的皇帝都更高贵。此外，阿图瓦伯爵已经将教宗的提议告知了他的朋友施陶芬皇帝（他在法兰西深得爱戴），而且弗里德里希二世皇帝已经愤怒地呼吁复仇之神来惩罚教宗了。

弗里德里希二世的私敌（即教宗）召集这次会议的意图，大家都看得一清二楚。米兰和其他叛乱城市应邀参加这次会议，对皇帝进行判决。教宗的会议凌驾于弗里德里希二世所期望的会议，皇帝绝不能允许它发生。弗里德里希二世得知教宗的图谋后，立即开始采取反制措施。他给列王、诸侯和主教们写了无数封信，解释道：由他的私敌召集的会议只有一个目的，那就是裁决伦巴第问题。但他永远不会承认教会法庭有权对世俗事务做出裁决。他与最神圣的罗马教会并无争执，但与现任教宗有严重的分歧；只要格列高利九世继续敌视帝国，他，弗里德里希二世，作为皇帝，就将采取措施阻止教宗召开任何会议。因此，皇帝将拒绝承认所有参会代表的安全通行权，并警告全世界不要派代表出席会议。他已经控制了所有的海上和陆地路线，没有人可以违背皇帝的意愿到达罗马。在发出这些警告的同时，他还向身在帝国全境的支持者发出了严格的命令，要求阻止任何试图参加教宗会议的人通过，并悬赏抓捕参会代表。没有人能质疑这种封锁的真实性，因为经常有消息说，运送给教宗的资金也被帝国方面拦截并据为己有了。

任何人都不能指责弗里德里希二世对自己的意图有所隐瞒。他总是事先将自己的计划公之于众，甚至包括最微小的细节。但没有人相信他，或者说没有人相信他真的打算将其威胁付诸实施。而当他这样做时，全世界都目瞪口呆。皇帝的严格命令使德意志、意大利和西西里的教士不敢参加教宗的会议。但西方列强，即英格兰、法兰西和西班牙不可能对教宗的召唤充耳不闻，于是打算派他们的教会负责人前往罗马。由于在法恩扎安营扎寨的皇帝可以封锁大部分陆路，格列高利九世向这些西方参会者推荐海路。他与热那亚取得了联系：一支由货船和战船组成的舰队将在尼斯或热那亚等待参会的高级教士们，然后将他们送到台伯河河口。教宗亲自向高级教士们提出了相应的建议：他们会发现海上旅行比陆路旅行更安全，可以放心地把自己托付给热那亚人，教宗已经与他们安排妥当并达成了必要的协议。的确如此：热那亚将获得 3500 镑的收益，其中 1000 镑由教宗立即支付。负责与热那亚签约的教宗使节不得不从热那亚商人那里贷款，他们索要 200 镑的利息。余款将在舰队出发前一个月支付，如果格列高利九世违约，他将支付 10000 马克作为罚金，罗马教会的财产被抵押作为担保。所以热那亚并不是因为热爱上帝而援助教宗的。格列高利九世接受了热那亚提出的所有条件，但恳请将准备工作保密，不要让皇帝发现蛛丝马迹。

但弗里德里希二世在热那亚的追随者比在任何其他敌对城市都多。斯皮诺拉（Spinola）、多里亚、格里利（Grilli）和德·马利（de Mari）等大贵族世家几乎都是吉伯林派（卡雷托侯爵后来成为皇帝的女婿），因此弗里德里希二世与该城保持着密切的联系。有一次，皇帝的一封信被藏在一个蜡制的假面包里，被敌人截获，在城里引起了极大的轰动，但其他信件安全到达了目的地。不管是如何做到的，皇帝在法恩扎城下的冬季营地里很快得知了教宗的确切计划。

皇帝镇定自若地进行了反制的准备工作。他立即指示西西里调动和装备舰队。皇帝一贯大力推进西西里海军力量的扩充，现在可以从中获益了。多年来，皇帝建造的造船厂不断有新船下水，弗里德里希二世现在拥有一支由 65 艘桨帆船组成的舰队。相比之下，热那亚要费很大力气才能装备一支 50 艘战船的舰队。西西里舰队的人员部分是皇帝向各航海民族征募的水手，但作为回报，他们被免除了其他义务；船长们是皇帝的封建附庸。弗里德里希二世对舰队的整个组织是如此令人钦佩，以至于后来西西里的阿拉贡王朝照抄了他关于舰队的法令，比如他关于海军司令职责的指示，其中包括对海军每个部门的规定。西西里王国的前任海军司令、热那亚人尼古拉·斯皮诺拉（Nicolaus Spinola）不久前去世了。弗里德里希二世于 1241 年 3 月在法恩扎任命了另一个热那亚人安萨尔杜斯·德·马利（Ansaldus de Mari）为西西里王国的海军司令。不久之后，皇帝给他送去了一面帝国旗帜和任命他为罗马帝国海军司令的委任状，这是弗里德里希二世设立的一个新职位。这位新任舰队司令是帝国支持者，所以于 1241 年 2 月从热那亚秘密逃跑了。他对热那亚用于运送参会高级教士的舰队的实力和装备了如指掌。他作为海军司令的权限很大，可以自行斟酌行事。他立即接管了已经做好出海准备的西西里舰队的指挥权，并于 3 月率领 27 艘桨帆船驶向比萨，与大约同等数量的比萨桨帆船会合。

与此同时，弗里德里希二世一直在警告收到教宗邀请的人们不要参加会议。比萨人甚至试图劝他们的竞争对手热那亚人不要为教宗服务，其他一些人士也指出了违背皇帝的意愿访问罗马的严重危险。有一本小册子——也许是帝国文书官衙的作品——据说是一位用心良苦的教士写给他的高级教士朋友的，其中的告诫特别有紧迫感。作者花了好几页篇幅，绘声绘色地描绘了海上航行的困难，以置身事外之人的幸灾乐祸描述了晕船的最细微后果。最后，他证明弗里德里希二世是"第二个尼禄，第二个希律"，"在仁慈方面吝啬，在惩罚方面挥霍，而且，满腹愤怒，完全缺乏虔诚"。除了热那亚之外，皇帝掌管着所有的海港……从比萨、科尔内托、那不勒斯或加埃塔，他可以伏击所有航行在利古里亚海的船……谁又能打包票，这个老狐狸没有买通热那亚水手呢！"你们不是神，也不是圣徒，"作者喊道，"你们胳膊拧不过大腿。"此外，教宗在没有征得高级教士同意的情况下开始了这场争斗，那么就让他在没有高级教士参与的情况下结束这场争斗吧。"但是，既然教宗看到他对这个强大暴君的行动没有成功，他现在就急于进一步加强对皇帝的宣判，或威胁将他废黜，并扶植另一个皇帝取而代之，而你们要给出你们的建议和同意，无论你们认为是好是坏。你们都是风琴的管子，在风琴师的恣意操控下回响。"

热那亚城的编年史家在其 1241 年的条目中开宗明义地写道："在这一年，上帝让巨大的不幸降临本城。"西西里舰队于 3 月底出发，前往比萨，而参会的高级教士将于 4 月底从热那亚启程。在这几周内，发生了一件决定战局的大事：法恩扎被攻陷了。在前一年冬天，弗里德里希二世曾多次表示它肯定会在春季被攻陷。这座英勇的城市以绝望的勇气进行了激烈的自卫。对皇帝的愤怒和报复的恐惧加强而不是削弱了守军的抵抗。在饥荒的极端情况下，法恩扎人试图将妇女和女童送出城外。弗里德里希二世命令她们立即返回，并让他们提醒被围困的人注意法恩扎昔日对他的侮辱：半个世纪前，他们曾对他的母亲康斯坦丝皇后进行了致命的冒犯；15 年前，当他进入伦巴第去参加朝会时，他们曾试图行刺他，但误杀了一名代替他穿上皇帝服饰的骑士。

这是世界法官的声音。如果他要在审判日保持公正，就不能也不应该忘记任何事情；并且，在他自己的永恒面前，时间对他来说是虚无的。法恩扎不指望得到怜悯，于是竭力抵抗。围攻持续了 8 个月，城内的粮草完全耗尽，城墙全毁，帝国军从地道攻入城市，直到这时，这座英勇的城市才投降，没有等到皇帝的最后一击。督政官和城里外国人的生命得到了担保，但市民没有得到担保，他们现在自然是焦虑地等待着自己的命运。但弗里德里希二世微笑着展示了他的宽宏大量："因此，我带着满溢的温和进入该城，并以无尽仁慈的臂膀迎接信徒的皈依……让他们知道，没有什么比帝国的枷锁更公正、更轻盈、更容易承受得了。"

法恩扎于 4 月 14 日陷落。弗里德里希二世在这座满目疮痍的城市停留了几周，并命令建造一座堡垒和一座宫殿。当他还在法恩扎时，有几条捷报传来。大约在同一时刻，教宗在西西里王国的飞地贝内文托被征服、摧毁、夷平了。在北意大利的西部，皇帝的将军们正在骚扰热那亚的领土，以扰乱会议的准备工作。"上帕维亚"的高级总督、阿普利亚人埃博利的马里努斯（Marinus von Eboli）从北方攻入热那亚领土，乌贝托·帕拉维奇尼侯爵从东面进攻。他打了几个漂亮仗，占领了两座城堡。在多个战区旗开得胜的皇帝给帕拉维奇尼写了这些华丽的言辞，不仅向这位封疆大吏授予了极大的权力，而且将"奥古斯都的幸运"传递给他："因此，继续走同样的路，你一定会成功地完成你怀着光荣的使命感为我提供的服务。成功等待着你，因为你是在智慧的指引下，在幸运的事业中，在一位幸运的君主手下作战……"

但最终的胜利还没有到来。在法恩扎投降前不久，弗里德里希二世派他的儿子恩齐奥国王去托斯卡纳执行一项特殊任务。在佛罗伦萨，"代表他父亲及其形象"的恩齐奥国王收到了皇帝的捷报。佛罗伦萨的步兵和骑兵长期在皇帝的军队中服役，因此全城都分享了皇帝胜利的荣耀。儿子一定代表父亲接受了佛罗伦萨人欢欣鼓舞的敬意。几天后，恩齐奥匆匆赶路。他途经普拉托（Prato），指示扩建当地的帝国城堡（其美丽的大门让人想起蒙特城堡，预示着文艺复兴的到来），然后前往比萨。他一定是在西西里-比萨联合舰队启航前不久到达比萨的。他只是给海军司令带来了最新指示。恩齐奥本人没有参加海军行动，而是在比萨静候佳音。

参会的高级教士们于4月28日在热那亚登船。只有少数教会领导人，其中包括熟悉航海的英格兰人，在看到过于拥挤的船和不完善的设备后决定悬崖勒马。这些人要么留下，要么顶多就是派遣下属登船去参会。但所有其余的高级教士——法兰西人、西班牙人和来自伦巴第联盟城市的意大利人，在喇叭

声和人们的欢呼声中从热那亚港启程。他们安全通过了比萨和
皮翁比诺（Piombino）与厄尔巴岛之间的狭窄海峡。他们快要
接近目的地了，即罗马的奇维塔韦基亚港（Civitavecchia）。在
海上航行了 8 天后，5 月 3 日，也就是十字架瞻礼日，他们遭
到了帝国舰队的袭击，这支舰队一直埋伏在基督山岛（Monte
Cristo）和吉廖岛（Giglio）之间。一场短暂的血战决定了皇帝
的胜利：3 艘敌船被击沉，乘客被淹死，其中包括贝桑松大主
教。22 艘船被俘获，只有 3 艘载有西班牙乘客的帆船逃回了
热那亚。这对帝国阵营来说是一场完胜，他们抓获了 4000 多
名普通俘虏和 100 多名教会高级权贵。三位教宗使节，其中有
皇帝特别憎恨的枢机主教帕莱斯特里纳的雅各布；著名的克吕
尼、熙笃、克莱尔沃和普雷蒙特雷（Prémontré）修道院的院
长，以及一大批大主教和主教，都落入了弗里德里希二世
手中。

恩齐奥国王在比萨欢迎胜利者和他们的俘虏。他起初下令
对高级教士以礼相待，直到皇帝下达命令，要求他对这些人采
取最严厉的措施，因为高级教士们没有恳求皇帝的怜悯，而是
违抗了他的警告。低级教士被关押在比萨的监狱里，高级教士
先被送到帝国城堡圣米尼亚托（San Miniato），之后大部分被
送到阿普利亚，在那里被严格羁押。弗里德里希二世现在掌握
着最有价值的抵押物，并巧妙地利用了它们。他对法兰西的高
级教士做短暂拘留之后将其释放，尽管他首先对路易九世国王
要求释放法兰西教士的傲慢要求做出了礼貌但坚决的拒绝：
"在有人迫害帝国的地方，绝不能缺少帝国的保卫者。帝国比
个人更伟大，普通的动物看到狮子的足迹也会发抖。因此，尊
贵的陛下不会惊讶于奥古斯都让法兰西的高级教士感到恐惧，

因为他们试图谋求皇帝的垮台。"

弗里德里希二世把这场胜利解释为上帝的审判，"祂从天上看下来，战斗并进行正义的审判"。这是对帝国的死敌，对教宗格列高利九世的审判，上帝亲自打击了教宗。皇帝是这么想的，他的追随者也这么认为。上帝的旨意已被揭示给世人：弗里德里希二世皇帝的职责是严厉地鞭笞教士和教会，并在世间恢复正义与和平。人们创作了歌曲来赞美阿普利亚少年、征服世界的胜利者。一位多明我会修士表示，在这次海战胜利中，"大地和海洋的上帝证明了祂站在幸运的恺撒那边……"人们想起了一句预言，也可能是为了这个场合而发明了这句话："大海将被圣徒的血染红。"这一事件给世人留下了极其深刻的印象。以前的任何一位皇帝敢于做的事，都无法与这次抓捕多名枢机主教和 100 名高级教士的行动相提并论。弗里德里希二世的权力似乎是无边无际的，但人们在钦佩之余还夹杂着某种惊恐。敌人在此事中看到了撒旦的罪恶。没有什么比教会的诸侯被俘，并被持续囚禁在皇帝的监狱里更能让人坚信弗里德里希二世就是敌基督的前驱了。有些被俘的高级教士死在阿普利亚的地牢里，他们的鲜血对这个信仰之敌发出了控诉。

弗里德里希二世可能希望能通过这种暴力行动迫使教宗屈服并求和，也可能希望用释放高级教士来换取教宗解除针对他的绝罚令。囚犯们恳求教宗与皇帝议和，而意大利的普遍看法是，这一打击将迫使格列高利九世让步。此时的格列高利九世已经时日无多，他在持续不断的沉重打击中遭受了难以形容的痛苦，而且觉得自己要在上帝面前对这么多教士的死亡和被囚负责。但他比以往更不愿意讲和。在他眼中，现在比以往任何时候都更需要战斗，更需要将恶龙打倒！他恳求俘虏们为了上帝和教会的缘故，坚持承受苦难，忍耐到最后。即使当新的灾祸震撼了整个基督教世界的根基，并迫切要求所有西方国家实现和平与合作时，这位老人仍固守他的仇恨，死活不肯让步。没有什么能动摇他的信念，即上帝召唤他与弗里德里希二世作战，尽管罗马的雄鹰屡战屡胜，并且正准备对罗马城发动攻击。

当弗里德里希二世仍在法恩扎城下安营扎寨、帝国舰队仍停泊在比萨港时，欧洲奇迹般地躲过了最可怕的危险。长久以来，十字军带回了他们从东方人那里听到的故事，于是最奇怪的谣言在西方不胫而走：在遥远的东方有一位强大的国王，他统治着一个庞大的帝国，他正在向西方进军，并逐一战胜了穆斯林的君王。基督徒认为他就是传说中的祭司王约翰，一个麦基洗德那种等级的国王；他不仅生动地激发了民众的想象力，而且吸引了教宗英诺森三世本人。据传说，这位东方国王的到来是为了消灭穆罕默德的教义，在耶路撒冷与西方的国王联合，并实现时代的圆满。犹太人则相信，这位东方国王就是大卫王，他将作为弥赛亚返回人间，救赎他们。根据犹太人的历法，1240 年就是 5000 年，这一事实加强了他们的信心，因为他们相信弥赛亚将在第六个千年的第一年出现。基督教的文献也讲述了类似的故事，而弗里德里希二世在他最春风得意的一年被认定为弥赛亚，也是受到了这种信念的影响。犹太人为大卫王的降临欣喜若狂，甚至想给他送去剑和盾。在许多地方，他们因为顽固地坚持这一信念而遭受了残酷的迫害和屠杀。突然间，西方认识到了自己的错误，并在恐惧中匆忙武装自己，以抵御成吉思汗手下汹涌而来的蒙古大军。

我们现在知道，率领大军征讨欧洲的并不是成吉思汗本人。这位亚洲的撼动者，就其强大的活力而言，是世界历史上最令人震惊的现象。这位征服并组建了世界上有史以来最庞大帝国的君主合并了许多民族，赋予他们宗教和法律，并释放出历史上单单一个人的力量所带来的最猛烈的飓风。在弗里德里希二世的时代，成吉思汗已经结束了他独一无二的征服生涯。但他的意志仍在延续。

1227 年，当弗里德里希二世踏上十字军东征的征途时，大汗被埋葬在哈拉和林①。他在生前将帝国分给了他的四个儿子。西部地区归属拔都，他的都城位于伏尔加河畔的萨莱②，他就是金帐汗国③的创始人。成吉思汗的冲击势头在拔都身上没有中断。到 1240 年，罗斯诸国已向他屈膝臣服。1241 年年初，他逼近了匈牙利。此时，拔都的另一部分军队已经打败了波兰，正在向西里西亚进发。黑云压城城欲摧。整个亚洲终于团结起来了，高度紧张的欧洲却四分五裂、一盘散沙，被无数相互敌对的力量所分割。现在，西方终于开始动员，德意志人急得喘不过气来，因为蒙古人正拥向匈牙利。波希米亚国王集

---

① 据《蒙古秘史》记载，成吉思汗的遗体被葬在不儿罕山接近斡难河源头的地方，这是他生前指定的墓地。《元史》则记载他和历代元朝皇帝都葬于起辇谷。起辇谷的具体位置不详。在今日蒙古国肯特省的不儿罕山间有一片被称为"大禁忌"的土地，为达尔扈特人世代守护，相传是成吉思汗的墓地所在。

② 萨莱是波斯语，意思是"宫殿"，是金帐汗国首都，有新旧两个。旧萨莱又叫拔都萨莱，在阿斯特拉罕以北 120 千米处，新萨莱在旧萨莱以东 85 千米处，今天的伏尔加格勒附近。

③ 即钦察汗国（1242~1502），蒙古四大汗国之一，源于蒙古帝国西北部，由拔都（成吉思汗长子术赤的儿子）及其后裔统治，后来当地逐渐皈依伊斯兰教，全盛时期的疆土从西伯利亚和中亚延伸至中欧和东欧（至多瑙河、黑海等地），盛极一时，长期统治俄罗斯，后分裂为许多汗国。

结的一支军队来得太晚了：4 月 10 日，他抵达莱格尼察（Liegnitz），但在 9 日，莱格尼察的亨里克公爵手下的（据说有）3 万名士兵已经殒命沙场。这位公爵是圣黑德维希（Hedwig）① 的儿子，他与德意志、波兰和斯拉夫贵族一起，向蒙古人发起猛攻。但他的军队被打败了，他本人也战死沙场。现在，德意志暴露在敌人的冲击之下，但亨里克公爵的牺牲没有白费。虽然蒙古人取得了胜利，但他们也伤亡惨重，无力再与波希米亚国王的军队交锋。蒙古人急速转向南方，横扫了摩拉维亚的大部分地区，并一直推进到维也纳，但随后撤回了匈牙利。征服者只是在很短的时间内冲出了那些自然条件和特征与他们的家乡相似的区域。远在东亚的大汗窝阔台的驾崩，结束了蒙古人对欧洲的威胁。

这些消息像野火一样传遍了欧洲，欧洲人认为蒙古人即将发动新的攻击。在更严重的危险面前，小的争吵被遗忘了，整个德意志团结起来了，这是几个世纪以来的最后一次。康拉德国王于 1241 年 5 月在埃斯林根（Eßlingen）召开朝会，宣布实施普遍的国内和平以及针对蒙古人的十字军东征，并宣布亲自参加，唯一条件是他不对教宗承担任何义务，只参与打击蒙古人的行动。否则，教宗党人就会像他们习以为常的那样，带领十字军对抗皇帝。

---

① 西里西亚的黑德维希，也称安戴克斯的黑德维希（1174—1243），出身于巴伐利亚的安戴克斯伯爵家族，嫁给波兰的西里西亚公爵亨里克一世（大胡子）。他们的儿子就是阵亡于 1241 年 4 月 9 日莱格尼察战役的（虔诚的）亨里克二世。丈夫死后，黑德维希住进修道院（不过没有出家），从神圣罗马帝国邀请了很多德意志宗教人士到西里西亚，并邀请德意志人到那里定居和兴建新村镇。她因虔诚和慈善事业而闻名，1267 年被封圣。

　　莱格尼察战役的消息一定是在 5 月传到弗里德里希二世耳边的，当时他正从法恩扎向罗马挺进。匈牙利国王贝拉四世在危急关头向弗里德里希二世提议，只要皇帝将他从蒙古人的威胁中解救出来，匈牙利王国将向皇帝称臣。即便没有这个诱人的提议，弗里德里希二世也会将注意力转向东北方的战场：在 1241 年这个弥赛亚之年，他可能在事实上成为欧洲的救世主和拯救者，作为西方的团结者，实际上也成为西方的君主。他的宣言（帝国文书官衙的一件杰作）被发给了当时世界上所有的国王和权贵，呼吁大家一致对外：基督一般的皇帝端坐于云端之上，吹响号角，响彻西方世界，召唤"无比强大的帝国之欧洲"对抗敌人；在帝国的胜利雄鹰面前，骄傲的恶龙将被打倒，"蒙古人"将被扔到塔尔塔罗斯①。每一个民族都应该尽快派出它的骑士，在欧洲的两面大旗，即帝国鹰旗和十字架的旗帜下作战："日耳曼人激情洋溢地拿起武器……法兰西是最敏捷的骑士的母亲和哺育者……西班牙人英武善战……英格兰兵多将广且拥有大量战船……阿勒曼尼亚（Allemannia）②满是勇武的战士……达契亚③在海上很强大，

①　塔尔塔罗斯（Tartarus）是希腊神话中"地狱"的代名词，同时也被认为是一种原始的力量或神。塔尔塔罗斯是关押、惩罚恶人的监狱，经冥河与人间连通。希腊神话中，主神宙斯因禁了父亲——万神之王克罗诺斯而取得天、地、海和地狱的统治权之后，把克罗诺斯等泰坦巨神丢进塔尔塔罗斯。

②　指德意志。今天法语中的"德国"写作"Allemagne"，西班牙语写作"Alemania"，葡萄牙语写作"Alemanha"，词源都是日耳曼人的阿勒曼尼（Alamanni）部族。

③　达契亚的范围大致相当于今天的罗马尼亚和摩尔多瓦，以及保加利亚、塞尔维亚、匈牙利和乌克兰的一小部分。达契亚人是色雷斯人的一支。公元前 82 年至公元 106 年，此地存在一个一度非常强盛的达契亚王国，后被罗马征服。

意大利桀骜不驯，勃艮第骁勇无敌。不安分的阿普利亚，亚得里亚海、第勒尼安海和希腊那些战无不胜、擅长航海的岛屿——克里特、塞浦路斯、西西里……血腥的希伯尼亚①及远洋的土地和岛屿……敏捷的威尔士人和沼泽丛生的苏格兰，冰冷的挪威，以及西方天空下每一块高贵而著名的土地，都要调兵遣将，去抵御蒙古人……"

如果弗里德里希二世赶紧北上，他就会平息那些到处都在咕哝的声音：很多人说他就是恶龙，正是他自己召唤了蒙古人，从而在他这些从塔尔塔罗斯爬出来的盟友的帮助下，成为世界的主宰，并像路西法一样消灭基督教信仰。皇帝在宣言中详细解释了蒙古人的风俗，展现出了对这些领域的惊人知识。这一点恰恰让人们更加怀疑他与蒙古人有什么勾结。弗里德里希二世很可能怀着热切的好奇心，有意识地搜集关于这些在此之前不为欧洲人了解的蒙古人的所有信息。传说他们曾躲藏在烈日下的七种气候之外，但"我们不知道他们的起源和最初的家园"。皇帝的宣言像民族学论文一样准确地描述蒙古人，并不时地暗指皇帝本人："他们是一个野蛮的民族，无法无天，不通人性，但他们有一个领主。他们追随和服从他，尊崇他，称他为大地之神。这个人的体格不大，身材不高，但身强力壮，肩膀宽阔，吃苦耐劳，坚韧不拔。他们心地坚韧，勇气十足，只要他们的领袖一示意，他们甘愿赴汤蹈火。他们的脸庞宽大，目光阴险，发出可怕的叫声，就像他们的心一样恐怖。他们穿着未经鞣制的牛、马和驴的毛皮。他们把铁片缝在毛皮里面，当作铠甲。令人叹息的是，他们现在拿着从被征服

---

① 希伯尼亚（Hibernia）是爱尔兰岛的古典拉丁语名称。

的基督徒那里掳掠来的更美观、更精良的武器。这些蒙古人是无与伦比的弓箭手，并拥有制作巧妙的充气皮囊，他们可以借助它渡过湖泊和汹涌的河流……据说，他们带来的马在没有饲料的情况下，能够吃树根、树叶和树皮，但它们十分敏捷，而且在紧急情况下有极强的耐力。"皇帝就是这样描写蒙古人的作战方式，并劝告收到他的宣言的人避免与蒙古人正面交锋，而是为自己的堡垒囤积物资，武装自己的人民的。但他本人并没有出发去对付蒙古人。

弗里德里希二世劝告欧洲各族人民团结一致，但这在他自己的帝国却无法实现。即使是蒙古人的威胁，也没有让帝国与教会握手言和。只要与教宗格列高利九世的战争还在继续，皇帝就不敢离开意大利，尤其是因为他如今在各地屡战屡捷。他以前的经历太令他痛苦了："往昔的痛苦记忆再次浮现：我曾出海救援圣地、讨伐撒拉森人，他们对我们宗教的迫害不亚于今天的蒙古人。而当我在海外作战时，我们亲爱的圣父在米兰人及其盟友（都是我的帝国的臣民）中召集了军队，强行闯入我的西西里王国，并通过他的使节之口禁止所有基督的信徒帮助我完成基督的事业！"现在皇帝眼看就要取得最终的胜利，所以不敢拿多年斗争的收获冒险，除非格列高利九世同意议和，无论是自愿还是被迫。教宗对蒙古人制造的危机无动于衷。自从参会的高级教士被俘后，他比以往任何时候都更不愿意与皇帝讲和。但皇帝的宣言让全世界都知道，现在唯一阻止弗里德里希二世积极参与打击蒙古人的，就是教宗顽固的敌意。

教宗在基督教世界其他问题上的立场也同样模棱两可。弗里德里希二世把自己的支持者称为"虔诚的基督徒"，而把教宗党人称为异端分子，其"首脑"就是格列高利九世。其他事件证明了皇帝的说法是有道理的。那就是圣地的状况。

　　弗里德里希二世在多年前曾宣称，在与穆斯林的十年休战期满之前，也就是在1239年之前，不可能考虑发动新的十字军东征。1239年3月，他被格列高利九世逐出教会，理由之一是他的伦巴第战争使得他无法为救世主的荣耀开展十字军东征。同样在3月，格列高利九世召集十字军战士们到里昂开会。在纳瓦拉国王的领导下，许多人集结到里昂。突然，教宗的信使来到这里，禁止了这一年的十字军东征，命令朝圣者各回各家，并确定在1240年3月开始远征。但这次远征不是去耶路撒冷，而是去君士坦丁堡，以支援教宗缔造的拉丁帝国。佛兰德的鲍德温二世现在是拉丁帝国的皇帝①。不服从教宗这道命令的人将受到宗教上的惩罚。那些通过出售或抵押自己的财产来筹措武器装备的倒霉的十字军战士感到自己被愚弄了。他们非常愤怒，几乎要攻击教宗的信使。他们不知道该向何方求助。于是皇帝向他们伸出援手。

　　教廷似乎铁了心，在原则上不允许对叙利亚发动十字军东征，而且只要弗里德里希二世活着，教廷就不会放弃这种态度。稍后，教宗在德意志的使节甚至将所有想要讨伐撒拉森人或普鲁士多神教徒的人士逐出教会。同样，在英格兰，教廷也使尽花招，企图阻止对巴勒斯坦的十字军东征。简而言之，教

---

　　①　鲍德温二世（1217—1273）是君士坦丁堡的拉丁帝国的末代皇帝。他是拉丁帝国最初两位皇帝的外甥。他统治下的帝国其实仅限于君士坦丁堡城。因为内外交困、财政困难，他多次去西方求援。1261年，君士坦丁堡被尼西亚军队占领，拉丁帝国灭亡，随后尼西亚光复了拜占庭。最后鲍德温二世作为安茹的查理的食客，了却残生。

宗显然一心想要破坏他自己鼓吹起来的十字军东征。他的动机是显而易见的。在前一年，他与威尼斯和热那亚缔结了反对皇帝的进攻性联盟。这两座航海城市在圣地都有很大的利益，而且都在与皇帝交战。对叙利亚的十字军东征会巩固弗里德里希二世在耶路撒冷的并不稳固的地位，并且恰恰是在威尼斯和热那亚希望把他赶出其所有领土，包括西西里的时刻。因此，十字军东征将使格列高利九世的整个政策陷入僵局；因此，教宗必须阻挠十字军东征，哪怕弗里德里希二世乃至整个基督教世界都会因此而丧失圣地。同样的赎罪特权可以引诱十字军在意大利向弗里德里希二世开战，教廷已经在鼓吹对皇帝开展圣战。据说，当弗里德里希二世抓到与他敌对并戴着十字架标志的叛军时，他立即把他们钉在十字架上，以便让他们认识到这个标志的意义。这个故事可能是不真实的，但弗里德里希二世完全有可能做出这样的事情，并认为责任在于教宗，因为教宗为了自己的目的而滥用十字军。

弗里德里希二世再三表示，只有在他能够亲自领导十字军的时候，他才会向叙利亚发动军事行动，而唯一阻止他这么做的，就是他与格列高利九世的争吵。十字军战士们清楚地知道，没有皇帝，他们就"像没有石灰的沙子或没有灰浆的墙"。但弗里德里希二世没有在他们的道路上设置任何障碍，而是力所能及地帮助他们。他敦促他们从西西里出发，在那里他们会找到很多出海的机会。他还立即指示西西里官员照顾朝圣者，其中许多人不得不在西西里过冬，等待新的出征日期。驻叙利亚的帝国最高军务官里卡尔多·菲兰杰里收到了必要的指示。1240年春季，朝圣者启程前往叙利亚，在那里，正如所料，他们只会加剧现有的混乱。缺乏统一的领导、圣地基督徒众所周知的不团结，再加上圣约翰骑士团和圣殿骑士团的不可靠，导致了 1240 年 11 月的惨败，紧接着卡拉克（Kerak）的穆斯林王公征服了耶路撒冷①。

此时弗里德里希二世正在法恩扎城下安营扎寨。他竭力挽救局势，急忙与大马士革和埃及的苏丹取得联系，至少就释放俘虏展开谈判。皇帝派遣西西里司令鲁杰罗·德·阿米西斯前往埃及，与苏丹马利克·萨利赫②（卡米勒的儿子）缔结条约。卡米勒已于 1238 年去世，弗里德里希二世对此深表哀悼。他给英格兰国王写信说，如果他的朋友卡米勒还活着，圣地的局面就会大不相同。这话不无道理。另外，英格兰将在东方支持皇帝的事业。虽然教宗不同意，但皇帝的内兄康沃尔伯爵理查还是和英格兰朝圣者一起驶向了巴勒斯坦。弗里德里希二世为他提供了充分的权力和指示。由于撒拉森阵营中存在同样尖锐的争吵，理查成功地恢复了停战，并为皇帝和基督教世界再一次挽救了耶路撒冷。在世人眼中，弗里德里希二世再次成为圣地的保护者，格列高利九世却是圣地的破坏者，当时的小册子也公开表达了这一观点。

与此同时，面对蒙古人的危险，弗里德里希二世一直在努

---

① 这位王公指的是卡拉克的埃米尔：安-纳西尔·达伍德（1206—1261）。他是埃及阿尤布王朝苏丹卡米勒的弟弟兼竞争对手穆阿扎姆的儿子。穆阿扎姆死后，达伍德遭到伯父卡米勒的攻击，被剥夺大马士革，但得到卡拉克作为补偿。1239 年 11 月（本书的说法是 1240 年 11 月），达伍德攻击几乎毫无防备的耶路撒冷，将其占领，但无法控制它，于是摧毁其防御工事后撤退。

② 马利克·萨利赫，或称萨利赫·阿尤布（1205—1249），从 1240 年到 1249 年担任阿尤布王朝的苏丹。他在位期间，马穆鲁克势力崛起。他是阿尤布王朝最后一位重要的统治者，也是最后一位同时统治埃及和巴勒斯坦与叙利亚部分地区的阿尤布苏丹，在准备迎战路易九世的第七次十字军东征时去世。

力与教宗达成谅解。当这一努力失败后，他入侵了教宗国，希望用武力迫使教宗议和。康沃尔伯爵从圣地回来后，谈判似乎又有了可能。他于 1241 年 7 月在特拉尼登陆，觐见了皇帝，并带着皇帝授予的全权，前往罗马调解。弗里德里希二世对成功不抱希望，但这位英格兰人下定决心要试一试。过了不久，他就两手空空地回来了，对罗马主教的顽固态度感到非常恼火。康沃尔伯爵理查这时有可能在皇帝的宫廷里遇到了德意志的哈布斯堡伯爵鲁道夫。如果是这样的话，这就是一次不寻常的邂逅，因为这两位伯爵后来都是弗里德里希二世留下的蒙尘的罗马皇帝宝座的继承人①。

弗里德里希二世现在聚集了他所有的力量，准备对罗马发动最后一击。他的前景总的来说比去年要好；教宗的处境则毫无希望。火上浇油的是，枢机主教之一乔瓦尼·科隆纳已经公开投奔了皇帝。科隆纳长期以来一直不赞成教宗的政策，现在准备拿起武器反对教宗。当科隆纳在罗马的亲属在他们的塔楼和宫殿、君士坦丁浴场和奥古斯都陵墓中设防，对抗此时在城里占上风的教宗党人时，这位枢机主教就去了帕莱斯特里纳，并以皇帝的名义占领了几个据点。弗里德里希二世听从他的召唤，急忙去与他会合。皇帝在给科隆纳枢机主教的信中说，他看到枢机主教是皇帝的复兴帝国计划的支持者，起初很惊讶。此前，没有任何枢机主教和教士对罗马人的骑士和皇帝给予过这样的鼓励。皇帝把这归功于"一个高贵家族的高贵的焦虑和高贵血脉之火"。事实证明，在许多方面，科隆纳家族都是

---

① 康沃尔伯爵理查于 1257~1272 年担任德意志国王，哈布斯堡伯爵鲁道夫于 1273~1291 年担任德意志国王，不过这两位都没有被加冕为皇帝。

弗里德里希二世罗马复兴计划的继承者。

此时，在皇帝和他渴望的罗马胜利之间没有任何障碍。他下定决心，无论如何都要用公开的武力来对付教宗，而且他的兵力非常充足。6月，他攻占了特尔尼（Terni），然后在列蒂城下扎营，从那里向罗马城挺进。8月，蒂沃利主动向他敞开了大门，他的军队在罗马周边地区大肆破坏。弗里德里希二世已经把自己比作兵临罗马城下的"利比亚的汉尼拔"了。他继续逼近罗马。8月中旬，他把大本营设在罗马以南9英里的格罗塔费拉塔。皮耶罗·德拉·维尼亚写道："卑贱的顽固者到目前为止封闭的和平之路，现在将被前进的教宗之敌打开。"此刻，正当弗里德里希二世准备发动最后一击时，从罗马传来了教宗格列高利九世去世的消息。教宗第二次从他憎恨的施陶芬敌人手中夺走了征服罗马的胜利：弗里德里希二世的剑第二次在罗马城下只打中了空气。死亡是格列高利九世的最后一张牌。现在皇帝没有敌人了，因为按照皇帝自己的说法，他既不与教会作战，也不与教宗制度为敌，更不与罗马厮杀，而只与格列高利九世这个人作战。但格列高利九世已经死了。

教宗年事已高，所以人们早就考虑到他命不久矣。罗马8月的酷热，以及无法照例在维泰博或其他地方的浴场疗养，可能加速了他的死亡。有些人毫不犹豫地说弗里德里希二世是杀害格列高利九世的凶手，还有人说教宗死于"无法承受他给自己带来的痛苦"。正如教宗直到最后一刻也拒绝给予敌人和平一样，弗里德里希二世对这个"扰乱世界和平的人"的仇恨也持续到了坟墓之外。"因此，这个拒绝和平或进行和谈的人，一心只想着制造纷争的人，胆敢侮辱奥古斯都的人，注定要成为复仇的8月的猎物。现在他确实死了！就是他的缘故，世间缺乏和平，纷争不断，有多少人丧命！"

这就是弗里德里希二世对死去的敌人的盖棺论定。他没有什么理由对格列高利九世宽宏大量，因为教宗直到剩最后一口气时还把皇帝视为"天启的怪物"来迫害。教宗的最后书信之一是写给因他的过错而被囚禁的高级教士们的，督促他们鼓起勇气，尽管他们"在法老的手中、在安置陷阱的撒旦的手中受苦"。他的最后一封信要求热那亚人"借助他们桨帆船的力量奋起，为教会遭受的新的不公复仇"。格列高利九世将仇恨进行到底，尽管他的仇恨似乎会毁掉教会。仇恨是格列高利九世的厉害之处，弗里德里希二世则以牙还牙。在长达 14 年的斗争中，两位君主用尽全身的力气，从对方手中争夺世界王冠，双方都是越斗越勇，越斗越强。这对不共戴天之敌是两个敌对世界的化身，他们在每一次交锋中都提升了对方。格列高利九世从来没有像他的最后几年那样伟大，而弗里德里希二世如果没有遭受教宗的深仇大恨，也不会达到他的高度。只有格列高利九世作为恺撒式教宗和圣方济各弟子的双重权力，才会迫使弗里德里希二世开发他作为皇帝的全部可能性。即使在格列高利九世这样的高龄，我们也能想象他在不可抑制的狂怒激情中目光炯炯，然而这个狂暴、顽固、野蛮的老人却与圣方济各的崇高狂喜和神秘的专注相契合。上了年纪之后，他还写了一些美丽的赞美诗来讴歌他的朋友方济各。无论是作为颁布教令集的教宗-政治家，还是作为阿西西的圣方济各的朋友，格列高利九世都必然会认为弗里德里希二世是魔鬼派来扰乱基督教世界的恶龙。在一首赞美诗中，格列高利九世赞誉他的导师方济各为屠龙的大天使米迦勒。这很能体现格列高利九世眼中正邪的分野。当然，格列高利九世（他是教宗、统帅，也是君王）使用的武器与圣方济各的武器没有什么相似之处，格列高利九世也注定不会成为世人期待的带来救赎的教宗，或者像圣方济各一样的"天使教宗"（papa angelicus）。格列高利九世自己也挥舞着"龙的武器"这一事实，使弗里德里希二世在世人眼中变成了"圣徒"，而被这种仇恨的力量刺痛的弗里德里希二世，要感谢格列高利九世使他得到了提升。

格列高利九世的死使得近期极度紧张的局势得到了缓解。弗里德里希二世放弃了对罗马的进攻，班师西西里王国。在接下来的两年里，他几乎没有再离开过那里。他没有敌人了，但也没有一位教宗来解除他所受的绝罚令。在长达 22 个月的时间里，圣彼得的宝座一直空着，所以皇帝不可能得到恕罪。也没有任何战事要求弗里德里希二世亲自到意大利。人们总是会尊重强大的武力，而皇帝攻占法恩扎、海上的胜利、对教宗国另一部分领土的征服、格列高利九世的死，都让意大利平静了下来。恩齐奥国王能够遏制住伦巴第人，而帝国舰队对热那亚的贸易造成了伤害，这就足够了。在激烈的战争之后，一种奇怪的安宁笼罩着意大利。但弗里德里希二世仍从他的阿普利亚宫殿中继续观察着西方世界的风云变幻。在没有教宗的情况下，皇帝是西方的唯一主宰，甚至是世界的主宰。

作为世界主宰者的弗里德里希二世需要一个能够响应他的世界。那件绣有宏观宇宙符号的有厚重褶皱的皇帝大氅，不是单纯的装饰性袍子。人们甚至会认为，这件皇袍对他是一种累赘。作为罗马皇帝，他可能只是一平方英里的主人；但既然享有皇帝的地位，他就能主宰世界。从复兴罗马的思想到西西里的雕塑，一切都受皇帝的制约，受世界对皇帝施加的力量的制约。没有一位艺术家、没有一位统治者可以持续地创造和释放能量。他越是密集地使用力量，就越是要从宇宙中吸收力量到自己身上。但每一位伟人也同时是力量的改造者：他通过渗透到最深的根源而从个体、个别国家中汲取的力量，在必要的稀释后将辐射到世界各地……另外，他以敏感的触手从远方吸收的东西，将会密集地运用于个体和个别国家。在这里，一个是另一个的条件。弗里德里希二世总是将自己呈现为基督教的世界性皇帝，所以他从在空间上总是有限的帝国获得了一种世界性，且能够在自己的国家内以救世主和世界法官的身份来接受礼赞和描绘。然而，反过来说，只有当他在某种意义上是世界统治者，而且世界性的基督教世界在某种程度上仍然承认罗马皇帝为其首脑时，他才能在自己的国家以世界统治者的身份出现。对于这样一位皇帝来说，对世界在精神上的主宰就够了，无须实际的政治控制："毕竟，我的影响力已经传到了世界上最遥远的角落……"对宏观宇宙的统治在本质上必然是精神层面的。弗里德里希二世现在的任务是将这种精神上的统治在神圣帝国中转化为现实，也就是说赋予其最终的意义。

精神上的主宰的概念在教会的时代并不会让人惊讶，尽管它对于一个皇帝来说可能显得有些奇怪。弗里德里希二世曾是伟大的英诺森三世的被监护人和弟子，而英诺森三世是作为一个国家的教会的创始人。弗里德里希二世是一位精神层面的君主，对于在他的帝国理念中有教会的影子，我们不必感到奇怪。教宗们觊觎的整个意大利-西西里国家（他们称之为"圣彼得的遗产"），对这位精神性的君主来说是"奥古斯都的遗产"，他致力于释放融合在教会的精神-灵魂统一体中的世俗却具有思想性的力量，并在此基础上建立一个新帝国。教宗用通谕召唤整个基督教世界拿起武器，现在弗里德里希二世用他的通告呼吁整个罗马世界（orbis terrarum）起来与教宗做斗争。教士们要求从国王那里获得兵员或金钱，但弗里德里希二世更希望得到欧洲统治者们的道义支持来反对教士。帝国和教廷这两股对立的势力，都在寻找各自缺少的东西来完善自己。它们不再代表月亮和太阳，而是但丁所说的"两个太阳"。但剑的帝国通过成为一个精神性的国家而得到提升，而教会通过"世俗化"而堕落。因此施陶芬皇帝试图唤起并团结世界全体君王的全部政治家本能，来反对不断扩张的世界教会的组织（数百年来，它的扩张方式与帝国不同）。皇帝要领导作为一个精神而非政治的统一体的帝国，从而对抗教会。弗里德里希二世给欧洲基督教列王的所有信函的目标，就是建立这样一个君主的共同体。

在大约 1236 年以前，弗里德里希二世与西方的基督教统治者们的关系还仅限于偶尔的交流。皇帝第一次被开除教籍和十字军东征，这些波及整个基督教世界的事件，使基督教国王们似乎组成了某种论坛。在弗里德里希二世通过伦巴第战争真正成为世界统治者之后，他与欧洲列王的关系呈现出了另一种面貌。皇帝宫廷和各国朝廷之间开始了积极的外交交流，各方定期分享有关五花八门事务的消息，帝国特使经常在外国宫廷停留相当长的时间。弗里德里希二世在他的行动和计划中可以指望得到国王们的同情，因为与西方皇帝有关的事务现在也与西方列王有关。舞台扩大了，皇帝身边发生的任何事情都会直接触动整个世界。

弗里德里希二世并没有执行过什么"外交政策"。他不会承认它的存在。因为对他来说，只有一个囊括整个基督教世界的罗马帝国、一个"世界性基督教共和国"（re publica universae christianitatis）、一个"帝国的欧洲"（Europa imperialis）。他对国王们之间的所有争吵都不闻不问。当他在法兰西的帮助下，通过布汶战役赢得帝国时，英格兰不信任他。当他与一个英格兰女人结婚时，法兰西也不信任他。英格兰和法兰西这么做都是不公正的。倒不是说弗里德里希二世遵守"中立"，只是这种概念对他来说也是陌生的，因为作为整个西方的天下共主和罗马皇帝，他拥有一种超国家的特性。他很明智，不会放弃这种特性。英格兰向他提出结盟，他始终拒绝。如果与欧洲的国王之一结盟，那将是对仍然有效的世界帝国理念的背叛。那也是不明智的，因为敌对的联盟将不可避免地随之而来，而本应是一个整体的世界将被一分为二。如果与欧洲的国王之一结盟，那么弗里德里希二世皇帝就等于是放弃了世界帝国，下降到了德意志国王、意大利国王和西西里国王那样的层次。后来的仅依靠本家族实力的皇帝们，甚至包括查理五世，都不可避免地下降到了这样的层次。但弗里德里希二世的使命是像但丁想象中的世界君主那样：凭借自己的足够强大的力量来维护世界和平，从而维护基督教世界的团结。在一个理念与事实同样重要，甚至更重要的时代，上述的理念是强有力的；人们从来没有感觉到，在帝国（作为一个神圣的、包容整个世界的机构）和政治现实（皇帝实际掌握的领土十分有限）之间存在着差异。

对弗里德里希二世和整个世界来说，罗马皇帝的主宰是理所当然的。但这里的主宰仅仅是宗主权和领导权，而绝不是直接的政治控制。所有与他同时代的人，包括国王们在内，都承认皇帝的优越性；但他们都会立即大力抵制皇帝干涉他们国家生活的任何企图。皇帝不能向西方列王发号施令，从这一点看，正如一位编年史家精明地指出的那样，皇帝在欧洲的地位不如教宗。在他笔下，皇帝在谈到宗教会议的时候说："教宗是我不共戴天的、公开的敌人，而且他有权力剥夺任何反对他意志的人的地位，甚至用他的诅咒束缚被废黜的人，并将其扔进更可怕的惩罚的深渊。我的处境就大不相同了。对于帝国以及所有王公的地位，只有我一个人作为所有人的捍卫者而屹立。世界上的君主与王公们，我捍卫他们的事业，他们让我成为他们的代言人。但他们不会响应我的召唤，也不会服从我的命令。他们不是我的臣属，我不能强迫他们，也不能惩罚其中不服从的人。"

早先的施陶芬皇帝们确实曾试图迫使国王们服从。巴巴罗萨称西方的其他君主为"省级国王"，亨利六世认为他们是他的附庸。这两位皇帝都试图践踏小国王们，以增强自己的威望。到了弗里德里希二世的时代，情况发生了变化：在他的时代，"民族"诞生了，西欧列国的民族感情越是强烈，皇帝就越难以维持一个世界性帝国，哪怕是一个理念层面的世界性帝国。如果弗里德里希二世对民族意识表现出敌意，并试图限制国王们的独立性，那么他必败无疑，并将导致国王们和教宗联手反对他。如果他要弥合挑战中隐含的鸿沟，他就必须采取另一条路线：一个罗马帝国，但仍然是独立的诸国。

弗里德里希二世对国王们的政策，与他对德意志诸侯或罗马市民奉行的政策并无不同：他不是在逆流而上，而是试图利用历史大潮，让它把他带向更伟大的地位。弗里德里希二世没有像他的祖先那样，要求西方诸王为了世界性帝国而牺牲各自的民族独立，而是恰恰相反，用他最雄辩的宣言来劝告诸王好好保护他们的独立性、他们的民族和他们各自的独立国家，但这不是为了对抗帝国（因为帝国"充满最高的幸福，满足于自己的命运，不羡慕任何人的生活"），而是与帝国合作，去对付所有国王和国家的两个共同敌人：叛乱者和教士。

抵抗叛乱者和教士对国家主权的攻击，这项共同事业是弗里德里希二世与欧洲诸王所有政治关系的开始和结束。这也是解决问题的办法：一个罗马帝国，但仍然是独立的诸国。弗里德里希二世没有践踏国王们，而是寻求加强他们的自我意识。他认为他们和他自己一样，都与上帝有着直接联系。他不与国王们对抗，而是试图让他们参与到同一事业中来，而他只是他们的先锋、领袖和代言人。这就解决了国王们之间的和平问题。通过迫使他们持续不断地把心思放在同等影响所有人的世界问题上，他没有给他们留下任何争斗的机会。所以除了一次鸡毛蒜皮的争吵外，连英法之间的长期战争也暂时平息了。"上帝啊，我最亲爱的兄弟，"弗里德里希二世写信给正在向教廷寄钱的英格兰国王，"请不要允许这样的事情发生，尤其是针对我的事情。君主不应该主动与其他君主争斗。不要让教宗权力的枷锁如此沉重地压在国王们的脖子上！"

弗里德里希二世号召国王们团结起来对抗共同的敌人：首先是威胁君主制本身的反叛者；其次是教宗，因为他与反叛者结盟，并且破坏世俗权力的独立性，甚至以教会法庭挑战世俗法庭。没有一个西方统治者不与他的教会和罗马教廷发生类似的冲突，没有一个统治者不需要保护自己免受教会对其王权的类似侵袭。在意大利谁主沉浮的问题，只是激起了弗里德里希二世与教宗之间更早、更激烈的争吵。"我们，世界上的所有国王和王公，特别是我们这些为真正的宗教和真正的信仰而殚精竭虑的人，都遭受着我们的臣民公开或秘密的仇恨，并且与我们教会的权贵发生了特殊而秘密的争斗。因为我们的臣民企图滥用那种有害的自由，而教士们滥用我们的仁慈，损害我们的财产和特权。"因此，皇帝和西方列王有相同的利益需要保卫，为此所有的君主都应该在皇帝的领导下组成一个"共同体"（Sodalität）。如果弗里德里希二世坚持索要皇帝的至高无上权利，他就不仅一事无成，而且肯定会招致反抗。在他选择的道路上，他取得了很多成就。他向各王朝抛出了一个新的想法：所有君主的"阶层内的团结"。古罗马帝国的回声仍然清晰可闻，并为这一理念提供了广度、意义和凝聚力。国王共同体是一种新理念，非神权，非封建，独立于武力，牢固地建立在世俗国家的共同利益和对各国君主权力的增强之上。各国的这种独立的权力，在不同的条件下可能是一个超民族的罗马帝国的理想黏合剂，也可能是消解它的溶剂。在 13 世纪初，世界性君主制几乎处于死亡的边缘，但弗里德里希二世能够通过将其转化为自愿合作的共同体的方式，再一次，也是最后一次为世界性君主制赋予完整的、现实的形态，或许也是最真实的形态。他只有通过扩大教会和国家之间的对立，并将所有世俗力量聚集到他的旗帜下，才能取得这样的成功。

将全体世俗君主联合起来：只有在这个基础上，弗里德里希二世才能向西方诸王发声。将全体世俗君主联合成一个真正的共同体，是皇帝一个人的努力目标。根据这种理念，对皇帝的侮辱就是对其他所有君主的侮辱。"当你的邻居家着火时，你要赶紧带着水回家……在你自己的事情上也要担心同样的危险。如果处于第一线的罗马恺撒的力量在敌人的持续攻击下崩溃，那么羞辱其他国王和王公将是易如反掌之事……世间的贵族和王公，我之所以召唤你们、向你们发出警报，不是因为我自己的武器无法抵御这种耻辱，而是为了让整个世界知道，当世俗王公组成的公会中的任何一个人受到侮辱时，所有人的荣誉都会受到触动。"

正如德意志的"神圣帝国的光辉躯体"就是皇帝与诸侯，弗里德里希二世认为理想的帝国是一个由皇帝领导的"世俗君主的团体"（corpus saecularium principum），而这个团体恰恰是他创造的！因此，他决心唤醒西方的世俗的、但具有精神性的本能，并（正如他在西西里所做的那样，只不过规模较小）将它们作为一个普遍的整体来对抗教会。他一次又一次地发出警告："世俗权力不应从属于教会。"这就是他阻止旨在裁决伦巴第问题的教宗会议的原因。弗里德里希二世的理论是，随着皇帝这个万物之首的倒下，整个世界都将沦陷。这种理论与当时的整个世界观相当契合。"教会对世俗权威的攻击从我［皇帝］开始。一旦我被打败，教会将不再惧怕其他王公和君主的力量，并以消灭他们为目标。因此，你们捍卫我的权利，就等于捍卫自己的权利。"他号召国王们对教宗的阴谋进行激烈的抵抗，因为教宗一心想让信众的所有国度都臣服于他自己。

这样的劝告绝非毫无道理。后来，教宗格列高利九世的继任者英诺森四世在法兰西、阿拉贡和英格兰遇到了一些抵抗。据说他"瞪着眼睛，皱着鼻子"，对英格兰的使者这样说："对我们来说，最好是与你们的君主结盟，以粉碎这些冥顽不灵的小国王。一旦我们平息或消灭了大龙，小蛇就会被轻易踩在脚下。"世人担心，如果强大的弗里德里希二世皇帝被打倒，教宗就会这样对付他们。那时教廷就会夸口："我们已经踏平了强大的弗里德里希，你是什么东西，竟敢反抗我们？"按照教宗的理论，如果教宗这样做，就是国王们咎由自取。所以皇帝的话很有警示性："我不是第一个，也不是最后一个遭到滥权的祭司敌对的，他企图把我从最高的宝座上赶走。这些家伙的野心是让整个约旦河都流入他们的口中。你们若是听信了这些伪善的圣徒，那就只能怪你们自己。"

皇帝认为，最严重的危险是罗马教士对帝国与教会之间原初关系的破坏，尽管这破坏当然是必不可少的。这危险实际上不是由教会，而是由新的教会统治集团造成的。皇帝在给一位国王的信中怒气冲冲地写道："这些自称教士的人如今变成了压迫者，靠着父亲和儿子们的施舍而变得大腹便便。虽然他们（教士）是我的臣民的儿子，但当他们被任命为神父之后，他们就对皇帝和国王都没有了敬意。"拿破仑也感受到了同样的苦涩：臣民一旦获得圣职，国家就失去了他，他就不再是臣民。弗里德里希二世是第一个敏锐地感受到这一事实并将其表达出来的人。然后他以魔鬼般的聪明才智扭转了局面，挑战了教会权威的整个概念。他在给基督教国王们的信中写道，他认为教宗阻碍他进军伦巴第，即施陶芬家族的历史遗产，是一种卑劣的行为；特别是由于教宗曾请皇帝出兵帮助他对付罗马人，而罗马人对格列高利九世的父亲、祖父和其他亲属都不欠效忠的义务，所以教宗就更显得卑鄙了。弗里德里希二世的一个论点在英格兰和法兰西的贵族中特别有分量。法兰西贵族反对神职人员的一场运动全面采纳了皇帝的观点，并特别反对这样的事实，即教士们"过去是奴隶的儿子，现在却根据教规来审判自由人和自由人的儿子"。法兰西贵族要求将司法权从教士手中收回，并移交给国王。

尽管弗里德里希二世从未停止过对皇帝与国王们的共同体的强调，但他在给各国朝廷的信中也不忘适当地强调罗马君主的独特和突出地位，以及罗马帝国的包罗万象。在皇帝身边，区区一个国王算什么呢？从伟大的统御世界的皇帝的角度看，单一的国王只不过是一个可怜兮兮的人物，茕茕孑立，四面都是危险。"你们这些单一国家的单一国王，有什么理由不害怕这样一个敢于废黜我的大祭司……被上帝挑出来佩戴皇帝冠冕的我，在显赫的国土上大权在握的我！"当弗里德里希二世试图借助一个比喻来解释教宗对世俗权威的严重侵犯时，也傲慢而明确地表达了帝国的崇高地位。这个比喻是：一位英格兰或法兰西的主教可以为他的国王加冕和膏立，但并没有因此获得废黜国王的权利；因此教宗也没有权利来推翻他所膏立和加冕的罗马恺撒。这句话清楚地说明了国王和皇帝之间的地位差异。弗里德里希二世喜欢说自己"在空间上和职务上更接近于教宗"，而不是其他君主。

那么，西方列王对皇帝的这些理论持什么态度？虽然弗里德里希二世一再重申他对国王们的领土没有野心，但他们并不完全信任他。在英格兰，人们认为，如果英格兰拒绝他的要求，继续向教宗付款，那么弗里德里希二世完全可能会越过狭窄的海峡来报复英格兰人。尽管有友谊的保证，法兰西国王还是随时准备拿起武器来保卫自己的边境。直到最后，西方列王才相信自己是完全安全的，皇帝不会试图征服他们。但西方列王与皇帝之间的纽带是强有力的，这一点在伦巴第战争一开始就体现出来了，当时国王们代表皇帝与教宗交涉，并在两年后实际派出辅助人员参加了对布雷西亚的征讨。但世俗君主联合起来反对教会的想法几乎完全没有得到直接的响应。虽然各国的贵族都同情皇帝，但没有组织起针对教宗的积极的联合抵抗。没有一位国王愿意在非必要的情况下与教会闹翻，尽管每位国王都在公开或秘密地与教会争斗。但皇帝的政策毕竟取得了非凡的胜利：没有一个国王被引诱与教宗结盟，没有一个国王在背后捅皇帝一刀，也没有一个国王承认皇帝被绝罚或被废黜。所以至少在消极的方面，国王们是团结的。

在法兰西，由于被称为圣路易的路易九世国王的严格而坚定不移的正直态度，其偏袒任何一方都是不可能的。他是与弗里德里希二世同时代的最重要的君王，也是法兰西国王名册中最崇高的人物之一。他朴素的虔诚和谦卑使他成为圣徒，但与此同时，他还结合了西法兰克骑士的自豪感，以及真正的国王威严，这种威严在法兰西的土地上留下了如此深刻的印迹，一直到太阳王的时代。德意志是皇帝的故乡，而法兰西是国王的摇篮。瓦卢瓦王朝和波旁王朝在王室排场方面很可能比圣路易更胜一筹，他还很年轻的时候就放弃了所有的外在浮华。但在君王的骄傲方面，他是首屈一指的；而在君王的真诚方面，他胜过他的大多数继承者。作为法兰西法治国家的创始人，他从弗里德里希二世那里学到的东西似乎比一般人认为的要多；而且他对基督教世界的问题有着只有最伟大的人才有的清晰认识，基督教世界的混乱经常使他感到痛苦。当他晚上躺在木板床上思考永恒时，他从未忘记西方大国的世界性意义，从未被眼前利益所诱惑，也从未忘记他的国家的荣誉所要求的是什么。路易九世的重要性在于：在基督教骑士精神已经开始瓦解，并在琐碎和平凡中消逝的时候，这位法兰西国王让基督教骑士一次又一次承担起新的、具有世界性意义的任务，用火焰和热情为西方最后一次伟大的十字军东征鼓劲。正是凭借同样的火焰和热情，他战胜了自己身体上的弱点，从来不会因为体弱而放弃午夜祈祷或晨祷。世人在他身上看到了早期圣殿骑士团的精神：自豪、谦卑和乐于行动的精神的结合，共同的信仰使之变得崇高。在圣路易辞世的几十年后，圣殿骑士团被解散了。它的误入歧途曾给圣路易带来了痛苦的悲伤：圣殿骑士团的伟大的最后象征与圣路易一起在突尼斯海岸消亡了。

在世界统治者的层面，圣路易对弗里德里希二世的意义与条顿骑士团大团长赫尔曼·冯·萨尔察在早些年、较低层面上的意义相同。作为最虔诚的基督教国王，路易九世是上帝赐予帝国和教廷这两个交战势力之间的调停者；10 年来，他不遗余力地努力完成他的使命。失败令他痛苦，因为他再次解放圣地的梦想因为教廷专横顽固的态度而化为泡影。但他以严格的不偏不倚的态度，把属于教宗的东西交给教宗，把属于恺撒的东西交给恺撒。他允许教会在法兰西宣布弗里德里希二世被绝罚，但禁止法兰西人为教宗提供武装援助。当他发现他的一些高级教士在法兰西为反对弗里德里希二世的战争筹款时，他威胁要没收教会的财产。他似乎还明令禁止参加教宗会议的法兰西教士对弗里德里希二世采取任何敌对行动，即使格列高利九世要求他们这样做。另外，他对皇帝将法兰西教士关在地牢里感到怒不可遏。他在给弗里德里希二世的信中这样写道："法兰克人的王国还没有弱到别人可以随意用马刺戳它的地步。"作为敌对双方的知己，如果任何一方试图引诱他放弃中立，他就会准备好拿起武器来反对这一方。他成功地阻止了教宗或皇帝取得决定性的优势。

与路易九世国王相比，其他国王都黯然失色。相比之下，英格兰国王亨利三世显得懦弱无能、可怜兮兮。他在权力的游戏中是个墙头草，无法在皇帝、教宗和贵族面前坚持自己的立场。并且与其他国王不同的是，他与这三股势力都有密切联系：皇帝是他的妹夫，教宗是他的封建宗主，而贵族坚守《大宪章》赋予他们的权力。亨利三世怯懦而优柔寡断，不管是谁正在与他交谈，他都会同意对方的意见。他说："我不想在任何事情上与教宗唱反调，我不敢。"这句话同样适用于他对皇帝或英格兰贵族的态度。有时，当弗里德里希二世在英格兰贵族及其领袖康沃尔伯爵理查的支持下，要求亨利三世拒绝向教宗纳贡时，他便会向皇帝妥协。因为令许多英格兰人感到愤怒的是，亨利三世允许教宗在英格兰征敛钱财，并允许教宗无情地剥削英格兰，此外他还为教宗提供了战争资金，间接地伤害了皇帝。在弗里德里希二世和英格兰贵族的压力下，亨利三世曾一度与教廷对抗。英格兰国王亨利三世和曾被教宗废黜的葡萄牙国王桑乔二世（Sancho II. von Portugal）为皇帝提供了罗马教士试图压制世俗王权的两个经典案例。他一再向其他国王指出，教士的统治让英格兰付出了多么惨重的代价。

皇帝领导下的世俗君主共同体（corpus saecularium principum）纯粹是弗里德里希二世自己的发明，是将世界视为一种"法团国家"（Genossenschafts-Staat）的全新方式。如此看待世界的先决条件是，一方面，各个国王已经有相当强的独立性；另一方面，各地世俗国家已经开始从教会当中解放出来。通过努力在国王们当中唤醒这种在当时的西方已经随处可见的团体精神，通过以"合作"的方式将国王们联合起来，弗里德里希二世创造了最后一种能够维持世界君主国的可能性。当今天的我们相信自己已经接近一个互相平等的国家共同体（如弗里德里希二世和但丁设想的那样）时，我们不要忘记，当时将各国团结起来的纽带是国家主权、贵族和最崇高者的地位。

在西方统治者们的君主主义的、世俗的且具有精神性的共同体之外，弗里德里希二世还强调了另一条直到最近仍然有效的共同纽带：君主们的共同血缘。这是弗里德里希二世高度重视的另一条纽带，因为它处于教会之外。弗里德里希二世引以为豪的是，他与欧洲几乎所有的王室都有血亲或姻亲关系。而施陶芬血统几乎成了罗马帝国血统的同义词：人们早就不在别的家族的子孙中寻找适合戴上帝国皇冠的人了。因为事实上，弗里德里希二世是施陶芬家族中第五个在这个选举制王国中当国王的人，而他的儿子康拉德（即第六个）的继承权也有了保障。

因此，弗里德里希二世将欧洲各王室视为一个君王大家族。但在这个血缘共同体里，施陶芬血统等同于西方皇帝的血统，即曼弗雷德所说的"帝国血统"。这个家族获得了一种特殊的恩典，他们的成员被赋予了一种特殊能力去"了解上帝之国的奥秘……而其他人只能通过比喻来勉强理解"。"如果没有我们的意愿，哪个德意志人，哪个西班牙人，哪个英格兰人，哪个法兰西人，哪个普罗旺斯人，哪个民族或家族的人，可以统治你——罗马，或者为你的福祉行使皇帝的职务？宇宙的不可抗拒的必然性答道：没有人，除了最伟大的恺撒的儿子；他的帝国血统中的与生俱来的天赋，佑助他成就幸福的事业。"

曼弗雷德的这一席话清楚地表达了弗里德里希二世开创的新思想路线。施陶芬家族不是作为古老的日耳曼和法兰克王室的后裔，也不是作为魏布林根人的后代来统治世界的。这种身份在英格兰或法兰西，在西班牙或匈牙利能有什么分量？在弗里德里希二世身上，施陶芬血统已经变成了恺撒的血统（stirps caesarea），即罗马人的皇帝血统！罗马恺撒们的神圣血统再次出现在施陶芬家族中，他们是"神圣奥古斯都的生于天堂的家族，神圣奥古斯都的星星永远不会熄灭"。神圣奥古斯都的家族起源于罗马民族的祖先埃涅阿斯，并通过恺撒直接传袭到弗里德里希二世和他的后代。因此这种皇帝血统的所有成员都被称为神圣的。不仅帝国宝座上的已故前辈们是神（Divi），活人也被认为是神，最后施陶芬皇族的全体成员都被认为是神圣的。巧合的是，自科尔泰诺瓦大捷那天起，康拉德国王在德意志就以"康拉德，神圣的、崇高的弗里德里希二世皇帝之子，被上帝洪恩选中的罗马人国王"来签署文件，而在此之前他仅仅简单地自称"康拉德，光荣而崇高的弗里德里希二世之子"。弗里德里希二世在给耶西的信中提到了安科纳边疆区的伯利恒的神圣的皇帝之母，这几乎是一个令人不安的明确表述。现在他称呼儿子康拉德为"恺撒血统的神圣子孙"。弗里德里希二世驾崩数十年之后，与施陶芬家族的公主玛格丽特（弗里德里希二世的女儿）结婚的迈森边疆伯爵，仍然被奉为"神圣孩子的父亲"。甚至在 13 世纪末，波希米亚国王奥托卡二世的一个女儿也被赞誉为"幸运的波希米亚孕育的神圣血统的后裔"，因为奥托卡二世的母亲是施瓦本的菲利普的女儿，身为施陶芬家族的后裔，自然是"罗马诸神的家族"的成员。这种对施陶芬家族的神化在意大利的吉伯林派当中如此根深蒂固，以至于薄伽丘；这个大圭尔甫派，觉得有必要对当时盛行的说法——施陶芬皇族是有史以来最高贵的家族——提出抗议。薄伽丘争辩说，"蛮族的血"在价值上永远不会超过大自然用来塑造意大利人的材料！

巴巴罗萨认为皇帝的职务是神圣的。但现在，不仅是皇帝的职务，不仅是弗里德里希二世本人，而是整个施陶芬家族和施陶芬血统都逐渐被认为是恺撒的、神圣的。如果施陶芬皇朝能够多统治半个世纪，如果西比尔神谕所预言的那个被期待已久的第三个弗里德里希能够执掌权柄，那么西方就会看到"神圣奥古斯都"以肉身行进在罗马的大门里，并在他的祭坛上为他的雕像焚香献祭。施陶芬家族是西方见到的最后一个"神的家系"。

罗马教廷把这形势看得一清二楚，所以在整个施陶芬家族被消灭，直到第三代的最后一个杂种被消灭之前，教廷绝不能高枕无忧。教会也认为施陶芬家族是非常特殊的：他们身上有一种神秘莫测、难以理解的力量，他们是仇视教士和迫害教会的家族，是永远被教士诅咒的家族；该家族的每一个单独的成员都同样被诅咒，不是因为他个人的罪过，而单纯是因为他属于这个"堕落的族类"！几十年来，基督教会中睚眦必报、满腹仇恨的教士们的战斗口号是："摧毁这个巴比伦人的名字和肉体、种子和苗裔！"自古以来，第一次有一个诅咒笼罩着整个家族。这诅咒是残酷、无情、可怕的，由受辱的、发怒的上帝的祭司们执行。祭司们别无选择，因为他们面对的是这样一个家族的狂妄：他们一代比一代看起来更年轻、更美丽，越来越接近上帝和众神。

枢机主教选举教宗的秘密会议往往需要很长时间。选举教宗的会议通常是这样的，但并非总是如此：由德高望重的枢机主教们组成的认真、肃穆的会议在某座教宗宫殿的豪华房间里秘密进行，安静地讨论新教宗的人选。罗马教会的历史记录了许多旷日持久的秘密选举会议，也有一些会议的气氛极其激动和疯狂。但很少有一次秘密选举会议在野蛮程度上能与1241年发生的第一次真正的"教宗选举秘密会议"相提并论。

在格列高利九世去世的那一刻，罗马和教会正处于千钧一发的危险之中：弗里德里希二世皇帝"像利比亚人汉尼拔一样，率领一支军队"兵临罗马城下；教会群龙无首；两名枢机主教在上次海战之后被关在皇帝的监狱里，枢机主教乔瓦尼·科隆纳叛逃到了帝国阵营。剩下的枢机主教虽然在罗马，但分成两派：强势的主和派倾向于皇帝，弱势的主战派则一心要继续战斗。显而易见，会议很难指望获得一致的投票结果，所以选举过程将会很漫长。这对当时罗马的元老来说是不太合意的。为了罗马和教会的安全，他希望尽快选出一位新教宗。当时唯一的元老是马泰奥·奥尔西尼（Matheus Orsini），他是教宗党人，是在格列高利九世的帮助下上台的。现在奥尔西尼像独裁者一样统治着罗马。他认为在不舒适的地方开会能够加快做出决议的速度，并据此制订了他的计划。

教宗去世后，马泰奥·奥尔西尼立即让他的爪牙抓住枢机主教们，把他们拖到选举现场，"就像把小偷拖进地牢"。这一过程中，枢机主教们受到的待遇非常残酷，走路时遭受拳打脚踢。一名身体虚弱的枢机主教被推倒在地，奥尔西尼的打手揪着他长长的白发，把他拖过街道上尖锐的石头，所以他来到会议室的时候已经遍体鳞伤，然后在会议室里被关了好几个星期。与以前类似的场合一样，选举会议室位于帕拉蒂尼山（Palatin）上所谓的塞维鲁七节楼。这曾经是一座美观的建筑，有喷泉、供水系统和宁芙女仙雕像，但此时的它是一座半壁倾

颓的塔楼，因为它在最近的地震中伤筋动骨了。一共 10 位枢
机主教，但只有一个带小凹室的房间供他们使用。元老的士兵
将枢机主教们严格禁锢起来，以至于这个地方就像监狱。士兵
们接受了大量的贿赂，但再多的贿赂也不允许仆人或医生进
入，而枢机主教们在不久之后就非常需要医生了。整个建筑都
有问题，雨水从屋顶的裂缝中落下，不仅是雨水，还有令人作
呕的污物，因为夜间睡在会议厅上一层的卫兵恶作剧地在破烂
的地板上随地大小便。枢机主教们通过临时搭建的帐篷，设法
使他们睡觉的地方保持相对清洁和干燥，但不卫生的条件和由
此产生的恶臭实在令人难以忍受。再加上罗马 8 月的酷热、缺
吃少喝、缺医少药，以及士兵的盛气凌人；不久之后，几乎全
部 10 位枢机主教都染上了重病，其中三位因选举期间受的磨
难而死亡。

元老的算计到目前为止是正确的：枢机主教们自己也急于
尽快就新教宗的人选达成一致，从而逃离这个地狱。但要达成
一致实在太难了。主和派在人数上更胜一筹，但要达到必要的
三分之二多数还缺一个人；而主战派人数虽占下风，但十分顽
固，没有一个人愿意改变立场。结果是选出了两个教宗：5 位
主和派枢机主教选择了第 6 位主和派，即他们自己的人，米兰
籍的萨比纳枢机主教戈弗雷多（Gottfried von Sabina）；3 位主
战派主教枢机选择了波尔托的罗曼努斯（Romanus von Porto），
弗里德里希二世特别讨厌他。

这时，弗里德里希二世施加了干预。他恢复了皇帝的一项
古代权利，即在选举不确定的情况下可以干预，于是拒绝了波
尔图的罗曼努斯，确认戈弗雷多当选。主和派也许可以成功地
赢得他们还缺少的那一票，但不幸的是，他们中的一个人，英

格兰人索默科特的罗伯特（Robert von Somercote），在秘密会议期间死亡。我们可以想象，他的死状令人作呕。当他奄奄一息时，士兵们把他扔到一个角落里等死，对他唱嘲讽的丧歌，向他吐唾沫，让他得不到医疗或教会的临终涂油礼。当他服用的泻药开始起作用时，他们把他拖到七节楼的屋顶。在那里，在永恒之城的众目睽睽之下，这个可怜人解决了最后的生理需求。这个英格兰人的死亡消灭了取得 2/3 多数的最后希望，最后所有人都同意选择一个秘密会议之外的人。但元老马泰奥·奥尔西尼拒绝接受。他想立刻在罗马人民面前展示新教宗的风采，所以暴跳如雷，大声咒骂，并威胁说，如果不选择在场的某个人，他就会挖出教宗格列高利九世的尸体，把它放在会议厅里，用尸臭让那些本已半死不活的枢机主教的痛苦进一步增加。此外，他还会带着十字架穿过城市，屠杀皇帝的所有追随者。枢机主教们在经历了上面所说的一切之后，都相信他真的会将这些威胁付诸实施。因此，经过 2 个月的商议，他们最终决定支持米兰人戈弗雷多，皇帝也愿意接受他。于是，他以塞莱斯廷四世的称号登上了教宗的宝座。

我们不知道，当时的人们是否在塞莱斯廷这个名字上寄托了极大的希望①，就像后来的人们对虔诚的隐士摩罗尼的彼得罗（Petrus Murrone）寄托了那么大希望一样。他在 13 世纪末担任教宗，称塞莱斯廷五世，是强大的博尼法斯八世的前任②。彼得罗具有极其严格的方济各会精神，极其虔诚，以至

---

① 塞莱斯廷的拉丁文为 Caelestinus，字面意思为"小天国"。
② 塞莱斯廷五世主动退位之后，希望重新过隐士的生活，但大家不允许他这么做，因为担心新教宗博尼法斯八世的敌人会打着塞莱斯廷五世的旗号作乱。塞莱斯廷五世被他的继任者囚禁，于 1296 年去世。

于能够当着教宗的面，将自己破破烂烂的僧衣悬挂在一束阳光上。人们认为塞莱斯廷五世就是自菲奥雷的约阿希姆的时代以来预言中的"天使教宗"，这样一位教宗将像弥赛亚皇帝一样，通过弃绝俗欲和坚守清贫来救赎世界、复苏原始教会。但是人们对这样一位"天使教宗"所抱的期望落空了：塞莱斯廷五世在位仅几个月就退位了，但丁咒骂他是

> 因为怯懦而放弃大位的人。（Che fece per viltade il gran rifiuto.）①

至于塞莱斯廷四世，弗里德里希二世后来赞誉他是"上帝亲自从天堂的餐桌旁派下来的"，但他在当选后的第 17 天就去世了，那时他甚至还没有正式就任。他在秘密会议期间就病倒了。他作为教宗的唯一举措是试图将马泰奥·奥尔西尼逐出教会，但没有成功。

现在必须举行新的教宗选举秘密会议。枢机主教们不愿意等待。一想到他们曾经遭受的和现在仍在遭受的恶劣待遇会重演，他们就魂飞魄散。他们中的一些人逃离了罗马城，到阿纳尼避难。3 位反对皇帝的枢机主教以及枢机主教乔瓦尼·科隆纳仍在罗马城，元老在秘密会议结束后抓获科隆纳并囚禁了他。此后，奥尔西尼家族和科隆纳家族之间的争斗持续了好几代人的时间。

枢机主教团就这样被拆散了。4 名枢机主教在罗马，四名

---

① 译文参考：《神曲·地狱篇》，但丁著，田德望译，人民文学出版社，1997 年，第三章，第 17 页。

在阿纳尼，2 名仍在皇帝的监狱中。如何召开新的选举会议？甚至对于会议地点，大家都无法达成一致。关于会议地点的谈判在阿纳尼集团和罗马集团之间拖了几个月。在阿纳尼的枢机主教断然拒绝返回罗马，而在罗马的枢机主教不愿或不能离开罗马城。没有取得任何进展，错误主要在于元老马泰奥·奥尔西尼。世人并不了解教宗位置长期空缺的原因，只注意到枢机主教们没有选出一位新教宗的事实。人们开始咒骂枢机主教们：一些讽刺歌曲建议枢机主教们掷硬币决定教宗三重冕的归属。甚至有人提议让弗里德里希二世当教宗。弗里德里希二世也指责枢机主教们没有完成选举。1242 年夏季，皇帝甚至向罗马进发，表面上是为了"营救他的朋友，即枢机主教们"，因为有 2 位亲皇帝的枢机主教去世了。弗里德里希二世至少要让被羁押的乔瓦尼·科隆纳重获自由。但这次针对罗马的行动毫无建树，一年后，局势仍然没有改变。

在这种情况下，被皇帝囚禁的两名枢机主教就显得格外重要。枢机主教团不仅分散，而且被严重削弱了，特别是因为主战派的枢机主教波尔图的罗曼努斯死于在那次恐怖的秘密会议期间所受的折磨。罗马和阿纳尼的两群枢机主教要求皇帝释放他囚禁的 2 名枢机主教，以便选举能够进行，被囚禁的 2 人自然也是这么呼吁的。弗里德里希二世运用务实的智慧和深思熟虑，将宝贵的人质用于最佳用途的时机已经来到。被俘的枢机主教之一帕莱斯特里纳的雅各布是皇帝的死敌。另一位，圣尼古拉的奥托内（Otto von St. Nikolaus），一开始也是敌对皇帝的，但弗里德里希二世非常成功地对他施加影响，以至于圣尼古拉的奥托内像科隆纳枢机主教一样，成了皇帝的亲信和朋友。释放 2 名枢机主教的谈判似乎在第一次秘密会议期间就开始了，而弗里德里希二世也愿意至少释放圣尼古拉的奥托内，但条件是，如果奥托内自己没有当选为教宗，那么他应当回到皇帝身边。谈判现在又重启了，结果是，弗里德里希二世释放了枢机主教奥托内，因为科隆纳被囚使亲皇帝的枢机主教派系失去了领袖。奥托内现在要去利用他在枢机主教团中的影响力，为皇帝服务。于是他带着皇帝馈赠的厚礼，离开了监狱。

但选举教宗的秘密会议仍然没有召开。整个 1242 年与 1243 年之交的冬天，谈判一直在龟速进行。1243 年春季，皇帝再次向罗马进军，希望给那里的枢机主教施压，但当他们抱怨帝国军队封锁了道路并阻止他们到阿纳尼与同僚会合时，皇帝迅速放弃了这场进军。枢机主教们的上述抱怨是完全没有根据的，但弗里德里希二世马上就撤退了，免得让人觉得是他阻碍了教宗选举。出于同样的动机，他最终在得到枢机主教团的某些保证后释放了帕莱斯特里纳的雅各布。

现在，局势似乎对皇帝有利得多了。作为对皇帝释放 2 名枢机主教的回报（"而且皇帝没有索要赎金"，正如一位编年史家赞叹的那样），枢机主教团向弗里德里希二世许诺立即撤回他憎恨的教廷驻伦巴第使节蒙泰隆戈的格列高利，此人刚刚唆使韦尔切利背叛了皇帝。枢机主教团可能还就新教宗的人选达成了一致，而弗里德里希二世则承诺，如果选出一个让他满意的人，他将归还"圣彼得的遗产"并释放剩余的囚犯。弗里德里希二世可以心平气和地等待选举的结果。他似乎已经把他的牌打到了最好的状态。因此，当他得知 1243 年 6 月 25 日在阿纳尼举行的简短秘密会议上，热那亚的拉瓦尼亚（Lavagna）伯爵西尼巴尔多·菲耶斯基被一致推选为教宗时，他一点也不惊讶。

几天后，皇帝高兴地写道，现在基督教世界的普遍和平得到了保障，帝国的福祉和父子之间的友谊也得到了保障，因为被选中的新教宗是"帝国的高贵子弟之一，而且在言行上一直对我很友好"。同时，弗里德里希二世下令在他的西西里王国举行感恩礼拜，并以类似的方式写下了对新教宗英诺森四世的祝贺。皇帝说，英诺森四世是帝国的高贵子弟，现在被选为他的老朋友（即皇帝）的新父亲，而他那受上帝启示的名字英诺森保证了他将保护无辜的人们①。弗里德里希二世宫廷中最尊贵的代表，新任条顿骑士团大团长格哈德·冯·马尔贝格（Gerhard von Malberg）、帝国海军司令安萨尔杜斯·德·马利、皮耶罗·德拉·维尼亚和塞萨的塔代奥奉命担任帝国大使，向新教宗传达弗里德里希二世的恭喜。

帝国的高贵子弟之一！新教宗的确是这样的，尽管菲耶斯基家族很难算作热那亚的亲帝国家族之一。很久以前，西尼巴尔多·菲耶斯基曾在博洛尼亚大学学习和教书。在那之后，他在帕尔马度过了他早期的教士生涯，并在那里与弗里德里希二世最有名的支持者过从甚密。帕尔马始终是一座吉伯林派城市，皇帝本人就是这座城市的督政官。教宗英诺森四世的妹夫——帕尔马的贝尔纳多·奥兰多·迪·罗西甚至是弗里德里希二世的好友，当时可以说是吉伯林派的执牛耳者。西尼巴尔多·菲耶斯基最喜欢的外甥乌戈利诺·博特里乌斯（Hugo Boterius），即菲耶斯基另一个嫁到帕尔马的姊妹的儿子，对皇帝满怀真诚的爱慕和崇拜，直到皇帝死后都是如此。弗里德里希二世非常重视血缘关系带来的保证，因此新教宗的吉伯林派

---

① 英诺森这个名字的拉丁文是 Innocentius，字面意思是"无罪、无辜"。

亲属对他来说非常重要。

弗里德里希二世终于在圣彼得的宝座上看到了一位具有吉伯林派倾向的教宗。皇帝可以合理地认为，这个他自己选择的人是他的私人朋友，至少不是敌人。与那些癫狂的主战派相比，这个风度翩翩、温文尔雅、客客气气地谁都不得罪的热那亚人，虽然不像罗马人科隆纳那样是弗里德里希二世的狂热支持者，但肯定可以算作对皇帝友好的枢机主教之一。这位出身于贸易与航海之城的教宗不会那么热情洋溢地站队，而是始终保持理智，始终在算计，以冰冷之心精明地权衡着这个世界的一切。此外，他是当时最杰出的法学家之一，文化素养极高，是一部著名的教令评论的作者。这一切在弗里德里希二世眼中都是加分项。皇帝终于如释重负地看到了一个完全不偏执的教士，一个能直截了当地看待事物本来面目、没有神秘主义思想、不会夸大其词的人，一个完全没有格列高利九世那种激情、狂喜或狂热的人，一个与格列高利九世（他从头到脚都是火焰和激情的化身）截然相反的人。诚然，菲耶斯基缺乏格列高利九世那种帝王的威严和姿态，缺乏他的威风凛凛，也缺乏那个不屈不挠老人无畏的个人勇气。但英诺森四世以自己的方式展现大胆、蛮勇和肆无忌惮。缺乏军人气概的懦夫在知道自己的人身很安全的时候往往是这样的。这个狡猾的热那亚人的纹章箴言颇为意味深长：Sedens ago（我坐着行动）。

我们很容易理解，在与格列高利九世这样狂热的教士斗争了 14 年之后，弗里德里希二世会不惜一切代价避免选出另一个疯癫恶毒的狂热分子。和蔼可亲的枢机主教菲耶斯基更多是个政治家，而不是教士，他表现出一些世俗的"吉伯林派"特征（在这一点上，弗里德里希二世的判断肯定是对的），所以他似乎是皇帝的朋友。但皇帝犯了一个可怕的错误，那就是他误认为，一个清醒的、有思想的"吉伯林派"当教宗比一个狂热分子当教宗要好，半是朋友的人当教宗比彻头彻尾的敌人当教宗要好。当皇帝认识到自己的错误时，悔之晚矣。他感叹道："教宗不可能是吉伯林派！"但这么说会更好："当教宗是吉伯林派时，就有祸了！"因为教宗现在挥舞着和弗里德里希二世本人相同的武器。拿破仑谈到布吕歇尔时说："他已经学会了！"弗里德里希二世很可能也经常喊出这一句。从某种意义上，可以说英诺森四世是弗里德里希二世最优秀的学生。当然，从弗里德里希二世宏伟的多方面成就中，教宗只截取了一个片段，只学会了他的老师的许多天才手段中的一种，但他目标明确地实践和完善了这一手段，并有意识地将其用于对付施陶芬皇帝本人。这种手段就是：毫无顾忌、肆无忌惮地将全部力量集中于一个目的。但皇帝的无所顾忌是与创造者建设新世界的火热激情联系在一起的，而英诺森四世的无所顾忌是一种实用的"手段"，冷静地致力于消灭某个人，因为这个人的存在威胁到了一个古老机构的根基。

热那亚教宗的精湛手段，很快就给弗里德里希二世和教廷之间的激烈斗争带来了一种令人沮丧的反高潮，让弗里德里希二世几乎束手无策。皇帝面对的，再也不是格列高利九世那样宏伟的敌人。反对狂热教士格列高利九世的斗争是富有成效的，因为皇帝能够在与他的对抗中成长和提升自己。而反对政治家英诺森四世的斗争完全缺乏这种建设性。皇帝和教宗之间的斗争现在也世俗化了，几乎完全丧失了精神层面的紧张感。皇帝和教宗之间在宗教层面存在张力的可能性也逐渐消失了，只有皇帝和他的追随者之间还存在一些宗教层面的张力。另一个后果是，弗里德里希二世以前的攻击手段现在很快就失效了。其他迹象也表明，这场斗争已经进入了白热化阶段：弗里德里希二世突然被迫转入防御。他与格列高利九世之间的交锋经常是被强加于皇帝的，但它们通常是在他愿意应战的情况下进行的战斗。他最伟大的成就恰恰是与教宗决斗的产物，决斗使他的天赋得到了充分的发挥。但如今，皇帝发现自己不断受到对手的遏制，并被逼着去打一场他没有预料到也不愿意打的仗。弗里德里希二世现在不能仅仅按照自己的意愿和计划行事，于是对他来说斗争失去了直接的意义：他不再是上帝想要的世界秩序的建设者，而只是在自卫中消耗自己。现在他唯一渴望的是和平，但他得不到和平。

弗里德里希二世通过巧妙的外交活动做成了被严厉禁止的事情：他影响了教宗的选举。他现在看到教宗宝座上坐着他想要的那位枢机主教，这位新教宗的吉伯林派亲属在某种程度上为他提供了担保。皇帝起初似乎没有想到，如果教宗能够改变帕尔马的立场，那么这些（皇帝眼中的）人质可能会成为皇帝的克星。新教宗当选之后，弗里德里希二世身上也发生了另一种典型的变化：他最喜欢的武器——智力——已经失去了锋芒。因为单单一个人的资源比罗马教廷这样的整个体系的资源更容易耗尽。作为恺撒，他必须相信自己永远处于幸运星的佑助之下，必须相信自己肩负着上帝托付的使命。而到了这个阶段，他这种神奇的信仰只会带来厄运。他的信仰并没有失去力量，即使使命已经完成。用歌德的话说："每个天才都有某种使命要完成。当使命完成后，世界就不再需要他了……恶魔便会为他设置一个又一个陷阱"。①

----

① 出自艾克曼的《歌德谈话录》，1828 年 3 月 11 日。译者自译。

　　单纯从新教宗选择的名字"英诺森"，弗里德里希二世就应当明白这位新教宗可能会采取什么样的路线。但很久之后皇帝才不情愿地相信，尽管他不惜一切代价地希望英诺森四世是他的朋友，并且从务实的角度也需要英诺森四世做他的朋友，但新教宗绝对不是皇帝的朋友。弗里德里希二世的主要武器——他不是在反对教廷，而是在反对"现任罗马主教的卑劣"——在他自己手中折断了。在与格列高利九世的斗争中，皇帝或许已经成功地说服了全世界，事实就是上面说的那样。他不能指望第二次将教宗职务与职务的担任者区分开来。但如果教宗不再是皇帝的私敌，那么皇帝就必须不惜一切代价将教宗争取为自己的朋友。所以弗里德里希二世着力强调自己与西尼巴尔多·菲耶斯基是所谓的老朋友，并热情洋溢地向全世界宣布这一点，希望以此来促进友谊的真正诞生。他希望与新教宗成为朋友，试图通过纯粹的意志力迫使教宗向自己示好。皇帝执拗地坚持相信，这个热那亚人将为他解除绝罚令，并给他带来和平。即使各种迹象表明西尼巴尔多·菲耶斯基不太可能对皇帝友好，皇帝也坚持自己的乐观主义，并以各种方式解释与教宗谈判不成功的原因，但就是不肯承认，真正的原因是他帮助登基的这位教宗对他缺乏善意。后来，当皇帝意识到这种局面的讽刺性时，他用自己一贯的刻薄机智来挖苦自己，并入木三分地指出：他失去了一个身为枢机主教的朋友，却得到了一个身为教宗的敌人。如果没有敌人，弗里德里希二世这样的人就无法存在。

　　教宗英诺森四世起初很可能是真的想要和平。因为，正如近几年的事实证明的那样，漫长的战争对皇帝的资源造成了巨大压力，但对教会的影响更严重。在教宗选举之前，皇帝与枢机主教们进行了一定程度的初步谈判。在新教宗登基后，谈判立即继续进行了。我们只需从这些冗长的复杂谈判中挑出基本的事实。

首先要注意的是皇帝在谈判中表现出的和解精神。为了甩掉绝罚令的负担，他做出了一个又一个让步。教宗至少在最初也是愿意讲和的。但很快就可以看出，要找到一个令双方都满意的解决方案并不容易，于是教宗开始了两面三刀的游戏。他没有放弃谈判，对谈判也确实有诚意。他与弗里德里希二世的谈判代表争论每一个问题，但同时他又试图完全回避和平的问题。弗里德里希二世向教宗派出了皮耶罗·德拉·维尼亚和塞萨的塔代奥作为谈判代表，这两位是他的宫廷中最有经验的外交家，精通各种伪装和计谋。与他们在一起的还有年事已高、不知疲倦、永远忠诚的巴勒莫大主教贝拉尔多，他负责谈纯粹的教会问题。皇帝的这三位亲信所受的绝罚令被撤销，以便他们能够与教宗对话。英诺森四世拒绝了弗里德里希二世提出的在帝国宫廷进行谈判的建议，因为教宗太了解也太害怕皇帝的口才和他对人们的影响力了。

很多问题被迅速而轻松地解决了。皇帝始终承认教宗在宗教事务上的权威，并无条件地接受这一点。他表示愿意服从教会可能对他本人提出的任何要求：施舍、向教会捐赠财物，甚至斋戒忏悔。当他得到恕罪后，他愿意归还教宗国的领土，条件是他自己成为这些土地的管理者。作为交换，他愿意支付远远超过这些土地实际收入的金钱，或自费征服整个圣地。如果那样的话，对弗里德里希二世来说就是一个新的胜利，所以英诺森四世拒绝接受这个提议。就像皇帝和教宗之间的每一次谈判一样，现在最棘手的问题也是伦巴第。弗里德里希二世的立场是，他被格列高利九世开除教籍（在名义上）与伦巴第问题无关，这是无可争辩的事实，所以他的恕罪与否不应取决于伦巴第问题。英诺森四世非常清楚，在法律层面他不能拿皇帝怎么样；在任何法律讨论中，教宗都会居下风。另外，无论是他还是任何其他教宗，都不能牺牲伦巴第联盟，因为那就等于放弃了教廷的政治前途。此外，米兰人担心教宗可能与皇帝仓促地达成对伦巴第联盟不利的和约。为了安抚米兰人，英诺森四世已经向他们承诺，不会抛下他们与皇帝单独媾和。事实上，格列高利九世与威尼斯、热那亚、皮亚琴察和米兰达成的协议，即任何缔约方都不得与皇帝单独媾和，现在束缚了英诺森四世的手脚。因此，教宗要求皇帝对整个基督教世界，而不仅仅是对一部分人给予和平。皇帝对此有所准备，他在犹豫之后宣布，绝不希望谈判在这块礁石上搁浅，所以，对于伦巴第人，他愿意恢复到 1239 年他被逐出教会前的状态。就在皇帝的让步似乎要确保达成协议的时候，出现了一个插曲，暂时中断了所有的谈判：到此时为止一直忠于帝国的维泰博城，在教廷阴谋活动的影响下突然背叛了皇帝。

维泰博恰恰在这一时刻叛变，并不让教宗十分高兴。虽然他知道内情，但他自己并没有直接促成此事。由于伦巴第人的存在，教宗处于尴尬的处境，很难与皇帝达成和约；而另一个不信任与皇帝的和平的群体，也让教宗很难做，那就是反皇帝的枢机主教们。他们的领袖是狂热分子维泰博的拉涅罗（Rainer von Viterbo），他是英诺森三世和格列高利九世那一派的人，以已故教宗的全部火焰和激情来憎恨弗里德里希二世。维泰博的拉涅罗具有军人的天赋，是罗马教会第一批在战场上作为武士和将军赢得荣耀的枢机主教之一。他唯一害怕的就是和平。他坚决反对新教宗与皇帝谈判，因为这样的谈判可能真的会带来和平。他以扩大裂痕为己任，从而让教廷将来不可能与这位可恨的皇帝（他曾一度崇敬甚至热爱皇帝）达成任何妥协。他一心一意地致力于这项任务。枢机主教维泰博的拉涅罗是教会所犯的最严重的背约行为的始作俑者，也是这场争吵催生的最穷凶极恶的小册子的作者。最后，他达成了自己的目标。

在一些朋友的帮助下，拉涅罗枢机主教长期以来一直打算在他的家乡维泰博组织一场叛乱，反对皇帝的统治，尽管皇帝在那里绝非不受欢迎。教宗英诺森四世知晓拉涅罗的图谋，却并不赞成，但他还是给了这位枢机主教界限模糊的权力，让他在托斯卡纳的教宗国领土为教会的利益工作。就这样，教宗自己得到了掩护，也避免了与枢机主教们闹翻，他们在教宗空缺期间已经变得有些过于独立了。并且，如果拉涅罗的计划成功了，对教宗也有利。这场叛乱取得了成功。驻扎在维泰博的帝国军也许过于仓促地退到了维泰博城堡，在那里他们可以坚守几个星期。一般来说，民众对此次叛乱无动于衷。只有那些支持帝国的市民在激烈的战斗中被击败。

弗里德里希二世收到维泰博失陷的消息时，正在梅尔菲。拉涅罗这样描述皇帝的到来："他像一只被抢走幼崽的母狮或失去幼崽的母熊一样跃起。他满腹愤怒的火焰，如午夜的龙卷风一般冲去踏平这座城市；他像一个加急信使一样骑着马，没有任何帝王气派。他骑着一匹红马，来抢夺人间的和平。"皇帝匆忙召集了一支由阿普利亚人和随时待命的撒拉森人组成的军队，冲向维泰博。同时，他向周围省份的高级总督们发出警报，要求他们立即带着各城市的步兵来协助他。就这样，他在很短的时间内组建了一支说得过去的军队，但这段时间足以让维泰博人在拉涅罗的怂恿下建造起巩固的防御工事。在某个星期天，帝国军集结起来准备攻城。多才多艺的皮耶罗·德拉·维尼亚帮助组织了部队。皇帝亲自率领一队人马攻打维泰博的防御工事，第二队由年轻的卡塞塔伯爵指挥。虽然帝国军的进攻很猛烈（皇帝翻身下马，抓住一面方盾，愤怒地带头冲锋），但还是没有攻破这座巩固的城市。帝国军不得不运来攻城器械。几周后，帝国军在黎明时分再次发起进攻。在试图用希腊火①对付防御工事时，一座攻城塔着火了。起初，风将火焰吹向城市，但后来突然转向，因此其他攻城塔也起火，最后被烧成灰烬。就这样，帝国军的第二次尝试也失败了。

教宗选择在这个时候恢复谈判。他之所以这样做，是因为皇帝的朋友——图卢兹伯爵和君士坦丁堡的鲍德温二世皇帝正在教宗宫廷为和平而努力，而维泰博问题让英诺森四世惴惴不安，因为它带着非法的气息。因此，他派遣枢机主教圣尼古拉的奥托内——皇帝新的、值得信赖的追随者——到弗里德里希二世身边，希望就维泰博问题达成协议。奥托内可能获得了授权，以更好的条件为皇帝恕罪，条件是他放弃对维泰博的攻击。弗里德里希二世自己也不希望像在法恩扎那样进行又一次长期围攻。此外，由于维泰博位于教宗的领土，所以一旦他被解除绝罚令，他就必须再次放弃维泰博，而现在和平似乎就在

---

① 希腊火是最早为拜占庭帝国使用的一种可以在水上燃烧的液态燃烧剂，为早期热兵器，主要应用于海战中。希腊火多次为拜占庭帝国的军事胜利做出巨大贡献，一些学者和史学家认为它是拜占庭帝国能持续千年之久的原因之一。希腊火的配方现已失传，其成分至今仍是一个谜团，但一般认为是以石油为基础。

眼前。他很快就与他的朋友奥托内枢机主教达成了协议，同意撤回阿普利亚，并规定应允许维泰博城堡内被围困的饥肠辘辘的帝国驻军自由离去。这一协议也得到了维泰博人民的宣誓批准。然后，不可饶恕的事情发生了：枢机主教拉涅罗对和平的前景无比憎恶，于是怂恿维泰博市民袭击疲惫不堪的帝国驻军。虽然枢机主教圣尼古拉的奥托内试图控制暴民，并以自己的身体努力阻止暴民行凶，但帝国驻军试图离开这座城市时，几乎被斩尽杀绝。

弗里德里希二世非常清楚，维泰博的拉涅罗是唯一的罪魁祸首。这位枢机主教公然违反誓言的行为使皇帝深感震惊：它破坏了他对所有人类法规的信心。他在给奥托内枢机主教的信中写道，使他深受震撼的不是对他部下的屠杀，也不是对他自己的伤害；他想知道，"如果人类的信誉被如此轻视，如果所有的耻辱都被置之不顾，如果良知无能为力，如果不尊重教士的荣誉，那么我们还能对人类有什么期望？人与人之间还有什么纽带可言？在这样一场几乎牵涉到整个世界的严重争吵中，如果一位神圣的教宗使节，不，甚至是一位枢机主教——一个在万民中应该受到尊敬的名字——的承诺突然被违反，我们能向谁寻求和解呢？"这场灾难极其可怕，弗里德里希二世起初几乎没有认识到它的严重性。这是对即将发生的事情的一种预示。他对拉涅罗和维泰博市民当然怒不可遏。10年前，他曾向迈克尔·斯科特询问，仇恨是否足以让人的灵魂在死后有力量返回人间。据说弗里德里希二世现在祈求他的骨头能从死里复活，去摧毁维泰博。除非他能亲手烧毁这座城市，否则他无法解脱对维泰博人鲜血的渴望；哪怕他有一只脚已经踏进了天堂，他也会收回它，去向维泰博复仇。单纯是为了现在岌岌可危的世界和平，他才强压怒火。因此，他给枢机主教奥托内写信，表示坚信他和教宗都与此事无关。

维泰博事件似乎让教宗非常尴尬。他向该城征收罚款，但为了保证罚款的收取，他居然将判决的执行工作委托给了枢机主教拉涅罗！教宗还命令释放那些幸存的受虐待的帝国支持者。但在枢机主教拉涅罗的纵容下，维泰博人拒不执行教宗的命令。英诺森四世淡淡地向皇帝道歉：他很乐意纠正此事，但他不想冒险失去最近（通过背信弃义的手段）才收复的维泰博城。面对如此厚颜无耻的行径，弗里德里希二世是否还认为英诺森四世是他的朋友？显然，他是这样想的。他仍然信赖教宗会秉公办事，并希望通过这位教宗实现和平，使自己摆脱绝罚令。

法兰西国王路易九世现在间接参与了和谈，这使谈判再次取得进展。双方都在努力解决一些棘手的问题，以便当濯足节再次到来时，皇帝的名字不再作为教会的弃儿出现在教宗的绝罚名单上。为了解决伦巴第问题，双方制定了一个带有冗长保留条款的方案：教宗将指定皇帝具体要做什么来满足教会，但不得影响皇帝在伦巴第的权力。1244 年的濯足节星期四，双方宣誓履行一项临时和平协议，其最终形式尚待敲定。仪式是公开的，由图卢兹伯爵、皮耶罗·德拉·维尼亚和塞萨的塔代奥在枢机主教们、君士坦丁堡皇帝、罗马元老和罗马人民面前举行。随后，教宗在一次公开布道中称皇帝为"教会的忠实儿子和有正统信仰的君王"。双方都承诺履行该协议，弗里德里希二世高兴地向他的儿子康拉德介绍这一事件。皇帝还通知了德意志诸侯，并邀请他们参加在维罗纳举行的会议，具体日期待定。

现在一切看起来都很平稳，但教宗英诺森四世仍有一项任务，即向伦巴第人解释这一安排。他们的特使来到罗马教廷，读了条约草案，拒绝接受。他们主张，教宗应当有不受限制的权力来解决他们与皇帝的分歧。弗里德里希二世拒绝推翻已经宣誓的和平协议。于是，英诺森四世对留待批准的条约的誊清本进行了恣意修改；弗里德里希二世拒绝接受这些修改。教宗方面犹豫不决起来。突然间，风向完全变了：现在要谈的不再是伦巴第人的问题了，教宗要求皇帝在得到恕罪之前就归还教宗国的领土。皇帝再渴望和解，也不能在这一点上让步。谁能担保他在撤军之后确实能得到恕罪？而教宗不需要担保，因为如果皇帝没有按照条约从教宗国领土撤军，教宗可以再次将皇帝逐出教会，这样就可以恢复原状了。但对皇帝来说，在解除绝罚令之前就放弃他最重要的安全保障，是疯狂的行为，尤其是在维泰博事件之后。谈判的这一阶段很重要，因为教宗现在指责弗里德里希二世拒绝在获得恕罪之前撤离教宗的领土，就是违背誓言。换句话说，皇帝曾宣誓要缔结和平并撤离教宗国领土，现在他背誓了。但之前的协议没有规定皇帝撤军的时间，因为不言而喻，撤军肯定要在皇帝获得恕罪之后进行。

弗里德里希二世现在要求与教宗面谈，并建议在坎帕尼亚会面。他表示将立即归还教宗国领土的这个部分。英诺森四世怀疑皇帝有诈，担心皇帝企图扣押他。教宗先是拒绝，然后突然接受，但他更愿意在纳尔尼（Narni）会面，而不是在坎帕尼亚。因此，皇帝前往纳尔尼附近的特尔尼，而英诺森四世带着他的宫廷人员离开罗马，先在奇维塔卡斯泰拉纳（Civita Castellana）停了下来，派枢机主教奥托内去见皇帝。随后的谈判纯粹是教宗在耍弄皇帝。他同意了弗里德里希二世的请求，即前往坎帕尼亚会谈。弗里德里希二世可能收到了一些令他不安的信息，所以希望教宗就在他附近。他把一切希望都寄托在了与教宗的面谈上。但在面谈发生之前，困难就以另一种方式自行解决了。

英诺森四世认识到，任何谈判都不可能以令教廷完全满意的方式结束，所以他已经计划好逃跑。他不喜欢自己身边发生武力冲突。假设谈判最终破裂，战争再次爆发，而他还在罗马……那么格列高利九世时代的事件就可能重演，首都就可能被围困。热那亚教宗不愿意冒这样的风险。虽然他贵为教宗，但他已经在拉特兰宫的一间密室藏了好几天，而且不敢在吃饭时露面，因为他担心罗马的债主们会为了那几万马克的债务来纠缠他。如果对债主都这么害怕的话，那么当武装人员逼近时，他将如何行事！在与皇帝谈判的整个过程中，英诺森四世只是在争取时间来完成逃跑的准备工作。当他得知一切就绪时，他就从奇维塔卡斯泰拉纳逃到了苏特里；然后乔装打扮，轻装简从，连夜赶到奇维塔韦基亚，那里停泊着一些热那亚桨帆船，随时准备按照他几周前的安排起航。当皇帝在纳尔尼等待教宗驾临时，教宗在某个黎明出海了。有消息说，帝国的骑兵已经在寻找教宗。1244 年 7 月 7 日，英诺森四世在他的家乡热那亚登陆，在那里受到热烈欢迎。不过他因激动和焦虑而病重，于是在热那亚休养了几个月，但他觉得自己在热那亚还不够安全。深秋时节，他离开了热那亚，在严冬时节旅行，于12 月初抵达里昂。这座城市在名义上属于帝国，实际上是独立的。英诺森四世一直待在这里，直到他的对手死去。这是教廷阿维尼翁之囚的前奏。

"我正在和教宗下棋，正准备把他将死，或者至少吃掉一个车，这时热那亚人冲了进来，乱动棋盘，破坏了这一局棋。"几周后，弗里德里希二世用这些话向比萨人宣布了所发生的一切。他被对手的逃跑深深地震动了。他通常是多疑的，这一次却对敌人信任得太久了，而且第一次在自己擅长的外交领域被欺骗和击败了。他清楚地知道，对他来说，迫使教宗离开罗马和意大利并不是一场胜利。英诺森四世通过这一步棋占领了一系列重要阵地，而这次逃亡（或许是他最勇敢的一次行动）的后果将立即在许多方面得到体现。在许多人眼中，事实是这样的：为了逃避野蛮暴君的迫害，教宗不得不亡命天涯。英诺森四世竭力证实这一观点，把自己装扮成一个倒霉的逃亡者、一个被疯狂的皇帝威胁到生命的不幸流亡者。在里昂，他身边有很多卫兵，保护他免受皇帝派遣的刺客的暗杀。但与教宗后来的手段不同，弗里德里希二世从未打算使用毒药或匕首行刺对手，因为教会并不像帝国那样依赖于一个人的生命。如果皇帝派人刺杀了英诺森四世，那么一位新的教宗会取代被谋杀的教宗，教会也会获得一位殉道者。"但凡有理智的人，都不会设想我会想要杀掉这样一个人，因为他的死亡只会给我和我的继承人带来永久的纷争！"即使如此，皇帝还是尽其所能地争取结束这场争吵。但当教廷不在罗马时，要对教廷施加压力就困难得多了。

逃往里昂不仅把教宗从毫无结果的谈判中解放出来，而且还给了他人身自由。他实际上已经逃出了皇帝的管辖范围。里昂，而不是罗马，成了罗马教会的中心。教宗可以不受阻碍地与全世界取得直接联系。皇帝再也无法切断他的通信。教宗终于能够在里昂召开四年前被弗里德里希二世阻止召开的会议了。在他到达里昂的几周后，教宗就邀请教会的高级领导人和各国国王的大使于 1245 年的圣约翰瞻礼日举行一次会议，以安排对弗里德里希二世皇帝的废黜。

这时，和平的可能性再次出现。由于在圣地的几个骑士团的愚蠢行为，耶路撒冷于 1244 年 8 月被花剌子模人征服①。基督教世界永远丧失了耶路撒冷。在如此弥天大祸面前，帝国和教廷比以往任何时刻都更需要通力合作。安条克宗主教阿尔贝尔在各方的支持下，承担起了促成教宗与皇帝和解的艰巨任务。弗里德里希二世最想要的就是和平，他现在提出的条件相当于完全投降：教宗可以无条件地对伦巴第问题进行裁决，弗里德里希二世将撤离教宗国领土；他将在圣地停留三年，以便重新征服它；没有教宗的明确许可，他不可以提前返回；如果他违背誓言，他的所有领土将被没收；他将提名一些国王和王公作为他的担保人。同样准备参加十字军东征的法兰西国王路

———————

① 阿尤布王朝的苏丹萨利赫·阿尤布的统治受到了自己亲戚的挑战。最让他烦恼的是犯上作乱的叔父、大马士革统治者萨利赫·伊斯梅尔的阴谋诡计。萨利赫·伊斯梅尔与耶路撒冷王国的法兰克人结盟，保障他们在圣城的权益，并拱手让出了一些城堡。在萨利赫苏丹看来，他的叔父已经不仅仅是容忍基督徒，而是与其全面结盟合作了。作为新苏丹，萨利赫不能坐视不理。他的叔父与法兰克人结盟，而萨利赫寻求的盟友更强大，也更危险。

在美索不达米亚和叙利亚北部，一个新群体正在积聚力量，那就是花剌子模人。他们是起源自波斯和中亚的逊尼派部落，他们自己的家园被蒙古人征服后，他们流离失所，逃往西方，寻找新的可供定居的土地。花剌子模人是坚韧不拔的武士和精锐骑兵。他们固然不可捉摸，外人很难与他们合作，但他们的战斗力相当惊人。萨利赫苏丹与花剌子模人缔结了军事合作关系。1244 年，他准备好了借花剌子模兵去攻击大马士革的叔父和耶路撒冷的基督徒。7 月，花剌子模人攻打了圣城。根据当初法兰克人接收耶路撒冷时的条约，他们没有修复城墙，所以花剌子模人轻松地长驱直入，毁坏了全城，洗劫了圣墓教堂内耶路撒冷诸王的墓地，然后花了一个月时间洗劫周边地区。在随后发生的拉福尔比（哈尔比亚）战役中，基督徒-大马士革联军惨败于埃及-花剌子模联军。此事也激励路易九世发动第七次十字军东征。不久之后，阿尤布王朝被马穆鲁克王朝取代，耶路撒冷也被马穆鲁克王朝控制。

易九世支持弗里德里希二世，不准教宗在法兰西王国境内居住。英诺森四世很难再坚持下去，否则他就会被世人视为和平的扰乱者。1245 年 5 月 6 日，他委托正在皇帝身边的安条克宗主教，如果上述条件得到满足，就解除对皇帝的绝罚令。

我们不完全清楚为什么弗里德里希二世突然准备进行这样的投降。他甚至一度考虑退位并让位给康拉德国王，自己去东方，永远不再返回。他的处境肯定越来越困难：他现在已经50 岁了，对和平的渴望肯定已经到了无以复加的程度。从他经常考虑去东方待较长时间（或永远待在东方）这一点，我们可以清楚地看到，他已经走到了生命的一个特殊阶段。此外，为了他的继承人，他也希望和平，以免他的继承人陷入永久性的争吵之中。他自己可以挑战全世界，但他很难要求继承人也这样做。除非能够结束这场争吵（无论需要做出什么牺牲），帝国的崩溃似乎就在眼前。

但弗里德里希二世无须向教宗屈膝投降。狡猾的敌人不能给他成长的动力，只有满腹仇恨的对手才能刺激他提升自我。现在，格列高利九世的好斗精神又一次被唤醒，为皇帝提供了他需要的对抗。维泰博的枢机主教拉涅罗继承了格列高利九世的仇恨烈火，消灭了最后的和平可能性。教宗英诺森四世打算于 6 月在里昂召开会议。碰巧的是，弗里德里希二世在同一时间邀请德意志诸侯在维罗纳举行会议。1245 年 4 月，当安条克宗主教仍在为和平而努力时，皇帝带着他的整个宫廷和一支大军从阿普利亚出发，向北进军。他的路线穿过教宗国，途经维泰博。他必须抓住这个机会，至少花两周时间将维泰博周围的领土夷为平地，甚至进行一次短暂的围攻。在宗主教的劝说下，皇帝终于同意继续前进，因为敌对行动会危及正在进行的谈判。就在英诺森四世为皇帝的恕罪指定的 5 月 6 日，他离开了维泰博。

现在，枢机主教拉涅罗作为教宗的代理人留在了意大利。他对宗主教的和谈努力深恶痛绝，因为这些努力似乎很可能会开花结果。当弗里德里希二世蹂躏维泰博的领地时，帝国军队在若干处进入了教宗的领土。这给了罗马教廷的主战派首领维泰博的拉涅罗一个借口，去再次破坏和平。他向教宗做了报告。在他的笔下，这些微不足道的侵犯被夸大为对条约的严重违反。同时，拉涅罗还向在里昂集会的高级教士们发送了许多小册子，所有这些小册子都具有格列高利九世的风格。

维泰博的拉涅罗的这些小册子，注定要将弗里德里希二世的负面形象永远固定下来，就像维尼亚的书信确立了皇帝的正面形象。在废黜皇帝的诏书中，英诺森四世只是以温和的措辞和更连贯的方式重复了枢机主教拉涅罗肆无忌惮和充满仇恨的小册子的内容。相比之下，格列高利九世令人毛骨悚然的绝罚宣言简直是一份温和无害的文件，虽然格列高利九世是第一个把弗里德里希二世视为世界末日怪物的人。拉涅罗利用《启示录》和先知书中所有可怕的意象，去证明弗里德里希二世实际上是敌基督的先驱。所有以前的指控都被扭曲和提升到了一种恐怖的、非人的程度。拉涅罗带着野蛮的愤怒，运用先知的言辞，去证实针对皇帝的每一项指控。在拉涅罗笔下，敌基督的每一个特征都体现在了弗里德里希二世的生活中。拉涅罗回顾了弗里德里希二世的所有活动，并在所有活动中找到了敌基督的象征：他与穆斯林君主的友谊，尽管他们屠杀基督徒，他还是接受了他们的礼物；皇帝及其廷臣的异端言论；（西西里王国境内）撒拉森定居点的存在；撒拉森武士犯下的暴行，据说他们喜欢在上帝的祭坛前侵犯基督徒妇女和女孩；拉涅罗甚至指控皇帝谋杀了教宗格列高利九世和他自己被监禁的儿子……拉涅罗还叙述了弗里德里希二世如何将他的三任妻子（其中第三位刚刚去世）囚禁在蛾摩拉的迷宫中，最后还毒死了她们；他和他的武士们如何在全世界散布死亡和毁灭，他如何用他的船野蛮地追捕高级教士们。"但因为他那可憎的癫狂和可怕的执拗的愤怒，就像冒泡的海面，一刻不能安闲，只会在所有能看见的人眼中用它的波浪搅动污物和淤泥。他用昂起的骄傲的脖子，用他财富与权力的脖颈，向上帝冲锋，摧毁城市，踩躏居所，不把人放在眼里，把他们像羊羔一样屠宰。这个敌人和迫害者还伸出手去做更邪恶的事情：他向圣徒们开战，囚禁他们。他举目向天，把至高者的圣徒从苍穹和星辰上拉扯下来，把他们摔成碎片。他的血盆大口里有三排牙齿，是为了咬啮僧侣、教士和无辜的教友。他有强大的铁爪，他吞噬了一些人，将他们置之死地；还有一些人被他用其他的折磨方式杀死，剩下的人被他在地牢里践踏……他比希律王更像恶犬。希律王只想杀死基督，这个人却亵渎主的身体，企图推翻主的律法，并屠杀了神职人员中地位崇高的人士。他比尼禄更残忍。尼禄杀害了基督徒，因为他们试图废除对他的偶像的崇拜。这个人却比背教者尤利安①更残忍，更卑鄙，因为他试图摧毁他自己宣称的信仰。"

① 背教者尤利安（Julian Apostata，331—363）是罗马皇帝、著名的哲学家和希腊文作家。尤利安是君士坦丁大帝的侄子，出生就受洗，在严格的基督教教育下长大，但后来转向希腊与罗马的传统多神教信仰。他师承于新柏拉图主义，崇信神秘教典，支持宗教自由，反对将基督教视为国教，因此被罗马教会称为"背教者尤利安"。他是罗马帝国最后一位信仰多神教的皇帝，在位期间努力推动多项行政改革。他在远征波斯期间死亡，没有子嗣，于是君士坦丁皇朝灭亡。

按照拉涅罗的说法，弗里德里希二世做的每一件事都表明他是敌基督：就连封锁西西里和强制的护照制度也被说成撒旦的标志，现在皇帝还大搞对他本人的颂扬。"因此，这个新的宁录①，在主面前是个淫乱的愤怒猎手，只喜欢说谎话，他的仆人尽是些以罪恶取悦国王、以谎言讨好君主的佞臣……他本人蔑视绝罚令，大口大口地吞下他所受的惩罚，就像从满溢的杯中喝水一样，并轻视钥匙的力量②。这个暴政的君王，这个推翻教会信仰与崇拜的人，这个律法的破坏者，这个残忍恶行的大师，这个时代的改造者，这个祸乱人间的恶棍，这个世界之锤……他就像那些堕落的天使，恨不得与上帝平起平坐、登上至高无上的山峰……像路西法一样，他试图爬上教会的天堂，在苍穹的星辰和圣母的光辉之上搭建他的宝座，朝向午夜建立他的席位，以便他能与至高者的代理人平等，甚至高于他……当他像主一样坐在主的圣殿中时，他让教士和主教们亲吻他的脚；当他命令他们称他为圣时，敢于对他明显的不实之词说出真相的人都被他当作国家的敌人和亵渎者斩首……当使徒的椅子长期空着的时候，这个邪恶的君王的心就开始胡思乱想，想要毁灭教会；就像推罗王公一样，他很想坐在上帝的座位上，仿佛他是上帝；他想自己选择大祭司，把他的枷锁扣在使徒的椅子上，心里想打破上帝的律法，改变福音的永恒戒律。由于他的额头上有权力的角，嘴里能说出可怕的胡言乱

---

① 宁录（Nimrod）是《圣经·旧约》中的人物，是挪亚的曾孙，总是与上帝作对。宁录是个好勇斗狠、性情暴虐的人。大洪水之后，他自封为王，成为人类历史上第一个统治者。宁录也大兴土木，巴别塔很可能就是他命令建造的。他还建造了尼尼微等大城。

② 此处应当指教廷的力量。

语，他认为自己能够改变时代和律法，把真理践踏在尘土里，因此他亵渎了最高的神，对摩西和上帝说了侮辱的恶言。"

这些半疯癫的辱骂性鼓吹的目的，是使聚集在里昂的教士们忘记和平的可能性，并促使他们同意废黜弗里德里希二世。"他把献给上帝的圣器和圣地用于可耻的用途，就像以前巴比伦人伯沙撒①玷污耶和华圣殿的器皿。预言家的手指在墙上写下了'弥尼，提客勒，乌法珥新"（mene tekel upharsin）'②，伯沙撒在当晚就失去了他的帝国和他的生命。这个渎神的罪人（弗里德里希二世）也应该至少失去他的王国。"拉涅罗枢机主教引用了《圣经》中几十条类似的经文："伯示麦人被毁灭，是因为他们看了约柜③；乌撒被杀，是因为他企图用不洁的手支撑耶和华的约柜……国王亚撒利雅想在象征性的香坛上焚香，但他的额头上生了麻风（疹），祭司的话语把他从王位上拉下来④……无耻的可拉和他的同族被火吞灭，因为他想抢

---

① 伯沙撒（Belsazar，执政：公元前556~前539）是新巴比伦王国末代国王那波尼德的太子和摄政者。前539年，波斯阿契美尼德王朝的居鲁士二世征服了巴比伦，伯沙撒被杀。根据《旧约·但以理书》第5章，伯沙撒在欢宴时，"忽有人的指头显出，在王宫与灯台相对的粉墙上写字"，预示他的末日降临。

② 《旧约·但以理书》第5章第24~28节：因此从神那里显出指头来写这文字。所写的文字是，弥尼，弥尼，提客勒，乌法珥新。讲解是这样，弥尼，就是神已经数算你国的年日到此完毕。提客勒，就是你被称在天平里，显出你的亏欠。毗勒斯（与乌法珥新同义），就是你的国分裂，归与玛代人和波斯人。

③ 《旧约·撒母耳记上》第6章第19节：耶和华因伯示麦人擅观他的约柜，就击杀了他们七十人。那时有五万人在那里（原文作七十人加五万人）。百姓因耶和华大大击杀他们，就哀哭了。

④ 《旧约·列王纪下》第15章第3~5节：亚撒利雅行耶和华眼中看为正的事，效法他父亲亚玛谢一切所行的。只是丘坛还没有废去，百姓仍在那里献祭焚香。耶和华降灾与王，使他长大麻疯，直到死日，他就住在别的宫里。他的儿子约坦管理家事，治理国民。

夺祭司的特权①……事实上，只要能证明谁违反了摩西的律法，他就会被毫不留情地判处死刑！"弗里德里希二世何尝不应该有这样的命运："因此，请不要怜悯这个丧尽天良的人！把他扔到列王面前，让他们看到他，引以为戒！把他赶出上帝的圣地，使他不再统治基督徒！摧毁这个巴比伦人的名字和肉体、种子和苗裔！让仁慈忘记他！"

拉涅罗枢机主教知道如何制造效果：这些小册子没有任何教义层面的内容，不谈教宗相对于皇帝的至高无上地位的理论，也没有迂腐的吹毛求疵。它们的内容主要是描述皇帝众所周知的行为，并加以解释，把一切恺撒的东西都解释为敌基督的。这类恐怖谣言出现的时机是多么凑巧，无须赘言。多方人士自信地预测敌基督的出现时间为 1260 年；我们还记得，对敌基督降临的恐惧导致全欧洲爆发了自我鞭笞的赎罪运动。维泰博的拉涅罗为了自己的目的——消灭皇帝，巧妙地利用了人们的恐惧。6 月底，教会在里昂开会时，人们对这些无稽之谈听得津津有味。

弗里德里希二世也被要求亲自到里昂参会，尽管教宗只是在一次布道过程中顺带邀请了他。这种局面是不可能的：罗马皇帝不能作为被告，出现在一个几乎完全由敌对他的主教参与的会议面前。如果他在军队的护送下到场，整个局势就会变得更加严重。此外，拉涅罗的报告和作品已经改变了教廷的气氛，弗里德里希二世对此一无所知，还以为自己的处境是有利的。1245 年 5 月底，他在前往维罗纳的途中到达帕尔马，并从那里向里昂派出了他的代表和辩护人，即久经考验、值得信

---

① 根据《旧约·民数记》第 16 章第 1~40 节。

赖的塞萨的塔代奥。我们对这位著名的法学家和演说家知之甚少。他可能是著名的皮耶罗·德拉·维尼亚的低配版；他的名字表明他也是坎帕尼亚人。他一直是弗里德里希二世最忠实的亲信之一，最终在为皇帝而战的过程中牺牲。塞萨的塔代奥现在被赋予了可以想象的责任最重大和最困难的使命：在一个充满敌意的教士法庭上，为他的主人进行无望的辩护。

塔代奥前往里昂的同时，弗里德里希二世去了维罗纳。在这里，他见到了阔别已久的埃泽利诺。康拉德国王和德意志权贵们也在这里等待他。维罗纳会议最重要的议程是奥地利局势。弗里德里希二世正在考虑与最后一个巴本贝格家族的奥地利公爵的女继承人结婚，并将奥地利提升为世袭王国。教廷对奥地利公爵的女儿另有打算，而且显然成功地使奥地利的格特鲁德①一想到要与被绝罚的敌基督结婚就不寒而栗。拉涅罗的一本小册子将弗里德里希二世描述为杀害三任妻子的蓝胡子，

---

① 奥地利的格特鲁德（Gertrud von Österreich，1226—1288），也称巴本贝格的格特鲁德，是最后一位巴本贝格家族的奥地利和施泰尔马克公爵"好斗的"弗里德里希二世的侄女。"好斗的"弗里德里希公爵与弗里德里希二世皇帝进行了长期的斗争，后来取得和解，皇帝计划将奥地利提升为王国，并迎娶格特鲁德。这样的话，施陶芬皇朝将会掌控奥地利。格特鲁德之前曾被许配给波希米亚国王瓦茨拉夫一世的儿子弗拉迪斯拉夫。格特鲁德不愿意嫁给皇帝，也许是因为皇帝年老，也许是因皇帝处于被绝罚的状态。"好斗的"弗里德里希公爵死后，格特鲁德成为奥地利的继承人，与弗拉迪斯拉夫结婚，于是弗拉迪斯拉夫成为奥地利公爵，但不久就病逝了。22岁就当了寡妇的奥地利女公爵格特鲁德又嫁给巴登边疆伯爵赫尔曼六世，这位赫尔曼后来被毒死。格特鲁德不肯按照教宗英诺森四世的意愿嫁给对立国王荷兰的威廉，因此失去教廷的支持。她的姑姑玛格丽特（"好斗的"弗里德里希公爵的姐姐）嫁给了比自己年纪小二十多岁的波希米亚王子奥托卡，于是奥地利公国落入波希米亚手中。奥托卡就是后来强大的波希米亚国王奥托卡二世。再往后，哈布斯堡家族的德意志国王鲁道夫一世打败了奥托卡二世，将奥地利册封给自己的儿子。从此，奥地利由哈布斯堡家族统治，直到1918年。

而某个教宗使节似乎把这本小册子送到了格特鲁德手里。不管究竟是怎么回事，这个 17 岁的姑娘在最后一刻拒绝跟随她父亲①去维罗纳。所以皇帝的奥地利计划泡汤了。当奥地利公爵于次年即 1246 年去世时，奥地利作为一个空缺的帝国封地被皇帝收回，交给了一位高级总督管理。

这是弗里德里希二世主持的最后一次有德意志诸侯参加的朝会，而且诸侯队伍中已经出现了严重的缺口。弗里德里希二世的儿子和继承人康拉德国王在皇帝身边待了几个星期。这是父子最后一次相见。这个少年只有 17 岁，但像施陶芬家族的所有成员一样，他已经提前成熟了。在德意志，他将要面对的是不愉快也缺乏光辉的战斗岁月，尽管他有相当的才干，但只能勉强招架。弗里德里希二世身上所有的闪光点似乎都传给了他的私生子们。与恩齐奥、曼弗雷德和安条克的弗里德里希相比，皇帝的合法儿子们的命运黯然失色，因为沉重到无法承受的负担过早地压在了他们稚嫩的肩头。

皇帝从维罗纳派遣一个使团前往里昂，带去了新的和平提议。他似乎还与塞萨的塔代奥约定，自己将于 7 月初到都灵，以便在与教宗达成和解的情况下离里昂更近。此时皇帝仍然希望能与教宗和解。但当他于 7 月 8 日（比约定的时间晚了一些）匆匆离开维罗纳时，里昂大公会议的前两次会议已经结束。

会议的出席人数不多。英诺森三世的拉特兰大公会议有 405 名高级教士参加，而里昂大公会议只有 150 名高级教士出

---

① 原文如此。格特鲁德的父亲已于 1227 或 1228 年去世。此处应当是她的叔父，"好斗的"弗里德里希。

席。德意志和匈牙利的主教几乎全部缺席，西西里主教也是如此，因为巴勒莫大主教贝拉尔多只是以皇帝代表的身份出席；很少有意大利人露面。只剩下英格兰和法兰西的神职人员担任审理皇帝的法官，以及西班牙的主教们，他们在 1241 年海战之后对弗里德里希二世滋生了难以形容的愤怒，尽管他们是唯一逃脱的受害者。这些西班牙主教在抵达热那亚后，立即写信给教宗格列高利九世，要求采取一切可能的措施反对弗里德里希二世，因为他给其他国王树立了一个坏榜样。本次会议自诩为"大公会议"，但弗里德里希二世坚决否认它有这个资格。塞萨的塔代奥在头两天的会议上根据敌我双方的证词，为他的主人进行了出色的辩护。枢机主教拉涅罗将形形色色的指控归纳到"对君主大不敬"这个怪异的标题之下。他的推理似乎是这样的：教士是教会的成员，因此是基督身体的组成部分；基督的威严高于任何人；因此，无论谁伤害了教士，都犯了对君主的大不敬罪。我们不需要详细介绍高等法院法官塔代奥为皇帝所做的辩护。到第二天结束时，他取得的最重要成绩是将最后一次会议推迟了 12 天：他在等待皇帝授予他便宜行事的全权，甚至是皇帝亲临会场，因为弗里德里希二世已经到达都灵。为了不显得顽固不化，教宗英诺森四世同意推迟最终会议。但他没有等待皇帝使节的到来。所有必要的事情都已经在与高级教士们的秘密会议上安排好了，对皇帝发动打击的时间被定在 7 月 17 日。

里昂大公会议的最后一次会议与先前一样，以庄严的仪式开始。教宗坐在里昂主教座堂唱诗班的一个高高的宝座上，教堂的中殿里坐满了大主教和修道院长。英格兰高级教士对教廷搜刮钱财一事提出了严重的抗议，这是教宗非常不喜欢的话题，但因为兹事体大，所以被暂时搁置，留待日后解决。塞萨的塔代奥拒绝承认本次会议为大公会议，教宗"谦卑而仁慈地"驳斥了他的反对意见。法兰西国王和英格兰国王的特使为弗里德里希二世说情，但被置之不理。阿奎莱亚宗主教敢于为皇帝辩护，英诺森四世威胁说，如果他不闭嘴，就会失去他的主教戒指。

然后，教宗在会上宣读了废黜令。弗里德里希二世被判定犯有伪证罪、破坏和平罪、亵渎罪和异端罪。他犯了伪证罪，因为他没有履行在罗马宣誓的和平条约。他一再破坏与教会的和平。他俘虏教士的行为就是犯了亵渎罪。最后，他是一个异端分子，因为他与撒拉森国王有友谊的联系；他把自己的妻子交给宦官看管；他允许穆斯林在耶路撒冷的圣殿宣扬穆罕默德的名字；他运用撒拉森人作为士兵去反对基督徒；他与教会分裂分子约翰三世·瓦塔泽斯皇帝结为姻亲；他派人刺杀了一些阻挡他道路的王公；他被绝罚后还让人在他面前举行神圣的仪式。除了后宫生活的糜烂，他还蔑视天主教君主的道德风尚，没有努力通过虔诚的行为确保自己的良好声誉或灵魂的救赎；他不施舍；他摧毁教堂，压迫神职人员，既不建造教堂或修道院，也没有建造医院或任何其他用于虔诚目的的建筑。因此，教宗凭借其捆绑和释放的权力，宣布废黜这位在罪恶中沉沦的皇帝，同时解除他的臣民对他的效忠义务。现在必须选择一位新皇帝。就这样，教宗和高级教士们熄灭了他们手中的火把。当塞萨的塔代奥哭泣着捶胸顿足，与皇帝的其他代表一起离开主教座堂时，教宗和高级教士们唱起了《感恩赞》。

弗里德里希二世在都灵收到这个消息后深感痛苦、愤怒和鄙夷。罗马皇帝，威风凛凛的主宰，怎么会被指责为对君主大不敬而被废黜呢？他严厉地命人取来他的皇家财宝。他在众多的王冠中选择了一顶，亲自戴在头上，冷冷地说：他还没有失去他的王冠；不经过最血腥的战斗，他不会允许教宗的卑鄙和大公会议的法令剥夺他的王冠。他说，他现在的处境比以前好：以前他必须服从教宗的命令，现在他是完全自由的，对教宗没有任何义务。

教宗英诺森四世本人将弗里德里希二世从第二次卡诺莎之行中解救了出来，帮助他避免了屈辱的和平，避免了从皇位巅峰的跌落。攻击皇帝的小册子不知不觉地为罗马帝国的最后一位皇帝指出了一条道路，而他毫不犹豫地踏上了这条道路。在里昂，人们称他为"普罗透斯"①，因为普罗透斯不断改变自己的形态，所以不会被抓住。皇帝现在已经准备好接受别人强加于他的最后一次变身了。当被人们称为敌基督和世界之锤的弗里德里希二世以一种新的基调向他的追随者宣讲时，构成他内心一部分的那种北方的反抗精神和北方的恐怖现在得到了宣泄："我当铁砧已经够久了……现在我将扮演锤子！"

---

① "普罗透斯"（Proteus）是希腊神话中的一个早期海神，荷马所称的"海洋老人"之一。他的名字可能有"最初"的含义。他有预知未来的能力，但他经常变化外形，使人无法捉到他。他只向捉到他的人预言未来。

第九章　敌基督

"除了神自己以外，谁也不能抗神。"（Nemo contra Deum nisi Deus ipse.）①

"现在我将成为锤子！"这就是促使尼采将弗里德里希二世赞誉为"他的近亲之一"的那句经典口号。尼采是第一个与弗里德里希二世呼吸同一空气的德意志人，他接受了这一口号并加以呼应。弗里德里希二世敲响了一个新的音符，进入了一个超人的世界。在这个世界里，除了他自己的需要，没有任何法律是有效的。他早就认识到，他将被迫扮演上帝委派的惩戒者，将那些顽固不化的人"夹在锤子和铁砧之间，用频繁的敲打来攻击他们的顽固，使他们向戒律的枷锁低头，无论他们的想法如何，都必须承认他们真正的主人……"他早就认识到，他将被迫释放出最可怕、最野蛮的力量。他曾害怕这一点，并试图通过卑微的和平提议，通过完全服从教宗，甚至通过退位来避免这种情况。英诺森四世没有意识到，像弗里德里希二世这样的人只能被他自己制造的枷锁束缚，并且只能按照他自己的意愿来接受枷锁。英诺森四世相信自己作为教宗拥有捆绑和释放的权力，相信开除教籍和废黜的权力，但恰恰是英

---

① 出自歌德的《诗与真》，译文参考：《歌德文集》第 5 卷，歌德著，刘思慕译，人民文学出版社，1999 年，《诗与真》第四部卷首语，第 713 页。

诺森四世亲手将敌基督从 1000 年的束缚中释放出来，而上帝曾经亲自为这个敌基督戴上了枷锁。铁链已经磨损，已经生锈，教宗却让它们承受了太大的压力，于是铁链拉断了。"世界之主"（弗里德里希二世）可以把铁链擦得像金子一样闪亮，并自愿用它们来装饰自己；但它们不能违背他的意愿来束缚他。他对它们嗤之以鼻。

既然必须扮演敌基督，弗里德里希二世就接受了自己的命运。之前发生的一切现在都带着一种准备的气息，似乎表明他已经准备好睁开眼睛来迎接这个不可避免的事实。弗里德里希二世在这些年里写道，虽然他一直毫不动摇地相信，这位教宗和其他所有教宗一样，都会反对他，但他还是努力帮助英诺森四世登上教宗的宝座。为什么呢？"仅仅是为了让我的手可以握住我应该战胜的人，或者——如果命运更仁慈的话——我应该爱的人！"这就是说，用最清醒的理智与神秘的命运合作，去创造自己的敌人，因为命当如此……这就是行动家的那种清醒的、积极的宿命论，是英雄时代的产物。当然，1000 年的基督教给它披上了基督教的色彩：弗里德里希二世如此渴望爱他的敌人，以至于几乎到了自我牺牲的程度。但主宰这位施陶芬皇帝生命的北欧命运女神不承认这种解决办法。对敌人的爱被禁止了，所以他必须通过仇恨敌人来实现自己。既然他不能以救世主-皇帝的身份与"天使教宗"携手，把万民拉到和平帝国的温柔枷锁之下，那么他就准备好用鞭子和缰绳、剑和斧子，迫使叛逆者在罗马帝国的桎梏下屈服。"他们比其他所有人都更令我心痛，所以我将以更大的热情和愤怒追赶他们，我将更有力地部署我的力量来摧毁他们，我将更残酷地对他们挥舞复仇之剑……只有彻底消灭他们，才能消解我心中的仇恨。"

　　很明显，在人生的每个阶段，弗里德里希二世都对扰乱其神圣秩序的人充满了原始的仇恨。仇恨和复仇（在弗里德里希二世眼里都是美德）是教士的品质，教士向亵渎精神圣地的人施加的惩罚的形式，与武士因为受辱而向敌人施加的惩罚完全不同。仇恨和复仇是正义女神的品质，也是法官的品质，据说"义人就像烧红的煤"。弗里德里希二世是神圣的法官，其神圣程度是他之前或之后的皇帝所无法想象的……这就足以解释，为何感恩、仁慈、宽容，甚至宽宏大量，在法官-皇帝品质中的地位并不比它们的对立面更重要。他承认，温柔和仁慈就像复仇和仇恨一样，是正义女神可以使用的力量。但从今以后，他几乎只展示曾经建立国家的正义女神的惩罚力量。仇恨对现在的皇帝来说，必然是生命的气息。当敌人不再寻求推翻皇帝的秩序，而仅仅针对他本人时，这种仇恨就成为个人的迫切需求。作为上帝之鞭，他只受自己超人律法的约束；除了他自己的利益和他自己的任性，他不承认任何法律，无论是神的还是人的。没有人知道，没有人猜到，除了对自己个性的主张，他还在为什么而战，他还希望得到什么。也许他自己知道。他本人就像某种西方的战斗呐喊。比以往更血腥、更野蛮的争斗只围绕着他一个人，在基督教世界肆虐，而这个世界要么为他效劳，要么反对他。在基督教时代，从来没有一个人获得过如此重要的个人地位：重要的是弗里德里希二世这个人，而不是弗里德里希二世这个皇帝。

　　时代已经大不一样了。弗里德里希二世过去为之奋斗的那些崇高理想——罗马帝国的复兴、正义之国的建立、世界和平的使命——现在最多只能发出遥远的回声，就像"革命"和

"启蒙"在拿破仑的最后岁月里发出的微弱回声一样。那些崇高理想不再提供驱动力，世人只能通过皇帝来间接地理解它们，如今皇帝的个人就是一种"世界理念"。如果弗里德里希二世凭借自己的力量无法将自己抬高到这样的境界，教廷也会赋予这场斗争以世界性的重要性：世界性教会把所有其他任务放在一边，一心一意地把它囊括世界的全部力量都用于消灭一个人。教会将施陶芬皇帝放大为一个巨人。教廷与欧洲所有国家的所有力量，现在不是在与皇帝或帝国作战，而是与一个恶魔作战，世间所有的邪恶都在这个恶魔身上体现，这个恶魔就是施陶芬皇帝，名字叫弗里德里希二世。在他之后，只发生过一次这样的全世界针对一个人的斗争，其中涉及的人数也许更多，但力量并非更强。那就是各国与拿破仑的最后决战。

在这样的氛围里，弗里德里希二世让人们听到了他的新基调。阿提拉的空气围绕着他，只有他能呼吸到。现在，阿提拉的使命就是他的使命，除了他之外没有人能够理解。他的同时代人本能地将阿提拉的绰号赋予他："万民的灾星""世界之锤"。他的追随者窃窃私语，不再仅仅称他为"大地和海洋的统御者"或"天堂的风为之欢呼的人"，而称他为"用自己的力量践踏了山脉，使之弯曲的人"。在他的统治下，整个欧洲都遭受了可怕的痛苦，无论是朋友还是敌人，意大利和德意志更是如此。除了那些崇拜和追随他的人，现在所有人都认为弗里德里希二世确实成了邪恶的化身。事实上，他拥有一种在他这样伟大的统治者中罕见的作恶能力。敌对他的教会强加给他这样的角色之后，没有人比他更喜欢作恶。在关系国家利益的地方，弗里德里希二世始终能够做到任何形式的残忍、狡猾、凶暴、奸诈、欺骗、严酷、恶毒和轻蔑。他的一句名言是："我养每一头猪，都是为了吃猪油。"在此之前，无论他做了什么坏事，都是为了国家的利益。如今，全世界都在为施陶芬皇帝这个人而厮杀，他就是国家。在过去，国家的需要决定了法律；现在，皇帝个人的迫切需要就是法律。此刻他需要法律作为武器。法律按照他的意愿被扭曲，不是为了服务于国家或整个世界，而是因为皇帝的心血来潮。按照他的理论，帝国、其他民族、国王们和信仰他的人们的福祉都取决于他个人的福祉。现在，他的每一个行动都显得更加暴虐、更加恐怖，而且事实上更加残酷无情，因为它似乎是为了维护单单一个人的利益。正因为弗里德里希二世曾经几乎是救世主（事实上，在他的追随者眼中，他仍然是救世主），他才有机会成为活生生的敌基督。作为祭司，他知晓所有的奥秘，所以没有任何奥秘能躲过他无畏的嘲讽攻击。在他包罗万象的头脑中，世界上千百个恶魔中没有一个对他来说是陌生的：因为他将恐怖与世界之主的所有甜蜜联系在一起，以及所有的诱惑、引诱和吸引，所有被圣洁和虔诚的羞怯长期驱逐的尘世力量的温柔觉醒……东方所有愚弄人的超自然魔法都听从他的调遣，还有难以捉摸的精灵、意大利所有的撒旦式毒药，以及德意志的梅菲斯特不可估量的危险胆量，他越过阿尔卑斯山，"相信一切都属于他"。德意志宗教改革家之一的那句名言很适用于弗里德里希二世："意大利化的德意志人是'魔鬼的化身'（diabolo incarnato）！"

毋庸赘言，教会的信条、开除教籍和由教会会议颁布的废黜令，对这位天才和（相对于教会的）对立世界的统治者来说都是苍白无力的。在他身上，"教宗的投石机投掷的石头变成了稻草"。人们相信弗里德里希二世做过不计其数的亵渎神明的事情；无论真实与否，大家都坚信不疑。教会在自卫过程中散布了夸张至极和最愚蠢的谎言，并且比弗里德里希二世与朋友的谈话可能做到的更广泛地传播它们。这一切的原因是皇帝，他无意地，只是间接地成为毁坏者和敌基督，因为这种亵渎的话可以被说到他身上，而且会有人相信。不仅是关于世界上三个骗子的言论，还有对圣餐的嘲弄也被归咎于弗里德里希二世，就像归咎于每一个异端分子一样。据说，他在看到一片农田时，曾开玩笑地提到圣餐："这里有多少神在成熟啊！"还有一次，他说："即使上帝比最大的山还大，教士们也一定早就把他吞掉了。"当他看到一个教士匆匆忙忙地给一个垂死的人带去临终圣餐时，他叹息道："这种骗局还要持续多久?!"众所周知，他对圣母无染原罪①的说法大加挖苦，因为它违背了自然规律，而且他否认灵魂的不朽。因此，枢机主教拉涅罗在小册子中不无道理地问道：既然皇帝对永恒的幸福没有渴望，他准备牺牲永恒的幸福来满足他对维泰博人民进行血腥复仇的渴望，既然他对地狱没有恐惧，那么又有什么能阻止他做出最邪恶的恶行？弗里德里希二世教导他的廷臣："灵魂像气息一样逝去，像从树上摘下的苹果一样被吃掉，而人和苹果都是由四种汁液构成的。"他对教会的恩典手段——告解、悔过、恕罪——嗤之以鼻，因为他和他的占星家们相信命运是由星辰决定的，有这种信仰的人就不会有悔恨！一个将人类的鲜血视为无物的人，一个可以肆无忌惮地绞死或斩杀、淹死或监禁主教、僧侣或教士的人，一个被人们指责拆毁教堂然后在

---

① 圣母无染原罪（德文：Unbefleckte Empfängnis；拉丁文：Immaculata Conceptio）是天主教有关圣母马利亚的教义之一，意思是耶稣的母亲马利亚在灵魂注入肉身的时候，即蒙受天主的特恩，使其免于原罪的沾染。该教义正式确立于 1854 年。东正教和大多新教教派不接受这个教义。

其原址建造厕所，并用教堂的石头为他心爱的撒拉森人建造堡垒的人：应当如何约束这样一个人呢？

现在，教会会议和教宗设置的任何界限，弗里德里希二世都会毫不犹豫地逾越。他能认识到的唯一界限是他自己设定的。他自己承担了一个新的使命，即担当世界之锤和上帝之鞭：在自由地肆虐和摧毁的过程中，不乏具有创造性的天才的恶魔般喜悦；但在被迫肆虐和摧毁的过程中，也不乏具有保存性的天才的痛苦和悲伤。教宗格列高利九世曾说，弗里德里希二世喜欢听到自己被称为敌基督。但在成为敌基督之前，弗里德里希二世忍耐到了最后的极限。他能做出任何渎神行为、任何亵渎行为、任何"堕落"行为，但他的愤怒或报复都不是肆意的，而总是服务于他自保的需要。而且在这一切中，他始终保持着恺撒的骄傲姿态，那种配得上一位基督教恺撒的高贵气质、不屈服于任何卑微之物的尊严和自制力。如果哪个异端分子觉得自己是皇帝的同类于是接近他，就有祸了！他在风格和气质上一直保持着基督教皇帝的风范，这与他个人的教义无关。他曾写道：如果缺乏正确的姿态，即使是教条式的正统观念也是错误的。这一点最为奇妙：无论他的可怕和原始的力量多么猛烈地爆发，它总是被罗马的恺撒·奥古斯都的形式所约束和控制，罗马的奥古斯都可以容忍恶习，但不能容忍不守纪律。他曾这样描述自己的本性："压制精神的最正当的冲动，并在美德的自律中保持恺撒的平静。"因此，我们也可以这样设想他：作为上帝之鞭，弗里德里希二世不是像伊凡雷帝那样的反常现象，也不是沉浸在阴险和忧郁中，而是在更阴森恐怖的无风的平静中，带着永恒上帝的超然冷漠。因此，只有在恺撒·奥古斯都的形象下，弗里德里希二世皇帝才作为敌基督和弥赛亚式的世界审判者，在双重镜子中得到双重映射。

恺撒、弥赛亚式皇帝、敌基督，这就是弗里德里希二世自科尔泰诺瓦大捷以来、自他的世界统治真正开始以来的三种基本相同的表现形式。他并没有改变，只是环境的风云变幻让我们看到他的形象有了新的色彩。他越是真正地接近古罗马的恺撒·奥古斯都（人们期待这样的奥古斯都为世界带来救赎），他就越是酷似其对立面：一个真正的罗马风格的皇帝转世了，并为自己竖立雕像；与加利利人①对比，他将不可避免地以尼禄或敌基督的形象出现。

并且，弗里德里希二世的整个人生既可以用弥赛亚，也可以用敌基督的意义来解释。据说，在罪孽中诞生的敌基督将被魔法师、巫师、占卜师和术士所簇拥，重新设立恶魔崇拜，寻求个人的声望并自称全能的神。他将来到耶路撒冷，在圣殿中设立他的宝座。他将重建被毁的所罗门圣殿，并说谎，自称全能的神的儿子。他将使君主和王公们皈依，并借着他们使万民归顺。他将派他的使者和传道人到世界各地，他的信息要从海到海，从东到西，从南到北地传播。罗马帝国将随着他而结束。他将成就神迹、奇事和闻所未闻的事迹，但人间必将发生前所未有的混乱。当人们看到他的作为时，连上帝拣选的完美的人也会怀疑，说不准他到底是经文所写的要在世界末日再临的基督，还是敌基督。因为两者是完全一样的。弗里德里希二世的举止总是可以有两种解释。他充满异国情调的动物园和随从使一些人想到了统治所有民族、种族和动物的世界之王，想到了弥赛亚；在弥赛亚的权杖下，所有动物都将和平共处。也

---

① 指耶稣基督。

有人在这群于意大利各城招摇过市的猫头鹰、豹子和黑皮肤的科律班特斯①中看到了《启示录》中的恶魔大军。弗里德里希二世一骑上马，就立刻有人对其赋予象征性的意义：如果他骑的是白马，就有人说他在模仿救世主，并指责他亵渎神灵；如果是栗色马，他就成了带来纷争的"红马骑士"②；如果他选择的是灰色的马，他就是死神③；如果他骑的是黑马，人们就会在带天平的法官面前颤抖④。弗里德里希二世给他最喜欢的马取名为"龙"，这可能更是雪上加霜。当枢机主教拉涅罗谈到"额头上的权力之角"时，以及当熙笃会在弗里德里希二世被教会废黜后根据"长着角的弗里德里希"（Fridericus Cornutus）统治的年份来确定他们著作的日期时，角被认为是撒旦的标志。但弥赛亚也有两个角，那不是邪恶的象征，而是大地力量的象征，正如亚历山大和摩西所解释的。弗里德里希二世被认为是刀枪不入的。在后来的日子里，这被理解为他与魔鬼达成契约的确凿证据。当时的人们相信，只有上帝才能召

---

① 科律班特斯（德语 Korybanten，古希腊语的转写是 Korýbantes），在克里特称为库瑞忒斯（Kouretes），是希腊神话中敲鼓跳舞侍奉大地女神库柏勒的神祇。相关传说是宙斯在婴儿时期被藏在克里特岛，为了掩盖他的哭声保护他，几位（在不同传说版本里数量不一）库瑞忒斯跳起用长矛敲击盾牌的舞蹈。这里当然是比喻弗里德里希二世的扈从喧闹且具有异国情调。

② 红马象征战争。《新约·启示录》第6章第4节：就另有一匹马出来，是红的。有权柄给了那骑马的，可以从地上夺去太平，使人彼此相杀，又有一把大刀赐给他。

③ 《新约·启示录》第6章第8节：我就观看，见有一匹灰色马。骑在马上的，名字叫作死。阴府也随着他。有权柄赐给他们，可以用刀剑、饥荒、瘟疫（"瘟疫"或作"死亡"）、野兽，杀害地上 1/4 的人。

④ 黑马象征饥荒。《新约·启示录》第6章第5节：揭开第三印的时候，我听见第三个活物说："你来！"我就观看，见有一匹黑马。骑在马上的，手里拿着天平。

唤回他自己的使者。有些人称弗里德里希二世为堕落天使，他的面容曾经最像上帝。但弥赛亚也与上帝相似，皮耶罗·德拉·维尼亚将他的主人颂扬为"像上帝一样"。财富也是敌基督的标志，但弥赛亚又是世界上所有财宝的主宰。弗里德里希二世懂得多种语言，"惯于用许多种语言说话"，这一点也可以从正反两方面解释。弗里德里希二世明确地以基督教统治者的身份出现时，引发了最多的讨论，因为欺骗和伪装恰恰是敌基督的主要特征。弗里德里希二世在这样的时候比以往任何时候都更危险：讽刺的是，这个通过一天一餐的饮食习惯来保持健康的节制者（因此有人指责他使斋戒的忏悔变得无意义），竟然自愿以斋戒来赢得恕罪。

弗里德里希二世的生活是一个连贯的统一体，但可以有双重解释。有些人试图在其中找到一个"内在矛盾"，并在他的一生中追踪这个矛盾：他是自由思想家，却颁布法令去迫害异端；他是撒拉森人的朋友，却发动十字军东征；他与市民阶层为敌，却偏偏吸引这个阶层的人到自己的宫廷；他培养思想自由的人，却将自由思想扼杀在萌芽状态；他生来要统治世界，却不得不将自己局限在意大利；他憎恨和嘲讽教士，却自称祭司；他是基督教皇帝，却通过深入的探究来破坏基督教世界观的根基；最后，他很想成为弥赛亚，却愿意扮演上帝之鞭和世界之锤。如果我们指望能够简单明了地解释天才，那就是对天才的贬低。罗马-基督教的恺撒的概念，意味着两个世界的融合、两种极端力量的张力，但不会爆裂。每一种力量都永远否定另一种力量，但每一种力量的充分活力都要感谢另一种力量。一个能力不及弗里德里希二世的人会在这种压力下屈服……但在令人难以想象的恺撒的高度上，同样的奇迹不断被刷新，不断引起人们的赞叹："最猛烈的太阳照耀下的冰川不会变暖，也不会融化，阳光只会赋予它们光辉。"弗里德里希二世在他的世俗国家的基本教条中总结了这一点：真正的自由只存在于帝国的枷锁之下。

这一次，这些对立面——皇帝和加利利人、多神教徒和基督徒、救世主和敌基督——可以在一种形态中共存，而不会因此失去质地的坚定性。因为这是施陶芬皇朝的弗里德里希二世所代表的基督最后一次化身为这位德意志皇帝。这是日耳曼史诗《救世主》中几乎具有多神教色彩的基督，是大卫王室的耶稣王（Jesus Rex），他戴着世界统治者的冠冕，以名声和荣耀统治了日耳曼人的世界纪元；他建立了新的基督教帝国，这个帝国与他一同终结。这位救世主融合了日耳曼、希腊和基督教的元素，戴着光之冠，手里拿着十字圣球、圣矛和圣书，在时间和空间无限大的神圣光轮（Mandorlen）的超然中雄踞于宝座：这就是弗里德里希二世实际上释放、实现和担当的救世主，他用自己的血肉使得救世主有了肉身的存在。神再一次变成了人，祂也必然会再次死去。自意大利的圣方济各（人们特别喜欢将他描绘和赞颂为屠龙的米迦勒）的时代以来，这同一个神便有了新的形象：祂比较温和，不是那么严酷，是一个带着伤口和荆棘冠冕的受难者。那个不可接近的、严厉的法官式的神和被冠以名望的国王式的神，在"另一位"的统治下不可避免地作为敌基督出现，因为昨天的神总会变成今天的撒旦。

在将近 300 年的时间里（即文艺复兴时代），与唯一而双重的神进行争斗的是人类进步的动力。但丁是第一个与之斗争到底并战胜它的人。但丁调和了鹰与十字架，调和了今世与来世的王国，结束了从维吉尔开始的对立，这种对立越来越强，持续了 1000 年之久。恺撒帝国和基督帝国之间的张力在两个人身上得到了象征，即圣方济各和弗里德里希二世，他们走在这位伟大的歌手（但丁）之前，帝国随他结束了。另一位伟大的歌手维吉尔（但丁选择他为向导）则引领了紧张和分裂的时代，即双重救世主——基督与奥古斯都的时代。

弗里德里希二世的形象是双重和矛盾的，他对这个时代的影响也是如此。为了防止"新的"和"其他的"东西不战而屈人之兵、过度软化他正在解放的灵魂，皇帝不得不生产解毒剂，以恨对抗爱，以复仇对抗原谅。"恐怖"（Terribile）是施陶芬皇帝留给意大利帝国的遗产……那是一种夹杂着惊奇和恐惧的钦佩，钦佩恶魔在尘世中的创造和生产，钦佩他的意志与言辞的"神奇"，钦佩他的姿态和行动中的恺撒式的邪恶与威严，钦佩他坚定的力量和赤裸的暴力带来的震动和瘫痪。这种现象只局限在意大利，在那里，一些人为这些斗争而生，而且他们还是由弗里德里希二世亲自养育的；也只有在意大利，这场斗争才作为诸神的苦战持续了三个世纪，其中的张力将成为生命本身。但在弗里德里希二世身边，新的巨人、被解放的狂热灵魂的阴郁斗士，得到了最安全的蓬勃发展。

通过他的女婿埃泽利诺·达·罗马诺（特雷维索边疆区的魔鬼），弗里德里希二世成为西吉斯蒙多·马拉泰斯塔①和切萨雷·博吉亚的祖先。埃泽利诺，施陶芬皇帝的崇拜者和

---

① 西吉斯蒙多·马拉泰斯塔（Sigismondo Malatesta，1417—1468），意大利的雇佣兵队长和贵族，从 1432 年起担任里米尼和法诺的领主。他是当时公认的最勇敢和有才干的军事家之一，指挥了威尼斯军队于 1465 年向奥斯曼帝国发动的战争。他也是诗人和艺术赞助者。

爪牙，是众多只抓住皇帝多面性格中的一个特征并将其极度夸大的人之一……在埃泽利诺看来，肆无忌惮地张扬自己的个性，对权力的欲壑难填与无所不用其极，本身就是一种目的，因此本身就是邪恶的。在皇帝去世后，埃泽利诺受到的所有约束都被解除了，这个暴君将他的恶发挥到了极致。两人年龄相仿，但埃泽利诺在弗里德里希二世去世之后还活了9年。早在他辞世很久之前，埃泽利诺就是北意大利东部最令人恐惧和憎恨的人，他以皇帝的名义统治该地区，但实际上是该地区的独立君主。埃泽利诺在城市的党争中成熟起来，在合适的时刻站到了施陶芬皇帝的旗帜下，并在弗里德里希二世的庇护下（皇帝允许野心勃勃的埃泽利诺自由行事，只是没有给他任何明确的帝国职位），以帕多瓦、维罗纳和维琴察为基地，建立了一个自成一体的专制政权。埃泽利诺把一座又一座城市纳入自己的地盘，凭借自己的权威征税、颁布法律、任人唯亲（有时违背了皇帝的意愿），甚至以损害皇帝的利益为代价来扩大自己的领土。埃泽利诺的权力完全建立在恐怖之上。出于纯粹的追逐私利，他一直忠于弗里德里希二世；而且，由于他是一个值得信赖的布伦纳通道守护者，弗里德里希二世对他不加任何干预。尽管有皇帝的支持，埃泽利诺还是成了一种新类型的统治者，曼弗雷德后来引用恺撒的先例来描述这种类型的统治者：不合法的君主，完全凭借自己的力量，用暴力和狡诈获得自己的王位，并以严厉、残酷和强硬的方式维持统治，而他的统治只依靠他自己的个性。

在但丁笔下，暴君埃泽利诺在一股沸腾的血液之河中赎

罪："那个额上有那样黑头发的是埃泽利诺。"① 据说埃泽利诺
全身都是黑毛，就像动物的毛皮。他的外表阴森可怖，举止稳
健自信。他只有中等身材，但人们一看到他就会战战兢兢。他
看起来总是因愤怒和傲慢而暴跳如雷。虽然由于政治原因，他
结过好几次婚，但他对女性十分冷淡。他鄙视她们，很少接近
她们。但他在攻打维琴察时抓到一名强奸妇女的德意志士兵，
当场就用匕首把他刺死了。他自称"奉命惩罚罪人的鞭子"，
在贵族中而不是在平民百姓中寻找罪人，并对百姓加以严厉的
控制。埃泽利诺相信自己的命运与星辰紧密联系，并依靠博学
的圭多·博纳蒂②和长胡子的撒拉森人巴格达的保罗（Paul
von Bagdad）通过占星术为他解读命运。他喜欢富丽堂皇，但
他的帕多瓦宫廷只展示了暴君的阴森、沉郁和晦暗的浮华，他
雇用撒拉森保镖更多是为了威慑而不是为了壮丽的排场。"国
家必须保持纯洁"是这位越来越铁石心肠的暴君的座右
铭……谁要是受到他哪怕最轻微的怀疑，就要被投入地牢或阉
割，被酷刑折磨或被活活烧死。据说他为了维护自己的权力，
在自己的领地通过谋杀、酷刑或处决杀死了 5 万人。毫无疑
问，他是按照他的姻亲萨林盖拉的原则行事的："天是属于天
主的……但地是赐给人的子孙的。"他至死也忠于自己的原
则：他 65 岁时，数不清的敌人突然包围了他，虽然他很勇敢
并且久经沙场，但还是被棍棒击晕，当了俘虏。他拒绝食物和

---

① 译文参考：《神曲·地狱篇》，但丁著，田德望译，人民文学出版社，
1997 年，第十二章，第 84 页。

② 圭多·博纳蒂（Guido Bonatti，卒于约 1300）是意大利的数学家和天文
学家，还是 13 世纪最重要的星相学家，当过弗里德里希二世皇帝、埃泽
利诺·达·罗马诺等人的谋臣，还曾为佛罗伦萨、锡耶纳等地的吉伯林
派政府服务。但丁的《神曲》把他打入地狱。

医生，几天后死亡……他拒绝了告解和最后的圣餐，开玩笑说他只有一项罪行需要忏悔，那就是被敌人打败但无法复仇。然后，他让神父退下。他的自愿死亡很可能使他免于他兄弟那样的恐怖结局。阿尔贝里科·达·罗马诺起初对埃泽利诺怀有敌意，但后来成为他的盟友。阿尔贝里科也很残忍，而且好色。敌人让他四肢着地爬到刑场，嘴里还咬着马嚼子，充当暴民的坐骑。他被逼着观看他的家人受酷刑，然后刽子手用钳子从他身上撕下肉来。然后，一息尚存的他被绑在马尾上，活活拖死。

埃泽利诺绝不是弗里德里希二世圈子里唯一的巨人。另一位是塞萨的圭多（Guido von Sessa），他玩世不恭地拒绝为一些被判刑的教宗党人举行临终涂油礼，并向他们保证，作为教宗的朋友，他们肯定能立即升入天堂。一天晚上，圭多骑着马逃亡，掉进了麻风病人的阴沟里，在污秽中窒息而死。还有一个是独眼侯爵乌贝托·帕拉维奇尼，他起初是埃泽利诺的朋友，但后来背叛了他的朋友，并把埃泽利诺俘虏。他在恶行方面与埃泽利诺不相上下，并以同样不择手段的暴力来维持其暴政。他没有埃泽利诺那么多恶魔般的狂热，始终只是一个没良心的狡猾的算计者。他的整个外表也令人毛骨悚然。当他还在摇篮里的时候，一只公鸡啄掉了他的一只眼睛，但剩下的那只眼睛却"像黑煤一样"在一张有着深黑色头发和胡须的脸上闪闪发光。他也是中等身材，但极其强健，坚韧不拔。像皇帝的所有亲信一样，他大肆嘲笑教会及其教条。他把教会纯粹看作一种政治力量，把教宗看作一个几乎不能与帕拉维奇尼平起平坐的可笑的意大利小地主。这种务实的观点在文艺复兴时期他这种类型的人中很常见。皇帝把克雷莫纳高级总督区托付给他，并把他故乡的许多土地赠给他。弗里德里希二世死后，帕拉维奇尼侯爵继续与教廷和圭尔甫派斗争。像埃泽利诺一样，他名义上为帝国而战，但他用自己征服的伦巴第部分地区扩大了他不断增长的私人地盘，并自称"伦巴第高级总督和克雷莫纳、帕维亚、皮亚琴察与韦尔切利的永久领主"。克雷马、米兰、亚历山德里亚、托尔托纳和帕尔马也都服从于这位暴君，他的庞大领地建立得快，最终崩溃得也快。当他于七十多岁去世时（据说他也拒绝了教会的最后圣礼），乌贝托·帕拉维奇尼侯爵除了克雷莫纳附近的布塞托（Busseto）城堡外一无所有，他曾在那里左右伦巴第的命运。

弗里德里希二世的这些战友都是穷凶极恶的罪人，他们对天堂的幸福和地狱的痛苦都尽情地冷嘲热讽。他们每个人都表现出施陶芬皇帝的特征，尽管这些特征在他们身上都被扭曲了。弗里德里希二世是他们当中唯一一个将上帝和魔鬼都放在自己胸中的人。皇帝的巨大潜力体现在他作为世界之锤和万民惩戒者的身份，但他也有资格站在阿西西的方济各身边，与他一起对抗共同的敌人——世俗化的教会。到目前为止，弗里德里希二世尽量避免攻击教会本身，而试图把争斗局限在个别教宗身上。当这变得不可能时，他以一贯的适应性，闪电般改换了武器，开始效仿先知以利亚的愤怒（他"在精神的风暴中捍卫律法，杀死了贪婪的巴力祭司"），开始了反对神职人员世俗化的运动。弗里德里希二世伟大的改革宣言紧随里昂大公会议之后发布："我的意愿始终是劝诫各个等级的神职人员，尤其是最高级的神职人员，要像他们在原始教会中那样坚持'到底'：过使徒的生活，效法主的谦卑。因为这样的神职人员能够看到天使并创造奇迹，能够活死人、肉白骨，能够不靠武力，而是凭借他们的圣洁使君主和王公为他们效劳。而今天的教士是俗世的奴隶，醉心于放纵享乐，不把上帝放在第一位：他们越来越多的财富扼杀了他们的虔诚。所以这是一项爱的事功：从他们手中拿走有害的财物，这些财物是他们的负担和诅咒。"因此，弗里德里希二世给欧洲列王写信，劝他们去除上帝之仆的一切奢靡。在这一点上，弗里德里希二世与他那个时代的情绪是一致的。这就是几乎使阿西西的方济各被当作异端来谴责的学说：教会应当回归使徒时代的朴素生活，教会应当与它早已被遗忘的配偶——清贫——重新结婚。现在宣讲这一点似乎很合适，因为正如弗里德里希明二世明确强调的那样，结束应该像开始一样。

皇帝提出了进一步的要求："我们的教士从哪里学会拿起武器来对付基督徒，穿上铠甲而不是圣衣，不使用牧杖而是挥舞长矛，携带制造苦痛的弓箭而不是用来书写的芦苇笔，并且蔑视十字架的救赎武器？教会的哪一次会议规定了这些？哪个敬畏上帝的人们的集会会下令这样做并盖上印章呢？如果有人怀疑我，让他看看那些在我统治的土地上挥舞兵器的神圣的枢机主教和大司祭吧！根据各自统治的省份，其中一个自称公爵，一个人自称侯爵，还有一个人自称伯爵……基督的第一批门徒是这样安排的吗？愚蠢的众人啊！你们毫不犹豫、眼睛都不眨地把圣洁归于他们，你们为自己创造的圣徒就像神话中的巨人一样虚幻！"

弗里德里希二世在这份文件中要求罗马教会放弃它所有的世俗财产和世俗领地——公国、侯国和伯国。要等到法国大革命的时代，这种愿景才会普遍实现，尽管在西西里，弗里德里希二世已经基本上成功地确立了他期望的状态。因为在西西里，教会的大部分财物都被没收了，而且弗里德里希二世早就不给西西里神职人员授予官职了。弗里德里希二世之所以宣传教会守贫，显然不是像圣方济各那样出于迫切的信仰和虔诚的动机。当时的人们也看穿了皇帝的小算盘。一种流行的说法是，弗里德里希二世希望教会贫穷，不是因为他对上帝的热忱，而是因为他是一个糟糕的天主教教徒。皇帝当然不是因为宗教热忱而支持教会改革的，但改革教会是他的职责之一，在追求改革的过程中，弗里德里希二世勇敢地走在时代前列。于是，圣方济各和这位"改革皇帝"突然间酷似了。无论谁想让奥古斯都时代重现，都需要一个像早期帝国时期那样的教会。圣方济各要求恢复原始教会，他的修会更迫切地要求这一点（因为他们希望"作为一种新型的人"将堕落的神职人员赶下台）；这样做时，他们不知不觉地同时唤起了奥古斯都时代和使徒时代。圣方济各只关心教会的福祉，肯定没有想到这样的结果。但弗里德里希二世拥有更广阔的视野，他看到他的帝国可以吸纳这个世代最伟大的运动，看到罗马帝国只能与方济各那样的天使教宗共存。弗里德里希二世在这里预见到了但丁的设想：一个像彼得一样的、清贫的教宗，与他并肩的是像奥古斯都一样的、拥有无限财富的皇帝，两人都是上帝直接任命的。对于这样一位凭借其圣洁而非武力使君主和王公为其服务的教宗，弗里德里希二世愿意像但丁要求的那样，给予他"长子必须向父亲表示的敬意，以便在父亲的恩典的照耀下，他可以在全世界更有力地发光……"

我们必须提醒读者注意弗里德里希二世的"改革宣言"中的一个值得注意的表述。弗里德里希二世向欧洲列王宣布："我的良心是纯洁的，因此上帝与我同在。"这是另一种与上帝的精神交流，是对上帝的"内化"，人们为了它的缘故而赞美圣方济各。这是一种凭借良心的内化，它源于皇帝的一种学说，即皇帝的行为只需对上帝负责。普通人不需要教士的中保而与上帝直接交流，这是由中世纪的最后一位皇帝首先提出的，并非没有道理。这一学说是后来宗教改革的前奏。但这两种观点之间的差别极大。对良心纯洁的呼吁，当被广大群众接受时，就会抹去所有的衔级和等级，而在这里却只是一位负全责的皇帝的特权。他在充分意识到自己独特性的情况下，为自己争取到了这一特权，并且不给其他任何人。在评判他人时，弗里德里希二世只要求他们对自己的行为（而不是良心）负责，这一点很重要。但是，皇帝的这一观点是具有挑战性的。我们从一位惊愕的僧侣对这段话的注释中可以看出其挑战性有多大："要相信行动！"

弗里德里希二世把他反对教会的运动描述为"爱的事功"。我们不必感到惊讶的是，托钵修会欢呼他的法庭是公正的，并希望在他的统治结束之后，和平与安宁的最后时代将会来临。在俗教士和修会僧侣之间日益增长的敌意对弗里德里希二世十分有利。方济各会和多明我会都有人支持他反对在俗的神职人员……与认为敌基督会从外部攻击教会的主流观点相反，有些人认为破坏者就在教会本身的怀抱里。托钵修士阿诺尔德（Arnold）在一份题为"关于敌基督英诺森四世"的文件中指出，"Innocentius Papa"（英诺森教宗）这几个词产生了 666 的数字，因此教宗就是敌基督①。在另一本高度情绪化的小册子中，这位修士大力支持皇帝。他宣称，上帝在一个异象中向他启示，上帝的神圣意图便是更新神圣的教会，并引导它回到原初的纯洁。阿诺尔德修士写道，他在得到了上帝如此指示之后，就去拜见了弗里德里希二世皇帝，才思敏捷的皇帝在智者和学者的辅佐下研究了这个异象。皇帝本人是虔诚的天主教徒，因此批准将教会的改革作为一项最虔诚的工作。这名修士经过 40 天的神秘狂喜，基督亲自向他揭示了一个异象，并向他透露，教宗及其党羽才是基督的真正敌人，是福音的破坏者，主已经把他们从信徒的群体中驱逐出去了。

不少人与阿诺尔德修士持有同样的信念。"异端教宗"（papa haereticus）的呼声不绝于耳，直到宗教改革时代。这呼声在德意志尤其响亮，还产生了一些奇特的说法。在施瓦本哈尔（Schwäbisch-Hall）和其他地方，流浪的布道者向人山人海的听众宣布：教宗是异端分子；高级教士们是买卖圣职的罪人；教士们没有资格去捆绑或释放；教宗的赎罪券毫无价值；教宗过着堕落的生活，树立了邪恶的榜样。"因此，"布道者

---

① 根据《新约·启示录》第 13 章第 11～18 节，666 是所谓"兽的数目"：我又看见另有一个兽从海中上来，有两角如同羊羔，说话好像龙。他在头一个兽面前，施行头一个兽所有的权柄 . 并且叫地和住在地上的人，拜那死伤医好的头一个兽。又行大奇事，甚至在人面前，叫火从天降在地上。他因赐给他权柄在兽面前能行奇事，就迷惑住在地上的人，说，要给那受刀伤还活着的兽作个像。又有权柄赐给他叫兽像有生气，并且能说话，又叫所有不拜兽像的人都被杀害。他又叫众人，无论大小贫富，自主的为奴的，都在右手上，或是在额上，受一个印记。除了那受印记，有了兽名，或有兽名数目的，都不得作买卖。在这里有智慧。凡有聪明的，可以算计兽的数目。因为这是人的数目，他的数目是六百六十六。
对于兽名数目，其中一种解释认为它是隐藏着敌基督名字的密码。在西方，有些人相信 666 是"魔鬼的数字"，是不吉利的。

最后说，"为弗里德里希二世皇帝和他的儿子康拉德祈祷吧，因为他们是完美的，他们是公正的。"

皇帝的改革宣言在德意志特别受欢迎。有许多狂热的辱骂性小册子攻击神职人员，说他们是"逃避［与清贫的］婚姻的奢侈之配偶"。其中一份愤怒的小册子体现了皇帝言论的基调："哦，你们这些基督徒盲目的、未开化的单纯！你们为什么要被这样的诡计欺骗呢？起来，起来，世间的君主们！起来吧，你们这些王公！起来吧，万民，睁开你们的眼睛看吧！不要再忍受这种敌意的羞辱了。把这群有病的恶人从地上根除，因为他们给整个世界带来了混乱和污染！改革被这种罪行毁坏的神圣教会吧……当犯罪和邪恶的酸面团被扫除后，愿新的生面团出现在纯洁、真理和信仰中！"

这样的声音当然无法改变斗争的结果，在那个时期也不指望能够发动群众。有人认为，弗里德里希二世被他同时代的人"误解"了，这种观点是站不住脚的。弗里德里希二世一定非常清楚，他的改革宣言不可能撼动教廷；他甚至可能不希望它们撼动教廷，因为没有世界教会，世界帝国就会终结。但他把这场运动推进到了极致，他播下的种子甚至在他自己的时代也生了根。弗里德里希二世以他对一切活生生力量的直觉，抓住了这些观念，并把它们投入思想和力量的几个世纪的冲突中。在德意志，那些寻求改革教会的信徒的希望永远与弗里德里希二世（人们渴望的改革皇帝）的名字联系在一起。在德意志，敌基督变成了救世主。后来的人们梦想着他有朝一日会带着他所有的荣耀归来，改革腐败不堪的教会，并猛烈地镇压罗马的教士们，以至于如果他们找不到其他的遮掩物，就会用牛粪来掩盖他们的秃顶，免得他们的教士身份暴露。

也许正是为了给德意志人（他们更容易认识善，而不是美）留下刻骨铭心的印象，弗里德里希二世才释放出了死亡天使和敌基督的恐怖，否则也许德意志人就不会承认皇帝是救世主。教宗英诺森四世的操作为这种情绪提供了新的养料，尤其是在德意志。德意志被卷入了比以前更严重的纷争，并在教廷的迫害下遭受了可怕的痛苦。

在里昂大公会议之前，德意志对教廷和帝国之间激烈斗争的感受相对较少。尽管在 1239 年，就在皇帝被逐出教会不久前，教宗使节波希米亚的阿尔伯特（Albert von Böhmen）成功地在帝国东南部的诸侯当中组织了一个反对派，但教会的煽动并未取得成功。在波希米亚的阿尔伯特的煽动下，波希米亚、巴伐利亚和奥地利组成了帕绍联盟（Passauer Bund），反对弗里德里希二世。但帕绍联盟在几个月内就解体了。波希米亚和奥地利与皇帝达成了协议，巴伐利亚公爵一下子被孤立了。甚至巴伐利亚的神职人员也没有支持教宗，这无疑是因为主教们对巴伐利亚公爵怀有敌意，所以仍然支持皇帝。雷根斯堡主教公开蔑视教宗使节；布里克森①主教在街上设置障碍，阻挠教宗的信使通行；弗赖辛（Freising）主教否认教宗在德意志有任何管辖权；萨尔茨堡大主教把教宗的信踩在脚下。德意志诸侯和各城市向身在意大利的皇帝送去了辅助部队和资金。最后，甚至连巴伐利亚公爵也放弃了对皇帝的敌意，因为蒙古人已经威胁到了他的邻国波希米亚、匈牙利和奥地利。教廷的努力似乎是徒劳的。

---

① 布里克森（德语：Brixen）即今天意大利北部南蒂罗尔地区的城镇布雷萨诺内（意大利语：Bressanone）。

但在德意志的另一个地方，即莱茵河河畔，人们可能已经看到了皇帝影响力的轻微削弱。伟大的科隆大主教康拉德·冯·霍赫施塔登（Konrad von Hochstaden），作为科隆大教堂的第一位建设者而闻名，他于 1248 年为科隆大教堂奠基。但在那些日子里，他作为战士和狂热的争吵者也非常有名。像所有德意志诸侯一样，他把全部心思都放在了领地政策上，因而与下莱茵河地区的邻居永远处在冲突之中。由于这些争吵，他很快就得罪了帝国政府，后者听信了诸侯的抱怨，将科隆大主教宣布为帝国的敌人。康拉德·冯·霍赫施塔登起初势单力薄，但后来找到了一个盟友，即美因茨大主教西格弗里德，后者是弗里德里希二世任命的德意志摄政者，实力几乎和科隆大主教一样强。美因茨大主教长期以来一直与巴伐利亚公爵在洛尔施（Lorsch）修道院的问题上有分歧。只要巴伐利亚公爵对皇帝有敌意，美因茨大主教就有希望得到该修道院。但当巴伐利亚公爵开始转向与皇帝交好时，美因茨大主教看到他的洛尔施修道院受到了威胁。与这相比，摄政之事丝毫不被他放在心上。他和科隆大主教如果抛弃皇帝，就能得到教宗的支持，于是德意志最强大的两位教会诸侯结成了联盟。他们都立即宣布了对弗里德里希二世的绝罚令，并指挥军队入侵施陶芬家族的领地韦特劳（Wetterau），一路烧杀抢掠。

因此，英诺森四世在莱茵河畔的两位大主教和他们的副手当中找到了一个敌视施陶芬皇帝的德意志集团。从此，为这个集团吸引尽可能多的追随者，就成了教宗政策的主要目标之一。英诺森四世开始系统地瓦解忠于皇帝的德意志教会的各个阶层，一直到级别较低的教士。教宗的手段是很强硬的。亲帝国的主教被尽可能地罢免，而在主教座堂里，亲帝国的教士遭到贬黜。

在里昂大公会议之后，教宗针对下列教会权贵启动了罢免程序：萨尔茨堡大主教和不来梅大主教；帕绍、弗赖辛、布里克森、乌得勒支、布拉格、沃尔姆斯、康斯坦茨、奥格斯堡、帕德博恩和希尔德斯海姆的主教；圣加伦、埃尔旺根（Ellwangen）、赖歇瑙、肯普滕（Kempten）和魏森堡（Weißenburg）的修道院长。对马格德堡、库尔和特伦托的主教，以及大批教士的进一步惩罚即将进行。许多人，如奥尔米茨（Olmütz）和帕绍的主教，被废黜；也有许多人自愿辞职，以免成为叛徒。他们的位置由教宗的党羽填补。还一些人主动投靠了英诺森四世，并得到了相应的奖赏。正如伟大的英诺森三世曾经谋划的那样，德意志的神职人员很快就完全依赖于教廷了。任何由修道院或教堂会议进行的自由选举都被明令禁止，主教由教宗提名，就像高级总督和督政官由弗里德里希二世提名一样。正如皇帝行使他的任命权直到官僚机构的最底层，现在英诺森四世也监督着低级别神职人员的任命。往往在一个教区出缺之前，下一任的任职者就被指定好了。

要获取某个教会职位，往往需要支付一笔钱作为交换，这种操作与买卖圣职相差无几。其他的措施也导致了臭名昭著的赎罪券交易。大量的托钵修士得到了仔细的指导和派遣机会，广泛传播皇帝被逐出教会和被废黜的消息。为此，他们要利用一切方便的机会：游行、集市、市场，等等。他们在每次布道之后，都要呼吁大家拿起十字架，反对弗里德里希二世。为了不妨碍针对弗里德里希二世及其儿子的十字军圣战，英诺森四世严格而秘密地禁止宣传去往圣地的十字军东征。而这恰恰是在法兰西国王路易九世准备发动第七次十字军东征的时刻。教宗规定，仅仅听一场宣传讨伐弗里德里希二世的布道，就可以获得 40~50 天的恕罪；而那些参加讨伐弗里德里希二世的人获得的恕罪与那些与撒拉森人作战的人相同。如果人们后来选择用钱来赎回他们的（参加讨伐弗里德里希二世的）誓言，那么对他们罪孽的赦免仍然有效。所以许多人宣誓参加讨伐弗里德里希二世，只是为了获得赦免，然后重新购买自己的自由。这种操作并不新鲜：长期以来，人们一直可以用金钱将自己从参加十字军的誓言中赎买出来。但在过去，这样积累起来的钱都被用来开展十字军东征，而现在它们只是为教会和教士提供了一个新的收入来源和一件对付皇帝的新武器。当十字军东征的谎言破灭，赎罪券被简单地用来换取金钱的时候，赎罪券交易就如火如荼地展开了，并最终成为 16 世纪教会大分裂的外因。

但教宗的影响范围远远超出了德意志：他掌握着囊括整个基督教世界的罗马教会组织。而且，通过对今世的承诺和关于来世的威胁，教宗可以在全欧洲开发各种迄今尚未开发的资源，并争取新的支持者。只要是有利于打击施陶芬皇帝（或者更准确地说是施陶芬家族）的，没有任何教规是英诺森四世不愿意撤销的，没有任何教会法律是不能规避的，没有任何宗教罪行是不能被宽恕的。为了争取追随者，教宗开始像封建君主分配封地一样分配教会的财产：谁为他做了一件事，就能得到一张"期票"，即下一个空缺的高级教士职位或有俸圣职，无论位于何处。因此，西班牙人也可以获得英格兰或德意志的某座教堂或其收入。不用说，这些外国圣职大多落到了意大利人手中，教宗需要意大利人来与皇帝直接作战。这些意大利人往往甚至从未见过自己的教区，而只关心敛财。一个人同时拥有多个圣职，是教会法一贯严厉谴责的滥权行为，如今却成了教宗吸引新的或巩固旧的忠诚的最便捷手段。教宗颁发的 1/5、1/10 和 1/20 的收入获取权是无穷无尽的……但教宗的门客对分配给他们的教堂完全陌生，对教堂的命运完全无动于衷。他们认为这个原则没有任何不妥。他们很乐意默许教宗对他们的金钱索取，因为通过这征收，他们可以雁过拔毛。

教宗的这些恣意干涉在英格兰和法兰西引起了强烈的不满。但英诺森四世在这些国家不能像在德意志那样为所欲为。德意志的教会诸侯是"国家栋梁"，这种情况在世界的其他地方是不为人知的。在德意志几乎无法想象针对教会的系统性的抵抗。因此，在德意志，人们最深切地感受到了教宗的大棒的威力。在那些现任主教不是教宗党羽的教区里，所有的神圣仪式都停止了好几年，没有洗礼，没有婚礼，没有坚信礼，也没有葬礼……亲帝国家族的成员不能担任圣职，施陶芬皇朝的所有支持者都不得获取教会的封地和租约。在这种情况下，德意志的一切都比意大利更严重地崩坏了，因为教宗的禁止圣事的命令在意大利经常生效多年，但意大利人对宗教事务的看法比德意志人更务实和理智。因此，类似的情况在阿尔卑斯山以北和以南产生了大不相同的后果。

所有这些操作都是由教廷从位于里昂的基地统一安排的，里昂现在是全世界教会网络的中心，教宗英诺森四世以精湛的技艺操纵着这个网络的每一根线。在这方面，教宗确实是一位技艺娴熟的大师；他也是能量的转化者，善于利用无形的力量，将精神上的优势转化为世俗的优势，即转化为政治、军事和财政的力量。教宗必须不择手段地利用一切可用的力量。如果我们把教会想象成一支纯粹的政治力量，它面对着前所未有的政治和军事任务，那么我们必须把这个热那亚人视为有史以来占据教宗宝座的最杰出政治家之一。他毫无顾虑地把教会资金拿出来放高利贷，并为教会开辟了无数的、尚未耗尽的收入来源。英诺森四世为了追求他的唯一目标——消灭施陶芬皇帝，压制了所有的顾虑，扼杀了所有宗教情感上的疑虑。其中有一些真正的伟大之处。他不是伪君子，他甚至不寻求维持表象；他甚至不费力气去掩饰自己的面部表情，这些表情表达了对教会法每一条规则的公然蔑视。他恣意破坏、回避或修改每一条教规，为教廷引入了一种"马基雅维利主义"的特征，即把眼前的权宜之计置于所有法律（无论是人类的法律还是神圣的法律）之上。这是一种新型的教宗，与他好战的恺撒式前辈没有共同之处。整个世界对这种新趋势的反应是很典型的。在德意志，人们只看到了教宗的堕落；教会的物质化引起了信众的痛苦、悲伤和憎恶；然后激起了宗教更深入的精神化，并最终导致了宗教改革和基督教世界的复兴。而在意大利，人们看到教宗的行为中也有积极的方面，教宗的行为催生了一种深不可测的玩世不恭，它则带来了多神教的重生，不过是在教会内部，也就是文艺复兴。

　　同时，战争的主要战场仍在意大利。在教宗出逃后，强大的弗里德里希二世皇帝占据了战场，为生命和帝国而战。在阿尔卑斯山以北，英诺森四世的努力旨在破坏皇帝的统治；在阿尔卑斯山以南，他的秘密攻击针对的是皇帝本人。在意大利，教宗的阴谋诡计是秘密的、难以对付的，皇帝本人面临的危险需要最可怕的严厉措施来应对。意大利各派系纷争不断，在正常时期都很难将秩序强加给它们，而教宗的爪牙能够轻松地煽动反对皇帝的派系。教宗的煽动分子再次释放了皇帝费了很大力气才平息和镇压下去的所有混乱的力量。教会煽动和利用了每一种政治、社会、宗教和经济方面的分裂与对立，毫不吝啬地分发黄金和承诺。在这种情况下，皇帝只能通过极端严厉甚至残酷的手段来维持对国家的控制。维持纪律越来越困难；背叛和变节的现象比比皆是，教宗煽动的刺客威胁着皇帝的生命。

除了少数例外，所有的市镇都是不值得信赖的。即使在吉伯林派的城市中，圭尔甫派也很强大。如果圭尔甫派在一座城市占了上风，导致该城背叛皇帝，那么一连串的友好城市也会随之陷落。当然，反过来说，如果有一座重要的城市加入皇帝的阵营，也会产生广泛的影响。而当一座城市好不容易归顺后，由教宗煽动的叛乱又在其他三座城市蔓延开来。在皇帝刚刚集结了比较强大的军队来准备做一番大事业的时候，别的地方又会发生意想不到的叛乱，于是他的力量在毫无成效的战斗中被逐渐消磨。他发誓说："在叛乱的九头蛇（其重生的头颅不断制造灾祸，挑战帝国）受到严惩之前，我永远不会将出鞘的毁灭之剑入鞘……"尽管如此，他还是无法改变这样一个事实：在很长一段时间内，整个省份，如罗马涅或安科纳边疆区，都沦陷了。在过去的 5 年中，意大利的总体形势似乎比以往任何时候都更有利于皇帝。但是，这样的大好局面是要花很大代价去买的！

皇帝的镇压措施一年比一年严厉。这位君主天生多疑，一个又一个丑陋的事件又滋养了他的不信任感。他到访的任何城市都必须立即交出人质，这些人质被关在阿普利亚的监狱，一旦出现叛乱的迹象就会被处决。任何出示教宗信件的人都会被砍去手足。在皇帝眼中只有叛贼，没有能够与他平起平坐的敌人，因此每一个被发现持有武器的非帝国支持者都会被绞死。

被怀疑的地方随时可能遭受最恐怖的命运，偶尔也会发生冤案：一对来自安科纳边疆区的骑士被抓住并被绞死，但其实他们是在去参加皇帝军队的路上。据说，帝国的间谍有时在嫌疑人不知情的情况下，在他的背上做一个小小的记号，以便监视他。一位贵族受到了怀疑，因为当他的家乡背叛皇帝后，他的塔楼却没有被摧毁。弗里德里希二世冷嘲热讽道，他和塔楼的主人一定都很受宠，因为皇宫也幸免于难。这位贵族强颜欢笑，却无视朋友们的忠告，在下一次受到怀疑之后，就被扔进了海底，脖子上挂着一块磨盘。甚至像比萨和卢卡这样忠诚城市的善意也必须用金钱来维持。皇帝把原本要给恩齐奥国王的卢尼贾纳和加尔法尼亚纳领土交给了比萨和卢卡。他甚至向克雷莫纳人承诺，让他们的城市取代罗马，成为意大利的首都。皇帝对待囚犯十分冷酷无情。在他的宣言中，他吹嘘说，他在波河岸边吊死了 300 个曼托瓦人；另一次，他通过公开斩首100 名反叛者来防止雷焦的叛变。只有借助恐怖，他才能维持他的政权……皇帝到最后已经彻底忘记了"仁慈"一词。一些佛罗伦萨贵族圭尔甫派在托斯卡纳的卡普雷奥（Capraio）要塞中自卫，在遭受短暂的围攻后投降了。其中有些人被当场绞死；有些人被披枷戴锁地押到了那不勒斯，双目被刺瞎，身体遭到摧残，然后被扔进大海。只有其中一个最显赫的人被弄瞎了眼睛，然后获释，被送到荒凉的基督山岛，作为僧侣了却残生。

弗里德里希二世就这样试图通过恐怖手段来保卫自己，对付不计其数的小敌人。自从教宗出逃后，他在意大利就不再有"大敌"，所以斗争的性质发生了变化：他不再像在格列高利九世时代那样，以皇帝的身份与教宗本人作战。弗里德里希二世和施陶芬皇朝现在的敌人——教廷和教会，是很难用武力对付的。战场也与以前大不相同了：在过去，意大利对这两股世界性的力量来说太狭窄了，现在弗里德里希二世独自填满了这个空间，而英诺森四世离开了战斗现场，从里昂开凿地道，在皇帝脚下的土地里挖洞，而不是与他正面对垒。现在，弗里德里希二世缺乏一个明显的敌人和一个明确的攻击点，尽管他必须时刻提防来自内部的攻击。他不再与教宗交锋；如今的战斗在皇帝和他自己的臣民（固然是受了教宗煽动）之间进行。每当弗里德里希二世试图向里昂或德意志进军，以便再次与敌人面对面，从而摆脱几乎无法忍受的紧张局势时——"但愿有一个人可供我的手去征服！"——意大利某地就会发生叛乱，将他拉回意大利冲突的旋涡中。他永远被锁在亚平宁山脉上，再也无法在帝国更遥远的地方释放他的力量。无论他在这样的桎梏下是否呻吟着"啊，幸福的亚洲！"火苗都在无情地啃噬着他的要害。

在这种无与伦比的巨大压力下，在这场与叛军和教士阴谋诡计的不光彩斗争的束缚下，突然闪现出一种渴望，即干脆告别西方，重新寻找东方的宽广而诱人的空间。晚期的拿破仑也有这种渴望。他在看到圣赫勒拿岛时感叹道："我留在埃及才是更明智的。那样的话，现在我应该已经是整个东方的皇帝了。"弗里德里希二世在给尼西亚皇帝约翰三世·瓦塔泽斯的信中，在对敢于废黜君主的反叛者和奸诈的教士发出各种怨言之后，写道："但这种事情在我们欧洲的西方土地更容易发生！幸福的亚洲啊！幸福的东方统治者啊！他们既不怕臣民的刀剑，也不怕祭司发明的迷信！"这种个人感情的爆发在弗里德里希二世的外交信函中是罕见的。但这与他曾考虑退位并梦想去东方，永远待在那里并征服整个叙利亚的传说相吻合。既然对他来说狭窄的西方已经枯竭，那不妨去东方建立一个新的帝国；与穆斯林朋友交往；统治驯顺的东方臣民，他们对君主百依百顺，甚至不惜牺牲自己的生命——这些都是皇帝的空中楼阁。但他憧憬的东方之行是不可能的。他将以另一种方式——比放弃皇位更痛苦，比逐渐向东方撤退更痛苦——逐渐与这个世界的人、事和国家断绝关系。

在里昂大公会议召开的几周后，弗里德里希二世就看到了危险的乌云正在从哪个方向飞来。1245 年 9 月，在帕尔马附近的丰泰维沃（Fontevivo）修道院查获了一些阴谋文件，包括刺杀皇帝和恩齐奥国王的计划。帕尔马受到牵连，当弗里德里希二世急忙赶往那里以防止这个重镇叛变时，他进一步发现，教宗的妹夫贝尔纳多·奥兰多·迪·罗西和一些圭尔甫派骑士已经从帕尔马逃往皮亚琴察和米兰的方向。

在此之前，奥兰多·迪·罗西一直是弗里德里希二世的公开支持者之一。他是一个重要的人物，在整个北意大利闻名遐迩，因为他经常在亲帝国的城市担任督政官。他的同乡、帕尔马的托钵修士萨林贝内这样描述他："我从未见过比他更像显赫君主的人。"奥兰多相貌堂堂，令人肃然起敬，勇气也十分可嘉。当他全副武装地出现在战场上，左右开弓，用沉重的铁棍击打敌人时，人们就像躲避魔鬼的化身一样逃之夭夭。萨林贝内修士想到奥兰多的时候，不禁想起查理曼的功绩："根据关于查理曼的记载、《圣经》的经文和我亲眼看到的奥兰多的情况。"奥兰多·迪·罗西也是他那个时代最有文化的人之一。作为锡耶纳的督政官，他开创了一种城市史书，他建议在其中记录"胜利和凯旋，令其永垂不朽"，就像西庇阿家族把他们祖先的事迹画在门柱上，以此激励他们去征服世界。奥兰多从撒路斯提乌斯①那里了解到这段逸事，不过对其有所误解。有了这样的风格、气质和心态，奥兰多自然会成为弗里德里希二世较亲密的圈子的一员。此外，他们还有亲戚关系，这也是影响西尼巴尔多·菲耶斯基被选为教宗的一个因素，因为奥兰多·迪·罗西是他的妹夫。教宗出逃后不久，弗里德里希二世心中一定产生了对教宗在帕尔马的朋友的不信任感。他当时肯定向帕尔马派遣了皮耶罗·德拉·维尼亚，以确保该城的忠诚。尽管有疑虑，弗里德里希二世还是默许了奥兰多·迪·罗西在 1244 年担任佛罗伦萨督政官，因为如果教宗的妹夫在帝国最重要的城市之一担任职务，那么这在和平谈判的过程中会产生一种令人放心的印象。皇帝是在按照他一贯的风格，试图将两个极端联合起来。但这一次，皇帝算计错了。奥兰多没有把教宗争取到皇帝一边，教宗反而把他的妹夫带到了圭尔甫派。奥兰多现在公开地背叛了皇帝，这对弗里德里希二世一定是一记沉重的打击。但这只是几个月后在他的亲信中发生的大阴谋的前奏而已。

毫无疑问，在像弗里德里希二世这样的统治者手下做事，绝不是轻松的闲差。帝国总督们就像拿破仑的元帅们一样，没有自己的私生活。他们的生活被完全奉献给了为国家和皇帝服务，而这种服务是艰苦的、令人疲惫的、危险的。总督们与皇帝的关系也是极其微妙的：一方面，总督们有最

---

① 盖乌斯·撒路斯提乌斯·克里斯普斯（前 86—约前 35），古罗马史学家、政治家和来自外省平民家庭的政坛"新人"。他终生反对门阀贵族势力，为尤利乌斯·恺撒效力。主要作品有《喀提林阴谋》和《朱古达战争》。他在担任阿非利加总督期间强取豪夺，大发横财。

充分的责任和几乎无限的权力；另一方面，弗里德里希二世始终对每一位下属抱有某种程度的怀疑，所有官员都受到监视，皇帝随时可能干预他们的工作。考虑到官员们的极大独立性和弗里德里希二世崇高地位的不稳定，皇帝的猜疑是很自然的，但摩擦是不可避免的。有时皇帝过于强硬，有时官员过于敏感。大多数总督从年轻时就认识他们的主公，知道他有猜疑心，也知道他的警惕性。所以总督们往往对皇帝的每一句话都会产生极不公平的猜疑。拿破仑元帅们的唠叨和永远不满是一个类似的例子。弗里德里希二世的那些在其他方面非常能干的亲信，甚至在最困难的时刻也会表现得高度敏感、满腹牢骚，这有时会让皇帝感到不耐烦和恼火。例如，在一封关于审计署的信中，皇帝给皮耶罗·德拉·维尼亚写了一句别无深意的话："按照你的一贯作风，在这件事上要勤奋和细心。"维尼亚被这句话深深地伤害了，回信说，皇帝信中的所有赞美都是挖苦，意思完全相反；皇帝似乎认为他懒惰和粗心，这一定是因为皇帝听信了谗言……弗里德里希二世的回应是威胁要对他的朋友真的发怒了，因为他胆敢对皇帝提出如此可笑的指控。

但皇帝有时确实可能对某些官员过于严厉，特别是在那些紧张和压力极大的年代。这是在所难免的事情，但宫廷里经常有一种危险的气氛，所以来访者都会预先打听一下当前的温度。弗里德里希二世并不是个刚愎自用的人，从来没有对自己的错误死守着不肯承认。在这个可怕的焦虑时期，他写给深受宠爱的西西里总司令奇卡拉的安德烈亚斯的抚慰和鼓励的话语中，有一些令人深深感动的东西。皇帝坦然承认自己犯了一个错误，并毫无保留地以他与生俱来的尊严和优雅为它道歉：

"这些不幸的话语伤害了你的感情，并突然打乱了你坚定的心灵的平静。这些话是我在愤怒和烦躁的情绪中说出来的。令我更高兴的是，你久经考验的正直和忠诚没有被这种闲言碎语所动摇。你越是强烈地感受到这种话语的不公正，你对我就越是坚定和可靠，你不可腐蚀的忠诚也是你的支柱之一，其证据是你值得赞美的事迹和我对你纯粹而持续的信任——这是比任何外部证人能够给出的更庄严的证明！我还需要说更多吗……你还能找到怀疑的余地吗？……除了眼睛看不到的隐藏的爱的迹象之外，你肯定至少从经验中体会到了我对你的信任，因为我把我的忧虑托付于你的手中，把你当作第二个自己来依靠。如果你的苦恼仍然存在，那就把它的最后残余驱逐出去。当怀疑的锈迹被磨掉后，请相信我对你始终不变的尊重。我相信你对我的诚意是不变的；你也不要怀疑，我对你的宠爱和恩典是不变的。"

官员对皇帝有猜疑！居然可能有猜疑！在这一点上，弗里德里希二世看到了严重的危险。没有任何关于皇帝对他的亲信闹情绪感到悲伤的记录，他也肯定了解其中的深层原因。我们也不知道，他有多少次通过像上述那样的信件来安慰他们，或者更经常的是通过促膝长谈，很多时候仅仅靠一个眼神就安抚了他们，恢复了将他们与他联系在一起的魔力，也就是他最初赢得他们的魅力。但宿命的最大悲剧之一便是，恰恰是最受信赖的朋友，因为长期待在皇帝身边，习惯了他的魔力，所以魔力在这样的朋友身上最容易失效。咒语仍然可以束缚住陌生人，但对熟人就会失效。没有一个伟大的君主不曾遭受过亲信的背叛。这种背叛并非源自对立、敌意和仇恨，而是出自软弱和怯懦。这样的叛徒无法长期满足其职位对他的严苛要求；他太软弱了，无法承受伟大的君主对他全身心的要求；他太怯懦了，无法承认自己的不足和弱点；还有，他太虚荣和自私自利了，做不到急流勇退，但又不缺乏对主人的真爱、钦佩和崇敬。这种冲突带来的难以忍受的负担有时会驱使亲信们去欺骗和叛变。一个在关键时刻把顾虑抛到九霄云外的叛徒，很容易诱惑其他正在动摇的人去效仿。这就是奥兰多·迪·罗西的角色。

弗里德里希二世在帕尔马采取了措施，避免了雷焦的叛变。然后，他开始了对米兰的破坏行动，但没有成功地与米兰军队交锋。在 1245 年与 1246 年之交的冬天，他把托斯卡纳海岸的格罗塞托当作大本营，为期数月。马雷玛（Maremma）地区有很好的鹰猎条件，皇帝在那里也可以更密切地监督托斯卡纳。因为行政管理中出现了违规，多个政府机关的腐败暴露无遗。弗里德里希二世首先不得不召回多年来一直担任托斯卡纳高级总督（这是一个困难重重的职务）的阿普利亚人法萨内拉的潘多尔夫（Pandulf von Fasanella），并安排皇帝的私生子安条克的弗里德里希接替他，人们很快将他称为"托斯卡纳国王"。安条克的弗里德里希在此时一定是个 20 岁左右的青年：有能力、有活力、谨慎，能适应托斯卡纳的困难条件，是个勇敢的战士，也是能写出温柔合组歌的诗人。他的性格如此亲切迷人，以至于人们忘记了他是个瘸子。人们愿意相信他的母亲是卡米勒的妹妹，皇帝在十字军东征时遇到了这位女士，但她拒绝了他的追求，直到弗里德里希二世安排一艘升起黑帆的船驶入叙利亚港口，带来皇后去世的消息……这纯属虚构。我们对安条克的弗里德里希的母亲一无所知。

以下事件与法萨内拉的潘多尔夫被免职有着密切的关系。

前一年，他和时任佛罗伦萨督政官的奥兰多·迪·罗西曾一起在托斯卡纳工作。按照惯例，高级官员在暂时没有职务的情况下，应该在弗里德里希二世的宫廷住下，听候皇帝的安排。因此，潘多尔夫在被召回后就去了宫廷。几个星期过去了。1246年3月，皇帝的女婿、卡塞塔伯爵里卡尔多匆忙派人来到格罗塞托，带来了有人图谋刺杀弗里德里希二世和恩齐奥国王的消息。消息是在最后关头送达的，因为阴谋集团约定于次日起事。自然现象已经在预示一些可怕的灾难，占星家圭多·博纳蒂声称在福尔利的塔楼上观察到了这一点。太阳和月亮消失了，星星变得惨白，天空下起了血雨，大地被笼罩在浓浓的黑暗中，在闪电和雷鸣中大海波涛汹涌。在宫廷的阴谋分子陷入了恐慌。在皇帝展开调查之前，阴谋分子及时得到了警报，逃到了罗马，其中有两个最主要的领导人，法萨内拉的潘多尔夫和莫拉的雅各布。后者也是弗里德里希二世的亲信之一，最后一个职位是安科纳边疆区的高级总督，是前不久去世的高等法院政法官莫拉的恩里科的儿子。

两名权贵的逃跑证实了卡塞塔伯爵警报的可靠。皇帝在同时得知，阴谋已经在更大的范围蔓延了。整个阴谋的主要推手是奥兰多·迪·罗西。他不仅事先在佛罗伦萨招募了法萨内拉的潘多尔夫，而且还诱使帕尔马的帝国督政官蒂巴尔德·弗朗齐斯库斯（Tibald Franziskus）加入他们。弗朗齐斯库斯多年来一直是特雷维索边疆区的高级总督，是弗里德里希二世手下最杰出的官员之一，也是他最亲密的朋友之一。他被普遍认为是阴谋集团的首脑。蒂巴尔德得到格罗塞托行刺计划失败的消息后，逃到了西西里。他事先与西西里王国在意大利半岛那部分的总司令奇卡拉的安德烈亚斯进行了秘密通信。显然，西西里岛的总司令鲁杰罗·德·阿米西斯也与阴谋分子沆瀣一气。和莫拉的雅各布一样，鲁杰罗也是最早的西西里俗语诗人之一，闻名遐迩。因此，阴谋分子都是多年来担任国家最高职务、治理最重要省份的大员，这些人在人际关系方面与皇帝最亲近，并享有他最充分的信任。只有少数几名阴谋分子是级别较低的官员，但大部分是谋反的大人物的亲戚，如法萨内拉的里卡尔多和罗伯托、古列尔莫·弗朗齐斯库斯、莫拉的戈弗雷多（Gottfried von Morra）。在西西里，从未出仕的圣塞韦里诺伯爵们出于个人动机加入了阴谋。他们确实一直受到皇帝的恶劣对待。

发现最亲密的朋友企图谋害自己，这自然对弗里德里希二世产生了深刻的影响。他写道，想到这些人在与他同桌吃饭、在他的宫廷大厅与他亲切交谈的时候，居然在谋划这桩可耻的阴谋，他就不寒而栗。他以父亲式的骄傲看着他们长大，把他们从最低级的职位提升到恺撒宫廷最高级、最荣耀的职位；他对他们的感情很深，对他们没有秘密；他信任他们，就像信任自己的亲生儿子一样；更糟糕的是，他甚至选择他们做他的保镖，很多时候把头枕在他们腿上。因此他称这些反贼为"弑父者"，是继子，不是亲生儿子；这些人不承认人类的天伦，是策划谋害恩人的恶棍；随着他们的出现，一种新的人类类型诞生了：虽然外表看上去像人，但只具有动物的本能。

面对危险，皇帝显示出他全部的旧有活力，他也必须如此。这个阴谋具有广泛的影响。按照阴谋集团的计划，弗里德里希二世、恩齐奥和埃泽利诺将在一次宴会上被杀害；帕尔马将倒向敌人。皇帝的老对手、枢机主教维泰博的拉涅罗在其中一个叛徒的召唤下，已经率领一支教宗军队入侵了帝国领土。他在斯佩洛（Spello）被埃博利的马里努斯击溃，损失惨重。马里努斯是斯波莱托的高级总督，一直对皇帝忠心耿耿。但最糟糕的是，叛徒们在西西里散布皇帝已死的谣言，煽动了一场局部的叛乱。他们占领了萨拉（Sala）和卡帕乔（Capaccio）的城堡，以及阿尔塔维拉城（Altavilla）。因此，叛乱的中心在西西里王国的核心地带，在坎帕尼亚南部，即帕埃斯图姆（Paestum）和萨勒诺之间。

弗里德里希二世立即从托斯卡纳匆匆南下："他的掌上明珠绝不能受到伤害！"不过，仍然保持忠诚的民众在他们的主公抵达之前，就已经独立地包围了萨拉和卡帕乔这两座城堡，因此萨拉在几天后就向皇帝投降了。阿尔塔维拉被帝国军强攻拿下，夷为平地，任何与阴谋分子有哪怕极其牵强的关联的人都被戳瞎双目，被活活烧死。皇帝亲自到来之后，残余的叛乱立即平息了。不过，尽管阿尔塔维拉城已回到皇帝手中，但叛乱头目盘踞的卡帕乔城堡仍在坚守。7月的天气非常炎热，城堡里水的供应已经耗尽，而围攻者的投石机开始发挥越来越大的作用。城堡没能保住，守军投降了。弗里德里希二世惊讶地发现，在这150名俘虏中，有策划阴谋的领导人，特别是蒂巴尔德·弗朗齐斯库斯。弗里德里希二世似乎期望他们会自刎或者从峭壁上跳下去，宁愿自己选择死亡，也不愿意承受愤怒主公的报复。既然他们没有自行了断，他就觉得可以随意处置他们。

这些叛徒受到的惩罚与他们所犯的罪行相符。他们被用烧红的铁器戳瞎眼睛，使他们无法看到他们的主公；他们的鼻子、手和腿也被斩断了。就这样，这几个曾经的皇帝之友被押到了无情的法官面前。根据《庞培法》（Lex Pompeia）[1]，弗里德里希二世判定他们犯有谋杀罪，并将他们作为弑父者对待。他们犯下了"违反天伦"的罪行，因此被处以全部四大元素的死刑。有些人被马匹拖到石头地上拖死，有些人被活活烧死，有些人被吊死，剩下的人被缝在皮袋里然后投入大海，这就是罗马人对弑父者的惩罚手段。弗里德里希二世还命人将毒蛇与他们一起缝在皮袋里，算是增加了一种象征性的修饰。不过，弗里德里希二世饶了首恶蒂巴尔德·弗朗齐斯库斯的性命。他和另外五个人被戳瞎眼睛和摧残肢体，并被拖到世界上所有的国家，从一座城市到另一座城市，送给所有的君主和王公观看，以便让全世界人都看到这个怪物："让这个被诅咒的罪犯所受的惩罚通过眼睛的视觉教导你们的思想和精神，这比耳朵听到的印象更深刻。不要让遗忘抹去你们所看到的，你们要永远牢记这场公正的审判。"一份教宗圣谕（是从阴谋分子那里查抄来的）被绑在叛徒的额头上，以便全世界都能知道谁是谋杀阴谋的煽动者：教宗英诺森四世。

弗里德里希二世心中早已没有疑问，教宗就是企图谋杀他的幕后黑手，阴谋的线索是在里昂编织出来的，也始终受里昂的操控。皇帝写道："我很想对我敌人的名字和头衔保持沉默，但公众舆论将其暴露无遗，再清楚不过的事实提出了指控，并宣称我的沉默是在保护这个名字，而我的言辞是在为它开脱。"皇帝表示，第一批囚犯，不是在酷刑下，而是在自愿

---

[1] 指《关于弑亲罪的庞培法》（Lex Pompeia De Parricidiis），古罗马共和国末期的政治人物"伟大的庞培"（恺撒的对手）可能于公元前55年或前52年颁布的一部法律，其中明确规定，对于杀害父母或其他至亲的罪犯，惩罚手段是 Poena cullei，即将罪犯缝入皮袋然后投入水中。

做最后的告解时，承认他们从托钵修士手中接受了反对弗里德里希二世的十字架，而且他们是由教宗的信件授权这样做的。皇帝还说，他的敌人班贝格主教从里昂的教宗那里来，并早就在德意志宣称，弗里德里希二世即将在他的朋友和亲信手中死于非命。其他迹象——奥兰多·迪·罗西的主导作用，帕尔马督政官的参与，枢机主教拉涅罗的快速武装入侵，以及其他许多事情，都清楚地表明教廷与此案脱不了干系。一位枢机主教留存至今的文件毫无疑问地表明，一直在邀请大家"用这个罪人的血来洗手"的英诺森四世，至少对谋杀皇帝的计划有细致入微的了解。除了教宗，没有人能够如此迅速地从皇帝的死亡中获利。

在中世纪历史上，一位教宗居然要谋杀一位皇帝，这绝对是前无古人后无来者的事情。在英诺森四世的总体政策框架内，对弗里德里希二世的行刺只是一个宏大计划的组成部分之一：1246 年春季，教宗的总攻将会开始，目标是在帝国的每个构成国（西西里、德意志、意大利）同时粉碎施陶芬皇朝的统治。在"解放不幸的受压迫者"的战斗口号下，教宗使节将率领由罗马市民提供的军队，在弗里德里希二世死后立即入侵西西里王国。这是易如反掌的事情，因为皇帝那边的总督和最高官员都是阴谋分子。在意大利，帕尔马是阴谋的中心，蒂巴尔德·弗朗齐斯库斯是那里的不忠实的帝国督政官。有人以教宗的名义承诺给他统治西西里的权力。谋杀目标包括恩齐奥和埃泽利诺，这表明密谋集团的真正目标是彻底推翻施陶芬皇朝的统治。谋杀皇帝本人是留在宫廷的权贵们的任务。在德意志，教宗期待着推举一位对立国王，从而推翻施陶芬家族的康拉德国王。似乎没有人考虑到这一阴谋可能流产。

教宗精心策划的整个计划被阴谋的及时曝光破坏了，至少在西西里和意大利方面如此。在德意志，教宗取得了短暂的成功。格列高利九世扶植一个对立国王的努力全部落空了。英诺森四世现在推动了新的选举。他在废黜令的结尾要求选帝侯立即选举另一位王公来取代被废黜的皇帝。英诺森四世甚至找到了一个候选人：图林根方伯海因里希·拉斯佩，几年前皇帝曾任命他接替美因茨大主教西格弗里德，担任帝国摄政者。拉斯佩起初不愿意当国王，但英诺森四世似乎通过弗里德里希二世即将被谋杀的消息克服了他的不情愿。方伯最终同意了自己的升职。1246 年 5 月，当皇帝还在坎帕尼亚与阴谋集团作战时，海因里希·拉斯佩在维尔茨堡附近的法伊茨赫希海姆（Veitshöchheim）被选为罗马人国王。人们嘲讽地称之为"教士国王"（rex clericorum），因为没有一个世俗选帝侯参加了他的选举，只有少数教会诸侯为他投票。

方伯既没有受膏也没有获得加冕。这位对立国王因为接受王位而获得的报酬是从教宗那里得到了 25000 银马克。他的支持者人数微乎其微，但在教廷的进一步资助下，他设法取得了令人惊讶的成功，尽管好景不长。在他成为国王的几个月后，在法兰克福附近发生了"两国王之战"。图林根家族的国王海因里希·拉斯佩和施陶芬家族的国王康拉德四世正面交锋。康拉德国王的军队在兵力上占有优势。但在战斗打响之前，施陶芬军队的 2/3 士兵在若干施瓦本权贵的带领下投敌。教宗用 6000 马克贿赂他们，并答应把施瓦本公国给他们，就像他答应把西西里王国留给不幸的蒂巴尔德·弗朗齐斯库斯一样。方伯赢得了法兰克福战役的胜利，随即向

"我们忠实的米兰"发布了皇帝风格的捷报，预言将很快战胜康拉德国王的父亲。捷报以一个熟悉的措辞结束："我将像罗马皇帝惯常做的那样取得胜利。"甚至对立国王也"学会了"。

但这场胜利并没有决定什么。方伯的国王地位很少得到认可。几个月后，即 1247 年 2 月，海因里希·拉斯佩去世，这给教会带来了极大的不便。他不太可能做成任何真正有价值的事情。康拉德国王此时与巴伐利亚的伊丽莎白结婚，一劳永逸地结束了巴伐利亚与施陶芬家族的摩擦。同年，奥地利公爵去世，皇帝收回了他的领土。这样，从阿尔萨斯到奥地利，通往意大利的道路被一块连续的施陶芬领土阻断了，所以海因里希·拉斯佩即便活下去也不可能去意大利。但康拉德国王并没有得到安宁。德意志的局势一年比一年困难，在无休止的战斗中，年轻的国王可以依靠的几乎唯一盟友是各城市，因为它们是世俗诸侯和教会权贵的天敌。在意大利市镇已经结束的那种内斗，德意志诸城市还没有经历过。北德的城市仍然在寻求帝国的支持，甚至渴望成为"帝国城市"，并希望通过这种方式实现独立。康拉德国王急需诸城市的帮助。1247 年 10 月，一个新的对立国王被扶植起来，他也是美因茨大主教西格弗里德的门客。西格弗里德的宏伟墓碑上有两个可怜的侏儒国王，两边各一个；而在中央，这位傲慢的教会诸侯几乎漫不经心地用他的指尖在每个人的头上戴了一顶小小的王冠。这与现实完全吻合。新的罗马人国王是荷兰伯爵威廉，他是第一个统治德意志的区区伯爵，甚至不属于帝国诸侯之列。威廉既不缺乏勇气，也不缺乏骑士精神，但他的权力从未超出莱茵河地区，即大主教们的势力范围。不过，威廉还是从那里设法让康拉德国王疲于奔命。但是，整个世界对 19 岁的荷兰威廉伯爵取代无比强大的弗里德里希二世没有任何信心！

阴谋的危险被克服了，弗里德里希二世在阿尔卑斯山以南的地位几乎比以前更牢固了。从此往后，他面对刺客"刀枪不入"的声誉也最终确立了。西西里几周来的混乱平息了，弗里德里希二世反击教宗阴谋的技巧令意大利人也肃然起敬。在意大利，这一事件被认为是皇帝的胜利。甚至穆斯林也对托斯卡纳和坎帕尼亚的近期事件表现出浓厚的兴趣。在北意大利，皇帝的权力正在大幅增长。威尼斯人早已开始向他靠拢。他们从热那亚籍的教宗那里不能指望得到什么。伦巴第西部和皮埃蒙特的一些重要贵族与弗里德里希二世结盟，此后他就控制着一大片不间断的领土，几乎一直延伸到里昂。伦巴第西部和皮埃蒙特对弗里德里希二世来说非常重要，因此他赶紧与这些贵族建立亲戚关系，从而使他们更牢固地依附于他本人和他的事业。他把自己的一个私生女嫁给了热那亚的卡雷托（Caretto）侯爵；他深爱的比安卡·兰恰①的儿子曼弗雷德在父皇的安排下娶了萨伏依伯爵阿梅迪奥四世（Amadeus von Savoyen）的女儿；一年后，萨伏依的托马索（Thomas von Savoyen）娶了皇帝的一个私生女。意大利中部的局势也很有利。托斯卡纳被皇帝的势力牢牢控制住了。在佛罗伦萨，安条

---

① 比安卡·兰恰（Bianca Lancia，约 1210—1246/1248）是意大利的一位贵妇人，出身于兰恰侯爵家族，是弗里德里希二世皇帝的情妇，在临终时还与他正式结婚。兰恰与皇帝的儿子曼弗雷德后成为西西里国王；女儿康斯坦丝嫁给了拜占庭皇帝约翰三世·瓦塔泽斯，女儿维奥兰特嫁给了卡塞塔伯爵里卡尔多。

克的弗里德里希在推翻了当地的人民队长①后，像一个领主一样统治着佛罗伦萨。最后，维泰博主动归顺。维泰博的人民一直喜欢弗里德里希二世的统治，他们现在胆怯地寻求安条克的弗里德里希的调解。在儿子的请求下，皇帝再次对这个曾经令他憎恨的城市给予了恩宠，认为它的背叛纯粹是枢机主教拉涅罗所为。但为了防止维泰博重蹈覆辙，他把自己 9 岁的儿子亨利（已故的英格兰的伊莎贝拉为他生的儿子）送到了维泰博居住，人们说这孩子是当地的"国王"。

这一预防措施值得注意，因为它构成了整个意大利行政工作的总体重组的一部分，而这一重组是近期的反帝大阴谋的直接后果，并最终结束了阴谋。皇帝现在确立的原则是，尽可能选择皇亲国戚担任高级总督。此后，皇帝的体制完全依赖于最亲近的私人关系，任何重要的职位由皇室之外的人担任都是罕见的。乌贝托·帕拉维奇尼是一个例外。在随后的几年里，意大利成了施陶芬家族的私产。此后，"帝国治下的意大利"（Italia imperalis）被大致分割成以下几个部分：东北部由埃泽利诺把持；伦巴第中部由恩齐奥国王控制，后来由帕拉维奇尼掌控，他起初负责管理沿海的利古里亚省；伦巴第西部由萨伏依的托马索统治，他的辖区太大了，后来被兰恰侯爵和卡雷托侯爵分割；托斯卡纳由安条克的弗里德里希管理；斯波莱托、

---

① 人民队长（意大利语 Capitano del popolo）是中世纪意大利许多城市国家为了平衡各个贵族世家的权力而设立的一个行政职位。13 世纪初，很多意大利城市国家的市民阶层强大起来之后，需要一个官职来代表他们，与贵族势力（通常由督政官来代表）平衡。但在 13 世纪下半叶，人民队长往往演化成暴君和世袭领主。通过掌控选举程序，很多有影响力的家族（包括人民队长这个职位原本应当抗衡的贵族家族）控制了自己所在的城市，逐步将城市国家演化为世袭领主制的政权。

罗马涅和安科纳边疆区（这个边疆区后来在规模上大幅缩水）由皇帝的私生子基耶蒂的里卡尔多管理；维泰博地区由9岁的亨利负责。对西西里来说，一位经验丰富的行政长官是必不可少的，马努佩洛的瓜尔蒂耶罗（Walther von Manupello）被任命为西西里总司令。现在，没有一个官员能让弗里德里希二世完全信任，所以皇帝安排自己两个年轻的女婿——阿奎诺的小托马索和卡塞塔伯爵里卡尔多，去担任新任西西里总司令的"顾问"。弗里德里希有一次给卡塞塔伯爵写道："作为皇帝的至亲，你必须完全忠诚。"阿奎诺的小托马索后来被任命为罗马涅和斯波莱托的总督。现在，高级总督大部分都是皇室成员，他们的独立地位就不再具有危险性。这一制度一直维持到皇帝驾崩。

同时皇帝还安排了其他的人事变动：蒙泰内罗的里卡尔多被任命为高等法院政法官，皮耶罗·德拉·维尼亚被任命为西西里王国的书记官。皇帝似乎一直在酝酿另一个统一的计划：为他的每个儿子配备自己的宫廷、分配一笔资金，并册立其中一些人为某个高级总督区真正的"国王"。现存的一份皇帝遗嘱的残章可以追溯到1247年，它显然是在刺杀阴谋的影响下或在预计向北方进军的时候起草的。该遗嘱的内容得到了编年史家在同年写下的某些条目的佐证：安条克的弗里德里希将获得阿尔巴伯国，并成为托斯卡纳的"国王"；恩齐奥将担任卢尼贾纳国王；亨利将担任西西里和维泰博省的国王；皇孙弗里德里希（曾经的德意志国王亨利七世[①]的儿子）将成为奥地利

---

① 弗里德里希二世皇帝的长子、被废黜的德意志国王亨利，一般被称为"亨利（七世）"。"七世"要放在括号里，以区分后来的卢森堡家族的亨利七世皇帝。

和施泰尔马克这两个高级总督区的国王。最后，在同一年，曼弗雷德将被授予勃艮第和伦巴第西部这两个高级总督区。这个计划实际上从未实施，但它表明了弗里德里希二世是如何努力巩固他的意大利帝国的，因为他觉得这个帝国在他脚下摇摇欲坠。它还表明，通过对遗产的这种分配，他是如何逐渐从尘世的束缚中解脱出来的，这些束缚对"敌基督"和"上帝之鞭"的作用越来越小。在这个时期，他向朋友们宣布，他已经"把意大利的辛苦工作移交给他的儿子们"。但他正在筹划另一次行动。

1247 年年初，在西西里停留了几个月后，弗里德里希二世为阿尔卑斯山以南的形势似乎非常有利，所以他可以安全地离开意大利，再次向德意志进军，那里的对立国王海因里希·拉斯佩正在制造骚乱。弗里德里希二世早就向康拉德国王承诺，他将很快到他身边。此时的康拉德是一个不到 20 岁的小伙子，一直远离自己的父亲和兄弟，在无望的前哨阵地执行战斗任务。皇帝在 1246 年与 1247 年之交的冬季就忙于德意志战役的准备工作。这一次，他不打算仅仅依靠异国情调的威风排场和皇帝的财富来驯服德意志，这些东西在他 12 年前与幼年康拉德单独翻越阿尔卑斯山时曾经非常有效。如今，一支强大的军队将和他的宫廷人员一起伴随皇帝，据说他召集了意大利各城市的骑士参加这次战役。这个建议据说是皮耶罗·德拉·维尼亚提出的。这真是闻所未闻的事情！皇帝曾多次率领德意志武士前往意大利，但自恺撒们的时代以来，不曾有意大利人被征召到阿尔卑斯山以北、参加德意志的战斗。这一次，意大利骑士毫无怨言地服从了。

1247 年 3 月，皇帝离开了自己的世袭领地。他沿着通常的路线向北穿过托斯卡纳，在锡耶纳与安条克的弗里德里希会合，然后经圣米尼亚托向比萨进军，没有接近佛罗伦萨。据说，弗里德里希二世总是避开这座城市，因为占星家预言他注定会死在"花下"（sub flore），而这个神谕被解释为与佛罗伦萨有关①。皇帝从托斯卡纳继续向伦巴第进军。亚平宁山脉的通道中只有一条对他开放：西萨山口，它的南面是蓬特雷莫利（Pontremoli），北面是帕尔马。另一条路线是通过皮斯托亚沿雷诺（Reno）河谷而下，但这条路线被敌视皇帝的博洛尼亚控制了。弗里德里希二世于 4 月到达帕尔马，打算直接向克雷莫纳推进。他最初的计划是在克雷莫纳举行一次会议，然后取道维罗纳和布伦纳山口，直接进入德意志。但在离开托斯卡纳之前，皇帝收到了海因里希·拉斯佩方伯的死讯。这个消息令宫廷的人们欢呼雀跃，也可能改变了皇帝的行军计划。他现在决定从勃艮第出发，通过阿尔勒（Arelat）而不是通过布伦纳山口前往德意志，在莱茵河上游露面，借此机会不仅访问他的勃艮第王国，还可以在里昂拜会教宗英诺森四世。他希望通过法兰西国王路易九世的调停，以和平手段促使教宗达成友好的和约，或者凭借武力从教宗那里强行获得和平，正如他曾经在罗马试图从格列高利九世手中获得和平一样。

这是一项大胆的计划，胜算不小。前往莱茵河上游的计划显示了他的深谋远虑：他在那里可以依靠许多支持者，并可以立即向莱茵河下游进军，那里是德意志叛乱的焦点。他亲自出现在勃艮第王国，会大大加强勃艮第对他的依附。他对这个西

---

① 佛罗伦萨这个名字（意大利语 Firenze、拉丁文 Florentia）是"开花"的意思。

部边境王国的影响已经超过了之前任何一位德意志皇帝，而他现在显然打算扶植曼弗雷德为勃艮第国王。针对里昂的行动也同样充满希望。最近与萨伏依伯爵及其他权贵的结盟，使皇帝的势力延伸到了里昂的大门口。因此，如果弗里德里希二世真的出现在勃艮第，英诺森四世确实会陷入严重的困境。当然，法兰西国王和他的兄弟会保护教宗免受实际的武装攻击，但里昂不属于法兰西，而属于帝国，而且路易九世国王不会允许教宗进入法兰西领土。

在 1247 年春季，教宗英诺森四世麻烦重重，在一定程度上成了囚犯。他的前任被围困在罗马的命运，也就是他曾试图逃避的命运，似乎就要降临到他身上了。迎接皇帝的准备工作正在加紧进行：萨伏依伯爵和法兰西王储已经在维埃纳（Vienne）准备好了塞尼山（Mont Cenis）以南的阿尔卑斯山口；法兰西权贵们被邀请参加圣神降临节后第二周在尚贝里（Chambery）举行的会议，而阿尔卑斯山以北的民众喜悦地等待着"恺撒的好运"（Caesarea Fortuna）到来。在克雷莫纳与埃泽利诺短暂会晤后，弗里德里希二世于 5 月中旬转而向西行进，以隆重的排场穿过帕维亚，并于 6 月初到达都灵。当皇室内廷和整个随行队伍向山区进军时，弗里德里希二世在阿尔卑斯山脚下的都灵停留了几天，准备会见萨伏依伯爵。正当他准备出发去追赶他的先锋队伍时，恩齐奥国王向他发出了求救信号：帕尔马遭到偷袭，被圭尔甫派占领了。

这一次也有奥兰多·迪·罗西插手。两年前与奥兰多一起逃到皮亚琴察的大约 70 名帕尔马的圭尔甫派骑士抓住机会，在一个星期天突然出现在他们家乡的城门前。他们知道皇帝远在都灵，恩齐奥国王（帕尔马属于他的辖区）正在围攻布雷西亚地区的一座要塞；帕尔马的吉伯林派骑士刚刚为一场盛大的婚礼而聚集在一起，"酒足饭饱"。尽管如此，他们听说圭尔甫派逼近时还是立刻翻身上马，准备战斗。在帝国党督政官、骑士诗人、皇帝的朋友阿雷佐的阿里戈·泰斯塔的率领下，他们在敌人到达城市之前就扑向了敌人。但帝国党人在第一次血腥的交锋中就被打败了。阿里戈·泰斯塔"像国王一样战斗"，但不幸阵亡，还有许多人同他一起倒下。因此，圭尔甫派不受阻碍地进入了这座对他们洞开的城市。弗里德里希二世一直担心帕尔马内部会有人背叛，所以他精明地将防御工事摧毁了，但他没想到敌人的进攻会从外部而来。城里的德意志守军虽然相当强大，但没有防御工事，所以无法站稳脚跟。胜利者也没有遇到其他抵抗，因为老百姓无动于衷。偷袭刚刚成功，帕尔马的圭尔甫派就通过预先的安排得到了来自四面八方的增援。其他圭尔甫派城市派人来支援；被驱逐出亲帝国城市的圭尔甫派也赶到了帕尔马；米兰派出了一支强大的辅助部队，由教宗使节蒙泰隆戈的格列高利领导，与他们一起的还有奥兰多·迪·罗西。皇帝的所有敌人长期以来一直无所事事，现在终于有了一个集结点。在极短的时间内，争夺帕尔马成了意大利所有圭尔甫派的事业。

　　弗里德里希二世立刻认识到了其中的危险。前往里昂的旅程和德意志战役被放弃了，回程的行军匆忙开始。为了维护皇帝的威望，必须对这个背信弃义的城市施加最严厉的惩罚。何况帕尔马具有极重要的战略意义，因为它掌握着与南方联系的唯一通道。对皇帝来说，对意大利的统治比其他一切考虑都更重要："我的心中只有一个焦虑：重建遭受严重破坏的意大利国家。"帕尔马叛变的两周后，皇帝到达克雷莫纳，埃泽利诺带着 600 名骑士在那里迎接他。两天后，皇帝在帕尔马城下扎营，恩齐奥国王已经在那里恭候。恩齐奥放弃了对布雷西亚的不幸远征，匆匆赶到克雷莫纳，然后带着所有能够携带武器的人向帕尔马进发。恩齐奥没有冒险以如此微弱的力量进攻帕尔马，尽管根据编年史的记载，即便在那时，如果恩齐奥果断地发起进攻的话，仍能为皇帝光复帕尔马。恩齐奥在帕尔马城下建立了牢固的营地，等待父皇到来。今天我们也没办法弄清楚，为什么弗里德里希二世没有立即攻打该城，因为它几乎没有时间建立起有效的防御。他似乎高估了对手的实力，所以首先从各方面调兵遣将。帕维亚的乌戈利诺·博特里乌斯是最早到达的人之一，他带来了帕维亚的军队。他是教宗和奥兰多·迪·罗西的外甥。虽然他的两个舅舅都是皇帝的敌人，但他对皇帝的忠诚至死不渝。安条克的弗里德里希很快就带着托斯卡纳的军队赶到了现场。皇帝前往都灵的时候自己手中也有一支大军，主要由西西里人、撒拉森人以及意大利和德意志的雇佣骑士组成。埃泽利诺在他身边，勃艮第骑士也来了。所以弗里德里希二世现在肯定有一支非常可观的部队供他调遣。但由于错过了最初的强攻机会，现在只能选择长期围困，而他不可能在帕尔马城下长时间维持这支大军。

帕尔马的叛变仿佛一个信号，让意大利的圭尔甫派几乎普遍地掀起了叛乱。在每个省，皇帝的权威都突然受到了威胁。没有一个高级总督区的圭尔甫派没有起来反对皇帝，他们通常都得到了教宗军队的支持，甚至西西里也似乎受到了热那亚人的威胁。在几个星期内，整个意大利都燃起了熊熊战火，无数的小战场消耗了皇帝主力军的力量。每个大国在临终前都会面临这样的危险。弗里德里希二世的处境从未如此棘手。虽然他的部队无限地分散，但他确实成功地镇压了叛乱，这是相当了不起的成就。

在这种条件下，硬碰硬地围攻帕尔马从一开始就是不可能的。皇帝必须根据其他方面的需求，不断把围城部队的部分兵力抽调出去。因此，他开始在一个广阔的弧形范围内切断与帕尔马城的所有交通，而他强大的骑兵部队则在帕尔马周围的乡村扫荡。皇帝亲自在帕尔马以西的塔罗河（Taro）河畔安营扎寨，从而切断了帕尔马与圭尔甫派城市皮亚琴察之间的联络。亲帝国的城镇雷焦和摩德纳封锁了从帕尔马向东通往博洛尼亚的道路。从帕尔马通往北方的道路，以及与波河的交通，目前还是畅通的，因为目前对皇帝来说南下路线（西萨山口）至关重要。这条跨越亚平宁山脉的通道对皇帝来说已经差不多丧失了。皇帝虽然立即派兰恰侯爵占领了西萨山口的北面出口，但在另一边却出现了混乱。加尔法尼亚纳和卢尼贾纳与帕尔马同时沦陷，那里的帝国总督被俘，当地的马拉斯皮纳（Malaspina）侯爵也举旗反叛，希望收回被皇帝没收的领土。因此，皇帝与托斯卡纳的通信实际上被切断了。恩齐奥国王刚刚与埃泽利诺和乌贝托·帕拉维奇尼一起从一次突袭中回来（他之前被派去加强摩德纳和雷焦的力量，以防备博洛尼亚），现在恩齐奥被委以重任，负责打通西萨山口。在帕拉维奇尼的协助下，在忠诚的蓬特雷莫利的支持下，他成功地占领了西萨山口的贝尔切托（Berceto）要塞，进展远远超过了蓬特雷莫利。马拉斯皮纳侯爵之一再次投降。因此，至少这条最重要的路线再次为皇帝所掌握。

弗里德里希二世现在可以考虑从北面封锁帕尔马，从而完成对它的合围了。因为只要被围困的城市能够自由地通过波河与外界联络，就能够获得从曼托瓦和费拉拉用船运来的粮草。

恩齐奥和埃泽利诺现在通常是协同作战，他们奉命在瓜斯塔拉（Guastalla）以西的波河上建立一个桥头堡，以切断河上交通，并关闭从河畔通往帕尔马的道路。他们占领了瓜斯塔拉上游的要塞布雷谢洛（Brescello），并在此处的河上架了一座桥，在桥上设置了坚固的防御工事。这就将曼托瓦人和费拉拉人牵扯到冲突之中。他们试图解救帕尔马，而恩齐奥和埃泽利诺不得不将这个新的敌人挡在门外。他们不费吹灰之力就做到了这一点，但没过多久，他们得到消息，一支来自形形色色圭尔甫派城市的强大军队，伴随着一支庞大的舰队，正在逼近。埃泽利诺的兄弟阿尔贝里科·达·罗马诺也在圭尔甫派的阵营中。但圭尔甫派并没有冒险攻击帝国军，双方在瓜斯塔拉对峙了2个月。恩齐奥和埃泽利诺觉得没有必要进攻。他们牵制了敌人的一整支军队，完成了切断帕尔马最后一条交通线的任务。

对于教宗-圭尔甫派军队为什么不作为，我们没有任何线索。在被围困的城市中难免有谣言传播，说教宗的将军，年轻、贪图享乐、富裕且魅力十足的枢机主教奥塔维亚诺·德利·乌巴尔迪尼（Ottaviano degli Ubaldini）与皇帝暗中勾结。这当然不是真的，因为这个在佛罗伦萨历史上发挥了重要作用的强大的托斯卡纳家族的子孙从未与任何人结盟过。他将此视为原则。这位天赋异禀的"最不像教士的教士"26岁时就被任命为博洛尼亚的代理主教，在达到法定的最低年龄30岁时被正式任命为主教，并立即被教宗英诺森四世任命为执事级枢机。乌巴尔迪尼既不是圭尔甫派，也不是吉伯林派，而只是他自己，也就是人们口中的"枢机主教"！托斯卡纳的每个孩子都用这个头衔称呼他，但丁在《神曲》中也用这个头衔介绍他。诗人看到他与弗里德里希二世并肩站在只知道享受今世的伊壁鸠鲁派的烈火墓穴中。但丁让他俩成为邻居，肯定不仅仅是因为有一次，当亵渎神明的奥塔维亚诺因为吉伯林派的缘故而损失了一笔钱时，叹息着说："如果有灵魂的话，我的灵魂已经被吉伯林派夺走了……"但丁把他俩摆在一起，无疑也是因为这位枢机主教像埃泽利诺和其他许多人一样，被施陶芬皇帝的魔力所掌控，他在许多方面把皇帝当作自己的榜样。乌巴尔迪尼并没有把无情的、残暴的权力当作目的，他作为将军是完全失败的，但他把皇帝的另一种手段推向了极致：政治外交的游戏。他搞的不是帝国政治，不是教会政治，不总是乌巴尔迪尼家族的政治，也不是枢机主教的政治，而只是追求"政治本身"。他有时亲圭尔甫派，有时反圭尔甫派；有时与佛罗伦萨合作，有时反对佛罗伦萨；没有一个吉伯林派系，没有一个政治团体不与他保持持续的联系，没有一起阴谋不被他的戴枢机主教戒指的手所牵制，并且他总是保留最后一张牌。在他眼中，他自己——魅力无穷、反复无常、有吸引力的他，比帝国或者教会重要得多。但在意大利，每个人都不信任他。这位懂艺术、爱享受、轻松愉快的教会权贵会紧紧抓住本时代提供的一切刺激。他是最早的托斯卡纳俗语诗人之一，与施陶芬圈子关系密切，而且不仅在信仰方面如此。当英俊的枢机主教奥塔维亚诺在一首形式完美的十四行诗中赞美"我的主人，爱神"时，他歌唱的是自己耳熟能详的东西，因为世人皆知他有很多情妇和后代。这位多情的诗人同时也热衷于打猎。在他位于穆杰罗（Mugello）的宏伟乡间别墅里，他享受的奢华可以与皇帝媲美。枢机主教的银质餐具是在巴黎制作的；他从西班牙、的黎波里和希腊购买首饰和昂贵的织物；他的斗篷别针上镶嵌着浮雕、珍珠和宝石；他的居室用水晶烛台上的蜡烛照明；除了最稀有和最精选的艺术品，如第一个用乌银①制作的高脚杯，他的财富还包括一顶镶嵌着蓝宝石、红宝石和红玉的华丽冠冕。乌巴尔迪尼的辉煌排场对年轻贵族的吸引力几乎和皇帝宫廷一样大，而且这位枢机主教善于为他手下的年轻教士搞到高官厚禄。他的门客理所当然地受到了他对宗教的惊人冷漠的感染（这种冷漠在当时的教会诸侯中仍然很令人惊愕），而且还受到了阿威罗伊的伊壁鸠鲁学说的影响，奥塔维亚诺在他的火焰之墓中为这些思想做了赎罪。他把他的内廷总管奥托内·维斯孔蒂（Otto Visconti）提升到了圣安波罗修的位置。当米兰变成吉伯林派城市时，奥托内被任命为米兰大主教。加莱亚佐和贝尔纳博·维斯孔蒂的权力就是源于奥托内。有一个传说是，奥托内·维斯孔蒂是一个彻头彻尾的异端分子，以至于他的用红色大理石凿成的墓碑自己变成了黑色，当他的侄子马泰奥·维斯孔蒂（Matteo Visconti）把它涂成红色时，它又自动变成了黑色。简而言之，奥塔维亚诺枢机主教是某种特殊类型的枢机主教中的一个，这种类型当中的最后一位就是伊波利托·德·美第奇（Ippolito de' Medici）。

当奥塔维亚诺枢机主教静静地待在瓜斯塔拉的营地里时，他不愿意进攻的态度很快就在帕尔马产生了不愉快的后果。恩齐奥和埃泽利诺成功建立的封锁开始逐渐发挥效力。帕尔马被切断了所有的外援，守军从邻近地区也得不到任何补给，因为皇帝的骑兵和巡逻队不停地在周边地区扫荡，并破坏和摧毁了他们自己不需要的一切物资。帕尔马城内的饥荒变得如此严重，

---

① 乌银（Niello）是硫黄、铜、银和铅等的黑色混合物，常用于镶嵌、雕刻或蚀刻金属。

以至于人们用亚麻籽烤面包，并因缺乏盐而承受了极大的痛苦。市民们一直希望奥塔维亚诺枢机主教率军救援他们，但他迟迟不来，于是市民们开始丧胆。更勇敢而足智多谋的帕尔马保卫者、教宗使节蒙泰隆戈的格列高利，比大多数人更了解伦巴第人，现在他不得不想方设法劝帕尔马人坚持下去。例如他用过这样一个计谋：帕尔马最有声望的骑士们聚集在一起，这时一位风尘仆仆、精疲力竭的托钵修士突然来到他们面前，自称是通过帝国军的封锁线偷偷溜进城的。他从背包里取出一封信，告诉他们救援就在眼前。这封信其实是蒙泰隆戈的格列高利连夜写的。虽然得到了各种承诺，但人们普遍的看法是枢机主教奥塔维亚诺背叛了教宗的事业，而此时从帕尔马逃出来的萨林贝内修士甚至把这个谣言传到了里昂，那里的人们正焦急地等待着帕尔马围城战的消息："因为仿佛在一场决斗中，罗马教会和全体教士的命运都取决于那里的战局。"据说，在里昂，身穿红衣的枢机主教们把萨林贝内修士围得水泄不通，他们急切地想听到帕尔马的最新消息，以至于一个人爬到另一个人的肩膀上。

虽然双方都做出了最大的努力，但战局还是僵持不下。1247 年与 1248 年之交的冬季，皇帝在意大利各地作战。12月，各省的战事尤为激烈。在皮埃蒙特，前不久向皇帝臣服的蒙费拉侯爵博尼法斯再次改换阵营，在韦尔切利和米兰的支持下占领了都灵，那里只有皇帝宫殿的守军还在坚守。皇帝派遣他的孙子弗里德里希（一个 20 岁左右的年轻人）前往那里，他成功地赶走了蒙费拉侯爵，为皇帝拯救了都灵。大约在同一时间，皇帝的儿子基耶蒂伯爵里卡尔多在因泰拉姆纳（Interamna）击败了乌戈利诺·诺沃卢斯（Hugo Novellus）率领的教宗军队，而安科纳边疆区的帝国总督卡斯蒂廖内的罗伯托，主要是在德意志雇佣骑士的帮助下，在安科纳以南的奥西莫（Osimo）击溃了教宗使节、阿雷佐主教马尔切林（Marcellin von Arezzo）的部队。主教被俘，据说有 4000 名教宗党人丧命，许多大小旗帜被缴获，其中有一面是曼努埃尔一世·科穆宁①在安科纳人民背叛巴巴罗萨时送给他们的。另外，乌贝托·帕拉维奇尼和皇帝的女婿卡雷托的雅各布（Jacob von Caretto）正在准备进攻热那亚，帝国舰队也参加了这次进攻。

但佛罗伦萨，乃至整个托斯卡纳的局势对皇帝来说是非常严重的。枢机主教奥塔维亚诺即使没有亲自去佛罗伦萨，也能轻而易举地促使那里的圭尔甫派，特别是贵族，公开反叛皇帝。佛罗伦萨的圭尔甫派之前被禁止当官，并受到严密的监视。但佛罗伦萨的普通人，即工匠和商人，不完全是反皇帝的。由于吉伯林派的娴熟政策，著名的亲帝国政权，也就是众所周知的"第一平民制政府"②，在佛罗伦萨建立起来了，其

---

① 曼努埃尔一世·科穆宁（1118—1180）是拜占庭历史上一位非常重要的皇帝，在他统治时期，拜占庭的军事与经济实力和文化生活都有一定程度复兴。他曾入侵诺曼王朝统治下的西西里，因此是最后一位试图收复地中海西部地区的拜占庭皇帝。他与耶路撒冷王国联手对抗法蒂玛王朝统治下的埃及。曼努埃尔被希腊人誉为大帝，因为人们愿意向其效忠而声名远播。在其大臣约翰·金纳莫斯的历史作品里，曼努埃尔不仅是一代英杰，也是美德的典范。然而，现代历史学家却对他缺乏热情。他们中的一些人认为，曼努埃尔所掌握的强权并非完全是他个人成就，而是来源于科穆宁皇朝的强盛。此外，曼努埃尔去世后，帝国的国力严重衰退，与其统治期间的一些问题不无关联。在曼努埃尔对意大利用兵期间，安科纳城成为拜占庭帝国在意大利的基地，并且承认曼努埃尔为他们的君主。

② 这是佛罗伦萨的一个由劳动阶级领导的、基于手工业行会的政府，代表这些阶级和行会的官员——人民队长（Capitano del Popolo）与传统的督政官共同管辖城市。这个政府被称为"第一平民制政府"（primo popolo），以区别 13 世纪 80 年代的"第二平民制政府"。"第一平民制政府"没有公开表现出党派倾向，但有明显的圭尔甫派特征。

中包括亲皇帝的贵族和民众党人。这种情况并非孤例。几年前，锡耶纳的人民运动就有了亲帝国的倾向，一个吉伯林派成为那里的人民的领导者。在佛罗伦萨，两党现在都开始拉拢群众，尽管奥兰多·迪·罗西在担任督政官期间打着忠皇的旗号却在秘密地反对皇帝，但在圭尔甫派的这次叛乱中，可能没有多少民众党人打着圭尔甫派的鸢尾花旗帜与施陶芬的鹰旗对抗。

安条克的弗里德里希迄今为止一直宽待佛罗伦萨的圭尔甫派，允许他们留在城里。这使得他们得以比较容易地在博洛尼亚人的帮助下夺取该城的政权，使佛罗伦萨背弃皇帝。阿尔诺河河畔发生了可怕的巷战，圭尔甫派的愤怒主要是针对亲帝国的乌贝蒂（Uberti）家族。但乌贝蒂家族在其固若金汤的塔楼中能够抵御所有的攻击，甚至转而发起攻势。乌贝蒂家族的首领是强悍的吉伯林派领袖法里纳塔①，在但丁的地狱里，他是弗里德里希二世和枢机主教奥塔维亚诺的邻

---

① 法里纳塔·德利·乌贝蒂（Farinata degli Uberti，1212—1264）是意大利贵族和佛罗伦萨吉伯林派的领袖。弗里德里希二世皇帝驾崩后，法里纳塔失势，被从佛罗伦萨流放，后与皇帝的私生子、新任西西里国王曼弗雷德结盟。在1260年9月4日的蒙塔佩尔蒂战役中，法里纳塔领导的吉伯林派军队大败圭尔甫派军队，于是吉伯林派夺回了佛罗伦萨。法里纳塔的盟友希望彻底摧毁佛罗伦萨（就像古罗马人摧毁迦太基一样），使其永远不能对他们构成威胁，但法里纳塔坚决反对，说自己首先是佛罗伦萨人，其次才是吉伯林派。于是吉伯林派没有摧毁全城，只是拆除了城防工事和圭尔甫派领导人的住宅。1266年，圭尔甫派在佛罗伦萨重新掌权，摧毁了属于乌贝蒂家族的所有房屋。但丁等人认为法里纳塔是异端分子。1283年，法里纳塔和妻子的尸体被掘出，受到宗教法庭审判，被判定为异端分子，遭到"死后处决"。

居。在蒙塔佩尔蒂大捷①之后，法里纳塔的吉伯林派朋友想把
佛罗伦萨从地球上抹去，但他施加干预，因此赢得了拯救佛罗
伦萨的永恒声誉。根据《神曲》，法里纳塔因为有伊壁鸠鲁派
思想，死后受到诅咒，他那巨大的鬼魂听到但丁的口音，认出
但丁是佛罗伦萨人，于是从火棺里爬出来，向诗人揭示了未来。

似乎对地狱极为蔑视……②

当安条克的弗里德里希在普拉托集结部队，到达并进入佛
罗伦萨时，法里纳塔已经在为攻击圭尔甫派做准备。安条克的
弗里德里希很快就控制了这座城市。当圭尔甫派从佛罗伦萨逃
往托斯卡纳的各个小据点时，城里的人们会听到安条克的弗里
德里希拆除圭尔甫派贵族塔楼的巨响。高达 70 米的阿迪马利
（Adimari）塔楼倒塌在广场上，与洗礼堂③仅有咫尺之遥。

佛罗伦萨的故事在各地重演，即使帝国官员设法打败了叛
军并将其赶出城市，这些"逃亡者"在人群中也形成了一个
明确的阶层（后来的但丁也属于这个阶层），在城墙之外和城

---

① 蒙塔佩尔蒂（Montaperti）战役发生于 1260 年 9 月 4 日，吉伯林派联军
（锡耶纳城、西西里国王曼弗雷德、佛罗伦萨的吉伯林派流亡者）击溃
以佛罗伦萨为首的圭尔甫派联军。此役是中世纪意大利最血腥的战役之
一。曼弗雷德为吉伯林派联军（由佛罗伦萨贵族法里纳塔领导）提供了
一批德意志雇佣骑士，发挥了重要作用。但丁在《神曲·地狱篇》中提
到此役。
② 译文参考：《神曲·地狱篇》，但丁著，田德望译，人民文学出版社，
1997 年，第十章，第 65 页。
③ 指的是佛罗伦萨的圣约翰洗礼堂（Battistero di San Giovanni），位于佛罗
伦萨主教座堂广场和圣约翰广场上，在佛罗伦萨主教座堂的对面，始建
于 11 世纪，是全城最古老的建筑之一。但丁等许多文艺复兴领袖和美第
奇家族成员，均在此受洗。

墙之内几乎同样危险。因为他们与从其他吉伯林派城市流亡的圭尔甫派逃亡者联合起来，对每个亲帝国的城市都构成了长期的威胁。反过来说，从圭尔甫派城市逃亡的吉伯林派在皇帝的军队中作战，对他们的家乡也构成了威胁。帕尔马的叛变是意大利每个人反对每个人的斗争开始的信号，这场战斗将持续数十年，烈度不减。编年史家抱怨说，没有人可以耕地、播种、收割庄稼，没有人可以种植和采摘葡萄，也没有人可以住在乡村的别墅里，因为局势太不安全了。只有在离城市很近的地方，在武装人员的保护下，才能进行少量的农业生产。在大路上，一个旅行者害怕另一个旅行者，就像害怕魔鬼的化身一样，因为每个人都怀疑对方想扣押自己换取赎金。商人只能在大型商队中活动，即使如此，被认为是亲帝国分子的佛罗伦萨人也不能免于皮亚琴察教宗党人的攻击，他们有时会抢劫托斯卡纳的整个商队。中世纪的人们把这种普遍的动荡看作敌基督、暴君（rex tyrannus）的统治已经到来的标志，正如上面那位编年史家补充的那样："从帕尔马从皇帝阵营倒向教会一边的那一刻起，一切都在其应有的时间内实现了。"

　　弗里德里希二世确实越来越像一个暴君了。当他在帕尔马城下安营扎寨时，他看到他的整个意大利国家在愤怒的叛乱中熊熊燃烧，教会也在鞭策人们起来造反。弗里德里希二世如何能驾驭这些鬼魂般的无形力量呢？由于他的儿子们和总督们的精明强干，他起初在各省取得了胜利，但要对付敌人变得越来越困难。佛罗伦萨、帕尔马、费拉拉、曼托瓦和其他地方的人都在作战，有的参加了帝国军队，有的为圭尔甫派而战。弗里德里希二世现在不是与整个市镇的敌对情绪作斗争，而是与无数单独的个人作战，他们对这个或那个派系的依附是由具体的偶然事件和利益决定的。驱使人们的冲动是难以理喻、五花八门、不可估量的，使皇帝无法采纳一个整体的政策，因为成千上万的单个敌人和单个叛徒对一位皇帝来说并不构成地位相称的敌人。同时，正如之前的官员阴谋证明的那样，弗里德里希二世的生命并不安全。在撒拉森保镖的簇拥下，他越来越像一个"暴君"，尽管这与他的意愿背道而驰。由于背叛行为像瘟疫一样在他周围蔓延，昨天的朋友随时都可能叛变，所以他每小时都会变得更加多疑，更加严厉，甚至是凶残。也许只有对皇帝惩罚的畏惧，才能使很多人不背叛他。

弗里德里希二世现在开始求助于各种残酷或狡猾的强制手段，这些手段是受到背叛威胁的政府被迫采用的。从可疑的城市扣押人质的手段已经用了很久，现在这一制度得到了细致的扩展。不可能一下子把所有的人质都运到阿普利亚，所以一座城市的人质被移交给另一座城市羁押。例如，科莫的人质被安置在锡耶纳，斯波莱托的人质被安置在波吉邦西（Poggibonsi）和圣吉米尼亚诺（San Gimignano），因此每座城市都在为另一座城市做担保，这些城市通过人质的网络联系在一起。此外，只要圭尔甫派没有主动逃离吉伯林派的城市，嫌疑人就会被集体放逐，每个吉伯林派城市都被禁止庇护这样的流亡者。检举告发难免会随之而来，因为任何人都可以借此除掉自己的对手。帝国官员呼吸着背叛的空气，不敢忽视任何指控。他们必须处理每一宗提请他们注意的可疑案件，如果有必要，为了逼供，就会使用酷刑。西西里法典禁止刑讯，除非是在少数有限的情况下，但现在所有的保障措施在意大利都被抛到了九霄云外，只有奇迹（例如作为刑具的绳子反复断裂）能让受害者重获自由。刑讯还产生了另一个后果：雇用"阿弗尔努斯①的独眼巨人、武尔坎②的奴隶"，也就是皇帝的撒拉森人作为刑讯的刽子手是自然而然的事情，总督的法庭通常会配备撒拉森刽子手，基督教的圣徒或教士都吓不倒他们。

阿雷佐主教马尔切林在奥西莫战役中被俘，这一案例可以表明这些"撒旦的爪牙"（即撒拉森刽子手）是如何履行他们的职责的。皇帝下了命令，原则上不再饶恕任何俘虏，也不再拿他们换取赎金，而是毫无例外地将其绞死。阿雷佐主教马尔切林是教士，也是教宗使节，这在皇帝眼里当然不是可以减刑的条件。相反，皇帝经常愤怒地抨击携带武器的教士，而且马尔切林是皇帝的封臣，却违背了忠于皇帝的誓言。不过，马尔切林的案子得到了更仔细的调查。他被监禁了几个月之后，才被送上绞刑架。这位主教兼教宗使节的被处决，引起了极大的愤慨。维泰博枢机主教拉涅罗在死前不久，在一本令人毛骨悚然的小册子中发泄了他对皇帝的仇恨。这本小册子详细描写了马尔切林的殉道，并用极其激烈的言辞谴责了弗里德里希二世的邪恶。按照拉涅罗的说法，撒拉森魔鬼们首先捆住了这位圣徒的手脚，并把主教绑在马尾上，把他从烂泥中拖到了刑场。但主教唱起了《感恩赞》，虔诚的马站在原地不动，即使遭到殴打，也不肯挪动脚步，直到撒拉森人强迫主教停止歌唱。遭受各种折磨之后，主教被吊死了。三天后，一些托钵修士将他埋葬。但撒拉森人挖出了尸体，玷污了它，并再次把它挂在绞刑架上。这种情况一直持续到皇帝命令将主教的尸体下葬。这

---

① 阿弗尔努斯（Avernus）是意大利那不勒斯附近库迈的一处火山口。古罗马人认为它是通往冥界的入口。

② 武尔坎为罗马神话中的火神与工匠神。

一事件为敌方的宣传提供了材料：在维尔茨堡，教会举行了一场布道会，宣扬针对弗里德里希二世发动十字军东征。在英格兰，人们认为，若不是教宗党人用更令人发指的恶行来玷污自己的事业，那么皇帝一方的可耻行为就会更显得丑陋。

皇帝不会因为马尔切林的遗骨创造了奇迹的消息而激动，因为仍然在世的圣徒也总是受到他合理的高度怀疑。后来成为西班牙宗教裁判所主保圣人的"殉道者"彼得在佛罗伦萨煽动了一场叛乱，而圣罗莎①在维泰博从事她的活动，直到皇帝将她和她的追随者放逐。弗里德里希二世针对意大利的僧侣和教士发出了类似他以前对西西里神职人员的指示。没有现任督政官的书面许可，任何神职人员都不得搬迁。每一位服从教宗的命令、停止举行圣礼和管理圣事的主教都将被放逐，其财产被没收。皇帝给予他们 10 天的宽限期来恢复圣礼。这使教士们陷入了尴尬的境地。教宗的建议——耐心地忍受殉道，可能并不总是被大家采纳。英诺森四世严格地将托钵修士与其他所有修会分隔开来，现在这些托钵修士有了类似于后来耶稣会的色彩：他们认为，为了开展他们的工作，他们可以按照皇帝的意思举行圣礼并使用帝国官僚签发的通行证。因此，弗里德里希二世加强了对托钵修会的管理：任何接收或传递教宗信件的人，甚至对这种信件知情的人，都会被立即判处火刑。一名可疑的西西里小兄弟会官员被逮捕，朝廷对他施加了 18 种不同的酷刑。编年史家们不厌其烦地记录"沉醉于圣徒之血的法老"犯下的残酷暴行，他对神职人员的迫害超过了所有其他

---

① 维泰博的罗莎（约 1233—1251）是中世纪意大利著名的预言家和教廷支持者，向群众宣讲忏悔，反对弗里德里希二世皇帝，传说她曾预言皇帝的死亡时间。

人。但弗里德里希二世在现实中几乎完全不像一个嗜血的暴君，尽管他每天早上都会在帕尔马城下处决一些帕尔马俘虏，以恐吓被围困的人。他的恐怖统治不是出于疯狂，而是出于最迫切的需要。

与此同时，围攻帕尔马的战事进展顺利。随着冬季的到来，弗里德里希二世在更大的规模上重复了他当年在法恩扎的操作，即建立一座牢固的营地，为此从附近所有的地方运来了木材和瓦片。皇帝决定，等攻破帕尔马之后，就将其彻底摧毁，取而代之的是这座新城镇（即他的营地）。他按照一个独一无二的计划将其设计好，并给它取名为"维多利亚"（意思是胜利）。这个名字配得上他营造的其他城市：恺撒利亚、奥古斯塔、阿奎拉。皇帝在建造维多利亚时完全参照了古典城市规划者的方法：新的城市将在火星的标志下出现，占星师和观鸟占卜师①要计算出一个良辰吉时，同时用犁标出新的城市的范围。它将有 8 座城门，有城墙、护城河和吊桥，一应俱全：一条运河为它引来了水，新河上还建了磨坊。在维多利亚还建造了为数不多的由弗里德里希二世营造的礼拜场所之一。这座"神庙"供奉着圣维克多。新城的钱币一面是皇帝的头像，另一面是带有"维多利亚"字样的城镇图像。这种钱币被称为"维多利亚币"（Vittorinen）。规划中的新城市将类似于一座历史悠久的城市：有街道和房屋，有市场和宫殿，有商店，以及一座城市所需要的一切；而在城外，皇帝为他的撒拉森少女和负责监视她们的大群宦官规划了配备花园、葡萄园和果园的别

---

① 欧洲古人的一个习俗是通过观察鸟类的飞行（是单飞还是成群、飞行方向、发出何种声音、何种鸟类等）来预言占卜。

墅。弗里德里希二世把他自己和他的整个宫廷——文书官衙和国库、法庭和内廷、动物园和猎手都安置到了维多利亚，以便在安宁与舒适中等待帕尔马人因为饥饿而臣服。全世界都在惊讶地看着皇帝的建城举措，并自然而然地感到激动。所有编年史家都至少记载了维多利亚的建造。一位精通占星学的编年史家写道，皇帝在建城时没有注意到巨蟹座离火星很近，所以这座城市注定要毁灭。

在维多利亚，皇帝觉得自己可以安全过冬了。像往常一样，在寒冷的天气开始时，他遣散了一部分来自各城市的徒步民兵，或者把他们派往其他战区，在那些地方，这一年 12 月的战斗非常激烈。到了春季，帕尔马人应该饿得奄奄一息了，那时帝国军就可以发动强攻了。帕尔马城内的困苦状况正在加剧。曼托瓦人和费拉拉人只有一次成功地将粮食输入这座饥肠辘辘的城市。在恩齐奥和埃泽利诺有一次短暂离开期间，帕尔马的这些盟友摧毁了布雷谢洛的设防桥梁。当恩齐奥为了报复而围攻位于帕尔马的小河上的科洛尔诺（Colorno）时，敌人打开水闸，淹没了整个乡村，所以恩齐奥不得不撤退。但撒丁岛国王很快就扳回一局：他在科洛尔诺和布雷谢洛之间的布尼奥（Bugno）附近河上架设了一座新桥，从这个位置他能够击退敌人所有的进攻。帕尔马因此再次被完全封锁，它的投降指日可待。弗里德里希二世自认稳操胜券，因此当帕尔马使者向他求情，请他善待投降之后的帕尔马时，他把他们送了回去。据说，"他悄悄地、挖苦地建议他们最好节约粮食并小心谨慎，因为只要他活着，帕尔马就只有手头的粮食可吃"。

但是，正如一位编年史家所说，"自负是灾祸之母"，帝国阵营因为自信而麻痹了。皇帝通常是疑心很重的，但这一次他却大意了。当然，帕尔马人在帝国军中安插了间谍，所以对其动向了如指掌。例如，他们知道，1248 年 2 月 18 日，维多利亚的驻军因多次抽调小规模部队出去而被削弱；恩齐奥不在；皇帝照例在黎明时分带着他的隼、鹰和鸳骑马出发，由他 16 岁的儿子曼弗雷德、若干朋友和大约 50 名骑士陪同，因为帕尔马周围的沼泽地适合追猎水禽。只有兰恰侯爵被留下来指挥。帕尔马的守军像往常一样出击，这次是朝南边的亚平宁山脉方向。兰恰侯爵立即带着他的一部分军队出发去追击。但帕尔马守军的这次出击只是声东击西。兰恰侯爵刚走，帕尔马的居民就带着他们的妻子和孩子，突然扑向几乎毫无防备的帝国军营地，从吊桥上冲进维多利亚，放火烧城，砍瓜切菜一般杀戮毫无防备的帝国士兵。在远方，皇帝听着他猎鹰的银铃声，却突然听到了维多利亚的警钟。他带着随从全速飞奔回来，发现兰恰侯爵陷入鏖战。皇帝救援他，并强行进入维多利亚，试图挽救局势。但他自己和身边为数不多的猎手很快就陷入了困境。他只能勉强招架，看到大势已去，就带着身边仅剩的 14 名骑兵逃到了博尔戈圣多尼诺（Borgo San Donnino）。

这是他一生中最惨重的一次失败。帝国军有 1500 名官兵阵亡，2 倍于此的人被俘。他的著名朋友兼高等法院法官塞萨的塔代奥牺牲了，和他一起战死的还有其他一些最优秀的人，其中似乎有一个阿奎诺和一个霍恩堡。整个国库都丢失了：黄金、白银、珍珠、宝石、单粒宝石、华服、骨螺紫布；权杖、西西里的御玺、沉重的巨型王冠（这顶王冠上有许多精美图像，像雕塑作品一样，在庄严的场合要悬挂在世界统治者的头上）也没了踪影。一个来自帕尔马的小个子，因其轻盈的步态而被戏称为"小碎步"（Cortopasso），将这顶王冠作为战利品胜利地带回了帕尔马。来自这个快活营地的其他许多战利品——动物园、宦官、后宫，一定引起了帕尔马人的惊愕。其他东西则唤起了他们的恐惧和好奇：例如，有一根雕像柱，据说是用教会财物熔化后制成的，皇帝对它爱不释手。但人们通过实验发现，这个神像既不能治愈伤残者，也不能治愈盲人；它最多代表着对《圣经》的蔑视。帕尔马人缴获的战利品还有魔法图画、天象图和黄道十二宫图，是"黑暗的执政官别西卜（Beelzebub）和亚斯她录①"，即占星家和魔术师使用的。最重要的战利品是克雷莫纳的军旗战车。让克雷莫纳感到耻辱的是，帕尔马人效仿皇帝的榜样，用一队驴子把它拉到了帕尔马。

皇帝的这次失败让整个世界觉得他要彻底完蛋了。人们说这是皇帝权力的终结，教士、市民和流浪吟游诗人的无数歌曲都在歌唱帕尔马人的辉煌胜利。这是弗里德里希二世的第一次严重失败。以前也有局势对他不利的时候，但他以前从未被一座城市打败过。现在，他最无价的资产——他不可战胜的神话——处于危险之中。弗里德里希二世准确地判断了形势。他没有在打击下屈服，而是通过对他的幸运、对奥古斯都的幸运（Fortuna Augusti，它现在逐渐成为整个宫廷的神）的狂热信仰，从失败中汲取了新的力量。他必须转败为胜，因为幸运女神与他同在；这次失败将促使他做出最大的努力，就像其他时

---

① 亚斯她录（Astharoth）是西方恶魔学中的"地狱大公"，与别西卜和路西法一起构成邪恶的三位一体。亚斯她录的名字和形象可能源自公元前2千纪腓尼基的女神阿斯塔蒂，即巴比伦人崇拜的伊丝塔。《圣经》中出现这位头戴三日月冠、以牧牛头为象征的丰饶天后，先知耶利米称他为"上天之后"。但她堕落之后成了无性别的恶魔。

候胜利会鼓舞他奋进一样。恰恰在失败之中，这位已经五十多岁的勇士表现出了他年轻时的全部活力。他带着跟随他到博尔戈圣多尼诺的稀少的追随者飞奔前往克雷莫纳，并在当天深夜到达（这一天他从黎明起就一直坐在马鞍上），"丝毫没有灰心丧气"。心惊胆战的民众，包括男人、女人和孩子，都拥上街头，拥向皇帝，泪流满面地感谢上帝，至少皇帝本人是安全的。弗里德里希二世对克雷莫纳人说了一些鼓舞人心的话。三天之内，他就集结了一支新的军队，主要由帕维亚人和克雷莫纳人组成。第四天他就恢复了攻势。维多利亚于 2 月 18 日被帕尔马人攻破；22 日，皇帝就率军渡过波河，进攻帕尔马。仅仅他的名字就有如此大的威力，以至于那些原本打算在蒙泰隆戈的格列高利的带领下攻打波河上的布尼奥桥——恩齐奥仍坚守在那里——的帕尔马人，在皇帝逼近时惊惶失措地逃回了帕尔马。因此，恩齐奥国王得以洗劫了一支由大约 100 艘船组成的舰队（这些船从曼托瓦和费拉拉向半饥饿的帕尔马城运送粮草），并抓了 300 名俘虏，旋即将他们吊死在河两岸。

弗里德里希二世现在可以恢复先前的围城状态，这无疑是他的初衷，因为他写道，他现在正用火与剑蹂躏帕尔马周围的乡村，并通过亲临一线来激发部队的勇气，让帕尔马逃不过毁灭的命运。皇帝在维多利亚的废墟上召开了一次作战会议，但结论是反对恢复围城。但弗里德里希二世仍然在帕尔马附近扎营，以确保通往蓬特雷莫利的道路，因为那里的阿尔卑斯山通道再次受到了威胁。他还得以对帕尔马进行初步的报复：帕尔马军队在皇帝背后推进，结果遭到了兰恰侯爵和忠于皇帝的帕尔马吉伯林派骑士的攻击。60 名圭尔甫派骑士被俘，100 多人丧命，贝尔纳多·奥兰多·迪·罗西也被砍成肉酱，他是"长久以来臭名昭著的叛徒，整个反对派的头和尾"。皇帝在维多利亚的失败的最危险后果是，它对远方的舆论产生了影响。帕尔马的叛逃给圭尔甫派带来了希望，帕尔马的胜利更是让仇视皇帝的人士气大振。皇帝失去了几乎整个罗马涅；拉文纳向奥塔维亚诺枢机主教投降，它的倒戈也导致了附近其他一些城市的失陷，因为这些城市都依附于拉文纳。据信，一位帝国总督曾在拉文纳与法萨内拉的潘多尔夫和莫拉的雅各布结盟，这两个逃亡的阴谋家现在正在教宗派的队伍中对抗皇帝。

尽管如此，皇帝还是成功地恢复了摇摇欲坠的意大利国家的平衡。皇帝的儿子——基耶蒂的里卡尔多，似乎在安科纳边疆区的奇塔诺瓦（Cittanuova）又一次击败了教宗派将军乌戈利诺·诺沃卢斯。诺沃卢斯阵亡，与他一起被杀的还有叛徒法萨内拉的潘多尔夫的兄弟，法萨内拉的马特奥（Matheus Fasanella）。恩齐奥在雷焦（Reggio）发现了一起阴谋，将它扼杀在萌芽状态，并将100名阴谋分子公开斩首。当皇帝对米兰采取行动时，一支前去援助帕尔马的米兰军队匆匆折返。同时，东北部的费尔特雷（Feltre）和贝卢诺（Belluno）向埃泽利诺投降，在韦尔切利也开始出现对弗里德里希二世有利的剧变。弗里德里希二世将在这年夏季君临皮埃蒙特，并占领韦尔切利。他在给忠诚的西西里人的信中写道："属于我的、在我挑战她时惯于更亲切地微笑的幸运女神，又一次对我露出了快乐的笑容，尽管最近她似乎对我有些冷淡。"他悄悄地告诉朋友，他在骰子上"三次投出了六点"，因为幸运女神不仅保证他不会失败，而且保证了他的胜利。

皇帝的信心从未动摇过，尽管在这个时候发生了许多小麻烦。特别令人恼火的是，整个国库在帕尔马丢失了。这导致他在金钱上如此拮据，以至于他认为他和他的宫廷暂时缺乏最基本的必需品，他几乎没有足够的食物，更不用说赢得胜利的手段。所以他必须增加新的税收。在西西里，现在征收的税收是平均水平的2倍或甚至更多：1242年在西西里征收了6万盎司黄金（约合312万马克），现在征收了13万盎司黄金（约合680万马克）。弗里德里希二世进一步命令他在意大利的所有总督对所有修道院和教堂征收一笔特别税。皇帝很少考虑纳税人的感受，但当西西里的一座城市提出按比例主动捐款以充实国库时，他却谢绝了。他感谢市民的善意，但考虑到该城目前已经承受的困难和难以忍受的负担，他将心领大家的好意。另一方面，他再次抵押了沃尔泰拉（Volterra）的蒙蒂耶里（Montieri）银矿。他或安条克的弗里德里希以80%的极高利息从锡耶纳商人手中借了12000比萨镑的白银（1比萨镑约合10马克）。皇帝急需现金，所以不得不采取这样的极端措施。另外皇帝在西西里铸造了新的钱币，其分配和兑换费为皇帝提供了大约8000盎司（约合42万马克）的黄金。这些权宜之计很快缓解了现金的短缺。我们还了解到，在希腊皇帝约翰三世·瓦塔泽斯的帮助下，弗里德里希二世得到了大量的钱财。这来得很及时，因为来自帝国各个角落，尤其是意大利和德意志的雇佣骑士正在大发牢骚。

　　越来越多的德意志雇佣骑士来到意大利为弗里德里希二世效力。在这最后几年里，他们几乎是弗里德里希二世与北方的唯一联系。自从弗里德里希二世在里昂大公会议期间举行的维罗纳朝会之后，德意志诸侯就不再到皇帝的军营服务；而且他们本应提供的封建骑士也销声匿迹。皇帝曾写道："我不希望为了征服意大利而苛求我的诸侯，无论是在个人服务还是物质贡献方面，尽管有些人渴求帝国的荣耀，并渴望来到御前，因此自愿分担我的劳动，一直和我在一起……"但除了霍恩堡兄弟之外，没有一位德意志诸侯寻求与皇帝分享劳动的艰辛。而且德意志的状况——教会诸侯受到教宗的沉重压力；对立国王与皇帝的分庭抗礼分割了世俗诸侯的忠诚；德意志的内战和普遍的苦难——使德意志诸侯即使想去意大利，也几乎不可能离开德意志了。弗里德里希二世不要德意志诸侯亲自来服务也罢，但他不能放弃德意志骑士的效劳。虽然各城市的步兵在战斗中承担的份额越来越大，但披坚执锐的骑士仍然是每支军队的骨干。皇帝解释说，他的最高指挥权的辉煌和力量取决于骑士的数量，而在所有骑士当中他自然把德意志骑士看得高于一切。"我们希望让德意志人成为骑士，因为我们仰赖他们的战争经验。所以我们必须足额、按时地向他们发放报酬和他们所需要的一切。"早期的施陶芬君主在前往罗马的短途旅行和在意大利的战役中同时使用了雇佣骑士和封建骑兵，但弗里德里希二世长期在意大利活动。因此，他是第一个将德意志雇佣骑士作为长期机构建立起来的人。他的原则是，西西里必须为他提供资金，德意志必须提供兵员。弗里德里希二世的需求也满足了德意志的相应需求：对冒险的热爱和其他许多动机驱使德意志骑士们翻越阿尔卑斯山，加入了皇帝的军队。首先是人数众多并且越来越多的下级贵族：伯爵和领主的家臣来到意大利，把自己租了出去，起初只租给皇帝，后来租给其他吉伯林派领导人，当帝国衰败后，也租给圭尔甫派。那些在德意志找不到用武之地的伯爵和公爵也紧随其后，成为大型雇佣军的指挥官。这些独立的"元帅"们就是后来那种伟大的雇佣军领袖的前身，例如约翰·霍克伍德①，或者维尔纳·冯·乌尔斯林根公爵（Werner von Urslingen，意大利语的名字是瓜尔涅里，Guarneri）②。乌尔斯林根领导着由3000名德意志骑士③组成的"大佣兵团"，他的银质胸甲上印有"上帝之敌、怜悯之敌、仁慈之敌"的铭文。在弗里德里希二世时期，有一支这样的德意志雇佣军，据说达到了1800名骑士之多，在约尔当（Jordan）伯爵手下服役。毫无疑问，是弗里德里希二世任命约尔当为指挥官的。

我们既可以对如此多的德意志力量流入意大利感到遗憾，也可以对至少有1万名德意志骑士在旧帝国衰败后逃离了德意志的狭隘束缚而感到高兴。无论我们怎么看，弗里德里希二世和施陶芬皇朝都发挥了极大的作用。通过它的雇佣骑士，德意志在意大利文艺复兴中扮演了不可忽视的角色，原因之一便是这些北方武士的出现对意大利产生了深刻的影响。如果没有法兰西骑士，如果没有施陶芬家族首先吸引到意大利的成千上万的年轻德意志贵族骑士，那么13世纪末的意大利人，以及后

---

① 约翰·霍克伍德（John Hawkwood，约1323—1394）是意大利历史上著名的出身于英格兰的雇佣兵队长。意大利人称他为"乔瓦尼·阿库托"（意思是"精明的约翰"）。霍克伍德是制革工匠之子，曾在伦敦学习裁缝手艺。英法百年战争爆发后，他在爱德华三世的军中担任长弓手，可能参加过1346年的克雷西战役和1356年的普瓦捷战役。随后他加入一个叫作"白色军团"的佣兵团，随其进入意大利，1363年成为团长。他是意大利最成功的雇佣兵队长之一，年收入达到0.6万~8万弗洛林，而当时一名技术娴熟的佛罗伦萨工匠的年收入大概为30弗洛林。他后来获得佛罗伦萨公民身份，在英格兰和意大利都有地产，安度晚年。
② 他出身于前面提到的乌尔斯林根家族（斯波莱托公爵），不过此时该家族已经丧失斯波莱托公国，退回德意志老家。
③ 此处原文用的是Helm一词，指中世纪骑士军队的最小单位，一个Helm由一名骑士和三四名负责支援他的普通士兵组成。所以3000名骑士意味着总兵力可能多达12000人。

世，都不会有骑士的概念。曼弗雷德国王的蒙塔佩尔蒂大捷中胜利的德意志人给后世留下了多么深刻的印象啊！"身强体健，精通十八般兵器，骑术娴熟，他们像出笼的狮子一样冲锋陷阵，他们的战马在武器的闪光中就像移动的山峦。"他们在阿尔比亚河（Arbia）上唱着歌上战场，嘴里念着上帝和他们的主保圣人圣乔治的名字。我们非常详细地了解到这些德意志人是如何在曼弗雷德国王的银黑两色旗帜下向佛罗伦萨的红鸢尾花旗帜发起冲锋的："今天约尔当军务官对佛罗伦萨人的屠戮，是赫克托耳从未能在希腊人中进行的。"胜利之后，800名德意志骑士，头盔上戴着橄榄花环，在号角和王旗的后面骑着马凯旋进入锡耶纳，在主教座堂前下马，为了这次胜利而感谢圣母。在后来的日子里，德意志骑士给人的印象更加深刻。大约在 14 世纪初，1500 名德意志骑士策马进入伦巴第，"他们装备精良，与他们的战马简直连成一体"。意大利人还说，"这些是伦巴第见过的最英俊的男人，这些德意志人个个英姿勃发……身材魁梧、充满英雄气概的骑士仍然青春年少，但精通武艺，英勇无畏"。

当时的一位罗马枢机主教仍然称德意志人是"世界上最英俊的武士民族"。在所有较大的城市，德意志人都为他们的"圣乔治"建立了教堂、小礼拜堂和祭坛。因此，我们不必惊讶，多那太罗①在 15 世纪初创作他的圣乔治雕像时，无意中从大理石中复苏了一位高贵的德意志少年。在这些艺术形象中，我们仍然可以捕捉到德意志英雄时代的回声，那是产生了

---

① 多那太罗（Donatello，约 1386—1466）是文艺复兴时代佛罗伦萨的雕塑家。他的早期作品《大卫》铜像是古典时代以来第一尊独立的男子裸像。他的其他作品有浮雕《圣乔治屠龙》《格太梅拉达骑马像》等。

班贝格和马格德堡的帝王骑士雕像的施陶芬时代，如今这种回声在意大利已经消失。后期哥特式的痛苦的、扭曲的、受折磨的德意志，对这种艺术形式的骄傲和贵族式的自由毫无兴趣。仿佛这些年轻的武士之所以迁往南方，为的是他们的美不至于毫无结果地消亡，不受尊重，不受赞誉。这些无家可归的英雄无论走哪条路都是注定要灭亡的："如果他们与意大利人混得太久，就会被他们的恶习感染……但从他们的家乡出来的时候，他们是质朴、虔诚、正派的。"他们的淳朴给文艺复兴时期过度精致、腐化到难以形容的意大利带来了冲击，恰似曾经的日耳曼人对恺撒们的罗马的影响。因此，日耳曼的英雄时代就像它开始时那样结束了：起初是单个的武士，然后是群体，然后是越来越多的武士去罗马为神圣的皇帝效力；他们征服了罗马，然后——从贝尔恩的迪特里希开始，到弗里德里希二世结束——他们建立了自己的国家，然后再一次仅仅作为雇佣兵继续战斗。到文艺复兴结束时，这股源泉就枯竭了。这是意大利的一大损失。

在维多利亚战败后的4个月内，弗里德里希二世在一定程度上再次平定了意大利。事实上，他感到局势如此安全，以至于他又开始考虑起前一年的计划：向里昂进军。与教宗的和平似乎有了新的可能性。法王路易九世正要开始他的十字军东征。为了不让国内的纷争影响他在海外的伟大事业，他希望看到皇帝和教宗和平共处。路易九世固然虔诚，并且教宗向他保证，弗里德里希二世企图废除对上帝的所有崇拜，以便整个宇宙只崇拜他自己，所以他是一个最丑恶的堕落的偶像——但路易九世从未承认过皇帝被废黜，而且一直与皇帝保持通信。此外，圣路易希望与皇帝合作，因为任何海外远征都需要西西里作为基地。其他重要人物也在为和平努力，但所有的努力都失败了。教宗拒绝考虑任何一种让施陶芬帝国继续存在的和约。法王对自己的失败大失所望，他从艾格莫尔特（Aiguesmortes）港出发，开始了他那次命途多舛的十字军东征。这些谈判，以及可能前往里昂的计划促使皇帝于 1248 年 7 月进入皮埃蒙特，在那里，韦尔切利的归顺使局势发生了有利的转变。教宗英诺森四世看到皇帝再次接近阿尔卑斯山，于是在里昂为自己布置了严密的安保。教宗试图将一些十字军转移去攻击西西里而不是圣地，但失败了。弗里德里希二世在韦尔切利举行了一次会议，并在伦巴第西部停留了好几个月。1248 年年底，他经帕维亚回到了克雷莫纳。在这里，他遇到了他一生中最痛苦的幻灭。

弗里德里希二世允许他的追随者把他当作上帝之子来崇拜；他在帕尔马被俘的忠诚追随者恳求他用他的“救赎之手”解放他们，因为他们正在为他受苦，就像为基督的缘故而殉道的人一样。所以他已经分享了上帝之子的光辉、荣誉和荣耀。而在他生命的尽头，他不得不在某种程度上分享基督的命运，其中有一种无情的逻辑。可能是在克雷莫纳，他给法兰西国王写信说，他觉得教宗派十字军攻打西西里特别令人痛心，“仿佛赐予生命的十字架的奥秘从圣地飘到了西西里，仿佛基督在阿普利亚被再次钉上十字架”。这种哀伤的比拟与事实十分接近：叛徒犹大的角色刚刚由他最信任的朋友皮耶罗·德拉·维尼亚扮演了。

克雷莫纳事件的细节很模糊。皇帝为其披上了一层面纱，流言蜚语也扭曲了这个事件。同时代的人只听到维尼亚突然倒台和被捕的事实。可能性最大的一种猜测是，西西里的首席文书官和书记官像其他许多人一样，被教宗收买了。但有一点似乎是肯定的，即维尼亚没有与教宗合谋。没有任何思想转变促使他背叛皇帝，他身上没有突然觉醒的圭尔甫派精神，也没有对自由的狂热激起他对自己一度崇敬和爱戴的专制君主的反抗。维尼亚不是布鲁图斯。但他也绝对不是无辜的。让这个卡普阿人垮台的不仅仅是"嫉妒"这个"宫廷的娼妓"。他不是作为崇高理念的捍卫者而失足，而是作为一个为了私欲和贪婪出卖主人的人而犯罪。

就证据而言，似乎不可思议的事情又发生了：维尼亚也为了一把银币出卖了他的主人①，为钱出卖了正义。只有一次，皇帝在给自己的女婿卡塞塔伯爵里卡尔多的一封密信中相当简短地透露了他对维尼亚犯罪的感想，称维尼亚是"第二个西满"②，"为了填满自己的钱包，把正义之杖变成了毒蛇"。维尼亚总是受到极大的诱惑。所有发给皇帝的信件和请愿书都要经过他的手，他独自决定哪些提交御览，哪些他可以独立处理。王公和君主、高级教士和教宗与弗里德里希二世打交道时，都要通过维尼亚，因为他是皇帝的亲信和掌握所有机密的人。维尼亚可能滥用了他的自由裁量权，拿钱办事。但在这个

---

① 典故是，根据《新约·马太福音》第 26 章第 15 节，耶稣的门徒犹大在最后的晚餐前密访犹太人大祭司，并同意以 30 枚银币的代价出卖耶稣，但事后犹大后悔不已，要把钱还给大祭司，大祭司没有接受，后来犹大上吊身亡。

② 指的是术士西满（Simon Magus）。根据《新约·使徒行传》第 8 章，西满"向来在那城里行邪术，妄自尊大，使撒玛利亚的百姓惊奇"，他企图用金钱购买使徒的力量，遭到彼得训斥。后来基督教会的"买卖圣职罪"（Simonie）一词就出自他的名字。

十分关键的时刻，这对帝国来说是非常危险的。或者，也许作为西西里王国全部账目的监督者，他可能纵容了下属的贪污行为，或者自己犯下了贪腐罪行。他确实留下了一笔巨额的财富，而这些财富在多大程度上是通过正当方式获得的，皇帝在一定程度上是清楚的。在这样一个金钱匮乏的时代，贪污罪的严重程度距离谋反也不远了。除了重大亏空外，维尼亚很可能，正如弗里德里希二世写给卡塞塔伯爵的信中所说，"通过有计划的诈骗，使帝国陷入如此危险，以至于帝国和皇帝可能像埃及战车和法老的军队一样被淹没在大海深处"①。

大多数官员肯定都有受贿和贪污的行为，维尼亚在这一点上与他们没什么两样。但这一点并没有减轻，反而加重了维尼亚的罪责。因为其他官员只是不遵守法律，而维尼亚本人以皇帝的名义颁布了这些法律。他制定并起草了这些法律；作为皇帝的代言人，他亲口谴责了徇私枉法的行为，并将其斥责为"买卖圣职"。他为了钱出卖了帝国教会（imperialis ecclesia）的整个崇拜，而这种崇拜是建立在"圣彼得的代理人"和"立法者摩西"的基础上的，维尼亚就像"使徒君王"一样发展和在世人面前代表这种崇拜。如果维尼亚本人不能保持清白之身，不能以身作则地践行他自己宣布的法律，就会动摇世人对皇帝的信仰，而一名政法官或总督的犯罪是不会动摇世人对皇帝的信仰的。同样的罪行如果是一名普通官员犯下的，那么

① 典出《旧约·出埃及记》第13~15章。大致情节是：摩西率领以色列人逃离埃及，法老的心刚硬如故，遂带领车辆和军兵追赶他们，一心要在红海把他们一举消灭。摩西安慰百姓说："不要惧怕，只管站稳！看耶和华今天向你们所施行的救恩。"耶和华使海水分开，露出干地，使摩西可以带领以色列人安然到达对岸。法老的大军尾随不舍，结果复合的海水把他们全军淹没溺毙。

将他免职就可以了，不会引起世人的注意；但这样的罪行发生在维尼亚身上，就会动摇国本。

毫无疑问，只要有可能，弗里德里希二世就会忽略许多小的违规行为，以保全他最亲近的顾问、最能干的亲信。直到维尼亚的行为对国家构成威胁时，皇帝才下令逮捕他，而其他廷臣的嫉妒很可能加快了这一进程。令观察者大惑不解的是，维尼亚的背叛行为所获得的利益和他因此失去的利益是极不相称的。一方面，维尼亚失去了皇帝的恩宠，这位皇帝被尊为救世主，也许说到底只有维尼亚相信并宣布他是救世主……另一方面是银子……这种怪诞的不可比性有一些令人难以置信之处，有一些险恶之处。伟人的力量和魔力不是被世界的巨大阻力击碎的（伟人会遇强则强，茁壮成长），而是被人类琐屑的弱点击碎的。

发现皮耶罗·德拉·维尼亚的背叛行为和对他的逮捕，对弗里德里希二世来说是可怕的事情。更可怕的是，在同一时期，他以一线之差躲过了一次毒药谋杀，而且是他的一个亲信下的毒。皇帝有一位完全信任的御医，先前被帕尔马人俘虏，皇帝刚刚将他赎回来，因为他不能没有这位医生。有一次皇帝略有微恙，医生准备了有毒的洗澡水和毒酒。在最后一刻，皇帝得到了警示。据传说，当医生把酒杯递给他时，弗里德里希二世说，他们必须小心，不要错把毒药代替药物给他。医生试图让他放心。弗里德里希二世看了看他，阴森森地说："为我的健康干杯，与我分享这杯酒。"医生大为惊恐，假装跌倒，摔了一跤，设法打翻了酒杯里的大部分酒。皇帝的卫兵立刻抓住了他。杯中剩下的酒被拿去给了一个死刑犯喝，他当场就死了。据说，皇帝思考了刚刚发生的事情，捶胸顿足，大声呻吟道："唉，我的肠子都在跟我作对！我还能相信谁！我还能相信谁呢，我还能在哪里获得快乐和安全呢！"他的朋友们围坐在一起，与他一起叹息、哭泣。此后，约伯的话语经常出现在皇帝的口中："我的密友都憎恶我。我平日所爱的人向我翻脸。"①

当时的人们就将御医的行刺与权势如日中天的维尼亚的突然垮台联系起来。其实这是两个完全独立的事件，只是碰巧发生在同一时间。那位御医曾在帕尔马被俘，并被教宗使节拉拢过去，所以才会行刺皇帝。一位编年史家写道："教宗的声誉因此受到了不小的损害。"弗里德里希二世向全世界的国王和人民通报了教宗刺杀他的这一新的尝试。"这位教士，这位牧人，这位热爱和平的信仰指导者，不满足于无数的阴谋和可耻的煽动，他用这些阴谋和可耻的煽动玷污了他的教会的统治，对我们进行伤害，但是——可耻啊！——他刚刚试图用秘密手段谋杀我！"在过去几天的事件之后，皇帝再也不能怀疑世界末日已经临近。御医受到了应有的惩罚：他连续遭受酷刑，甚至在星期天或瞻礼日也不得安宁。他被戳瞎双目，肢体受到摧残，最后被带到西西里处决。

皮耶罗·德拉·维尼亚也面临类似的命运。当克雷莫纳人听说他的背叛行为时，他们几乎把这个前不久还令人生畏的大人物撕成了碎片。但弗里德里希二世阻止了暴民的私刑，让人连夜把犯人带到了邻近的博尔戈圣多尼诺。1249 年 3 月，当皇帝启程前往托斯卡纳时，他把维尼亚带在身边，让他骑在一头驴子上，与辎重在一起。他们把他带到了圣米尼亚托。据说，弗里德里希二世设计了一个计谋，利用了他曾经的亲信。圣米

---

① 典出《旧约·约伯记》第 19 章第 19 节。

尼亚托的圭尔甫派不允许皇帝的军队进入。他们得到保证，说只有囚犯和皇帝的国库才会被带到圣米尼亚托的帝国城堡。但驮兽运载的不是财宝，而是武器，表面上的囚犯其实是帝国的士兵，他们身上的镣铐很容易被拆掉。但为了消除圭尔甫派的怀疑，身披枷锁的皮耶罗·德拉·维尼亚不得不带领囚犯的队伍。如果这个故事是真的，这就是弗里德里希二世对他的朋友的最后报复。维尼亚非常了解他的主人，知道自己的结局不堪设想。因为害怕受到更多的酷刑折磨，他决定自行了断：他也"出去吊死了"①。故事是这样的：当这个失明的囚犯被带入圣米尼亚托的地牢时，他问狱卒，在他和墙壁之间是否有什么东西。狱卒说没有。盲眼的维尼亚立即猛地向地牢的墙壁撞去，以至于他的头骨开裂。经过这几天的惊恐，弗里德里希二世从圣米尼亚托前往比萨。在阿尔诺河上，他登上了西西里的桨帆船，回到了他的故乡。此后他再也没有见过意大利本土。

弗里德里希二世作为世界审判者、恺撒和敌基督，君临、统御并威震意大利逾十载，在这片土地上留下了不可磨灭的印记：他给这片土地留下了一份"威严而可怕"（das Maestoso und das Terribile）的遗产。意大利在这10年中发生的变化比有时在一个世纪中发生的还要多：时代因生活的强度和力量的巨大支出而变得疯狂，弗里德里希二世身后的意大利站在但丁的影子里，这标志着文艺复兴的兴起。施陶芬皇帝不仅参与了

---

①　典出《新约·马太福音》第27章第3~5节：这时候，卖耶稣的犹大，看见耶稣已经定了罪，就后悔，把那三十块钱，拿回来给祭司长和长老说，我卖了无辜之人的血，是有罪了。他们说，那与我们有什么相干？你自己承当吧。犹大就把那银钱丢在殿里，出去吊死了。

这一变化，他自己就是一个敢于改变法律和时代的奇迹般的变革者（immutator mirabilis），教会为此对他大张挞伐。现在是他谢幕的时候了。他的使命已经完成。现在，富有营养、赋予人力量的汁液已经在流动。即使整个结构随后立即爆裂，但朋友和敌人已经吸收了这么多养料，所以甚至当他们瓦解时，每块碎片都反映并更新了弗里德里希二世生命的原初形象：雇佣兵队长、领主、专制君主，以及佛罗伦萨、乌尔比诺和费拉拉的睿智、博学和恢宏的公爵们，最后还有许多城市和城邦，都是弗里德里希二世的继承人。

弗里德里希二世作为统治者的形象和弗里德里希二世的国家的形象，实际上只是以缩小版的形式继续存在着。但在精神上，它们通过但丁得到了巨大的延伸：在《帝制论》以及《神曲》的国家结构和宇宙观中。人们经常指出，但丁只是宣扬了弗里德里希二世的一生所代表的东西。由于异端分子弗里德里希二世的生活、举措和思想都决定了但丁设想中的国家结构，所以但丁也不可避免地被认为是异端分子。他的诗的深层含义还没有得到完全的理解，但《帝制论》对所有人来说都很清楚，尤其是在诗人去世七年后，这份危险的吉伯林派文献似乎就要由巴伐利亚人路易①来实践了。教宗使节随即谴责

---

① 即神圣罗马皇帝路易四世（绰号"巴伐利亚人"，1282—1347），他出身于维特尔斯巴赫家族。卢森堡家族的亨利七世皇帝于1313年去世后，一群诸侯选举上巴伐利亚公爵路易为国王，即路易四世皇帝；另一群诸侯选举路易的亲戚奥地利公爵"美男子"弗里德里希为国王。1322年，弗里德里希在米尔多夫战役中被路易四世决定性地击败并被俘。1325年，弗里德里希在承认路易四世的国王地位之后被释放。1327年，路易四世加冕为意大利国王。1328年他从罗马贵族而不是教宗手中接受了神圣罗马帝国的皇冠。他甚至册立了一名对立教宗，即尼古拉五世。

《帝制论》为异端作品，并将其公开烧毁，他们甚至想把但丁的遗骨从拉文纳的方济各会墓穴中取出来烧掉，以"使他的记忆永远蒙羞和毁坏"。《帝制论》被列入天主教会的《禁书目录》，直到 1897 年利奥十三世的时候才被从该目录中删除。

弗里德里希二世在西西里创造了"凡景仰者以此为鉴的镜子"，为未来的日子提供了一面可见的"君王之镜"。国家的结构才是关键所在，而不是西西里王国本身，它对整个世界来说很快就变得无足轻重。这位最后的皇帝并不像恺撒或查理曼那样，注定要成为一个为新帝国命名的英雄（Heros eponymos），而是要成为一个新时代的无名英雄（Heros anonymos）。这个时代的世俗-国家层面带有他的烙印，并被他内在的精神所照耀。弗里德里希二世以匿名和不合法的方式主导了文艺复兴，"非法"所带来的祸福也始终不曾离开文艺复兴。诺曼专制国家的建立本身就是不合法的，因此，作为母国西西里之后裔的意大利小城邦也是如此。意大利的专制君主们也是不合法的，他们是施陶芬皇帝的身体或精神的私生子孙，每个人都必须凭借自己的德性（sua virtute）重新赢得皇帝的直属于神的地位，因为弗里德里希二世也只是通过非法的祭司身份，凭借自己的天才篡夺了这样的地位。如果伦巴第人归顺于皇帝，皇帝在意大利的统治就会变得合法。但事实上，皇帝在意大利的统治并不依赖于这位被绝罚的君主的特权或权利，而是依赖于他的天才，马基雅维利称之为德性（Virtù）。这种力量与才华的结合，与邪恶并不冲突。此后，每个文艺复兴风格的专制君主，如果要维持对其小国的非法统治，都必须表现出德性或天才，直到这样的专制君主中的最后一位（他所处的时代与尤利乌斯教宗的距离，等于施陶芬皇帝与尤利乌斯教宗的距离)①，"凭借自己的德性"创造了非法的帝国。弗里德里希二世，身为政治家和哲学家、政客和军人、军事家和法学家、诗人和外交家、建筑师、动物学家、数学家，掌握六种或甚至九种语言，收藏古代艺术品，指导雕塑家的创作，对自然科学进行独立研究，并组织他的国家。这个多才多艺的人是坐在皇帝宝座上的文艺复兴式天才，是天才的皇帝。这第一位文艺复兴式天才实际戴上了世界统治者的冠冕（在某种意义上，后来的天才仍然戴着这样的冠冕，但他们不再局限于帝国之内），这并非没有更深的意义。

　　文艺复兴时期的专制君主们当然没有弗里德里希二世那样闻所未闻的广度，也没有皇帝那样的世界意义。只有这位施陶芬皇帝（帝国随他终结，果实随他横空出世），作为祭司攀向上帝的天堂，作为皇帝在人间咆哮，作为专制君主冲下最深的地狱，以便把被教会放逐了 1000 年的下层世界的恶魔和力量与天上和地上的力量搅在一起，并把他们纳入他的总体。他同时是神子、世界审判者和敌基督。在不给"撒旦"——生命本身——戴上枷锁的情况下获得神性，是整个文艺复兴的基本张力，而弗里德里希二世是第一个展示这种天堂与地狱的张力的人，因此也是第一个弥合天堂与地狱之间鸿沟的人。他，是救世主，同时也是敌基督，是第一个不信神的人，也是第一个本身具有神性而无须被教会圣化的人；通过正义女神的神性，通过作为世界法官和世界复仇者的皇帝职位，强行实现了这种

---

　　① "这样的专制君主中的最后一位"指拿破仑。尤利乌斯教宗指的是尤利乌斯二世（1443—1513，担任教宗的时间为 1503~1513）。弗里德里希二世于 1220 年称帝，距离尤利乌斯二世就任有大约 300 年。从尤利乌斯二世就任到拿破仑于 1804 年称帝，大约也是 300 年。

双面的统一……只有通过这个法官职位，才能进一步克服但丁的张力，他作为一个人——他也是凭借自己的德性（sua virtute）——接管了这个思想层面的皇帝的职位。直到文艺复兴时期结束，恶魔般的审判之神和满怀憎恨的救世主仍然有效，但最终只有在推翻被诅咒者，而不是救赎被祝福者时，才会需要这样的审判之神和这样的救世主……也许在晚年的皇帝（他想成为救世主，却不得不成为世界之锤）的嘴边还有这句可怕的话："我们被迫去想要我们原本不想要的东西，被迫放弃我们想要的东西（Velle quod nolumus et nolle quod volumus cogimur）。"

就这样，弗里德里希二世离开了意大利本土。但这个恐怖的年头并没有随着他朋友的死亡而结束。他在一年内失去了他的两位最好的政治家和最值得信赖的战友——塞萨的塔代奥和皮耶罗·德·维尼亚。他曾在维尼亚的家乡卡普阿的凯旋门上雕刻这两位的形象，与他自己的雕像放在一起。现在他又失去了两个儿子。皇帝到达那不勒斯后不久，基耶蒂伯爵里卡尔多就去世了。他曾担任罗马涅和斯波莱托的高级总督，前不久因战胜乌戈利诺·诺沃卢斯而立下赫赫战功。我们不知道皇帝对他的感情有多深。但不久之后，关于恩齐奥国王的消息肯定对弗里德里希二世触动更大。

恩齐奥像往常一样留在伦巴第，代表他的父亲。他与撒丁岛女继承人阿德拉西娅的婚姻被宣布无效，随后他在克雷莫纳与埃泽利诺的侄女结婚，弗里德里希二世出席了婚礼。姻亲关系进一步巩固了两个英勇的男人的战友关系。婚礼的时间正好是皮耶罗·德拉·维尼亚被捕的时候。这位活跃的年轻国王在生活中除了战斗之外没有任何想法：10 年来，他一直在与伦巴第人交锋，而在他结婚后不久，即 1249 年 1 月，他向雷焦的圭尔甫派发动进攻，计划随后在帕尔马领土上作战。当他回到位于克雷莫纳的大本营后，他收到了摩德纳的求援，因为博洛尼亚人在攻打摩德纳。恩齐奥带着他的保镖、部队和克雷莫纳的骑士从他自己在布尼奥建造的桥上越过波河，向摩德纳的方向急速前进。在摩德纳边境的福萨尔塔（Fossalta），他被卷入一场小规模的战斗。博洛尼亚的主力部队突然赶到。在混战中，恩齐奥骑乘的战马被杀，他的部队开始动摇，他与 400 名骑士和 1200 名步兵被俘。作为督政官和总督而闻名的埃博利的马里努斯与他的命运相同。

这场小规模战斗对于意大利局势并不重要，但对弗里德希二世来说，失去恩齐奥比失去一支军队或一个省份还要糟糕。如果有恩齐奥国王在伦巴第维持吉伯林派的旗帜不倒，施陶芬皇朝继承人后来的战斗可能就会有不同的结果了。皇帝立即着手争取营救他的儿子。他首先给博洛尼亚人写了一封关于幸运女神的文辞优美的信。幸运女神显然已经不再是受恺撒支配的"奥古斯都的幸运"，而是有了厄运的气息。"人们在形形色色的著作中读到，幸运女神知道多种多样的结局。现在把一个人压倒在地的厄运，可能很快就会把他提升到高处。幸运女神常常对那些得到她抬举的人微笑，最后却把他们掀翻在地，摧残他们，给他们留下无法治愈的伤口。因此，在这一天，如果你们看到幸运女神向你们微笑，那么你们就应该明智地避免自负，因为升得越高，跌得就越惨。幸运女神往往一开始就许诺成功……但中间却挫折连连，最后以各种不幸收场。"皇帝在请求释放恩齐奥时，仍然能说出骄傲的豪言壮语。"问问你们的父辈，他们会告诉你们，我的最幸福的祖父，战无不胜的弗里德里希一世，如何把米兰的那一代人从他们的家园赶走，把他们的城市分成三块。如果你们释放我的爱子、撒丁岛和加卢拉国王恩齐奥，我将把你们的城市提升到伦巴第的每座城市之上。但如果你们不听从我的命令，那么请等待我们胜利的、兵多将广的军队……利古里亚的叛徒将无助于把你们从我的手中解救出来，你们将成为各国的寓言和耻辱，这将成为你们永恒的耻辱。"

但皇帝的信没有作用。博洛尼亚人的回答是："大野猪往往被小狗抓住。"① 弗里德里希二世必须知道他们已经扣留，目前正在扣留，并将继续扣留恩齐奥国王。用恩齐奥交换弗里德里希二世俘虏的蒙费拉侯爵的儿子的建议没有被接受，用足以环绕博洛尼亚城的白银换取恩齐奥自由的提议也被拒绝了。恩齐奥国王再也不会获得自由，这位勇士的早期名声从此形成了一个围绕着这位被俘君王的光环。博洛尼亚人参照皇帝的做法，在他们的城市中举行凯旋式，用金链子拴住了这位皇子，带着他游行。传说中，恩齐奥国王穿着全套王室华服，在闪亮的头盔冠冕下露出金色的长发，不仅是美丽的女人为他倾倒，博洛尼亚民众的心也都沸腾了。博洛尼亚的男人们也对这位恰如其分地着佩戴雄狮纹章的年轻英雄表示钦佩和尊敬。对他的禁闭固然十分严密，但绝不是有辱人格的。督政官宫殿中的一个大厅被分配给他，他和他那些出身高贵的狱友可以在那里度过白天。只有到了晚上，他才会被关进一个竖立在大厅中间的

---

① 典出奥维德的名诗《情伤良方》（Remedia Amoris），原文为：a cane non magno saepe tenetur aper。

由木材和铁制成的小房间。这就是关于他被关在铁笼子里的传说的由来。他被允许与外界自由通信，并随意接待访客。在后来的日子里，他的生活费用由博洛尼亚城承担，因为他是如此的奢侈，尽管他有很强大的财力，但很快就陷入了贫困。他的狱友们很快就离开了，只有一位德意志伯爵，即索利姆堡的康拉德（Konrad von Solimburg），与他一起被囚禁。博洛尼亚人认为康拉德伯爵是一个令人难以忍受的可笑的家伙。国王最后觉得康拉德是如此令人厌烦，于是他恳求博洛尼亚人把康拉德弄走。

除了他自己的仆人之外，恩齐奥的朋友就只有博洛尼亚的吉伯林派家族，即兰贝塔奇（Lambertacci）家族，他们经常来拜访他。恩齐奥与其中的一个人，彼得罗·阿西内利（Pietro Asinelli），建立了亲密的友谊。也不乏女性访客。人们讲述了美丽的露琪娅·维亚达戈拉（Lucia Viadagola）如何怜悯他，他的两个私生女可能就是他被囚禁的23年中所生的。在早期的日子里，他的监禁生活还算可以忍受。他以不可动摇的乐观心态承受这一切，并经常对看守或来访者唱他自己创作的歌，使他们高兴。他把自己的诗集当作珍宝来保护，并在遗嘱中提到了这本诗集。他的歌曲即使不深刻，也很美丽，与这位天赋异禀而又单纯的国王、歌手兼武士是相称的。渐渐地，随着自由的希望完全破灭，他的诗歌失去了轻松愉快的情调。其中有一首悲伤的十四行诗，讲述了瞬息万变的时代不断变化的要求……还有一首更悲伤的合组歌，是恩齐奥寄到托斯卡纳的，那是人们可以高尚地生活的土地。在他父亲统治时期最辉煌的日子里，在法恩扎陷落和高级教士们在海上被俘的日子里，他曾在托斯卡纳工作。

去吧，我的这首小诗……

Va, canzonetta mia...

代我问候托斯卡纳

Salutami Toscana

那里是君王的领地

Quella che de sovrana

那里崇尚宫廷礼节

In cui regnatutta cortesia,

再去平缓的普利亚①

Evanne in Puglia piana

伟大的卡皮塔纳塔

La magna Capitana

那是我魂牵梦萦的地方。

Ladov' è lo mio core nott' e dia

　　恩齐奥可能从小就熟悉阿普利亚和卡皮塔纳塔，因为这些是他父亲最喜欢的省份。在这些地方，被俘虏的国王的兄弟和侄子们将会与法兰西人和教士斗争，去保卫父辈的帝国的残余部分，但他们在几乎还未成年时就相继倒下。

　　恩齐奥一直渴望自由，却倍感失望和受骗。他还不得不在监狱里目睹施陶芬皇室的悲剧性消亡。皇帝驾崩一年后，恩齐奥得到消息，他的同父异母兄弟、帝国的继承人康拉德国王要来意大利。康拉德在雷根斯堡的圣埃梅拉姆（St. Emmeram）修道院度过了圣诞夜，奇迹般地逃脱了东道主——修道院长对他

① 普利亚（Puglia）是阿普利亚（Apulia，拉丁文）的意大利语名字。

的卑鄙行刺。然后，康拉德放弃了在北方帝国的孤独而无望的
战斗，匆忙地抵押、出售或赠送了他所有的德意志财产，然后
来到南方。他希望像他父亲那样，以西西里为基地，向教会开
战，从而夺取帝国。但从一开始，这项事业就是无望的。他年
轻的肩膀上扛着难以忍受的重担，使这个少年过早地变得痛苦
和忧郁。而且他对南方的情况知之甚少。虽然他是叙利亚的伊
莎贝拉的儿子，而且出生在阿普利亚，但他不习惯南方的气
候。经过两年多毫无乐趣、毫无成效的活动，他死于热病，年
仅 26 岁。他的遗体被运到墨西拿，在葬礼举行前被一场大火
烧掉了。有人说，曼弗雷德嫉妒并毒死了他的兄弟，而敌人把
康拉德的尸体扔进了大海。在最初的那些年里，当皇帝不再在
人间执掌命运时，施陶芬皇帝的其他儿子也成了他们家族厄运
的受害者。英格兰的伊莎贝拉的儿子亨利国王在 15 岁时就死
了，有谣言说康拉德国王指使内廷大总管——黑人约翰·摩鲁
斯暗杀了他的弟弟。康拉德国王去世两年后，安条克的弗里德
里希不得不放弃在托斯卡纳维持自己地位的尝试，在针对福贾
的战斗中丧生（1256 年），枢机主教奥塔维亚诺·德利·乌巴
尔迪尼占领了福贾。

　　但就在这个时候，塔兰托亲王曼弗雷德的星辰开始攀升。
在亲友的帮助下，他通过武力、计谋或天才，赢得了西西里的
王冠，不管他有没有王位继承权。他肌肤胜雪，脸颊粉红，眼
睛像星星一样，但丁称他"头发金黄，容貌俊美，仪态高
贵"①，并称赞他是意大利王公的典范。曼弗雷德为他父亲的

---

① 译文参考：《神曲·炼狱篇》，但丁著，田德望译，人民文学出版社，
1997 年，第三章，第 23 页。

西西里宫廷恢复了一些昔日的光彩。施陶芬家族的快活精神再次闪光，施陶芬家族的好客和生活乐趣再次在南方王国绽放：皇帝的猎鹰再次翱翔；国王再次与东西方哲学家和智者谈笑风生；在宫廷的歌手和小提琴手几乎比武士更多，这些乐师簇拥着这个轻浮、光鲜美丽、挥金如土的年轻国王，他和他的朋友曼弗雷迪·马莱塔合作谱写了歌曲和合组歌，把一生的充实挤进短短几年里。不仅仅是宫廷的辉煌，曼弗雷德似乎还在恢复施陶芬皇朝在意大利-西西里的统治。阿尔比亚河畔蒙塔佩尔蒂的大捷为曼弗雷德带来了希望，使他甚至梦想获得罗马帝国的皇冠。但他不懂得如何乘胜追击、更进一步。不久之后，他就不得不保卫自己的王国，对抗教会招来的安茹的查理①。据说年轻的曼弗雷德国王拥有一枚魔法戒指，可以用它来召唤恶魔（教宗博尼法斯八世后来曾戴过它），但这无济于事。如果

---

① 安茹的查理（1226/1227—1285），即那不勒斯国王查理一世。他是法王路易八世最小的儿子、法王路易九世（圣路易）的弟弟。为了推翻施陶芬王朝的西西里国王曼弗雷德，罗马教廷与查理达成协议，授予讨伐曼弗雷德的查理军队以十字军的地位，还加冕查理为西西里国王。查理在1266年2月26日的贝内文托战役中打败曼弗雷德，将他杀死，又于1268年8月23日的塔利亚科佐战役中打败曼弗雷德的侄子康拉丁，从而巩固了安茹王朝对西西里的统治。

1270年，查理参加了兄长路易九世组织的第八次十字军东征，强迫突尼斯的哈夫斯王朝向他纳贡。查理对教廷选举施加影响，再加上他在意大利的强势地位，引起了教廷的不安，于是教廷试图祸水东引，诱导查理去攻打拜占庭。1282年3月30日，查理的舰队在墨西拿整装待发之际，发生了西西里人反抗安茹王朝的"西西里晚祷"起义。查理失去了对西西里岛的控制，但还能掌控意大利南半部分（也称那不勒斯王国）。他在准备再次入侵西西里岛时去世。查理拒绝放弃西西里国王的头衔，于是"两西西里"的说法就诞生了。此后的历史上，意大利南半部分（以那不勒斯为首都）和西西里岛往往由不同政权统治，但都自称西西里王国。为了方便起见，我们有时将意大利南半部分称为"那不勒斯王国"，只将西西里岛称为"西西里王国"。

说施陶芬家族热爱生活，那么他们也懂得如何为了自己的帝国
而死。在贝内文托战役中，当曼弗雷德在皇帝的一个流泪的老
仆的帮助下披挂铠甲、投入战斗时，他败局已定。几天后，曼
弗雷德国王的尸体才在尸堆中被发现。人们是通过尸体的美貌
辨认出他的。他的朋友们现在也成了俘虏，他们用颤抖的手把
国王的尸体拉出来，亲吻他们死去的国王的脚和手。胜利的安
茹在贝内文托的利里河（Liris）桥旁为曼弗雷德国王修了一座
坟墓。但据说睚眦必报的教宗不允许曼弗雷德在那里安息。科
森扎大主教挖出了国王的尸体，并把它浅浅地埋在河边的沙子
里，这样，遗体被河水冲走了。

因此，炼狱中的曼弗雷德向但丁哀哭：

> 如今它（曼弗雷德的尸骨）却……被雨淋风吹，
>
> 是他拿着吹灭了的蜡烛移到那里的。①

曼弗雷德的妻子海伦娜②当时大约 24 岁。她带着三个儿
子和一个女儿，落入安茹的查理之手，在被囚禁五年后死
去。曼弗雷德的女儿贝亚特丽斯在那不勒斯的蛋堡（Castel

---

① 译文参考：《神曲·炼狱篇》，但丁著，田德望译，人民文学出版社，
1997 年，第三章，第 23 页。

② 海伦娜·安杰丽娜·杜凯娜（Helena Angelina Doukaina，约 1242—1271）
是西西里国王曼弗雷德的第二任妻子。她的父亲是伊庇鲁斯专制君主米
海尔二世，这门婚姻让曼弗雷德得到了科孚岛和阿尔巴尼亚沿海的相当
大一片土地。伊庇鲁斯是 1204 年十字军攻克君士坦丁堡之后，拜占庭贵
族在拜占庭帝国的废墟之上建立的几个国家之一（还有尼西亚帝国和特
拉布宗帝国）。曼弗雷德这门婚事的选择对象有点出人意料，因为他父亲
一直支持伊庇鲁斯的竞争对手尼西亚帝国。曼弗雷德被安茹的查理击败
并杀死之后，海伦娜被查理囚禁，死于狱中。

dell' Ovo）被囚禁了 18 年，在西西里晚祷时获得自由。曼弗雷德的儿子们是在枷锁中长大的。30 年后，他们被摘去了枷锁，但仍被囚禁。曼弗雷德的儿子们（"一窝满腹毒液的毒蛇"）半饥半饱，如同乞丐，一个接一个地被逼疯，死在狱中。

恩齐奥国王当然没有活着听到曼弗雷德儿子们的结局，但恩齐奥在曼弗雷德死去不久之后就听说了另一个人的可怕命运。康拉德国王在把妻子伊丽莎白留在巴伐利亚、自己南下之前，得了一个儿子，名叫康拉丁。恩齐奥的这个侄子现在来到了意大利。吉伯林派再一次振奋了起来。这个身材魁梧瘦削的少年被誉为"世间能找到的最英俊的孩子"。他 15 岁时，与比他大三岁的朋友——巴登与奥地利的弗里德里希①一起离开了他的施瓦本家乡。康拉丁在北意大利曾经的亲帝国城市维罗纳、帕维亚、比萨和锡耶纳，都受到了热情的接待。这个骄傲的男孩在南下时说："这是为了使我所属的光荣血统不至于在我身上退化。"施陶芬家族古老的梦想似乎终于要在这个少年身上实现了。曾经从远方引诱阿普利亚少年，但巨人式的皇帝和恺撒弗里德里希二世从未实现的东西，如今被授予年轻的康拉丁：他以幸运的胜利者与凯旋者（Felix Victor ac Triumphator）的身份，与朋友一同骑马进入吉伯林派的罗马。他的亲戚卡斯蒂利亚的恩里克，永恒之城的元老，把这座城市交给了他。一座又

---

① 巴登与奥地利的弗里德里希（Friedrich von Baden-Österreich，1249—1268）是巴登边疆伯爵赫尔曼六世与巴本贝格家族的女继承人格特鲁德的儿子。所以这位弗里德里希对奥地利也有主张权。他与施陶芬家族的康拉丁（弗里德里希二世皇帝的孙子）是好友，参加了康拉丁对西西里的远征，不幸失败，被安茹的查理处死。

一座凯旋门从圣天使桥（Engelsbrücke）一直延伸到卡比托利欧山，街道上横挂着绳索，上面装点着挂毯、丝绸和紫色的织物。罗马妇女的合唱团唱着欢迎最新一位施陶芬国王的歌曲，而男人们在把他领到卡比托利欧山的时候就已经称他为皇帝。这是吉伯林派罗马对施陶芬君主的欢迎，弗里德里希二世雷鸣般的声音常常把罗马人从懒散的沉睡中唤醒，现在他们想起了自己的罗慕路斯血统，想起了弗里德里希二世过去为他们赢得的胜利和桂冠，于是向他稚气未脱、并无实权的孙子宣誓效忠。在西西里，卢切拉的撒拉森人一听说施陶芬家族有人再次来到他的世袭王国，就立即揭竿而起，反对他们恨之入骨的安茹王朝。

但不到四个星期后，胜利就蜕变为弥天大祸。康拉丁刚刚进入西西里王国，就在塔利亚科佐（Tagliacozzo）被敌人用计打败，并在逃跑时被出卖了。他成了安茹王朝的俘虏，和他一起被俘的还有家族的其他成员：卡塞塔的康拉丁（Konradin von Caserta）、托马索·阿奎诺（Thomas Aquino）、卡斯蒂利亚的恩里克（他的兄弟费德里科曾在弗里德里希二世的宫廷受教育），还有几个兰恰家族的人。只有安条克的康拉德逃脱了，并作为海盗，对安茹王朝开展了持续不断、残酷无情的游击战争。其他所有人都成为可怕命运的牺牲品。阿奎诺被判处死刑。卡塞塔的康拉丁在蒙特城堡的监狱中度过了 32 年，卡斯蒂利亚的恩里科被囚禁了 20 年，兰恰家族的费德里科和他的父亲加尔瓦诺都被处死，父亲不得不目睹儿子先死，然后自己也被杀害。康拉丁的一个同父异母兄弟，也叫康拉丁，在卢切拉被绞死。康拉丁在与朋友巴登的弗里德里希坐在一起下棋时得知了敌人为他俩准备的命运。安茹的查理做出了一个闻所未闻的裁决：将一位在战斗中被俘的国王送上斩首的刑台。大多数法官拒绝同意这一判决。处决是在安茹的查理亲自在场的情况下，在那不勒斯市场上进行的，有拥挤的人群见证，他们之前还从未看过一位国王被斩首。据传说，当最后一位施陶芬国王的头颅落地时，一只雄鹰俯冲到地上，在康拉丁的鲜血中拖动右翼，沾了神圣施陶芬家族的血之后，直上云霄。

"德意志人怎么能忍受生活，"威尼斯的一位吟游诗人问道，"当他们想到这个结局的时候！他们已经失去了最勇敢和最优秀的两个人，并且收获了耻辱！除非他们尽快为自己报仇，否则他们就丧失了荣誉！"康拉丁死后的那个晚上，大地在颤抖，德意志人却没有感觉到这震颤，也没有想到要复仇。哈布斯堡的鲁道夫为了满足教宗的要求，宣誓放弃向安茹王朝复仇的权利。沾了鲜血的雄鹰从未被洗净；西西里晚祷之后不会有德意志晚祷。当康拉丁国王的尸体在沙滩上被草草掩埋时，"仿佛大海将它吐出"……德意志编年史家几乎惊愕地承认，"南方的各民族似乎比德意志人更加感动和悲伤"。当然，康拉丁遇害的消息让德意志诸侯"不寒而栗"，他在莱茵河上游的沃尔姆斯和斯特拉斯堡得到了哀悼。但大部分德意志人麻木、迟钝且无动于衷。不过，无动于衷也许比"迈森诗人"① 的态度要好得多，他在一首诗中居高临下地拍拍死去国王的肩膀，说什么"狂心在跌倒之前"② 和

---

① 迈森诗人（Der Meißner）是 13 世纪下半叶的一位德意志诗人，真实姓名和生平不详，但在当时似乎非常有名。

② 《旧约·箴言》第 16 章第 18 节：骄傲在败坏以先，狂心在跌倒之前。

"为什么要流浪远方"[1]。至于那个写了一首关于康拉丁的"滑稽诗"的校长，竟然说康拉丁和安茹的查理玩儿童游戏"掷骰子"和"砍头"，结果输了。德意志人在面对伟大、高尚、命运和人类尊严时特有的可怕麻木和迟钝，使这样的英雄能从这样的民族中产生的奇迹更加令人震惊。

　　不幸的恩齐奥被遗忘在博洛尼亚的监狱里，听到了康拉丁遇害的噩耗。现在，恩齐奥就是那个辉煌家族的最后一个成员。他必须把家族的命运延续下去，为遇害者的鲜血报仇，并牺牲自己，像他们一样死去。他已经被囚禁了 20 年，现在已经年过半百，但他必须逃跑，因为除了他之外，施陶芬家族已经没有一个人还活着了。据传说，他与朋友们商议，贿赂了一个名叫菲利波（Filippo）的身形巨大的箍桶匠，让菲利波在一天晚上用一个空酒桶把他从地牢运走。彼得罗·阿西内利将带着马匹准备接应国王。一切都按计划进行。但在菲利波带着他的酒桶走到街上时，一个女人发现了从桶口露出来的一缕长长的金发。在整个博洛尼亚，除了恩齐奥之外，没有人拥有这样的头发！她惊叫起来，于是计谋败露，箍桶匠被斩首，恩齐奥国王受到了更严格的监视。他在两年后（1272 年）去世。博洛尼亚人为他举行了王家葬礼。施陶芬家族较年轻的成员当中也只有他得到了这样的厚葬。他穿着猩红的长袍，戴着王冠，带着权杖和剑，按照自己的要求被埋葬在博洛尼亚的圣多明我

---

① 原文 wozu in die Ferne schweifen? 典出歌德的名诗《回忆》（Erinnerung）：Willst Du immer weiter schweifen？/ Sieh, das Gute liegt so nah. / Lerne nur das Glück ergreifen，/ Denn das Glück ist immer da。杨武能的译文：难道你想要流浪远方？/ 瞧，美好的生活就在近旁！/ 学会把握眼前的幸福吧，/ 须知幸福哪儿都能碰上！译文参考：《歌德文集》第 1 卷，杨武能、刘硕良主编，河北教育出版社，1999 年，第 118 页。

圣殿（San Domenico）。但对施陶芬家族的诅咒并没有随他一起消失。他的孩子们被卷进了另一个家族的悲剧。他唯一的合法女儿嫁给了比萨的圭尔福·达·多诺拉提科·德拉·盖拉尔代斯卡（Guelfo da Donoratico della Gherardesca）。这位贵族的一位年老的亲戚，已经在那不勒斯分享了康拉丁的命运。现在，施陶芬家族的子孙将要分享圭尔福的父亲的命运：恩齐奥的一个外孙与不幸的乌戈里诺伯爵一起，在比萨可怕的饥饿之塔中丧生。①

施陶芬家族的血统就是不可饶恕的罪。在历史上，从未有一位受辱的神，以同等的暴烈要求祂的祭司进行这样的献祭：

----

① 乌戈里诺·德拉·盖拉尔代斯卡（Ugolino della Gherardesca，约 1214—1289），比萨的多诺拉提伯爵，是意大利的一位贵族、政治家和海军指挥官，经常被指控为叛徒，在但丁的《神曲》中有重要的戏份。比萨是吉伯林派控制的城市，但它周围的大部分城市都是圭尔甫派。盖拉尔代斯卡家族是施陶芬皇帝的盟友，但乌戈里诺作为比萨的督政官，安排自己的妹妹与比萨圭尔甫派领袖维斯孔蒂家族联姻，因此被认为背叛了吉伯林派。在随后的动乱中，乌戈利诺被比萨的吉伯林派逮捕和放逐，然后他就开始公开与圭尔甫派城市佛罗伦萨和卢卡交好。在安茹的查理帮助下，他杀回比萨，重新掌权。后来在比萨与热那亚的海战中，乌戈利诺通敌，导致比萨大败。后来乌戈利诺自立为比萨领主，最终被比萨大主教鲁杰里·德利·乌巴尔迪尼（枢机主教奥塔维亚诺·德利·乌巴尔迪尼的侄子）领导下的吉伯林派推翻。乌戈利诺和他的两个儿子与两个孙子一起被囚禁在一座塔楼内，乌巴尔迪尼命令将塔楼的钥匙丢进河里，让乌戈利诺及其儿孙活活饿死。

但丁的《神曲》把乌戈利诺和鲁杰里·德利·乌巴尔迪尼安排在地狱第九层的安忒诺耳界，即惩罚出卖祖国（所属团体）者的地方："我看到两个鬼魂冻结在一个冰窟窿里，彼此那样贴近，使得一个的头成为另一个的帽子；上面那个［乌戈利诺］咬着下面那个的脑袋和脖颈子相连接的地方，就像人饿了吃面包那样；他狠狠地啃那个人的脑壳和其他部分……"（译文参考：《神曲·地狱篇》，但丁著，田德望译，人民文学出版社，1997 年，第三十二章，第 262 页。）乌戈利诺告诉但丁，他和儿孙被活活饿死，孩子们临死前恳求他吃掉他们的尸体。圭尔福（恩齐奥的女婿）就是乌戈利诺的儿子之一，与他一起饿死在塔楼里。

"摧毁这个巴比伦人的名字和肉体、种子和苗裔！" 弗里德里希二世当然没有预感到命运为他的儿子们安排了什么。如果他知道的话，他想必不会在福萨尔塔战役和恩齐奥被俘后如此傲气冲天地写信鼓舞自己的亲信："虽然这种不幸——既然我们必须如此称呼它——看起来就像童话或噩梦中那样严重，但我的事业并未失败。我认为这种挫折是轻微的，甚至可以忽略不计，我骄傲的头颅也没有低下。胜败乃兵家常事，我的腹中装满了许多儿子。因此，我得知这样的消息后很淡定；我强大的右臂因此得到加强，更加猛烈地打击反叛者。"

施陶芬家族的厄运可与尼俄伯①的孩子的命运相提并论。弗里德里希二世免于看到儿子们殉道的过程。关于他的一个不可思议的、具有 "敌基督" 风格的事实是，尽管命运在他的晚年给了他沉重的打击，但这个罪人自己却逃脱了应得的惩罚。这个光辉璀璨的人的生命到最后一刻都是光辉璀璨的。年仅三岁的弗里德里希二世在巴勒莫第一次加冕时，民众为他欢呼："基督必胜，基督为王，基督统万邦！" 与这句口号相称，皇帝的生命即便到了最终决战的时刻也不乏光彩。

弗里德里希二世在给亲信的信中写道："我骄傲的头颅也没有低下。" 的确，他在自己生命的最后一年里既没有表现出疲惫或沮丧，也没有放松他紧张的活力。恰恰相反，一种老树回春

---

① 尼俄伯（Niobe）是希腊神话中宙斯之子坦塔罗斯的女儿。尼俄伯有七个儿子和七个女儿，向女神勒托吹嘘自己的儿女，并嘲笑勒托只有一儿一女（阿波罗和阿耳忒弥斯），侮辱女神。阿波罗和阿耳忒弥斯射杀了尼俄伯的全部子女（也有说法是其中一人得到饶恕）。尼俄伯悲痛地化为石头，作为一块石头仍旧流泪。后人用 "尼俄柏的悲伤" 形容永无休止的悲伤。

的状态使他的力量得到了更新。他在给与他同龄的埃泽利诺的信中说，他很清楚，埃泽利诺的忠诚随着岁月的流逝不仅没有冷却，反而变得更加热烈，就像精神活力的更新伴随着身体的衰老一样。在答复埃泽利诺的请安时，他向这位朋友保证，虽然对帝国和叛军的思虑一直伴随着他，但他的生活很幸福，而且他的体质在意大利的鞍马劳顿中受到了一定程度的损害之后，如今在家乡的舒适条件下已经恢复了生机。弗里德里希二世甚至在考虑续弦，与萨克森公爵阿尔布雷希特的女儿结婚。他回到西西里有两个目的，首先是恢复王国行政和财政的秩序，因为在皮耶罗·德拉·维尼亚的领导下，行政和财政最近陷入了混乱；其次是为下一年做必要的准备，如他所说的那样，"愉快地将步伐转向德意志"。长期以来，他一直答应康拉德国王，他将亲临德意志。

政治形势似乎每个月都对他亲政德意志的计划更有利。在恩齐奥国王被俘之后，传来了另外一些不愉快的消息：科莫叛变，博洛尼亚人围困并攻占摩德纳，以及西萨山口再次丢失。但在1250年年初，战局再次转为对皇帝有利。局势的转变开始于罗马涅。拉文纳曾两次背叛皇帝，但忠心耿耿的巴尼亚卡瓦洛（Bagnacavallo）伯爵们再次为皇帝赢得了拉文纳，安科纳边疆区随后也归顺了。安科纳边疆区的教宗使节彼得罗·卡波乔（Peter Capoccio）奉命从安科纳边疆区入侵西西里，但在钥匙军越过西西里边境之前，他就被彻底打败了。2000人阵亡，他的两个侄子也被俘虏了。几个月后，帝国军在安科纳边疆区攻占了钦戈利（Cingoli），枢机主教卡波乔侥幸逃过了被俘的命运。一系列城市重新向皇帝效忠，因此弗里德里希二世能够向他的拜占庭女婿宣布，斯波莱托、罗马涅和安科纳边疆区再次属于他了。

安条克的弗里德里希在佛罗伦萨的处境不是那么愉快。托斯卡纳的帝国政府只能通过长期的小规模战斗来勉力支撑。安条克的弗里德里希麾下的一些佛罗伦萨军队在阿雷佐领土上的一次战役中被圭尔甫派偷袭，而在 1250 年年末，佛罗伦萨本身的气氛发生了明显变化。倒不是说佛罗伦萨人投靠了教宗或背叛了皇帝，而是他们组建了凌驾于吉伯林派与圭尔甫派之争之上的无派系的"人民政府"。佛罗伦萨是第一个这么做的城市。从此以后，佛罗伦萨为了帝国的利益而牺牲的所有力量，都被用于为本城服务。但在弗里德里希二世在世期间，帝国的督政官一直在佛罗伦萨。就在皇帝驾崩后的第二天晚上，督政官宅邸的一部分坍塌了，这位帝国官员被埋在了废墟中。

伦巴第中部是皇帝真正大获成功的地方。独眼侯爵乌贝托·帕拉维奇尼被证明是恩齐奥国王最杰出的继任者。也许乌贝托的专制野蛮比恩齐奥的骑士风度和热爱战斗的勇敢更有效、更令人生畏。乌贝托是臭名昭著的新酷刑发明者：他将裸体的受害人倒吊起来，并将他的牙齿一颗一颗地打碎。弗里德里希二世懂得如何驾驭这个野心勃勃的人。埃泽利诺几乎享有完全的独立性，负责保障布伦纳山口的安全；同样，萨伏依伯爵是通往勃艮第的道路的守护者；乌贝托·帕拉维奇尼奉命以同样的方式保障西萨通道。因此，弗里德里希二世把那附近的大约 50 个小村庄和定居点交给了他，这样，皇帝的事业与乌贝托的利益就完全一致了。帕拉维奇尼的许多新庄园位于帕尔马领土之上，侯爵与他的克雷莫纳人一起上阵，对付这座讨厌的城市。就在皇帝宜人的维多利亚城的原址，一场战斗打响了，帕尔马方面阵亡和被俘 3000 人，还丢失了自己的军旗战车，因此克雷莫纳为它在维多利亚失去的战车报了仇。帕尔马长久地记住了这个"黑色星期四"。但丁曾在一封给佛罗伦萨人的信中，劝告他的同胞不要对抗前进中的卢森堡的亨利①，并回顾了上述事件："你们不要被帕尔马人出乎意料的好运气所引诱，他们在不明智的热情洋溢的贪婪中……趁恺撒不在的时候冲进恺撒的营地。尽管他们把胜利从维多利亚带回了家，但也把悲哀引到了自己身上，这是值得铭记的事情。"帕拉维奇尼的这场胜利影响到了博洛尼亚。那座城市的人们向弗里德里希二世派出了使者，要求进行和谈。但弗里德里希二世要求先释放恩齐奥再谈别的。乌贝托·帕拉维奇尼在其他方面也很成功。他通过对自称"无胡子"（Barbarasi）的帝国支持者进行坚决的重组，缓和了克雷莫纳的政治混乱。他很快就与皮亚琴察取得了联系，这是一个传统上反皇帝的城市。不久，皮亚琴察放弃了与米兰的旧联盟，选择接受帕拉维奇尼的统治，人们对他的力量感到畏惧和信任。并且西西里舰队现在再次参战。新任西西里海军司令加埃塔的彼得罗（Peter von Gaëta）在萨沃纳附近的一次攻击中成功地俘虏了17艘热那亚舰船及其船员。

　　教宗在意大利的前景开始变得黯淡。他在德意志的处境也不乐观，因为在1250年夏季，康拉德国王对荷兰的威廉发起了一场大规模的莱茵战役。施陶芬军队取得胜利，使得康拉德与莱茵河河畔的大主教们达成了休战协议。在阿维尼翁和阿尔勒，尽管教宗竭尽全力使当地居民脱离施陶芬阵营，但他们还

---

①　即神圣罗马皇帝亨利七世（约1273—1313），他本是卢森堡伯爵，是卢森堡家族的第一任皇帝，也是弗里德里希二世驾崩后第一位获得加冕的皇帝，从而结束了大空位期。他希望恢复帝国对意大利的权利，积极地干预深陷于圭尔甫派和吉伯林派斗争的意大利，因此得到但丁的赞誉。但他染上疟疾而早逝，壮志未酬。他的儿子波希米亚国王约翰（后来因伤病而失明，称盲人约翰）未能当选为德意志国王，不过他的孙子查理四世和曾孙西吉斯蒙德都是重要的皇帝。

是重新向帝国的使者宣誓臣服了。教宗英诺森四世已经没有力气再打下去了：他的金钱和军队消耗殆尽；他甚至比以往任何时候都更不能指望法兰西国王提供最微不足道的服务。路易九世国王在埃及十字军东征的早期取得了一些胜利，但后来在曼苏拉（Mansurah）被俘，他的军队几乎全部当了俘虏。与其他无数人一样，他把这场灾难的责任完全推到了教宗身上。因为教宗不顾路易九世的再三恳求，拒绝与皇帝媾和，从而使弗里德里希二世无法在这些海外冒险中提供"比书信更有力的帮助"。此外，教宗还尽可能地把宣誓参加十字军东征的人转移去向弗里德里希二世开战，从而使十字军东征失去了充分的支持。弗里德里希二世巧妙地利用了不断蔓延的针对教宗的不满情绪。从一开始，皇帝就尽其所能地推动圣路易的事业。当法兰西国王被俘的消息传到他耳边（当时他在阿普利亚）的时候，他立即写信给埃及苏丹（卡米勒的儿子），请求释放法王。撒拉森军队的总司令是弗里德里希二世的老朋友法赫尔丁，法兰西人看到这个异教徒的盾牌上闪烁着罗马鹰徽，不禁大为惊讶。这是弗里德里希二世当年送给法赫尔丁的礼物。

但埃及王位的更迭使路易九世无须弗里德里希二世的帮助就以大笔赎金买回了自己的自由。路易九世随后前往阿卡。但法兰西国王和十字军的希望都集中在弗里德里希二世的支援上，他是天选的十字军领袖。甚至有一位圣殿骑士（弗里德里希二世多年来一直对圣殿骑士团进行严厉的迫害）在圣地写道，基督徒和撒拉森人都认为，如果不是教宗的自负阻碍了皇帝的参与，皇帝本可以避免十字军的这次惨败。这位圣殿骑士写道："我们所有的希望都在弗里德里希二世的怀抱里。"整个世界都同意。路易九世国王派遣御弟从阿卡回法国，坚持要求教宗与皇帝讲和，否则法兰西人就会把教宗赶出里昂。英诺森四世感到惊恐，于是向英格兰国王求助，请求他在波尔多（当时属于英格兰）为教廷提供庇护。英王犹豫不决，因为英诺森四世在英格兰是千夫所指的人物。

　　弗里德里希二世似乎已经快要实现他的一个愿望了，即所有世俗王公结盟反对教宗。1250 年年初，希腊皇帝约翰三世·瓦塔泽斯派出了相当多的辅助部队去支援弗里德里希二世。仅仅是因为埃及发生的震惊全欧洲的事件（如弗里德里希二世给卡斯蒂利亚国王的信中所说），使弗里德里希二世在阿普利亚停留了这么久，以便他能就近指挥作战。但前往德意志和进军里昂是弗里德里希二世念念不忘的计划。多年来，他的权力从未像现在这样稳固。他的旗帜所到之地，捷报频传，他得以向约翰三世·瓦塔泽斯发出一条又一条欢欣鼓舞的信息。"让一封信接着另一封信，带来捷报，不仅使那些有血缘关系和真挚感情的人感到高兴，而且使每个朋友喜悦，"弗里德里希二世在给希腊皇帝的信中这样写道，最后还表示对成功满怀信心，"这样，我们神圣的荣耀在上天的旨意下得到了加强，在秩序与和平中领导和引领着帝国"。

　　在这个辉煌的、几乎出人意料的圆满时刻，当帝国的力量似乎空前强大，皇帝本人也在行动中欢欣鼓舞，摩拳擦掌时，当东西方都以热切的期待将目光投向世界的君主时，当荣耀突然得到加强时，皇帝却与世长辞。弗里德里希二世于 1250 年 12 月 13 日，即圣露西亚瞻礼日，在他 56 岁生日前不久去世。这个寿命似乎专属于某个英雄和统治者的群体。①

---

　　① 恺撒终年 55 岁，拿破仑终年 51 岁。

12 月初，皇帝一直待在福贾。虽然这一年他有过几次轻微的不适，但他看起来非常健康。然后他离开了皇宫，大概是去打猎了。在后来的传说中，他在打猎时把祭司王约翰的隐身魔戒戴在手指上，突然从人们的视线中消失了。但事实是，一次严重的热病发作迫使他在菲奥伦蒂诺城堡避难，而他以前从未去过那里。他轻率地不以为意的痢疾变成了严重的肠炎，他似乎从一开始就意识到这是他最后一次生病。他一定立即召集了他的主要官员，因为在短短几天内，巴勒莫大主教贝拉尔多、高等法院政法官蒙泰内罗的里卡尔多、几位高等法院的法官和公证人就到了御前。在这些最后的日子里，与他在一起的其他忠实追随者可能是他常设内廷的一部分。他们包括 18 岁的曼弗雷德，他是他所有儿子中最得宠的一个；霍恩堡边疆伯爵贝托尔德，皇帝向他托孤；御厩总管彼得罗·鲁弗和他的侄子福尔科·鲁弗，福尔科是西西里诗派的年轻诗人之一，弗里德里希二世最近对他颇为恩宠；驸马卡塞塔伯爵里卡尔多；最后是医生普罗奇达的乔瓦尼①，他的名字与反对安茹王朝的"西西里晚祷"紧密地联系在一起。

---

① 普罗奇达的乔瓦尼（Johann von Procida，1210—1298）是意大利中世纪的一位医生和外交官，当过弗里德里希二世皇帝与教宗尼古拉三世的御医。乔瓦尼还是弗里德里希二世的谋臣和外交官，受托负责皇帝的儿子曼弗雷德的教育，一直陪伴曼弗雷德，直到他于 1266 年在贝内文托战役中阵亡。皇帝的孙子康拉丁在塔利亚科佐战役败于安茹的查理之后，施陶芬王朝灭亡，乔瓦尼逃往威尼斯，后来到德意志，继续图谋施陶芬家族的反攻大业。据传说，他（也可能是他的一个儿子以他的名义）亲自前往西西里，煽动反对安茹王朝、支持阿拉贡国王佩德罗三世（曼弗雷德的女婿）的事业，并去拜占庭、教廷和热那亚寻求支持。乔瓦尼的外交活动为 1282 年西西里人反对安茹的查理的"西西里晚祷"起义做好了准备。"西西里晚祷"起义军摧毁了查理准备用来入侵拜占庭的舰队，使得佩德罗三世能够在次年率军攻入西西里。佩德罗三世任命乔瓦尼为西西里首相。

弗里德里希二世再也没有离开菲奥伦蒂诺城堡。预言他注定要死在"花下"（sub flore）的神谕在这里得到了实现①。据说这个"藐视自然规律、企图长生不死"的人，一生都在徒劳地躲避佛罗伦萨，最后却死在了菲奥伦蒂诺。他的病只持续了几天。在去世前不久，弗里德里希二世在忠实朋友的见证下，起草了最后的遗嘱：康拉德是整个帝国的继承人；曼弗雷德是塔兰托亲王和意大利-西西里国的总督。遗嘱对遗产、向教会的捐赠等都做了安排。朝廷将大赦天下，犯有叛逆罪的犯人除外。教会可以收回自己的财产，条件是把属于帝国的东西交给帝国。弗里德里希二世预计，他的儿子们将继续与教会战斗。见证人在遗嘱上签了字：首先是年过八旬的巴勒莫大主教贝拉尔多，他曾陪同阿普利亚少年第一次前往德意志，如今正准备为主公举行临终涂油礼。然后，弗里德里希二世表明自己是比桀骜不驯的巨人埃泽利诺和帕拉维奇尼更伟大的人，他请求恕罪，穿上了熙笃会的灰色僧衣，从贝拉尔多大主教手中接过了最后的圣餐。他在死亡时和活着时一样，保持了基督教罗马皇帝应有的克制与尊严。

弗里德里希二世曾指示，他的葬礼应该毫不张扬。他可能还下了命令，他死后应尽可能秘不发丧，以免帝国过早出现骚乱。但曼弗雷德不允许父皇的葬礼缺少荣耀或隆重的排场，于是皇帝的遗体首先被运到墨西拿，然后运到巴勒莫。在巴勒莫主教座堂，在罗杰二世国王和亨利六世皇帝及其伟大的皇后康斯坦丝的墓旁，弗里德里希二世的遗体被安放在深红色斑岩的雄伟石棺中。几十年前，他命人将这具石棺从切法卢转移到巴勒莫，留自己百年之后使用。四只斑岩狮子承载着石棺，狮子

---

① 菲奥伦蒂诺（Fiorentino）在意大利语中也有"花"的意思。

身上雕刻着可上溯到前基督教时代的神秘的南意大利多神教符号，其中一只狮子用爪子护卫着赫拉克勒斯。石棺的盖子上有四位福音书作者的符号和全能之主（Pantokrator）的形象。皇帝的遗体不再穿着熙笃会的僧衣，而是被包裹在阿拉伯丝绸的衣服里，上面绣着异国文字和世界统治者的象征。

作为全能之主的弗里德里希二世，在皇权的全部荣光中离开了人世。追随者礼赞他为"神所选中的容器"（vas electum Dei）……"只有上帝的力量才能战胜他，人类的力量无法战胜他""战无不胜者""最强大的英雄"："人世间最伟大的君主，世界仰慕的对象和不可思议的改变世界的人。"弗里德里希二世没有受难，也没有承受圣方济各曾承受的伤痛，而是以全能之主的身份辞世：因为这位世界之王的职责是审判世界，而不是让世界通过他被审判。根据这个生命的轨迹（它总是跟随被圣化者、凯旋者和光荣加冕的胜利之神），在这里，圣化就是被提①，罗马人的最后一位皇帝从他的追随者中间，消失在"无敌皇帝"（Imperator Invictus）的光辉中，并免于知道笼罩着他的家族的悲惨命运。后来为救世主造像的艺术家对这样的结局也不陌生。事实上，弗里德里希二世的生命以"显圣容"（Transfiguration）告终，也就是他最终变形为末世之主……也许皇帝的一生、他的存在，没有任何曲线，既没有顶点也没有下降，而是从出生开始，他的生命线就像箭一样，经过一个又一个阶段，直奔天顶，然后脱离地球，像彗星一样消失在苍穹中，也许会在时间的每一个尽头带着火热的光芒再现。不久

---

① 被提（Entrückung）是基督教术语，指当耶稣再临之前（或同时），已死的人将会被复活、高升，活着的人也将会一起被送到天上的至圣所与基督相会，并且身体将升华为不朽的身体。

之后，西比尔女预言家就说了：他活着，他没有活着。

弗里德里希二世是最后一位被神化或在天上的星辰中找到一席之地的皇帝，不是作为一种通过图像和祭坛而时刻在场的力量，而是作为一种被永恒期待的力量，作为弥赛亚，作为世界末日的主，作为西比尔女预言家承诺的阿波罗太阳之国的统治者。他在世时，就有人把他誉为"太阳王"。安条克的弗里德里希的一位公证人兼学者写道："一个新的太阳诞生了：太平与名望，道路和港湾。"在大阴谋发生时，另一位学者写道，有人试图抢走世界的太阳；以及"撒旦妄图在太阳神（deitas solis）旁边竖立自己的宝座"。这些都不是适合描述一位强大皇帝的常见和通俗的比喻，而是属于某种特定思想圈子的比喻。但丁始终记得维吉尔对救世主的伟大预言。但丁赞美皇帝的"神圣后裔"，"就像太阳所孕育的光芒四射的太阳"，或者赞美帝国继承人康拉德是"团结万民的国王，世界在他的脚下跪拜，上帝对他微笑"。这些和其他无数的说法都属于弥赛亚思想。曼弗雷德在给康拉德国王的信中提到了他们父亲的死亡："世界的太阳已经落下，那是照亮万民的太阳；正义的太阳已经落下，那是和平的财富……"皇帝驾崩和"被提"的一个月内，他的追随者就在蒂沃利以提布缇娜神谕的风格写道："就像太阳从天上沉入西海时一样，弗里德里希二世在西方留下了一个太阳之子，黎明的深红色已经开始发亮了。"这是从未被彻底消灭的古老的"无敌太阳神"[1] 崇拜，它被预言

---

[1] 根据传统的学术观点，"无敌太阳神"（Sol Invictus）是罗马帝国晚期得到正式供奉和崇拜的太阳神，奥勒良皇帝在 274 年正式确立"无敌太阳神"的崇拜为罗马的国教。后来君士坦丁大帝放弃了"无敌太阳神"的崇拜，推崇基督教。

重新激活。1000 年前，无敌太阳神崇拜与救世主崇拜融合在一起，现在又与一位皇帝即弗里德里希二世联系起来，他本人出生在基督和太阳诞生的一天之后①；他又在 12 月去世，并将在他自己的时代，在世界末日之前重返人间，建立天国。

与弗里德里希二世相关的预言和西比尔神谕层出不穷。人们认为，罗马帝国随着弗里德里希二世的驾崩而结束。这句话已经是老生常谈。但人们不相信弗里德里希二世真的死了，因为教宗在近些年里经常宣布皇帝的死亡和帝国的崩溃……在伟大的承诺之后，人们仍在期待弗里德里希二世有伟大的举措，所以人们更愿意相信这位足智多谋的皇帝并没有真的死去，而是使出了一个计谋。在他死后的许多年里，佛罗伦萨的人们仍在打赌弗里德里希二世是否还活着，因为预言家曾许诺他有 267 年的寿命。在后来的几十年里，有不少人冒名顶替，谎称自己就是重返人间的弗里德里希二世。据说他藏在埃特纳火山或其他某处。人们对这位吉伯林派皇帝兼哲学家畏之如畏惧撒旦，"格贝鲁斯山"② 显然是他的合适住所。其中一个假弗里德里希在那里盘踞，被西西里人称为皇帝，并被尊为主人，受到崇拜。西西里的一名方济各会修士说，当他在海边沉浸祈祷时，突然看到一支由 5000 名披坚执锐的骑兵组成的强大队伍骑向岸边，然后跳进海里。然后大海发出嘶嘶声，仿佛所有骑兵的甲胄都是灼热的。其中一个骑兵对惊讶的僧侣说：那是弗里德里希二世皇帝，和他的部下一起骑进了埃特纳。这个异象让人想起了伟大的哥特人国王贝尔恩

---

① 弗里德里希二世的生日是 12 月 26 日。
② 格贝鲁斯山（Mons Gebellus）是埃特纳火山的一部分。

的迪特里希的死。① 据说这位僧侣看到这个异象的时候，恰恰就是弗里德里希二世去世的那一刻。

弗里德里希二世神秘失踪的谣言不胫而走，传到了德意志。西比尔女预言家曾预言："帝国将随他而终结，因为他的继承人——如果他有继承人的话——将被剥夺罗马的宝座和皇帝之名。"在大空位期的混乱中，这个预言在字面上得到了实现。德意志有太多的国王——荷兰的威廉、卡斯蒂利亚的阿方索、康沃尔的理查，但没有真正的统治者。德意志所有的历史发展都支离破碎，骄傲的政府结构在极短的时间内完全崩溃，化为乌有：皇帝驾崩后，世界看到了史无前例的宏大悲剧。笼罩着德意志人的惊恐和沮丧，在艺术中甚至比在历史中表现得更为突出：幸福的施陶芬时代的美丽与自由的骄傲，如今灰头土脸，分崩离析。

在阿尔卑斯山以南，弗里德里希二世的遗产是"可怕"（Terribile）与"威严"（Maestoso）交融的形象，它阻止了灵魂之神豪放不羁的流入。弗里德里希二世在阿尔卑斯山以北的遗产却不是这样，德意志人几乎没有受到丝毫影响。歌德的这句话已经适用于他们：他们更容易感知善，而不是美。对德意志人来说，弗里德里希二世不是阿波罗，不是无敌太阳神，既不是西比尔女预言家的神，也不是太阳神王国的使者。敌基督在风暴中掠过云层的可怕景象更令人信服，因为在德意志只有堕落的教会站在审判台上。德意志也拒绝相信这位伟大皇帝的

---

① 如前所述，日耳曼传说中的英雄贝尔恩的迪特里希的原型是东哥特国王狄奥多里克大王。狄奥多里克是阿里乌派基督徒，被天主教会认为是异端，并且杀害了波伊提乌等教会人士。所以根据正统天主教会的说法，狄奥多里克死后受罚，坠入火山或者骑马进入地狱。迪特里希的传说中往往也有这两个元素。

死亡。几十年后，仍有冒名顶替者以复活的皇帝的身份出现。但在德意志人眼中，弗里德里希二世的前基督教的化身不是阿波罗，而是沃坦①。他以"流浪者"（Waler）的身份出现，向农民宣布：

他将再一次成为

er süll noch gewaltig werden

整个罗马大地的主人

aller Romschen erden

改革教会似乎是"被等待的人"最重要的使命，他要鞭挞教士，直到他们出于畏惧，用牛粪掩盖他们的秃顶。德意志人关于救世主的理念是如此持久，以至于在黑死病的灾祸之后，人们把图林根自我鞭笞赎罪运动的可怕领袖称为"弗里德里希皇帝"。

当然，即使在德意志，弗里德里希二世的名字除了恐惧和沮丧之外，也有正面的属性——智慧、尊贵、威严和荣耀，尽管这些美丽和光芒并没有像对意大利人那样给北方人留下深刻印象，并在他们心中长久存续。德意志人期待弗里德里希二世卷土重来，哪怕他已被切成碎片或烧成灰烬，他将把德意志人的罗马帝国再次提升到荣耀和光辉的高度。他将带来正义与和平，他将率领大军远征圣地，他将把盾牌挂在枯树上，放下世界的王冠。北方人的幻梦是，在弗里德里希二世审判腐化的教

---

① 沃坦（Wotan）是北欧神话中主神奥丁在德意志的名字之一。与传说中的弗里德里希二世皇帝一样，沃坦曾化身为流浪者在人间游荡。

会并光荣地重振帝国雄风的时刻到来之前，他躲进了山中。传说中，图林根的屈夫霍伊泽山（Kyffhäuser）就是他的藏身之处，这也许是因为弗里德里希二世的一个外孙，勇敢的弗里德里希①一直活到了 14 世纪初。他是尊贵的迈森的海因里希②的孙子，人们渴望他能成为弗里德里希三世。无论皇帝的位置在人们的幻梦中保留了怎样的荣耀和光辉（甚至保留到了后来的贫瘠年代），这些荣耀和光辉都来自那位被废黜和绝罚的君主、教会迫害者、敌基督和堕落天使。

古老的预言给了弗里德里希二世 267 年的生命，而在他死后的 267 年，宗教改革的曙光在德意志出现了。再过两年，在 1519 年的"民书"③ 中，人们第一次将弗里德里希二世与他

---

① 勇敢的弗里德里希（Friedrich der Freidige，1257—1323）是迈森边疆伯爵和图林根方伯。他的父亲是韦廷家族的迈森边疆伯爵阿尔布雷希特二世（堕落的），母亲玛格丽塔是弗里德里希二世皇帝与其第三任妻子英格兰的伊莎贝拉的女儿。据传说，因为阿尔布雷希特二世与人通奸，玛格丽塔愤而逃走，临走之前因为舍不得丢下儿子弗里德里希，就咬了他的面颊一口，所以他也被称为"被咬的弗里德里希"。勇敢的弗里德里希还是个孩子的时候，就有预言说他将成为第三位弗里德里希皇帝，因此伦巴第的吉伯林派邀请他去意大利继承施陶芬皇朝的遗产。勇敢的弗里德里希曾与父亲进行长期斗争，后来被德意志国王拿骚的阿道夫剥夺了领地，因此流亡海外，在阿道夫死后又与新国王阿尔布雷希特一世（哈布斯堡家族）发生冲突，最终收回了自己的大部分失地。

② 即韦廷家族的迈森边疆伯爵海因里希三世，绰号"尊贵的海因里希"（Heinrich der Erlauchte，约 1215？—1288）。在弗里德里希二世皇帝与教宗的斗争中，尊贵的海因里希坚决站在皇帝那边，因此皇帝将女儿玛格丽塔许配给海因里希的儿子。在大空位期的混乱中，海因里希为了保卫自己的领土陷入了混战。他被认为是一位勇敢、高贵、正派、懂艺术的诸侯，创作了一些诗歌。

③ 民书（Volksbuch）是德意志学者约翰·约瑟夫·格雷斯和约翰·戈特弗里德·赫尔德在 18 世纪末提出的一个概念，指的是中世纪以来流传的史书和民间文学材料，大多为散文形式，包括古代史书、冒险罗曼司、民间传说、童话、传奇、笑话故事等。

的祖父巴巴罗萨混淆。将这位人们盼望已久的救世主皇帝描绘成教会的迫害者，逐渐变得无意义了。而在德意志，几乎没有人有过意大利人的眼光，会把敌基督弗里德里希二世视为"缪斯的引领者赫拉克勒斯"。弗里德里希二世逐渐变形为大胡子巴巴罗萨，青春永驻的少年变成了年迈的男人。德意志的梦开始演变，而神话的演变反映了一个逐渐变老或者返老还童的民族的生活和渴望。头发灰白的睡眠者的胡须已经穿透了桌子，他对今天的德意志人没有任何信息要传达：他已经在帝国最伟大的附庸、那个年迈的男人①身上得到了实现。但疲惫不堪的末日之主在得到救赎时，与那位肇端的赫烈之主、诱惑者、迷惑者、光华灿烂者、悦乐者、长青者、严厉有力的法官、学者兼智士、率缪斯轮舞的戴盔勇士、不眠不休而思考如何更新"帝国"的人没有什么共同点。如果不是因为巴巴罗萨的孙子，屈夫霍伊泽山今天将空空如也……最伟大的弗里德里希二世至今还没有得到救赎，他的人民不了解他，也配不上他。"活着，也不活着。"西比尔女预言家的话不是针对皇帝，而是针对皇帝的子民。

---

① 指俾斯麦。

大事年表

1190	巴巴罗萨驾崩。
1191	亨利六世加冕为神圣罗马皇帝。
1194	12 月 26 日，弗里德里希二世生于耶西。
1197	9 月 28 日，亨利六世驾崩。
1198	1 月，英诺森三世成为教宗。
	5 月，弗里德里希二世在巴勒莫加冕为西西里国王。
	11 月 27 日，康斯坦丝皇后去世。英诺森三世成为弗里德里希二世的监护人和西西里摄政者。
1201	马克瓦德·冯·安维勒在巴勒莫执政。
1204	十字军征服君士坦丁堡。
1208	6 月 21 日，德意志国王施瓦本的菲利普被谋杀。
	12 月 26 日，弗里德里希二世开始亲政。
1209	弗里德里希二世与阿拉贡的康斯坦丝结婚。奥托四世在罗马加冕为皇帝。
1210~1211	奥托四世在西西里王国。
1211	弗里德里希二世当选为皇帝。
1212	阿普利亚少年抵达康斯坦茨。
1215	亚琛的加冕礼。弗里德里希二世宣誓参加十字军东征。第四次拉特兰大公会议。
1216	7 月 16 日，教宗英诺森三世在佩鲁贾去世。霍诺里乌斯三世成为教宗。
1218	奥托四世驾崩。
1220	法兰克福会议。亨利（七世）当选为罗马人国王。弗里德里希二世在罗马加冕为皇帝。卡普阿朝会。
1221~1223	平定西西里。
1224	创办那不勒斯大学。
1225	与教廷就十字军东征事宜开展谈判。《圣杰尔马诺条约》。弗里德里希二世与耶路撒冷的伊莎贝拉结婚。
1226	克雷莫纳会议。伦巴第联盟重启。条顿骑士团首次前往普鲁士。阿西西的方济各去世。
1227	霍诺里乌斯三世去世。格列高利九世成为教宗。十字军东征的准备工作。布林迪西的瘟疫。弗里德里希二世第一次被逐

	出教会。
1229	3月，弗里德里希二世在耶路撒冷举行加冕礼。他返回西西里。教宗的军队被击溃。
1230	与教廷缔结和约。
1231	《梅尔菲宪章》。发行奥古斯都金币。西西里君主国的建设。
1232	访问威尼斯。弗留利会议。
1233	意大利的忏悔运动。
1235	亨利国王的叛乱。弗里德里希二世向德意志进军。沃尔姆斯的法庭。弗里德里希二世与英格兰的伊莎贝拉结婚。美因茨会议。
1236	圣伊丽莎白的葬礼。第一次伦巴第战役。征服维琴察。对奥地利的战役。在维也纳过冬。康拉德四世当选为罗马人国王。
1237	第二次伦巴第战役。科尔泰诺瓦大捷。在克雷莫纳和罗马的凯旋式。
1238	第三次伦巴第战役。围攻布雷西亚。恩齐奥的婚礼。
1239	在帕多瓦扎营。弗里德里希二世被绝罚。第四次伦巴第战役。西西里的重组。意大利国家的建立。入侵教宗国。
1240	弗里德里希二世向罗马进军。返回西西里。在罗马涅的战役。攻占拉文纳。围攻法恩扎。
1241	占领法恩扎。海上的胜利。俘获若干高级教士。鞑靼人入侵西里西亚。针对罗马的新战役。格列高利九世去世。
1241~1243	教宗职位空缺。
1243	英诺森四世就任教宗。和平谈判。维泰博叛变。
1244	与教廷的和平。教宗逃往里昂。
1245	里昂大公会议。教宗宣布废黜弗里德里希二世。
1246	在格罗塞托扎营。阴谋。在西西里王国作战。海因里希·拉斯佩在德意志成为对立国王。
1247	意大利国家的重组。向里昂进军。帕尔马的叛变。意大利圭尔甫派的叛乱。帕尔马被围困。建造维多利亚城。
1248	击败帕尔马。
1249	皮耶罗·德拉·维尼亚被捕。御医企图毒死弗里德里希二世。恩齐奥国王被俘。
1249~1250	圣路易的十字军东征。
1250	12月13日，弗里德里希二世在菲奥伦蒂诺驾崩。
1265	5月8日，但丁诞生。
1266	曼弗雷德国王在贝内文托阵亡。
1268	康拉丁被处决。
1272	恩齐奥国王去世。

译名对照表

Aachen 亚琛

Abälard 阿伯拉尔

Abbassiden 阿拔斯王朝

Ablaßhandel 兜售赎罪券

Abruzzen 阿布鲁佐

Absalom 押沙龙

Absolutismus 专制主义

Abu Maschar 阿布·马沙尔

Abu Zakaria Jahya 阿布·扎卡里亚·叶海亚

Acerno 阿切尔诺

Acerra, Grafen 阿切拉伯爵

Achill 阿喀琉斯

Acquaviva 阿夸维瓦

Adam 亚当

Adam von Cremona 克雷莫纳的亚当

Adel, sizilischer 西西里贵族

Adelasia von Sardinien 撒丁岛的阿德拉西娅

Admiral, sizilischer 西西里海军司令

Adolph von Holstein 荷尔斯泰因伯爵阿道夫

Adolph, Erzb. von Köln 阿道夫，科隆大主教

Adolph von Nassau 拿骚的阿道夫

Ägypten 埃及

Äneas 埃涅阿斯

Ätna 埃特纳火山

Aghlabiten 阿格拉布王朝

Agnes von Böhmen 波希米亚的阿格尼丝

Aiguesmortes 艾格莫尔特

Aimeric von Peguilain 佩吉莱恩的艾默里克

Ajello 阿耶洛

Akkon 阿卡

Alaman da Costa 阿拉曼·达·科斯塔

Ansaldus de Mari, Admiral 安萨尔杜斯·德·马利, 海军司令

Anselm von Justingen 安塞尔姆·冯·尤斯廷根

Antichrist 敌基督

Antike 古典时代

Antiochien 安条克

Antonius von Padua 帕多瓦的圣安东尼

Apollon 阿波罗

Apulejus 阿普列尤斯

Apulien 阿普利亚

Aquila 阿奎拉

Aquileja 阿奎莱亚

Aquino (Familie) 阿奎诺（家族）

Arabien 阿拉伯半岛

Aragon 阿拉贡

Arat 阿拉托斯

Arcole 阿科莱

Arduin, B. von Cefalù 切法卢主教阿尔都因

Arezzo 阿雷佐

Ariost 阿里奥斯托

Aristoteles 亚里士多德

Arius, Arianer 阿里乌, 阿里乌派

Arkadius 阿卡狄乌斯

Arktis 北极

Armenien 亚美尼亚

Armen von Lyon 里昂的穷人

Arnaldus, Magister 阿纳尔杜斯大师

Arnold, Dominikaner 阿诺尔德, 多明我会修士

Arnsberg, Grf. von 阿恩斯贝格伯爵

Arrigo Testa 阿里戈·泰斯塔

Artus 亚瑟王

Assassinen 阿萨辛派

Assisi 阿西西

Asti 阿斯蒂

Astrologie 星相学

Astronomie 天文学

Athen 雅典

Atia 阿提娅

Atina 阿蒂纳

Attila 阿提拉

Aufklärung 启蒙运动

Berard von Castacca, EB. von Palermo 卡斯塔卡的贝拉尔多，巴勒莫大主教

Berard, EB. von Messina 贝拉尔多，墨西拿大主教

Bergamo 贝加莫

Bernardo Orlando di Rossi 贝尔纳多·奥兰多·迪·罗西

Bernhard von Clairvaux 克莱尔沃的伯纳德

Bernhard II. von Kärnten 克恩滕公爵伯恩哈德二世

Bethlehem 伯利恒

Berthold, MGrf. von Hohenburg 贝托尔德，霍恩堡边疆伯爵

Berthold von Regensburg 雷根斯堡的贝托尔德

Berthold von Tannenrode 坦南罗德的贝托尔德

Bettelorden 托钵修会

Bianca Lancia 比安卡·兰恰

Bildhauerschule 雕塑学校

Boccaccio 薄伽丘

Bologna 博洛尼亚

Boemund von Antiochien 安条克亲王博希蒙德三世

Boemund von Tarent 塔兰托的博希蒙德

Boethius 波伊提乌

Bojano 博亚诺

Böhmen 波希米亚

Bonagiunta di Lucca 卢卡的博纳准塔

Bonifaz VIII. 博尼法斯八世

Boppard 博帕德

Botanik 植物学

Bordeaux 波尔多

Borgia 博吉亚

Borgo San Donnino 博尔戈·圣多尼诺

Bouvines 布汶

Brabant 布拉邦特

Brahmanen 婆罗门

Braunschweig-Lüneburg 不伦瑞克-吕讷堡

Breisach 布赖萨赫

Brennerpass 布伦纳山口

Brennerstraße 布伦纳通道

Brescia 布雷西亚

Bindisi 布林迪西

Brixen 布里克森

Brunetto Latini 布鲁内托·拉蒂尼

Brutus 布鲁图斯

Bulgarien 保加利亚

Chambery 尚贝里

Chartres 沙特尔

Chioggia 基奥贾

Chorasmier 花剌子模人

Chur 库尔

Cicala, apul. Geschl. 奇卡拉，阿普利亚的家族

Cicero 西塞罗

Cisapaß 西萨山口

Cisterzienser 熙笃会修士

Citeaux 熙笃

Cividale 奇维达莱

Civitavecchia 奇维塔韦基亚

Clairvaux 克莱尔沃

Claudius 克劳狄

Cluny 克吕尼

Coelestin III. 塞莱斯廷三世

Coelestin IV. 塞莱斯廷四世

Colbert 柯尔贝尔

Colonna 科隆纳

Comacchio 科马基奥

Como 科莫

Conza 孔扎

Cornelier 科尔内利乌斯家族

Corneto 科尔内托

Cortenuova 科尔泰诺瓦

Cosenza 科森扎

Crema 克雷马

Cremona 克雷莫纳

Cypern 塞浦路斯

Dänemark 丹麦

Damiette 达米埃塔

Damon 达蒙

Dante 但丁

David 大卫

Dekretale （教宗的）教令

Demanium 王室领地

Deutsche Fürsten 德意志诸侯

Deutschordensmeister 条顿骑士团大团长

Deutschordensstaat 条顿骑士团国

Estland 爱沙尼亚

Eugen von Palermo 巴勒莫的欧根尼乌斯

Euklid 欧几里得

Eunuchen 宦官

Ezzelino da Romano 埃泽利诺·达·罗马诺

Fabier 费边家族

Faënza 法恩扎

Färbereimonopol 染坊垄断

Fahnenwagen, Mailänder 军旗战车（米兰的）

Fahr-ed-Din 法赫尔丁

Falkenbuch《鹰猎的艺术》

Falkenjagd 鹰猎

Falkner 养鹰人

Farinata degli Uberti 法里纳塔·德里·乌贝蒂

Fasces 法西斯束棒

Feirefiß 费勒菲茨

Ferentino 费伦蒂诺

Ferrara 费拉拉

Filangieri, camp. Geschl. 菲兰杰里，坎帕尼亚的家族

Fiorentino 菲奥伦蒂诺

Firdusi 菲尔多西

Flagella 弗拉杰拉

Florenz 佛罗伦萨

Flotte, sizilische 西西里舰队

Foggia 福贾

Folco Ruffo 福尔科·鲁弗

Foligno 福利尼奥

Folter 刑讯

Fondaco 贸易站

Fortuna Augusti 奥古斯都的幸运

Fossalta 福萨尔塔

Fra Corneto 科尔内托修士

Fra Elia von Cortona 科尔托纳的埃利亚修士

Fra Gerardo 杰拉尔多修士

Fra Leo von Bologna 博洛尼亚的利奥修士

Frangipani 弗兰吉帕尼

Frankreich 法兰西

Frankfurt 法兰克福

Franziskaner 方济各会修士

Giacomo da Lentini 贾科莫·达·伦蒂尼

Giacomino Pugliese, s. Jacob von Morra 阿普利亚人贾科米诺，即莫拉的雅各布

Giglio, Insel 吉廖岛

Giotto 乔托

Girgenti 阿格里真托

Giron le Courtois 吉隆·勒·库尔图瓦

Glossator 注释法学派

Gnostik 诺斯替主义

Goethe 歌德

Gonzaga 贡扎加

Gotik 哥特风格

Gottesgnadentum 君权神授

Gottfried von Bouillon 布永的戈弗雷

Gottfried von Hohenburg 霍恩堡的戈特弗里德

Gottfried von Morra 莫拉的戈弗雷多

Gottfried von St. Omer 圣奥梅尔的戈弗雷

Gottfried von Sabina, Kardinalb. s. Coelestin Ⅳ. 萨比纳枢机主教戈弗雷多，即
　教宗塞莱斯廷四世

Gottfried von Straßburg 斯特拉斯堡的戈特弗里德

Gottfried von Viterbo 维泰博的戈弗雷多

Gotthardpaß 圣哥达山口

Gottunmittelbarkeit（d. Ks.）皇帝与上帝的直接联系

Grabeskirche 圣墓教堂

Granada, Kalif von 格拉纳达的哈里发

Gratian 格拉提安

Gregor VII. 格列高利七世

Gregor IX. 格列高利九世

Gregor von Montelongo 蒙泰隆戈的格列高利

Griechen（s. auch Byzanz）希腊人（拜占庭人）

Griechenland 希腊

Griechische Sprache 希腊语

Grönland 格陵兰

Grosseto 格罗塞托

Guastalla 瓜斯塔拉

Gubbio 古比奥

Guelfen 圭尔甫派

Gudrunlied《古德伦之歌》

Guido von Arezzo 阿雷佐的圭多

Guido Bonatti 圭多·博纳蒂

Guido Cavalcanti 圭多·卡瓦尔坎蒂

Heinrich d. Stolze 骄傲的亨利

Heinrich von Veldeke 费尔德克的海因里希

Heilbronn 海尔布隆

Helena, Gem. Manfreds 海伦娜，曼弗雷德之妻

Heliand《救世主》

Henricus Abbas 亨里克斯·阿拔斯

Herakles 赫拉克勒斯

Herat 赫拉特

Hermann, Ldgrf. von Thüringen 赫尔曼，图林根方伯

Hermann von Salza, Dt. OrdM. 赫尔曼·冯·萨尔察，条顿骑士团大团长

Hermes 赫耳墨斯

Hero von Alexandrien 亚历山大港的希罗

Herodes 希律王

Heruler 赫卢利人

Herzeloide 赫尔策莱德

Hierarchie, krchl. 教会统治集团

Hippiatrik《马医学》

Hippokrates 希波克拉

Hochgericht 高等法院

Hofjustitiar, dtsch.（德意志的）帝国高级政法官

Hohenburg, Mgrfn. von 霍恩堡边疆伯爵夫人

Hohenlohe 霍恩洛厄

Holland 荷兰

Homer 荷马

Homo Dei 属于神的人

Honorius, röm. Ks. 霍诺留，罗马皇帝

Honorius III. 霍诺里乌斯三世

Hugdietrich《胡格迪特里希》

Hugo Boterius 乌戈利诺·博特里乌斯

Hugo Novellus 乌戈利诺·诺沃卢斯

Hugo, Dekan zu Capua 乌戈，卡普阿的总铎

Hugo von Ostia, s. Gregor IX. 奥斯提亚的乌戈利诺，即格列高利九世

Hugo von Payens 于格·德·帕英

Huguccio von Pisa 比萨的乌古乔内

Humanismus 人文主义

Humanum 人道

Hydrologie 水文学

Hygin 希吉努斯

Ibn Abbad, sarazen. Emir 伊本-阿巴德，萨拉森人的埃米尔

Johann 》ohne Land《, Kg. von Engl. 无地王约翰，英格兰国王

Johannes Morus 约翰·摩鲁斯

Johann von Otranto 奥特朗托的乔瓦尼

Johann von Palermo 巴勒莫的乔瓦尼

Johann von Polo 波罗的乔瓦尼

Johann, Priesterkönig 祭司王约翰

Johann von Procida 普罗奇达的乔瓦尼

Johann von Salisbury 索尔兹伯里的约翰

Johann von Trajetto 特拉耶托的乔瓦尼

Johann Vatatzes, Ks. von Nikäa 约翰三世·瓦塔泽斯，尼西亚皇帝

Johann von Vicenza 维琴察的乔瓦尼

Johannes, Evangelist 福音书作者约翰

Johanniter 圣约翰骑士团

Jordan, Marschall 约尔当，军务官

Jodanus, Minorit 乔达努斯，小兄弟会修士

Jordanus Ruffus 乔达努斯·鲁弗斯

Juda ben Salomon Cohen 犹大·本·所罗门·科恩

Juden 犹太人

Judenprozeß 对犹太人的审判

Julier 尤利尔山口

Julius II. 尤利乌斯二世

Justinian 查士丁尼

Justitia 正义女神

Justitiare 政法官

Justitiar der Scholaren 学者总管

Kairo 开罗

Kaiserkult 皇帝崇拜

Kanzlei 文书官衙

Kapitol 卡比托利欧山

Kardinäle 枢机主教

Karl d. Große 查理曼

Karl V. 查理五世

Karl II. Anjou 安茹的查理二世

Karl August von Weimar 魏玛大公卡尔·奥古斯特

Karthago 迦太基

Kastelle 城堡

Kastilien 卡斯蒂利亚

Ketzer, Ketzerei 异端分子，异端

Kinderkreuzzug 儿童十字军东征

Ludwig d. Bayer, Ks. 巴伐利亚人路易，皇帝
Ludwig, Hzg. von Bayern 路德维希，巴伐利亚公爵
Ludwig IX. von Frankreich, d. Heilige 法兰西国王路易九世，圣路易
Ludwig XIV 路易十四
Ludwig, Lgrf. von Thüringen 图林根方伯路德维希
Lukan 卢坎
Lukrez 卢克莱修
Lüttich 列日
Luziferianer 路西法派
Lyon 里昂

Machiavelli 马基雅维利
Magdeburg 马格德堡
Magna charta 《大宪章》
Magnetnadel 指南针
Majestätsverbrechen 对君主大不敬
Mailand 米兰
Maimonides 迈蒙尼德
Mainz 美因茨
Mainzer Hoftag 美因茨朝会
Malabranca 马拉布兰卡
Malaspina 马拉皮斯纳
Malek Saleh 马利克·萨利赫
Malta 马耳他岛
mandorla 神圣光轮
Manfred, Kg. von Sizilien 曼弗雷德，西西里国王
ManfredLancia 曼弗雷德·兰恰
Manfred Maletta 曼弗雷迪·马莱塔
Manfredonia 曼弗雷多尼亚
Mansurah 曼苏拉
Mantua 曼托瓦
Marburg 马尔堡
Marcellin von Arezzo 阿雷佐主教马尔切林
Marco Polo 马可·波罗
Margarete von Meißen 迈森的玛格丽特
Margarete von Österreich, Gem. Heinrichs 奥地利的玛格丽特，亨利（七世）之妻
Marinus von Eboli 埃博利的马里努斯
Marinus Filangieri 马里努斯·菲兰杰里
Markward von Anweiler 马克瓦德·冯·安维勒

Marokko 摩洛哥

Martianus Capella 马尔提亚努斯·卡佩拉

Marzuch 马尔促赫

Mathematik 数学

Matheus Curialis 马太·库利亚里斯

Matheus Fasanella 法萨内拉的马特奥

Matheus Orsini 马泰奥·奥尔西尼

Mathilde von Toscana 托斯卡纳的玛蒂尔达

Maulbronn 毛尔布龙

Medici 美第奇

Medizin 医学

Medor 梅多罗

»Meißner« 迈森诗人

Meistersang 工匠歌曲

Melchisedech, Kg. von Salem 撒冷的祭司王麦基洗德

Melfi 梅尔菲

Meran 梅朗

Merkantilismus 重商主义

Merlin 梅林

Messias 弥赛亚

Messina 墨西拿

Meyer, Conr. Fred. 康拉德·斐迪南·迈尔

Michael Comnenus 米海尔·科穆宁

Michael Scotus 迈克尔·斯科特

Minnesänger 骑士爱情诗诗人

Mithras 密特拉

Moamin, Falkner 穆阿明，养鹰人

Modena 摩德纳

Mohammed 穆罕默德

Monaldo Aquino 莫纳尔多·阿基诺

Monarchenbund 君主联盟

»Monarchia« 《帝制论》

Mondragone 蒙德拉戈内

Mongolen 蒙古人

Monopole 垄断

Monreale 蒙雷阿莱

Montaperti 蒙塔佩尔蒂

Monte-Albona 蒙特阿尔博纳

Monte Cassino 卡西诺山

Monte Cristo 基督山岛

Normannen 诺曼人

Norwegen 挪威

Notare 公证人

Notker 诺特克

Novara 诺瓦拉

Nürnberg 纽伦堡

Oberrechnungshof 高等审计法院

Occursius 奥库尔西乌斯

Odo von Montbeliard 蒙贝利亚尔的奥多

Odysseus 奥德修斯

Ogotai 窝阔台

Olympias 奥林匹亚丝

Optik 光学

Orleans 奥尔良

Orosius 奥罗修斯

Orsini 奥尔西尼

Orta 奥尔塔

Ortnit 奥特尼特

Österreich 奥地利

Otranto 奥特朗托

Ottaviano degli Ubaldini, Kard. 奥塔维亚诺·德利·乌巴尔迪尼，枢机主教

Otto I., Kaiser 奥托一世，皇帝

Otto II., Kaiser 奥托二世，皇帝

Otto III., Kaiser 奥托三世，皇帝

Otto IV, Kaiser, Hzg. von Braunschweig 奥托四世，皇帝，不伦瑞克公爵

Otto von Braunschweig-Lüneburg 不伦瑞克-吕讷堡的奥托

Otto von St. Nikolaus, Kard. 圣尼古拉的奥托内，枢机主教

Otto von Wittelsbach 维特尔斯巴赫的奥托

Otto, Pfalzgrf. von Wittelsbach 维特尔斯巴赫的奥托，行宫伯爵

Otto Visconti 奥托内·维斯孔蒂

Ovid 奥维德

Ovindoli 奥温多利

Padua 帕多瓦

Palamedes《帕拉米迪斯》

Palastkapelle 宫廷礼拜堂

Palermo 巴勒莫

Pandulf von Fasanella 法萨内拉的潘多尔夫

Paquera 帕克拉

plenitudo potestatis 完全的权力
Plinius 普林尼
Plotin 普罗提诺
Podestà 督政官
Polen 波兰
Poli 波利
Pompejus 庞培
Pontevico 蓬泰维科
Pontoglio 蓬托廖
Pontremoli 蓬特雷莫利
Popularen 民众党
Pordenone 波尔德诺内
Porphyrius 波菲利
Pozzuoli 波佐利
Prato 普拉托
Prémontré 普雷蒙特雷
Preußen 普鲁士
Privatrecht 私法
Privilegiengesetz 特权法
Proklus 普罗克洛
Provence 普罗旺斯
Provenzalen 普罗旺斯人
Pseudoaristoteles 伪亚里士多德
Ptolemäus 托勒密
PuerApuliae 阿普利亚少年

Radicofani 拉迪科法尼
Rafael 拉斐尔
Raimund von Toulouse 图卢兹的雷蒙
Rainald von Aquino 阿奎诺的莱纳尔多
Rainald von Dassel 莱纳尔德·冯·达瑟尔
Rainald von Montenero 蒙泰内罗的莱纳尔多
Rainald von Palermo 巴勒莫的莱纳尔多
Rainald von Urslingen, Hzg. von Spoleto 莱纳尔德·冯·乌尔斯林根，斯波莱托公爵
Rainer von Manente 马嫩特的拉涅罗
Rainer von Palermo 巴勒莫的拉涅罗
Rainer von Viterbo, Kard. 维泰博的拉涅罗，枢机主教
Rationalismus 理性主义
Ravenna 拉文纳

Robert von Somercote, Kard. 索默科特的罗伯特，枢机主教

Rocca d'Arce 罗卡达尔切

Rocca d'Evandro 罗卡德万德罗

Rocca San Felice 罗卡-圣费利切

Rocca Mandolfi 罗卡曼多尔菲

Roffred von Benevent 贝内文托的罗弗雷多

Roger II., Kg. von Sizilien 罗杰二世，西西里里国王

Roger de Amicis 鲁杰罗·德·阿米西斯

Roger von Aquila 阿奎拉伯爵鲁杰罗

Roger Bacon 罗杰·培根

Romanus von Porto, Kard. 波尔托的罗曼努斯，枢机主教

Rom 罗马

Romagna 罗马涅

Römischer Senat 罗马元老院

Romulus 罗慕路斯

Rosa, Hige. 圣罗莎

Rudolf von Habsburg, Grf., röm. Kg. 哈布斯堡的鲁道夫，罗马人国王

Ruffi, kalabr. Geschl. 鲁菲，卡拉布里亚的家族

Rußland 罗斯

Sala 萨拉

Saladin 萨拉丁

Salerno 萨勒诺

Salimbene von Parma 帕尔马的萨林贝内

Salinguerra 萨林盖拉

Sallust 撒路斯提乌斯

Saluzzo 萨卢佐

Salzburg 萨尔茨堡

Salzmonopol 食盐垄断

Samniten 萨莫奈人

San Bonifacio 圣博尼法乔

San Germano 圣杰尔马诺

San Miniato 圣米尼亚托

San Severino, Grf. von 圣塞韦里诺伯爵

Sancha von Aragon 阿拉贡的桑恰

Sancho II. von Portugal 葡萄牙国王桑乔二世

Sappho 萨福

Saragossa 萨拉戈萨

Sarazenen 撒拉森人

Sardinien 撒丁岛

Sonett 十四行诗

Sora 索拉

Spanien, Spanier 西班牙，西班牙人

Speyer 施派尔

Spielleute 流浪艺人

Spoleto 斯波莱托

Sprachen 语言

Squillace 斯奎拉切

Staatsphilosophie 国家哲学

Staufer 施陶芬家族

Steiermark 施泰尔马克

Stilistenschule von Capua 卡普阿的文体学校

Stilkunst 文体艺术

Stirps regia 王族血脉

Stromboli 斯特龙博利岛

Suessa 塞萨

Sündenfall 人的堕落

Suprematie, päpstl. 教宗至高无上

Sutri 苏特里

Syrakus 叙拉古/锡拉库萨

Syrien 叙利亚

Sylvester II., s. Gerbert von Reims 西尔维斯特二世，即兰斯的热尔贝尔

Tacitus 塔西佗

Tagliacozzo 塔利亚科佐

Talmud 《塔木德》

Tankred, Kg. d. Normannen in Sizil. 唐克雷德，西西里诺曼王朝的国王

Tarent 塔兰托

Teano 泰亚诺

Templer 圣殿骑士团

Terenz 泰伦提乌斯

Terra Laboris 拉波利斯之地

Terracina 泰拉奇纳

Terribile 恐怖

Terrisius von Atina 阿蒂纳的泰里西奥

Tertullian 德尔图良

Teukros von Babylon 巴比伦的特克罗斯

Thaddeus vonSuessa 塞萨的塔代奥

Theben 底比斯

Theodor, Mag, u. Hofphilosoph 特奥多尔，大师与宫廷哲学家

Tunis 突尼斯
Turin 都灵

Überlingen 于伯林根
Uberti, florent. Geschl. 乌贝蒂，佛罗伦萨的家族
Uberto, Mgrf. Pallavicini 乌贝托·帕拉维奇尼
Uc de St. Circ 圣西尔克的乌科
Udine 乌迪内
Ugolino della Gherardesca 乌戈利诺·德拉·盖拉尔代斯卡
Ulemas 乌理玛
Ulm 乌尔姆
Ulrich von Kiburg 基堡伯爵乌尔里希
Ungarn 匈牙利
Universität 大学
Urbino 乌尔比诺
Uri 乌里
Urkirche 原始教会
Uxkull-Gyllenband, Woldemar Graf 沃尔德玛·乌克斯库尔-居伦班德伯爵

Valets 男仆
Vasari 瓦萨里
Vaucouleurs 沃库勒尔
Vegetius 维盖提乌斯
Veitshöchheim 法伊茨赫希海姆
Venedig 威尼斯
Vercelli 韦尔切利
Vergil 维吉尔
Vernunft 理性
Veroli 韦罗利
Verona 维罗纳
Verweltlichung der Kirche 教会的世俗化
Vesper, sizil. 西西里晚祷
Vicenza 维琴察
Victoria 维多利亚
Vienne 维埃纳
Vigna, Piero della 皮耶罗·德拉·维尼亚
Villard de Honnecourt 维拉尔·德·奥讷库尔
Visconti 维斯孔蒂
Viterbo 维泰博
Vivarium 生态馆

谱 系 图

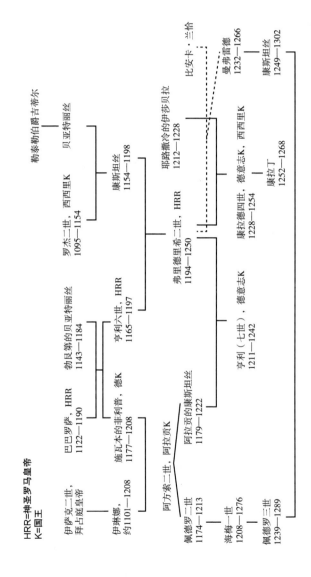

HRR=神圣罗马皇帝
K=国王

伊萨克二世，
拜占庭皇帝

伊琳娜，
约1101—1208

巴巴罗萨，HRR
1122—1190

勃艮第的贝亚特丽丝
1143—1184

施瓦本的菲利普，德K
1177—1208

亨利六世，HRR
1165—1197

罗杰二世，西西里K
1095—1154

贝亚特丽丝

康斯坦丝
1154—1198

勒泰勒伯爵吉蒂尔

阿方索二世，阿拉贡K

阿拉贡的康斯坦丝
1179—1222

弗里德里希二世，HRR
1194—1250

耶路撒冷的伊莎贝拉
1212—1228

佩德罗二世
1174—1213

海梅一世
1208—1276

佩德罗三世
1239—1289

亨利（七世），德意志K
1211—1242

康拉德四世，德意志K
1228—1254

康拉德，德意志K，西西里K
1228—1254

曼弗雷德
1232—1266

比安卡·兰恰

康拉丁
1252—1268

康斯坦丝
1249—1302

教宗列表

塞莱斯廷三世 1191～1198

英诺森三世 1198～1216

霍诺里乌斯三世 1216～1227

格列高利九世 1227～1241

塞莱斯廷四世 1241

英诺森四世 1243～1254

图书在版编目（CIP）数据

弗里德里希二世皇帝：一部传记 /（德）恩斯特·
H. 康托洛维茨（Ernst H. Kantorowicz）著；陆大鹏，
刘晓晖译 . -- 北京：社会科学文献出版社，2025.7.
ISBN 978 - 7 - 5228 - 5263 - 8

Ⅰ. K835. 167 = 41

中国国家版本馆 CIP 数据核字第 2025AP4590 号

弗里德里希二世皇帝：一部传记

著　　者 /〔德〕恩斯特·H. 康托洛维茨（Ernst H. Kantorowicz）
译　　者 / 陆大鹏　刘晓晖

出 版 人 / 冀祥德
组稿编辑 / 董风云
责任编辑 / 张　骋
责任印制 / 岳　阳

出　　版 / 社会科学文献出版社·甲骨文工作室（分社）（010）59366527
　　　　　　地址：北京市北三环中路甲 29 号院华龙大厦　邮编：100029
　　　　　　网址：www. ssap. com. cn
发　　行 / 社会科学文献出版社（010）59367028
印　　装 / 三河市东方印刷有限公司

规　　格 / 开　本：889mm × 1194mm　1/32
　　　　　　印　张：28.5　插　页：1　字　数：653 千字
版　　次 / 2025 年 7 月第 1 版　2025 年 7 月第 1 次印刷
书　　号 / ISBN 978 - 7 - 5228 - 5263 - 8
定　　价 / 188.00 元

读者服务电话：4008918866